ANTHOLOGY
OF
OLD RUSSIAN
LITERATURE

COLUMBIA SLAVIC STUDIES

A SERIES OF THE
DEPARTMENT OF SLAVIC LANGUAGES
COLUMBIA UNIVERSITY

ANTHOLOGY

OF

OLD RUSSIAN LITERATURE

Edited by

AD. STENDER-PETERSEN

In Collaboration with

STEFAN CONGRAT-BUTLAR

COLUMBIA UNIVERSITY PRESS

NEW YORK AND LONDON

The preparation of this work for publication has been made possible by a grant from the Rockefeller Foundation to the Department of Slavic Languages of Columbia University.

The Committee for the Promotion of Advanced Slavic Cultural Studies has generously provided funds to meet part of the cost of publication of this work.

First printing 1954
Third printing 1966

PRINTED IN THE UNITED STATES OF AMERICA

INTRODUCTION

THE PURPOSE of this anthology is to give to those American and Western European students who are acquainted with the Russian language a direct and personal impression of medieval Russian literature through selected readings.

It must be emphasized at the outset that the basis for selection of these texts differs essentially from that of all Old Russian readers, anthologies, and chrestomathies hitherto published in or outside Russia. The traditional approach, dominated by purely philological or linguistic points of view, has been deliberately avoided. The texts are not presented as material for the study of the Old Russian language and its history, although with some caution they may be used with benefit for this purpose too. It has not been the editor's intention to reproduce literally the Old Russian manuscripts from which the texts are taken. Abbreviations and contractions, so characteristic of the originals, have been extended. Letters inherited from Old Church Slavonic, but of no importance for the understanding of the texts, have been replaced by the corresponding Russian letters; the reader will, therefore, notice the total absence of letters reflecting Old Church Slavonic iotized and nasal vowels. It has not even been considered necessary to preserve the spelling found in the original manuscripts, and in cases where the spelling was inconsistent throughout a text, the orthography has been to a degree unified and normalized.

The main task has been to facilitate the reading of texts that are at times incomprehensible even to a native Russian. Every possible means and device short of translation has been employed in order to secure the greatest possible readability and understanding. As a consequence, the texts have been edited with a maximum of latitude: texts have been divided into chapters; dialogue material in prose passages has been paragraphed; and syntactical and rhythmical units characteristic of lyrical passages have been separated. Each text is accompanied by copious annotations: where the language of the original differs too radically from modern Russian, grammatical and syntactical explanations have been provided; a separate series of annotations deals with geographical, historical, genealogical, and ideological data. A systematized glossary contains obsolete and archaic words unknown in modern Russian.

Thus, the principle followed in the editing has not been that of documentary exactness. It has been throughout a purely literary principle which may be justified by the following profession of faith.

113179

It is, indeed, surprising that even well-informed Americans and Western
Europeans interested in Russian culture frequently seem to be convinced that
no true Russian literature existed before the nineteenth century, certainly not
before the reforms of Peter the Great. The distant past, from the very beginnings
of Russian civilization in the tenth and eleventh centuries to the beginning of
the eighteenth century, is believed to have been a long period of complete spir-
itual darkness with an accompanying lack of creative writing. Handbooks of the
history of Russian literature published in Western Europe and in America sup-
port this view, or at the most suggest that Old Russian literature was of such
slight importance and consequence that one would find in it little of interest.
Marc Slonim's *The Epic of Russian Literature from its Origins through Tolstoy*
(New York, 1950) disposes of the old periods in Russian literature in 25 of the
236 pages comprising the book. D. S Mirskij in his *History of Russian Literature*,
edited and abridged by Francis J. Whitfield (New York, 1948), a book consisting
of 515 pages, devotes but some 35 pages to the literature of Old Russia. M. Hoff-
mann in *Histoire de la littérature russe depuis les origines jusqu'à nos jours* (Paris,
1934) limits his description of Old Russian literature to some 119 out of a total
of nearly 700 pages. In A. Brückner's *Geschichte der russischen Literatur* (Leipzig,
1905), Old Russian literature is discussed on 56 of a total of 505 pages, and in
Arthur Luther's *Geschichte der russischen Literatur* (Leipzig, 1924), the introduc-
tion and the chapters on Russian folk songs and the older period of literature
occupy but 78 of 474 pages. Under these circumstances, one must all the more
appreciate D. Čiževskij's extensive *Geschichte der altrussischen Literatur im 11.,
12. und 13. Jahrhundert* (Frankfurt, 1948); in addition, the American reader will
find a wealth of information in N. K. Gudzij's *History of Early Russian Literature*
(New York, 1949). It is clear, however, that neither Čiževskij's book nor Gudzij's
work has succeeded in changing the universally prevalent belief that Old Russian
literature is of little value and significance.

In addition to this almost disparaging and certainly cursory treatment of the
earliest periods of Russian writing, another factor operated in the same direction.
Throughout the nineteenth century the traditional philological approach dom-
inated investigations of the history of Old Russian literature. The Russian tradi-
tionalists considered Old Russian texts to be purely religious, ecclesiastical, and
perhaps historical literature, significant only for their evidence of the develop-
ment of the Russian language. The aesthetic point of view was completely neg-
lected. Only in rare instances was the literary importance of these texts so obvi-
ous that scholars were compelled to acknowledge it. Characteristically, however,
they harbored serious doubts about the authenticity of the texts and expressed
great surprise over their existence in an otherwise seemingly worthless and
colorless literature. *The Igor Tale*, for example, was long regarded as a literary
miracle. In recent years, however, the scholarly study of Russian history and
literature has thrown so much new light upon the long period preceding the re-
forms of Peter the Great that the misconception of Old Russian literature is now
less justified than ever. It is these neglected, little perceived, and still less studied
literary values of Old Russian literature which this anthology is intended to
illustrate.

2

In accordance with the basic principle of selection that we have outlined, Old Russian texts that either have no literary value or are not illustrative of original literary creation have been excluded. In the oldest period of Russian civilization, numerous Old Church Slavonic manuscripts were recopied in Russia; the oldest dated literary monuments, always introduced into the first pages of compendious histories of Russian literature, comprise this category. Without exception, these have been excluded from the present anthology. Neither the famous *Ostromir Gospel* of 1054, nor the *Sv'atoslav Excerpts* of 1073—76, nor similar texts have been taken into consideration. Byzantine originals, regardless of their importance and influence in the development of Old Russian literature, have been excluded as not representative of Old Russian creativeness. For this reason, neither the *Chronicle* of Hamartolos, nor the dramatic *Tale of the Taking of Jerusalem* by Josephus Flavius, nor the fragments of the anonymous Byzantine *Tale of Digenis Akritas*, nor similar translations from the Greek appear here. One of the principles of selection applied deliberately and stringently throughout the book was that the text must be illustrative of original Russian writing.

A second, less mechanical, but infinitely more important criterion was that the selection must have artistic merit. One of the principal differences between Old and New Russian literature is that of the very concept of literature characteristic of each period. This difference has always been felt distinctly, but has never been satisfactorily defined. According to the traditional approach employed in scholarly investigations of the history of Russian literature, accepted even by so modern a scholar as Professor Gudzij, the difference consists in the apparently incontrovertible fact that Old Russian literature has an exclusively —or preponderantly—religious or ecclesiastical motivation, whereas New Russian literature is conditioned exclusively—or preponderantly—by secular motives. The very addition of the restrictive phrase "or preponderantly" indicates how questionable this formula really is. Not all Old Russian literary monuments contain a purely religious or ecclesiastical orientation, and not all New Russian literature is of a secular nature.

Even if it should be admitted that Church and religion—as in all medieval literature, even outside Russia—play a much greater role in Old than in New Russian literature, this difference would be one of degree only, not of essence. The sole criterion which offers a true basis for the distinction between the two periods of Russian literary activity is of quite another nature. It is necessary to comprehend that Old Russian literature developed on the foundation of the literary system of Byzantium and its characteristic styles; whereas New Russian literature received its particular form from, and was patterned after, the Western European system of literary genres based upon the classical Greek-Latin inheritance. The religious motivation we so frequently encounter in Old Russian literature was but one of the influences of Byzantine literature and, from a literary point of view, hardly the principal influence. Religion is an ideological factor which can emerge in the literature of any period; but it would be impossible to understand and to interpret literature correctly and adequately solely from the point of view of its ideology. The decisive criterion in every national literature, in every period of its development, must be art.

It is this criterion that was decisive in the selection of texts included in this book. Again and again the texts indicate the attitude that Old Russian writers deliberately adopted with respect to the problem of language, a problem which later occupied Russian authors, from Lomonosov (with his theory of the three styles) to Puškin. This problem, which appears in Old Russian literature as an urgent and troubling one, was that of combining, of harmonizing the two elements of Russia's literary language: the Old Church Slavonic element and the purely Russian element. The solution was found individually by each author. It is not difficult to note that the choice of language depended upon the writer's theme. In some works, the language was mainly Old Church Slavonic; in others, it was almost pure Russian; in still others, Old Church Slavonic and Russian elements were intermingled in well-calculated proportions. The problem was obviously one of style, and the choice of style was a problem of art. Art was, consequently, the basic spirit of literature. With respect to the adequate use of language, there is no essential difference between the attitude of a modern author and that of an Old Russian writer. The sole difference consists in the absence or presence of genres. For the Old Russian writer, the distinction between prose and poetry, between narrative and dramatic art, simply did not exist.

Still, all the tales and sermons, narratives and hagiographies, annalistic compilations and prayers, laments and heroic poems, which comprise Old Russian literature, are notable exclusively for their infinitely varied and modified style. It is possible to distinguish between a thoroughly pragmatic and a purely metaphorical style, between pure prose and pure lyricism, between symbolistic or allegorical expression and simple prosaic speech. These elements may be intermingled so that rhythmical passages suddenly appear in an otherwise prosaic text, but one can always determine the artistic purpose which impelled the writer to modify his style. Clear, consistent dialogue frequently appears in the midst both of purely prosaic texts and of extremely lyrical passages, but it never develops into the dramatic genre. The driest prosaist may suddenly shift to the most delicate lyricism, but this lyricism never assumes the form of versified poetry. There can, however, be no doubt about the author's awareness of the importance of structure and composition. And the tendency to present the thematic material in a form attractive to the reader is ever obvious. Preambles and introductions are constructed as carefully as conclusions. The authors seem to know the secrets of retardation and acceleration in the exposition of their themes. They are concerned about an effective presentation of plots and action. They are capable of moving from the most extreme brevity to the most extreme verbosity. Their main concern is literary art.

Our texts have been selected as illustrations of this literary art. Consequently, texts lacking any semblance of such art have been excluded. Unfortunately, lack of space imposed regrettable but necessary limitations upon the number of texts that could be included in this volume.

3

Old Russian literature was not so homogeneous as is commonly believed. Extensive investigation proves that the literature of Old Russia was divided into two distinct periods. The writings of the first of these periods are here termed

Kievan literature; the literature of the second period is designed as *Muscovite literature*. The two are representative of distinct chronological periods in the development of Old Russian literature. The division here adopted can, of course, be subjected to criticism, as can every separation into periods of time, for such division is always the result of controversial generalizations.

Professor Gudzij assumes the existence of these two clearly defined periods, the Kievan and the Muscovite, but he interposes between them one or two transitional periods, maintaining that whereas the former are represented by literature intimately linked with the two important centers of Russian cultural life, the intermediate periods are represented by several provincial literatures associated with different centers of literary activity and devoid of more intimate mutual relations. This distinction appears to be too artificial in that it is impossible to find any basis for the establishment of the intermediate periods other than through extraliterary factors. Actually, the two main periods meet during the intermediate periods. While Kievan literature appears to be gradually undergoing an eclipse, Muscovite literature appears to be gradually rising. The border line separating the one from the other is the so-called "second Balkan (or Byzantine) influence," which was responsible for a new stylistic orientation in literature. The division established in this volume thus seems to be more in accordance with literary facts.

Old Kievan literature was decidedly homogeneous. Even if one should find some tension between the literary atmosphere in Kiev and that in Novgorod, a diversity between the florid style in the south of Russia and the drier and more laconic style in the north, the difference would be of mentality rather than of literary means and devices. Indeed, this uniformity was so unmistakably clear, and Old Russian culture was so coherent organically, that in spite of the Tatar invasion during the first half of the thirteenth century and Tatar political supremacy during the following 150 years, Russian literature continued to exist on the basis of its Kievan inheritance.

Kievan literature had diverse sources. Important in the history of the earliest Russian literature were the Scandinavians who intruded from the North and contributed much to the rise of the Kievan state. They were at first guided by trade interests alone, and it is indicative of their original role that the name used by the Russian Slavs to designate them—*Varangians*— was derived from their strong and disciplined trade organizations. At a comparatively early date they gave the exploited Slavic population an efficient military system which became the foundation of Russia's political structure. However, the role of the Varangians in the development of Russian culture must not be exaggerated, since the country's administration soon passed from this foreign element into the hands of the indigenous Slavic element.

One of the features of Kievan literature which may be ascribed to the Varangians is the rigid, pointed, and polished style found in certain short sagas inserted into Nestor's *Chronicle*. These narratives were characterized by such extreme terseness and by such a complete lack of all interpretative comment that one can find parallels only within the Old Scandinavian saga tradition with its characteristic brevity. There is no doubt that the Varangians' interest in events of the past and their concern for preserving the memory of the past in short, concise tales were among the sources from which sprang the Old Russian

predilection for anecdotal treatment of history. There can hardly be any doubt
that these sagas stemmed from the Varangian milieu at the court of Kiev and
the retinue of the Kievan princes; this milieu was one of the stations along the
long and famous route from Constantinople, the center of the Byzantine emperors'
Varangian bodyguard, to Varangian Scandinavia (Sweden, Norway, Denmark,
Finland, Iceland, and even partly the English colonies of the Vikings). It was
the "route from Greece to Varangia" traced in the *Cosmographic Introduction*
to Nestor's *Chronicle.*

By far the greatest importance in the development of Old Russian literature
must be ascribed to Byzantium, whence came to Russia the Christian religion
with its disciplined ecclesiastical hierarchy. Byzantium gave to the Russian
people, or rather to the social elite, fixed moral norms. Piety, saintliness, asceti-
cism, and martyrdom became lofty, almost superhuman ideals. The Byzantine
Church also introduced into Old Russian society one of its own most characteris-
tic literary forms: hagiography, which in common with annalistic writing became
one of the most important forms of composition in early Russian literature.
From the very outset this literature created its own pious heroes in hagiographic
works that developed independently against the background of Byzantine hagi-
ography. It must be noted that the Russian monks completely neglected the
stylistic reforms of Simeon Metaphrastes (eleventh century), who introduced
modern rhetoric into Byzantine hagiography; they preferred the antiquated
realistic and pragmatic Byzantine models. The famous Cave Monastery, founded
by Christian Varangians in the hills surrounding Kiev, became the center of Old
Russian hagiographic activity. An unknown author composed the *Life of Saint
Antonius,* glorifying one of the founders of the monastery, but his work, un-
fortunately, has not been preserved. In the *Life of Saint Theodosius,* Antonius's
closest friend and follower, the Cave Monastery annalist Nestor, portrayed an
ideal ascetic. The Cave Monastery itself became the subject, even the protagonist,
of an entire book, the *Patericon of the Cave Monastery* of Kiev, written by two
of its monks. To their material were later added short biographies of other monks,
simple wonder-makers, "funny" saints, and so-called "fools in Christ." All these
narratives were intended to uplift the spirit and to present the ideal of humble
Christian life and conduct, but at the same time they were meant to divert and
amuse the reader. Hagiography in its many forms and shadings remained one
of the most popular forms of literature in the cultural life of Old Russia up to
the time of Peter the Great; it was the fulfillment of all the literary activity
centered in the Cave Monastery, the miraculous genesis of which was described
as early as the end of the eleventh century by none other than Nestor himself.

Nestor was also the author of one of the oldest princely biographies. His
work followed in time the first, anonymous, attempt to portray the martyrdom
of two Russian princes. In the extremely lyrical anonymous *Passion and En-
comium of SS. Boris and Gleb* and in Nestor's *Lection on the Life and Assassination
of SS. Boris and Gleb* the Old Russian reader became acquainted with the impres-
sive figures of two brothers who were so filled with Christian desire for self-
sacrifice that they almost triumphantly permitted their assassins to immolate
them to the glory of God.

Christianity was the great revolutionary concept that transformed Russian
life and gave it its spirit of pathos. After the decline of Kievan Russia under the

impact of Tatar attacks, the defense of Christianity became the historical mission of Russian civilization. The anonymous *Life of Alexander Nevskij*, written at the dawning of the Muscovite era, was born of the widespread belief in the divine intervention and aid of SS. Boris and Gleb. In spite of this close relation between the older and the newer princely biographies, the conflict between them was prominent: while the *Life of Alexander Nevskij* is written in a pragmatic style, the two biographies of Boris and Gleb are marked by a panegyrical pattern, the nature of which is both rhetorical and lyrical.

4

Rhetoric and lyricism are the two most interesting features of old Russian literature. Their sources are clear, and although they differ basically, they converge in the formation of a homogeneous and original heroic and epic style. One of these sources was undoubtedly Byzantine homiletics, the art of composing lofty sermons, the art of writing prayers and supplications, the art of religious self-expression.

Three well-defined stages in the development of Old Russian lyricism are represented by Hilarion of Kiev, Cyril of Turov, and Serapion of Vladimir. In spite of the extremely national theme of his *Sermon on Law and Grace*, Hilarion was still the typical Byzantine rhetorician interpreting the Scriptures allegorically and regarding their content as symbols of the future development of Christianity in Russia. In comparison, Cyril of Turov was not an orator, but rather a poet. It must nevertheless be added that even when as lyrical a homilist as Cyril casually presents truly poetic descriptions of Russian nature and shows an awareness of the charm of the changing seasons, it is difficult to interpret this as a direct expression of his own feelings or his predilection for poetic images, or as a result of a "Slavic" quality. Neither are his prayers and canons—violent confessions of sinfulness and humility—spontaneous outbursts of a soul in pain: their lyricism is much more artificial than popular. Cyril borrowed his methods from Byzantine homiletics. Considered by the Church as pagan, Slavic folklore and folk songs could not easily intrude upon a literature dominated by clericalism. The rhythmic principles characteristic of Cyril's religious poems are patterned after those of Byzantine hymnology rather than on Slavic folk songs. In this earliest lyrical literature the Slavic people (fishermen, hunters, and husbandsmen, dependent on the elements and the seasons) remained anonymous. All traces of animism, apparently the original form of Slavic religious practice, were totally absent from this literature, while Slavic mythology on its higher plane with its gods Perun, Svarog, Stribog, Dažbog, and others was barred from the world of eloquence, rhetoric, and homiletics.

There were, however, two forms of purely Slavic poetry or poetic expression which were not restricted: proverbs and laments. Russian proverbs, frequently composed on the opposition between two antithetic concepts and bound by a strict syntactical parallelism, were pointed aphorisms, or even anecdotes, transmitted orally and easily remembered. The lamentations, whose utterance was primarily a feminine art, were performed at the graves and tombs of deceased relatives. Although the lamentations were social functions required by custom, they were also emotional improvisations composed on the pattern of questions and mourning wails, expressed in anaphoric sentences and in parallel phrases. In the *Lament* by Daniel the Exile, a paroemiographer par excellence and an erudite man familiar with ecclesiastical oratory, we find a mixture of the deeply emotional, interrogative, and exclamatory style of lamentations and the antithetic character of aphorisms and proverbs.

On the basis of the aggregate of literary experience—annals, hagiographies, homiletics, hymns, and laments—and supported by heroic folk songs not preserved in written form, Old Russian literature produced an epic on the highest poetic level, the famous *Lay of Prince Igor*, also known as *The Igor Tale*. Ideologically, the poem is based mainly upon the characteristic Old Russian historical aspect of life, an interest in the Russian people's past and in its possible future. If the religious aspect is perhaps indicative of the attitude of Old Russian homilists, and if the martial aspect of life shows a direct trace of the Varangian spirit, then the historical and political aspect of life, even when expressed by monks, may be ascribed to the realistic common sense of the Old Russian town-dweller class, anxious about the fate of its towns, its country, and its professional and vocational activity. The feudal wars between local and provincial princes, members of the same dynasty of the mythical R'urik, were a constant source of alarm and anxiety to the merchants, tradesmen, craftsmen, and representatives of other occupations. The concept of *Zeml'a Russkaja* (a designation for Russia as a political unit) was created by them, and the feelings of anxiety, concern, fear and love for this *Zeml'a Russkaja* appeared in the form of a young but fervent patriotism, even though there existed no special word for this attitude. Even the Church, inclined to interpret historical events in the light of the theory of God's grace and punishment, exhibited this patriotism. The most prominent princes, imbued with a sense of responsibility, gave expression to their new national consciousness (as, for example, Prince Vladimir Monomachus did in his famous *Testament to My Sons*).

The Igor Tale, a rhythmicized and instrumentalized epic poem addressed to the princes and yet at the same time directed against them and their egotism, was the most poetic expression of this Old Kievan patriotism. Here religiousness appeared as fear of the imminent end of the world. But the means of expression was purely poetic, in one way or another a direct continuation of all then extant Russian literary styles.

5

During this early period of Russian civilization, Kievan literature had the clear features of simple monumentality. The tragedy, then, which caused the decline and fall of the young Kievan state was all the greater.

As long as the ruling dynasty of R'urik's descendants and the democratic town-dweller class remained united by their mutual trade interests in Byzantium, the structure of the Kievan state remained strong. But the rise and growth of Russian feudalism gradually estranged these two groups, to the detriment of the state. An increasing majority of the princes began to neglect their obligations as protectors of Russo-Byzantine trade and, instead, deepened their interest in the agricultural cultivation of the principalities over which they ruled. Decentralization of power was unavoidable. Ceaseless fratricidal wars among the individual

Russian rulers gradually weakened the state to such an extent that it became an easy prey for the invading Tatars in the first half of the thirteenth century.

In one of his rhetorical sermons, Serapion of Vladimir bemoans the sad fate of the dismembered state, the destruction of its ancient culture, and the invasion of the merciless heathens. In the *Narrative of Batu Khan's Invasion of R'azan'*, an anonymous writer recounts the heroic deeds of the mythical Russian patriot Eustratius Kolovrat; using a language unlike that of *The Igor Tale*, he made a new attempt at creating an epic of the highest poetic quality. In the unfinished *Discourse on the Ruin of the Land of Rus'*, a fragment of a rhythmical poem, another anonymous writer gave—or attempted to give—a picture of the tragic difference between the former glory and the present decline under Tatar rule. Interestingly enough, the lyricism displayed in these works assumed a lamentatory style. Lamentation, then, over the fate of the mercilessly devastated *Zeml'a Russkaja* was the main trend in Russian literature after the conquest and destruction of the old capital Kiev by the foes of Christianity.

The destruction, however, was far from complete. Kievan culture had been so intense and robust that the nation was able to continue its life according to the old traditional principles. Nor did forms of literary expression or ideals of life change during the dark decades under Tatar supremacy. A picture of the ideal Russian prince fighting and conquering the enemy is presented in the *Life of Alexander Nevskij*: the hope that a heroic act might liberate the country from the infidel lords did not entirely fade. Belief in the aid of the martyrs Boris and Gleb consoled every patriot in the Russian community. Much more important, however, for the development of Old Russian literature was the fact that the tendency to preserve the tradition of *The Igor Tale*, the tradition of poetic expressiveness and metaphorical style in portraying the actual moment, was still alive. When, in 1380, Great Prince Dimitrij of Moscow defeated Mamaj Khan of the Golden Horde, patriotic excitement found its expression in *The Don Tale*. However true it may be that this poem is a simple imitation of *The Igor Tale* and that the author, in all probability a boyar from R'azan', frequently misunderstood and misused the metaphorical style of *The Igor Tale* (and was but an epigone of the latter's author), *The Don Tale*, read independently and without comparison with its model, does not fail to impress one as a highly poetic composition, a literary monument worthy of the historical event it portrays: the liberation of *Zeml'a Russkaja* from the Tatar yoke.

6

Moscow's rise to power and its successful attempt to centralize political life in one dominating capital paralleled fresh attempts to come into direct contact with the sources of Russian orthodoxy: Byzantine culture, Constantinople, the Holy Mountain of Athos, and the Balkan Slavic countries. But Byzantine culture was now viewed from another standpoint, and the new contacts contributed to the formation of a new literature.

The new orientation was particularly apparent in the development of Muscovite hagiography. The realism of Old Kievan hagiography, its pragmatism and veracity, its simplicity and impressiveness, could not survive. Folk elements and elements of pure fiction were introduced into hagiographies which stylistically still preserved the old tradition of simple speech. Such works of hagiographical art, however, were sporadic deviations from the main direction of the development of hagiography. However interesting and pleasurable such old-fashioned legends as *The Life of St. Mercurius of Smolensk* and *The Life of Peter, Prince of Murom* may have been, they were in no way representative of the characteristic features of the new Muscovite approach to literature. The renewed contacts with Byzantine literature had resulted in the importation of new stylistic trends: of Byzantine rhetoric and Byzantine refinement both in language and in thought. The old pragmatism was now abandoned, for it was no longer an appropriate artistic expression of the new Muscovite mentality.

While Byzantium bowed lower and lower to the aggressive Turk, young Moscow, glorious in the victory over the Tatars, raised its head higher and higher. Metropolitan Cyprian, a Balkan Slav, wrote the biography of one of his predecessors, *The Life of Peter, First Metropolitan of Moscow*, employing a flowery language indicative of the new style. But the rhetorical art of hagiography, as it was taught in Constantinople and in the monasteries of Mount Athos, was represented by the expository works of Epiphanius the Wise, a humble Muscovite monk who wrote almost hymnlike biographies of two of the more important ecclesiastical personages of the time of Great Prince Dimitrij: the extremely decorative and instrumentalized *Life of St. Stefan of Perm'* and the similarly verbose *Life of St. Sergius of Radonež*, a national saint. The same style, ponderous and overembroidered, was characteristic of the *Life and Death of Great Prince Dimitrij*, probably written by the same Epiphanius the Wise. Dimitrij himself never dreamed of assuming the high Byzantine title of Caesar, or Tsar; it was Epiphanius, or the anonymous author of the *Life*, who gave him this designation. Moscow's ambition to emulate Constantinople as the center of pure Christianity had grown stronger after the defeat of the last Byzantine emperor by the Turks, and in the sixteenth century Philotheus, the abbot of a Pskov monastery, formulated his famous theory of Moscow as the Third Rome.

The conquest of Constantinople by the Turks in 1453 had shaken the entire Greek Orthodox world, with the exception of Muscovia. Every literate Muscovite was acquainted with Nestor-Iskander's *Tale of the Taking of Constantinople*, a dramatic report of the last days of the metropolis and of its heroic emperor, patterned after the classical *Tale of the Taking of Jerusalem by the Romans* by Josephus Flavius which had been translated into Russian in the earliest period of Russian literature. Earlier, shortly after the fall of Constantinople, Pachomius Logothetes, a Serbian émigré possessed of a realistic appreciation of the conditions of the times, reinterpreted the origin of the princes of Vladimir, ancestors of the Muscovite princes, by drawing a direct line of descent from Prussus, a freely invented brother of the Roman emperor Augustus, to the R'urik dynasty. His *Legend of the Princes of Vladimir* soon became one of the leading sources of Muscovite megalomania, and during the reign of Ivan the Terrible, literature assumed all the features characteristic of overornamented speech, developing rapidly from the simple to the complex, from the pragmatic to the decorative, from the secular to the clerical. Under the influence of the new trends, the Russian language (or the language of Russian literature) became cloaked in sophisticated phrases, newly coined words, and long, complicated syntactical constructions. Literature became stamped with officiality and authoritativeness, and its prevailing theme was the glorification of the Muscovite tsar.

Two narratives were especially subservient to the encomiastic glorification of the wealth and power of the Russian autocrat in Moscow: the anonymous *Tale of the Attack of the Lithuanian King Stefan Batory*, complicated and servile in its whole style; and the anonymous *Tale of the Taking of Kazan'*, a Muscovite equivalent of the Nestor-Iskander narrative. Originally, the Muscovites had the self-conscious mentality of rich and mighty princes and boyars gathered around the tsar's throne and supported by the dignitaries of the Church. The opposition of the discontented towndwellers had expressed itself in a variety of rationalistic heresies, but was quickly suppressed and extirpated. There were no traces of democratic concepts in Muscovite literature. The struggle between the mystical philosophy of the so-called "trans-Volga hermits," teaching contempt for things temporal and demanding complete purity, and the official Church party, striving for greater political and economic power, ended with victory for the latter. From that moment, Church and Tsardom acted in close collaboration and prepared the transition from the boyar type of rule to pure autocracy.

This transition was not accomplished without a struggle. During the first half of his reign, Ivan the Terrible was still supported by magnates and boyars. In his cultural activity, he represented clericalism, orthodoxy, and majesty. Makarij, the Metropolitan of Moscow, founder of all Muscovite cultural activity, directed the compilation of the voluminous encyclopedic work known as *Lives of Saints* and comparable only to the Western European *Acta Sanctorum*, but written in an extremely refined Church Slavonic language. Old Muscovite morals, philosophy, and conduct were codified in works called *Domostroj* (House Rule) and *Stoglav* (The Hundred Chapters), rigid frames for human minds. The history of Russian princes and rulers was described in the extraordinarily panegyrical and rhetorical *Book of Degrees of the Imperial Genealogy* which created the concept of Holy Russia, the chosen nation. All other ideas, heresies, oppositions, and new trends in literature were stamped out, time and life stiffened into forms and norms, and decorative arabesques and luxuriant phrases devoid of animated content marked the language. The famous correspondence between Prince Kurbskij, who sought refuge in Lithuania, and Ivan the Terrible revealed the backwardness of Muscovite literary style and the uniformity of literature in general.

7

The conflict between Ivan the Terrible and Prince Kurbskij also revealed the deep difference between the Tsar's purposeful and progressive absolutism and the antiquated political views of the oligarchic party of the princes, magnates and boyars, represented by Prince Kurbskij. The archaic civilization which was supported by Church and aristocracy was destroyed early in the seventeenth century by the turmoil of the *Smúta* (Period of Disorder). All classes and parties were involved in a prolonged and violent civil war, and the country's tragic situation was further aggravated by foreign invasions and by interference on the part of pretenders to the throne of Moscow.

Against the background of the *Smúta* there arose a literature of political memoirs, in which both clerical and secular writers endeavored to find the appropriate interpretation of events of the recent past. This literature is interesting

as a documentary source of our knowledge of historical events, but even more
important from a literary point of view. It contains all the trends of stylistic
expression then extant, both the obsolete metaphorical and rhetorical descrip-
tions characteristic of sixteenth-century hagiographical style, and modern prag-
matic and secular factual accounts. The former trend was characterized in so
typically ecclesiastic a work as the anonymous *Lament on the Occupation and
Ultimate Devastation of the Muscovite Empire* which, in many respects, was an
excellent Muscovite parallel to the Old Kievan *Discourse on the Ruin of the Land
of Rus'*. The secular trend found its finest expression in Prince Katyr'ov-Rostov-
skij's remarkable *Story of Bygone Years*, noteworthy for its simple, cultured
language, its lifelike portraits of contemporary personages, and its attempt to
clothe whole passages in rhymed syntactical units. A completely new attempt
to create a heroic language through folkloristic and epic means was made in the
anonymous *Tale of the Death of Prince Skopin-Šujskij*, a monument to one of
the *Smúta*'s most popular heroes. Literature endeavored to find an appropriate
way of evolution. It made experiments of great interest, and this fact alone is
sufficient to support the conclusion that a new period was approaching, a time
of new literary goals and new literary tastes.

The *Smúta* resulted in the emergence of a new ruling class, whose appearance
had already been prepared by the sanguinary reforms of Ivan the Terrible.
This was the class of small landowners (*dvor'ane*). The end of the oligarchic
system of the princes and boyars and the growth of serfdom were other conse-
quences of the shift in structure of Muscovite society. The majestic and decora-
tive style of Old Muscovite literature was now compelled to give way to a more
mobile, many-faceted, and, in a certain sense, more democratic style. One of
the finest results of this evolution was the truly democratic *Tale of the Siege of
Azov*, a humble petition from the Don Cossack defenders of Azov to the Tsar
of Muscovia to incorporate the fortress into his empire. One of the Cossacks, the
able and literary-minded F'odor Porošin, transposed the original dry text of
the petition into rhythmic language interwoven with popular folk elements,
impressive in its poetic strength and simplicity and rich in refined images. It was
the New Muscovite counterpart of the Old Kievan *Igor Tale*, impregnated with
the free, democratic spirit of the valorous and autonomous Cossacks.

With time, secular currents broke through even into the stream of traditional
Muscovite hagiography. Without losing its association with earlier hagiographic
writing, this genre—to use a modern expression—assumed the features of simple
realistic biography. Indicative of the secularization of writing was the fact that
members of prominent Muscovite families found it natural to write the life story
of one of their ancestors, parents, or relatives. Then too they often motivated
their affectionate and reverent description of the life even of a recently deceased
relative by underlining the subject's piety and by portraying the person as a
saint in the traditional sense of the word. But when, for example, the young
boyar Osórjin portrays his devout mother in the hagiographical style of his
Life of Juliána Lázarevskaja, the reader enjoys the description of Osórjin's own
time and its troubles and the picture of the stanch mistress of a large Muscovite
household, the considerate and kind housewife, rather than the author's attempt
to depict the typical qualities of a saint.

This trend became the dominating one during the schism between the heretic Old Believers and the partisans of the official reformist Muscovite Church headed by the great patriarch Nikon during the reign of the Romanov tsar Aleksej. This schism evoked the strangest and most vehement expressions of religious stubbornness, unlimited fanaticism, and readiness for martyrdom. In many respects, the biography of the boyarina Lazarevskaja is similar to the *Life of the Boyarina Theodosia Morozova.* Although she and her sister, Princess Urusova, were members of the highest Muscovite aristocracy and intimate friends of the Tsar and his wife, in the struggle between the official and heretic Church they nevertheless sided with the persecuted members of the heresy and faced death precisely as did martyrs in the first centuries of Christianity. This hagiographic biography was written by an unknown author with an amazing ability for dramatic presentation.

A monument much more expressive of this time was the daring and revolutionary hagiographic autobiography of the leader of the Old Believers, the both charming and repulsive protopope Avvakum. The account of his life is a riot of fanaticism, narrow-mindedness, formalism in religious matters, and self-esteem, presenting its author as a martyr to his faith. Most impressive are his language and style, realistic in every detail, radical in the use of secular expressions, original in syntax and phraseology. Avvakum did not know that his autobiography marked the end of hagiographic writing in general.

All these secular trends and currents, clear enough even in works which were motivated by religiousness, achieved their final triumph within the completely new and rich Muscovite literature of fiction. The appearance of fiction was the clearest testimony of the progress of modernism in literary matters. Literature hitherto had always strived to maintain the closest possible connection with reality, whether historical or religious. Invention and fantasy were camouflaged by factualness. Now, Muscovite readers discovered that realism did not exclude invention and fiction. It is extremely interesting to see how literature gradually receded from facts and approached imagination and fancy. *The Tale of Sorrow and Misfortune,* for example, is so abstract in its narration that the hero does not even have a personal name. The tale is interesting in another respect: its style is twofold, partly the style of hagiography, partly that of folk epics, and the close relation to such works as *The Tale of the Siege of Azov* is one of its most striking traits. The language of this abstract narrative is rhythmical, but usually prose seemed to be more characteristic of the new secular novelistic art.

There were numerous variants of this literary genre—and here the term "genre" is justified, for Western European models began to play an important role in Russian literature. There were satirical, humorous, blasphemous, parodic, sociological, historical, and other displays in this multicolored literature of pure fiction, and realism was always their common trait. *The Tale of Savva Grudcyn, The Story of Frol Skobejev,* and *The Tale of Karp Sutulov* are landmarks in the development of Muscovite prose realism. Together they give a rounded picture of Muscovite society during the second half of the seventeenth century.

This literature was, of course, a background literature, so to speak, not accepted by government and Church circles. The fresh, vivid, clumsy, and often rude language not to be found in the vocabulary of the Church and ecclesiastical circles was, on the other hand, characteristic of those classes or groups which had little in common with the literary elite. Erotic desires, sensuousness, and sinfulness here struggled with century-old ideals of asceticism and piety in the New Muscovite novelistic form. The Muscovite of the end of the seventeenth century was able to perceive life and art, joy and sadness, in quite other terms than had Russians in the past.

Old Russian literature had come to an end. The time was near when old traditions would finally be discarded.

CONTENTS

ABBREVIATIONS

abs.	absolute		*gen.*	genitive case
acc.	accusative case		*Gr.*	Greek
adj	adjective		*imp.*	imperative mood
adj. poss.	possessive adj.		*impf.*	imperfect — the tense of a
adv.	adverb, adverbial			verb which expresses action
aor.	aorist — a tense of the verb			or state as in progress or
	denoting that the action or			continuance (or as habitually
	occurrence took place in un-			done or customarily occur-
	specified past time, without			ring) in past time
	implication or continuance		*incorr.*	incorrect, incorrectly
	or repetition, unrestricted or		*inf.*	infinitive
	undefined in relation to other		*instr.*	instrumental case
	points in past time		*interrog.*	interrogative
art.	article		*loc.*	locative case
b.	born		*m.*	masculine gender
c.	city		*n.*	neuter gender
ca.	circa		*neg.*	negative
caus.	causative		*nom.*	nominative case
comp.	comparative		*p.*	past
cond.	conditional		*p. a. p.*	past active participle
concess.	concessional		*periphr.*	periphrastic
d.	died		*pl.*	plural number
dat.	dative case		*pluperf.*	pluperfect
dat. abs.	dative absolute		*p. p. p.*	past passive participle
dat. poss.	dative possessive (dative of		*pr.*	present tense
	possession)		*pr. a. p.*	present active participle
dem.	demonstrative		*pr. p. p.*	present passive participle
det.	determinate		*prep.*	prepositional case; prepo-
du.	dual number			sition
f.	feminine gender		*princ.*	principality
Finn.	Finnish		*poss.*	possessive

pron.	pronoun		*temp.*	temporal
ref.	referring to		*t.*	town
rel.	relative		*Turk.*	Turkish
rel. art.	relative article		*v.*	verb
rel. pron.	relative pronoun		*vern.*	vernacular
r.	river		*vil.*	village
Scand.	Scandinavian		*voc.*	vocative
scil.	scilicet		*vulg.*	vulgar
sg.	singular number			

TRANSLITERATION

Since it is impossible to eflect exact pronunciation of Russian names and words by means of English letters and sounds, a conventional system of transliteration is used in this work.

e: identical with German *e*

ě: appears only in Old Russian names and words and is mostly identical with German *e*

i: identical with French *i*, or German *i*

a: identical with French *a*, or German *a*

o: identical with French *o*, or German *o*

u: identical with French *ou*, or German *u*

j: symbolizes, before or after vowels, the prejotation or postjotation of the vowel

c: pronounced as English *ts*

z: pronounced as English voiced *z*

č: pronounced as English *ch* or *tch*, or as German *tsch*

š: pronounced as English *sh*

ž: pronounced as French *j*

x: pronounced as German *ch*

v: pronounced as English *f* when final, or before unvoiced consonants, but as English *v* before vowels ,or voiced consonants.

apostrophe after consonants: indicates, in all positions, a palatal pronunciation of the preceding consonant.

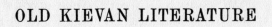

OLD KIEVAN LITERATURE

ANNALISTIC LITERATURE

Old Kievan annalistic literature is represented in this anthology partly by texts selected from the *Tales of Bygone Years* (Повѣсти временныхъ лѣтъ), also called *Nestor's Chronicle*, partly by *The Story of the Blinding of Prince Vasil'ko* (Съказание объ ослѣплении князя Василька). The texts selected from *Nestor's Chronicle* include: the *Cosmographic Introduction to the Chronicle*, in excerpts; *The Legend of St. Andrew the Apostle*; and a series of Varangian sagas of the first kings, or princes, of Russia.

NESTOR'S CHRONICLE
THE TALES OF BYGONE YEARS

The title of this text, which originated early in the twelfth century, is taken from the recension of 1116, represented by the *Codex Laurentianus* (and other codices), whereas the recension of 1118, represented by the *Codex Hypatianus* (and other codices), has a title differing in some details and containing a reference to the author (or original compiler) as "a monk from the Cave Monastery of St. Theodosius" in Kiev.

I
THE COSMOGRAPHIC INTRODUCTION TO THE CHRONICLE

The introduction is based upon the medieval concept of the tripartition of the earth among the sons of Noah: Shem, who received the East; Ham, who received the South; and Japheth, who was given the North and West. Details concerning the numerous lands distributed are here omitted, as is the narrative of the building of the Tower of Babel and of the confusion of languages. The text is representative rather of Byzantine views on the neighbors of the Slavs and lists the individual Slavic tribes and their location.

The text is reprinted from the reconstructed text in A. A. Šaxmatov, Повесть временных лет (Petrograd, 1916), I, 1–7.

Се повѣсти временьныхъ лѣтъ, отъкуду есть пошьла[1] Русьская Земля, кѣто въ Кыевѣ нача пьрвѣе къняжити, и отъкуду Русьская Земля стала есть[2]

Се начьнѣмъ[3] повѣсть сию!

По потопѣ убо трие сынове Ноеви раздѣлиша[4] землю, Симъ, Хамъ, Афетъ. И яся[5] въстокъ Симови.... Хамови же яся полудьньная страна.... Афету же яшася[6] полунощьныя страны и западьныя...

Въ Афетовѣ же части сѣдять Русь, Чюдь[a] и вьси языци: Меря[b], Муромас[c], Весь[d], Мърдва[e], Заволочьская Чюдь[f], Пьрмь[g], Печера[h], Ямь[i], Угра[j], Литва[k], Зимѣгола[l], Кърсь[m], Лѣтьгола[n], Либь[o]. Ляхове[p] же и Прусии[q] и Чюдь присѣдять къ морю Варяжьскому[r]; по сему же морю сѣдять Варязи сѣмо къ въстоку до предѣла Симова[s]; по тому же морю сѣдять къ западу до Землѣ Агляньскыѣ[t] и до Волошьскыя[u]. Афетово бо колѣно и то: Варязи[v], Свеи[w], Урмане[x], Гътиу[y], Русь[z], Агляне[aa].

Галичане[bb], Волохове[cc], Римляне[dd], Нѣмьци Корлязие[ee], Венедиции[ff], Фрягове[gg] и прочии, — ти же присѣдять отъ запада къ полудьнию, и съсѣдяться съ племеньмь Хамовьмь.

Симъ же и Хамъ и Афетъ, раздѣливъше землю, и жребии метавъше.... не преступати никомуже въ жребии братьнь, и живяху[7] къждо въ своеи части. И бысть[8] языкъ единъ. И умъноживъшемъся человѣкомъ[9] на земли, помыслиша[10] съзъдати стълпъ до небесе...

По раздрушении же стълпа и по раздѣлении языкъ прияша[11] сынове Симови въсточьныя страны, а Хамови сынове полудьньныя страны, Афетови же прияша западъ и полунощьныя страны. Отъ сихъ же 70 и дъвою языку[12] бысть языкъ Словѣньскъ; отъ племене же Афетова нарицаемии Норици[hh], иже суть Словѣне.

По мънозѣхъ[13] же временѣхъ сѣли суть[14] Словѣне по Дунаеви, кѣде есть нынѣ Угърьска Земля[ii] и Българьска[jj]. И отъ тѣхъ Словѣнъ разидошася[15] по земли, и прозъвашася имены[16] своими, кѣде сѣдъше, на котеромь мѣстѣ. Якоже пришьдъше, сѣдоша[17] на рѣцѣ именьмь Морава, и прозъвашася Морава[kk], а друзии Чеси[ll] нарекошася; а се ти же Словѣне: Хървати Бѣлии[mm] и Сьрбь[nn] и Хорутане[oo].

Волохомъ[18] бо напьдъшем[pp] на Словѣны на Дунаискыя, и сѣдъшем въ нихъ и насилящем имъ, Словѣне же ови, прешьдше, сѣдоша на Вислѣ, и прозъвашася Ляхове[qq], а отъ тѣхъ Ляховъ прозъвашася Поляне; Ляхове друзии Лутичи, ини Мазовъшане, ини Поморяне.

Такоже и ти Словѣне, прешьдъше, сѣдоша по Дънѣпру[rr], и нарекошася Поляне, а друзии Древляне, зане сѣдоша въ лѣсѣхъ; а друзии сѣдоша межю Припетию и Двиною, и нарекошася Дрьгъвичи; ини сѣдоша на Двинѣ, и нарекошася Полочане рѣчькы ради, яже вътечеть въ Двину, именьмь Полота, отъ сея прозъвашася Полочане; Словѣне же, прешьдъше съ Дуная, сѣдоша около езера Илмеря, и прозъвашася своимь именьмь, и съдѣлаша градъ, и нарекоша и Новъгородъ; а друзии сѣдоша по Деснѣ и по Семи и по Сулѣ, и нарекошася Сѣверъ. И тако разидеся Словѣньскыи языкъ; тѣмь же и грамота прозъвася Словѣньская.

Полямъ же живъшемъ[19] особѣ по горамъ симъ, бѣ[20] путь из Варягъ въ Грькы и из Грькъ[ss] по Днѣпру, и вьрхъ Днѣпра волокъ[tt] до Ловоти[uu], вънити въ Илмерь езеро великое, из негоже езера потечеть Вълховъ,[vv] и вътечеть въ езеро великое Нево[ww]; и того езера вънидеть устие въ море Варяжьское; и по тому морю ити даже и до Рима[xx], а отъ Рима прити по тому же морю къ Цѣсарюграду[уу], а отъ Цѣсаряграда прити въ Понтъ море[zz], въ неже вътечеть Днѣпръ рѣка. Днѣпръ бо потечеть из Оковьскаго лѣса[A], и течеть на полъдне, а Двина ис того же лѣса потечеть, а идеть на полунощие, и вънидеть въ море Варяжьское; ис того же лѣса потечеть Вълга на въстокъ, и вътечеть седмиюдесятъ жерелъ въ море Хвалисьское[B]. Тѣмъ же из Руси можеть ити по Вълзѣ[21] въ Българы[C] и въ Хвалисы[D], и на въстокъ доити въ жребии Симовъ, а по Двинѣ въ Варягы, а из Варягъ до Рима, отъ Рима же и до племене Хамова. А Днѣпръ вътечеть въ Понтьское море трьми жерелы, еже море словеть *Русьское*[E]. По немуже училъ святыи Андрѣи, братъ Петровъ, якоже рѣша[22].

[1] есть пошьла *p. periphr.* : есть *pr. 3 sg.* : быти + пошьла *p. a. p. f.* : поити. [4] стала есть *p. periphr.* : стала *p. a. p. f.* : стати + есть. [3] начьнѣмъ *imp. 1 pl.* : начати. [2] раздѣлиша *aor. 3 pl.* : раздѣлити. [5] яся *aor 3 sg.* : ятися. [6] яшася *aor. 3 pl.* : ятися. [7] живяху *impf. 3 pl.* : жити. [8] бысть *aor. 3 sg.* : быти. [9] умъноживъшемъся человѣкомъ *dat. abs.* (*caus.*). [10] помыслиша *aor. 3 pl.* : помыслити. [11] прияша *aor. 3 pl.* : прияти. [12] языку *gen. du.* : язык. [13] мъновѣхъ *loc. pl.* : мъногъ. [14] сѣли суть *p. periphr.* : сѣли *p. a. p. pl.* : сѣсти + суть *pr. 3 pl.* : быти. [15] разидошася and the following form in the same passage прозъвашася *aor. 3 pl.* : разитися, прозъватися. [16] имены *instr. pl.* : имя. [17] сѣдоша and the following form in the same passage: нарекошася *aor. 3 pl.* : сѣсти, нарещися. [18] Волохомъ ... насилящемъ *dat. abs.* (*caus.*). [19] Полямъ ... живъшемъ *dat. abs.* (*temp.*). [20] бѣ *imp.* (*aor.*) *3 sg* : быти. [21] Вълзѣ *dat. sg* : Вълга. [22] рѣша *aor. 3 pl.* : рещи.

a Chuds, a Finnish tribe in Estonia near Lake Peipus.

b Merians, a Finnish tribe (possibly now known as the Mari) in the region of Jaroslavl', Rostov, and Suzdal', on the right shore of the Volga River.

c Muroma, a Finnish tribe in the region of the Oka River, a right affluent of the Volga.

d Vepsians, a Finnish tribe near Lake Ladoga and between this body of water and Lake Beloje Ozero.

e Mordvinians, a Finnish tribe between the rivers Tsna and Sura and the Volga River.

f Chuds beyond the Volok, an immense forest in northern Russia; apparently representing several different Finnish tribes.

g Permians, including the Votyaks (now Udmurts) and Zyrians (now Komi), in the vast region between the rivers Vyčegda and Volga and the Ural Mountains.

h Pecherians, tribes in the vast region of the river Pečera and the Ural Mountains.

i Hamians (Finnish *Hämäläiset*), a Finnish tribe in western Finland.

j Ugrians, representing several Finno-Ugric tribes, including the Voguls and Ostyaks in northern Russia and northern Siberia.

k Lithuanians, a Baltic tribe between the rivers Western Dvina and Niemen and the Baltic Sea.

l Zemgals, a Baltic (Latvian) tribe on the Baltic Sea.

m Probably the Kurs, a Finnish tribe among Baltic tribes, from whom Kurland takes its name.

n Letgals, a Baltic (Latvian) tribe.

o Livians, probably a Finnish tribe around the Gulf of Riga, from whom the names Livland and Livonia are derived.

p Poles, originally probably only the Eastern Poles.

q Prussians, a Baltic tribe between the rivers Niemen and Vistula.

r Baltic Sea (referred to as the Varangian Sea in Old Russian).

s When the author states that the Varangians settled from the Varangian Sea "eastward to the region of Shem" (Asia), he does not mean that the Varangian Sea encircled all of northern Russia and Asia, but that Varangians could be encountered among all the tribes mentioned. As the following passage indicates, he envisioned the Baltic Sea as a border separating the westward from the eastward Varangian expansion.

t England as a kingdom.

u Apparently Italy as a state, in the same sense as the German *Welschland* and the Polish *Włochy*.

v The term *Varangians* is here a common designation for the North European tribes that follow.

w Swedes.

x Northmen, or Norwegians.

y Goths, inhabitants of the island of Gotland.

z Rus', probably originally the inhabitants of the Swedish province of Roslagen, in the same sense as the Finnish *Ruotsi* = Swedes.

aa Angles.

bb Inhabitants of Galicia, Spain, or Wales.

cc Italians in general.

dd Romans, including the inhabitants of the Eastern Roman Empire, i. e., Byzantium.

ee Germans in the empire of the Carolingians.

ff Venetians.

gg Genoese who, in Byzantium, were confused with the Franks.

hh Inhabitants of the former Roman province of Noricum along the river Donau, here identified with the Slavs.

ii Hungary defined as an independent realm (*zeml'a*).

jj Bulgaria defined as an independent realm.

kk Moravians in the Czechoslovak province of Moravia.

ll Czechs in Bohemia.

mm White Croats, a designation probably based upon that of Constantine Porphyrogenitus who distinguished between the Christian Croats on the Balkan Peninsula and the pagan White Croats somewhere in the region between Hungary, Bavaria, and the river Vistula.

nn Serbians.

oo Carinthians (now Slovenes) in Yugoslavia.

pp The tribe here mentioned may be identified with the Celtic tribe of the Volcae, from which the Germans and Slavs derived their designation for Italians, and which—according to legends the author may have heard—in the early Middle Ages invaded the Donau region where he believed the Slavs lived.

qq The author makes a reasonable distinction between the different tribes belonging to the same ethnic group: the Polians (Poles) between the rivers Vistula and Oder, the Lutičians between the rivers Oder and Elbe in the south, the Pomorians between the rivers along the Baltic Sea, and finally the Mazurs or Mazovšans east of the river Vistula.

rr In the enumeration of East Slavic and Russian tribes that follows, the author, ascending along the right side of the river Dnieper and descending along the left side, limits himself to the most important names: the Polians (on the right shore of the Dnieper), the Derevlians (in the forest regions south of the Prip'at'), the Dregovitchians (between the rivers Prip'at', Berezina, and Dnieper), the Polotchians (at the rivers Dvina and Polota), the Slovenians (on Lake Ilmen' near Novgorod), and the Severians (along the left shores of the rivers Sejm and Sula).

ss The route "from Greece to the Varangians" is apparently orientated northward.

tt A portage.

uu The river Lovat', flowing to Lake Ilmen'.

vv The river Volxov, flowing to Lake Ladoga.

ww Lake Ladoga and the Neva River considered as a unit.

xx Rome.

yy Constantinople.

zz Black Sea.

A The forest between the sources of the rivers Dvina, Dnieper, and Volga.

B Caspian Sea.

C The Volga-Bulgarian realm east of the Volga.

D The Persian province of Khoresm (Arabic *Khwarizm*), from which the name of the Caspian Sea is derived.

E Black Sea, called the Russian Sea by the Byzantines.

II
THE LEGEND OF ST. ANDREW THE APOSTLE

The Legend of St. Andrew the Apostle, probably introduced into Kiev by the Varangians, was a reflection of the Byzantine tendency to regard Russia as having received the Christian faith directly from Byzantium rather than having embraced it on the initiative of Prince Vladimir. In accordance with this concept it was maintained that St. Andrew the Apostle—during his legendary travel from Sinope, a seaport on the southern coast of the Black Sea, and from Chersonesus, a seaport on the Crimean peninsula, to Rome and back to Sinope—passed through the regions where Kiev and Novgorod were subsequently founded. A jocose element was introduced into the legend, based upon the old Northern custom of taking steam baths, a practice incomprehensible to the Mediterranean peoples.

The following text is reprinted from the reconstructed text of *Nestor's Chronicle* as it appears in A. A. Šaxmatov, Повесть временныхъ лѣтъ (Petrograd, 1916), I, 7–8.

[Съказание объ апостолѣ Андрѣи]

Андрѣю учащю въ Синопии, и пришьдъшю ему[1] въ Кърсунь, увѣдѣ[2], яко ис Кърсуня близъ устие Дънѣпрьское, и въсхотѣ[3] поити въ Римъ. И приде[4] въ устие Дънѣпрьское, и отътолѣ поиде по Дънѣпру горѣ. И по приключаю приде и ста[5] подъ горами на брезѣ[6]. И заутра въставъ, рече къ сущимъ съ нимъ ученикомъ:

»Видите ли горы сия? Яко на сихъ горахъ въсияеть благодать божия; имать градъ великъ быти, и цьркъви мъногы богъ въздвигнути имать.«

И вьшьдъ на горы сия, благослови я и постави крьстъ, и помоливъся богу и сълѣзъ[7] съ горы сея, идеже послѣже бысть[8] Кыевъ, поиде по Дънѣпру горѣ. И приде въ Словѣны, идеже нынѣ Новъгородъ, и видѣ[9] ту люди сущая, како есть обычаи имъ, и како ся мыють[10] и хвощються[11], и удивися[12] имъ. И иде въ Варягы и приде въ Римъ и исповѣда, елико научи, и елико видѣ, и рече имъ:

»Дивьно видѣхъ[13] землю Словѣньску, идущю ми[14] сѣмо; видѣхъ банѣ[15] древяны, и прежьгуть я рамяно и съвлекуться и будуть нази[16] и облѣються квасъмь усниянъмь и възьмуть на ся прутие младое и биють ся сами, и того ся добиють, едъва вылѣзуть лѣ живи, и облѣються водою студеною и оживуть. И тако творять по вься дьни, не мучими никымьже, нъ сами ся мучать, и то творять мъвение собѣ, а не мучение.«

И то слышаще, дивляхуся[17]. Андрѣи же, бывъ въ Римѣ, приде въ Синопию.

---

[1] Андрѣю учащю ... и пришьдъшю ему *dat. abs. (temp.)*.   [2] увѣдѣ *aor. 3 sg.* : увѣдѣти.   [3] въсхотѣ *aor. 3 sg.* : въсхотѣти.   [4] приде *aor. 3 sg.* : при[и]ти.   [5] ста *aor. 3 sg.* : стати.   [6] брезѣ *loc. sg.* : брегъ/брѣгъ.   [7] сълѣзъ *p. a. p.* : сълѣзти.   [8] бысть *aor. 3 sg.* : быти.   [9] видѣ *aor. 3 sg.* : видѣти.   [10] мыють *pr. 3 pl.* : мыти.   [11] хвощються *pr. 3 pl.* : хвостатися.   [12] удивися and the following forms исповѣда, научи, рече *aor. 3 sg.* : удивитися, исповѣдати, научити, речи.   [13] видѣхъ *aor. 1 sg.* : видѣти.   [14] идущю ми *dat. abs. (temp.)*.   [15] банѣ *acc. pl.* : баня.   [16] нази *nom. pl.* : нагъ.   [17] дивляхуся *impf. 3 pl.* : дивитися.

III
THE VARANGIAN SAGAS
OF THE FIRST KINGS, OR PRINCES, OF RUSSIA

The brief and dramatic sagas of the first Varangian kings, or princes, of Russia, probably disseminated by the Varangians during their travels between Scandinavia and the Byzantine Empire, were introduced into the *Chronicle* by one of its first compilers, perhaps a predecessor of Nestor. Parallel variants of these sagas are to be found in Scandinavian and other sources. (See Ad. Stender-Petersen, *Die varägersage als quelle der altrussischen chronik* [Aarhus, 1934].)

The following texts are taken from Полное собрание русских летописей, Vol. I (Leningrad, 1926), containing the *Tales of Bygone Years* according to the *Codex Laurentianus*.

1
The Invitation to the Varangians

The controversial passage about the invitation to the Varangian Rus' tribe to rule the Finnish Chuds, the Ilmen'-Slovenians, the Finnish Merians, and the Slavic Krivitchians is probably based upon a typical Scandinavian migratory legend well known throughout Finland and Estonia, where Swedish colonists settled among Finnish and Estonian tribes. It was probably elaborated later in a Varangian milieu in Byzantium under the influence of the Anglo-Saxon legends about the arrival of the Angles and Saxons in Britain (see Stender-Petersen, *op. cit.*, pp. 42 ff.). In Kiev the saga assumed a legitimistic tendency. The legend is entered in the *Chronicle* under the years 859–62. The names of the three brothers R'urik, Sineus, and Truvor have, in recent times, been interpreted as derived from the Old Scandinavian names *Hroerekr*, *Signiutr*, and *Thorvadr*.

[Призвание варягов]

Имаху[1] дань варязи[2a] изъ заморья на Чюди и на Словѣнѣхъ, на Мери и на всѣхъ Кривичѣхъ, а Козари[b] имаху на Полянѣхъ и на Вятичѣхъ: имаху по бѣлѣи вѣверицѣ отъ дыма...

Изъгнаша[3] варяги за море и не даша[4] имъ дани и почаша[5] сами въ собѣ володѣти. И не бѣ[6] въ нихъ правды, и въста[7] родъ на родъ, и быша[8] въ нихъ усобицѣ[9], и воевати почаша сами на ся. И рѣша[10] сами в себѣ:

»Поищемъ собѣ князя, иже бы володѣлъ нами и судилъ по праву!«

И идоша[11] за море къ варягомъ, къ Руси[c].

Сице бо ся звахуть[12] ти варязи[d], яко се друзии зовутся Свее, друзии же Нурмане [и] Анъгляне, друзии Гъте, тако и си.

Рѣша Руси Чудь и Словѣни и Кривичи:

»Вся земля наша велика и обилна, а наряда въ неи нѣтъ. Да поидѣте княжить[13] и володѣти нами.«

И изъбраша 3 братья с роды своими и пояша по собѣ всю Русь и придоша: старѣишии, Рюрикъ, сѣде Новѣгородѣ[e], а другии, Синеусъ, на Бѣлѣозерѣ, а третии Изборьстѣ[14], Труворъ.

И отъ тѣхъ варягъ прозвася Руская Земля, ти суть людье Ноугородци отъ рода варяжьска, преже бо бѣша Словѣни.

По дву же лѣту[15] Синеусъ умре[16] и братъ его Труворъ, и прия[17] власть Рюрикъ и раздая мужемъ своимъ грады: овому Полотескъ, овому Ростовъ, другому Бѣлоозеро. И по тѣмъ городомъ суть находници[18] варязи[f], а перьвии насельници[19] въ Новѣгородѣ Словѣне, въ Полотьстѣ[20] Кривичи, въ Ростовѣ Меря, въ Бѣлѣозерѣ Весь, въ Муромѣ Мурома.

И тѣми всѣми обладаше[21] Рюрикъ.

[1] имаху *impf. 3 pl.* : имати.   [2] варязи *nom. pl.* : варягъ.   [3] изъгнаша *aor. 3 pl.* : изъг[ъ]нати.   [4] даша *aor. 3 pl.* : дати.   [5] почаша *aor. 3 pl.* : почати.   [6] бѣ *impf.* (*aor.*) *3 sg.* : быти.   [7] въста *aor. 3 sg.* : въс[с]тати.   [8] быша *aor. 3 pl.* : быти. [9] усобицѣ *nom. pl.* : усобица.   [10] рѣша *aor. 3 sg.* : рещи.   [11] идоша *aor. 3 pl.* : ити. [12] звахуть = зваху *impf. 3 pl.* : з[ъ]вати.   [13] княжитъ *sup.*   [14] Изборьстѣ *loc. sg.* : Изборьскъ.   [15] лѣту *loc. du.* : лѣто.   [16] умре *aor. 3 sg.* : умерети.   [17] прия and the following раздая *aor. 3 sg.* : прияти, раздаяти.   [18] находници *nom. pl.* : наход[ь]никъ. [19] насельници *nom. pl.* : насельникъ.   [20] Полотьстѣ *loc. sg.* : Полотьскъ.   [21] обладаше *impf. 3 sg.* : обладати.

a The term "Varangian" (Scandinavian *vāring-*) was originally the designation for a primitive Scandinavian trading company in Russia, but at the time the *Chronicle* was being compiled the meaning of this name in Russian was extended to Scandinavians in general. It is very probable that the Scandinavian population in Finland and Estonia had expanded into the territories of the Slavs and Finns mentioned in the saga.

b Khazars, a Turkish people who formed an independent state on the Volga with Sarkel as its capital.

c It has been assumed that the expression *to the Rus'* in this passage must have been a later addition made by the compiler of the *Chronicle* in defense of the theory of the Scandinavian origin of the tribal name *Rus'*. The opposite may be true. In reproducing this saga, the compiler may have felt the necessity of underlining the fact that the *Rus'* here mentioned were not to be confused with the Kievan *Rus'* of his time, but were the Varangian, i. e., Scandinavian *Rus'*.

d The enumeration of the Varangian peoples is based upon the typical Byzantine concept of the Varangian guard in Constantinople as consisting of Swedes, Norwegians, Angles (i. e., Anglo-Danes expelled from England by the Normans), and Goths (from Gotland).

e According to other annalistic sources, R'urik settled in Ladoga before moving to Novgorod, Sineus settled among the Vepsians in the region of Lake Beloje Ozero, and Truvor settled among the Chuds in the region of Izborsk, south of Lake Peipus.

f This passage reflects the gradual expansion of the Rus' along the rivers leading from the Baltic Sea into the region of the sources of the rivers Dvina, Dnieper, and Volga.

2

The Occupation of Kiev by Askol'd and Dir

The first narrative of the southward expansion of the Scandinavian *Rus'* tribe from Ladoga, or Novgorod, and of the first taking of Kiev, is entered under the year 862. The names of its heroes, Askol'd and Dir, reflect the Scandinavian names *Háskuldr* and *Dyri*.

[Аскольд и Дир занимают Киев]

И бяста[1] у Рюрика 2 мужа не племени его ни боярина[a]. И та испроси-стася[2] ко Царюграду съ родомъ своимъ и поидоста[3] по Днѣпру. И идуче[4] мимо и узрѣста[5] на горѣ градокъ и упрашаста[6] и рѣста[7]:

»Чии се градокъ?«

Они же рѣша[8]:

»Была суть[9] 3 братья Кии, Щекъ, Хоривъ[b], иже сдѣлаша градоко-сь[10] и изгибоша[11]. И мы сѣдимъ платяче[12] дань родомъ ихъ Козаромъ[c].«

Аскольдъ же и Диръ остаста[13] въ градѣ семь и многи варяги скуписта и начаста владѣти Польскою Землею[d], Рюрику же княжащу[14] въ Новѣго-родѣ.

[1] бяста *impf. 3 du.* : быти.   [2] испросистася *aor. 3 du.* : испроситися.   [3] поидоста *aor. 3 pl.* поити.   [4] идуче *pr. a. p., nom. pl.* : ити.   [5] узрѣста *aor. 3 du.* : узрѣти.   [6] упрашаста *aor. 3 du.* : упрашати.   [7] рѣста *aor. 3 du.* : рещи.   [8] рѣша *aor. 3 pl.* : рещи.   [9] была суть *p. periphr. 3 du.* : быти   [10] градоко-сь *noun + dem. pron.*   [11] изгибоша *aor. 3 pl.* : изгибнути.   [12] платяче *pr. a. p., nom. pl.* : платити.   [13] остаста and the following forms in the same passage скуписта, начаста *aor. 3 du.* : остати, с(ъ)купити, начати.   [14] Рюрику княжащу *dat. abs. (temp.).*

[a] The assumption that only members of the R'urik family were entitled to rule Russia is characteristic of the legitimistic tendency of the *Chronicle*, a tendency which reflects concepts typical of the dynastic claims of the Kievan kings, or princes, after Jaroslav.

[b] The origin of these names has not yet been finally explained. They are, in any case, neither of Russian nor of Scandinavian origin.

[c] An indication that the brothers may have been Khazars.

[d] The land of the Polians.

3

Askol'd's and Dir's Raid on Constantinople

The saga is the first narrative about the Varangian expansion toward Byzantium and Constantinople. It is based on historical facts (see Alexander A. Vasiliev, *The Russian Attack on Constantinople in 860*, Cambridge, Mass., 1946, pp. 177–182) and is introduced into the *Chronicle* under the year 866.

[Поход Аскольда и Дира на Царьград]

Иде[1] Аскольдъ и Диръ на Греки, и приидоша [Русь] въ 14 лѣто Михаила царя[a], царю же отшедшю[2] на Огаряны[b]. И дошедшю ему[3] Черные рѣки[c], вѣсть епархъ[d] посла къ нему, яко:

»Русь на Царьгородъ идетъ.«

И вратися царь.

Си же внутрь Суду[e] вшедше много убииство крестьяномъ створиша и въ двою сту корабль[4] Царьградъ оступиша.

Царь же едва въ градъ вниде[5] и съ патреярхомъ съ Фотьемъ къ сущеи церкви Святѣи Богородицѣ[6] Влахернѣ[7][f], и всю нощь молитву створиша, та жъ божественую Святыя Богородица[8] ризу изнесъше[9], въ рѣку омочивше[10]. Тишинѣ сущи[11] морю укротившюся[12], абье буря въста съ вѣтромъ, и волнамъ вельимъ въставшимъ[13] засобь, безбожныхъ Руси корабль смяте[14] и къ берегу приверже[15], и изби я[16], яко мало ихъ отъ таковыя бѣды избѣгнути.

И въ своя си възвратишася.

¹ иде *aor. 3 sg.* instead of expected идоста *aor. 3 du.* : ити.   ² царю отшедшю *dat. abs. (temp.).*   ³ дошедшю ему *dat. abs. (temp.).*   ⁴ корабль *gen. pl.* : корабль.   ⁵ вниде *aor. 3 sg.* : в[ъ]нити.   ⁶ Святѣи Богородицѣ *gen. sg.*   ⁷ Влахернѣ *loc. sg.* : Влахерна.   ⁸ Святыя Богородица *gen. sg.*   ⁹ изнесъше *p. a. p., nom. pl.* : изнести.   ¹⁰ омочивъше *p. a. p., nom. pl.* : омочити.   ¹¹ тишинѣ сущи *dat. abs. (caus.).*   ¹² морю укротившюся *dat. abs. (temp.).*   ¹³ волнамъ въставшимъ *dat. abs. (caus.).*   ¹⁴ смяте *aor. 3 sg.* : с[ъ]мясти.   ¹⁵ приверже *aor. 3 sg.* : приврѣщи.   ¹⁶ я *acc. pl.* : онъ.

ᵃ Greek sources dealing with the first attack of the Rus' on Constantinople in 852 (during the reign of Emperor Michael III and Patriarch Photius) do not mention the names of the Russian princes. These were added by the Russian translator of the *Chronicle* of Hamartolos, whence the compiler may have taken them.

ᵇ Hagarians, i. e., Mohammedans who were said to have descended from Hagar and her son Ishmael.

ᶜ River in Asia Minor: the Mauropotamus in western Thrace.

ᵈ Governor of Constantinople in the Emperor's absence.

ᵉ The *Golden Horn*, called *Sund* by the Scandinavians. The Russian name is borrowed from Old Scandinavian.

ᶠ Blachernae, a district of Constantinople along the Golden Horn.

4
Oleg's Occupation of Kiev

The saga concerns the second conquest of Kiev by the Varangian *Rus'* tribe under the leadership of Oleg, and is based upon a typical Byzantine stratagem. It is entered in the *Chronicle* under the year 882. The name Oleg reflects the Scandinavian form *Helgi*; Igor, the form *Ingvarr*.

[Олег овладевает Киевом]

Поиде Олегъ поимъ¹ воя многы: Варяги, Чюдь, Словѣни, Мерю и всѣ Кривичи и приде къ Смоленску съ Кривичи и прия градъ и посади мужь свои. Оттуда поиде внизъ Любечьᵃ и посади мужь свои.

И придоста² къ горамъ къ Киевьскимъᵇ.

И увидѣ Олегъ, яко Осколдъ и Диръ княжита³, и похорони вои въ лодьяхъ, а другия назади остави, а самъ приде, нося Игоря дѣтска.

И приплу⁴ подъ Угорьскоеᶜ, похоронивъ вои своя, и присла ко Осколду и Дирови глаголя яко:

»Гость есмь. И идемъ въ Греки отъ Олга и отъ Игоря княжича. Да придѣта⁵ къ намъ къ родомъ своимъ.«

Осколдъ же и Диръ придоста, и выскакаша же вси прочии изъ лодья. И рече Олегъ Осколду и Дирови:

»Вы нѣста⁶ князя ни рода княжа⁷.«

И вынесоша Игоря:

»И се есть сынъ Рюриковъ.«

И убиша Осколда и Дира и несоша на гору.

И погребоша иⁱ⁸ на горѣ, еже ся ныне зоветь *Угорьское*, кде ныне Ольминъᵈ дворъ. На тои могилѣ поставилъ церковь святаго Николыᵉ, а Дирова могила за святою Ориноюᶠ.

И сѣде Олегъ, княжа въ Киевѣ.

И рече Олегъ:

»Се буди мати градомъ рускимъ!«ᵍ

[1] поимъ *p. a. p.*, *nom. sg.* : пояти.   [2] придоста *aor. 3 du.* instead of приде *aor. 3 sg.*
[3] княжита *pr. 3 du.* : княжити.   [4] приплу *aor. 3 sg.* : приплути.   [5] придѣта *imp. 3 du.* : прити.   [6] нѣста = не еста *neg. + 2 du.* : быти.   [7] княжа *adj. poss., gen. sg.* : княжь.   [8] и *acc. sg.* : онъ.

[a] L'ubeč, a town on the river Dnieper between Smolensk and Kiev.
[b] Kiev was situated on the hills of the right shore of the river Dnieper.
[c] A village near Kiev.
[d] A name undoubtedly derived from the Scandinavian *Holmi*.
[e] St. Nicholas's Church, undoubtedly built at a later date by the same Ol'mi or Holmi.
[f] St. Irene's Church was not built before Prince Jaroslav's time (1019–54).
[g] This passage is based on the Byzantine concept of *metropole*, i. e., "the mother city."

5

Oleg's Campaign against Constantinople

Describing the second Varangian raid on Byzantium, this saga is found in the *Chronicle* under the year 907, intermingled with material not related to the saga as such and, therefore, omitted here. The narrative is based on several Byzantine-Mediterranean stratagems (ships mounted on wheels, poisoned food and drink), and ends with an ironical anecdote characterizing the difference between Varangians and Slovenians.

[Поход Олега на Греков]

Иде Олегъ на Греки. Игоря остави въ Киевѣ. Поя[1] же множество Варягъ и Словенъ и Чюдь. И съ ними со всѣми поиде Олегъ на конехъ и на кораблехъ, и бѣ[2] числомъ кораблеи 200. И прииде къ Царюграду, и Греци замкоша[3] Судъ[a], а градъ затвориша.

И выиде Олегъ на брегъ и воевати нача и много убииства сотвори около града Грекомъ. И разбиша многы полаты и пожгоша церкви, а ихъже имяху[4] плѣнники, овѣхъ посѣкаху, другия же мучаху, иныя же растрѣляху, а другия въ море вметаху, и ина многа зла творяху Русь Грекомъ, еликоже ратнии творять.

И повелѣ Олегъ воемъ своимъ колеса издѣлати и воставляти на колеса корабля[b]. И бывшю покосну вѣтру[5] въспя[6] парусы съ поля, и идяше[7] къ граду. И видѣвше Греци и[8] убояшася[9]. И рѣша выславше ко Олгови:

»Не погубляи града! Имемъся подати, якоже хощеши!«

И устави Олегъ воя. И вынесоша ему брашно и вино, и не прия его, бѣ бо устроено со отравою. И убояшася Греци и рѣша:

»Нѣсть се Олег, но Дмитреи[c] посланъ на ны[10] отъ бога.«

И заповѣда Олегъ дань даяти на корабль по 12 гривенъ на человѣкъ, а въ корабли по 40 мужь. И яшася[11] Греци мира просити, дабы не воевалъ Грецкые Земли...

И рече Олег:

»Ищите парусы паволочиты Руси, а Словеномъ кропиньныя.«[d]

И бысть[12] тако.

И повѣси щитъ свои въ вратѣхъ показуя побѣду.

И поиде отъ Царяграда. И успяша[13] Русь парусы паволочиты, а Словене кропинны, и раздра а[14] вѣтръ, и рѣша Словени:

»Имемъся своимъ толстинамъᵉ. Не даны суть Словеномъ прѣ¹⁵.«

И приде Олегъ къ Киеву, неся злато и паволоки и овощи и вина и всякое узорочье.

И прозваша Олга *Вѣщи…*ᶠ.

¹ поя *aor. 3 sg.*: поняти.   ² бѣ *impf. 3 sg.* : быти.   ³ замкоша *aor. 3 pl.* : зам[ъ]кнути.
⁴ имяху and the following forms in the same sentence посѣкаху, мучаху, растрѣляху, вметаху, творяху *impf. 3 pl.* : имати, посѣчи, мучити, ра[с]стрѣлити, в[ъ]мести, творихи.
⁵ бывшю покосну вѣтру *dat. abs. (caus.).*   ⁶ въспя *aor. 3 sg.* : въспяти.   ⁷ идяше *impf. aor. 3 sg.* : ити.   ⁸ и *acc. sg.* : онъ.   ⁹ убояшася *aor. 3 pl.* : убоятися.   ¹⁰ ны *acc. pl.* : мы.   ¹¹ яшася *aor. 3 sg.*: ятися.   ¹² бысть *oar. 3 sg.* : быти.   ¹³ успяша = въспяша *aor. 3 pl.* : въспяти.   ¹⁴ а = я *acc. pl.* : онъ *pron.*   ¹⁵ прѣ = пьря *nom. pl.* : пьря.

ᵃ The Golden Horn between Constantinople and Galata, a suburb of Constantinople. In time of war, the Golden Horn was closed by a chain stretched between its two towers.
ᵇ An old Mediterranean stratagem, here necessitated by the closing of the Golden Horn.
ᶜ The reference to St. Demetrius is incorrect. He was the tutelary saint of Saloniki, to whom the Greeks ascribed their victory over the Bulgars when the latter besieged Salonika in 1040. The tutelary saint of the Varangians was St. Olaf. The Greeks apparently compared Oleg to St. Demetrius.
ᵈ The distinction between the Rus' and the Slavs can hardly be based upon the opposition between the Southern (Russian) Slavs and the Northern (Ilmen') Slavs, but reflects rather the opposition between the Scandinavian Rus' and the Slavs. It is known that *pavoloka* in Old Russian means "silk" or "velvet," whereas *kropina* may mean an expensive but weak textile. Unfortunately, the precise meaning of this word is not known. (See V. F. Ržiga, "О тканяхъ до-монгольской Руси", *Slavia*, Vol. IV (Prague 1932), pp. 399–416).
ᵉ The Slavs preferred their own primitive sailcloth.
ᶠ A cognomen indicative of Oleg's pagan wizardry.

6

Oleg's Death

The saga is based upon the familiar medieval migratory motif of the misinterpreted prophecy of death, here adapted to Prince Oleg. It appears in the *Chronicle* at the end of the entry under the year 912.

[Смерть Олега]

И живяше¹ Олегъ, миръ имѣя ко всѣмъ странамъ, княжя въ Киевѣ.

И приспѣ осень, и помяну² Олегъ конь свои, иже бѣ поставилъ³ кормити и не всѣдати на нь⁴, бѣ бо въпрашалъ⁵ волъхвовъ и кудесникъ:

»Отъ чего ми умрети?«

И рече ему кудесникъ одинъ:

»Княже! Конь, егоже любиши и ѣздиши на немъ, отъ того ти умрети.«

Олегъ же приимъ⁶ въ умѣ си⁷, рече:

»Николиже всяду на нь, ни вижю его боле того.«

И повелѣ кормити и⁸ и не водити его къ нему.

И пребы⁹ нѣколико лѣтъ не видя его, дондеже на Грекы иде. И пришедшу ему¹⁰ къ Кыеву и пребывшю 4 лѣта, на пятое лѣто помяну конь, отъ негоже бяхуть рекли¹¹ волсви¹² умрети.

И призва стареишину конюхомъ¹³ и рече:

»Кде есть конь мои, егоже бѣхъ поставилъ[14] кормити и блюсти его?«
Онъ же рече:
»Умерлъ есть.«
Олегъ же посмѣяся и укори кудесника река:[15]
»То ти неправо глаголють волъсви, но вся ложь есть: конь умерлъ есть, а я живъ.«
И повелѣ осѣдлати конь:
»А то вижю кости его!«
И прииде на мѣсто, идѣже бѣша лежаще[16] кости его голы и лобъ голь, и ссѣде[17] съ коня, и посмѣяся рече:
»Отъ сего ли лба смьрть было взяти мнѣ?«
И въступи ногою на лобъ.
И выникнувши змия изо лба и уклюну[18] въ ногу, и съ того разболѣся и умре.
И плакашася людие вси плачемъ великимъ и несоша и погребоша его на горѣ, еже глаголеться *Щековица*. Есть же могила его и сего дни, — словеть *могыла Ольгова*.
И бысть всѣхъ лѣтъ княжения его 33.

[1] живяше *impf. 3 sg.* : жити.   [2] помяну *aor. 3 sg.* : помянути.   [3] бѣ поставилъ *p. periph.* : *impf. (aor.) 3 sg.* быти + *p. a. p.* : поставити.   [4] на нь *præp.* на + *acc. sg.* : онъ.   [5] бѣ въпрашалъ *p. periph.* : *impf. (aor.) 3 sg.* : быти + *p. a. p.* : въпрашати.   [6] приимъ *p. a. p.* : прияти.   [7] си *dat. (poss.) sg., reflex. pron.*   [8] и *acc. pron.*   [9] пребы *aor. 3 sg.* : пребыти.   [10] пришедшу ему и . . . пребывъшу *dat. abs. (temp.)*.   [11] бяхуть рекли *p. periph.* : *impf. 3 pl.* : быти + *p. a. p.* : рещи.   [12] волсви *nom. pl.* : волхвъ.   [13] конюхомъ *dat. poss.*   [14] бѣхъ поставилъ *p. periph.* : *impf. (aor.) 1 sg.* : быти + *p. a. p.* : поставити.   [15] река *p. a. p.* : рещи.   [16] бѣша лежаще *p. periphr.* : *impf. (aor.) 3 pl.* : быти + *pr. a. p.* : лежати.   [17] ссѣде *aor. 3 sg.* : с[ъ]сѣсти.   [18] уклюну *aor. 3 sg.* : уклюнути.

7
The Assassination of Igor

Based upon the rivalry between Prince Igor's retinue and that of another Varangian prince, Svěn'ld, or Svěneld (Scandinavian *Sveinaldr*), the saga ends with the violent death of Igor, provoked by his spoliation of the Dereva tribe (Derevlians). The saga is related under the year 944.

[Убийство Игоря]

Въ се же лѣто рекоша[1] дружина Игореви:
»Отроци[2] Свѣньлъжи[3][a] изодѣлися суть оружьемъ и порты[4], а мы нази[5]. Поиди, княже, съ нами въ дань, да и ты добудеши и мы!«
И послуша ихъ Игорь. Иде въ Дерева въ дань, и примышляше[6] къ первои дани, и насиляше[7] имъ, и мужи его; возъемавъ[8] дань, поиде въ градъ свои.
Идуще же ему въспять, размысливъ, рече дружинѣ своеи:
»Идѣте съ данью домови, а я возъвращюся, похожю и еще.«
Пусти дружину свою домови, съ маломъ же дружины возъвратися, желая больша именья.

Слышавше же деревляне, яко опять идеть, сдумавше со княземъ своимъ Маломъ:[b]

»Аще ся въвадить волкъ въ овцѣ[9], то выносить все стадо, аще не убьють его. Тако и се: аще не убьемъ его, то все ны[10] погубить.«

И послаша къ нему, глаголюще:

»Почто идеши опять? Поималъ еси[11] всю дань.«

И не послуша ихъ Игорь.

И вышедше изъ града ис Коръстѣня Деревляне убиша Игоря и дружину его; бѣ бо ихъ мало.

И погребенъ бысть Игорь. И есть могила его у Искоръстѣня[c] града въ Деревѣхъ и до сего дне[d].

[1] рекоша *aor. 3 pl.* : рещи/речи.   [2] отроци *nom. pl.* : отрокъ.   [3] Свѣньлъжи *adj. poss., nom. pl.* : Свѣньлдъ.   [4] порты *instr. pl.* : порты = пърты.   [5] нази *nom. pl.* : нагъ.   [6] примышляше *impf. 3 sg.* : примыслити.   [7] насиляше *impf. 3 sg.* : насилити.   [8] возъемавъ *p. a. p.* : возъемати/възимати.   [9] овцѣ *acc. pl.* : ов(ь)ца.   [10] ны = насъ *acc. pl., pron. 1 pl.*   [11] поималъ еси *p. periphr.* : *p.a.p.* : поимати + *pr. 2 sg.* : быти.

[a] Svēneld refers here to a Varangian prince operating independently of Igor.

[b] *Mal* as used here is probably the name of the Derevlian prince. However, we do not exclude the possibility that the word should be regarded as an adjective, in which case it could represent the Scandinavian concept *smā-konungr*, "a small king."

[c] The name appears in two variant forms: *Korostěn'* and *Iskorostěn'*. Both of them are possessive adjectives implying the noun городъ/градъ. The former can be derived from the Scandinavian personal name *Kar(l)stein*.

[d] The fact that Igor's tomb was situated near the town of Korostěn' seems to indicate that he himself was the Derevlian prince.

8
Olga's Revenge

The story of the revenge of Princess Olga, or Helga, Prince Igor's widow, is related in a series of sagas. They comprise one continuous narrative entered under the years 944 and 946. According to D. S. Lixačov, Русские летописи и их культурно-историческое значение (Moscow-Leningrad, 1947), pp. 132 ff., the first three are based upon the misinterpretation on the part of the Derevlians of the equivocal meaning of the words "boat," "bath," and "funeral repast" (лодья, баня, тризна) as symbols of death. The fourth saga is based upon a familiar Byzantine-Mediterranean stratagem, also encountered in Scandinavian legends.

[1-ая месть Ольги[

Вольга[1] же бяше[2] въ Киевѣ съ сыномъ, съ дѣтскомъ Святославомъ, и кормилець его Асмудъ[a], и воевода бѣ Свѣнелдъ, тоже отець Мистишинъ[3].

Рѣша же Деревляне:

»Се князя убихомъ[4] рускаго. Поимемъ жену его Вольгу за князь свои Малъ[b] и Святослава, и створимъ ему, якоже хощемъ.«

И послаша Деревляне лучьшие мужи числомъ 20 въ лодьи къ Ользѣ. И присташа подъ Боричевымъ[c] въ лодьи...

И повѣдаша Ользѣ яко:

»Деревляне придоша.«

И возва е[5] Ольга къ собѣ и рече имъ:

»Добри гостье придоша!«

И рѣша Деревляне:

»Придохомъ, княгине.«

И рече имъ Ольга:

»Да глаголете, что ради придосте[6] сѣмо?«

Рѣша же Деревляне:

»Посла ны Деревьска Земля, рькуще сице: 'Мужа твоего убихомъ, бяше бо мужь твои аки волкъ, восхищая и грабя, а наши князи добри суть, иже распасли суть[7] Деревьску Землю.' Да поиди за князь нашь, за Малъ!«

Бѣ бо имя ему Малъ, князю деревьску.

Рече же имъ Ольга:

»Люба ми есть рѣчь ваша. Уже мнѣ мужа своего не крѣсити. Но хочю вы почтити наутрия предъ людьми своими. А ныне идѣте въ лодью свою, и лязите[8] въ лодьи величающеся. И азъ утро послю[9] по вы[10], вы же рьцѣте[11]: 'Не ѣдемъ на конѣхъ, ни пѣши идемъ, но понесѣте[12] ны[13] въ лодьи!' И възнесуть вы въ лодьи.«

И отпусти я[14] въ лодью.

Ольга же повелѣ ископати яму велику и глубоку на дворѣ теремь-стѣмь[15], внѣ грала. И заутра Вольга, сѣдящи въ теремѣ, посла по гости.

И придоша къ нимъ, глаголюще:

»Зоветь вы Ольга на честь велику.«

Они же рѣша:

»Не ѣдемъ на конихъ, ни на возѣхъ, ни пѣши идемъ, — понесѣте ны въ лодьи!«

Рѣша же Кияне:

»Намъ неволя: князь нашь убьенъ, а княгини наша хочеть за вашь князь.«

И понесоша я въ лодьи.

Они же сѣдяху[16] въ перегъбѣхъ, въ великихъ сустугахъ, гордящеся.

И принесоша я на дворъ къ Ользѣ.

И несъше вринуша е[17] въ яму и съ лодьею.

Приникъши Ольга и рече имъ:

»Добра ли вы[18] честь?«

Они же рѣша:

»Пущи ны[19] Игоревы смерти.«

И повелѣ засыпати я живы.

И посыпаша я.

[2-ая месть Ольги]

И пославши Ольга къ Деревляномъ рече имъ:

»Да аще мя просите право, то пришлите мужа[20] нарочити[21], да въ велицѣ[22] чти[23] приду за вашь князь, еда не пустять мене людье Киевь-стии[24].«

Се слышавше Деревляне, собрашася лучьшие мужи, иже дерьжаху Деревьску Землю, и послаша по ню[25].

Деревляномъ же пришедъшимъ[26], повелѣ Ольга мовь створити, рькуще[27] сице:

»Измывшеся придите ко мнѣ.«

Они же пережьгоша[28] истопку, и вълѣзоша[29] Деревляне, начаша ся мыти; и запроша[30] о нихъ истобъку[31]. И повелѣ зажечи я отъ двери́и. Ту изгорѣша вси.

[3-ья месть Ольги]

И посла [Ольга] къ Деревляномъ, рькущи сице:

»Се уже иду къ вамъ! Да пристроите меды многи въ градѣ, идеже убисте[32] мужа моего, да поплачюся надъ гробомъ его и створю трызну мужю своему.«

Они же, слышавше, съведоша[33] меды многи зѣло [и] възвариша.

Ольга же, поимши[34] малы дружины, легъко идущи, приде къ гробу его и плакася по мужи своемъ. И повелѣ людемъ своимъ съсути могилу велику, и яко соспоша[35], повелѣ трызну творити.

Посемъ сѣдоша[36] Деревляне пити, и повелѣ Ольга отрокомъ своимъ служити предъ ними. И рѣша Деревляне къ Ользѣ[37]:

»Кдѣ суть дружина наша, ихъже послахомъ[38] по тя[39]?«

Она же рече:

»Идуть по мнѣ съ дружиною мужа моего.«

И яко упишася Деревляне, повелѣ отрокомъ своимъ пити на ня[40], и сама отъиде кромѣ и повелѣ дружинѣ своеи сѣчи Деревляне. И исѣкоша ихъ 5,000.

И Ольга возвратися Киеву и пристрои вои на прокъ ихъ.

[4-ая месть Ольги]

Ольга съ сыномъ своимъ Святославомъ собра вои многи и храбры и иде на Деревьску Землю.

И изидоша Деревляне противу, и сънемъшемася[41] обѣма полкома наскупь, суну[42] копьемъ Святославъ на Деревляны, и копье летѣ сквозѣ уши коневи[43] и удари въ ноги коневи, бѣ бо [Святославъ дѣтескъ].

И рече Свѣнелдъ и Асмолдъ:[d]

»Князь уже почалъ; потягнѣте[44], дружина, по князѣ!«

И побѣдиша Деревлянъ. Деревляне же побѣгоша и затворишася въ градѣхъ своихъ. Ольга же устремися съ сыномъ своимъ на Искоростѣнь градъ, яко тѣе[45] бяху убили[46] мужа ея, и ста около града съ сыномъ своимъ, а Деревляне затворишася въ градѣ и боряхуся[47] крѣпко изъ града, вѣдѣху бо, яко сами убили князя, и на что ся предати.

И стоя Ольга лѣто и не можаше[48] взяти града. И умысли сице. Посла ко граду, глаголющи:

»Что хочете досѣдѣти? А вси гради ваши предашася мнѣ и ялися по дань, и дѣлають нивы своя и землѣ[49] своя. А вы хочете изъмерети гладомъ, не имучеся[50] по дань?«

Деревляне же рекоша:

»Ради ся быхомъ яли[51] по дань, но хощеши мьщати мужа своего.«

Рече же имъ Ольга яко:

»Азъ мьстила уже обиду мужа своего, когда придоша Киеву, и второе, и третьее, когда творихъ трызну мужеви[52] своему; а уже не хощю мьщати, но хощю дань имати помалу, и смирившися съ вами поиду опять.«

Рекоша же Деревляне:

»Что хощеши у насъ? Ради даемъ медомъ и скорою.«

Она же рече имъ:

»Нынѣ у васъ нѣсть меду, ни скоры, но мало у васъ прошю: даите ми отъ двора по 3 воробьи; азъ бо не хощю тяжьки дани възложити, якоже и мужь мои; сего прошю у васъ мало, вы бо есте изънемогли въ осадѣ.«

Деревляне же, ради бывше, и собраша отъ двора по 3 голуби и по 3 воробьи и послаша къ Ользѣ съ поклономъ.

Вольга[53] же рече имъ:

»Се уже есте покорилися мнѣ и моему дѣтяти! А идѣте въ градъ, а я заутра отступаю отъ града и поиду въ градо-сь.«

И Деревляне же, ради бывше, внидоша въ градъ и повѣдаша людемъ. И обрадовашася людье въ градѣ.

Вольга же, раздая воемъ по голуби комуждо, а другимъ по воробьеви, и повелѣ къ комуждо голуби и къ воробьеви привязывати цѣрь, обертывающе въ платки малы, нитъкою поверзывающе къ коемуждо ихъ. И повелѣ Ольга, яко смерчеся[54], пустити голуби и воробьи воемъ своимъ.

Голуби же и воробьеве полетѣша въ гнѣзда своя, ови въ голубьники, врабьеве же подъ стрѣхи; и тако възгарахуся голубьници, ово клѣти, ово вежѣ[55], ово ли одрины, и не бѣ двора, идѣже не горяше, и не бѣ льзѣ гасити, вси бо двори възгорѣшася.

И побѣгоша людье изъ града.

И повелѣ Ольга воемъ своимъ имати е[56]. Яко взя градъ, и позьже[57] и[58]; старѣишины же града изънима, и прочая люди овыхъ изби, а другия работѣ предасть мужемъ своимъ, а прокъ ихъ остави платити дань.

И възложи на ня[59] дань тяжьку: 2 части дани идета[60] Киеву, а третьяя Вышегороду къ Ользѣ; бѣ бо Вышегородъ градъ Вользинъ[61].

И иде Вольга по Дерьвьстѣи[62] Земли съ сыномъ своимъ и съ дружиною, уставляющи уставы и уроки. И суть становища еѣ[63] и ловища.

И приде въ градъ свои Киевъ съ сыномь своимъ Святославомъ, и пребывши лѣто едино.

---

[1] Вольга = Ольга.   [1] бяше *impf. 3 sg.* : быти.   [3] Мистишинъ *adj. poss.* : Мистиша. [4] убихомъ *aor. 1 pl.* : убити.   [1] е = я *acc. pl.* : онъ.   [6] придосте *aor. 2 du.* : приити. [7] распасли суть *p. periphr.* : *p. a. p.* : распасти + *pr. 3 pl.* : быти.   [8] лязите *imp. 2pl.* : лещи/лечи.   [9] послю *pr. 1 sg.* : пос(ъ)лати.   [10] вы = васъ *acc. pl.*   [11] рьцѣте *imp. 2 pl.* : рещи/речи.   [12] понесѣте *imp. 2 pl.* : понести.   [13] ны = насъ *acc. pl.* [14] я *acc. pl.* : онъ.   [15] теремьстѣмь *loc. sg.* : теремьскъ.   [16] сѣдяху *impf. 3 pl.* : сѣдѣти. [17] е = я *acc. pl.* : онъ.   [18] вы = вамъ *dat. pl.*   [19] ны = намъ *dat. pl.*   [20] мужа *acc. pl.* : мужь.   [21] нарочити mistake for нарочиты.   [22] велицѣ *log. sg.* : велика. [23] чти *loc. sg.* : чьсть.   [24] Киевьстии *nom. pl.* : Киевьскъ.   [25] по ню *prep. + acc. sg.* : она. [26] Деревляномъ ... пришедъшимъ *dat. abs. (temp.).*   [27] рькуще *pr. a. p.* : речи/рещи.   [30] за[28] пережьгоша *aor. 3 pl.* : пережечи/-жещи.   [29] вълѣзоша *aor. 3 pl.* : вълѣзти.   проша *aor. 3 pl.* : заперети/-прѣти.   [31] истобъку = истопку = истъбъку.   [32] убисте *aor. 2 pl.* : убити.   [33] съведоша and the following form in the same sentence възвариша *aor. 3 pl.* : съвести, възварити.   [34] поимши *p. a. p.* : пояти.   [35] соспоша *aor. 3 pl.* : съсути. [36] сѣдоша *aor. 3 pl.* : сѣсти.   [37] Ользѣ *dat. sg.* : Ольга.   [38] послахомъ *aor. 1 pl.* : пос[ъ]лати. [39] тя *acc.* : ты.   [40] ня *acc. pl.* : онъ.   [41] сънемьшемася *p. a. p., dat. du.* : сънятися.   [42] суну

aor. 3 sg. : сунути.   [43] коневи *dat. sg.* : конь.   [44] потягнѣте *imp. 2 pl.* : потягнути.
[45] тѣе *nom. pl.* : тъ(тъ) *dem. pron.*   [46] бяху убили *p. periphr.* : *impf. 3 pl.* : быти + *p. act.*
part. : убити.   [47] боряхуся and the following form in the same sentence вѣдѣху *impf.*
3 pl. : боротися, вѣдѣти.   [48] можаше *imp. 3 sg.* : мочи.   [49] землѣ *acc. pl.* : земля.
[50] имучеся *pr. a. p.*, *nom. pl.* : ятися.   [51] ся быхомъ яли *periphr. cond. 1 pl.* : ятися.
[52] мужеви *dat. sg.* : мужь.   [53] Вольга = Ольга.   [54] смерчеся *aor. 3 sg.* : с(ъ)мьркнутися.
[55] вежѣ *nom. pl.* : вежа.   [56] е = я *acc. pl.* : онъ.   [57] позьже = пожьже *aor. 3 sg.* : пожещи.
[58] и *acc. sg.* : онъ.   [59] ня *acc. pl.* : онъ.   [60] идета *imp. 3 du.* : ити.   [61] Вользинъ =
Ользинъ *adj. poss.* : Ольга.   [62] Дерьвьстѣи *dat. sg.*, *det.* : Деревьскъ.   [63] еѣ *gen. sg.* : она.

a *Asmud* represents the Scandinavian name *Ásmundr*. Svěneld is here introduced as
the father of a certain Mistiša (probably derived from the name Mstislav), who must have
been more famous than his father when the *Chronicle* was being compiled.

b *Mal* is not necessarily the Derevlian prince's personal name. The author later finds
it necessary to emphasize that it indeed was his name.

c Boričevo, a place near Kiev.

d Asmold, obviously identical with Asmud.

9

Olga's Baptism in Constantinople

The narrative of the baptism of Princess Olga in Constantinople, entered
under the year 955, is based upon the ironical concept of the fatuity of the
enamored Emperor John Tzimisces (in reality Emperor Constantine Porphyro-
genitus) as contrasted with the sagacity of Princess Olga.

[Ольга в Царьградѣ]

Иде Ольга въ Греки и приде Царюграду [a]. Бѣ[1] тогда царь имянемъ
Цѣмьский [b]. И приде къ нему Ольга, и видѣвъ ю[2] добру сущю зѣло лицемъ
и смыслену, удививъся царь разуму ея, бесѣдова къ неи и рекъ[3] еи:

»Подобна еси царствовати въ градѣ съ нами.«

Она же, разумѣвши, рече ко царю:

»Азъ погана есмь. Да аще мя хощеши крестити, то крести мя самъ.
Аще ли ни, то не крещюся.«

И крести ю царь съ патреархомъ [c]. Просвѣщена же бывши, радовашеся
душею и тѣломъ. И поучи ю патреархъ о вѣрѣ и рече еи:

»Благословена ты въ женахъ руских, яко возлюби[4] свѣтъ, а тьму
остави! Благословити тя хотять сынове рустии[5] и въ послѣднии родъ внукъ
твоихъ.«

И заповѣда еи о церковномъ уставѣ, о молитвѣ и о постѣ, о милостыни
и о въздержаньи тѣла чиста. Она же, поклонивши главу, стояше аки губа
напаяема, внимающи ученья. И поклонися патреарху, глаголющи:

»Молитвами твоими, владыко, да схранена буду оть сѣти неприязньны!«

Бѣ же речено имя еи во крещеньи Олена, якоже и древняя царица,
мати великаго Костянтина [d]. И благослови ю патреархъ и отпусти ю. И по
крещеньи возва ю царь и рече еи:

»Хощю тя пояти собѣ женѣ.«

Она же рече:

»Како хочеши мя пояти, крестивъ мя самъ и нарекъ[6] мя дщерею?[7]
А въ хрестеянехъ того нѣсть закона, а ты самъ вѣси[8].«

И рече царь:

»Переклюкала мя еси, Ольга!«

И дасть[9] еи дары многи, злато и сребро, паволоки и съсуды различныя, и отпусти ю, нарекъ ю дщерью[10] собе...

Си же Ольга приде Киеву. И присла къ неи царь гречьскии, глаголя яко:

»Много дарихъ[11] тя. Ты бо глаголяше[12] ко мне, яко: 'Аще возъвращюся въ Русь, многи дары прислю ти: челядь, воскъ и скору, и вои въ помощь.'«

Отвещавши Ольга, и рече къ сломъ[13]:

»Аще ты, рьци, такоже постоиши у мене въ Почаине[e], якоже азъ въ Суду, то тогда ти дамь.«

И отпусти слы[14], се рекъши.

[1] бѣ *impf. 3 sg.* : быти.   [2] ю *acc. sg.* : она.   [3] рекъ *p. a. p.* : рещи/речи.   [4] возлюби and the following expression остави *aor. 2 sg.*   [5] рустии *nom. pl., det.* : русьскъ.   [6] нарекъ *p. a. p.* : наречи/нарещи.   [7] дщерею *instr. sg.* : дщи.   [8] вѣси *pr. 2 sg.* : вѣдѣти.   [9] дасть *aor. 1 sg.* : дати.   [10] дщерью = дщерею.   [11] дарихъ *aor. 1 sg.* : дарити.   [12] глаголяше *impf. 2 sg.* : глаголати.   [13] сломъ *dat. pl.* : сълъ.   [14] слы *acc. pl.* : сълъ.

[a] According to Greek sources, Olga visited Constantinople in 957.

[b] The emperor was not John Tzimisces (969–76), but Constantine Porphyrogenitus (944–59) who himself described Olga's visit in his book *De administrando imperio* without mentioning her baptism. There is reason to believe that she was baptized some three years prior to her visit to Constantinople.

[c] Patriarch Polyeuctes (956–70).

[d] Helena, mother of Constantine the Great.

[e] Počajna, an affluent of the river Dnieper near Kiev.

10
Prince Vladimir and Princess Rogned'

This saga, which is based without any doubt on Byzantine tales glorifying heroic women, concerns Prince Vladimir, who ravished the daughter of the Varangian Prince Rogvolod (or Ragnvaldr) of Polock, and Princess Rogned' (or Ragnheidr), who sought to revenge herself. The first variant of the saga is found in the *Chronicle* under the year 980. In the second (but not necessarily later) variant, contained in the continuation of the *Chronicle* as presented in the *Codex Laurentianus* under the year 1128, Princess Rogned''s young son, Iz'aslav, enters the story as the avenger of his mother and of Rogvolod, whose descendants, through the line of Iz'aslav, carried on unceasing hostilities against the descendants of Vladimir.

[Володимер и Рогнедь]
(Variant 1)

И посла [Володимеръ][a] ко Рогъволоду[b] Полотьску[1], глаголя:

»Хочю пояти дщерь[2][c] твою собе жене[3].«

Онъ же рече дщери своеи:

»Хощеши ли за Володимера?«

Она же рече:

»Не хочю розути робичича, но Ярополка[d] хочю.«

Бѣ бо Рогъволодъ пришелъ[4] изъ заморья, имяше[5] власть свою въ Полотьскѣ, а Туры[e] Туровѣ[6], отъ негоже и Туровци прозвашася.

И придоша отроци Володимерови и повѣдаша ему всю рѣчь Рогнѣдину, дщери Рогъволожѣ[7], князя Полотьскаго.

Володимеръ же собра вои многи, Варяги и Словѣни, Чюдь и Кривичи, и поиде на Рогъволода.

Въ се же время хотяху[8] Рогнѣдь вести за Ярополка.

И приде Володимеръ на Полотескъ и уби Рогъволода и сына его два, и дчерь[9] его поя женѣ. И поиде на Ярополка[f].

(Variant 2)

О сихъ же Всеславичихъ[g] сице есть, яко сказаша[10] вѣдущии прежь, яко Роговолоду дерщащю и владѣющю и княжащю[11] Полотьскую Землю, а Володимеру сущю Новѣгородѣ, дѣтьску сущю еще и погану[12], и бѣ у него Добрына[h] воевода, и храборъ и наряденъ мужъ. Съ посла къ Роговолоду и проси у него дщере[13] его за Володимера.

Онъ же рече дщери своеи:

»Хощеши ли за Володимера?«

Она же рече:

»Не хочю розути робичича, но Ярополка хочю.«

Бѣ бо Роговолодъ перешелъ изъ за моря, имеяше волость свою Полтескъ.

Слышавше же Володимеръ разгнѣвася о тои рѣчи, оже рече:

»Не хочю я за робичича.«

Пожалися Добрына и исполнися ярости. И поемше[14] вои и идоша на Полтескъ. И побѣдиста[15] Роговолода. Роговолодъ же вбѣже[16] въ городъ. И приступивъше къ городу и взяша городъ и самого князя Роговолода яша[17] и жену его и дщерь его, и Добрына поноси ему и дщери его, нарекъ[18] еи робичича. И повелѣ Володимеру быти съ нею предъ отцемь ея и матерью.

Потомъ отца ея уби, а саму поя[19] женѣ. И нарекоша еи имя *Горислава* и роди Изяслава[i]. Поя же паки ины жены многи[j]. И нача еи негодовати. Нѣколи же ему пришедшю къ неи и уснувшю[20], хотѣ и[21] зарѣзати ножемь. И ключися ему убудитися, и я[22] ю за руку.

Она же рече:

»Сжалила си бяхъ[23], зане отца моего уби и землю его полони мене дѣля. И се нынѣ не любиши мене и съ младенцемъ симь.«

И повелѣ еи устроитися во всю тварь царьскую якоже въ день посага ея и сѣсти на постели свѣтлѣ въ храминѣ, да пришедъ потнеть[24] ю.

Она же тако створи. И давши же мечь сынови своему Изяславу въ руку нагъ, и рече:

»Яко внидеть ти отець, рци выступя: 'Отче, еда единъ мнишися ходя?'«

Володимеръ же рече:

»А хто[25] тя мнѣлъ сдѣ?«

И повергъ мечь свои, и созва боляры и повѣда имъ. Они же рекоша:

»Уже не убии ея дѣтяти дѣля сего, но въздвигни отчину ея и даи еи съ сыномъ своимъ.«

Володимеръ же устрои городъ и да имя и нарече имя городу тому *Изяславль*[k].

И оттолѣ мечь взимають Роговоложи внуци противу Ярославлимъ внукомъ[l].

[1] Полотьску *dat. sg. of direction.* [2] дщерь *acc. sg.* : д(ъ)щи. [3] женѣ *dat. pred.* [4] бѣ пришелъ *p. periphr.* : *aor.* (*impf.*) *3 sg.* : быти + *p. a. p.* : приити. [5] имяше *impf. 3 sg.* : имѣти. [6] Туровѣ *loc. sg.* [7] Рогъволожѣ *gen. sg.* : Рогъволожа *adj. poss.* [8] хотяху *impf. 3 pl.* : хотѣти. [9] дъчерь *acc. sg.* : дъчи. [10] сказаша *aor. 3 pl.* : с[ъ]казати. [11] Роговолоду держащю и владѣющю и княжащю *dat. abs.* (*temp.*). [12] Володимеру сущю дѣтьску сущю и погану *dat. abs.* (*temp.*). [13] дъщере *gen. sg.* : дъщи. [14] поемше *pr. a. p.*, *nom. pl.* : пояти. [15] побѣдиста *aor. 3 du.* : побѣдити. [16] вбѣже *aor. 3 sg.* : в[ъ]бѣчи/ в[ъ]бѣщи. [17] яша *aor. 3 pl.* : яти. [18] нарекъ *pr. a. p.* : наречи/нарещи. [19] поя *aor. 3 sg.* : пояти. [20] ему . . . уснувшю *dat. abs.* (*temp.*). [21] и *acc. sg.* : онъ. [22] я *aor. 3 sg.* : яти. [23] сжалила си бяхъ *p. periphr.* : сжалила си *p. a. p.* : с(ъ)жалити си + бяхъ *impf. 1 sg.* : быти. [24] потнеть *pr. 3 sg.* : потяти. [25] хто = къто.

[a] Vladimir I, Prince of Novgorod (970–979), Great Prince of Kievan Russia (979–1015).

[b] Rogvolod (= Ragnvaldr), a Varangian who founded the independent principality of Polock.

[c] Rogvolod's daughter, Rogned' (= Ragnheidr).

[d] Rogned' was engaged to Jaropolk, Great Prince of Kiev (972–79).

[e] The founder of Turov was apparently a Varangian named Turi.

[f] These events took place in 979.

[g] The descendants of Vseslav, Prince of Polock (1044–1101) were also descendants of Rogned's first son, Iz'aslav, Prince of Polock (d. 1001) and, consequently, descendants of Prince Rogvolod, the first ruler of Polock.

[h] Dobryn'a, apparently the brother of Vladimir's mother, Maluša (= Malmfridr).

[i] Iz'aslav (b. 980 or 981).

[j] Vladimir had many wives prior to his baptism and his marriage to the Byzantine princess Anna.

[k] The Castle of Iz'aslavl' in the Polock region.

[l] Subsequently, there was bitter antagonism between the descendants of Iz'aslav (Rogvolod's grandson) and the descendants of Vladimir (Jaroslav's grandson), i. e., between the independent principality of Polock and the state of Kiev.

PRESBYTER VASILIJ'S STORY OF THE BLINDING OF PRINCE VASIL'KO OF TEREBOVL'

This narrative is presented as an example of reportorial accounts of historical events written independently and inserted into Nestor's *Chronicle*. The report of Presbyter Vasilij, a diplomat and an eyewitness of the events described, is an outstanding example of political and historical writing. It was probably incorporated into the *Chronicle* under the year 1097 by the compiler of the recension of 1116, the monk Sylvester. In the year 1097 at the congress of all Russian princes in L'ubeč, on the initiative of Prince Vladimir Monomachus and in order to avoid further feudal wars, a peace accord was reached, to be observed strictly by all Russian princes. The narrative deals with the perfidious blinding of Prince Vasil'ko of Terebovl' by the princes Sv'atopolk of Kiev and David of Volhynia and the dramatic consequences of this atrocity.

The text is taken from Полное собрание русских летописей, Vol. I(Leningrad, 1926), containing the *Tales of Bygone Years* according to the *Codex Laurentianus*.

[Ослепление Василька]

Придоша Святополкъ[a] и Володимеръ[b] и Давыдъ Игоревичь[c] и Василько Ростиславичь[d] и Давыдъ Святославичь[e] и братъ его Олегъ[f] и сняшася[1] Любячи[2][g] на устроенье мира. И глаголаша къ собѣ, рекуще:

»Почто губимъ Русьскую Землю, сами на ся котору дѣюще? А Половци[h] землю нашу несуть розно и ради суть, оже межю нами рати. Да понѣ отселѣ имемъся въ едино сердце и блюдемъ Рускыѣ[3] Земли. Кождо да держить отчину свою: Святополкъ Изяславлю[4] [отчину], Володимеръ Всеволожю[5], Давыдъ и Олегъ Ярославлю[6] и Святославлю[7][i]. А имже роздаялъ Всеволодъ городы: Давыду Володимерь, Ростиславичема Перемышьль Володареви, Теребовль Василькови[j].

И на томъ цѣловаша крестъ:

»Да аще кто отселѣ на кого будеть, то на того будемъ вси. И кресть честныи,« — рекоша вси, — »да будеть на нь[8]. И вся Земля Русьская.«

И цѣловавшеся поидоша въ своя си.

И приде Святополкъ съ Давыдомъ [Игоревичемь] Кыеву, и ради быша[9] людье вси. Но токмо дьяволъ печаленъ бяше[10] о любви сеи. И влѣзе[11] Сотона въ сердце нѣкоторымъ мужемъ, и почаша глаголати къ Давыдови Игоревичю, рекуще сице, яко:

»Володимеръ сложился есть[12] съ Василькомъ на Святополка и на тя[13].«

Давыдъ же, емъ[14] вѣру лживымъ словесомъ, нача молвити на Василька, глаголя:

»Кто есть убилъ[15] брата твоего Ярополка[k], а нынѣ мыслить на мя и на тя и сложился е[16] съ Володимеромъ? Да промышляи о своеи головѣ!«

Святополкъ же смятеся[17] умомъ, река:[18]

»Еда се право будеть, или лжа, не вѣдѣ[19].«

И рече Святополкъ къ Давыдови:

»Да аще ли завистью молвишь, богъ будеть за тѣмъ.«

Святополкъ же сжалися по братѣ своемъ и о собѣ нача помышляти, еда се право будеть. И я[20] вѣру Давыдови, и прельсти Давыдъ Святополка, и начаста[21] думати о Васильцѣ[22]. А Василько сего не вѣдяше[23] ни Володимеръ. И нача Давыдъ глаголати:

»Аще не имевѣ[24] Василька, то ни тобѣ княженья Кыевѣ[25], ни мнѣ въ Володимери.«

И послуша его Святополкъ.

И приде Василько въ 4 ноямбря и перевезеся на Выдобычь[l]. И иде поклонится къ святому Михаилу въ манастырь и ужина[26] ту, а товары своя постави на Рудици;[m] вечеру же бывшю[27] приде въ товаръ свои.

И наутрия же бывшю, присла Святополкъ, река:

»Не ходи отъ именинъ моихъ.«

Василько же отпрѣся[28], река:

»Не могу ждати; еда будеть рать дома.«

И присла къ нему Давыдъ:

»Не ходи, брате, не ослушаися брата старѣишаго.«

И не всхотѣ Василько послушати.

И рече Давыдъ Святополку:

»Видиши ли? Не помнить тебе, ходя въ твоею руку! Аще ти[29] отъидеть въ свою волость, самъ узриши, аще ти не заиметь градъ твоихъ, Турова и Пиньска[п] и прочихъ градъ твоихъ, да помянешь мене. Но призвавъ нынѣ и емъ[30] и[31], дажь[32] мнѣ.«

И послуша его Святополкъ и посла по Василька, глаголя:

»Да аще не хощеши ждати до именинъ моихъ, да приди нынѣ, да цѣлуеши мя, и посѣдимъ вси съ Давыдомъ.«

Василько же обѣщася прити, не вѣдыи[33] льсти, юже имяше[34] на нь Давыдъ. Василько же, всѣдъ на[35] конь, поѣха, и устрѣте[36] и[37] дѣтьскыи его и повѣда ему, глаголя:

»Не ходи, княже, хотять тя яти.«

И не послуша его, помышляя:

»Како мя хотять яти? Оно цѣловали крестъ, рекуще: 'Аще кто на кого будеть, то на того будеть кресть и мы вси.'«

И помысливъ си, прекрестися, рекъ:

»Воля господня да будеть!«

И приѣха въ малѣ дружинѣ на княжь дворъ. И вылѣзе противу его Святополкъ. И идоша въ истобку. И приде Давыдъ. И сѣдоша. И нача глаголати Святополкъ:

»Останися на святокъ[о].«

И рече Василько:

»Не могу остати, брате. Уже есмь повелѣлъ[38] товаромъ поити переди.«

Давыдъ же сѣдяше[39] акы нѣмъ. И рече Святополкъ:

»Да заутрокаи, брате.«

И обѣщася Василько заутрокати. И рече Святополкъ:

»Посѣдита вы здѣ, а язъ лѣзу, наряжю.«

И лѣзе вонъ. А Давыдъ съ Василькомъ сѣдоста[40]. И нача Василько глаголати къ Давыдови, и не бѣ въ Давыдѣ гласа ни послушанья. Бѣ бо ужаслься[41] и лесть имѣя въ сердци. И посѣдѣвъ Давыдъ мало, рече:

»Кде есть братъ?«

Они же рѣша ему:

»Стоитъ на сѣнехъ.«

И вставъ, Давыдъ рече:

»Азъ иду по нь. А ты, брате, посѣди.«

И вставъ, иде вонъ.

И яко выступи Давыдъ, и запроша[42] Василька въ 5-и ноямьбря и оковаша и въ двои оковы и приставиша къ нему сторожѣ[43] на ночь.

Наутрия же Святополкъ созва боляръ и Кыянъ и повѣда имъ, еже бѣ ему повѣдалъ Давыдъ, яко:

»Брата ти убилъ, а на тя свѣчался[44] съ Володимеромъ, и хотять тя убити и грады твоя заяти.«

И рѣша боляре и людье:

»Тобѣ, княже, достоить блюсти головы своее[45]. Да аще есть право молвилъ Давыдъ, да приметь Василько казнь. Аще ли неправо глагола Давыдъ, да приметь месть отъ бога и отвѣчаеть предъ богомъ.«

И увѣдѣша[46] игумени и начаша молитися о Василькѣ Святополку. И рече имъ Святополкъ:

»Ото Давыдъ.«

Увѣдѣвъ же се Давыдъ, нача поущати на ослѣпленье:

»Аще ли сего не створишь, а пустишь и, то ни тобѣ княжити ни мнѣ.«
Святополкъ же хотяше пустити и, но Давыдъ не хотяше, блюдася[47] его.

И на ту ночь ведоша и[48] Бѣлугороду[49], иже градъ малъ у Кыева яко
10 верстъ въ далѣ, и привезоша и на колѣхъ, окована суща, ссадиша и съ
колъ и ведоша и въ истобку малу.

И сѣдящю ему[50], узрѣ Василько Торчина[р], остряща ножь, и разумѣ,
яко хотятъ и слѣпити, и възпи[51] къ богу плачемъ великимъ и стенаньемъ.
И се влѣзоша послании Святополкомъ и Давыдомъ, — Сновидъ Изечевичь,
конюхъ Святополчь, и Дьмитръ, конюхъ Давыдовъ, и почаста[52] простирати
коверъ, и простерше[53] яста[54] Василка и хотяста[55] и поврещи[56]. И боря-
шется[57] съ нима крѣпко, и не можаста[58] его поврещи. И се влѣзше друзии
повергоша[59] и, и связаша и, и снемше[60] доску съ печи и възложиша на
перси его. И сѣдоста[61] обаполы Сновидъ Изечевичь и Дьмитръ и не можаста
удержати. И приступиста ина два и сняста[62] другую дску[63] съ печи и сѣдо-
ста. И удавиша и рамяно, яко персемъ троскотати. И приступи Торчинъ,
именемъ Беренди[ч], овчюхъ Святополчь, держа ножь и хотя ударити въ око.
И грѣшися ока и перерѣза ему лице, и есть рана та на Василькѣ и нынѣ.
И посемъ удари и въ око, и изя[64] зѣницю, и посемъ въ другое око, и изя
другую зѣницю. И въ томъ часѣ бысть яко и мертвъ.

И вземше[65] и на коврѣ, вложиша на кола яко мертва и повезоша и
Володимерю. И бысть везому ему: — сташа съ нимъ, перешедше мостъ
Звиженьскыи[г], на торговищи, и сволокоша[66] съ него сорочку, кроваву
сущю, и вдаша попадьи опрати. Попадья же, оправши, взложи на нь,
онѣмъ обѣдующимъ[67], и плакатися нача попадья, яко мертву сущю оному[68].
И очюти[69] [Василько] плачь и рече:

»Кдѣ се есмъ?«

Они же рекоша ему:

»Въ Звиждени городѣ[s].«

И впроси воды, они же даша ему, и испи воды, и вступи во нь душа.
И упомянуся и пощупа сорочкы и рече:

»Чему есте сняли съ мене? Да быхъ въ тои сорочкѣ кровавѣ смерть
приялъ и сталъ предъ богомъ.«

Онѣмъ же обѣдавшимъ, поидоша съ нимъ вскорѣ на колѣхъ, а по
грудну пути, бѣ бо тогда мѣсяць груденъ, рекше ноябрь. И придоша съ
нимъ Володимерю[т] въ 6 день. Приде же и Давыдъ съ нимъ, акы нѣкакъ
уловъ уловивъ. И посадиша и въ дворѣ Вакѣевѣ и приставиша 30 мужь
стеречи и 2 отрока княжа, Уланъ и Колчко.

★

Володимеръ же слышавъ, яко ятъ бысть Василько и слѣпленъ, ужа-
сеся[70] и всплакавъ и рече:

»Сего не бывало есть Русьскѣи Земли ни при дѣдѣхъ нашихъ, ни при
отцихъ нашихъ, сякого зла!«

И ту абье посла къ Давыду и къ Ольгови Святославичема, глаголя:
»Поидета къ Городцю, да поправимъ сего зла, еже ся створи въ Русь-
скѣи Земли, и въ насъ, въ братьи, оже вверженъ въ ны[71] ножь. Да аще
сего не правимъ, то большее зло встанеть на насъ, и начнеть братъ брата

закалати, и погыбнетъ Земля Русьская, и врази наши, Половци, пришедше возмуть Землю Русьскую.«

Се слышавъ, Давыдъ и Олегъ печальна быста вельми и плакастася, рекуща, яко:

»Сего не было въ родѣ нашемь!«

И ту абъе собравше воѣ[72], придоста къ Володимеру. Володимеру же съ вои[73] стоящю[74] въ бору, Володимеръ же и Давыдъ и Олегъ послаша мужѣ[75] свои, глаголюще къ Святополку:

»Что се зло створилъ еси въ Русьстѣи Земли, и ввергль еси ножь въ ны? Чему еси ослѣпилъ братъ свои? Аще ти бы вина кая была на нь, обличилъ бы и предъ нами и упрѣвъ[76] бы и, створилъ ему. А нынѣ яви вину его, оже ему се створилъ еси.«

И рече Святополкъ, яко:

»Повѣда ми Давыдъ Игоревичь яко: 'Василько брата ти убилъ, Яро-полка, и тебе хощеть убити и заяти волость твою, Туровъ и Пинескъ и Берестие[u] и Погорину[v]. А заходилъ ротѣ съ [братомъ своимъ] Володи-меромъ, яко сѣсти Володимеру Кыевѣ, а Василькови Володимери.' А неволя ми своее головы блюсти. И не язъ его слѣпилъ, но Давыдъ, и велъ и къ собѣ.«

И рѣша мужи Володимери и Давыдови и Ольгови:

»Извѣта о семь не имеи, яко Давыдъ есть слѣпилъ и. Не въ Давыдовѣ городѣ ятъ[77], ни слѣпленъ, но въ твоемъ градѣ ятъ и слѣпленъ.«

И се имъ глаголющимъ разидошася разно.

Наутрия же хотящимъ чресъ Днѣпръ на Святополка, Святополкъ же хотѣ побѣгнути ис Киева. И не даша ему Кыяне побѣгнути, но послаша Всеволожю княгиню[w] и митрополита Николу къ Володимеру, глаголюще:

»Молимся, княже, тобѣ и братома твоима, — не мозѣте[78] погубити Русьскыѣ Земли! Аще бо возмете рать межю собою, погании имуть радо-ватися, и возмуть землю нашу, иже бѣша стяжали[79] отци ваши и дѣди ваши трудомъ великимъ и храбрьствомъ, — побарающе по Русьскѣи Земли, ины земли приискываху. А вы хочете погубити Землю Русьскую.«

Всеволожая же и митрополитъ придоста къ Володимеру и молистася ему и повѣдаста мольбу Кыянъ, яко творити миръ и блюсти Землѣ Русьскиѣ и брань имѣти съ погаными.

Се слышавъ, Володимеръ росплакавъся и рече:

»По истинѣ, отци наши и дѣди наши зблюли[80] Землю Русьскую, а мы хочемъ погубити.«

И преклонися на мольбу княгинину, — чтяшеть[81] ю[82] акы матерь, отца ради своего, не ослушаяся его ни въ чемже, бѣ бо любимъ отцю своему повелику, въ животѣ и по смерти не ослушаяся его ни въ чемже. Тѣмже и послуша ея акы матере. И митрополита такоже чтяше санъ святи-тельскыи и не преслуша мольбы его, Володимеръ бо такъ бяше[83] любезнивъ: — любовь имѣя къ митрополитомъ и къ епископомъ и къ игуменомъ, паче же и чернечьскыи чинъ любя и черници любя; приходящая къ нему напи-таше и напаяше, акы мати дѣти своя: аще кого видяше ли шюмна, ли въ коемъ зазорѣ, не осуяше[84], но вся на любовь прекладаше и утѣшаше.

Но мы на свое възвратимся. Княгини же, бывши у Володимера, ·приде Кыеву и повѣда вся рѣчи Святополку и Кыяномъ, яко миръ будеть. И

начаша межи собою мужи слати и умиришася на семъ, яко рѣша Свято-
полку, яко:

»Се Давыдова сколота! То иди ты, Святополче, на Давыда, любо ими[85],
любо прожени[86] и[87].«

Святополкъ же емъся[88] по се, и цѣловаша крестъ межю собою, миръ
створше[89].

Василькови же сущю[90] Володимери[91] на преже реченѣмь мѣстѣ, и яко
приближися постъ великыи, и мнѣ ту сущю[92], Володимери, въ едину нощь
присла по мя[x] князь Давыдъ. И придохъ къ нему, и сѣдяху около его
дружина, и посадивъ мя и рече ми:

»Се молвилъ Василько си ночи къ Уланови и Колчи, реклъ тако:
‘Се слышю, оже идеть Володимеръ и Святополкъ на Давыда. Да же бы
мене Давыдъ послушалъ, да быхъ послалъ[93] мужь свои къ Володимеру
воротиться. Вѣдѣ[94] бо ся съ нимь что молвилъ, и не поидеть.’ Да се,
Василю[y], шлю тя. Иди къ Василькови, тезу[95] своему, съ сима отрокома
и молви ему тако: ‘Оже хощеши послати мужь свои, и воротится Володи-
меръ, то вдамъ[96] ти, которои ти городъ любъ, любо Всеволожь[z], любо
Шеполь[aa], любо Перемиль[bb].’«

Азъ же идохъ къ Василькови и повѣдахъ ему вся рѣчи Давыдови.
Онъ же рече:

»Сего есмъ не молвилъ. Но надѣюся на бога, — пошлю [къ Володи-
меру], да быша не прольяли[97] мене ради крови. Но сему ми дивно: даеть
ми городъ свои, а мои Теребовль, моя власть, пождавше и нынѣ.«

Якоже и бысть, вскорѣ бо прия власть свою. Мнѣ же рече:

»Иди къ Давыдови и рци ему: ‘Пришли ми Кульмѣя, тъ пошлю къ
Володимеру.’«

И не послуша его Давыдъ и посла мя пакы, река:[98]

»Нѣту Кульмѣя.«

И рече ми Василько:

»Посѣди мало.«

И повелѣ слузѣ[99] своему ити вонъ и сѣде со мною и нача ми глаголати:

»Се слышю, оже мя хощеть дати Ляхомъ Давыдъ. То се мало ся насы-
тилъ крове моея, а се хочеть боле насытитися, оже мя вдасть имъ? Азъ
бо Ляхомъ много зла творихъ[cc] и хотѣлъ есмъ створити и мстити Русьскѣи
Земли. И аще мя вдасть Ляхомъ, не боюся смерти. Но се повѣдаю ти
поистинѣ (яко на мя богъ наведе за мое възвышенье), яко приде ми вѣсть,
яко идуть ко мнѣ Берендичи[dd] и Печенѣзи[100][ee] и Торци[101][ff], и рекохъ въ
умѣ своемъ, оже ми будуть Берендичи и Печенѣзи и Торци, реку брату
своему Володареви и Давыдови: ‘Даита ми дружину свою, а сама пиита[102]
и веселитася.’ И помыслихъ: ‘На Землю Лядьскую наступлю на зиму и на
лѣто и возьму Землю Лядьскую и мьщю Русьскую Землю!’ И посемъ
хотѣлъ есмъ переяти Болгары Дунаискыѣ[103] и посадити я у собе. И посемъ
хотѣхъ проситися у Святополка и у Володимера ити на Половци, да любо
налѣзу собѣ славу, а любо голову свою сложю за Русскую Землю.[gg] Ино
помышленье въ сердци моемъ не было ни на Святополка, ни на Давыда.
И се кленуся богомъ и его пришествиемъ, яко не помыслилъ есмъ зла
братьи своеи ни въ чемже! Но за мое вознесенье низложи мя богъ и смири!«

Посемъ же приходящю велику дни[104], поиде Давыдъ, хотя переяти

Василькову волость. И усрѣте[105] и Володарьʰʰ, братъ Васильковъ, у Бужь-
ска, и не смѣ[106] Давыдъ стати противу Василькову брату, Володарю, и
затворися въ Бужьскѣ[ii], и Володарь оступи и въ городѣ.

И нача Володарь молвити:

»Почто зло створивъ и не каешися его? Да уже помянися, колико еси
зла створилъ!«

Давыдъ же на Святополка нача извѣтъ имѣти, глаголя:

»Ци я се створилъ, ци ли въ моемъ городѣ? Я ся самъ боялъ, аще
быша и мене яли и створили[107] такоже. Неволя ми было пристати въ
совѣтъ, ходяче в руку.«

И рече Володарь:

»Богъ свѣдѣтель тому! А нынѣ пусти братъ мои, — и створю миръ.«

И радъ бывъ Давыдъ. Посла по Василька и приведъ и дасть Володарю,
и сътвориста миръ и разидостася[jj]. И сѣдѣ Василько Теребовли, а Давыдъ
приде Володимерю.

И наставши веснѣ[108], приде Володарь и Василько на Давыда и при-
доста ко Всеволожю, а Давыдъ затворися Володимери. Онѣма же ста-
вшима[109] около Всеволожа, и взяста копьемъ градъ и зажгоста огнемъ, и
бѣгоша людье огня. И повелѣ Василько исѣчи вся и створи мщенье на
людехъ неповинныхъ и пролья кровь неповинну.

Посемъ же придоста къ Володимерю, и затворися Давыдъ въ Володи-
мери, и си оступиша градъ. И посласта къ Володимерцемъ, глаголюще:

»Не вѣ[110] ли приидоховѣ[111] на градъ вашь, ни на васъ, но на врагы
своя, на Туряка и на Лазаря и на Василя ʰʰ! Ти бо суть намолвили Давыда,
и тѣхъ есть послушалъ Давыдъ и створилъ се зло. Да аще хощете за сихъ
битися, да се мы готови! А любо даите врагы наша.«

Гражане же, се слышавъ, созваша вѣче и рѣша Давыдови людье:

»Выдаи мужи сия! Не бьемъся за сихъ, а за тя битися можемъ. Аще
ли, то отворимъ врата граду, а самъ промышляи о собѣ.«

И неволя бысть выдати я[112]. И рече Давыдъ:

»Нѣту ихъ здѣ,«

бѣ бо я послалъ[113] Лучьску[ll]. Онѣмъ же пошедшимъ[114] Лучьску, Турякъ
бѣжа Кыеву, а Лазарь и Василь воротистася Турииску[mm].

И слышаша людье, яко Туриискѣ[115] суть. Кликнуша людье на Давыда
и рекоша:

»Выдаи, кого ти хотять! Аще ли, то предаемыся.«

Давыдъ же пославъ приведе Василя и Лазаря и дасть[116] я. И створиша
миръ въ недѣлю. А заутра, по зори, повѣсиша Василя и Лазаря и растрѣ-
ляша стрѣлами Васильковичи и идоша отъ града.

Се же 2-е мщенье створи, егоже не бяше лѣпо створити, да бы богъ
отместникъ былъ и взложити было на бога мщенье свое, яко же рече про-
рокъ: *И вздамъ месть врагомъ и ненавидящимъ мя вздамъ, яко кровь сыновъ
своихъ мщаеть и мстить, и вздасть месть врагомъ и ненавидящимъ его.*

Симъ же отъ града отшедшимъ[117], сею[118] же снемше[119] погребоша я.

★

Святополку же обѣщавшюся[120] прогнати Давыда, поиде къ Берестью къ Ляхомъ. Се слышавъ Давыдъ иде въ Ляхы къ Володиславу[nn], ища помощи. Ляхове же обѣщашася ему помагати и взяша у него злата 50 гривенъ, рекуще ему:

»Поиди съ нами Берестью, яко се вабить ны Святополкъ на снемъ[121], и ту умиримъся съ Святополкомъ.«

И послушавъ ихъ Давыдъ иде Берестью съ Володиславомъ.

И ста Святополкъ въ градѣ, а Ляхове на Бугу. И сослася рѣчьми Святополкъ съ Ляхы[122] и вдасть дары велики на Давыда. И рече Володиславъ Давыдови:

»Не послушаеть мене Святополкъ, да иди опять.«

И приде Давыдъ Володимерю, и Святополкъ, свѣтъ[123] створь[124] съ Ляхы, поиде къ Пиньску, пославъ по воѣ[125]. И приде Дорогобужю[oo] и дожда ту вои[126] своихъ и поиде на Давыда къ граду. И Давыдъ затворися въ градѣ, чая помощи въ Лясѣхъ[127], бѣша бо ему рекли[128], яко:

»Аще придуть на тя русскыѣ князи, то мы ти будемъ помощници.«

И солгаша ему, емлюще злато у Давыда и у Святополка. Святополкъ же оступи градъ. И стоя Святополкъ около града 7 недѣль. И поча Давыдъ молитися:

»Пусти мя изъ града!«

Святополкъ же обѣщася ему, и цѣловаста крестъ межи собою. И изиде Давыдъ изъ града и приде въ Червенъ[pp], а Святополкъ вниде въ градъ въ великую суботу[qq], а Давыдъ бѣжа въ Ляхы.

Святополкъ же, прогнавъ Давыда, нача думати на Володаря и на Василька, глаголя яко:

»Се есть волость отца моего и брата.«

И поиде на ня.

Се слышавъ Володарь и Василько поидоста противу, вземша[129] крестъ, егоже бѣ цѣловалъ[130] къ нима на семь, яко:

»На Давыда пришелъ есмь, а съ вама хочю имѣти миръ и любовь.«

И преступи Святополкъ крестъ, надѣяся на множство вои. И срѣтошася на поли на Рожни[rr], исполчившимся обоимъ[131], и Василько възвыси крестъ, глаголя яко:

»Сего еси цѣловалъ! Се первѣе взялъ еси зракъ очью[132] моею, а се нынѣ хощеши взяти душю мою? Да буди межи нами крестъ сь!«

И поидоша къ собѣ къ боеви[133]. И сступишася полци, и мнози человѣци благовѣрнии видѣша крестъ надъ Васильковы вои възвышься[134] вельми. Брани же велицѣ бывши[135] и мнозѣмъ падающимъ[136] отъ обою полку, и видѣвъ Святополкъ, яко люта брань, и побѣже. И прибѣже Володимерю.

Володарь же и Василько, побѣдивша, стаста ту, рекуща:

»Довлѣеть нама на межи своеи стати.«

И не идоста никамо же.

Святополкъ же прибѣже Володимерю и съ нимь сына его 2 и Ярополчича 2[ss] и Святоша, сынъ Давыдовъ Святославича[tt], и прочая дружина. Святополкъ же посади въ Володимери Мстислава, иже бѣ ему отъ наложницѣ[137], а Ярослава[vv] посла въ Угры[vv], вабя Угры на Володаря, а самъ иде Кыеву.

Ярославъ же, сынъ Святополчь, приде съ Угры, и [приде] король

Коломанъ[ww] и 2 епископа, и сташа около Перемышля по Вагру[xx], а Воло-
дарь затворися въ градѣ. Давыдъ бо въ то чинъ пришедъ изъ Ляховъ и
посади жену свою у Володаря, а самъ иде въ Половцѣ[138]. И устрѣте[139] и
Бонякъуу, и воротися Давыдъ. И поидоста на Угры. Идущема же има[140],
сташа ночлѣгу. И яко бысть полунощи, и вставъ Бонякъ отъѣха отъ вои и
поча выти волчьскы, и волкъ отвыся ему, и начаша волци выти мнози.
Бонякъ же приѣхавъ повѣда Давыдови, яко:

»Побѣда ны[145] есть на Угры заутра!«

И наутрия Бонякъ исполчи вои своѣ[146], и бысть Давыдовъ вои[147] 100,
а у самого 300. И раздѣли я на 3 полкы и поиде къ Угромъ. И пусти на
воропъ Алтунопу[zz] въ 50 чади, а Давыда постави подъ стягомъ, а самъ
раздѣлися на 2 части, по 50 на сторонѣ. Угри же исполчишася на заступы,
бѣ бо Угръ числомъ 100 тысящь. Алтунопа же пригна къ 1-му заступу,
и стрѣливше побѣгнуша предъ Угры, Угри же погнаша по нихъ. Яко
бѣжаще минуша Боняка, и Бонякъ погна сѣка[148] въ тылъ, а Алтунопа
възвратяшеться[149] вспять и не допустяху[150] Угръ опять. И тако, множицею
убивая, сбиша ѣ[151] въ мячь. Бонякъ же раздѣлися на 3 полкы. И сбиша
Угры акы въ мячь, яко се соколъ сбиваеть галицѣ[152].

И побѣгоша Угри и мнози истопоша[153] въ Вагру, а друзии въ Сану.
И бѣжаще возлѣ Санъ у гору, и спихаху другъ друга. И гнаша по нихъ
2 дни, сѣкуще. Ту же убиша и епископа ихъ Купана[A] и отъ боляръ многы.
Глаголаху бо, яко погибло ихъ 40 тысящь.

Ярославъ[B] же бѣжа на Ляхы и приде Берестью, а Давыдъ заимъ
Сутѣску и Червенъ[C], приде внезапу и зая Володимерцѣ[154], а Мстиславъ[D]
затворися въ градѣ съ засадою, иже бѣша у него Берестьяне, Пиняне,
Выгошевци[E]. И ста Давыдъ, оступивъ градъ, и часто приступаше. Единою
подступиша къ граду подъ вежами, онѣмъ же бьющимъ[155] съ града и
стрѣляющимъ межи собою. Идяху стрѣлы акы дождь. Мстиславу же
хотящю[156] стрѣлити, внезапу ударенъ бысть подъ пазуху стрѣлою, на
заборолѣхъ, сквозѣ дску скважнею[157], и сведоша и. И на ту нощь умре.
И таиша и 3 дни и въ 4-и день повѣдаша на вѣчи. И рѣша людье:

»Се князь убьенъ. Да аще ся вдамы, Святополкъ погубить ны вся.«

И послаша къ Святополку, глаголюще:

»Се сынъ твои убьенъ, а мы изнемогаемъ гладомъ. Да аще не придеши,
хотять ся людье предати, не могуще глада терпѣти.«

Святополкъ же посла Путяту, воеводу своего. Путята же съ вои при-
шедъ къ Лучьску къ Святоши, сыну Давыдову, и ту бяху мужи Давыдови
у Святошѣ[158], заходилъ бо бѣ ротѣ Святоша къ Давыдови:

»Аще поидеть на тя Святополкъ, то повѣмь ти.«

И не створи сего Святоша, но изъима мужи Давыдовы, а самъ поиде
на Давыда.

И приде Святоша и Путята августа въ 5 день, Давыдовымъ воемъ
облежащимъ[159] градъ, въ полуденье, Давыдови спящю[160], и нападоша на
ня и почаша сѣчи. И горожане скочиша съ града и почаша сѣчи воѣ Давы-
довы. И побѣже Давыдъ и Мстиславъ, сыновець его.

Святоша же и Путята прияста градъ и посадиста посадника Святополча
Василя. И приде Святоша Лучьску, а Путята Кыеву. Давыдъ побѣже въ

Половцѣ, и усрѣте и Боняк. И поиде Давыдъ и Боняк на Святошю къ Лучьску и оступиша Святошю въ градѣ и створиша миръ.

И изиде Святоша изъ града и приде къ отцю своему Чернигову, а Давыдъ перея Лучьскъ. И оттуду приде Володимерю, посадникъ же Василь выбѣже, а Давыдъ перея Володимерь и сѣде въ немъ.

А на 2-е лѣто Святополкъ, Володимеръ, Давыдъ и Олегъ привабиша Давыда Игоревича и не даша ему Володимеря, но даша ему Дорогобужь, въ немже и умре. А Святополкъ перея Володимерь и посади в немъ сына своего Ярослава.

[1] сняшася *aor. 3 pl.* : с[ъ]нятися. [2] Любячи *loc. sg.* : Любячь. [3] Рускыѣ *gen sg.* : рус(ьс)кая. [4] Изяславлю *adj. poss., acc. sg. f.* : Изяславъ. [5] Всеволожю *adj. poss., acc. sg. f.* : Всеволодъ. [6] Ярославлю *adj. poss., acc. sg. f.* : Ярославъ. [7] Святославлю *adj. poss., acc. sg. f.* : Святославъ. [8] нь *acc. sg.* : онъ. [9] быша *aor. 3 pl.* : быти. [10] бяше *impf. 3 sg.* : быти. [11] влѣзе *aor. 3 sg.* : в[ъ]лѣзти. [12] сложился есть *periphr. p. 3 sg.* [13] тя *acc. sg.* : ты. [14] емъ *p. a. p.* : яти. [15] есть убилъ *periphr. p. 3 sg.* [16] сложился е *periphr. p. 3 sg.* (е = есть). [17] смятеся *aor. 3 sg.* : с[ъ]мястися. [18] река *pr. a. p.* : рещи. [19] вѣдѣ = вѣмь *pr. 1 sg.* : вѣдѣти. [20] я *aor. 3 sg.* : яти. [21] начаста *aor. 3 du.* : начати. [22] Васильцѣ *loc. sg.* : Василько. [23] вѣдяше *impf. 3 sg.* : вѣдѣти. [24] имевѣ *pr. 1 du.* : яти. [25] Кыевѣ *loc. sg.* [26] ужина *aor. 3 sg.* : ужинати. [27] вечеру бывшю *dat. abs.* (*temp.*). [28] отпрѣся *aor. 3 sg.* : отпрѣтися. [29] ти *dat. sg.* : ты. [30] емъ *p. a. p.* : яти. [31] и *acc. sg.* : онъ. [32] дажь *imp. 2 sg.* : дати. [33] вѣдыи *pr. a. p., det.* : вѣдѣти. [34] имяше *impf. 3 sg.* : имѣти. [35] всѣдъ *p. a. p.* : в(ъ)сѣсти. [36] устрѣте *aor. 3 sg.* : устрѣсти/ус[ъ]рѣсти. [37] и *acc. sg.* : онъ. [38] есмь повелѣлъ *periphr. p. 1 sg.* [39] сѣдяше *impf. 3 sg.* : сѣдѣти. [40] сѣдоста *aor. 3 du.* : сѣсти. [41] бѣ ужаслъся *periphr. p.,* — *impf.* (*aor.*) *3 sg.* : быти + *p. a. p.* : ужаснутися. [42] запроша *aor. 3 pl.* : заперети = запрѣти. [43] сторожѣ *acc. pl.* : сторожа. [44] свѣчался *p. a. p.* : с(ъ)вѣчатися = съвѣщатися. [45] своее *gen. sg., f.* : свои. [46] увѣдѣша *aor. 3 pl.* : увѣдѣти. [47] блюдася *pr. a. p.* : блюстися. [48] и *acc. sg.* : онъ. [49] Бѣлугороду *dat. of direction.* [50] сѣдящю ему *dat. abs.* (*temp.*). [51] възпи *aor. 3 sg.* : въз(ъ)пити. [52] початься *aor. 3 du.* : почати. [53] простерше *p. a. p., nom. pl.* : простерети = прострѣти. [54] яста *aor. 3 du.* : яти. [55] хотяста *impf. 3 du.* : хотѣти. [56] поврещи = поврѣщи. [57] боряшется *impf. 3 sg.* : боротися = братися. [58] можаста *impf. 3 du.* : мочи = мощи. [59] повергоша *aor. 3 pl.* : поврѣщи. [60] снемше *p. a. p.* : с(ъ)няти. [61] сѣдоста *aor. 3 du.* : сѣсти. [62] сняста *aor. 3 du.* : с(ъ)няти. [63] дску = дъску = доску. [64] изя *aor. 3 sg.* : из(ъ)яти. [65] вземше *p. a. p., nom. pl.* : в(ъ)зяти. [66] сволокоша *aor. 3 pl.* : с(ъ)волочити. [67] онѣмъ обѣдующимъ *dat. abs.* (*temp.*). [68] мертву ... ному *dat. abs.* (*caus.*). [69] очюти *aor. 3 sg.* : очютити. [70] ужасеся *aor. 3 sg.* : ужаснутися. [71] ны *acc. pl.* : мы. [72] воѣ *acc. pl.* : вои. [73] вои *instr. pl.* : вои. [74] Володимеру ... стоящю *dat. abs.* (*temp.*). [75] мужѣ *acc. pl.* : мужь. [76] упрѣвъ *p. a. p.* : уп(ь)рѣти. [77] ятъ *p. p. p.* : яти. [78] мозѣте *imp. 2 pl.* : мощи. [79] бѣша стяжали *periphr. p.* (*pluperf.*). [80] зблюли = съблюли *p. a. p. pl.* : съблюсти. [81] чтяшеть = чтяше *impf. 3 sg.* : чьсти. [82] ю *acc. sg.* : она. [83] бяше *impf. 3 sg.* : быти. [84] осужаше *impf. 3 sg.* : осужати, осудити. [85] ими *imp. 2 sg.* : яти. [86] прожени *imp. 2 sg.* : прогънати. [87] и *acc. sg.* : онъ. [88] емъся *p. a. p., nom. sg.* : ятися. [89] створше *p. a. p., nom. pl.* : с(ъ)творити. [90] Василькови ... сущю *dat. abs.* (*temp.*). [91] Володимери *loc. sg.* : Володимерь. [92] мнѣ сущю *dat. abs.* (*caus.*). [93] быхъ послалъ *cond. periphr.* [94] вѣдѣ = вѣмь. [95] тезу *dat. sg.* : тезъ. [96] вдамъ *pr. 1 sg.* : в(ъ)дати. [97] быша прольяли *cond. periphr. 3 pl.* [98] река *pr. a. p.* : рещи. [99] слузѣ *dat. sg.* : слуга. [100] Печенѣзи *nom. pl.* : Печенѣгъ. [101] Торци *nom. pl.* : Торкъ. [102] пиита *imp. 2 du.* : пити. [103] Дунаискыѣ *acc. pl.* : Дунаискъ. [104] приходяшу велику дни *dat. abs.* (*temp.*). [105] усрѣте *aor. 3 sg.* : ус(ъ)рѣсти, ус(ъ)рящу. [106] смѣ *aor. 3 sg.* : смѣти. [107] быша яли и створили *periphr. cond., 3 pl.* [108] наставши веснѣ *dat. abs.* (*temp.*). [109] онѣма ставшима *dat. abs.* (*temp.*). [110] вѣ *nom. du.* : мы. [111] приидоховѣ *aor. 1 du.* : приити. [112] я *acc. pl.* : он. [113] бѣ послалъ *periphr. p.* (*pluperf.*). [114] онѣмъ пошедшимъ *dat. abs.* (*temp.*). [115] Туриискѣ *loc. sg.* [116] дасть *aor. 3 sg.* : дати. [117] симъ ... отшедшимъ *dat. abs.* (*temp.*). [118] сею *acc. du.* : сии. [119] снемше *p. a. p.* : с(ъ)няти. [120] Святополку ... обѣщавшюся *dat. abs.* (*caus.*). [121] снѣмъ = съньмъ. [122] Ляхы *instr. pl.* : Ляхъ. [123] свѣтъ = с(ъ)вѣтъ. [124] створь *p. a. p.* : с(ъ)творити. [125] воѣ

acc. pl. : вои.　　[126] вои *gen. pl.* : вои.　　[127] Лясѣхъ *loc. pl.* : Ляхъ.　　[128] бѣша рекли *periphr. p. (pluperf.).*　　[129] вземша *p. a. p., nom. du.* : в[ъ]зяти.　　[130] бѣ цѣловалъ *periphr. p. (pluperf.).*　　[131] исполчившимся обоимъ *dat. abs. (temp.).*　　[132] очью *gen. du.* : око.　　[133] боеви *dat. sg.* : бои.　　[134] възвышься *p. a. p., acc. sg.* : възвыситися.　　[135] брани велицѣ бывши *dat. abs. (caus.).*　　[136] мнозѣмъ падающимъ *dat. abs. (caus.).*　　[137] наложницѣ *gen. sg.* : наложница.　　[138] Половцѣ *acc. pl.*　　[139] устрѣте = усрѣте *aor. 3 sg.* : усрѣсти.　　[140] идущема има *dat. abs. (temp.).*　　[141] ны = намъ.　　[142] своѣ *acc. pl.* : свои.　　[143] вои *gen pl.* : вои.　　[144] сѣка *pr. a. p.* : сѣщи.　　[145] възвратяшеться *unusual imperf., 3 sg.* : възвратитися.　　[146] допустяху *unusual imperf., 3 pl.* : допустити.　　[147] ѣ *acc. pl.* : онъ.　　[148] галицѣ *acc. pl.* : галица.　　[149] истопоша *aor. 3 pl.* : истонути.　　[150] Владимерцѣ *acc. pl.* : Владимерьць.　　[151] онѣмъ … бьющимъ … стрѣляющимъ *dat. abs. (temp.).*　　[152] Мстиславу хотящу *dat. abs. (temp.).*　　[153] скважнею *instr. sg.* : скважня.　　[154] Святошѣ *gen. sg.* : Святоша.　　[155] воемъ облежащимъ *dat. abs. (temp.).*　　[156] Давыдови спящу *dat. abs. (temp.).*

a　Sv'atopolk II, Prince of Polock (1069–71), Prince of Novgorod (1078–88) and Turov (1088–93), Great Prince of Kiev (1093–1113).

b　Vladimir Monomachus, Prince of Černigov (1093–1113), Great Prince of Kiev (1113–25), cousin of Sv'atopolk II.

c　David (d. 1112), Prince of Vladimir-Volynsk (1086–1100), a member of a minor branch of the princely dynasty.

d　Vasil'ko, Prince of Terebovl' (1092–1124), also a member of a minor branch of the princely dynasty.

e　David, prince of various smaller principalities (1076–1123), a cousin of Sv'atopolk and Vladimir.

f　Oleg, prince of various principalities (1076–1115), brother of David.

g　L'ubeč, a town on the Dnieper River between Kiev and Smolensk.

h　The Polovtsians (or Kumans), a nomadic Turkish tribe in the steppes, frequently attacked Kievan Russia. They were often summoned by individual Russian princes to aid them in their feudal wars.

i　It was proposed that Sv'atopolk should retain the lands inherited from his father, Iz'aslav; Volodimir, the land which formerly belonged to his father, Vsevolod (Perejaslavl'); while David and Oleg should retain the lands which formerly belonged to their father, Sv'atoslav, and their grandfather, Jaroslav (Cernigov).

j　Prince David, son of Igor, and Vasil'ko and his brother Volodar' were to retain the towns of Vladimir, Peremyšl', and Terebovl' which they had received from Vsevolod, the father of Vladimir Monomachus.

k　Jaropolk, brother of Sv'atopolk II, was killed in 1086, probably by Prince Vasil'ko's emissary.

l　Vydobyč, a town and a monastery on the Dnieper River near Kiev.

m　Rudica, a river whose location is unknown.

n　Turov and Pinsk, towns on the Dnieper River, under the rule of the Great Prince of Kiev.

o　Christmas.

p　A member of the Tork tribe between the rivers Dnieper and Don.

q　Berendej, a tribal name identical with Tork, here used as a personal name.

r　Zdvižen', a town on the river Zdviža, west of Kiev.

s　See footnote r.

t　Vladimir-Volynsk.

u　Berestije = Brest (Litovsk) on the river Bug.

v　Pogorina, apparently a region on the river Goryn'a.

w　Anna, second wife of Vsevolod, a Polovtsian princess (d. 1111), stepmother of Vladimir Monomachus.

x　An indication that the author may have had a diplomatic function.

y　The author reveals his own name: Vasilij.

z　Vsevolož, a town in Volhynia.

aa　Šepol', a town in Volhynia near Luck.

bb　Peremil', in Volhynia, on the river Styr.

cc　Vasil'ko made at least two incursions into Poland (1081 and 1084).

dd　The Berendejs, a Turkish tribe (Karakalpaks).

ee　The Petzinaks, a nomadic tribe of the steppes.

ff　The Torks, related to, or identical with, the Berendejs.

gg Vasil'ko reveals his plans for southwestern Russia.
hh Volodar', Vasil'ko's brother, Prince of Peremyšl' from 1097.
ii A town on the river Bug in Volhynia.
jj The peace accord was concluded in 1097.
kk Unknown personages, the councilors of David.
ll Lučesk = Luck, a town in Volhynia.
mm Turijsk, a town in Volhynia on the river Turje.
nn Władysław I Herman, King of Poland (1079–1102).
oo Dorogobuž, a town in Volhynia.
pp Červen, a town in Galicia.
qq Easter Saturday.
rr Rožne Pole, a place on the western Bug near Zvenigorod in Galicia.
ss Nephews of Sv'atopolk II.
tt Sv'atoslav, Prince of Černigov, from 1107 a monk in the Cave Monastery (d. 1142)
uu Mstislav and Jaroslav, Sv'atopolk's two sons mentioned above.
vv Hungary.
ww Koloman, King of Hungary (1095–1114).
xx Vagr, an affluent of the river San in Galicia.
yy Bon'ak, a Polovtsian khan (ca. 1096–ca. 1167).
zz Altunopa, a famous Polovtsian general.
A Kupan, or Cumpanus, a Hungarian bishop.
B Jaroslav, one of Sv'atopolk's sons.
C Sutejsk and Červen, Galician towns.
D Mstislav, one of Sv'atopolk's sons.
E Inhabitants of Brest, Pinsk, and Vygošev in Volhynia.

HAGIOGRAPHY

Old Russian hagiographical literature was, in its beginnings, the fruit of assiduous literary activity on the part of the monks of the Cave Monastery in Kiev and of the writers associated with this religious and cultural center of Old Kiev.

Hagiography early became divided into two specific genres: (1) hagiography in the more restricted sense, i. e., saints' lives or monastic stories; and (2) secular biography of heroes more or less associated with ecclesiastical life. Both genres are represented in this anthology.

The first section, dealing with pure hagiographical writing, consists of:

Nestor's *Life of Theodosius, First Abbot of the Cave Monastery*
Nestor's *Narrative of the Naming of the Cave Monastery*
Monastic legends from the *Patericon of the Cave Monastery*.

The second section, devoted to secular biography, includes:

The anonymous *Passion and Encomium of SS. Boris avd Gleb the Martyrs*
Nestor's *Lection on the Life and Assassination of SS. Boris and Gleb the Martyrs*
The anonymous *Life of Prince Alexander Nevskij*.

NESTOR'S LIFE OF THEODOSIUS, FIRST ABBOT OF THE CAVE MONASTERY

Nestor, who became a monk in the Cave Monastery after the death of Theodosius (1074), probably wrote the biography of the first abbot in the eighties of the eleventh century. The *Life*, patterned after Byzantine hagiographical models such as the *Life of Saint Antonius*, by Athanasius of Alexandria, or the *Life of Saint Sabbas*, by Cyril of Scythopolis, represents the older pragmatic and realistic style in Russian hagiographical literature. In his introduction Nestor refers to another of his hagiographical works, the *Lection on the Life and Assassination of SS. Boris and Gleb the Martyrs*.

Only the first part, the life of Theodosius up to the moment of his entrance into the monastery, is reprinted here. The second part is of less literary importance, consisting in the main of a collection of unconnected anecdotes and lacking the dramatic composition of the first part.

The text is taken from O. Bod'anskij, Житие Феодосия, игумена печерского. Списание Нестора по харатейному списку 12 века Московского Успенского Собора in Чтения в Имп. Обществе Истории и Древностей Российских при Московском Университете, Moscow, 1858, Vol. III.

Несторово
Житие Феодосия, Игумена Печерьскаго

Благодарю тя, владыко мои, господи Иисусъ Христе, яко сподобилъ мя еси недостоинааго съповѣдателя быти святымъ твоимъ въгодьникомъ[1]. Се бо испрьва писавъшю ми[2] о житии и о убиени и о чюдесѣхъ святою и блаженою страстотрьпцю[3] Бориса и Глѣба, понудихъся[4] и на другое исповѣдание приити, еже выше е[5] моея силы, емуже и не бѣхъ[6] достоенъ, грубъ сы[7] и неразумиченъ, къ симъ же яко и не бѣхъ ученъ никоеи же хитрости. Нъ въспомянухъ, господи, слово твое, рекшее: *Аще имате вѣру, яко и зьрно горушьно, и речете горѣ сеи: »Преиди и въврьзися[8] въ море,« и абие послушаетъ васъ.*

Си на умѣ азъ грѣшьныи, Нестеръ, приимъ[9] и оградивъся вѣрою и упованиемъ, яко вься възможьна отъ тебе суть, начатъкъ слову съписания положихъ, еже о житии преподобнааго отца нашего Феодосия[a], бывъша игумена монастыря сего, Святыя Владычицѣ нашея Богородицѣ[10], егоже и день усъпения нынѣ праздьнующе память творимъ.

Се же, яко же, о братие, въспоминающю ми[11] житие преподобнааго, не сущю же съписану[12] ни отъ кого же, печалию по вся дьни съдрьжимъ бѣхъ и моляхъся богу, да сподобитъ мя вся по ряду съписати о житии богоносьнааго отца нашего Феодосия, да и по насъ сущи черноризьци, приимше писание, почитающе ти видяще мужа доблесть, въсхвалять бога, и угодника его прославляюще, на прочия подвиги укрѣпляються, наипаче же, яко и въ странѣ сеи такъ сии мужь явися и угодникъ божии.

О семъ бо и самъ господь прорече яко: *Мнози приидуть отъ въстокъ и западъ и възлягуть[13] съ Авраамъмь и съ Исакъмь и Ияковъмь въ царьствии небесьнѣмь.* И пакы: *Мнози будутъ послѣдьнии прьвии.*

Ибо сии послѣдьнии вящии прьвыхъ отьць явися, житиемъ бо подражая святааго и прьвааго начальника чрьньчьскууму образу, — великааго мѣню[14] Антония[b]. И се же чюдьнѣе, яко же пишеть въ отьчьскыихъ кънигахъ, слав[ьн]у быти послѣдьнюму роду. Сего же Христосъ въ послѣдьниимъ родѣ семь такого себѣ съдѣльника показа и пастуха инокыимъ.

Бѣ бо измолода житиемъ чистъмь украшенъ, добрыими дѣлесы[15], вѣрою же и съмысльмь паче. Егоже нынѣ отъсюду уже начьну съповѣдати еже[16] отъ уны вьрсты житие блаженааго Феодосия. Нъ послушаите, братие, съ вьсяцѣмь[17] прилежаниемъ, испьлнь бо есть пользы слово се вьсѣмъ послушающимъ. Молю же вы, о възлюблении, да не зазрите пакы грубости моеи. Съдрьжимъ бо сыи[18] любовию еже[19] къ преподобьнууму, сего ради окусихъся съписати вься си яже[20] о святѣмь, къ симъ же и блюдыи[21], да не къ мнѣ речено будеть: *Зълыи рабе лѣнивыи, подобаше ти дати сребро мое тържьникомъ, и азъ, пришьдъ, быхъ съ лихвою истязалъ[22][e].*

Тѣмъ же, яко же и нѣсть лѣпо, братие, таити чюдесъ блаженныхъ, наипаче богу рекъшюуму[23] ученикомъ своимъ яко: *Еже глаголю вамъ въ тьмѣ, повѣдите[24] на свѣтѣ, и еже въ уши слышасте[25], проповѣдите въ домѣхъ.*

Си на успѣхъ и на устроение бесѣдующимъ съписати хощю, и о сихъ бога славяще, мьзды отдание приимете. Хотящю же ми[26] исповѣдати начати, преже молюся господеви[27], глаголя сице:

»Владыко[28] мои, господи, вьседрьжителю, благымъ подателю, отче господа нашего Иисуса Христа, прииди на помощь мнѣ, и просвѣти срьдце мое на разумѣние заповѣдии твоихъ, и отвьрзи[29] устьнѣ[30] мои на исповѣдание чюдесъ твоихъ и на похваление святааго въгодника твоего, да прославиться имя твое, яко ты еси помощникъ всѣмъ уповающимъ на тя въ вѣкы. Аминъ.«

★

Градъ есть, отстоя отъ Кыева, града стольнааго, 8 попьрищь, именемъ Василевъ[c]. Въ томъ бѣста[31] родителя[32] святааго, въ вѣрѣ крестияньстѣи[33] живуща и всячьскымь благочьстиемь украшена. Родиста же блаженаго дѣтища сего, таче въ осмыи дьнь принесоста и[34] къ святителю божию, яко же обычаи есть крьстияномъ, да имя дѣтищу нарекуть. Презвитеръ же, видѣвъ дѣтища, и срьдьчьныма очима прозьря еже о немь, яко хощеть измлада богу датися, Феодосиемъ того нарицаеть. Таче же, яко и минуша 40 дьнии дѣтищу, крьщениемь того освятиша. Отроча же ростяше, кърмимъ[35] родителема своима[36], и благодать божия съ нимь и духъ святыи измлада въселися въ нь[37].

Кътo исповѣсть[38] милосрьдие божие? Се бо не избьра отъ премудрыхъ философъ, ни отъ властелинъ градъ пастуха и учителя инокыимъ[28], нъ да о семь прославиться имя господне, яко грубъ сы и невѣжа премудрѣи[39] философъ явися. О утаение таино, яко отнюду же не бѣ начаятися, оттуду же въсия[40] намъ дьньница пресвѣтла! яко же отъ всѣхъ странъ видѣвъше свьтѣние ея, тещи къ неи, вся презрѣвъше, тоя единоя свѣта насытитися! О благости божия, еже бо испьрва мѣсто назнаменавъ и благословивъ, пажить створи, на немьже хотяше паствитися стадо богословесьныхъ овьць, донъдеже пастуха избьра!

Бысть же родителема блаженаго преселитися въ инъ градъ, Курьскъ[d] нарицаемыи, князю тако повелѣвъшю[41], паче же — реку — богу сице изволивъшю[42], да и тамо добляаго[43] отрока житие просияеть, намъ же, яко же есть лѣпо, отъ въстока дьньница възидеть, събирающи окрьстъ себе ины многы звѣзды, ожидающи сълнца правьдьнааго, Христа бога, и глаголюща:

»Се азъ, владыко, и дѣти, яже въспитахъ духовьнымь твоимь брашьнъмь, и се, господи, ученици[44] мои! Се бо сия ти приведохъ, иже научихъ вся житиискаа презрѣти, и тебе, единого бога и господа, възлюбити! Се, о владыко, стадо богословесьныхъ твоихъ овьць, и имьже мя бѣ пастуха створилъ[45], и еже упасохъ[46] на божьствьнѣи твоеи пажити, и сия ти приведохъ, съблюдъ[47] чисты и непорочьны.«

Таче господь къ нему:

»Рабе благы и вѣрьне[48] умноживыи[49] преданыи талантъ, тѣмь же приими уготованыи тебѣ вѣньць и вьниди въ радость господа своего.«

И къ ученикомъ речеть:

»Придѣте, благое стадо добляаго пастуха, богословесьная овьчата, иже мене ради алкавъше и трудивъшеся, приимѣте уготованое вамъ царствие отъ сложения миру[50].«

Тѣмъ же и мы, братие, потъщимъся рьвьнителе быти и подражателе житию преподобьнааго Феодосия и ученикомъ его, ихъже тъгда предъ собою къ господу посла, да тако сподобимъся слышати гласъ онъ, еже отъ владыки и вседрьжителя речеться: *Придѣте убо, благословлении отца моего, приимѣте уготованое вамъ царствие!*

*

Мы же пакы поидемъ на прьвое исповѣдание святааго сего отрока.

Растыи[51] убо тѣльмь и душею, влекомъ на любъвь божию, и хожаше по вся дьни въ цьркъвь божию, послушая божьствьныхъ книгъ съ всѣмь вънианиемъ. Еще же и къ дѣтьмъ играющимъ не приближашеся, яко же обычаи есть унымъ, нъ и гнушашеся играмъ ихъ. Одежа же его бѣ худа и сплатана. О семь же многашьды родителема его нудящема[52] и облещися въ одежю чисту и на игры съ дѣтьми изити, онъ же о семь не послушааше ею[53], нъ паче изволи быти яко единъ отъ убогыхъ. Къ симъ же и датися веля на учение божьствьныхъ книгъ единому отъ учитель, яко же и створи, и въскорѣ извыче[54] вся граматикия. И яко же всѣмъ чюдитися о премудрости и разумѣ дѣтища и о скорѣмь его учении! Покорение же его и повиновение къто исповѣсть, еже сътяжа[55] въ учении своемъ, не тъкмо же къ учителю своему, нъ и къ учащимъся?

Въ то же время отець его житию коньць приятъ[56], сущю же тъгда божьствьному Феодосию[57] 13 лѣтъ. Оттолѣ же начатъ[58] на труды паче подвижьнѣи бывати, яко же исходити ему съ рабы на село и дѣлати съ всякыимь съмѣрениемь. Мати же его оставляше и, не велящи ему тако творити, [и] моляше и пакы облачитися въ одежю свѣтьлу, и тако исходити ему съ съвьрьстникы[59] своими на игры. Глаголааше бо ему, яко:

»Тако ходя, укоризну себѣ и роду своему твориши.«

Оному о томь не послушающю[60] ея, и яко же многашьды еи отъ великыя ярости разгнѣватися на нь и бити и, бѣ бо и тѣльмь крѣпъка и сильна яко же и мужь. Аще бо кто и не видѣвъ ея, ти слышааше ю бесѣдующу, то начьняше[61] мьнѣти мужа ю суща.

Къ симъ же пакы божьствьныи уноша мысляше, како и кымь образъмь спастеся. Таче слыша пакы о святыхъ мѣстѣхъ, иде же господь нашь Иисусъ Христосъ плътию походи, и жадаше тамо походити и поклонитися имъ. И моляшеся богу, глаголя:

»Господи, Иисусъ Христе мои, услыши молитву мою, и съподоби мя съходити въ святая твоя мѣста и съ радостию поклонитися имъ.«

И тако многашьды молящюся ему[62], и се приидоша страньници въ градъ тъ. Иже[63] и видѣвъ я божьствьныи уноша и радъ бывъ, текъ[64], поклонися имъ и любьзно цѣлова я, и въпроси я[65], отькуду суть и камо идуть. Онѣмъ же рекъшемъ[66], яко:

»Отъ святыхъ мѣстъ есмъ, и аще богу велящю[67], хощемъ въспять уже ити.«

Святыи же моляше я, да и[68] поимуть въ слѣдъ себе и съпутьника и[69] сътворять и съ собою. Они же обѣщашася пояти и съ собою и допровадити и до святыхъ мѣстъ. Таче се слышавъ блаженыи Феодосии, еже обѣщашася ему, радъ бывъ, иде въ домъ свои.

И егда хотяху страньнии отити, възвѣстиша уноши свои отходъ. Онъ же, въставъ нощию, и не вѣдущю никому[70] же, таи изиде изъ дому своего, не имыи[71] у себе ничесо[72] же, развѣ одежа, въ неиже хожаше, и та же худа, И тако изиде въ слѣдъ страньныхъ. Благыи же богъ не попусти ему отити отъ страны сея, егоже ищрева[73] матерьня и[74] пастуха быти въ странѣ сеи богогласьныихъ овьць назнамена[75], да не, пастуху убо отшьдъщю[76], опустѣеть пажить, юже богъ благослови, и тьрние и вълчьць въздрастеть[77] на неи, и стадо разидеться.

По трьхъ убо дьньхъ, увѣдѣвъши мати его, тъкъмо единого сына своего поимъши[78], иже бѣ мьнии блаженааго Феодосия, таче же, яко гънаста[79] путь мъногъ, ти тако пристигъша[80], яста и, и отъ ярости же и гнѣва мати его, имъши и за власы, и повьрже[81] и на земли и своима ногама пьхашети[82] и. И страньныя же много коривъши[83], възвратися въ домъ свои, яко нѣкоего зълодѣя ведущи съвязана. Тольми же гнѣвъмь одрьжима, яко и въ домъ еи пришьдъши[84], бити и, дондеже изнеможе. И по сихъ же въведъши и въ храмъ, и ту привяза и, и затворьши[85] и, тако отъиде. Божьствьныи же уноша вься си съ радостию принимаше, и бога моля, благодаряше о вьсѣхъ сихъ.

Таче пришедъши мати его по двою дьнию[86], отрѣши и и подасть же ему ясти. Еще же гнѣвъмь одрьжима сущи, възложи на нозѣ[87] его желѣза, ти тако повелѣ ему ходити, блюдущи, да не пакы отъбѣжить отъ нея. Тако же сътвори дьни мъногы ходя.

Потомь же пакы умилосрьдивъшися на нь, нача съ мольбою увѣщавати и, да не отъбѣжить отъ нея, любляше бо и зѣло паче инѣхъ, и того ради не тьрпяше безъ него. Оному же обѣшавъшюся[88] еи не отъити отъ нея, съня[89] желѣза съ ногу[90] его, повелѣвъши же ему по воли творити, еже хощеть.

Блаженыи же Феодосии на прьвыи подвигъ възвратися и хожаше въ цьркъвь божию по вся дьни. Ти видяше, яко многашьды лишаеми[91] сущи литургии проскурьнааго ради непечения, жѣляше[92] си о томь зѣло. И умысли же самъ своимъ съмѣрениемь отълучитися на то дѣло, еже и сътвори. Начатъ[93] бо пещи проскуры и продаяти, и еже аще прибудяше[94] ему къ цѣнѣ, то дадяше[95] нищимъ, цѣною же пакы купяше[96] жито, и своима рукама измълъ[97], пакы проскуры твораше. Се же тако богу изволивъшю[98], да проскуры чисты приносяться въ цьркъвь божию отъ непорочьнаго и несквьрньнааго отрока.

Сице же пребысть двѣнадесяте лѣтѣ[99] или боле творя. Вьси же съвьрстьнии ему отроци, ругающеся ему, укаряхути[100] и о таковѣмь дѣлѣ. И тоже врагу научающю[101] я, блаженыи же вься си съ радостию приимаше, съ мълчаниемь и съ съмѣрениемь. Ненавидяи же испьрва добра зълодѣи врагъ, видя себе побѣждаема съмѣрениемь богословесьнааго отрока, и не почиваше, хотя отъвратити и отъ таковаго дѣла, и се начатъ матерь[102] его поущати, да ему възбранить отъ товаааго дѣла. Мати убо, не тьрпящи сына своего въ такои укоризнѣ суща, и начатъ глаголати съ любьвию к нему:

»Молю ти ся, чадо, останися таковааго дѣла, хулу бо наносиши на родъ свои, и не тьрплю бо слышати отъ вьсѣхъ, укаряему ти сущю[103] о таковѣмь дѣлѣ, и нѣсть бо ти лѣпо, отроку сущю[104], таковааго дѣла дѣлати.«

Таче съ съмѣрениемь божьствьныи уноша отъвѣщавааше матери своеи, глаголя:

»Послушаи, о матю, молю ти ся, послушаи! Господь бо Иисусъ Христосъ самъ поубожися и съмѣрися, намъ образъ дая[105], да и мы его ради съмѣримъся. Паки же поруганъ бысть, и оплъванъ[106], и заушаемъ, и въся претьрпѣвъ нашего ради спасения. Кольми паче лѣпо есть намъ тьрпѣти, да Христа приобрящемъ?[107] А еже о дѣлѣ моемь, мати моя, то послушаи. Егда господь нашь Иисусъ Христосъ на вечери възлеже[108] съ ученикы[109] своими, тъгда, приимъ[110] хлѣбъ, и благословивъ, и преломль, даяше ученикомъ своимъ, глаголя: *Приимѣте и ядите! Се есть тѣло мое, ломимое за вы и за многы, въ оставление грѣховъ.* Да аще самъ господь нашь плъть свою нарече, то кольми паче лѣпо есть мнѣ радоватися, яко съдѣльника мя съподоби господь плъти своеи быти!«

Си слышавъши мати его и чюдивъшися о премудрости отрока, и отътолѣ нача оставатися его.

★

Нъ врагъ не ночиваше, остря[111] ю на възбранение отрока о таковѣмь его съмѣрении. По лѣтѣ же единомь, пакы видѣвъши его пекуща проскуры и учьрнивъшася отъ ожьжения пещьнаго, съжали си зѣло. Пакы начатъ оттолѣ бранити ему, овогда ласкою, овогда же грозою, другоици же биющи и, да ся останеть таковаго дѣла. Божьствьныи же уноша въ скърби велицѣ бысть о томь, и недоумѣя, чьто створити.

Тъгда же, въставъ нощию отаи, и исшедъ из дому своего, и иде въ инъ градъ, не далече сущь отъ него, и обита[112] у презвитера, и дѣлааше по обычаю дѣло свое. Потомь же мати его, яко его искавъши въ градѣ своемь и не обрѣте[113] его, съжали си по немь. Таче по дьньхъ мнозѣхъ слышавъши, къде живеть, и абие устрьмися по нь съ гнѣвъмь великъмь, и пришедъши въ преже реченыи градъ, и искавъши, обрѣте и въ дому презвитеровѣ, и имъши, влечаше[114] и въ градъ свои биющи.

И въ домъ свои приведъши и, запрети ему, глаголющи, яко:

»Къ тому не имаши отити мене. Елико бо аще камо идеши, азъ шедъши и обрѣтъши тя, съвязана, биющи, приведу въ сии градъ.«

Тъгда же блаженыи Феодосии моляшеся богу, по вся дьни ходя въ цьркъвь божию.

Бѣ же съмѣренъ сьрдьцьмь и покоривъ къ вьсѣмъ, яко же и властелинъ града того, видѣвъ отрока въ такомь съмѣрении и покорении суща, възлюби и зѣло, и повелѣ же ему, да пребываеть у него въ цьркъви. Въдасть[115] же ему и одежю свѣтлу, да ходить въ неи. Блаженыи же Феодосии пребысть[116] въ неи ходя мало дьнии, яко нѣкую тяжесть на собѣ нося, тако пребываше; таче сънмъ[117] ю, отдасть ю нищимъ, самъ же въ худыя пърты обълкъся[118], ти тако хожаше. Властелинъ же, видѣвыи[119] тако ходяща, и пакы ину въдасть одежю, вящьшю пьрвыя, моля и, да ходить въ неи. Онъ же сънмъ, и ту отъда. Сице же многашьды сътвори, яко же судии то увѣдѣвъшю[120], большимъ начатъ любити и, чюдяся съмѣрению его.

По сихъ же божьствьныи Феодосии, шедъ къ единому отъ кузньць, повелѣ ему желѣзо съчепито съковати, иже и възьмъ[121] и препоясася имь въ чресла своя, и тако хожаше. Желѣзу же узъку сущу и грызущюся[122] въ тѣло его, онъ же пребываше, яко ничьсо[123] же скърбьна отъ него приемля тѣлу своему.

Таче яко ишьдъшемъ[125] дьньмъ[126] мъногомъ, и бывъшю дьни праздь-
ничьну[127], мати его начатъ велѣти ему облещися въ одежю свѣтьлу на
служение. Вьсѣмъ бо града того вельможамъ въ тъ дьнь възлежащемъ[128]
на обѣдѣ у властелина, и повелѣно бѣ убо блаженууму Феодосию предъ-
стояти и служити. И сего ради поущашети[129] и мати его, да облечеться
въ одежю чисту, наипаче же, яко же и слышала бѣ, еже есть сътворилъ.

Яко же ему облачащюся[130] въ одежю чисту, простъ же сы[131] умъмь,
не же блюдыися[132] ея, она же прилѣжьно зьряаше[133], хотящи истѣе видѣти,
и се бо видѣ на срачици его кръвь, сущю отъ въгрызения желѣза, и раждь-
гъшися[134] гнѣвъмь на нь, и съ яростию въставъши и растьрзавъши соро-
чицю на немь, биющи же, и отъя желѣзо отъ чреслъ его. Божии же отрокъ,
яко ничьсо же зъла не приятъ отъ нея, облъкъся и шедъ, служаше предъ
възлежащими съ вьсякою тихостию.

★

Таче по времени паки нѣкоторѣмь, слыша въ святѣмь *Евангелии*
господа глаголюща: *Аще кто не оставить отьца или матере и въ слѣдъ*
мене не идеть, то нѣсть мене достоинъ. И паки: *Придѣте къ мнѣ вьси*
тружающеися и обременении, и азъ покою вы. Възьмѣте ярьмъ мои на ся,
и научитеся отъ мене, яко кротъкъ есмь и съмѣренъ сьрдьцьмь, и обря-
щете[135] покои душамъ вашимъ. Си же слышавъ богодъхновеныи Феодосии,
и раждьгъся[136] божьствьною рьвьностию и любъвию и дышаниемъ божиемь,
помышляаше, како или где пострѣщися и утаитися матере своея.

По сълучаю же божию отъиде мати его на село, и яко же пребыти еи
тамо дьни мъногы, блаженыи же радъ бывъ, помоливъся богу, и изиде отаи
изъ дому, не имыи у себе ничьсо же, развѣ одежа ти мало хлѣба, немощи
дѣля телесьныя, и тако устрьмися къ Кыеву городу.

Бѣ бо слышалъ о манастырихъ, ту сущиихъ. Не вѣдыи же пути,
моляшеся богу, дабы обрѣлъ съпутьники, направляюща и на путь желания.
И се, по приключаю божию, бѣша идуще[137] путьмь тѣмь купьци на возѣхъ
съ бремены[138] тяжькы. Увѣдѣвъ же я блаженыи, яко въ тъ же градъ идуть,
прослави бога, и идяшеть[139] въ слѣдъ ихъ издалеча, не являяся имъ. И
онѣмъ же ставъшемъ[140] на нощьнѣмь становищи, блаженыи же не доида[141],
яко и зьрѣимо ихъ, ту же опочивааше, единому богу съблюдающю[142] и.
И тако идыи трьми недѣлями, доиде преже реченааго [града]. Тъгда же
пришедъ и обьходи вся манастыря, хотя быти мнихъ, и моляся имъ, да
приятъ ими будеть. Они же, видѣвъше отрока простость и ризами же
худами облечена, не рачиша того прияти. Сице же богу изволивъшю[143]
тако, да на мѣсто, идеже бѣ богъмь отъ уности позъванъ, на то же ведѣ-
шеся[144].

Тъгда же бо слышавъ о блаженѣмь Антонии, живущиимь въ пещерѣ,
и окрилатѣвъ же умъмь, устрьмися къ пещерѣ. И пришьдъ къ преподобь-
нуму Антонию, егоже видѣвъ, и падъ поклонися ему съ сльзами моляся
ему, дабы у него былъ. Великыи же Антонии казаше и, глаголя:

»Чадо, видиши ли пещеру сию, скрьбно суще мѣсто и тѣснѣише паче
инѣхъ мѣстъ, ты же унъ сыи[145], яко же мню, и не имаши тьрпѣти на
мѣстѣ семь скърби.«

Се же не тъкмо искушая и, глаголаше, нъ и прозорочьныма очима прозря, яко тъ хотяше възградити самъ мѣсто то и манастырь славьнъ сътворити на събьрание множьству чрьньць.

Богодъхновеныи же Феодосии отвѣща ему съ умилениемь:

»Вѣжь[146], чьстьныи отьче, яко проразумьникъ всячьскыихъ, богъ, приведе мя къ святости твоеи, и спасти мя веля, тѣмь же, елико ми велиши сътворити, сътворю.«

Тъгда глагола ему блаженыи Антонии:

»Благословенъ богъ, чадо, укрѣпивыи[147] тя на се тъщание, и се мѣсто! Буди въ немь.«

Феодосии же пакы[148] падъ поклонися ему, таче благослови и старьць, и повелѣ великому Никонуе острѣщи и, прозвитеру тому сущю и чрьноризьцю искусьну[149], иже и поимъ[150] блаженаго Феодосия и, по обычаю святыихъ отьць остригыи[151], облече[152] и въ мьнишьскую одежю.

Отьць же нашь Феодосии, предавъся богу и преподобьнууму Антонию, и оттолѣ подаяшеся на труды тѣлесьныя и бѫдяше[153] по вся нощи въ славословлении божии, сѫньную тягость отгоня, къ въздьржанию же и плътию своею тружаяся, рукама дѣло свое дѣлая, и въспоминая по вься дьни псалъмьское оно слово: *Вижь[154] съмѣрение мое и трудъ мои, и остави вься грѣхы моя.* Тѣмь вьсь съ вьсѣмь въздьржаниемь душю съмѣряаше, тѣло же пакы трудъмь и подвизаниемь дручааше[155], яко дивитися преподобьнууму Антонию и великому Никону съмѣрению его и покорению, и толику его въ уности благонравьству и укрѣплению и бъдрости, и вельми о вьсемь прослависта[156] бога.

★

Мати же его, много искавъши въ градѣ своемь и въ окрьстьнихъ градѣхъ, и яко не обрѣте[157] его, плакаашеся по немь, лютѣ биющи въ пьрси своя, яко и по мрьтвѣмь. И заповѣдано же бысть по всеи странѣ тои, аще къде видѣвъше такого отрока, да пришьдъше, възвѣстити матери его.

И се, пришьдъше отъ Кыева, и повѣдаша еи, яко:

»Преже сихъ 4 лѣтъ видѣхомы[158] и въ нашемь градѣ ходяща и хотяща острѣщися въ единомь отъ манастыревъ.«

И то слышавъши она, и не облѣнивъшися и тамо ити, и ни мало же помьдьливъши, ни дълготы же пути убоявъшися. въ преже речены градъ иде на възискание сына своего, иже и пришедъши въ градъ тъи[159], обьходи вься манастыря, ищющи его.

Послѣди же повѣдоша еи, яко въ пещерѣ есть у преподобьнааго Антония. Она же и тамо иде, да и тамо обрящеть. И се начатъ старьца льстию вызывати, глаголющи яко:

»Да речете преподобьнууму, да изидеть: се бо мъногъ путь гънавъши, приидохъ, хотящи бесѣдовати къ тебѣ и поклонитися святыни твоеи, и да благословлена буду и азъ отъ тебе.«

И възвѣщено бысть старьцю о неи, и се изиде къ неи. Его же видѣвъши, и поклонися ему. Таче сѣдъшема има[160], начатъ жена простирати къ нему бесѣду многу, послѣди же обави вину, еяже ради прииде, и глаголаше же:

»Молю ти ся, отьче, повѣжь ми, аще сде есть сынъ мои? Много же си жалю его ради, не вѣдущи, аще убо живъ есть.«

Старьць же, сыи простъ умьмь и не разумѣвъ льсти ея, глагола еи яко: »Сде есть сынъ твои, и не жали си его ради, се бо живъ есть.«

Тоже она къ нему:

»То чьто, отьче, оже не вижю его? Многъ бо путь шьствовавъши, придохъ въ сии градъ, тъкмо же да вижю си[161] сына своего, ти тако възвращюся въ градъ свои.«

Старьць же къ неи отъвѣща:

»То аще хощеши видѣти и, да идеши нынѣ въ домъ, и азъ шедъ, увѣщаю и, не бо рачить видѣти кого. Ти въ утрѣи дьнь пришедъши, видиши и.«

Тоже слышавъши она, отъиде, чающи въ приидущии дьнь видѣти и.

Преподобьныи же Антонии, въшедъ въ пещеру, възвѣсти вся си блаженууму Феодосию, иже и слышавъ, съжали си зѣло, яко не може утаитися ея.

Въ другыи же дьнь прииде пакы жена. Старьць же много увѣщавааше блаженааго изити и видѣти матерь свою, онъ же не въсхотѣ. Тъгда же старьць ишьдъ[162], глагола еи:

»Много молихъ и, да изидеть къ тебѣ, и не рачить.«

Она же къ тому уже не съ съмѣрениемь начать глаголати къ старьцю, съ гнѣвъмь великъмь въпияше:

»О ну же старьца сего, яко имыи[163] сына моего и съкрывыи[164] въ пещерѣ, не рачить ми его явити. Изведи ми, старьче, сына моего, да си его вижю, и не тьрплю бо жива быти, аще не вижю его. Яви ми сына моего, да не зълѣ умьру. Се бо сама ся погублю предъ двьрьми печеры сея, аще ми не покажеши его.«

Тъгда Антонии, въ скърби велицѣ бывъ, и въшедъ въ пещеру, моляаше блаженааго Антонии, да изидеть къ неи. Онъ же, не хотя ослушатися старьца, и изиде къ неи. Она же, видѣвъши сына своего, въ таковѣи скърби суща, бѣ бо уже лице его измѣнило ся отъ многааго его труда и въздьржания, и охопивъшися емь, плакашеся горько, и одъва мало утѣшивъшися, сѣде и начать увѣщавати Христова слугу, глаголющи:

»Поиди, чадо, въ домъ свои, и еже ти на потребу и на спасение души, да дѣлаеши въ дому си по воли своеи, тъкмо же да не отълучаися мене. И егда ти умьру, ты же погребеши тѣло мое, ти тъгда възвратишися въ пещеру сию, яко же хощеши. Не тьрплю бо жива быти, не видящи тебе.«

Блаженыи же рече къ неи:

»То аще хощеши видѣти мя по вся дьни, иди въ сии градъ, и въшьдъши въ единъ манастырь женъ, и ту острисизя[165], и тако приходящи сѣмо, видиши мя. Къ симъ же и спасение души примеши. Аще ли сего не твориши, то истину ти глаголю: къ тому лица моего не имаши видѣти.«

Сицѣми же и инѣми многыими наказани[166] пребывааше по вся дьни увѣщавая матерь свою, онъи[167] же о томь не хотящи ни понѣ послушати его, и егда отхожаше отъ него, тъгда блаженыи, въшедъ въ пещеру, моляшеся богу прилѣжно о спасении матере своея и обращении сьрдьца ея на послушание.

Богъ же услыша молитву угодьника своего. О семь бо словеси рече пророкъ: *Близъ господь призывающиимъ въ истину, и волю боящимъся его творить, и молитву ихъ услышить и съпасеть я.*

Въ единъ бо дьнь, пришьдъши мати, ему глагола:

»Се, чадо, велимая[168] вься тобою сътворю, и къ тому не възвращюся въ градъ свои, нъ яко богу творящю[169], да иду въ манастырь женъ, и ту, остригъшися, прочая пребуду дьни своя. Се бо отъ твоего учения разумѣхъ, яко ничто же есть свѣтъ сии маловременьныи.«

Се слышавъ блаженыи Феодосии, възрадовася духъмь, и въшьдъ съповѣда великому Антонию, иже и услышавъ. прослави бога, обративъшааго сьрдьце ея на таковое покаяние. И шедъ къ неи, и много поучивъ ю, еже на пользу и на съпасение души, и възвѣстивъ о неи княгыни, пусти ю въ манастырь женьскыи, именуемъ[170] святааго Николы. И ту пострижене еи быти, и въ мьнишьскую одежю облечене, и поживъши же еи въ добрѣ исповѣдании лѣтъ многа, съ миръмь усупе[171].

Се же житие блаженааго отьца нашего Феодосия отъ уны вьрсты досде, дондеже прииде въ пещеру. Мати же его съповѣда единому отъ братия, именьмь Феодору, иже бѣ келарь при отьци нашемь Феодосии, азъ же отъ него вся си слышавъ, оному съповѣдающю[172] ми, и въписахъ, на память всѣмъ почитающимъ я ...

---

[1] въгодникъ = угодникъ. [2] писавъшю ми *dat. abs. (caus.)*. [3] святою ... страстотрьпцю *gen. du.* [4] понудихъся *aor. 1 sg.* : понудитися. [5] е = есть. [6] бѣхъ *impf. (aor.) 1 sg.* : быти. [7] сы *pr. a. p.* : быти. [8] въверьзися *imp. 2 sg.* : въвьргнутися. [9] приимъ *p. a. p.* : прияти. [10] владычицѣ нашеи богородицѣ *gen. sg.* [11] въспоминающю ми *dat. abs. (caus.)*. [12] сущю съписану *dat. abs. (caus.)*. [13] възлягуть *pr. 3 pl.* : възлечи [14] мѣню *pr. 1 sg.* : мѣнити. [15] дѣлесы *instr. pl.* : дѣло. [16] еже *art. ref.* житие. [17] вьсяцѣмь *instr. sg.* : вьсякъ. [18] сыи *pr. a. p.*, *det.* : быти. [19] еже *art. ref.* любовию. [20] яже *art. ref.* вься. [21] блюдыи *pr. a. p.*, *det.* : блюсти. [22] быхъ ... истязалъ *periphr. cond. 1 sg.* : истязати. [23] богу рекъшюуму *dat. abs. (caus.)*. [24] повѣдите *imp. 2 pl.* : повѣдѣти. [25] слышасте *aor. 2 pl.* : слышати. [26] хотящю ... ми *dat. abs. (caus.)*. [27] господеви *dat. sg.* : господь. [28] владыко *and the following forms in the same sentence* : вьседрьжителю, подателю, отче *voc.* [29] отвьрзи *imp. 2 sg.* : отврѣсти. [30] устнѣ *acc. du.* : уст[ь]на. [31] бѣста *and the following forms in the same sendence* : родиста, принесоста *aor. 3 du.* : быти, родити, принести. [32] родителя *nom. du.* [33] крестияньстѣи *loc. sg. f.* [34] и *acc. sg.* : онъ. [35] кърмимъ *pr. p. p.* : кърмити. [36] родителема своима *instr. du.* [37] въ нь *prep. + acc. sg.* : онъ. [38] исповѣсть *pr. 3 sg.* : исповѣдѣти. [39] премудрѣи *compr.* : премудръ. [40] въсия = въссия *aor. 3 sg.* : въссияти. [41] князю повелѣвъшю *dat. abs. (caus.)*. [42] богу изволивъшю *dat. abs. (caus.)*. [43] добляаго *gen. sg.* : доблии. [44] ученици *nom. pl.* : ученикъ. [45] бѣ створилъ *periphr. p. (pluperf.)* : с[ъ]творити. [46] упасохъ *aor. 1 sg.* : упасти. [47] съблюди *p. a. p.* : съблюсти. [48] вѣрье *voc.* : вѣрьнъ. [49] умноживыи *p. a. p.*, *det.* : умножити. [50] миру *dat. poss.* : миръ. [51] растыи *p. a. p.*: *det.* : расти. [52] нудящема *pr. a. p.*, *dat. du. (caus.)* : нудити. [53] ею *gen. du.* : онъ. [54] извыче *aor. 3 sg.* : извыкнути. [55] сътяжа *aor. 3 sg.* : сътяжати. [56] приятъ *aor. 3 sg.* : прияти. [57] сущю ... Феодосию *dat. abs. (temp.)*. [58] начатъ *aor. 3 sg.* : начати. [59] съвьрьстьникы *instr. pl.* [60] оному ... не послушающю *dat. abs. (caus.)*. [61] начиняше *impf. 3 sg.* : начати. [62] молящюся ему *dat. abs. (temp.)*. [63] иже *art. ref.* уноша. [64] текъ *p. a. p.* : течи. [65] я *acc. pl.* : онъ. [66] онѣмь рекъшемь *dat. abs. (temp.)*. [67] богу велящю *dat. abs. (cond.)*. [68] и *acc. sg.* : онъ. [69] и *acc. sg.* : онъ. [70] не вѣдущю никому *dat. abs. (temp.)*. [71] имыи *pr. a. p.*, *det.* : яти. [72] ничесо = ничего. [73] ищрева = ис чрева. [74] и *acc. sg.* : онъ. [75] назнамена *aor. 3 sg.* : назнаменати. [76] пастуху отшьдъшю *dat. abs. (caus.)*. [77] въздрастеть *pr. 3 sg.* : въз(д)расти. [78] поимъши *pr. a. p. f.* : пояти. [79] гънаста *and* яста *in the same sentence aor. 3 du.* : гънати, яти. [80] пристигъша *p. a. p.*, *nom. du.* : пристигнути. [81] повьрже *aor. 3 sg.* : повьргнути. [82] пѣхашети = пѣхашеть *impf. 3 sg.* : пѣхати. [83] коривъши *p. a. p.*, *f.* : *nom. sg.* : корити. [84] еи пришьдъши *dat. abs. (temp.)*. [85] затворьши *p. a. p. f.* : затворити. [86] двою дьнию *gen. du.* [87] нозѣ *acc. du.* : нога. [88] оному обѣщавъшюся *dat. abs. (temp.)*. [89] съня *aor. 3 pl.* : съняти.

[90] ногу *gen. du.* : нога.   [91] лишаеми *pr. p. p.* : лишати.   [92] жаляше *impf. 3 sg.* : жалити.   [93] начатъ *aor. 3 sg.* : начати.   [94] прибудяше *impf. 3 sg.* : прибыти.   [95] дадяше *impf. 3 sg.* : дати.   [96] купяше *impf. 3 sg.* : купити.   [97] измълъ *p. a. p.* : измлъти.   [98] богу изволивъшю *dat. abs. (caus.)*.   [99] лътъ *acc. du.* : лъто.   [100] укаряхути = укаряхуть *impf. 3 pl.* : укаряти.   [101] врагу научающю *dat. abs. (caus.)*.   [102] матерь *acc. sg.* : мати.   [103] укаряему ти сущю *dat. abs. (caus.)*.   [104] отроку сущю *dat. abs. (caus.)*.   [105] дая *pr. a. p.* : даяти.   [106] опльванъ *p. p. p.* : опльвати.   [107] приобрящемъ *pr. 1 pl.* : приобръсти.   [108] възлеже *aor. 3 sg.* : възлечи.   [109] ученики *instr. pl.*   [110] приимъ and the following expression in the same sentence преломль *p. a. p.* : прияти, преломити.   [111] остря *pr. a. p.* : острити.   [112] обита *aor. 3 sg.* : обитати.   [113] обръте *aor. 3 sg.* : обръсти.   [114] влечаше *impf. 3 sg.* : влещи/влъщи.   [115] въдасть *aor. 3 sg.* : въдати.   [116] пребысть *aor. 3 sg.* : пребыти.   [117] съньмъ *p. a. p.* : съняти.   [118] обълкъся *p. a. p.* : облъщися.   [119] видъвыи *p. a. p.*, *det.* : видъти.   [120] судии увъдъвъшю *dat. abs.*   [121] възьмъ *p. a. p.* : възяти.   [122] желъзу ... грызующюся *dat. abs. (concess.)*.   [123] ничьсо *gen. sg.* : ничьто.   [124] скръбьна *gen. sg.* : скръбьно *adj.*   [125] ишьдъшемъ = исшьдъшемъ.   [126] ишьдъшемъ дьньмъ *dat. abs. (temp.)*.   [127] бывъшю дьни праздьничьну *dat. abs. (caus.)*.   [128] вьсъмъ ... вельможамъ ... възлежащемъ *dat. abs. (caus.)*.   [129] поущашети = поущашеть *impf. 3 sg.* : поущати.   [130] ему облачащюся *dat. abs. (temp.)*.   [131] сы *pr. a. p.* : быти.   [132] блюдыися *pr. a. p.*, *det.* : блюстися.   [133] зьряаше *impf. 3 sg.* : зьръти.   [134] раздьгъшися = разжьгъшися *p. a. p. f.* : разжещлся.   [135] обрящете *pr. 2 pl.* : обръсти.   [136] раждьгъся = разжьгъся *p. a. p. m.* : разжещися.   [137] бъша идуще *periphr. p. (progressive)*.   [138] бремены тяжькы *instr. pl.*   [139] идяшеть *impf. 3 sg.* : ити.   [140] онъмъ ... ставъшемъ *dat. abs. (temp.)*.   [141] доида *pr. a. p.* : доити.   [142] богу съблюдающю *dat. abs. (temp.)*.   [143] богу изволивъшю *dat. abs. (caus.)*.   [144] ведъшеся *impf. 3 sg.* : вестися.   [145] сыи *pr. a. p.*, *det.* : быти.   [146] въжь *imp. 2 sg.* : въдъти.   [147] укръпивыи *p. a. p.*, *det.* : укръпити.   [148] падъ *p. a. p.* : пасти.   [149] прозвитеру ... сущю ... искусьну *dat. abs.*   [150] поимъ *p. a. p.* : пояти.   [151] остригыи *p. a. p.*, *det.* : остричи.   [152] облече *aor. 3 sg.* : облъщи.   [153] бъдяше *impf. 3 sg.* : бъдъти.   [154] вижь *imp. 2 sg.* : видъти.   [155] дручааше *impf. 3 sg.* : дручити.   [156] прослависта *aor. 3 du.* : прославити.   [157] обръте *aor. 3 sg.* : обръсти.   [158] видъхомы = видъхомъ *aor. 1 pl.* : видъти.   [159] тъи *acc. sg.* : тъ.   [160] съдъшема има *dat. abs. du. (temp.)*.   [161] си *pers. refl. pron.*, *dat.*   [162] ишьдъ = исшьдъ *p. a. p.* : изити.   [163] имыи *p. a. p.*, *det.* : яти.   [164] съкрывыи *p. a. p.*, *det.* : съкрыти.   [165] острияися *imp.* : остричися.   [166] наказани(и) *instr. pl.* : наказание.   [167] онъи = онои *dat. sg.* : оная.   [168] велимая *pr. p. p.*, *acc. pl. n.* : велъти.   [169] богу творящю *dat. abs.*   [170] именуемъ *pr. p. p.* : именовати.   [171] усъпе *aor. 3 sg.* : усънути.   [172] оному съповъдающю *dat. abs.*

a Theodosius (ca. 1036–74), secular name unknown, one of the first abbots of the Cave Monastery.

b Antonius (b. in L'ubeč 982 – d. 1072), secular name Antipas, the founder of the Cave Monastery.

c Vasilev, now Vasil'jevka, a town near Kiev.

d Kursk, a town in the principality of Novgorod-Seversk.

e Nikon, called "the Great" (d. 1088), a monk of the Cave Monastery, temporarily exiled to Tmutarakan', later elected abbot of the monastery; an enigmatic personage whose biography is unclear.

NESTOR'S NARRATIVE OF THE NAMING OF THE CAVE MONASTERY

Nestor's account of the origin of the name of the Cave Monastery, an independent narrative perhaps written by this author or by the first compiler of the *Chronicle*, is entered in this work under the year 1051, but has no specific or clear connection with this date. It is the story of the founding of the Cave Monastery by St. Antonius after his return from the Byzantine Monastery of Athos. The site upon which the Cave Monastery was built is described as a cave to which Hilarion, then presbyter at Prince Jaroslav's private church at his estate, Berestovo, used to retire for prayer and contemplation. Considerable stress is laid on the fact that the monastery was established in strict accordance with the stringent regulation of the Studion Monastery in Constantinople.

The text is taken from Полное собрание русских летописей (2d ed.; Leningrad, 1926), Vol. I, col. 155–60.

Несторово
Съказание чего ради прозвася Печерьскыи манастырь

И се да скажемъ, что ради прозвася Печерьскыи манастырь!

Боголюбивому бо князю Ярославу[a] любящю[1] Берестовое[b] и цьркъвь ту сущюю Святыхъ Апостолъ и попы многы набдящю[2], въ нихже бѣ презвитерь именемь Иларионъ[c], мужь благъ, книженъ и постникъ. И хожаше съ Берестоваго на Днѣпръ на холмъ, кдѣ нынѣ ветхыи манастырь Печерьскыи, и ту молитву творяше. Бѣ бо ту лѣсъ великъ. Ископа печерку малу двусажену, и приходя съ Берестового отпѣваше часы и моляшеся ту богу втаине. Посемь же богъ князю вложи въ сьрдьце и постави и[3] митрополитомь въ святѣи Софьи[d], а си печерка тако оста[4].

И не по мнозѣхъ дьнѣхъ бѣ нѣкыи человѣкъ, именемь мирьскымь(...)[e], отъ града Любча[f]. И възложи сему богъ въ сьрдьце въ страну ити. Онъ же устремися въ Святую Гору[g] и видѣ ту манастырь сущи, и обиходивъ[5] възлюбивъ чернечьскыи образъ, приде въ манастырь ту и умоли игумена того, дабы на нь възложилъ образъ мнишьскыи. Онъ же послушавъ его постриже и нарекъ[6] имя ему Антонни, наказавъ его и научивъ чернечьскому образу. И рече ему:

»Иди въ Русь опять и буди благословленье отъ Святыя Горы.«

И рече ему яко:

»Отъ тебе мнози чернци быти имуть.«

Благослови и и отпусти его, рекъ ему:

»Иди съ миромь.«

Антонии же приде Кыеву и мысляше, кдѣ бы жити. И ходи по манастыремъ и не възлюби богу ни хотящю[7]. И поча ходити по дебремъ и по горамъ, ища, кдѣ бы ему богъ показалъ, и приде на холмъ, идѣ бѣ Иларионъ ископалъ печерку. И възлюби мѣсто се и вселися въ не[8]. И нача молитися богу со слезами глаголя:

»Господи, утверди мя въ мѣстѣ семь, и да будетъ на мѣстѣ семь благословенье Святыя Горы и моего игумена, иже мя постригалъ.«

И поча жити ту моля бога, ядыи[9] хлѣбъ сухъ и тоже чересъ дьнь, и воды въ мѣру вкушая, копая печеру. И не да собѣ упокоя, дьнь и нощь въ трудѣхъ пребывая, въ бъдѣньи и въ молитвахъ.

Посемь же увѣдѣша[10] добрии человѣци и приходяху къ нему, приносяще же ему, еже на потребу бѣ. И прослу[11] якоже великыи Антонии. Приходяще къ нему просяху у него благословенья.

Посемь же преставльшюся[12] великому князю Ярославу[13], прия власть сынъ его Изяславъ[h] и сѣде Кыевѣ. Антонии же прославленъ бысть въ

Русьскѣи Земли. Изяславъ же, увѣдѣвъ житье его, приде с дружиною
своею, прося у него благословенья и молитвы. И увѣданъ бысть всѣми
великыи Антонии и чтимъ. И начаша приходити къ нему братья, и нача
приимати и постригати я[14], и собрася братьи къ нему числомъ 12. И иско-
паша печеру велику и цьркъвь и кельи, яже суть и до сего дьне въ печерѣ
подъ ветхымъ манастыремь. Совъкупленѣ[15] же братьи[16], рече имъ Антонии:

»Се богъ васъ, братья, совъкупи, и отъ благословенья есте Святыя
Горы, а язъ васъ постригалъ. Да буди благословенье на васъ перво отъ
бога, а второе отъ Святыя Горы!«

И се рекъ имъ:

»Живѣте же о собѣ, и поставлю вы игумена. А самъ хочю въ ону гору
ити единъ, якоже и преже быхъ обыклъ[17] уединивъся жити.«

И постави имъ игуменомь Варлама[i], а самъ иде въ гору и ископа
печеру, яже есть подъ новымъ манастыремь, въ неиже сконча животъ свои,
живъ въ добродѣтели, не выходя ис печеры лѣтъ 40 некдѣже, въ неиже
лежать моще его и до сего дьне.

Братья же съ игуменомь живяху въ печере. И умножившимся братьи[18]
въ печерѣ и не имущимъ ся вмѣстити, и помыслиша поставити внѣ печеры
манастырь. И приде игуменъ и братья ко Антонью и рекоша ему:

»Отьче, умножилася братья, а не можемъ ся вмѣстити въ печеру. Да
бы богъ повелѣлъ и твоя молитва, да быхомъ поставили[19] цьркъвьцю внѣ
печеры.«

И повелѣ имъ Антонии. Они же поклонишася ему. И поставиша
цьркъвьцю малу надъ пещерою во имя Святыя Богородица Успенье. И нача
богъ умножати черноризцѣ[20] молитвами святыя богородица. И съвѣтъ
створиша братья со игуменомь поставити манастырь и идоша братья ко
Антонью и рѣша:

»Отьче, братья умножаются, а хотѣли быхомъ поставити манастырь!«

Антонии же радъ бывъ рече:

»Благословенъ богъ о всемь, и молитва святыя богородица и сущихъ
отьць иже[21] въ Святѣи Горѣ да будеть съ вами!«

И се рекъ, посла единого отъ братьѣ[22] ко Изяславу князю, река[23]
тако:

»Княже мои, се богъ умножаеть братью, а мѣстьце мало. Да бы ны
далъ гору ту, яже есть надъ печерою?«

Изяславъ же слышавъ и радъ бысть. Посла мужь свои и въда[24] имъ
гору ту. Игуменъ же и братья заложиша цьркъвь велику и манастырь
огородиша, а съ столпьемь кельѣ[25] поставиша многы, цьркъвь свершиша и
иконами украсиша.

И оттолѣ поча Печерьскыи Манастырь. Имьже бѣша жили чернци
преже въ печерѣ, а отъ того прозвася Печерьскыи Манастырь.

Есть же Манастырь Печерьскыи отъ благословенья Святыя Горы
пошелъ, манастыреви же свершену[26] игуменьство держащю Варламови[27].
Изяславъ же постави Манастырь святаго Дмитрия и выведе Варлама на
игуменьство къ святому Дмитрию, хотя створити вышнии сего манастыря,
надѣяся богатьству. Мнози бо манастыри отъ цѣсарь и отъ бояръ и отъ
богатьства поставлени, но не суть таци[28], каци[29] суть поставлени слезами,
пощеньемь, молитвою, бъдѣньемь. Антонии бо не имѣ злата ни сребра, но

стяжа[30] слезами и пощеньемъ, якоже глаголахъ. Варламу же шедъшю[31] къ святому Дмитрию, съвѣтъ створше[32], братья идоша къ старцю Антонью и рекоша:

»Постави намъ игумена.«

Онъ же рече имъ:

»Кого хощете?«

Они же рѣша:

»Кого хощеть богъ и ты.«

И рече имъ:

»Кто болии въ васъ акъже Феодосии послушьливыи, кроткыи, смѣреныи? Да съ будеть вамъ игуменъ.«

Братья же ради бывше поклонишася старцю и поставиша Феодосья игуменомъ братьѣ[33] числомъ 20. Феодосиеви же приемшю[34] манастырь, поча имѣти въздержанье и велико пощенье и молитвы съ слезами, и совокупляти нача многы черноризци. И совокупи братьѣ числомъ 100 и нача искати правила чернечьскаго. И обрѣтеся[35] тогда Михаилъ, чернець Манастыря Студиискаго, иже бѣ пришелъ изъ Грекъ съ митрополитомь Георгиемь. И нача у него искати устава чернець Студиискыхъ[k] и обрѣтъ[36] у него и списа и устави въ манастыри своемь: како пѣти пѣнья манастырьская, и поклонъ какъ держати, и чтенья почитати, и стоянье въ църкъви, и весь рядъ църкъвьныи, и на трапезѣ сѣданье, и что ясти в кыя дьни, все съ уставленьемь. Феодосии, все то изъобрѣтъ[37], предасть[38] манастырю своему. Отъ того же манастыря переяша вси манастыреве уставъ. Тѣмьже почтенъ есть Манастырь Печерьскыи старѣе всего, Феодосьеви же живущю[39] въ манастыри и правящю добродѣтельное житье и чернечьское правило и приимающю всякого приходящаго къ нему.

Къ нему же и азъ придохъ[40] худыи и недостоиныи рабъ, и приятъ[41] мя, лѣтъ ми сущю[41] 17 отъ роженья моего. Се же написахъ и положихъ, в кое лѣто почалъ быти манастырь, и что ради зоветься Печерьскыи, а о Феодосьевѣ житьи пакы скажемъ.

[1] Ярославу любящу *dat. abs.* (*caus.*). [2] набдящю *pr. a. p.*, *dat. sg.* : наб(ъ)дѣти. [3] и *acc. sg.* : онъ. [4] оста *aor. 3 sg.* : остати. [5] обиходивъ *p. a. p.* : обиходити. [6] нарекъ *p. a. p.* : нарещи. [7] богу не хотящю *dat. abs.* (*caus.*). [8] въ не *prep.* + *acc. sg. n.* : оно. [9] ядыи *pr. a. p.*, *det.* : ясти. [10] увѣдѣша *aor. 3 pl.* : увѣдѣти. [11] прослу *aor. 3 sg.* : прослути. [12] преставльшюся *p. a. p.*, *dat. sg.* : преставитися. [13] представльшюся . . . Ярослув *dat. abs.* (*temp.*). [14] я *acc. pl.* : онъ. [15] совъкупленѣ *p. a. p.*, *dat. sg.* : совъкупити = съвъкупити. [16] совъкупленѣ (*scil.* сущи) братьѣ *dat. abs.* (*temp.*). [17] обыклъ *p. a. p.* : обыкнути. [18] умножившимся братьи *dat. abs.* (*caus.*). [19] быхомъ поставили *cond. periphr.* : быхомъ *cond. 1 pl.* + поставили. [20] черноризце *acc. pl.* : чьрноризьць. [21] иже *rel. art. ref.* отьць. [22] братьѣ *gen. sg.* : братья. [23] река *pr. a. p.* : рещи. [24] въда *aor. 3 sg.* : въдати. [25] кельѣ *acc. pl.* : келья. [26] манастыреви свершену *dat. abs.* (*temp.*). [27] держащю Варламови *dat. abs.* (*temp.*). [28] таци *nom. pl.* : такыи. [29] каци *nom. pl.* : какыи. [30] стяжа *aor. 3 sg.* : с(ъ)тяжати. [31] Варламу шедъшю *dat. abs.* (*temp.*). [32] створше *p. a. p.*, *nom. pl.* : с(ъ)творити. [33] братьѣ *gen. sg.* : братия. [34] Феодосиеви приемшю *dat. abs.* (*temp.*). [35] обрѣтеся *aor. 3 sg.* : обрѣстися. [36] обрѣтъ *p. a. p.* : обрѣсти. [37] изъобрѣтъ *p. a. p.* : из(ъ)обрѣсти. [38] предасть *aor. 3 sg.* : предати. [39] Феодосьеви живущю *dat. abs.* (*temp.*). [40] придохъ *aor. 1 sg.* : прити. [41] приятъ *aor. 3 sg.* : прияти. [42] ми сущю *dat. abs.* (*temp.*)

[a] Jaroslav, Great Prince of Kiev (1019–1054).

[b] Berestovo, the Great Prince's estate on the river Dnieper, with its private Church of the St. Apostles.

[c] Hilarion, whose date and place of birth are unknown. He was at first a priest in Jaroslav's private church at Berestovo and an important ecclesiastical collaborator of the

prince. Elected Metropolitan of Kiev in 1051, he was the first Russian to occupy this high ecclesiastical post. He was removed in 1055 owing to the opposition of the Byzantine patriarch. Possibly identifiable with Nikon, mentioned in Nestor's *Life of Theodosius*. Hilarion was also author of the famous *Sermon on Law and Grace* and other works.

d The Cathedral of St. Sophia in Kiev, built in 1039.

e Antonius' secular name, here omitted, seems to have been Antipas.

f The town of L'ubeč.

g The Holy Mount Athos, and its monastery of the same name, on the Chalcidice peninsula.

h Iz'aslav, Great Prince of Kiev (1054–68 and 1076–78).

i Barlaam, the first abbot of the monastery (ca. 1050–57); also abbot of the Monastery of St. Demetrius (1057–65).

j The Greek Metropolitan Georgius of Kiev (ca. 1062–79).

k Statute of the Studion Monastery in Byzantium.

MONASTIC LEGENDS FROM THE PATERICON OF THE CAVE MONASTERY

The *Patericon*, from which the following texts are taken, had as its point of departure an exchange of letters in the thirteenth century between two ecclesiastical personages from the Cave Monastery: Simon, who was appointed Bishop of Suzdal'; and Polycarpus, a man of erudition and uncommon literary abilities who, influenced by Simon's exhortative letters, remained an ordinary monk in the monastery. These letters, supplemented by additional material (tales from the lives of monks, etc.), gradually formed the *Patericon of the Cave Monastery*, representative of a literary genre well known in Byzantium. Some of these Narratives tell the monastic story of the miraculous founding of the monastery:

> *The Founding of the Church of the Cave Monastery*
> *The Arrival of the Church-Builders from Constantinople*
> *The Arrival of the Iconographer from Constantinople.*

Others are dramatic and psychological novels typical of the hagiographical style:

> *John and Sergius of the Cave Monastery*
> *St. Gregorius the Wonder-Worker*
> *Moses the Hungarian*
> *SS. Theodorus and Basilius of the Cave Monastery*
> *Prince Sv'atoša of Černigov.*

The narratives here reprinted are taken from Патерик Киевского Печерского Монастыря, published by the Imperial Archeographical Commission (St. Petersburg, 1911).

1
THE FOUNDING OF THE CHURCH
OF THE CAVE MONASTERY

Слово о создании церкви:
яко божиимь промысломь и пречистыя его матере
создана бысть Церкви Печерьская

Бысть въ Земли Варяжскои князь Африканъ[a], братъ Якуна Слѣпаго[b], иже отбѣже[1] отъ златы луды, бияся плъкомь по Ярославѣ съ лютымь Мстиславомь. И сему Африкану бяху два сына: Фриандъ и Шимонъ[c]. По смерти же отца ею[2] изгъна Якунъ обою брата отъ области ею. Приде же Шимонъ къ благовѣрному князю нашему Ярославу[d], егоже приимъ[3] въ чести имяше. И дасть его сынови своему Всеволоду[e], да будетъ старѣи[4] у него. Прия[5] же велику власть отъ Всеволода.

Вина же бысть такова любви его къ святому тому мѣсту.

При благовѣрномь и великомь князи Изяславѣ[f] въ Киевѣ, Половцемь ратию пришедшимъ[6] на Рускую Землю въ лѣто 1068, и изыдоша сие трие Ярославичи въ срѣтение имъ: Изяславъ, Святославъ и Всеволодъ, имыи[7] съ собою и сего Шимона. Пришедшимъ же имъ къ великому и святому Антонию молитвы ради и благословения, старець же отвръзъ[8] неложьная своя уста и хотящую имъ быти погыбель ясно исповѣдаше. Сии же варягъ, падъ на ногу старьцу, и моляшеся сохранену быти отъ таковыя бѣды. Блаженныи же рече тому:

»О чадо, яко мнози[9] падуть остриемь меча, и бѣжащимъ вамъ[10] отъ супостатъ вашихъ, попрани и язвени[11] будете и въ водѣ истопитеся. Ты же, спасенъ бывъ, здѣ имаши положенъ быти въ хотящеи создатися церкви.«

Бывшимъ же имъ[12] на Льтѣ[g], соступишася плъци обои, и божиимь гнѣвомь побѣжени[13] бысть[14] христиане. И бѣжащимъ имъ, погнани быша и воеводы съ множествомь вои. Егда же уступишася, ту же и Шимонъ лежаше язвенъ посрѣдѣ ихъ. Възрѣвъ же горѣ на небо, и видѣ церковь превелику, якоже прежде видѣ на мори, и въспомяну[15] глаголы спасовы и рече:

»Господи, избави мя отъ горкия сия смерти молитвами пречистыя твоея матере и преподобную отцу Антония и Феодосия!«

И ту абие нѣкая сила изятъ[16] его изъ срѣды мертвыхъ, и абие исцѣлѣ[17] отъ ранъ и вся своя обрѣтъ[18] цѣлы и здравы.

Паки възвратися къ великому Антонию и сказа ему вещь дивну, тако глаголя:

»Отець мои Африканъ съдѣла крестъ — и на немь изобрази богомужное подобие Христово написаниемь вапнымъ, — новъ дѣломъ якоже Латина[h] чтуть, великъ дѣломъ яко 10 лакотъ; — и сему честь творя, отець мои възложи поясъ о чреслѣхъ его, имущь вѣса 50 гривенъ злата, и вѣнець златъ на главу его. Егда же изгна мя Якунъ, стрыи мои, отъ области моея, азъ же взяхъ поясъ съ Иисуса и вѣнець съ главы его. И слышахъ гласъ отъ образа, обративъся ко мнѣ, и рече ми: 'Никакоже человѣче, сего възложи на главу свою! Неси же на уготованное мѣсто, идѣже зиждется[19] церковь матере моея отъ преподобнаго Феодосия. И тому въ руцѣ[20] вдаждь[21], да обѣситъ[22] надъ жрътовникомъ моимъ.' Азъ же отъ страха падохся, и оцѣпнѣвъ[23], лежахъ, аки мертвъ, и, въставъ скоро, внидохъ въ корабль. И пловущимъ намъ[24] бысть буря велия, яко всѣмъ намъ отчаятися живота своего. И начяхъ въпити: 'Господи, прости мя, яко сего ради пояса днесь погыбаю, понеже изяхъ отъ честнаго твоего и человѣкоподобнаго ти образа!' И се видѣхъ церковь горѣ и помышляхомъ[25]: 'Кая си есть церковь?' И бысть свыше гласъ къ намъ глаголяи[26] еже: 'Хощетъ създатися отъ преподобнаго въ имя божия матере, въ неиже и ты имаши положенъ быти!' И якоже видѣхомъ величествомь и высотою, размѣривъ поясомь тѣмъ златымь, 20 лактеи въ ширину и 30 въ высоту, стѣны съ верьхомъ 50. Мы же вси прославихомъ бога и утѣшихомся радостию великою зѣло, избывъше грѣкыя смерти. Се же и донынѣ не свѣдѣ[27], гдѣ хощетъ създатися показанная ми церкви на мори и на Лѣтѣ, и уже ми при смерти сущу[28], дондеже слышахъ отъ твоихъ честныхъ устенъ, яко здѣ ми положену быти, въ хотящеи създатися церкви.«

И иземъ[29] дасть поясъ златыи, глаголя:

»Се мѣра и основание, сии же вѣнець да обѣшенъ будетъ надъ святою трапезою!«

Старець же похвали бога о семь, рекъ варягови:

»Чадо, отселе не наречется имя твое Шимонъ, но Симонъ будетъ имя твое.«

Призвавъ же Антонии блаженнаго Феодосия, рече:

»Симоне, сии хощетъ въздвигнути таковую церьковь.«

И дасть ему поясъ и вѣнець. И оттоле [Симонъ] великую любовь имяше къ святому Феодосию, подавъ ему имѣния многа на възграждение монастырю.

★

Нѣкогда же сему Симонови пришедшу[30] къ блаженному, и по обычнѣи бесѣдѣ рече ко святому:

»Отче, прошу у тебе дара единаго.«

Феодосии же рече къ нему:

»О чадо, что проситъ твое величьство отъ нашего смирения?«

Симонъ же рече:

»Велика паче и выше моея силы требую азъ отъ тебе дара.«

Феодосии же рече:

»Съвѣси[31], чадо, убожьство наше, иже иногда многажды и хлѣбу не обрѣстися въ дневную пищу. Иного же не съвѣмь, что имѣю.«

Симонъ же глагола:

»Аще хощеши, подаси[32] ми, можеши бо по даннѣи ти благодати отъ господа, иже именова тя преподобнымъ. Егда бо снимахъ вѣнець съ главы Иисусовы, тои ми рече: 'Неси на уготованное мѣсто и вдаждь въ руцѣ преподобному, иже зижетъ[33] церковь матере моея.' И се убо прошу у тебе, да ми даси[34] слово, яко да благословить мя душа твоя якоже въ животѣ, тако и по смерти твоеи и моеи.«

И отвѣща святыи:

»О Симоне, выше силы прошение! Но аще узриши мя отходяща отсуду свѣта сего и по моемъ отшествии сию церковь устроенну, и уставы преданныя съвръшатся въ тои, извѣстно ти буди, яко имамъ дръзновение къ богу. Нынѣ же не съвѣмь, аще приата[35] ми есть молитва.«

Симонъ же рече:

»Отъ господа свѣдѣтельствованъ еси, самъ бо отъ пречистыхъ устъ его образа слышахъ о тебѣ! И сего ради молю ти ся, якоже о своихъ чрноризцѣхъ, тако и о мнѣ грѣшнѣмъ помолися и о сыну моемъ Георгии, и до послѣднихъ рода моего.«

Святыи яко обѣщася и рече:

»Не о сихъ единѣхъ молю, но и о любящихъ мѣсто сие святое мене ради.«

Тогда Симонъ поклонися до земля[36] и рече:

»Не изыду отъ тебе, отче, аще написаниемъ не извѣстиши ми.«

Принужденъ же бывъ любве его ради преподобныи, и пишетъ, тако глаголя: *Въ имя отца и сына и святаго духа*, иже и донынѣ влагаютъ умершему въ руку таковую молитву. И оттоле утвердися таковое написание полагати умершимъ, прѣжде бо сего инъ не сътвори сицевыя вещи въ Руси. Пишетъ же и сие въ молитвѣ:

»*Помяни мя, господи, егда придеши въ царствии си и въздати хотя комуждо по дѣломъ его, тогда убо, владыко, и раба своего Симона и Георгия сподоби одесную тебе стати въ славѣ твоеи и слышати благыи твои гласъ: 'Приидѣте благословеннии отца моего, наслѣдуите уготованное вамъ царство искони мира!'«*

И рече Симонъ:

»Рци[37] же и къ симъ, отче, и да отпустятся грѣси[38] родительма моима[39] и ближнимъ моимъ.«

Феодосии же въздвигъ руци[40] свои и рече:

»Да благословить тя господь отъ Сиона, и узрите благая Иерусалиму во вся дни живота вашего и до послѣднихъ рода вашего!«

Симонъ же приимъ молитву и благословение отъ святаго яко нѣкыи бисеръ многоцѣнныи и даръ.

Иже прежде бывъ варягъ, нынѣ же благодатию Христовою христианъ, наученъ бывъ святымъ отцемъ нашимъ Феодосиемъ, оставивъ латиньскую буесть и истиннѣ вѣровавъ въ господа нашего Иисуса Христа и со всѣмъ домомъ своимъ, яко до 3000 душь и со иереи своими, чюдесъ ради бывающихъ отъ святаго Антония и Феодосия. И сии убо Симонъ прьвыи положенъ бысть въ тои церкви.

Оттоле сынъ его Георгии велику любовь имѣяше ко святому тому мѣсту. И бысть посланъ отъ Володимера Мономаха[i] въ Суждальскую Землю[j] сии Георгии, дасть же ему на руцѣ и сына своего Георгия[k]. По лѣтѣхъ же мнозѣхъ[41] сѣдѣ Георгии Владимеровичъ въ Киевѣ, тысяцькому жъ своему Георгиеви яко отцу предасть Землю Суждальскую.

---

[1] отбѣже *aor. 3 sg.* : отбѣщи/отбѣчи.   [2] *gen. du.* : онъ.   [3] приимъ *p. a. p.* : прияти.   [4] старѣи *compr.* : старъ.   [5] прия *aor. 3 sg.* : прияти.   [6] Половцемъ пришедшимъ *dat. abs. (temp.)*.   [7] имыи *pr. a. p., det.* : яти.   [8] отврзъ *p. a. p.* : от(ъ)врѣсти.   [9] мнози *nom. pl.* : многъ.   [10] бѣжащимъ вамъ *dat. abs. (temp.)*.   [11] язвени *adj., nom. pl.* : язвьнъ.   [12] бывшимъ имъ *dat. abs. (temp.)*.   [13] побѣжени *p. p. p., nom. pl.* : побѣдити.   [14] бысть *aor. 3 sg. instead of* быша *aor. 3 pl.*   [15] въспомяну *aor. 3 sg.* : въспомянути.   [16] изятъ *aor. 3 sg.* : изяти.

[17] исцѣлѣ *aor. 3 sg.* : исцѣлѣти.   [18] обрѣтъ *p. a. p.* : обрѣсти.   [19] зиждется *pr. 3 sg.* : зьдатися.   [20] руцѣ *acc. du.* : рука.   [21] вдандь *imp. 2 sg.* : в(ъ)дати.   [22] обѣситъ *pr. 3 sg.* : обѣсити.   [23] оцѣпнѣвъ *p. a. p.* : оцѣп[ь]нѣти.   [24] пловущимъ намъ *dat. abs. (temp.)*. [25] помышляхомъ *impf. 1 pl. instead of* помыслихъ *aor. 1 sg.* : помышляти.   [26] глаголяи *pr. a. p., det.* : глаголати.   [27] свѣдѣ = с(ъ)вѣдѣ *pr. 1 sg.* : с(ъ)вѣдѣти.   [28] ми сущу *dat. abs.* [29] иземъ *p. a. p.* : изяти.   [30] сему Симонови пришедшу *dat. abs. (temp.)*.   [31] съвѣси *pr. 2 sg.* : съвѣдѣти.   [32] подаси *pr. 2 sg.* : подати.   [33] зижетъ *pr. 3 sg.* : зьдати.   [34] даси *pr. 2 sg.* : дати. [35] приата = принята.   [36] земля *gen. sg.* : земля.   [37] рци *imp. 2 sg.* рещи.   [38] грѣси *nom. pl.* : грѣхъ.   [39] родительма моима *dat. du.*   [40] руци = руцѣ *acc. du.* : рука.   [41] мнозѣхъ *loc. pl.* : многъ.

a *Afrikan* probably reflects the Scandinavian *Afrekr*.

b *Jakun* (= Scandinavian *Hákon*). Hákon the Blind is mentioned in the *Chronicle* under the year 1024 where he is said to have accepted Jaroslav's invitation to join him in his struggle against his brother Mstislav and to have been forced to flee from the battle at the river Listven', leaving behind his magnificent, goldencrusted mantle.

c Reflections of the Scandinavian forms *Friandr* and *Sigmundr*.

d Jaroslav, Great Prince of Kiev (1019–54).

e Vsevolod, Jaroslav's youngest son, Great Prince of Kiev (1078–93).

f Iz'aslav, Jaroslav's oldest son, Great Prince of Kiev (1054–78).

g The battle between the Russian and the Polovtsians took place at the river Al'ta or L'to (1068).

h Roman Catholic religion.

i Vladimir Monomachus, son of Vsevolod, Great Prince of Kiev (1113–25).

j The Principality of Suzdal' in North-Eastern Russia.

k Jurij Vladimirovič, son of Vladimir Monomachus, Prince of Suzdal', Great Prince of Kiev (1155–57).

2

THE ARRIVAL OF THE CHURCH-BUILDERS
FROM CONSTANTINOPLE

Слово о пришествии мастеровъ церковныхъ отъ Царяграда къ Антонию и Феодосию

И се вы[1], братие, скажу ино дивно и преславно чюдо о тои богоизбраннѣи церкви Богородичинѣ[a].

★

Приидоша отъ Царяграда мастери церковнии, четыре мужие, богати вельми, въ печеру къ великому Антонию и Феодосию, глаголяще:

»Гдѣ хощета[2] начяти церковъ?«

Она же къ нимъ рѣста[3]:

»Идѣже господь мѣсто наречетъ.«

Сии же рѣста:

»Аще смерть себѣ проповѣдаста[4], мѣста ли не назнаменавъше, толикое злато вдавше намъ?«

Антонии же и Феодосии, призвавше всю братию, и въпросиста Грекъ глаголяще:

»Скажите истину, что се бысть?«

Сии же мастеры рѣста:

»Намъ спящимъ[5] въ домѣхъ нашихъ, рано, въсходящу солнцю, приидоша къ комуждо насъ благообразнии скопци, глаголяще:

'Зоветъ вы царица Влахерну'[6]ᵇ.

Намъ же идущимъ[7], пояхомъ съ собою другы и южикы своя и обрѣтохомся равно вси пришедше къ царици, и стязавшеся, едину рѣчь царицину слышавше, и едини зватаеве[8] быша у насъ. И видѣхомъ царицю и множество вои о неи и поклонихомся еи, и та рече къ намъ:

'Хощу церковь възградити себѣ въ Руси, въ Киевѣ. Велю же вамъ, да возмѣта злата собѣ на 3 лѣта.'

Мы же, поклонившеся, рѣхомъ[9]:

'О, госпоже царице, въ чюжу страну отсылаеши насъ, къ кому тамо приидемъ?'

Она же рече:

'Сию посылаю Антония и Феодосия.'

Мы же рѣхомъ:

'Почто, госпоже, на 3 лѣта злата даеши намъ? Сима прикажи о насъ, что есть намъ на пищу вся потребная: сама же вѣси[10], чимъ насъ дарьствовати.'

Царица же рече:

'Сии Антонии, точию благословивъ, отходитъ свѣта сего на вѣчныи, а сии Феодосии въ 2 лѣто по немъ идетъ къ господу. Вы же возмѣте до избытка вашего злата. А еже почтити васъ, тако не можетъ никтоже: дамь вамъ, еже ухо не слыша и на сердце человѣку не взыде[11]. Прииду же и сама видѣти церкви, и въ неи хощу жити.'

Вда[12] же намь и мощи святыхъ мученикъ: Артемия и Полиектя, Леонтия и Акакия, Арефы, Якова, Феодораᶜ, рекши намъ:

'Сия положите во основании.'

Взяхомъ же злато и лише потребы. И рече намъ:

'Изыдете наясно и видите величество!'

И видѣхомъ церковь на въздусѣ[13]. И въшедше поклонихомся еи и въспросихомъ:

'О госпоже царице, каково имя церкви?'

Она же рече яко:

'Имя себѣ хощу нарещи.'

Мы же не смѣхомъ ея воспросити:

'Како ти есть имя?'

Сии же рече:

'Богородичина будетъ церкви.'

И дасть ти намъ сию икону:

'Та намѣстная,' рече, 'да будетъ.'

Еи же поклонившеся, изыдохомъ въ домы своя, носяще и сию икону, юже прияхомъ отъ руку царицину. И тогда вси прославиша бога и того рождьшую[14].«

И отвѣща Антонии:

»О чада, мы николиже исходихомъ отъ мѣста сего.«

Греци же съ клятвою рѣша яко:

»Отъ вашею руку злато взяхомъ предъ многыми свидѣтели, но и до корябля съ тѣми ваю[15] проводихомъ и, по ваю[16] отшествии мѣсяць единъ пребывше, пути ся яхомъ. И се есть день десятыи, отнележе изыдохомъ отъ Цариграда. Въспросихомъ же царица[17] величества церкве, и та рече намъ: 'Мѣру убо послахъ поясъ сына моего, по повелѣнию того.'«

И отвѣща Антонии:

»О чада, велики благодати Христосъ сподобилъ васъ, яко того воли съвръшители есте! Суть же васъ звавшеи они благообразнии скопци пресвятии ангели. А еже Влахернѣ[18] царици — сама чювьственѣ явившися вамъ пресвятая, чистая и непорочная владычица наша, богородица и приснодѣвица Мария. Иже[19] о тои вои прѣдстояще суть бесплотнии ангельскыя силы, наю[20] подобнии. Дание вамъ злата богъ вѣсть, якоже самъ сътвори и изволи о своею рабу[21]. Благословенъ приходъ вашь, и добру спутницу имѣете, сию честную икону госпожину! И та отдасть вамъ, якоже обѣщася, еже ни ухо не слыша, и на сердце человѣку не взыде. Тогоже никто же можетъ дати развии тоя и сына ея, господа бога и спаса нашего Иисуса Христа, егоже поясъ и вѣнець отъ варягъ принесенъ бысть и мѣра сказася широты и долготы и высоты тоя пречестныя церкве, гласу таковому съ небеси пришедшу[22] отъ велелѣпныя славы.«

Греци же поклонишася съ страхомъ святымь и рѣша:

»Гдѣ мѣсто таковое, да видимъ?«

Антонии же рече:

»Три дни прѣбудемъ молящеся, и господь явить намъ.«

★

И въ ту нощь, молящуся ему, явися ему господь, глаголя:

»Обрѣлъ еси благодать прѣдо мною.«

Антонии же рече:

»Господи, аще обрѣтохъ благодать прѣдъ тобою, да будетъ по всеи земли роса, а на мѣстѣ, идѣже волиши освятити, да будетъ суша.«

Заутра же обрѣтоша сухо мѣсто, идѣже нынѣ церкви есть, а по всеи земли роса.

Въ другую же нощь, тако помолшеся[23], рече:

»Да будетъ по всеи земли суша, а на мѣстѣ святѣмь роса.«

И шедше, обрѣтоша тако.

Въ 3-и же день, ставше на мѣстѣ святомъ, помолшеся и благословивъ мѣсто, и измѣриша златымъ поясомъ широту и долготу. И въздвигъ[24] руцѣ[25] на небо Антонии и рече великымъ гласомъ:

»Послушаи мене, господи, днесь! Послушаи мене, да разумѣютъ вси, яко ты еси хотяи[26] сему.«

И абие спаде огнь съ небеси и пожже[27] вся древа и трѣние, и росу полиза, и долину сътвори, якоже рвомъ[28] подобно. Сущии же съ святыма отъ страха падоша яко мертвии.

И оттуду начатокъ тоя божественныя церкви.

---

[1] вы *dat. pl.* = вамъ. [2] хощета *pr. 2 du.* : хотѣти. [3] рѣста *aor. 3 du. instead of* рѣша *aor. 3 pl.* : рещи. [4] проповѣдаста *aor. 2 du.* : проповѣдати. [5] намъ спящимъ, *and the following expression* въсходящу солнцю *dat. abs. (temp.)*. [6] Влахерну *acc. of direction*. [7] намъ идущимъ *dat. abs. (temp.)*. [8] зватаеве *nom. pl.* : з(ъ)ватаи. [9] рѣхомъ *aor. 1 pl.* :

рещи.   [10] вѣси *pr. 2 sg.* : вѣдѣти.   [11] възыде *pr. 3 sg.* : в[ъ]зити.   [12] вда = въда *aor. 3 sg.* : въдати.   [13] въздусѣ *loc. sg.* : въздухъ.   [14] рождьшую *p. a. p., acc. sg., f.* : родити.   [15] ваю *acc. du.* : вы.   [16] ваю *gen. du.* : вы.   [17] царица *gen. sg.* : царица.   [18] Влахернѣ *loc.*   [19] иже *art. ref. to* вои.   [20] наю *gen. du.* : мы.   [21] своею рабу *loc. du.*   [22] гласу пришедшу *dat. abs.* (*caus.*).   [23] помол(ь)шеся *p. a. p.* : помолитися.   [24] въздвигъ *p. a. p.* : въздвигнути.   [25] руцѣ *acc. du.* : рука.   [26] хотяи *pr. a. p., det.* : хотѣти.   [27] пожже *aor. 3 sg.* : пожещи.   [28] рвомъ *dat. pl.* : ръвъ.

a The Church of the Holy Virgin in the Cave Monastery.
b Blachernae, a district of Constantinople along the Golden Horn.
c SS. Artemius, Polyeuctes, Leontios, Akakias, Arethas, Jacobus, and Theodorus — Christian martyrs of the first century.

3
THE ARRIVAL OF THE ICONOGRAPHERS FROM CONSTANTINOPLE

Слово о пришествии писцевъ церковныхъ ко игумену Никону отъ Царяграда

И се дивное чюдо, еже сказаю вамъ!

Приидоша отъ того же богохранимаго Констянтиня[1] града къ игумену Никону[a] писци иконнии, глаголюще сице:

»Постави[ста][2] рядца наша[3]: 'Хощевѣ[4] ся истязати.' Намъ показаша церковь малу, и тако урядихомся[5] предо многыми свѣдетели. Сия же церьковь велика вельми. И се ваше злато възмѣте[6], а мы идемь къ Цариграду.«

И отвѣща игуменъ:

»Какови бяше дѣявшеи[7] рядъ съ вами?«

Писци же рѣша:

»Подобие и образъ игумена Феодосия и Антония.«

И рече имъ игуменъ:

»О чада, намъ не мощно вамъ явити тѣхъ, прежде бо 10 лѣтъ отъидоша свѣта сего[b], и суть непрестанно молящеся за ны, и неотступно хранятъ сию церковь, и соблюдаютъ свои монастырь, и промышляютъ о живущихъ въ немъ.«

И сия слышавше, Греци ужасни быша о отвѣтѣ. Приведоша же и инѣхъ купець много, иже бѣша оттуду путешествовавше съ тѣми. Греки и Обезис[c]. И глаголаху:

»Предъ сими рядъ сотворихомъ, злато взяхомъ отъ руку ею[8], и ты не хощеши намъ явити ею[9]! Аще ли преставилася еста[10], яви намъ образъ ею, да и сии видятъ, аще та еста.«

Тогда игуменъ изнесе предъ всѣми икону ею. Видѣвши же Греци и Обези образъ ею, и поклонишася, глаголюще, яко:

»Сии еста воистину и вѣруемъ, яко жива еста и по смерти, и можета[10] помогати и спасати и заступати прибѣгающихъ къ нима.«

Вдаша же и мусию, иже бѣ[12] принесли на продание, еюже святыи алтарь строиша. Писци же начаша каятися своего съгрѣшения:

»Егда,« рече, »приидохомъ въ Каневъ[d] въ лодияхъ, и се видѣхомъ церковь сию велику на высотѣ. Въспросихомъ же сущихъ съ нами:

'Кая си есть церкви?'

И рѣша:

'Печерьская, еиже вы есте писци.

Разгнѣвавши же ся, хотѣхомъ бѣжати внизъ. Въ ту же нощь бысть буря велика на рѣцѣ. Заутра же воставше, обрѣтохомся близь Треполя[e], и лодия сама идяше[13] горѣ, аки нѣкая сила влечаше. Мы же нуждею удръжахомъ ю, и стоявше весь день, размышляюще, что се будетъ, яко толикъ путь преидохомъ единою нощию, не гребуще, еже съ трудомъ едва треми деньми доходятъ друзии[14]. Въ другую же нощь видѣхомъ сию церковь и чюдную икону намѣстную, глаголюще намъ:

'Человѣци, что всуе мятетеся[15], не покоряющеся воли сына моего и моеи? И аще мене преслушаетеся и бѣжати восхощете[16], вся вы вземши[17] и съ лодиею поставлю въ церкви моеи. И се же да вѣсте[18], яко оттуду не изыдете, но ту въ монастыри моемь остригшися[19], животъ свои скончаете. И азъ вамъ дамъ милость въ будущемъ вѣцѣ[20], строителю сею[21] ради Антония и Феодосия.'

Мы же, заутра въставше, хотѣхомъ бѣжати внизъ, и много трудившеся гребуще, а лодия горѣ идяше противу. Мы же, повинувшеся[22] воли и силѣ божии, дахомся: и скоро подъ монастыремь сама лодия приста.«

Тогда купно вси черноризци прославиша великого бога и того пречистыя матере чюдную икону и святая отца[23] Антония и Феодосия.

И тако обои животъ свои скончаша въ Печерьскомь монастырѣ, мастеры же и писци, во мнишескомь житии. И суть положени въ своемь притворѣ. Суть же и нынѣ свиты ихъ на полатахъ и книгы ихъ греческия блюдомы[24] въ память чюдеси.

---

[1] Константиня *gen. sg.* : Константинь *adj. poss.*   [2] постависта *aor. 3 du.* : поставити.
[3] ряд(ь)ца наша *nom. du.* : рядьць нашь.   [4] хощевѣ *pr. 1 du.* : хотѣти.   [5] урядихомся *aor. 1 pl.* : урядитися.   [6] възмѣте *imp. 2 pl.* : възяти.   [7] дѣявши *p. a. p., det., nom. pl.* : дѣяти.   [8] ею *gen. du.* : онъ.   [9] ею *acc. du.* : онъ.   [10] еста *pr. 3 du.* : быти.   [11] можета *pr. 3 du.* : мочи/мощи.   [12] бѣ = бѣша.   [13] идяше *and the following expression in the same sentence* влечаше *impf. 3 sg.* : ити, влѣщи.   [14] друзии *nom. pl.* : другъ.   [15] мятетеся *pr. 2 pl.* : мястися.   [16] восхощете *pr. 2 pl.* : въсхотѣти.   [17] вземши *p. a. p. f.* : възяти.   [18] вѣсте *pr. 2 pl.* : вѣдѣти.   [19] остригшися *p. a. p. pl.* : острищися.   [20] вѣцѣ *loc. sg.* : вѣкъ.   [21] строителю сею *gen. du.*   [22] повинувшеся *p. a. p. pl.* : повинутися.   [23] святая отца *acc. du.*   [24] блюдомы *pr. p. p. pl.* : блюсти.

[a] Nikon, called the Great, abbot of the Cave Monastery (1084–88).
[b] St. Antonius died in 1073; St. Theodosius, in 1074.
[c] A nomadic tribe, probably identical with the Avars.
[d] Kanev, a town in the Kiev region on the river Dnieper.
[e] Trepole (or Tripolje), a village in the Kiev region, on the river Dnieper, served as a border bastion.

4

JOHN AND SERGIUS OF THE CAVE MONASTERY

Слово о Иоаннѣ и Сергии:
Чюдо изрядно предъ чюдною иконою богородичиною

Быста[1] два мужа нѣкая отъ великыхъ града того, друга[2] себѣ, Иоаннъ и Сергии. Сия приидоста во церковь богонареченную и видѣста свѣтъ паче сълнца на иконѣ чюднѣи богородичинѣи, и въ духовное братство приидоста.

По мнозѣхъ[3] же лѣтѣхъ Иоаннъ, разболѣвся, остави сына своего Захарию 5 лѣтъ суща. И призва игумена Никона[a] и раздая все имѣние свое нищимъ, и часть сыновну дастъ[4] Сергию: 1000 гривенъ сребра и 100 гривенъ злата. Предастъ же и сына своего Захарию, юна суща, на съблюдение другу своему, яко брату вѣрну, заповѣдавъ тому, яко:

»Егда возмужаетъ сынъ мои, даи жде ему злато и сребро.«

Бывшу же Захарии[5] 15 лѣтъ, въсхотѣ взяти злато и сребро отца своего у Сергия. Сии же, — уязвенъ[6] бывъ отъ диявола и мнѣвъ[7] приобрѣсти богатество, и хотя животъ съ душею погубити, — глаголетъ юноши:

»Отець твои все имѣние богови издалъ. У того проси злата и сребра, тои ти длъженъ есть, аще тя помилуетъ. Азъ же не повиненъ есмь твоему отпу ни тебѣ ни въ единомь златницѣ[8]. Се ти сътворилъ отець твои своимь безумиемь, раздая все свое въ милостыню, тебе же нища и убога оставилъ.«

Сия же слыша юноша, начя плакатися своего лишения.

Посылаетъ же юноша съ молбою къ Сергию, глаголя:

»Даи же ми половину, а тебѣ половина.«

Сергии же жестокыми словесы укаряше[9] отца его и того самого. Захария же третия части проси, таче десятыя. Видѣвъ же себе лишена всего, глаголетъ Сергию:

»Прииди и клени[10] ми ся въ церкви Печерьскои прѣдъ чюдною иконою богородичиною, идѣже и братство взя съ отцемь моимь.«

Сеи же иде въ церковь и ста предъ иконою богородичиною, отвѣщая и кленыися[11], яко:

»Не взяхъ 1000 гривенъ сребра, ни 100 гривенъ злата.«

И хотѣ цѣловати икону — и не възможе приближитися ко иконѣ. И исходяшу ему[12] изъ двери, начя[13] въпити:

»О, святая Антоние и Феодосие, не велита[14] мене погубити ангелу сему немилостивому! Молита же ся святѣи богородици, да отженетъ[15] отъ мене многия бѣсы, имъ же есмь преданъ! Възмѣте же злато и сребро запечатленно въ клити[16] моеи.«

И бысть страхъ на всѣхъ. И оттоле не дадяху[17] клятися святою богородицею никому же.

Пославше же, взяша сосудъ запечатанъ, и обрѣтоша въ немь 2000 гривенъ сребра и 200 гривенъ злата: та бо усугуби господь, отдатель милостивымь.

Захария же дастъ все игумену Никону, да растрошитъ, якоже хощетъ. Самъ же, постригся[18], скончя[19] животъ свои ту.

[1] быста *and the following expression in the following sentence* приидоста, видѣста *aor. 3 du.* : быти, приити, видѣти. [2] друга *nom. du.* [3] мнозѣхъ *loc. pl.* : мног. [4] дасть *aor. 3 du.* : дати. [5] бывшу Захарии *dat. abs. (temp.).* [6] уязвенъ *p. p. p.* : уязвити. [7] мнѣвъ *p. a. p.* : м(ь)нѣти. [8] златницѣ *loc. sg.* : златьникъ. [9] укаряше *impf. 3 sg.* : укаряти. [10] клени *imp. 2 sg.* : кляти. [11] кленыися *p. a. p., det.* : клятися. [12] исходящу ему *dat. abs. (temp.).* [13] начя *aor. 3 sg.* : начяти. [14] велита *imp. 2 du.* : велѣти. [15] отженеть *pr. 3 sg.* : отъгънати. [16] клить = клѣть. [17] дадяху *impf. 3 pl.* : дати. [18] постригся *p. a. p.* : пострищися. [19] сконча *aor. 3 sg.* : с(ъ)кон(ь)чати.

[a] Nikon, who became abbot of the Cave Monastery after his exile (d. 1088).

5

GREGORIUS THE WONDER-WORKER

Слово о святѣмь Григории Чюдотворци

Сеи блаженныи Григории прииде ко отцю нашему Феодосию въ Печерьскыи Монастырь и отъ него наученъ бысть житию чернеческому: несътяжанию, смирению и послушанию и прочимъ добродѣтелемь. Молитвѣ же паче прилежаше[1], и сего ради приатъ[2] на бѣсы побѣду, еже и далече сущимъ имъ вопити:

»О Григорие! изгониши ны[3] молитвою своею!«

Имѣаше[4] бо блаженныи обычаи: по всякомъ пѣнии запрѣщальныя творити молитвы. Не терпя же старыи врагъ прогнания отъ него, не могыи[5] чимъ инѣмь[6] житию его спону сътворити, и научи злыя человѣкы, да покрадуть его. Не бѣ бо иного ничто же имѣя, развѣ книгъ.

Въ едину же нощь приидоша татие[7] и стрежаху[8] старца, да, егда изыдеть на утренюю, шедше възмуть вся его. Ощути же Григории приходъ ихъ. И всегда бо по вся нощи не спаше[9], но пояше и моляшеся беспрестани, посреди кѣлия стоя. Помоли же ся и о сихъ, пришедшихъ красти:

»Боже! даи же сонъ рабомъ твоимъ, яко утрудишася, всуе врагу угажающе[10].«

И спаша 5 днеи и 5 нощеи, дондеже блаженныи, призвавъ братию, възбуди ихъ, глаголя:

»Доколе стрежете всуе, покрасти мя хотяще? Уже отъидете[11] въ домы своя.«

Въставше же, и не можаху[12] ходити: бяше бо изнемогли отъ глада. Блаженныи же, давъ имъ ясти, и отпусти ихъ.

Се увѣдавъ градъскыи властелинъ, и повелѣ мучити татие. Стуживъ же си Григорие, яко его ради предани суть, и шедъ, дасть книгы властелину, татие же отпусти. Прочия же книгы продавъ, и раздасть убогымъ, рекъ тако:

»Да не како въ бѣду въпадуть хотящии покрасти я[13]. Рече бо господь: *Не скрываите себѣ съкровища на земли, идѣже татие подкоповають и крадуть; съкрываите же себѣ съкровища на небесѣхъ, идѣже ни тля тлить, ни татие крадуть. Идѣже бо,* — рече, — *съкровище ваше, ту и сердца ваша.«*

Татие же ти покаяшася чюдеси ради бывшаго на нихъ, и къ тому не възвратишася на пръвая дѣла своя, но, пришедше въ Печерьскии Монастырь, въдашася на работу братии. Имѣаше же сеи блаженныи малъ оградець, идѣже зелие сѣяше и дрѣва плодовита.

★

И на се пакы приидоша татие. И егда взяша бремена своя хотящеи отъити, и не възмогоша. И стояша два дьни неподвижими и угнетаеми бремены[14]. И нача[ша] въпити:

»Господине Григорие, пусти ны! Уже покаемся грѣховъ своихъ и къ тому не сътворимъ сицевыи вещи.«

Слышавше же черноризци и пришедше, яша[15] ихъ, и не могоша съвести ихъ отъ мѣста того. И въпросиша ихъ:

»Когда сѣмо придосте[16]?«

Татие же рѣша:

»Два дьни и двѣ нощи стоимъ здѣ.«

Мниси[17] же рѣша:

»Мы, всегда выходяще, не видѣхомъ васъ здѣ.«

Татие же рѣша:

»Аще быхомъ видѣли[18] васъ, то убо молилися бы намъ съ слезами, дабы насъ пустилъ. Се, уже изнемогше, начахомъ въпити. Нынѣ же молите старьца, да пустить насъ.«

Григории же, пришедъ, глагола имъ:

»Понеже праздни пребывасте[19] вьсь животъ свои, крадуще чюжая труды, а сами не хотяще тружатися, — нынѣ же стоите ту праздни прочая лѣта, до кончины живота своего.«

Они же съ слезами моляху старьца къ тому не сътворити имъ таковая съгрѣшениа. Старець же умилися о нихъ и рече то:

»Аще хощете дѣлати и отъ труда своего инѣхъ питати, то уже пущу вы.«

Татие же съ клятвою рѣша:

»Никако же преслушаемся тебѣ.«

Григории же рече:

»Благословенъ богъ! Отселе будете работающе на святую братию, и отъ своего труда на потрѣбу ихъ приносите.«

И тако отпусти ихъ. Татие ти скончаша животъ свои въ Печерьскомъ Монастырѣ, оградъ предьржаще. Ихъ же, мню[20], исчадия и донынѣ суть.

★

Иногда же пакы придоша трие нѣции[21], хотяще искусити сего блаженнаго. И два отъ нихъ молиста[22] старьца, ложно глаголюще:

»Сии другъ нашь есть, и осуженъ есть на смерть. Молимъ же тя, потщися избавить его; даи же ему, чимъ искупитися отъ смерти.«

Григории же, възплакався жалостию, провѣдѣ[23] бо о немъ, яко приспѣ[24] конець житию его, и рече:

»Лютѣ человѣку тому, яко приспѣ день погыбели его!«

Они же рѣша:

»Ты же, отче, аще даси что, то сии не умреть.«

Се же глаголаху, хотяще у него взяти что, да раздѣлять себѣ. Григории же рече:

»И азъ дамъ, а сии умреть.«

И въпроси ихъ:

»Коею смертию осуженъ есть?«

Они же рѣша:

»На дрѣвѣ повѣшенъ хощеть быти.«

Блаженныи же рече имъ:

»Добрѣ судисте[25] ему. Заутра бо сии повѣсится.«

И паки сниде[26] въ погребъ, идѣже молитву творяше, да не како умъ ему[27] слышить земнаго что, ниже очи его видѣта что суетныхъ. И оттуду изнесе оставшая книги. Дасть имъ, рекъ:

»Аще не угодно будеть, възвратите ми.«

Они же, вземьше книги, начаша смѣятися, глаголюще:

»Продавше сия, и раздѣлимъ себѣ.«

Видѣвьши же древеса плодовита, и рѣша къ себѣ:

»Приидемъ въ сию нощь и объемлемъ[28] плоды его.«

Наставши же нощи[29], приидоша сие трие и запроша[30] мниха въ погребѣ, идѣже бѣ моляся. Единъ же, егоже рѣша на дрѣвѣ повѣсити, вълѣзъ горѣ и нача търгати яблока. И яся[31] за вѣтвь: онои же отломлшися[32], а сии два, устрашивьшися, отбѣгоша; сии же, летя, ятся[33] ризою за другую вѣтвь и, не имѣя помощи, удавися ожерелиемъ.

Григории же бо запренъ бѣ, и не обрѣтеся приити къ сущеи братии въ церковь. Изъшедше же вонъ изъ церкви, и вси видѣвше человѣка, висяща мертва, и ужасошася[34]. Поискавши же Григория, и обрѣтоша его въ погребѣ затворена. Изъшедше же оттуду блаженныи и повелѣ сняти мертваго, и къ другомъ его глаголаше:

»Како се убо събысться ваша мысль! Богъ бо не поругаемъ бываеть. Аще бысте мя не затворили[35], то азъ, пришедъ, снялъ быхъ[36] его съ дрѣва, и не бы сеи умерлъ[37]. Но понеже врагъ вы научилъ хранити суетная лжею, тѣмъ же милость свою оставили есте.«

Слышавше же ругатели то събытие словесъ его и, пришедше же, падоша на ногу его, просяще прощения. Григории же осуди ихъ въ работу Печерьскому Монастырю, да къ тому тружающеся, свои хлѣбъ ядять[38] и довольни будуть и инѣхъ напитати отъ своихъ трудовъ.

И тако тии скончаша животъ свои, и съ чады своими работающе въ Печерьскомъ Монастырѣ рабомъ пресвятыя богородица[39] и ученикомъ святаго отца нашего Феодосия.

★

Подобно же и се сказати о немъ, юже претерпѣ блаженныи страсть смертную. Нѣкая убо вещь монастырьская приключися: отъ падения животнаго осквернену быти съсуду, — и сего ради сии преподобныи Григории сниде ко Днѣпру по воду.

Въ тои же часъ приспѣ князъ Ростиславъ Всеволодичь[a], хотя ити въ Печерьскии Монастырь молитвы ради и благословения, — бѣ бо идыи[40] противу ратнымъ Половцемъ съ братомъ своимъ Владимеромъ. Видѣвьши же отроци⁴¹ его старца сего, начаша ругатися ему, метающе словеса срамная. Разумѣвъ же мнихъ всѣхъ при смерти суща⁴², и нача глаголати:

»О чада! Егда бѣ трѣбѣ умиление имѣти и многы молитвы искати отъ всѣхъ, тогда же вы паче злое творите [и] яже богови не угодна суть. Но плачитеся своея погыбели и каитеся своихъ съгрѣшении, да поне отраду приимете въ страшны день! Уже бо вы и постиже⁴³ судъ, яко вси вы въ водѣ умрете, и съ княземъ вашимъ.«

Князъ же, страха божия не имѣя, ни на сердци себѣ положи сего преподобнаго словесъ, мнѣвъ его пустошь глаголюща, яже пророчествоваше о немъ, и рече:

»Мнѣ ди повѣдаеши смертъ отъ воды, умѣющему бродити посреди ея?«

И тогда, разгнѣвавъся, князь повелѣ связати ему руцѣ и нозѣ⁴⁴, и камень на выи его обѣсити и въврѣщи въ воду. И тако потопленъ бысть.

Искавше же его братия 2 дьни, и не обрѣтоша. Въ 3-и же день приидоша въ кѣлию его, хотяще взяти оставшая его, и се мертвыи обрѣтеся вь кѣлии, связанъ, и камень на выи его! Ризы же его еще мокры, лице его бѣаше свѣтло, самъ же аки живъ. И не обрѣтеся кто, принесыи⁴⁵ его, но и кѣлии заключеннѣ сущи⁴⁶.

Но слава о семъ господу богу, творящему дивна чюдеса своихъ ради угодникъ!

Братия же, изнесше тѣло его, и положиша въ печерѣ честнѣ, иже за многа лѣта пребысть цѣло и нетлѣнно.

Ростиславъ же, непщевавъ вины о грѣсѣ⁴⁷, и не иде въ монастырь отъ ярости. Не въсхотѣ благословения — и удалися отъ него; възлюби клятву — и прииде ему. Владимеръ же прииде въ монастырь молитвы ради. И бывшимъ имъ⁴⁸ у Треполя[b], и полкома снемъшимася⁴⁰, и побѣгоша князи наши отъ лица противныхъ. Владимеръ же прѣха рѣку, молитвъ ради святыхъ и благословения; Ростиславъ же утопе⁵⁰ съ всими вои, по словеси святаго Григория: *Имьже бо,* — рече, — *судомъ судите, судится вамъ; въ ту, нюже мѣру мѣрите, възмѣрится вамъ.* Разумѣите, опасно обидящии, притчу реченную господемъ въ *Святѣмь Евангелии,* судию немилостиваго и вдовицю обидимую, къ немуже часто прихождаше и стужаше ему, глаголюще: *Мсти мене отъ суперника моего.*

Глаголю бо вамъ, яко сътворить господь въскорѣ рабомъ своимъ отмщение. Тои бо рече: *Мнѣ месть и азъ отмьщу.* Глаголеть господь: *И не приобидите единого отъ сихъ малыхъ, яко ангели ихъ всегда видять лицѣ отца моего, иже есть на небесѣхъ.* Яко праведенъ господь, правду възлюби; и правая видѣ лице его. Еже бо человѣкъ всѣеть, то и пожнеть. Сицева бо гордымъ отмщения, имъже господь противится, — смиренымъ же даеть благодать. Тому слава съ отцемь и святымъ духомъ нынѣ и присно и въ вѣки вѣкомъ.

Аминь!

---

¹ прилежаше *impf. 3 pl.* : прилежати.   ² приатъ = приятъ *aor. 3 sg.* : прияти. ³ ны = насъ *acc. pl.* : мы.   ⁴ имѣаше *impf. 3 sg.* : имѣти.   ⁵ могыи *pr. a. p., det.* : мощи. ⁶ инѣмъ *instr. sg.* : ино.   ⁷ татие *nom. pl.* : тать.   ⁸ стрежаху *impf. 3 pl.* : стрещи = стрѣщи. ⁹ спаше *and the following expressions in the same sentence* пояше, моляшеся *impf. 3 sg.* : с[ъ]пати, пѣти, молитися.   ¹⁰ угажаюше *pr. a. p., nom. pl.* : угажати.   ¹¹ отъидете *imp. 2 pl.* : отъити. ¹² можаху *impf. 3 pl.* : мочи/мощи.   ¹³ я *acc. sg.* : онъ.   ¹⁴ бремены *instr. pl.* : бремя = брѣмя.   ¹⁵ яша *aor. 3 pl.* : яти.   ¹⁶ придосте *aor. 2 pl.* : при[и]ти.   ¹⁷ мниси *nom. pl.* :

мнихъ. [18] быхомъ видѣли *cond. 1 pl.* : видѣти. [19] пребывасте *aor. 2 pl.* : пребывати. [20] мню *pr. 1 sg.* : мьнити. [21] нѣции *nom. pl.* : нѣкый. [22] молиста *aor. 3 du.* : молити. [23] провѣдѣ *aor. 3 sg.* : провѣдѣти. [24] приспѣ *aor. 3 sg.* : приспѣти. [25] судисте *aor. 2 du.* : судити. [26] сниде *aor. 3 sg.* : с[ъ]нити. [27] ему *dat. poss.* [28] объемлемъ *pr. 1 pl.* : объяти. [29] наставши нощи *dat. abs.* [30] запроша *aor. 3 pl.* : запрѣти. [31] яся *aor. 3 sg.* : ятися. [32] отломльшися *p.a. p., dat. sg. f.* : отломитися. [33] ятся = яся *aor. 3 sg.* : ятися. [34] ужасошася *aor. 3 pl.* : ужаснутися. [35] бысте затворили *cond. 2 pl.* [36] снялъ быхъ *cond. 1 sg.* [37] бы умерлъ *cond. 3 sg.* [38] ядять *pr. 3 pl.* : ясти. [39] пресвятыя богородица *gen. sg.* [40] идыи *pr. a. p., det.* : ити. [41] отроци *nom. pl.* : отрокъ. [42] суща *pr. a. p., acc. pl.* : быти. [43] постиже *aor. 3 sg.* : постигнути. [44] руцѣ, нозѣ *acc. du.* : рука, нога. [45] принесыи *p. a. p., det.* : принести. [46] кѣлии ... сущи *dat. abs. (caus.).* [47] грѣсѣ *loc. sg.* : грѣхъ. [48] бывшимъ имъ *dat. abs. (temp.).* [49] полкома снемъшимася *dat. abs. (temp.).* [50] утопе *aor. 3 sg.* : утонути.

ᵃ Rostislav, son of Great Prince Vsevolod, brother of Vladimir Monomachus, and Prince of Perejaslavl', drowned in the river Stugna in 1093 during a campaign against the Polovtsians.

ᵇ Trepole (or Tripolje), a village in the Kiev region, on the river Dnieper, served as a border bastion.

6

MOSES THE HUNGARIAN

Слово о преподобнѣмъ Моисии Угринѣ

Увѣдано бысть о семь блаженнѣмъ Моисии Угринѣ, яко любимъ бѣ святымъ Борисомъ[a]. Сеи бо бысть Угринъ родомъ, братъ же Георгия, на негоже святыи Борисъ възложи гривну злату, егоже убиша съ святымъ Борисомъ на Альтѣ, и главу его отрѣзаша, златыя ради гривны.

Сеи же Моисии, единъ избывъ отъ гръкия смерти, и гръкаго заколения избѣжавъ, и прииде ко Предславѣ[b], сестрѣ Ярославли[1]. И бысть ту. И въ дни тыи нельзя бѣ преходити никамо же. И бѣ моляся богу, крѣпкии тои душею, доньдеже прииде благочестивыи князь нашь Ярославъ[c], не стерпѣвъ теплоты душевныя еже[2] со братома си[3], на безаконнаго, и побѣди безбожнаго и гордаго и окааннаго Святополка. Сему же бѣжавшу[4] въ Ляхы, и прииде паки со Болеславомъ[d] и изгна Ярослава, а самъ сѣде въ Киевѣ. И възвращься[5] Болеславъ въ Ляхы и поятъ съ собою обѣ сестрѣ Ярославли и изыма же и бояръ его. Съ ними же и сего блаженнаго Моисия ведяше[6] окованна по руцѣ и по нозѣ желѣзы тяжкими, егоже твердо стрежаху, бѣ бо крѣпокъ тѣломъ и красенъ лнцемъ.

Сего же видѣвши жена нѣкая отъ великихъ, красна сущи и юна, имущи богатество много и власть велию, и та убо, приимъши въ умѣ видѣния доброту, и уязвися въ сердци въжделѣниемъ, еже въсхотѣти сему преподобному. И нача лестными словесы увѣщевати его, глаголюще:

»О человѣче! Всуе таковыя муки подъемлеши[7], имѣя разумъ, имже бы мощно избыти таковаго окования и страдания.«

Рече же къ неи Моисии:

»Богу тако изволыпю[8].«

Жена же рече къ нему:

»Аще ми ся покориши, азъ тя избавлю и велика сътворю въ всеи Лядскои Земли. И обладати имаши мною и всею областию моею.«[e]

Разумѣвъ же блаженныи въжделѣние ея скверное, и рече къ неи:

»То кыи мужь, поимъ жену и покорився еи, и исправился есть когда? Адамъ пръвозданныи, женѣ покорився, изъ рая изгнанъ бысть. Самсонъ, силою паче всѣхъ преспѣвъ и ратнымъ одолѣвъ, послѣди же женою преданъ бысть иноплеменникомъ. И Соломонъ премудрости глубину достигъ[9], женѣ повинувся[10], идоломъ поклонися. И Иродъ[e], многы побѣды сътворивъ, послѣди же женѣ [повинуся], еяже отъ рожения не позна?«

Она же рече:

»Азъ тя искуплю, и славна сътворю тя, и господина всему дому своему устрою, и мужа тя имѣти себѣ хощу. Токмо ты волю мою сътвори: въжелѣние душа моея[11] утѣши и подаи же ми [доброты] твоея, безъ ума погубляемѣ, да и сердечныи пламень престанеть пожигая[12] мя. Азъ же отраду прииму помыслу моему и почию отъ страсти! И ты убо насладися моея доброты, и господинъ всему стяжанию моему будеши, и наслѣдникъ моея власти, и старѣишина боляромъ.«

Блаженныи же Моисии рече къ неи:

»Добрѣ вѣждь, яко не сътворю воля твоея, ни власти же твоея, ни богатества хощу; но всего сего лучши есть душевна чистота, паче же и тѣлесная. Не буди мнѣ труда погубити — 5 лѣтъ, еже ми господь дарова въ узахъ сихъ трьпѣти, неповиненъ сыи сицевымъ мукамъ, ихже ради уповаю избавленъ быти вѣчныхъ мукъ.«

★

Тогда жена, видѣвши себѣ лишену таковыя красоты, и на другыи съвѣтъ диаволь[13] приходить, помысливъ же сице яко: »Аще искуплю его, всякою неволею покоритъ ми ся.«

Посылаеть же ко дръжащему [града] того, да возметь у нея елико хощеть, Моисия же предасть еи. Онъ же, видѣвъ улучение времени и богатества приобрѣтение, взя у нея яко до тысящи, Моисия же предасть еи. И съ нужею влечаху его безъстуднѣ на дѣло неподобно. Яко се власть приимши на немъ, и повелѣваеть ему причитатися себѣ. И разрѣшивши же его отъ узъ, и въ многоцѣнныя ризы оболькъши[14] его, и сладкыми брашны[15] того кормящи, и нуждениемь любовнымъ того объемлющи, и на свою похоть нудящи. Сии же преподобныи, видѣвъ неистовьство жены, молитвѣ и посту прилежаше паче, вкушая въ бдѣнии[16] изволивъ паче сухии хлѣбъ, бога ради, и воду съ чистотою, нежели многоцѣнное брашно и вино съ скверною. И не токмо себѣ срачицы единоя съвлече[17] яко же Иосифъ, но и всѣхъ ризъ себѣ съвлече. Изъбѣжа отъ грѣха, и ничто же вмѣни житие мира сего. И на таку ярость подвиже[18] ю, яко и гладомъ уморити его. Богъ же не оставляеть рабъ своихъ, уповающихъ къ нему. Нѣкотораго отъ рабъ жены тоя на милость преклони, — въ таинѣ подаваше ему пищу. Друзии же, того увѣщевающе, глаголаху:

»Брате Моисию! Что възбраняеть ти женитися? Еще бо юнъ еси, и сия вдова сущи, бывши съ мужемь лѣто едино. И есть красна паче инѣхъ женъ, богатство имущи безъчислено и власть велию въ Лясѣхъ[19]. И аще бы сия въсхотѣла нѣкоему князю, то не бы ея гнушался. Ты же плѣнникъ сыи, и неволенъ отъ жены сея, — и господинъ еи быти не хощеши! Аще ли же глаголеши: 'Не могу преступити заповѣди Христовы,' то не глаголеть ли Христосъ въ Евангелии: *Сего ради оставить человѣкъ отца своего и матерь, и прилѣпится къ женѣ своеи, и будета оба въ плоть едину; уже бо нѣста*[20] *два, но плоть едина.* Апостолъ же: *Уне есть женитися, нежели раждизатися.* Вдовицамъ же велить второму браку причитатися. Ты же, не имѣя обычая мнишеска, но свободь сыи того, по что злымъ и горькимъ мукамъ вдаешися, или что ради стражеши?[21] Аще ти ся лучить умрети въ бѣдѣ сеи, то кою похвалу имаши? Кто же ли отъ пръвыхъ и донынѣ възгнушася жены? Развѣ чернець Авраамъ, Исакъ и Яковъ? Иосифъ же, вмалѣ побѣдивъ, и пакы женою побѣженъ бысть. Ты же, аще нынѣ съ животомъ гоньзнеши, женою же обладанъ будеши. И кто не посмѣется твоему безумию? Уне ти есть покоритися женѣ сеи и свободну быти и господину быти всѣмъ.«

Онъ же глагола имъ:

»Еи, братие и добрыи мои друзи, лобрѣ ми съвѣщеваете! Разумѣю, яко лучше змиина шептания, еже[22] въ раи Евзѣ[23], словеса предлагаете ми. Бѣдите мя покоритися женѣ сеи, но никако же съвѣта вашего прииму. Аще ми ся лучить умрети въ узахъ сихъ и горькихъ мукахъ, всяко чаю отъ бога милости прияти. Аще и вси праведници спасошася съ женами, азъ единъ грѣшенъ есмь, — не могу съ женою спастися. Но аще бы Иосифъ повинулся женѣ Петерфиинѣ[f], то не бы сии потомъ царствовалъ; видѣвъ же богъ трѣпѣние его, и дарова ему царство; тѣмъ же и въ роды хвалимъ есть, яко цѣломудръ, аще и чада прижитъ[24]. Азъ же не Египетьскаго царства желаю прияти и обладати властьми и велику быти въ Лясѣхъ и честну явитися въ всеи Рускои Земли; но вышняго ради царства вся сия приобидѣхъ. Аще же съ животомъ избуду отъ руки жены сея, то чернець буду. Что же убо въ *Евангелии* Христосъ рече? *Всякъ, иже оставить отца своего, и матерь, и жену, и дѣти, и домъ, тои есть мои ученикъ.* Христа ли паче послушати или васъ? Апостолъ же глаголеть: *Оженивыися*[25] *печется, како угодити женѣ, а не оженивыися печется, како угодити богу.* Въпрошу же убо васъ: кому паче подобаеть работати — Христу или женѣ? Раби, послушаите господии своихъ на благое, а не на злое. Буди же разумно вамъ, дръжащимъ мя, яко николи же прельстить мя красота жены сея, ниже отлучить мене отъ любви Христовы.«

★

Си слышавьши жена, помыслъ лукавъ въ сердци си приимши, всаждаеть[26] его на кони, съ многыми слугами, и повелѣ водити его по градомъ и по селамъ, яко же довлѣеть еи, глаголющи ему:

»Сия вся твоя суть; яже угодна суть тебѣ, — твори, яко же хощеши, о всѣмъ.«

Глагола же и къ людемъ:

»Се господинъ вашь, а мои мужь! Да вси, срѣтающе, покланяитеся ему!«

Бяху бо мнози служаще тои рабы и рабыня[27]. Посмѣявъ же ся блаженныи безумию жены, и рече еи:

»Всуе тружаешися: не можеши мене прельстити тлѣнными вещьми мира сего, ни окрасти ми духовнаго богатества. Разумѣи, не трудися всуе!«

Жена же рече ему:

»Не вѣси[28] ли, како проданъ ми еси? И кто изметь[29] отъ руку моею тя? Жива тебе никакоже отпущу, но по многыхъ мукахъ смерти тя предамъ.«

Онъ же безъ страха отвѣща еи:

»Не боюся, еже ми рече; но предавыи[30] мя тебѣ большии грѣхъ имать. Азъ же отселе, богу волящу[31], буду мнихъ.«

Въ тыи же дьни прииде нѣкто мнихъ отъ Святыя Горы[g], саномъ сы[32] иереи, богу наставльшу[33] его, и прииде къ блаженному и облече его въ мнишескии образъ, много поучивъ его о чистотѣ, еже не предати плещи свои врагу и тоя сквернавыя жены избавитися. И сия рекъ, отъиде отъ него: взысканъ же бысть таковыи — не обрѣтенъ.

Тогда же жена, отчаявъшися своея надѣжда[34], раны тяжки възлагаеть на Моисия: растягши[35], повелѣ бити его жезлиемъ, яко и земли наполнитися крови. И биюще, глаголаху ему:

»Покорися госпожи своеи и сътвори волю ея! Аще ли преслушаешися, то на уды раздробимъ тѣло твое! Не мни бо, яко избѣжиши сихъ мукъ, но по многыхъ мукахъ предаси душу свою горьцѣ[36]. Помилуи самъ себе! Отложи измождалыя сия ризы, и облечися въ многоцѣнныя ризы, и изъбуди ожидающихъ тебѣ мукъ, донележе не коснемся плоти твоеи.«

И отвѣща Моисии:

»Братие! повелѣнное вамъ творити — творите, никако же медляще. Мнѣ же никако же мощно есть отрещися мнишескаго жития и любве божия. Никако же томление, ни огнь, ни мечь, ни раны не могуть мене разлучити отъ бога и сего великаго ангельскаго образа. И сия безъстудная и помраченная жена показа свое безъстудие, не токъмо не убоявшися бога, но и человѣческии срамъ приобидѣвши, безъ срама нудящи мя на осквернение и прелюбодѣяние. Ни еи покорюся, ни тоя окаянныя волю сътворю.«

Многу же печаль имущи жена, како бы себѣ мстити отъ срама, посылаеть къ князю Болеславу, сице глаголющи:

»Самъ вѣси, яко мужь мои убиенъ бысть на брани съ тобою; ты же ми далъ еси волю, да егоже въсхощу, поиму себѣ мужа. Азъ же възлюбихъ единаго юношу отъ твоихъ плѣнникъ, красна суща, и искупивши, пояхъ[37] его въ домъ свои, давши на немь злата многа, и все сущее въ дому моемь — злато же и сребро и власть всю — даровахъ ему. Онъ же сия вся ни во что же вмѣни. Многажды же и ранами и гладомъ томящи того, и недовольно бысть ему 5 лѣтъ окованну бывшу отъ плѣнившаго его, отъ негоже искупихъ его, и се шестое лѣто пребысть у мене, и много мученъ бысть отъ мене, преслушания ради, — еже самъ на ся привлече[38] по жестокосердию своему. Нынѣ постриженъ есть отъ нѣкоего черноризца. Ты же что велиши о немь сътворити, да сътворю?«

Онъ же повелѣ еи приѣхати къ себѣ и Моисия привести съ собою. Жена же прииде ко Болеславу и Моисия приведе съ собою. Видѣвъ же преподобнаго Болеславъ и много нудивъ его пояти жену, не увѣща и рече к нему:

»Кто тако нечювьственъ, яко же ты, иже толикихъ благъ и чьсти лишаешися, и вдался еси въ горкия сия мукы! И отнынѣ буди вѣдая[39] яко животъ и смерть предлежить ти: или волю госпожа[40] своея сътворити, отъ насъ честну быти и велику власть имѣти, или, преслушавшися, по многыхъ мукахъ смерть прияти.«

Глагола же и къ женѣ:

»Никто же отъ купленыхъ тобою плѣнникъ буди свободъ, но, аки
госпожа рабу, сътвори, еже хощеши, да и прочии не дръзнуть преслу-
шатися господии своихъ.«

И отвѣща Моисіи:

»Что бо глаголеть богъ: *Кая*[41] *убо польза человѣку, аще и весь миръ
приобрящеть, а душу свою отщетить? или что дасть измѣну на души
своеи?* Ты же что ми обѣщеваеши? Славу и честь, еяже ты самъ скоро
отпадеши, и гробъ тя прииметь, ничто же имуща. Сия скверная жена злѣ
убиена будеть.«

Яко же и бысть по проречению преподобнаго.

Жена же, на немъ вземши власть большую, безъстудно влечаше его на
грѣхъ. Единою же повелѣ его положити нужею на одрѣ своемь съ собою,
лобызающи и обоимающи, но не може ни сею прелестию на свое желание
привлещи его. Рече же къ неи блаженныи:

»Всуе трудъ твои. Не мни[41] бо мя яко безумна или не могуща сего
дѣла сътворити; но, страха ради божия, тебѣ гнушаюся яко нечистыи.«

И сия слышавши, жена повелѣ ему по 100 ранъ даяти на всякъ день.
Послѣди же повелѣ ему таиныя уды урѣзати, и глаголющи:

»Не пощажу сего доброты, да не насытяться инии сего красоты.«

Моисіи же лежаше яко мертвъ отъ течения крови, мало дыхания въ
собѣ имыи[42]. Болеславъ же усрами[в]ся величества жены и любве пръвыя,
потакъвіи еи творя, въздвиже гонение велие на черноризци и изъгна вся
отъ области своея.

★

Богъ же сътвори отмщение рабомъ своимъ въскорѣ.

Въ едину убо нощь Болеславъ напрасно умре, и бысть мятежь великъ
въ всеи Лядскои Земли[h]. И въставше людие избиша епископы своя и боляры
своя, яко же и въ *Лѣтописци* повѣдаеть. Тогда и сию жену убиша.

Преподобныи же, возмогъ[43] отъ ранъ, прииде ко Святѣи Богородици
въ Печерскии святыи монастырь, нося на собѣ мученическыя раны и вѣнець
исъповѣдания, яко побѣдитель и храборъ Христовъ. Господь же дарова
ему силу на страсти.

Нѣкии бо братъ, боримъ[44] бывъ на блудъ, и пришедъ, моляше сего
преподобнаго помощи ему:

»И аще ми«, — рече, — »что речеши, имамъ съхранити и до смерти
таковаго обѣта.«

Блаженныи же рече тому:

»Да николи же слова речеши ни кацѣи[45] женѣ въ животѣ своемь!«

Онъ же обѣщаше съ любовию. Святыи же, имѣя жезлъ въ руцѣ своеи,
— бѣ бо не могыи[46] ходити отъ онѣхъ ранъ, — и симъ удари его въ лоно.
И абие омертвѣша уды его, и оттолѣ не бысть пакости брату.

Се же вписано есть въ *Житіи святаго отца нашего Антонія*[i], еже о
Моисіи, — бѣ бо пришелъ блаженныи въ дни святаго Антония. И скончася
о господѣ въ добрѣ исповѣдании, пребывъ въ монастырѣ лѣтъ 10, а въ
плѣнении страда[47] — въ узахъ пять лѣтъ, шестое лѣто за чистоту.

Помянухъ же чернеческое изгнание въ Лясѣхъ[48] преподобнаго ради
пострижения, еже вдатися богу, егоже възлюби. Сие вписано есть въ
Житии святаго отца нашего Феодосия[j]. Егда изгнанъ бысть святыи отець
Антоние[49] княземь Изяславомъ[k], Варлаама[l] ради и Ефрема[m], княгыни же
его, Ляховица сущи, възбрани ему, глаголющи:

»Ни мысли, ни сътвори сего. Сице бо нѣкогда сътворися въ земли
нашеи. И нѣкия ради вины изгнани быша черноризци отъ предѣлъ земля
нашия, и велико зло содѣяся въ Лясѣхъ.«

Сего ради Моисия сътворися, яко же и преди написахомъ...
Тому слава нынѣ и присно и въ вѣки вѣкомъ!

[1] Ярославли *adj. poss. f., dat. sg.* : Ярославъ. [2] еже *art. ref.* теплоты. [3] си *refl. pron.,
dat. poss.* [4] сему бѣжавшу *dat. abs. (temp.).* [5] възвращься *p. a. p.* : възвратитися.
[6] ведяше *impf. 3 sg.* : вести. [7] подъемлеши *pr. 3 sg.* : подъимати. [8] извольшю *p. a. p.,
dat. sg. (abs., caus.)* : изволити. [9] достигъ *p. a. p.* : достигнути. [10] повинувся *p. a. p.* :
повинутися. [11] душа моея *gen. sg.* [12] пожигая *pr. a. p.* : пожигати. [13] диаволь *adj. poss.* :
диаволъ. [14] оболъкъши *p. a. p. f.* : оболочь = облѣщи. [15] брашны *instr. pl.* : брашьно.
[16] бдѣнии *loc. sg.* : б(ъ)дение. [17] съвлече *aor. 3 sg.* : съвлѣщи. [18] подвиже *aor. 3 sg.* :
подвигнути. [19] Лясѣхъ *loc. pl.* : Ляхы. [20] нѣста *3 du.* = не еста. [21] стражеши *pr. 2 sg.* :
страдати. [22] еже *art. ref.* : шептания. [23] Евзѣ *dat. sg.* : Евга. [24] прижитъ *aor. 3 sg.* :
прижити. [25] оженивыися *p. a. p., det.* : оженитися. [26] всаждаеть *pr. 3 sg.* : в(ъ)саждати.
[27] рабыня *nom. pl.* : рабыни. [28] вѣси *pr. 2 sg.* : вѣдѣти. [29] изметь *pr. 3 sg.* : изяти.
[30] предавыи *p. a. p., det.* : предати. [31] волящу *pr. a. p., dat. sg. (abs., caus.)* : волити.
[32] сы *pr. a. p.* : быти. [33] наставльшу *p. a. p., dat. sg. (abs., caus.)* : наставити. [34] надѣжда
gen. sg. : надѣжда. [35] растягши *p. a. p.* : растя(г)нути. [36] горьцѣ *adv.* = горько.
[37] пояхъ *aor. 3 sg.* : пояти. [38] привлече *aor. 3 sg.* : привлѣщи. [39] вѣдая *pr. a. p.* : вѣдати.
[40] госпожа *gen. sg.* [41] кая *pron. interrog.* : кыи. [42] мни *imp. 2 sg.* : м(ъ)нѣти. [43] имыи
pr. a. p., det. : яти. [44] възмогъ *p. a. p.* : възмощи. [45] боримъ *pr. p. p.* : брати/бороти.
[46] кацѣи *dat. f.* : какыи. [47] могыи *pr. a. p., det.* : мощи/мочи. страда *aor. 3 sg.* : страдати.
[48] Лясѣхъ *loc. pl.* : Ляхы. [49] Антоние = Антонии.

[a] St. Boris (d. 1015) had two Hungarian armigers, the brothers Georgius and Moses.
The former was murdered together with his master by emissaries of Boris' brother Sv'atopolk
in 1105 on the river Al'ta or L'to.

[b] Predslava, Jaroslav's sister.

[c] Jaroslav, Great Prince of Kiev (1019–54), who avenged the murder of Boris and Gleb.

[d] Bolesław, King of Poland (992–1025), helped Sv'atopolk regain the throne of Kiev
in 1019.

[e] Herod.

[f] Potiphar's wife.

[g] The Monastery of Mount Athos.

[h] Poland.

[i] *The Life of St. Antonius* has not been preserved.

[j] Nestor's *Life of St. Theodosius*.

[k] Iz'aslav, Great Prince of Kiev (1054–78), was married either to a daughter or to a
sister of King Bolesław of Poland.

[l] Baarlam was abbot of the Cave Monastery but in 1057 was transferred by Iz'aslav
to the Monastery of St. Demetrius.

[m] Ephrem (= Ephraim), a monk of the Cave Monastery.

7

SS. THEODORUS AND BASILIUS
OF THE CAVE MONASTERY

Слово о святыхъ прѣподныхъ отцѣхъ
Феодорѣ и Василии

Яко же речено есть: *Мати всѣмъ благынямъ — несътяжание*, тако же и корень есть и мати всѣмъ — срѣбролюбие. Яко же рече Лѣствичьникъ[a]: *Любяи[1] събирати имѣние, сицевыи до смерти иглы ради тружается, а не любяи имѣния, сеи господа възлюби и заповѣди его съхрани.* Таковыи блюсти имѣния не можеть, но расточаеть благолѣпно, всѣмъ трѣбующимъ подавая, яко же господь рече въ *Евангелии: Человѣкъ, аще не отречется всего сущаго, не можеть быти мои ученикъ.*

★

И сему словеси послѣдова Феодоръ. Оставль[2] убо мирьская, и богатество разда нищимъ, и бысть мнихъ, и добрѣ подвизався на добродѣтель. Повелѣниемь же игуменимь[3] бысть житель въ печерѣ, еже зовется *Варяжьскаяb*, и въ тои многа лѣта сътвори въздержася. И сему принесе врагъ сътужение и печаль не малу, имѣния ради, разданнаго имь нищимъ: яко помышляше дълготу лѣтъ и изнеможение плоти, яко недовольну ему быти монастырьскои ядию. Искушение бо то врагъ ему принесе. Онъ же, не разсудивъ въ себѣ, ни помяну господа, рекшаго: *Не пецѣтеся[4] о утренемь, — что ямы[5] или что пиемъ, или въ что облечемься. Въззрите же пакы на птиця небесныя[6]: яко ни сѣють, ни жьнуть, и отьць нашь небесныи питаеть ихъ.* Многажды же смущаше того врагъ и къ отчаянию хотя его привести, нищеты ради и истощеннаго богатества, еже[7] убогымъ вданное. И сие въ многы дни помышляя, помрачаемь[8] врагомь недостатка ради, — и къ своимъ другомъ свою скорбь ясно исповѣдая.

Единъ же нѣкто отъ съвръшенѣишихъ, именемь Василие[9], того же монастыря мнихъ, рече ему:

»Брате Феодоре! Молю ти ся, не погуби мьзды своея. Аще ли имѣния хощеши, все, еже имамь, дамь ти. Токмо ты рци[10] предъ богомъ: ‘Вся, яже раздахъ, твоя буди милостыни!’ И ты бес печали буди[11], приимъ[12] имѣние свое. Но блюди, аще стерпить ти господь?«

Сия слышавъ Феодоръ, и убояся страхомъ велиимъ гнѣва божия. Иже слышавъ отъ того сътворьшеся въ Коньстянтинѣградѣ, раскаания ради, еже[13] о златѣ, иже[14] въ милостыню раздаяннѣмъ: како, падъ[15] среди церкви, умре, и обоего себе лиши, съ златомъ бо и животъ погубиc. И сия въ умѣ приимъ, Феодоръ плакася своего съгрѣшения и брата ублажаше, въздвигшаго его отъ таковаго недуга. О таковыхъ бо рече господь: *Аще кто изведеть достоиная отъ недостоинаго, яко уста тоя суть?* И оттоле възрасте велика любовь межи има.

Сему же убо Феодору добрѣ спѣющу въ заповѣдихъ господнихъ и тому угодная съвръшающу[16], велика язва бысть диаволу, яко не възможе того богатества имѣниемъ прельстити. И пакы въоружается противныи, и ину

козиь своея погыбели тому въставляетъ. Василии убо посланъ бываетъ
игуменомъ на нѣкое дѣло. И врѣмя покосно врагъ обрѣтъ[17] своего зломудрия,
преобразився въ того брата подобие, и входитъ къ печернику, преже полез-
ная глаголя:

»Феодоре! Како нынѣ пребываеши? Или преста отъ тебѣ рать бѣсов-
ская? Или еще пакости ти творятъ люблениемь имѣния, память приносящи
ти разданнаго имѣния?«

Не разумѣвъ же Феодоръ бѣса его суща, мнѣвъ, яко братъ ему сия
глаголетъ, къ нему же отвѣща блаженныи:

»Твоими, отче, молитвами нынѣ добрѣетъ ми ся. Тобою бо утверженъ
быхъ, и не имамъ послушати бѣсовскихъ мыслеи. И нынѣ, аще что велиши,
съ радостью сътворю, не прислушаюся тебе, зане велику пользу обрѣтохъ[18]
души твоимъ наказаниемь.«

Бѣсъ же, мнимыи братъ, приимъ дръзновение, — зане не помяну
господа бога, — и глагола ему бѣсъ:

»Другы съвѣтъ даю ти, имъже покои обрящеши[19] и въскорѣ въздание
приимеши отъ бога: токмо ты проси у него, и дастъ ти злата и сребра
множество. И не даи же къ себѣ входити никому же, ни самъ исходи ис
печеры своея.«

Печерникъ же яко обѣщася. Тогда отъиде отъ него бѣсъ. И се невидимо
помышления приношаше[20] ему пронырливыи о съкровищи, яко подвигнути
его на молитву, да проситъ у бога злата, и аще получитъ, то въ милотыню
раздастъ. И се видѣ въ снѣ бѣса, свѣтла же и украшена же акы ангела,
являюща тому сокровища въ печерѣ[d]. И се многажды видѣ Феодоръ. Днемъ
же многымъ минувшимъ[21], пришедъ на показанно мѣсто и нача копати, и
обрѣте съкровище, злата же и сребра множество и съсуди многоцѣнныи. И
въ то же врѣмя пакы приходитъ бѣсъ въ образѣ брата и глаголетъ печернику:

»Гдѣ есть съкровище, данное тебѣ? Се бо явивыися[22] тебѣ, тои и мнѣ
сказа, яко множество злата и сребра дастъ ти ся по твоеи молитвѣ.«

Феодоръ же не хотѣ сокровища показати: бѣсъ же явѣ убо печернику
глаголаше, въ таинѣ же помышления тому влагаше, яко вземьше[23] злата,
отъити на ину страну далече. И глаголетъ:

»Брате Феодоре! Не рѣхъ[24] ли ти, яко въскорѣ отдание примеши? Тои
бо рече: *Аще кто оставитъ домъ и села или имѣния мене ради, стокра-
тицею прииметъ, и животъ вѣчныи наслѣдитъ.* И се уже въ руку твоею
есть богатество; сътвори о немь, яко же хощеши.«

Печерникъ же рече:

»Сего ради просихъ у бога, то аще ми дастъ сие, все въ милостыню
раздамъ. Яко сего ради дарова ми.«

Супостатъ же глаголетъ ему:

»Брате Феодоре! Блюди, да не пакы врагъ стужитъ ти раздаяния ради,
яко же преже, но дастъ ти ся въ оного мѣсто раздаяного тобою убогымъ.
Велю ти, да вземь[25] сие, идеши на ину страну, и тамо притяжеши[26] села,
еже на потрѣбу. Можеши бо и тамо спастися и избыти бѣсовскыхъ кознеи.
И по своемь отшествии дати сия имаши, аможе хощеши, и сего ради память
ти будетъ.«

Феодоръ же къ нему рече:

»Поне стыжу ли ся, яко оставивъ миръ и вся, яже въ немь, и

обѣщався богови здѣ животъ свои съкончати — въ печерѣ сеи, и нынѣ
бѣгунъ бываю и мирскии житель? Аще ли ти годѣ есть, да въ монастырѣ
живу, и все, елико речеши ми, сътворю?«

Бѣсъ же, мнимыи братъ, рече:

»Утаити не можеши съкровища: увѣдано будеть всяко. Но приими мои
съвѣтъ, еже ти велю. Аще бы се неугодно было богу, не бы тебѣ даровалъ,
ни мнѣ извѣстилъ.«

Тогда печерникъ, вѣровавъ яко брату, и готовить свое исхождение ис
печеры, пристроивъ возы и ларьца, въ няже съкровища събереть, да изыдеть,
аможе хощеть, — повелѣниемь бѣсовскымъ, да творить ему что зло своимъ
кознодѣиствомъ, еже[27] отъ бога отлучити и святаго мѣста, и отъ дому
пречистыя и преподобныхъ отець нашихъ Антония и Феодосия. Богъ же,
не хотя ни единому погибнути отъ сего святаго мѣста, и се спасе молитвами
святыхъ своихъ.

И въ то время прииде Василеи отъ послания игуменя, иже преже
спасыи[28] печерника отъ помышления злаго. И прииде сии въ печеру, хотя
видѣти живущаго въ неи брата, и глаголеть ему:

»Феодоре, брате! Како о бозѣ[29] пребываеши нынѣ?«

Удиви же ся Феодоръ въпрошению, что вѣщаеть тако, яко долго врѣмя
не видѣвся. И рече ему:

»Вчера и ономъ дни всегда бѣ съ мною, и поучая мя. И се иду, аможе
велиши.«

Василии же рече ему:

»Рци ми, Феодоре, что се есть глаголъ? Глаголеши *вчера* и *ономъ дни
бѣ со мною и поучая мя*? Егда что бѣсовское привидѣние есть? Не утаи
мене, бога ради!«

Феодоръ же съ гнѣвомь рече ему:

»Что мя искушаеши, и почто смущаеши душу мою, овогда сице ми
глаголя, и овогда инако? И коему словеси вѣровати?«

И тако отгна его себѣ, словеса жестокая давъ ему. Василии же, сия
вся приимъ, иде въ монастырь.

Бѣсъ же паки въ образѣ Василиевѣ прииде къ нему и рече ему:

»Погубилъ ти, брате, окаянныи умъ: не въспомянухъ досады твоея,
еже отъ тебѣ въ сию нощь прияхъ. Но се изыди въ сию нощь скоро, вземъ
обрѣтенное.«

И сия изъглаголавъ, бѣсъ отъиде отъ него.

Дьню же убо наставшу[30], паки прииде Василии къ нему, поимъ[31] нѣкия
съ собою отъ старець, и глагола печернику:

»Сия приведохъ[32] въ послушество, яко три мѣсяци суть, отнележе съ
тобою видѣхъся, и се третии день имамъ въ монастырѣ. Ты же глаголаше:
вчера и ономе дни. Яко нѣчто бѣсовское есть дѣиство. Но тому прихожящу,
не даи же ему бесѣдовати съ собою преже, да иже молитву сътворить, и
тогда разумѣеши, яко бѣсъ есть. И сътвори же молитву запрещения, святыя
призвавъ на помощь.«

И отъиде въ свою кѣлию, утвърдивъ печерника.

Бѣсъ же къ тому не смѣ[33] явитися печернику. И разумѣся лесть диа-
воля Феодору.

И оттоле всякого, приходящаго къ нему, преже помолитися нудяше, и

тако бесѣдоваше съ нимъ. И оттоле укрѣпися на врагы и разумѣ пронырь-
ство ихъ. И господь избави его отъ мысленыхъ звѣрии и работну не быти
имъ, яко не многымъ случается, въ пустыни пребывающимъ, или въ пече-
рахъ, или въ затворѣ живущимъ о себѣ: велико утврьжение трѣбѣ есть,
да не погыбнеть отъ бѣсовъ. Яко же сего хотѣша погубити, но изъбави его
господь.

Обрѣтенное же съкровище, ископавъ яму глубоку и, тамо вложь[34],
засыпа. Еже отъ дьнии тѣхъ и донынѣ никто же съвѣсть, идѣ же съкро-
венно есть. Самъ же вдасть себе въ работу велию, да не пакы, празденъ
бывъ, мѣсто подасть лѣности — и отъ того родится бестрашие, и пакы та
же дерзость бѣсомъ будеть. Постави же въ печерѣ жерновы, и оттоле нача
работати на святую братию, отъ сусѣка пшеницю взимая и ту своима
рукама изъмилаше[35], и чрезъ всю нощь безъ сна пребываше, тружаяся въ
дѣлѣ и молитвѣ; заутра въ сусѣкъ муку отсыпаше и пакы възимаше жито.
И се въ многа лѣта творяше, работая на святую братию, и легота бываше
рабомъ. И не стыдяшеся о таковѣи работѣ и моляше бога бес престани,
дабы отнялъ отъ него памятъ срѣбролюбия. И господь свободи его отъ
таковаго недуга, яко ни помыслити ему къ тому о богатествѣ, и злато и
сребро яко калъ вмѣнися ему.

Времени же многу минувшу[36] въ тацѣи[37] работѣ и злострадании,
тружающуся зѣло. Видѣвъ же сего келарь тако тружающася, нѣкогда же
привезену бывшу житу[38] отъ селъ, и посла къ нему въ печеру 5 возъ, да
не всегда, приходя взимати жито, стужить си. Сеи же, ссыпавъ жито въ
сосуды, нача молоти, поя псалтырь изъ устъ. Абие утружая, възлеже[39],
мало хотя опочинути. И се внезаапу громъ бысть, и начаша жерновы
молоти. И разумѣвъ бѣсовское дѣиство суще, въставъ же блаженныи, нача
молитися богови прилѣжно и рече великимъ гласомъ:

»Запрещаеть ти господь, вселукавыи диаволе!«

Бѣсъ же не престаняше[40], меля[41] въ жерновы. Феодоръ же пакы рече:

»Во имя отца и сына и св. духа, съвергшаго васъ съ небесъ и давшаго
въ попрание своимъ угодникомъ, — велитъ ти мною грѣшнымъ: не пре-
стани отъ работы, дондеже измелеши все жито, да и ты поработаеши на
святую братию.«

И сия рекъ[42], ста на молитвѣ. Бѣсъ же не смѣ преслушатися, и измо-
ловъ жито все до свѣта — 5 возъ. Феодоръ възвѣсти келареви, да пришлетъ
по муку. Удививъ же ся келаръ дивному чюдеси, яко 5 возъ единою нощью
измолото, и вывезе ис печеры 5 возъ муки, — таже и другая пять возъ
прибысть мукѣ.

И се дивно чюдо бысть тогда, и нынѣ слышащимъ, събысть бо ся
реченное въ *Евангелии*, яко: *И бѣси повинуются вамъ о имени моемъ.*
Се бо рече: *Дахъ вамъ власть наступати на змия и скорпия и на всю силу
вражию.* И прочее. Хотѣша убо бѣси пострашити блаженнаго и съузу себѣ
работную приискавше, еже вопити имъ:

»Къ тому здѣ не обрящемся!«

★

Феодоръ же и Василии съвѣтъ богу угоденъ положиста межю собою,
иже николи же мысли своея утаити отъ себѣ, но сию разрѣшити и разсу-

дити, еже по божию съвѣту. Василеи убо въ Печеру входить, Феодоръ же, старости ради, ис Печеры исходить, келию же себѣ поставити хотя на Вѣтхомъ Дворѣ. Бѣ бо тогда пожженъ монастырь. И плотомъ, привезеномъ[43] на брѣгъ на строение церкви и всѣмъ келиямъ, и извозникомъ наятымъ[44] возити на гору, Феодоръ же, не хотя быти инѣмъ тяжекъ, самъ на собѣ нача носити дрова. И еже что възношаше Феодоръ, строения ради кѣлии своея, бѣси же, пакости ему дѣюще[45], сметаху[46] съ горы, симъ хотяще прогнати блаженнаго. Феодоръ же рече:

»Во имя господа бога нашего, повелѣвшаго вамъ въ свинья ити, велить вы мною, рабомъ своимъ, да всяко дрѣво, иже на брѣзѣ, на гору възнести, да будуть бес труда работяюще богови, и тѣмъ устроится домъ молитвеныи святѣи владычицѣ нашеи богородици, и келии себѣ уготовятъ. Да престанете имъ пакости творя[47] и увѣсте[48], яко господь есть на мѣстѣ семъ.«

Въ ту же нощь не престаша бѣси носяще дрѣвеса отъ Днѣпра на гору, дондеже не остася ни едино дрѣво долѣ. Яко симъ възградиша церковь и келия, покровъ же и мостъ, и елико довольно всему монастырю на потрѣбу. Заутра же, въставше извозници, и ѣхаша на брѣгъ, хотяще взяти дрѣво, и ни единаго же обрѣтше на брѣзѣ, но все суща на горѣ. То же все не въ единомъ мѣстѣ кладено, но все разно, съ чимъ коему быти: вмѣстѣ покровъ, и особъ помостъ, и особъ великое дубие, неудобь носимо за долгость; но все цѣло на горѣ обрѣтеся. Се же дивно бысть всѣмъ видѣвшимъ и слышащимъ, еже сътвориша выше человѣчьскыя силы. Се же иновѣрнымъ многѣмъ[49] невѣрно мнится, величества ради чюдеси, — но свѣдѣтели симъ прославиша бога, творящаго предивная чюдеса своихъ ради угодникъ. Яко же рече господь: *Не радуитеся, яко дуси[50] вамъ повинуются; радуитеся же паче, яко имена ваша написана на небесѣхъ.*

Но се убо съдѣя господь въ славу свою, молитвъ ради святыхъ отець нашихъ Антония и Феодосия. Бѣси же не трѣпяша укоризны ихъ, иже иногда отъ невѣрныхъ чтомы[51] и поклоняеми и мними яко бози[52], нынѣ же отъ угодникъ Христовыхъ небрегомы[53] и уничижаеми и бечествуеми и, яко раби куплени, работають и дрѣва носять на гору и отъ человѣкъ отгоними бывають, боящеся прѣщения преподобныхъ, вся бо льсти ихъ Василиемь и Феодоромь обличишася.

Видѣше[54] же бѣсъ себе человѣки[55] укаряема и въпияше:

»О злая и лютая ми супостата[56]! Не престаю[57] ни почию до смерти ваю, боряся съ вами!«

Не вѣдыи диаволъ, яко большу вѣньцю исходатаи будеть има. И навади на ня злыя человѣкы погубити ею, иже напрягоша[58] лукъ свои, вещь горьку, и оружие ихъ вниде въ сердца ихъ. Наимити же и извозници въздвигоша крамолу на блаженнаго, просяще наима своего, глаголюще тако:

»Не вѣмы[59], коею кознию сему дрѣву повелѣлъ еси на горѣ быти.«

Неправедныи же судия мзду взятъ[60] отъ тѣхъ и повелѣ имъ на преподобнѣмь мзду взяти, тако рекъ:

»Да помогуть ти бѣси платити, иже тебѣ служать.«

Не поминая на ся осуждения божия, еже неправедно судяи[61] самъ осужденъ будеть.

И пакы ратникъ диаволъ въздвизаеть бурю на преподобныя. Обрѣтаеть нѣкоего отъ княжихъ съвѣтникъ, люта и свѣрѣпа и неподобна нравомъ и дѣломь и всею злобою. Приходить къ сему болярину бѣсъ въ образѣ Василиевѣ, понеже знаемъ бѣ ему Василии, и глаголеть болярину сицѣ:

»Иже преже мене бывъ въ Печерѣ, Феодоръ, сеи обрѣте съкровище злата и срѣбра множество и съсуди многоцѣннии, и съ всѣмъ тѣмъ хотя бѣжати на ину страну. Азъ же удрьжахъ его, и се нынѣ уродствуеть: бѣсомъ велить молоти, изъ брѣга дрѣва носити на гору, и бываеть тако. А съкровища хранить до времени, да мене утаився и съ нимъ отъидеть, аможе хощеть, вы же ничто же обрящете.«

И то слыша болярінъ отъ бѣса и мнѣвъ его Василия суща, приведе его къ князю Мстиславу Святоплъчицюᵉ. Бѣсъ же, сие изглаголавъ князю, и больша сихъ, и рече:

»Скоро сего имѣте⁶² и съкровище возмѣте! Аще ли не дасть, то ранами попрѣтите ему и муками. Аще ли и еще не дасть, предаите его мукамъ многымъ. Аще ли же и тако не дасть, то мене призовите, и азъ обличю его предъ всѣми вами и мѣсто покажю, идѣже съкровенно есть съкровище.«

И сице изъглаголавъ бѣсъ къ нимъ злое съвѣщание и изыде отъ очию ихъ. Рано же князь, аки на ловъ или на нѣкоего воина крѣпка, самъ ѣха съ множествомъ вои, и емъ⁶³ блаженнаго Феодора, приведе его въ домъ свои. И преже убо ласканиемъ въпрошаше того, глаголя:

»Отче! Повѣжь⁶⁴ ми, аще съкровище обрѣте? Се бо — рече — раздѣлю съ тобою, и будеши отець отцю моему и мнѣ.«

Бяше бо Святоплъкъ въ Туровѣᶠ.

Феодоръ же рече:

»И обрѣтохъ, и нынѣ съкровено есть въ Печерѣ.«

Князь же рече:

»Много ли, отче, злата и срѣбра и съсудовъ? И кымъ, слышится, то съкровено есть?«

Феодоръ же рече:

«Въ *Житии святаго Антония* повѣдается: варяжскии поклажаи есть, понеже съсуди латиньстии суть. И сего ради *Варяжская Печера* зовется и донынѣ. Злата же и срѣбра бесчислено множество.«

Князь же рече:

»Что ради не даси мнѣ, сыну своему? Себѣ же возьми, елико хощеши.«

Феодоръ же рече:

»Азъ отъ сего не трѣбую ничто же. Или велиши взяти, еже ми на пользу? Не трѣбую бо сихъ, яко свободну ми отъ сихъ бывшу⁶⁵. Не помню бо, а все бы вамъ повѣдалъ, яко сему работаете. Азъ же свободенъ отъ сего.«

И тогда князь съ гнѣвомъ рече слугамъ:

»Сего мниха, не хотѣвша милости моея, велю оковати по руцѣ и по нозѣ, и за трии дьни не дати хлѣба, ни воды!«

И пакы въпрошенъ бысть:

»Повѣжь ми съкровище?«

Феодоръ же рече:

»Не свѣмъ, гдѣ съкрыхъ его.«

Князь же повелѣ его мучити крѣпко, яко омочитися и власяници отъ крови. И по семъ повелѣ его въ дымѣ повѣсити и привязати его опаки и огнь възгнѣти⁶⁶. И тогда мнози удивишася трьпѣнию мужа: яко въ росѣ, въ пламени пребываше, но ни власяници его огнь прикоснуся. И нѣкто отъ предстоящихъ сказа о Феодорѣ, еже сътвори чюдо. Въ ужасти бывъ князь и глагода старцю:

»По что погубляеши себе и не даси[67] съкровища, еже намъ достоино?«

Феодоръ же рече:

»Истину ти глаголю: молитвою брата моего Василия тогда спасенъ быхъ, егда обрѣтохъ, и нынѣ отъятъ[68] господь память срѣбролюбия отъ мене, и не вѣмъ, гдѣ съкрыхъ его.«

Князь же скоро посла въ Печеру святаго Василия. Сему же не хотящу[69] приити, нужею приведоша его ис Печеры. Князь же рече ему:

»Все, еже велѣлъ ми еси сътворити сему злому, и сътворихъ. Тебе же хощу въ отца мѣсто имѣти.«

Василий же рече:

»Что ти повелѣхъ сътворити?«

Князь же рече:

»Еже еси ми повѣдалъ съкровище, сеи же не повѣсть его, и мучихъ его.«

И отвѣща Василии:

»Познахъ козни злаго бѣса, прельстившаго тя, а на мене сългавша, и на сего преподобнаго; мене бо не видѣ никогда же исходяща ис печеры своея 15 лѣтъ.«

Тако же вси предстоящеи рѣша[70]:

»При насъ еси глаголалъ князю.«

Василии же рече:

»Всѣхъ васъ прельстилъ есть: нѣсми[72] видѣлъ князя, ни васъ.«

Разгнѣвавъ же ся князь, и повелѣ бити его безъ милости. Не стрѣпѣвъ бо обличения и шуменъ бывъ отъ вина и възъярився, и вземъ[73] стрѣлу уязви Василия. И егда застрѣли его, Василии же, иземъ стрѣлу отъ утробы своея, верже[74] ю къ князю, и рече:

»Сею стрѣлою самъ уязвенъ будеши!«

Еже и събысться, по проречению его.

И повелѣ князь затворити ею[75] разно, да утрѣ мучити ею злѣ. И въ ту нощь оба скончастася о господѣ.

И се увѣдавше братия, и пришедше, възяша тѣлеса ею, и погребоша ихъ — въ одежи кровавѣи и въ власяници, яже и донынѣ цѣла сущи: ея же бѣ постыди[л]ся огнь, како сия тлѣнию причастится!

Не по мнозѣхъ же днѣхъ самъ Мстиславъ застрѣленъ бысть въ Володимери на забралѣхъ, по проречению Василиеву, бияся съ Давидомъ Игоревичемъ. И тогда позна стрѣлу свою, еюже застрѣли Василия, и рече:

»Се умираю днесь преподобныхъ ради Василия и Феодора, да събудется реченное господомъ: *Всякъ, взимяи*[76] *ножъ, ножемь умираетъ*!«

Понеже безаконно уби, и самъ безаконно убиенъ бысть.

Сия же мученичьскии вѣнець приятъ о Христѣ Иисусѣ, господѣ нашемь, емуже слава съ отцемь и сыномъ.

---

[1] любяи *pr. a. p.*, *det.* : любити. [2] оставль *p. a. p.* : оставити. [3] игуменимъ *instr. sg.* : игуменъ *adj. poss.* : игуменъ. [4] пецѣтеся *imp. 2 pl.* : пещися. [5] ямы *pr. 1 pl.* : ясти = ѣсти. [6] птиця небесныя *acc. pl.* [7] еже *art. ref.* : богатества. [8] помрачаемъ *pr. p. p.* : помрачати. [9] Василие = Василии. [10] рци *imp. 2 sg.* : рещи. [11] буди *imp. 2 sg.* : быти. [12] приимъ *p. a. p.* : прияти. [13] еже *art. ref.* : сътворьшеся. [14] иже *art. ref.* : златѣ. [15] падъ *p. a. p.* : пасти. [16] сему ... Феодору ... спѣющу ... съврьшающу *dat. abs.* (*caus.*). [17] обрѣтъ

р. *a. p.* : обрѣсти. [18] обрѣтохъ *aor. 1 sg.* : обрѣсти. [19] обрящеши *pr. 2 sg.* : обрѣсти. [20] приношаше *impf. 3 sg.* : приносити. [21] днемъ ... минувшимъ *dat. abs.* (*temp.*). [22] явивыися *р. a. p., det.* : явитися. [23] вземьше *р. a. p.* (*adv.*) : в(ъ)зяти. [24] рѣхъ *aor. 1 sg.* : рещи. [25] вземь *р. a. p.* : в(ъ)зяти. [26] притяжеши *pr. 2 sg.* : притязати. [27] еже *art. ref.* отлучити. [28] спасыи *р. a. p., det.* : с(ъ)пасти. [29] бозѣ *loc. sg.* : богъ. [30] дьню ... наставшу *dat. abs.* [31] поимъ *pr. a. p.* : пояти. [32] приведохъ *aor. 1 sg.* : привести. [33] смѣ *aor. 3 sg.* : смѣти. [34] вложь *р. a. p.* : в[ъ]ложити. [35] изъмилаше *impf. 3 sg.* : измилати. [36] времени ... минувшу *dat. abs.* (*temp.*). [37] тацѣи *loc. sg. f.* : такыи. [38] привезену ... житу *dat. abs.* (*temp.*). [39] възлеже *aor. 3 sg.* : възлещи. [40] престаняше *impf. 3 sg.* : престати. [41] меля *pr. a. p.* : молоти (млѣти), мелю. [42] рекъ *р. a. p.* : рещи. [43] плотомъ привезеномъ *and the following expression in the same sentence* извозникомъ наятымъ *dat. abs.* (*temp.*). [44] наятымъ *р. p. p., dat. pl.* : наяти. [45] дѣюще *pr. a. p., nom. pl.* : дѣяти. [46] сметаху *impf. 3 pl.* : с(ъ)метати. [47] творя = творяще *р. a. p. n. pl.* : творити. [48] увѣсте *pr. 2 pl.* : увѣдѣти. [49] мнозѣмъ *dat. pl.* : многъ. [50] дуси *nom. pl.* : духъ. [51] чтомы *pr. p., nom. pl.* : чьсти. [52] бози *nom. pl.* : богъ. [53] небрегомы *pr. p. p., nom. pl.* : небрещи = небрѣщи. [54] видѣше *impf. 3 sg.* : видѣти. [55] человѣки *instr. pl.* [56] супостата *nom.-voc. du.* [57] престаю *pr. 1 sg.* : престаяти. [58] напрягоша *aor. 3 pl.* : напрящи. [59] вѣмы *pr. 1 pl.* : вѣдѣти. [60] взятъ *aor. 3 sg.* : в(ъ)зяти. [61] судяи *pr. a. p., det.* : судити. [62] имѣте *imp. 2 pl.* : яти. [63] емъ *р. a. p.* : яти. [64] повѣжь *imp.* : повѣдати. [65] свободну ми ... бывшу *dat. abs.* (*caus.*). [66] възгнѣти *aor. 3 sg.* : възгнѣтити. [67] даси *pr. 2 sg.* : дати. [68] отъятъ *aor. 3 sg.* : отъяти. [69] сему ... хотящу *dat. abs.* (*caus.*). [70] рѣша *aor. 3 pl.* : рещи. [71] нѣсми = не есми *neg.* + *pr. 1 sg.* : быти. [72] вземь *and the following expression in the following sentence* иземъ *р. a. p.* : в[ъ]зяти изяти. [73] верже *aor. 3 sg.* : врѣщи (вьргнути). [74] ею *acc. du.* : онъ. [75] взимяи *pr. a. p., det.* : възяти.

[a] John Climax, a church father (d. 563), author of *The Ladder to Paradise*.

[b] The Varangian Cave, evidence that the monastery must have been established as early as the tenth century in the Varangian period, prior to the activity of Hilarion and Antonius.

[c] An allusion to the Byzantine legend about the miser in Constantinople who lost both his money and his life.

[d] This motif is based on an old tradition that there was Varangian treasure hidden in a cave.

[e] Mstislav, Prince of Vladimir-Volynsk (d. 1099), son of Great Prince Sv'atopolk II.

[f] During one of the feudal wars, Sv'atopolk had been in Turov.

[g] Prince Mstislav was seized by Prince David in Vladimir-Volynsk in 1099.

8
PRINCE SV'ATOŠA OF ČERNIGOV

Слово о преподобнѣмъ князи Святоши Черниговскомъ

Се блаженныи и благовѣрныи князь Святоша, имянемъ Николае[1], сынъ Давидовъ, внукъ Святославля[a].

Помысли убо прелесть жития сего суетнаго, и яко вся[2], яже здѣ, мимо текуть и мимо ходять, и будущая же благая непроходима и вѣчна суть, и царство небесное бесконечно есть, иже уготова[3] богъ любящимъ его. Остави княжение, и честь, и славу, и власть, и вся та ни въ что же вмѣнивъ, и пришедъ въ Печерьскии Монастырь, и бысть мнихъ въ лѣто 1106, февруария 17. Его же вси съвѣдають ту сущии черноризьци добродѣтельное житие и послушание. Пребысть же въ поварьни 3 лѣта, работая на братию; своима рукама дрова сѣкаше на потрѣбу сочиву, многажды же и съ брѣга на своею раму[4] ношаше дрова. И едва остависта брата его Изяславъ[b] и Владимеръ[c] отъ таковаго дѣла. Сеи же истинныи послушникъ съ мольбою испроси, да едино лѣто еще въ поварни поработаеть на братию. И тако сии яко искусенъ и съвръшенъ въ всѣмъ, и по семъ приставиша его ко вратомъ монастыря. И ту пребысть 3 лѣта, не отходя никамо же, развѣ церкви. И оттуду убо повелѣно бысть ему служити на трапезѣ. И тако, игуменею волею и всея братия, принуженъ бысть келию себѣ имѣти, юже сътвори, яже и доныне зовома[5] есть *Святошина*, и оградъ, егоже своима рукама насади. Глаголють же о немъ и се, яко вся лѣта чернечества своего не видѣ его никто же николи же праздна; но всегда имяше рукодѣлие въ рукахъ своихъ, и симъ недовольнѣ быти одежди его отъ таковаго рукодѣлия. Въ устѣхъ же всегда имяше молитву Иисусову беспрестани: *Господи Иисусе Христе, сыне божии, помилуи мя!* Не вкуси же иного ничто же, токмо отъ монастырьския яди питашеся: аще и много имяше, но та вся на потрѣбу страннымъ и нищимъ подаваше и церковное строение. Суть же и книги его многы и доныне.

Имяше же сии блаженный князь Святоша, еще въ княжении сыи[6], лѣчьца хытра вельми, имянемъ Петра, родомъ Сирянина, иже прииде съ нимъ въ монастырь. Видѣвъ же сего Петръ вольную нищету, въ поварници же и у вратъ присѣдяща, лишися его и живяше въ Киевѣ, врачюя многы. Прихождаше часто къ блаженному, и видя его въ мнозѣ злострадании и безмѣрномь пощении, увѣщеваше его, глаголя:

»Княже, достоитъ ти смотрѣти о своемь здравии и не тако погубити плоть свою многымъ трудомъ и въздержаниемь, иже иногда изнемогъшу ти[7] не мощи имаши понести наложеннаго ти ярьма, егоже еси изволилъ бога ради. Не хощетъ бо богъ чрѣзъ силу поста или труда, но точию сердца чиста и съкрушена. Ниже обыклъ[8] еси тои нужды, юже твориши работая, яко нужный рабъ. Но и благочестивая твоя братия Изяславъ и Владимеръ великую убо укоризну имѣета себѣ нищетою твоею. Како отъ таковыя славы и чести въ послѣднее убожество прииде, еже уморяти тѣло свое и датися въ недугъ отъ неподобныя пища[9]? Дивлюся утробнѣи ти влазѣ[10], иже иногда отягченѣ[11] бывъши[12] отъ сладкыя пища, нынѣ же убо суровое зелие и сухъ хлѣбъ приемлющи трѣпитъ. Блюди, да нѣкогда недугъ, отвсюду собрався, и не имущу ти[13] крѣпости, скоро живота гоньзнеши, — мнѣ же не могущу[14] ти помощи. Оставиши плачь неутѣшимъ братома своима. Се бо и бояре твои, служивьше тобѣ, мнящеися иногда велиции быти и славни тебѣ ради, нынѣ же лишены твоея любьве, желѣтвѣ домы велики сътворивьше, и сѣдять въ нихъ въ мнозѣ унынии. Ты же не имаши гдѣ главы подклонити, на смѣтищи семь сѣдя, и мнять тя яко изумѣвшася. Кии убо князь се сътвори? Или блаженный отець твои Давидъ? Или дѣдъ тво Святославъ? Или кто въ боярѣхъ се сътвори или сего пути въжделѣ, развѣ Варлаама, игумена[d], бывшаго здѣ? И аще мене преслушаеши, преже суда судъ приимеши.«

Се же и многажды глаголаше ему, овогда въ поварни съ нимъ сѣдя, иногда же у вратъ: наученъ бывъ братома его. И отвѣща блаженный:

»Брате Петре! многажды смотрѣхъ и разсудихъ не пощадѣти плоти моея, да не пакы брани на ся въставлю; да съгнѣтаема многымъ трудомъ, смирится, Силѣ бо, «— рече, —» брате Петре, въ немощи подобно съвръшитися. Не суть бо страсти нынѣ нашего времени точнии будущеи славѣ, хотящеи явитися въ насъ. Благодарю же господа, яко свободилъ мя есть, слугу рабомъ своимъ, блаженнымъ симъ черноризцемъ. Брата же моя да внимаета[15] собѣ: кождо бо свое бремя понесеть. И довлѣеть има и моя власть. Сия же вся Христа ради оставихъ: и жену, и дѣти, домъ и власть, и братию, другы и рабы, и села, и того ради чаю жизни вѣчныя наслѣдникъ быти. Обнищахъ же бога ради, да того приобрящу. И ты убо, егда врачюеши, не гнушати ли ся велиши брашенъ? Мнѣ же умрѣти за Христа прио-брѣтение есть, а еже на смѣтищи сѣдѣти, съ Иевомъ[e] ся творя, — царствие. Аще же ни единъ князь сего не сътворилъ прежде мене, предвождаи[16] да авлюся[17] имъ: яко же ли поревнуеть сему, и да вълѣдуеть сему и мнѣ. Прочее же внимаи собѣ и научившимъ тебе!«

И егда убо разболяшеся сии блаженныи, и видѣвъ же его, лѣчець приготовляеть зелия на потрѣбу врачевания, на кыиждо недугъ, когда бѣаше: или огненое жжение, или теплота кручинная. И прежде пришествия его, здравъ бываше князь: никако же не дадыи[18] себе врачевати. И се многажды сотворися.

Нѣкогда же тому Петрови разболѣвъшуся[19], посла къ нему Святоша, рече:

»Аще не пиеши зелия, скоро исцѣлѣеши; аще ли менѣ преслушаешися, много имаши пострадати.«

Онъ же, хитръ ся творя и болѣзни гоньзнути хотя, мало живота не погрѣши, растворения вкусивъ. Молитвою же святаго исцѣлѣ. Пакы же сему разболѣвъшуся, нарѣчие посылаеть къ тому святыи, глаголя, яко:

»Въ 3-и день исцѣлѣеши, аще не врачюешися.«

Послушавъше его, Сирианинъ въ 3-и день исцѣлѣ, по словеси бла-женнаго. Призвавъ же его, святыи глагола ему, веля ему острищися:

»По трѣхъ бо мѣсяцѣхъ,« — рече, — »отхождю свѣта сего.«

Се же рече, назнаменуя ему смерть. Сирианинъ же, разумѣвъ хотящая ему быти, сии Петръ, падъ предъ ногама ему, съ слезами глаголя:

>>Увы мнѣ, господине мои
и добродѣтелю мои и драгыи мои животе!
Кто призрить на страньствие мое?
И кто напитаеть многую чадь трѣбующихъ?
И кто заступить обидимыхъ?
Кто помилуеть нищихъ?
Не рѣхъ ли ти, о княже:
оставити имаши плачь неутѣшимыи братома си?[20]
Не рѣхъ ли ти, о княже:
не тако ли мя словомъ божиимь исцѣли и силою,
яко же твоею молитвою.
Гдѣ нынѣ отходиши, пастырю добрыи?
Повѣждь мнѣ, рабу своему, язву смертную,
да аще азъ тя не изоврачюю,
да будеть глава моя за главу твою
и душа моа за душу твою!
Не млъча отъиди отъ менѣ,
но яви ми, господине, откуду ти таковая вѣсть,
да дамъ животъ свои за тя.
Аще ли же оставляеши мя,

то гдѣ сяду и плачюся своего лишения?

На смѣтиищи ли семь,

или въ вратѣхъ сихъ, идѣ же пребываеши?

Что ли имамъ наслѣдовати твоего имѣния?

Самому ти нагу сущу, но и отходящу ти[21],

въ сихъ исплатенныхъ рубищахъ положенъ будеши.

Даруи ми твою молитву,

яко же древле Илияᷚ Елисѣовиᷚ милоть,

да раздражу[22] глубину сердечную

и проиду въ мѣста раиская

крову дивна дому божия.

Вѣсть же и звѣрь[23], по возшествии солнца,

събратися на ложихъ своихъ, да лягуть;

ибо птица обрѣте себѣ храмину

и горлица гнѣздо себѣ,

идѣ же положить птенца своя.

Ты же 6 лѣтъ имаши въ монастыри,

и мѣста своего не позна!«

Блаженныи же рече къ нему:

»Добро есть уповати на господа, нежели надѣятися на человѣка: вѣсть же господь, како препитати всю тварь, могыи[24] заступати и спасати бѣдныя. Брата же моя, не плачита[25] мене, но плачита себе и чадъ своихъ. Врачевания же въ животѣ не требовахъ, мертвии бо живота не имуть[26] видѣти, ни врачеве[27] могуть въскресити.«

Исходя же съ нимь въ печеру, изъкопа гробъ себѣ, и рече Сирианину: »Кто наипаче възлюби гробъ сеи?«

И рече Сирианинъ:

»Буди тебѣ, яко же хощеши.«

И тако остригся, пребысть, плачася день и нощь, не престая за три мѣсяци. Блаженныи же, утѣшая его, глаголаше:

»Брате Петре! хощеши ли, поиму тя съ собою?«

Онъ же со плачемь рече къ нему:

»Хощу, да мене пустиши, и азъ за тя умру. Ты же моли за мя.«

И рече къ нему блаженныи:

»Дръзаи, чадо, готовъ буди, въ 3-и бо день отъидеши ко господу.«

По проречению же святаго, по 3-хъ дьнехъ, причастився божественныхъ, животворящихъ таинъ бесмертныхъ, и възлегъ на одрѣ, опрятався, и простеръ[28] нозѣ[29], предасть душу въ руцѣ господеви.

Блаженныи же князь Святоша потомъ пребысть лѣтъ 30, не исходя изъ монастыря, дондеже преставися въ вѣчныи животъ, И въ день преставления его мало не весь градъ обрѣтеся. И се увѣдавъ братъ его, и пославъ съ мольбою къ игумену, глаголя, прося собѣ на благословение креста, иже у паремантии его, и възглавница, и кладки его, на неиже кланяшеся. Игуменъ же дасть ему, рекъ:

»По вѣрѣ твоеи буди тобѣ!«

Сеи же, приимъ, честно имяше, и вдасть игумену 3 гривны злата, да не туне възметь знамение братне.

Сему же Изяславу нѣкогда разболѣвшуся и уже въ нечаянии отъ всѣхъ бывшу[30], и при смерти суща того видѣвъше, присѣдяху ему жена его и дѣти его и вси боляре. И сии же, мало въсклонився, проси воды Печерьскаго кладязя, и тако онѣмѣ[31]. Пославше же, взяша воды. И отрѣше[32] гробъ святаго Феодосия, дасть же игуменъ власяницу Святошину, брата его, да облекуть его въ ню. И прежде даже не вниде носяи[33] воду и власяницу, и абие проглагола князь:

»Изыдете[34] скоро на срѣтение предъ градъ преподобныма Феодосию и Николѣ[h].«

Вшедшу же посланному[35] съ водою и съ власяницею, и възопи князь: »Никола, Никола Святоша!«

И давше ему пити, и облекоша его въ власяницу, и абие здравъ бысть. И вси прославиша бога и угодника его. Ту же власяницу взимаше на ся, егда разболяшася, и тако здравъ бываше. Самъ же къ брату ѣхати хотяше, и удръжанъ бысть отъ тогда сущихъ епископъ. Въ всякую же рать сию власяницю на себѣ имяше, и тако безъ вреда пребываше. Съгрѣшившу же ему[36] нѣкогда, не смѣ взяти ея на себѣ, и тако убиенъ бысть въ рати. И заповѣда въ тои же положитися.

Многа же и ина исправления о томь мужи повѣдають. Иже и до нынѣ свѣдають ту сущии черноризци о блаженнѣмъ князи Святоши.

[1] Николае = Николаи.   [2] вся *nom. pl. n.* : вьсь.   [3] уготова *aor. 3 sg.* : уготовати.   [4] раму *loc. du.* : рамо.   [5] зовома *pr. p. p.* : зъвати.   [6] сыи *pr. a. p., det.* : быти.   [7] изнемогъшу ти *dat. abs. (temp.)*.   [8] обыклъ *p. a. p.* : обыкнути.   [9] пища *gen. sg.* : пища.   [10] влазѣ *dat. sg.* : влага.   [11] отягченѣ *p. p. p., dat. sg. f.* : отяг(ъ)тити.   [12] отягченѣ бывъши *dat. abs. (temp.)*.   [13] не имущу ти *dat. abs. (caus.)*.   [14] мнѣ не могущю *dat. abs. (caus.)*.   [15] брата ... внимаета *pr. 3 du.*   [16] предвождаи *pr. a. p., det.* : предвождати.   [17] авлюся = являюся.   [18] дадыи *pr. a. p., det.* : дати.   [19] тому Петрови разболѣвъшуся *dat. abs. (temp.)*.   [20] си *pron., dat. poss. refl.*   [21] самому ... сущу, но и отходящу ти *dat. abs. (temp.)*.   [22] раздражу *pr. 1 sg.* : раздражити = раздраждити.   [23] звѣрь *f. coll.*   [24] могыи *pr. a. p., det.* : мощи.   [25] плачита *imp. 3 du.* : плакати.   [26] имуть *pr. 3 pl.* : яти.   [27] врачеве *nom. pl.* : врачь.   [28] простеръ *p. a. p.* : простерети = прострѣти.   [29] нозѣ *acc. du.* : нога.   [30] сему же Изяславу разболѣвшуся и ... бывшу *dat. abs. (temp.)*.   [31] онѣмѣ *aor. 3 sg.* : онѣмѣти.   [32] отрѣше *p. a. p.* : отрети = отрѣти.   [33] носяи *pr. a. p., det.* : носити.   [34] изыдете *imp. 2 pl.* : изыти = изъити.   [35] вшедшу ... посланному *dat. abs. (temp.)*.   [36] съгрѣшившу ... ему *dat. abs. (temp.)*.

[a] Sv'atoslav II, Great Prince of Kiev (1073–76). His son, David, was Prince of Černigov (1097–1123). The hero of this narrative, Sv'atoslav (d. 1142), whose Christian name was Pancratius, became a monk in the Cave Monastery and assumed the name Nicolaus. He is always referred to here by the diminutive form Sv'atoša.

[b] Iz'aslav, Prince of Černigov, later Prince of Kiev (1154, 1157–59, 1161–62).

[c] Vladimir, Prince of Černigov, was Great Prince of Kiev in 1151.

[d] Barlaam, abbot of the Cave Monastery.

[e] *Bib.* Job, the Hebrew patriarch who underwent afflictions with fortitude and faith.

[f] *Bib.* Elijah, Hebrew prophet.

[g] *Bib.* Elisha, Hebrew prophet and Elijah's successor.

[h] The religious name adopted by Sv'atoša.

PASSION AND ENCOMIUM OF
SS. BORIS AND GLEB THE MARTYRS

This anonymous narrative, earlier erroneously ascribed to Jacob the Monk [Яков Мних), is the first original specimen of Old Russian hagiographical writing and at the same time the first attempt to compose a princely biography. It was allegedly written at the end of the eleventh century, or in the very beginning of the twelfth century, and is infused with strong lyricism and panegyrical rhetoric. The theme is the assassination of Prince Boris and Prince Gleb, the young sons of Prince Vladimir of Kiev, by their brother Prince Sv'atopolk after their father's death (1015). The author strives to show the sinfulness of feudal wars and the necessity of observing the old rules of succession among the members of princely families. The historical fact of feudal discord is here interpreted as a struggle between Evil and Good, and Boris and Gleb are characterized as Christian martyrs.

The following text is reprinted from S. A. Boguslavskij, Пам'ятка XI–XII вв. про князів Бориса і Гліба (Kiev, 1928), and has been compared with the edition of D. I. Abramovič, Жития святых мучеников Бориса и Глеба и службы им in Vol. II of Памятники Древнерусской Литературы (Petrograd, 1916).

Съказание и страсть и похвала
святую мученику[1] Бориса и Глѣба

Родъ правыихъ[2] благословитъся, рече пророкъ, и сѣмя ихъ въ благословении будетъ.

★

Сице убо бысть малъмь преже сихъ лѣть, сущю самодрьжьцю[3] вьсеи Русьстѣи[4] Земли Володимеру, сыну Святославлю, вънуку Игореву[a], иже и святыимь крещениемь просвѣти всю Землю Русьску[b].... Сь убо Володимеръ имѣяше сыновъ 12, не отъ единоя жены, нъ отъ раснъ[5] матеръ ихъ, въ нихъже бяше старѣи[6] Вышеславъ, а по немь Изяславъ, третии Святопълкъ, иже и убииство се зълое изъобрѣтъ[7]. Сего мати преже бѣ чьрницею, грькыни сущи, и поялъ ю[8] бѣ Яропълкъ, братъ Володимерь, и ростригъ ю красоты дѣля лица ея, и зача[9] отъ нея сего Святопълка. Володимеръ же, поганъ еще [сы], убивъ Яропълка, и поятъ[10] жену его непраздьну сущю; отъ неяже родися сии оканьныи[11] Святопълкъ. И бысть отъ дъвою отцю и брату сущю; тѣмь же и не любляаше[12] его Володимеръ, акы не отъ себе ему сущю. А отъ Рогънѣди 4 сыны имѣяше: Изяслава, и Мьстислава, и Ярослава, и Всеволода, а отъ иноя Святослава и Мьстислава, а отъ българынѣ[13] Бориса и Глѣба. И посажа[14] я по роснамъ землямъ въ княжении.... Посади убо сего оканьнааго Святопълка въ княжении Пиньскѣ[c], а Ярослава Новѣгородѣ[d], а Бориса Ростовѣ[e], а Глѣба Муромѣ[f].

Нъ се остану много глаголати, да не во многописании в забыть вълѣземъ. Нъ о немьже начахъ, си съкажемъ убо сице.

★

Многомъ же дньмъ уже минувъшемъ[15] и яко съконьчашася дние Володимеру, уже минувъшемъ лѣтомъ 28 по святѣмъ крьщении, въпаде въ недугъ крѣпъкъ. Въ то же время бяше[16] пришелъ Борисъ изъ Ростова. Печенѣгомъ же отъинуды паки идущемъ[17] ратию на Русь, въ велицѣ[18] печали бяше Володимеръ, зане не можаше изити противу имъ, и много печаляашеся[19]. И призъвавъ Бориса (емуже бѣ имя издѣяно въ святѣмъ крьщении Романъ), блаженааго и скоропослушьливаго, предавъ воѣ[20] многы въ руцѣ его, посъла и противу безбожьнымъ Печенѣгомъ. Онъ же съ радостию въставъ, иде, рекъ:

»Се готовъ есмь предъ очима твоима сътворити, елико велить воля сердца твоего.«

О таковыхъ бо рече Притъчьникъ[h]:

Сынъ быхъ отцю послушьливъ и любимъ предъ лицьмь матере своея.

Отъшедъшю же ему и не обрѣтъшю[21] супостатъ своихъ, възвративъшюся ему въспять, и се приде вѣстьникъ къ нему, съказая отчю ему съмьрть: како преставися отець его Василии (въ се бо имя бяше нареченъ въ святѣмъ крьщении), и како Святопълкъ потаи[22] съмьрть отца своего, и ночь проимавъ помостъ на Берестовѣмь и въ ковьръ обьртѣвъше[23], съвѣсивъше ужи на землю, везъше на саньхъ, поставиша и въ цьркви Святые Богородица. И како услыша святыи Борисъ, начатъ тѣльмь утьрпѣвати, и лице его вьсе слезъ испълнися.

И слезами разливаяся и не могыи[24] глаголати, въ сьрдци си начатъ сицевая вѣщати:

»Увы мнѣ, свѣте очию моею,
сияние и заре лица моего,
брѣздо[25] уности моеѣ[26],
наказание недоразумия моего!
Увы мнѣ, отче и господине мои!
Къ кому прибѣгну, къ кому възьрю?
Къде ли насыщюся таковааго благааго учения
и казания разума твоего?
Увы мнѣ, увы мнѣ!
Како заиде, свѣте мои, не сущу ми ту?
Да быхъ понѣ самъ чьстьное твое тѣло
своима рукама съпряталъ[27]
и гробу предалъ,
нъ то ни понесохъ красоты мужьства тѣла твоего,
ни съподобленъ быхъ цѣловати
добролѣпьныхъ твоихъ сѣдинъ.
Нъ, о блажениче, помяни мя въ покои твои.
Сьрдце ми горить,
душа ми съмыслъ съмущаеть,
и не вѣмь, къ кому обратитися
и къ кому сию горькую печаль прострѣти:
къ брату ли, егоже быхъ имѣлъ въ отца мѣсто, —
нъ тъ, мьню, о суетии мирьскыихъ поучаеться
и о убиении моемъ помышляеть;
да аще на убииство мое потъщиться,

мученикъ буду господу моему.

Азъ бо не противлюся, зане пишеться:

Господь гърдыимъ противиться, съмѣренымъ же даеть благодать;

Апостолъ же:

Иже рече: »*Бога люблю,*« *а брата своего ненавидить, лъжь есть.*

И паки:

Боязни въ любъви нѣсть; съвършеная любы[28] *вънъ измещеть страхъ.*

Тѣмь же чьто реку, или чьто сътворю?

Се да иду къ брату моему и реку:

'Ты ми буди отець, ты ми братъ и старѣи.

Чьто ми велиши, господи мои'?«

И си на умѣ си помышляя, идяше[29] къ брату своему и глаголааше въ сердци своемъ:

»То понѣ узьрю ли си лице братьца моего мьньшааго Глѣба, яко же Иосифъ Вениямина?[1]«

И та вься полагая въ сердци си глаголааше:

»Воля твоя да будеть, господи мои!«

Помышляше же въ умѣ своемъ:

»Аще поиду въ домъ отца своего, то языци мнози еда превратять сьрдце мое, яко прогнати ми брата моего, яко же и отець мои преже святого крьщения, славы ради и княжения мира сего, иже все мимоходить и хуже паучины, — то камо имамъ приити по отшьствии моемъ отсюду?

Какъ ли убо обрящюся[30] тъгда?

Кыи ли ми будеть отвѣтъ?

Къде ли съкрыю мъножьство грѣховъ моихъ?

Чьто бо приобрѣтоша[31] преже

братия отца моего или отець мои?

Къде бо ихъ жития и слава мира сего,

и багряница, и брячины,

срѣбро и злато,

вина и медове,

брашьна чьстьная и быстрыи кони,

и домове красьнии и велиции,

и имѣния многа,

и дани и чьсти бещисльны,

и гърдѣния, яже о болярѣхъ своихъ?

Уже все се имъ аки не было николи же:

вся съ нимь ищезоша[32].

И нѣсть[33] помощи ни отъ кого же сихъ:

ни отъ имѣния, ни отъ множьства рабъ,

ни отъ мира сего.

Тѣмь и Соломонъ, все прошьдъ[34], вься видѣвъ,

вься сътяжавъ и съвъкупивъ

и вься расмотрѣвъ, рече:

Вьсе суета и суетие суетию буди.

Тъкмо помощь отъ добръ дѣлъ,

и отъ правовѣрия,

и отъ нелицемѣрьныя любъве.«

Идыи[35] же путьмь помышляаше о красотѣ и добротѣ тѣлесе своего, и слезами разливаашеся вьсь и, хотя удръжатися, и не можааше[36]. И вси зьряще его тако слезна, плакаахуся[37] о доброродьнѣмь тѣлѣ и чьстьнѣмь разумѣ въздраста его, и кѫждо въ души своеи стонааше горестию сьрдьчною, и вси съмущаахуся о печали.

Кѫто бо не въсплачеться съмьрти тоѣ пагубноѣ[38], приводя предъ очи сьрдца своего?

Образъ бо бяаше[39] унылыи его, възоръ и скрушение сьдца его святого. Такъ бо бѣ[40] блаженыи тъ правьдивъ и щедръ, тихъ, крътъкъ, съмѣренъ, всѣхъ милуя и вься набдя[41].

Помышляаше же въ себѣ благоблаженыи Борисъ и глаголааше:

»Вѣдѣ[42], яко брата моего зълуради чловѣци понудять и на убииство мое и погубять мя. Да аще пролѣеть кръвь мою, то мученикъ буду господу моему, а духъ мои прииметь владыка.«

Таче, забывъ скрьбь съмьртьную, тѣшааше[43] сьрдце свое о словеси божии: *Иже погубить душю свою мене ради и моихъ словесъ, обрящеть ю въ животъ вѣчьнѣмь, съхранить ю.*

И поиде радостьнѣмь сьрдцьмь рекыи:

»Не презьри мене, господи премилостиве, уповающааго на тя, нъ спаси душю мою.«

★

Святопълкъ же сѣдѣ[44] Кыевѣ[45] по отци.

Призвавъ Кыяны, многы дары имъ давъ, отпусти я. Посла же ихъ къ Борису, глаголя:

»Брате, хочю съ тобою любъвь имѣти, и къ отьню[46] данию еще ти придамъ.«

Льстьно, а не истину глаголя.

Пришедъ Вышегороду ночь отаи, призва Путьшю и вышегородьскыѣ мужѣ[47] и рече имъ:

»Повѣдите[48] ми по истинѣ, приязньство имѣете ли къ мнѣ?«

Путьша рече:

»Вьси мы можемъ главы своя положити за тя.«

Видѣвъ же дияволъ (и искони ненавидяи[49] добра чловѣка), яко вьсю надежю свою на господа положилъ есть[50] святыи Борисъ, начатъ[51] подвижьнѣи[52] бывати, и обрѣтъ, яко же преже Каина на братоубииство горяща, тако же и Святопълка, по истинѣ въторааго Каина, улови мыслью, яко да избиеть вся наслѣдьникы отца своего, а самъ прииметь всю власть единъ.

Тъгда призъва къ себѣ оканьныи треклятыи Святопълкъ съвѣтьникы всему злу и начальникы всеи неправьдѣ[53], и отъвьрзъ[54] пресквьрньная уста, испусти зълыи гласъ, рече Путьшинѣ чади:

»Аще убо обѣщастеся[55] главы своя положити, шедъше убо, братия моя, отаи, къде обрящете брата моего Бориса, [и] съмотрьше[56] время, убиите и[57].«

И обѣщашася ему тако сътворити.

О таковыхъ бо рече пророкъ: *Скори суть пролияти кръвь бес правьды; си бо обѣщаваються крьви и събирають себѣ злая; сихъ путье[58] суть събирающеи беззаконие: нечьстиемъ свою душю обиемлють.*

★

Блаженыи же Борисъ, яко же ся бѣ воротилъ[59], и сталъ бѣ на Льтѣ[k] шатьры[60]. И рѣша къ нему дружина:

»Поиди, сяди Кыевѣ на столѣ отьни: се бо вои вьси въ руку ти суть.«

Онъ же имъ отвѣщавааше:

»Не буди ми възняти рукы на брата старѣиша мене, егоже быхъ имѣлъ акы отца.«

Си слышавъше, вои разидошася отъ него, а самъ оста тъкъмо съ отрокы своими.

И бяше, въ дьнь суботьныи, въ тузѣ[61] и печали, удрученъмь сьрдцьмь, и вълѣзъ[62] въ шатьръ свои, плакашеся съкрушенъмь сьрдцьмь, а душею радостьною жалостьно гласъ испущааше:

>»Слызъ моихъ не презьри, владыко,
>да яко же уповаю на тя!
>Тако да съ твоими рабы прииму часть
>и жребии съ всѣми святыими твоими,
>яко ты еси богъ милостивъ,
>и тебѣ славу въсылаемъ въ вѣкы.
>
>Аминь.«

Помышляшеть[63] же мучение и страсть святаго Никиты[l] и святаго Вячеслава[m], подобно же сему убиену бывьшю[64], и како святѣи Варварѣ отьць свои убиица бысть[n]. И помышляаше слово премудрааго Соломона: *Правьдьници въ вѣкы живутъ, и отъ господа мьзда имъ, и строение имъ отъ вышьняаго.*

И о семь словеси точию утѣшаашеся и радоваашеся.

Таче бысть вечеръ. И повелѣ пѣти вечерьнюю, а самъ вълѣзъ въ шатьръ свои, начатъ молитву творити вечерьнюю съ слезами горькыми и частыимь въздыханиемь и стонаниемь многымь. По сихъ леже[65] съпати, и бяше сънъ его въ мнозѣ[66] мысли и въ печали крѣпъцѣ[67] и тяжьцѣ[68] и страшнѣ: како предатися на страсть, [и] како пострадати и течение съконьчати и вѣру съблюсти, яко да и щадимыи вѣньць прииметь отъ рукы вьседьржителевы[69]. И възбънувъ[70] рано, видѣ, яко годъ есть утрьнии, — бѣ же въ святую недѣлю, — рече къ прозвутеру[71] своему:

»Вставъ, начьни заутрьнюю.«

Самъ же, обувъ нозѣ[72] свои и умывъ лице свое, начатъ молитися къ господу богу.

Посланникы же приидоша отъ Святопълка на Льто [въ] ночь и подъступиша близь и слышаша гласъ страстотьрпьца, поюща псалмы заутрьняя, — бяше же ему вѣсть о убиении его. И начатъ пѣти: *Господи, чьто ся умножиша сътужающии ми и мнози въсташа на мя,* и прочая псалма до коньца. И начатъ пѣти Псалтырь: *Обидоша мя пси мнози и уньци тучьни одьржаша мя.* Таже по семь канонъ. И коньчавъшю ему[73] утрьнюю, начатъ молитися, зьря[74] къ иконѣ господьни, рече:

>»Господи, Исусе Христе,
>иже симь образъмь явися на земли,
>изволивыи[75] волею пригвоздитися на крьстѣ,
>и приимъ[76] страсть грѣхъ ради нашихъ,
>съподоби и мя прияти страсть!«

И яко услышаше топътъ зълъ окрьсть шатьра и трепьтьнъ, и начатъ сльзы испущати отъ очию своею, и глаголааше:

»Слава ти, господи, о вьсемь,
яко съподобилъ мя еси зависти ради
прияти сию горькую съмьрть
и вьсе престрадати любъве[77] ради словесе[78] твоего.
Не въсхотѣхъ бо възискати себе самъ;
ничьто же себѣ изволихъ по апостолу:
Любы вьсе тьрпить, всему вѣру емлеть[79] и не ищеть своихъ,
и пакы:
Боязни въ любъви нѣсть; съвьршеная бо любы вънъ отъмещеть[80] боязнь.
Тѣмь, владыко, душа моя въ руку твоею въину,
яко закона твоего не забыхъ.
Яко господеви годѣ бысть, тако буди.«

И яко узьрѣста[81] попинъ его и отрокъ, иже служаше ему, и видѣвъше господина своего дряхла и печалию облияна[82] суща, расплакастася зѣло и глаголаста:

»Милыи господине наю[83] и драгыи!
Колико благости испълненъ бысть,
яко не въсхотѣ противитися брату
любъве ради Христовы,
а колики вся дьржа въ руку своею!«

И си рекъша умилистася.

И абие узьрѣ текущихъ къ шатьру, блистание оружия и мечьное обнажение. И без милости прободено бысть чьстьное и многомилостивое тѣло святаго и блаженааго Христова страстотьрпьца Бориса. Насунуша[84] копии оканьнии; Путьша, Тальць, Еловичь, Ляшько.

Видѣвъ же отрокъ его, вьржеся[85] на тѣло его, рекыи[86]:

»Да не остану тебе, господине мои драгыи! Да идеже красота тѣла твоего увядаеть, ту и азъ съподобенъ буду животъ свои съконьчати.«

Бяше же сь родъмь Угринъ, именьмь[87] Георгии. И бяше възложилъ на нь[88] гривну злату, и бѣ любимъ Борисъмь паче мѣры. И ту же и пронзоша[89].

И яко бысть ураненъ, и искочи Борисъ изъ шатьра въ оторопѣ.

И начаша глаголати стояще округъ его:

»Чьто стоите зьряще? Приступивъше, съконьчаимъ повелѣное намъ.«

Си слышавъ, блаженыи начатъ молитися и милъ ся имъ дѣяти, глаголя:

»Братия моя милая и любимая! Мало ми времени отдаите, да понѣ помолюся богу моему.«

И възьрѣвъ на небо съ сльзами и горцѣ въздъхнувъ, начатъ молитися . . .

Таче, възьрѣвъ къ нимъ умиленама очима и спадъшемь лицьмь, и вьсь сльзами обливъся, рече:

»Братие, приступивъше, съконьчаите службу вашю, и буди миръ брату моему и вамъ, братие.«

Да елико слышаху словеса его, отъ слѣзъ не можааху[90] ни словесе рещи, отъ страха же и печали горькы и мъногыхъ слѣзъ, нъ съ въздыханиемъ горькымъ жалостьно плакаахуся и къжьдо въ души своеи глаголааше:

»Увы мнѣ, княже намъ милыи
и драгыи и блаженыи,
водителю[91] слѣпыимъ,
одеже нагымъ,
старости жьзле,
казателю не наказанымъ!
Кто уже си вься исправить?
Како не въсхотѣ славы мира сего?
Како не въсхотѣ веселитися съ чьстьныими вельможами?
Како не въсхотѣ величия, еже въ житии семь?
Кто не почюдиться великууму его съмѣрению?
Кто ли не съмѣриться,
оного съмѣрение видя и слыша?«

И абие усъпе[92], предавъ душю свою въ руцѣ бога жива, мѣсяца иулия въ 24 день, преже 9 каландъ августа.

Избиша же и отрокы многы. Съ Георгия же не могуще съняти гривьны, и отсѣкъше главу, отъвьргоша и кромѣ; да тѣмь и послѣдь не могоша познати тѣла его.

Блаженааго же Бориса обьртѣвъше[93] въ шатьръ, възложивъше на кола, повезоша. И яко быша на бору, начатъ въскланяти святую главу свою. И се увѣдѣвъ Святопълкъ, пославъ два варяга и прободоста и мечьмь въ сьрдце. И тако съконьчася и въсприятъ неувядаемыи вѣньць.

И положиша тѣло его: принесъше Вышегороду, у цьркве святааго Василия въ земли погребоша.

★

И не до сего остави убииства оканьныи Святопълкъ, нъ и на большая, неистовяся[94], начатъ простиратися. И яко видѣся, желание сръдьца своего уже улучивъ, абие не въспомяну[95] зълааго своего убииства и многааго убо съблажнения, и ни малы понѣ на покаяние преклонися; нъ ту абие въниде въ сръдце его сотона и начатъ и пострѣкати вящьша[96] и горьша[97] съдѣяти, и множаиша убииства. Глаголааше бо въ души своеи оканьнѣи:

»Что сътворю? Аще бо досьде оставлю дѣло убииства моего, то дъвоего имамъ чаяти: яко аще услышать мя братия моя, си же, варивъше, въздадять ми и горьша сихъ; аще ли и не сице, то ижденуть[98] мя,

и буду чюжь престола отца моего,
и жалость землѣ моея[99] сънѣсть[100] мя,
и поношения поносящихъ нападуть на мя,
къняжение мое прииметь инъ,
и въ дворѣхъ моихъ не будеть живущааго,
зане его же господь възлюби,
а азъ погнахъ и къ болѣзни язву приложихъ.

Приложю къ безаконию убо безаконие,
обаче и матере моея грѣхъ не оцѣститься
и съ правьдьныими не напишюся,
нъ да потреблюся отъ книгъ живущиихъ.«

Яко же и бысть, еже послѣди съкажемъ, — нынѣ же нѣсть время, нъ на предълежащее възвратимъся.

И си на умѣ си положивъ, зълыи съвѣтьникъ дияволь[101], посла по блаженааго Глѣба, рекъ:

»Приди въ бързѣ, отець зоветь тя, и не съдравить ти вельми.«

Онъ же въ бързѣ, въ малѣ дружинѣ, въсѣдъ на конь, поиде. И пришедъ на Вългу. На полѣ потъчеся[102] подъ нимь конь въ ровѣ и наломи ногу мало. И яко приде Смолиньску и поиде отъ Смолиньска, яко зърѣимо едино, ста на Смядинѣ° въ кораблици.

И въ се время пришьла бяаше[103] вѣсть отъ Передъславыр къ Ярославу о отьни съмьрти. И присла Ярославъ къ Глѣбу, река:

»Не ходи, брате! Отець ти умьрлъ, а братъ ти убиенъ отъ Святопълка.«

И си услышавъ, блаженыи възпи[104] плачьмь горькыимь и печалию сьрдьчьною и сице глаголааше:

»О увы мнѣ, господине мои!
Отъ дъвою плачю плачюся и стеню[105];
дъвою сѣтованию сѣтую и тужу.
    Увы мнѣ! увы мнѣ!
Плачюся по отци; плачю паче, — зѣло отъчаявься, —
по тебѣ, брате и господине Борисе!
Како прободенъ еси!
Како безъ милости прочее смерьти предася!
Како не отъ врага, нъ отъ своего брата
пагубу въсприялъ еси.
    Увы мнѣ!
Уне бы ми съ тобою умрети,
неже уединену и усирену отъ тебе
въ семь житии пожити.
Азъ мнѣхъ[106] узьрѣти лице твое ангелское.
Ти се селика туга състиже[107] мя,
и унылъ быхъ съ тобою умрети, господине мои.
Нынѣ же что сътворю азъ,
умилены[и], очюженыи отъ твоея доброты
и отъ отца моего мъногааго разума?
О милыи мои брате и господине!
Аще еси уполучилъ дрьзновение у господа,
моли о моемь унынии,
да быхъ азъ съподобленъ былъ
ту же страсть въсприяти
и съ тобою жити,
неже въ свѣтѣ семь прельстьнѣмь.«

★

И сице ему стенющю и плачющюся, и сльзами землю омачающю[108], приспѣша вънезапу посълании отъ Святопълка, зълыя его слугы, немило-стивии кръвопиицѣ, братоненавидьници люти зѣло, сверѣпа звѣри душю имѣюще.

Святыи же поиде въ кораблици, и срѣтоша[190] и усть Смядины. И яко узрѣ я святыи, възрадовася душею, а они узрѣвъше и, омрачаахуся и гребяху[110] къ нему. А съ цѣлования чаяше[111] отъ нихъ прияти. И яко быша равьно пловуще[112], начаша скакати зълии они въ лодию его, обнажены меча имуще въ рукахъ, бльщащася акы вода. И абие вьсѣмъ весла отъ руку испадоша, и вьси отъ страха омьртвѣша.

И си видѣвъ блаженыи, разумѣвъ, яко хотять его убити, възьрѣвъ къ нимъ умиленама очима[113] и сльзами лице си умывая, съкрушенъмь сьрдцьмь, съмѣренъмь разумъмь и частыимь въздыханиемь вьсь сльзами разливаяся, а тѣльмь утърпая, жалостьно гласъ испущааше[114]:

> »Не дѣите мене, братия моя милая и драгая!
> Не дѣите мене, ничто же вы[115] зъла сътворивъша!
> Не брезѣте[116] мене, братие и господье, не брезѣте!
> Кую обиду сътворихъ брату моему
> и вамъ, братие и господье мои?
> Аще ли кая обида, ведѣте мя къ князю вашему,
> а къ моему брату и господину.
> Помилуите уности моеѣ[117],
> помилуите, господье мои!
> Вы ми будѣте господине мои, азъ вашь рабъ.
> Не пожьнѣте[118] мене, отъ жития не съзьрѣла[119]!
> Не пожьнѣте класа, не уже съзьрѣвъша,
> нъ млѣко безълобия носяща!
> Не порѣжете лозы, не до коньца въздрастъша[120],
> а плодъ имуща!
> Молю вы[121] ся и милъ вы ся дѣю.
> Убоитеся рекъшааго усты апостольскы[119]:

Не дѣти бываите умы, зълобиемь же младенъствуите, а умы съвършени бываите.

> Азъ, братие, и зълобиемь и въздрастъмь
> еще младеньствую.
> Се нѣсть убииство, нъ сырорѣзание.
> Чьто зъло сътворихъ, съвѣдѣтельствуите ми,
> и не жалю си.
> Аще ли кръви моеѣ насытитися хощете,
> уже въ руку вы есмь, братие,
> и брату моему, а вашему князю.«

И ни понѣ единого словесе постыдѣшася, ни мыслью преклонишася, нъ яко же убо сверѣпии звѣрие тако въсхытиша его, Онъ же видѣвъ, яко не вънемлють словесъ его, начатъ глаголати сице:

> »Спасися, милыи мои отче и господине Василиеч!
> Спасися, мати и госпоже моя!

Спасися, брате Борисе, старѣишино уности моея!
Спасися и ты, брате и враже, Святопълче!
Спаситеся и вы, братие и дружино!
    Вьси спаситеся!
Уже не имамъ васъ видѣти въ житии семь,
зане разлучаемъ есмь отъ васъ съ нужею!«

И глаголааше, плачася:

»Василие, Василие, отче мои и господине!
Приклони ухо твое
и услыши гласъ мои,
и призьри, и вижь[123] приключьшаяся[124] чаду твоему.
Како без вины закалаемъ есмь!
    Увы мнѣ, увы мнѣ!
Слыши небо и вънуши земле!
И ты, Борисе, брате, услыши гласа моего.
Отца моего Василия призъвахъ, и не послуша мене.
То ни ты не хощеши мене послушати?
Вижь скърбь сьрдца моего и язву душа моея!
Вижь течение сльзъ моихъ яко рѣку!
И никто же не вънемлеть ми;
но ты убо помяни мя и помолися о мнѣ
ко обьщему вьсѣхъ владыцѣ,
яко имѣя дьрзновение и престоя у престола его.«

И начатъ, преклонь[125] колѣнѣ, молитися...
Таче, възьрѣвъ къ нимъ умиленъмь и изъмлкъшимь[126] гласъмь, рече:
»То уже приступльше[127], сътворите, на неже посълани есте!«
Тъгда оканьныи Горясѣръ повелѣ зарѣзати и въ бързѣ. Поваръ же
Глѣбовъ, именьмь Тързинъ[г], изъмъ[128] ножь и имъ[129] блаженааго, и закла[130],
яко агня безлобиво, мѣсяца сентября въ 5 дьнь, въ понедѣльникъ.

И принесеся господеви жьртва чиста и благовоньна и възиде въ небесныя
обители къ господу и узрѣ желаемаго си брата, и въсприяста[131] вѣньца
небесныя, егоже и въжелѣста[132]. И въздрадовастася[133] радостию неиздре-
ченьною, юже и улучиста[134].

Оканьнии же они убоицѣ[135] възъвративъшеся, приидоша къ пославъ-
шюуму я, яко же рече Давидъ: *Възвратяться грѣшьници*[136] *въ адъ и вьси
языци забывающии бога.* И паки: *Оружие извлекоша грѣшьници, напрягоша
лукъ свои заклати правыя сьрдьцьмь, и оружие ихъ вьнидеть въ сьрдьца ихъ,
и луци*[137] *ихъ съкрушаться, яко грѣшьници погыбнуть.* И яко съказаша
Святопълку, яко: »Сътворихомъ повелѣное тобою,« и си слышавъ, вьзнесеся
срьдьцьмь, и събысться реченое псалмопѣвьцемь Давидъмь: *Что ся хвалиши
о зълобѣ, сильныи! Безаконие въ сь дьнь [и] неправьду умысли языкъ твои.
Възлюбилъ еси зълобу паче благостыня, неправьду неже глаголати правьду.
Възлюбилъ еси вься глаголы потопьныя и языкъ льстивъ. Сего ради равдру-
шить*[138] *тя богъ до коньца, въстьргнеть тя и преселить тя отъ села твоего
и корень твои отъ земля живущихъ.«* Убиену же Глѣбови и повьржену[139]
на пустѣ мѣстѣ межю дъвѣма колодама.

И господь не оставляеть своихъ рабъ, яко же рече Давидъ: *Хранитъ*
господь вься кости ихъ, и ни едина отъ нихъ съкрушиться. И сему убо
святууму лежащю[140] дълго время, не остави въ невѣдѣнии и небрежении
отинудь пребыти, нъ показа: овогда бо видѣша стълпъ огньнъ, овогда
свѣщи горящи и пакы пѣния ангельская слышааху мимоходящии гостие,
ини же ловы дѣюще и пасуще, си же видяще и слышаще. Не бысть памяти
ни единому же о възискании тѣлесе святаго, дондеже Ярославъ, не тьрпя
сего зълааго убииства, движеся[141] на братоубиица оного оканьнааго Свято-
пълка, и брани мъногы съ нимь съставивъ; и вьсегда пособиемь божиемь
и поспѣшениемь святою[142] побѣдивъ, елико брани състави. Оканьныи поса-
мленъ и побѣженъ възвращаашеся.

★

Прочее же съ треклятыи прииде съ множьствъмь Печенѣгъ, и Ярославъ
съвъкупивъ воя, изиде противу ему на Льтѣ и ста на мѣстѣ, идеже бѣ
убиенъ святыи Борисъ. И въздѣвъ руцѣ на небо, и рече:
»Се кръвь брата моего вопиеть къ тебѣ, владыко, яко же и Авелева
преже, и ты мьсти его, яко же и на ономь положи стонание и трясение,
на братоубиици Каинѣ. Еи, молю тя, господи, да въсприиметь противу
тому.«
И помоливъся рече:
»О брата моя! аще и тѣлъмь отсюду отшьла еста[143], нъ благодатию
жива еста и господеви предъстоита, и молитвою помозѣта[144] ми.«
И си рекъ, и поидоша противу собѣ. И покрыша поле Льтьское мно-
жьствъмь вои, и съступишася въсходящю сълнцю[145], и бысть сѣча зла
отинудь. И съступашася трижьды, и бишася черезъ дьнь вьсь, и уже къ
вечеру одолѣ Ярославъ, а съ оканьныи Святопълкъ побѣже, и нападе на
нь бѣсъ, и раслабѣша кости его, яко не мощи ни на кони сѣдѣти. И несях-
хуть[146] его на носилѣхъ. И прибѣгоша Берестию[s] съ нимь. Онъ же рече:
»Побѣгнѣте! Осе женуть[147] по насъ!«
И посылахуть[148] противу, и не бѣ ни гонящааго, ни женущааго въ
слѣдъ его. И лежавъ въ немощи, въсхопивъся, глаголаше:
»Побѣгнѣмы! Еще женуть! Охъ мнѣ!«
И не можааше тьрпѣти на единомь мѣстѣ. И пробѣже Лядьску Землю[t],
гонимъ гнѣвъмь божиемь. И прибѣже въ пустыню межю Чехы и Ляхы[u].
И ту испроврьже[149] животъ свои зълѣ. И приятъ възмьздие отъ господа,
яко же показаше посланная на нь пагубьная рана, и по съмьрти муку
вѣчьную. И тако обою животу лихованъ бысть. И сьде не тъкъмо княжения,
нъ и живота гонезе[150], и тамо не тъкъмо царьствия небеснаго и еще съ
ангелы жития погрѣши, нъ и муцѣ и огню предасться.
И есть могыла его и до сего дьне, и исходить отъ нея смрадъ зълыи
на показание чловѣкомъ...

---

[1] святую мученику *gen. du.*   [2] правыихъ *gen. pl.*: правыи.   [3] сущу самодрьжьцю
dat. abs. (temp.).   [4] Русьстѣи *dat. sg.*: Русьскъ.   [5] раснъ *gen. pl. f.*: рас(ь)нъ = разнъ.
[6] старѣи *compr.*: старъ.   [7] изъобрѣтъ *aor. 3 sg.*: изъобрѣсти.   [8] ю *acc. sg.*: она.   [9] зача
aor. 3 sg.: зачати.   [10] поятъ *aor. 3 sg.*: поняти.   [11] оканьныи = окаяньныи.   [12] любляаше
impf. 3 sg.: любити.   [13] българынѣ *gen. sg.*: българыни.   [14] посажа *aor. 3 sg.*: посажати.
[15] многомъ дньмъ минувъшемъ *and the following expression in the same sentence* минувъшемъ

лѣтомъ *dat. abs. (temp.).* ¹⁶ бяаше *impf. 3 sg.* : быти. ¹⁷ Печенѣгомъ идущемъ *dat. abs.* (*caus.*). ¹⁸ велицѣ *loc. sg. f.* : великъ. ¹⁹ печаляашеся *impf. 3 sg.* : печалитися. ²⁰ воѣ *acc. pl.* : вои. ²¹ обрѣтъшу *p. a. p., dat. sg.* (*abs., temp.*) : обрѣсти. ²² потаи *aor. 3 sg.* : потаити. ²³ обьртѣвъше *p. a. p., nom. pl.* : обьртѣти. ²⁴ могыи *p. a. p., det.* : мощи. ²⁵ бръздо *voc. sg.* : бръзда. ²⁶ моеѣ *gen. sg.* : моя. ²⁷ быхъ ... съпряталъ *cond. periphr.*, *1 sg.* ²⁸ любы *nom. sg.* = любовь. ²⁹ идяше *and* глаголааше *in the same sentence impf. 3 sg.* ³⁰ обрящуся *pr. 1 sg.* : обрѣстися. ³¹ приобрѣтоша *aor. 3 sg.* : приобрѣсти. ³² ище-зоша *aor. 3 pl.* : ищезнути = исчезнути. ³³ нѣсть = не есть. ³⁴ прошьдъ *p. a. p.* (*adv.*) : проити. ³⁵ идыи *pr. a. p.* (*adj.*) : ити. ³⁶ можааше *impf. 3 sg.* : мощи. ³⁷ плакаахуся *impf. 3 pl.* : плакатися. ³⁸ пагубноѣ *gen. sg., f.* : пагуб(ь)нъ. ³⁹ бяаше *impf. 3 sg.* : быти. ⁴⁰ бѣ *impf.* (*aor.*) *3 sg.* : быти. ⁴¹ набъдя *pr. a. p.* : набъдѣти. ⁴² вѣдѣ *pres.* (*perf.*) *1 sg.* : вѣдѣти. ⁴³ тѣшааше *impf. 3 sg.* : тѣшити. ⁴⁴ сѣдѣ *aor. 3 sg.* : сѣдѣти. ⁴⁵ Кыевѣ *loc.* : Кыевъ. ⁴⁶ отьню *dat. sg.* : отьнь. ⁴⁷ вышегородьскыѣ мужѣ *acc. pl.* ⁴⁸ повѣдите *imp. 2 pl.* : повѣдѣти. ⁴⁹ ненавидяи *pr. a. p., det.* : ненавидѣти. ⁵⁰ положилъ есть *p. periphr.* : положити. ⁵¹ начатъ *aor. 3 sg.* : начати. ⁵² подвижьнѣи *compr.* : подвижьнъ. ⁵³ всеи неправьдѣ *dat. poss.* ⁵⁴ отъвързъ *p. a. p.* : отъврѣсти. ⁵⁵ обѣщастеся *aor. 2 pl.* : обѣщатися. ⁵⁶ съмотрьше *p. a. p., nom. pl.* : съмотрѣти. ⁵⁷ и *acc. sg.* : онъ. ⁵⁸ путье *nom. pl.* : путь. ⁵⁹ ся бѣ воротилъ *and* (*in the same sentence*) сталъ бѣ *p. periphr.* ⁶⁰ шатыры *instr. pl.* : шатыръ. ⁶¹ тузѣ *loc. sg.* : туга. ⁶² вълѣзъ *p. a. p.* : вълѣзти. ⁶³ помышляшеть *impf. 3 sg.* : помышляти. ⁶⁴ убиену бывъшю *gen. du.* ⁶⁵ леже *aor. 3 sg.* : лечь. ⁶⁶ мнозѣ *loc. sg.* : м(ъ)ногъ. ⁶⁷ крѣпъцѣ *loc. sg.* : крѣпъкъ. ⁶⁸ тяжьцѣ *loc. sg.* : тяжькъ. ⁶⁹ въседьржите-левъ *adj. poss.* : въседьржитель. ⁷⁰ възбънувъ *p. a. p.* : въз(ъ)бьнути. ⁷¹ прозвутеръ ≡ прозвитеръ. ⁷² нозѣ *acc. du.* : нога. ⁷³ коньчавъшю ему *dat. abs.* (*temp.*). ⁷⁴ зьря *pr. a. p.* (*adv.*) : зьрѣти. ⁷⁵ изволивыи *p. a. p., det.* : изволити. ⁷⁶ приимъ *p. a. p.* : прияти. ⁷⁷ любъве *gen. sg.* : любы/любъвь. ⁷⁸ словесе *gen. sg.* : слово. ⁷⁹ емлетъ *pr. 3 sg.* : имати. ⁸⁰ отъмещетъ *pr. 3 sg.* : отъметати. ⁸¹ узьрѣста *aor. 3 du.* : узьрѣти. ⁸² облияна *p. p. p., acc. sg. m.* : облияти. ⁸³ наю *gen. du.* : мы. ⁸⁴ насунуша *aor. 3 pl.* : насунути. ⁸⁵ вържеся *aor. 3 sg.* : врѣщися/вьргнутися. ⁸⁶ рекыи *pr. a. p., det.* : рещи. ⁸⁷ имьньмь = именьмь *instr. sg.* : имя. ⁸⁸ на нь = на + *acc. sg.* : онъ. ⁸⁹ пронъзоша *aor. 3 pl.* : пронъзти. ⁹⁰ можааху *impf. 3 pl.* : мощи. ⁹¹ водителю *and the following forms in the same sentence* : одеже, жьзле, казателю *voc. sg.* : водитель, одежа, жьзлъ, казатель. ⁹² усъпе *aor. 3 sg.* : усъ(п)нути. ⁹³ обьртѣвъше *p. a. p., nom. pl.* : обьртѣти. ⁹⁴ неистовяся *pr. a. p.* : неисто-витися. ⁹⁵ въспомяну *aor. 3 sg.* : въспомянути. ⁹⁶ вящьша *adj. compr., acc. pl.* : вящии. ⁹⁷ горьша *adj. compr., acc. pl.* : горькии. ⁹⁸ иждену *pr. 3 pl.* : изъгнати. ⁹⁹ землѣ моея *gen. sg.* : земля моя. ¹⁰⁰ сънѣсть *pr. 3 sg.* : сънѣсти. ¹⁰¹ дияволь *adj. poss.* : дияволъ. ¹⁰² потъчеся *aor. 3 sg.* : потъкнутися. ¹⁰³ пришьла бяаше *p. periphr.* = *p. a. p.* + *impf. 3 sg.* ¹⁰⁴ възни *aor. 3 sg.* : въз(ъ)пити. ¹⁰⁵ стеню *pr. 1 sg.* : стенати. ¹⁰⁶ мнѣхъ *aor. 1 sg.* : м(ь)нѣти. ¹⁰⁷ състиже *aor. 3 sg.* : състичи. ¹⁰⁸ ему стенющу и плачющуся и ... омачающу *dat. abs.* (*temp.*). ¹⁰⁹ срѣтоша *aor. 3 pl.* : с(ъ)рѣсти. ¹¹⁰ омрачаахуся и гребяху *impf. 3 pl.* : омрачатися, грести. ¹¹¹ чаяше *impf. 3 sg.* : чаяти. ¹¹² пловуще *pr. a. p., nom. pl.* : плути. ¹¹³ умиленама очима *instr. du.* ¹¹⁴ испущааше *impf. 3 sg.* : испущати. ¹¹⁵ вы *dat. pl.* = вамъ. ¹¹⁶ брезѣте *imp. 2 pl.* : брещи/брѣщи. ¹¹⁷ моеѣ *gen. sg., f.* : моя. ¹¹⁸ пожьнѣте *imp. 2 pl.* : пожати. ¹¹⁹ съзьрѣла *p. a. p., gen. acc. sg.* : съзьрѣти. ¹²⁰ въздрастьша *p. a. p., gen. sg. f.* : въз(д)расти. ¹²¹ вы *dat. pl.* = вамъ. ¹²² усты апостольскы *instr. pl.* ¹²³ вижь *imp. 2 sg.* : видѣти. ¹²⁴ приключьшаяся *p. a. p., n. acc. pl.* : приключитися. ¹²⁵ преклонь *p. a. p.* : преклонити. ¹²⁶ изъмълкъшимь *p. a. p., instr. sg.* : изъмълкнути. ¹²⁷ присту-пльше *p. a. p., nom. pl.* : приступити. ¹²⁸ изъмъ *p. a. p.* : изъяти. ¹²⁹ имъ *p. a. p.* : яти. ¹³⁰ закла *aor. 3 sg.* : заклати. ¹³¹ въсприяста *aor. 3 du.* : въсприяти. ¹³² въжелѣста *aor. 3 du.* : въжелѣти. ¹³³ въздрадовастася *aor. 3 du.* : въз(д)радоватися. ¹³⁴ улучиста *aor. 3 du.* : улучити. ¹³⁵ убоицѣ *nom. pl.* : убоица. ¹³⁶ грѣшьници *nom. pl.* : грѣшьникъ. ¹³⁷ луци *nom. pl.* : лукъ. ¹³⁸ раздрушить *pr. 3 sg.* : раз(д)рушити. ¹³⁹ убиену Глѣбови и повьржену *dat. abs.* (*caus.*). ¹⁴⁰ сему ... лежашу *dat. abs.* ¹⁴¹ движеся *aor. 3 sg.* : двигнутися. ¹⁴² святою *gen. du.* : святъ. ¹⁴³ отьшьла еста *p. periphr. 2 du.* ¹⁴⁴ помозѣта *imp. 2 du.* : помощи. ¹⁴⁵ въсходящю сълнцю *dat. abs.* (*temp.*). ¹⁴⁶ несяхуть *impf. 3 pl.* : нести. ¹⁴⁷ женуть *pr. 3 pl.* : гънати. ¹⁴⁸ посылахуть *impf. 3 pl.* : посылати. ¹⁴⁹ испроврьже *aor. 3 sg.* : испроврѣщи. ¹⁵⁰ гонезе *aor. 3 sg.* : гоньсти.

a Vladimir I, Great Prince of Kiev (979–1015).
b Russia was Christianized in 998.
c A town on the river Prip'at'.
d Novgorod on the river Volxov near Lake Ilmen'.

e Rostov in northeastern Russia.

f Murom, a town on the river Cna.

g The Petzinaks (Pechenegs), a nomadic tribe of the steppes.

h Solomon as author of the Book of Proverbs.

i *Bib.* Joseph and Benjamin.

j A castle south of Kiev, on the river Dnieper.

k The river L'to or Al'ta.

l The Byzantine *Life of St. Niketas*, a martyr (d. 372).

m *The Life of St. Václav*, or V'ačeslav, Prince of Bohemia (928–36), who was killed by his brother Boleslav (Old Church Slavonic hagiography of the tenth century).

n *The Life of St. Barbara* (d. ca. 306).

o An affluent of the Dnieper.

p Peredslava, or Preslava, sister of Sv'atopolk, Jaroslav, Boris, and Gleb: daughter of Vladimir I.

q Vasilij (Basilius), Christian name of Vladimir I.

r Obviously a man of Tork origin (the Torks were a nomadic Turkish tribe of the steppes).

s The town of Brest-Litovsk.

t Poland.

u A legendary desert between the lands of the Czechs and those of the Poles.

NESTOR'S
LECTION ON THE LIFE AND ASSASSINATION
OF SS. BORIS AND GLEB THE MARTYRS

While the anonymous *Passion and Encomium* is representative of Old Russian hagiography in its primitive stage of development, Nestor's *Lection* constitutes the first known attempt to write a true hagiographical legend in accordance with the set pattern of Byzantine hagiography. There is no doubt that Nestor was intimately acquainted with the Greek hagiographical writings about Eustachius Placidus and Demetrius of Saloniki and used them as models. Whereas the anonymous author of the *Passion and Encomium* was concerned mainly with the historical meaning of the assassination of the princes, Nestor tends to place emphasis on their martyrdom and on the broad background of the struggle between paganism and Christianity. In his narrative, Boris and Gleb assume the character of ideal heroes of Christianity, divested of secular human features, the pure Dioscuri of Russian religious mythology. The *Lection* was probably written in the eighties of the eleventh century, prior to Nestor's *Life of Theodosius*.

The text is reprinted in excerpts from D. I. Abramovič, Жития святых мучеников Бориса и Глеба и службы им (Petrograd, 1916).

Несторово чтение
о житии и о погублении
блаженную страстотерпцу[1] Бориса и Глѣба

Владыко господи, вседержителю, створивыи[2] небо и землю и вься, яже на неи, ты и нынѣ сы[3] владыко, призри на смирение мое и подаи же разумъ сердцю моему, да съповѣмъ[4], оканьныи азъ, всѣмъ послушающимъ житпя и мучения святую страстотерпцу Бориса и Глѣба.

Но, о владыко, вѣси[5] грубость и неразумие сердца моего, но надѣюся твоему милосердию и молитвы ради святую мученику[6] Бориса и Глѣба: елико слышахъ отъ христолюбецъ, то да исповѣмъ[7]. Нъ да послушаите, братие, [и] не зазьрите грубости моеи . . .

★

Бысть бо, рече, князь въ тыи годы, володыи[8] всею Землею Рускою, именемь Владимеръ. Бѣ же мужъ правдивъ и милостивъ къ нищимъ и къ сиротамъ и ко вдовицамъ, еллинъ же вѣрою. Сему богъ спону нѣкаку наведе и створи быти ему христьяну, яко же древле Плакидѣ[a] . . . Наречено бысть имя ему Василии. Таче потомъ всѣмъ заповѣда[9] вельможамъ своимъ и всѣмъ людемъ, да ся крьстять во имя отца и сына и святаго духа.

Слышите чюдо, исполнь благодати: како вчера заповѣдая всѣмъ требу принести идоломъ, а днесь повелѣваеть хрьститися во имя отца и сына и святаго духа; вчера не вѣдаше[10], кто есть Исусъ Христосъ, днесь препроповѣдатель его явися; вчера еллинъ Владимиръ нарицаяся, днесь хрьстьянъ Василии нарицается. Се вторыи Костянтинъ[b] въ Руси явися! Нъ и се чюднѣи: заповѣди бо ишедши[11], яко же преже ркохомъ[12], всѣмъ крьститися, — и всѣмъ грядущимъ[13] [к] крьщению, ни понѣ единому супротивящюся[14]; но акы издавьна научены, тако течаху[15], радующеся, къ крьщению. Радовашеся князь Володимерь, видя ихъ теплую вѣру, иже имяху къ господу нашему Исусу Христу. Се бысть въ лѣто 6490[16]. Потомъ же созда Владимеръ церковь — Святую Богородицю, владычицю нашю, богородицю в Кыевѣ.

Таче быша сынове мнози[17] у Владимера, въ нихже бѣста[18] святая сия, отъ неюже и повѣсть сия есть, — тако свѣтящеся, акы двѣ звѣздѣ свѣтлѣ[19] посредѣ темныхъ: нарицаю же Бориса и Глѣба. Пусти[20] же благовѣрныи князь сыны своя когождо на свою область, яко же далъ имъ самъ, а святу сею[21] Бориса и Глѣба у себе держаше, занеже единаче дѣтеска бѣста. Бѣ же Глѣбъ велми дѣтескъ, а блаженыи Борисъ въ разумѣ сы, исполнь благодати божия. Взимаше[22] бо книги и чтяше, бяше бо и грамотѣ наученъ, чтяше же жития и мучения святыхъ, и глаголаше, моляся съ слезами:

»Владыко мои, Исусе Христе, сподоби мя, яко единого отъ тѣхъ святыхъ, и даруи ми по стопамъ ихъ ходити.

Господи, боже мои, да не вознесется мысль моя суетою мира сего, но просвѣти сердце мое на разумие твое и твоихъ заповѣдии, и даруи ми даръ, егоже дарова отъ вѣка угодникомъ.

Ты еси цесарь и богъ истиныи, иже помиловавы[23] и изведы ны отъ тьмы ко свѣту, тобѣ бо есть слава въ вѣкы. Аминъ.«

Сице же ему молящуся[24], по вси часы, а святыи Глѣбъ послушаше его сѣдя[25] и не отлучашеся отъ блаженаго Бориса, но съ нимъ день и нощь послушаше его. Бяше бо, яко же и преже ркохъ, дѣтескъ тѣломъ, а умомъ старъ, многу же милостыню творя нищимъ и вдовицямъ и сиротамъ. Бѣ бо и отець его тако милостивъ, яко же и на возѣхъ возити брашно по граду, и овощь, и медъ, и вино, и спроста рещи, все, еже на потребу болящимъ и нищимъ, и проповѣднику глаголющу съ вопрошениемъ: ,Егда кто болить, кто где?' Сице же видяще блаженая отца тако творяща, боле утвержастася[26] на милостыню. Любляше[27] же я отець, видя на нею благодать божию.

Бяше же блаженому Борису створено имя [въ] крьщеньи Романъ:
яко же и на ономь^c почиваше[28] духъ святыи измлада, тако же и на семь
благодать же божия. Бѣ бо, рече, святому Роману молящюся у святѣи
владычицѣ нашеи богородици и мало ему уснувшю[29]: и явися же ему мати
божия, имущи же въ руку еи свитокъ, иже подасть святому. И яко взятъ[30]
и — и се ненавидяи[31] добра дьяволъ текъ[32], въсхвати и. И паки мати
божия взять свитокъ и подасть и святому Роману. Онъ же, воставъ отъ
сна, видѣ ся полнъ духа святаго. Такоже и сии блаженъ Романъ. Видя
бо врагъ дану ему благодать отъ бога, милосердие ко всѣмъ, не терпя
того врагъ, влѣзе[33] въ брата ему старѣишаго, хотя тѣмъ восхватити животъ
его отъ земля. Яко се по малу скажемъ.

Святому же Глѣбови створено имя Давыдъ. Видиши ли благодать
божию измлада на дѣтищи? Створиша бо, рече, имя ему Давыдъ^d: како
или кымъ образомъ? Не имѣже ли: онъ бѣ мнии[34] въ братьи своеи, тако
же и сии святыи. Яко же бо и самъ пророкъ свидѣтельствуеть, глаголя:
Мнии бѣ въ братьи моеи и унѣи[35] *въ дому отца моего*, и прочее; тако же
и сии Давыдъ мнии бѣ въ братьи своеи и унѣи в дому отца своего. И
паки: яко же пророкъ Давыдъ изиде противу иноплеменьникомъ и погуби
и отъятъ[36] поношение отъ сыновъ Израилевъ, тако же и сии святыи
Давыдъ изиде противу супостату дьяволу и погуби и, и отъя поношение
отъ сыновъ рускыхъ. Нъ се уже възвратимся на первую повѣсть.

Благовѣрныи же князь, видя блаженаго Бориса преспѣвша верстою,
въсхотѣ бракъ створити ему. А блаженыи же худѣ рачаше[37] о томъ, но
умоленъ бывъ отъ бояръ, да не ослушается отца, створи волю отчю[38]. Се
же блаженыи створи не похоти ради отца. Таче посла и потомъ отець и
на область Владимеръ^e, юже ему дасть, а святого Глѣба у себе остави,
единаче бо бѣ унъ тѣломъ. Блаженыи же Борисъ много показа милосердие во
области своеи, не точью же къ убогымъ, нъ и къ всимъ людемъ, яко же всимъ
чюдитися милосердию его и кротости. Бѣ бо блаженыи кротокъ и смиренъ.

Таче же того не терпя врагъ, нъ, яко же преже рекохъ, вниде въ
сердце брату его, иже бы старѣи[39], имя ему Святополкъ. Нача мыслити
на праведнаго, хотяше бо оканьныи всю страну погубити и владѣти единъ.
Тѣмъ же мышляше[40], хотя блаженаго погубити, нъ не пусти ему тогда
богъ, нъ егда самъ восхотѣ. Увѣдѣвъ убо то, благовѣрныи отець ихъ,
пославъ, приведе къ себе блаженаго Бориса, блюдыи[41], да нѣкако пролиеть
кровь праведнаго. Онъ же болми разгнѣвася на блаженаго, мня[42] оканьныи, яко то хощеть по смерти отца своего столъ прияти.

Сице бо бѣ при Осифѣ^f. Бѣ бо, рече, любяи[43] Осифа Яковъ и Веньямина, бяста[44] бо уна тѣломъ. И сего ради братья вельми гнѣвахуся на
нею, бѣ бо, яко Осифъ хощеть надъ ними царьствовати, яко же и бысть.
Тако же и съдѣ събысться. Не токмо же на блаженаго Бориса гнѣвашеся[45],
но и на блаженаго Глѣба. Блаженая же того не свѣдаста[46], нъ пребыста
въ поученьи божиихъ словесъ, милостыню творяща нищимъ и убогымъ и
вдовамъ, яко не имѣти у себе ничто же.

★

По времени же нѣкоемь нача болѣти благовѣрныи отець има болѣзнью,
еюже умре. Болящю же ему[47], въ страну его придоша ратнии. Слышавъ

же князь, не могы[48] изити противу имъ, посла сына своего Бориса, давыи[49] ему множество вои. Блаженыи же падъ[50] поклонися отцю своему и облобыза честнѣи нозѣ[51] его, и паки въставъ, обуимъ[52] выю его, цѣловаше съ слезами. Ти тако изиде с вои на ратьныя. И отшедшю же ему блаженому[53], умре отець его, благовѣрныи князь Владимеръ въ лѣто 6523[54].

Таче увѣдѣвъ оканьныи сынъ Святополкъ и, акы радуяся отьнѣ смерти, всѣде на коня и скоро доиде Кыева града и сѣде на столѣ отца своего. Изволи волею желание сердца своего. На блаженаго Бориса мышляше, како, еликымъ образомъ погубити. Увѣдѣвъ же, святыи Глѣбъ восхотѣ отбѣжати на полунощныя страны, — сущю иному тамо брату[55] святую, — рекыи[56]:

»Не да како и мя погубить.«...

Иде къ рѣцѣ[57], идеже бѣ кораблець уготованъ, и влѣзъ[58] вонъ[59], ти тако отбѣже[60] отъ законопреступнаго брата.

Блаженыи же Борисъ, яко же рекохъ, отшолъ бѣ[61] съ вои на ратьныя[62] и не вѣдяше того всего. Ратьныи же, яко же услышаша блаженаго Бориса идуща съ вои, бѣжаша: не дерзнуша стати блаженому. Таче дошедъ, блаженыи, умиривъ грады вся, възвратися вспять. Идущю же ему[63], повѣдаша ему отца умерша, а брата старѣишаго Святополка сѣдша на столѣ отьни. Блаженыи же, яко слыша отца умерша, възрѣвъ на небо, помолися сице:

»Владыко, господи, Исусе Христе, покоивыи[64] вся святыя отца[65], угодившая тебѣ, богу истинну, ты и нынѣ покои, господи, душю раба своего, отца моего Василия со всими праведными: съ Аврамомъ, Исакомъ, Яковомъ. Яко ты еси покои [и] воскресение уповающихъ на тя, и тебе славу всылаемъ въ вѣкъ.«

Слышавъ же, яко братъ ему старѣишии на столѣ сѣдить отчи, възрадовася, рекыи:

»Сии ми будеть яко отець.«

Идяше же путемь своимь, яко овця незлобиво...

Блаженому же идущю[66] къ брату своему, никоего же зла помышляющю въ сердьци своемь, иже бы прияти отъ брата своего. Нъ оканьныи не токмо и мышляше на нь зло, нъ и погубитъ[67] его посылаше. Блаженыи же путемь своимь идяше, радуяся, иже братъ ему старѣи на столѣ отчи сѣлъ. Оканьныи же печаловашеся, слышавъ брата грядуща къ себе, и того ради погубитъ его посылаеть. И се нѣции, пришедъше къ блаженому, възвѣстиша, яко:

»Братъ твои хощеть тя погубити.«

Блаженыи же не ятъ[68] вѣры, глаголя:

»Како се можеть быть истина, еже вы и глаголете нынꙗ? Или вы не вѣсте[69], яко азъ мнии есмь, не противенъ есмь брату своему, старѣишему сущю?«

Таче по двою дьнию пришедше возвѣстиша ему вся бывшая, и како братъ его отбѣже, святыи Глѣбъ. Си слыша блаженыи, глагола сице:

»Благословенъ богъ! Не отъиду, ни отбѣжю отъ мѣста сего, ни паки супротивлюся брату своему, старѣишему сущю; но яко богу годѣ, тако будеть. Уне ми есть сдѣ умрети, неже во инои странѣ.«

Таче отвѣщаша сущии съ нимъ вои, иже бѣша ходили[70] на ратныя, бѣ бо ихъ акы до 8 тысящь, вси же во оружии, — глаголаша ему:

»Мы, о владыко, предани есмъ благымъ отцемь твоимъ въ руцѣ твои: идемъ, или съ тобою, или едини, и тако того нужею ижденемъ[71] изъ града, а тебе же въведемъ, яко же преда намъ тебе благы отець твои.«

Си слышавъ, блаженыи, по истинѣ милосердыи, пекыися[72] о нихъ, акы братьи свои, глагола имъ:

»Ни, братие моя, ни, отчи[73], не тако прогнѣваите господа моего брата, еда како на вы крамолу въздвигнеть; нъ уне есть мнѣ одиному умрети, нежели толику душь. Ни паки смѣю противитися старѣишему брату, еда како суда божия не убѣжю, нъ молю вы ся, братия моя и отчи, вы идѣте въ домы своя, азъ же, шедъ, паду на ногу брату своему: егда како умилосердится на мя; аще бо мя увидить, не имать убити мене. Молю же вы много.«

И цѣлова вся, ти тако отпусти я, а самъ съ отроки пребысть на мѣстѣ томъ день тъи, бѣ бо послалъ съ мольбою къ брату. Он же, емъ[74] отрока, удержа и, бѣ бо немилосердыи тъ послалъ на блаженаго, да и погубять. Видѣвъ же блаженыи, яко не приде отрокъ его, въставъ самъ, и иде къ брату своему. И се идущу ему[75] възвѣстиша ему пакы, глаголюще, яко:

»Послалъ есть братъ твои погубить тебе, и се уже грядуще близъ.«

Блаженыи же, възрѣвъ на небо, рече:

»Владыко господи, Исусе Христе, не остави мене погыбнути, но ты самъ державьную руку твою простри[76] на мя грѣшьнаго и худаго, избави мя отъ ярости идущихъ на мя, спаси мя в часъ сии, яко ты единъ еси прибѣжище печальнымъ, ты бо еси богъ истиньныи, тебе слава въ вѣкы. Аминь.«

Таче повелѣ поставити шатеръ свои, вълѣзъ вонь[77], молися богу, съ слезами припадая, дондеже не бѣ силы в немь, и пакы падъ на ложи своемь, плакася горко, моля бога. Нощи же сущи[78], повелѣ слугамъ принести свѣщю, и вземь[79] книги, нача чисти.

И се они послании бѣша идуще, рикающе акы звѣрие дивии, поглотити хотяще праведьнаго. Слышавъ же блаженыи, яко уже приближишася на нь[80], и повелѣ прозвитеру отпѣти заутрьнью и святоеуангелие чисти, бѣ бо день недѣльныи. И самъ же нача пѣти, глаголя сице:

»*Господи, и что ся умножишася стужающи ми? Мнози восташа на мя, мнози глаголють о души моеи:' И нѣсть спасения ему о бозѣ его.' Ты же, господи, заступникъ мои еси,*« и прочее псалма.

Нечестивии же, яко шедше, не дерзнуша напасти на праведьнаго: не попусти имъ богъ, дондеже конца заутренею. Тако же по кончаньи цѣлова вся, възлеже[81] на одрѣ своемь, и отверзъ[82] уста своя къ безаконьникомъ, рече:

»Влѣзъше, братие, скончаите волю пославшаго вы.«

И они же, акы звѣрие дивии, нападоша на нь, и внизоша[83] вонь сулици свои. И се единъ отъ престоящихъ ему слугъ паде на немь, они же и того пронизоша, и мьнѣвъ же блаженаго мертва суща, изидоша вонь.

Блаженыи же воскочи, въ оторопѣ бывъ, изиде изъ шатра, и въздѣвъ на небо руцѣ, моляшеся, сице глаголя:

»Благодарю тя, владыко господи, боже мои, яко сподобилъ мя еси недостоинаго съобьщнику быти страсти сына твоего, господа нашего Исуса

Христа. Посла бо единочадаго сына своего въ миръ, егоже безаконьнии
предаша на смерть; и се азъ посланъ быхъ отъ отца своего, да спасу люди
отъ супротивящихся ему поганъ, и се нынѣ уязвенъ есмь отъ рабъ отца
своего. Нъ, владыко, отдаи же имъ грѣховъ, мене же покои съ святыми,
и не предаи же мене въ руцѣ врагомъ, яко ты еси защититель мои, господи,
и въ руцѣ твои предаю духъ мои.«

Се же ему рекшю[84], единъ отъ губитель, притекъ[85], удари въ сердце его,
и тако блаженыи Борисъ предасть душю въ руцѣ божии, мѣсяца июля въ
24 день. Честьное же тѣло его въземше[86], несоша въ градъ, нарицаемыи
Вышегородъ[g], еже есть отъ Кыева, града стольнаго, 15 стадии, и ту
положиша тѣло блаженаго Бориса у церкви святого Василия.

★

И о томъ увѣдѣвъ оканьныи тои, яко на полунощныя страны бѣжалъ
есть святыи Глѣбъ, посла и тамо, да и того погубять.

О немилосердие оканьнаго! Како не доволѣ[87] ему о погубленьи и
единаго брата, нъ и на другаго посылаеть, рекыи[88]:

»Скорѣи шедъше, погубите и.«

Они же, абие въслѣдовавъше въ кораблечи[89] борзы, гнаша по святѣмь
Глѣбѣ дьни многы. И уже имъ приближающимся[90] къ нимъ, и узрѣша, иже
бѣша съ святымъ, напрасно кораблѣ[91] исходяще на ня, [и] взяша оружия
своя, хотяща противитися имъ.

Святыи же Глѣбъ моляше я, да не супротивятся имъ, глаголаше бо имъ:

»Братие моя, аще ся имъ не супротивимъ, то аще имуть[92] мя, не
погубять мене, нъ ведуть мя къ брату моему, и онъ, аще видить мя, еда
умилосердится на мя, и не погубить мене. Аще ли ся имъ супротивите, и
васъ исѣкуть, и мене погубять. Нъ молю вы, братие моя, не противитеся имъ,
нъ къ брѣгу приступите, и азъ въ своемь корабли иду посредѣ рѣкы, и они да
придуть ко мнѣ. Ти видимъ, аще мира коего ради придоша. А ли же ни,
то аще имуть мя, не погубять мене, но, яко же прѣже ркохъ, ведуть мя къ
брату моему. Онъ же, аще видить мя, умилосердится на мя и не погубить
мене. Вы же токмо мало отступите къ брѣгу, и не супротивитеся имъ.«

Они же, послушавше святого, идоша къ брѣгу, жаляще си по святомь
и часто озирающеся, хотяще видити, что хощеть быти святому.

Се же святыи моли я, блюдя ихъ, да нѣкако и тыхъ погубять и пролиють
кровь неповиньну. Уняше[93] бо святыи единъ за вся умрети, и сего ради
отпусти я, самъ же съ отроки въ кораблеци посредѣ рѣкы пловы[94]. Окань-
нии же тии, видѣвше корабль единъ посредѣ рѣкы пловущь и святаго
въ немь сущь, устремишася по немь, акы звѣрие дивии. Святыи же, видѣвъ
я, идуща на нь, възрѣвъ на небо, вопияше, глаголя сице:

»*Суди, господи, обидящимъ мя*
и возбрани борющимся со мною,
приими оружие и щитъ,
и востани въ помощь мнѣ,
и суни оружие
и заври предъ гонящихъ ми.
Рци[95] *души моеи:*

'Спасение твое есмь азъ',
да постыдятся и посрамляются
имуще душа моея, изяти ю;
да възвратятся воспять и посрамятся
хотяще зла рабу твоему, —
буди путь ихъ тьма и съблазнъ.«

И прочее псалма святому рекшу[96], и се нечестивии приближишася и, имше[97] корабль ключи[98], и привлекоша къ себе, а иже бѣша въ святомъ корабли, то ти положиша весла сѣдяще, сѣтующеся и плачющеся по святомь. Бѣ же за святымъ сѣдя старѣишина поваромъ, и повелѣша тому нечестивии заклати Глѣба святого:

»Возьми ножь свои, зарѣжи господина своего, да не злою смертию умреши.«

Оканьныи же поваръ не поревноваше оному, иже бѣ палъ на святомь Борисѣ, нъ уподобися Июдѣ предателю[h]: изволкъ[99] ножь свои и ятъ[100] святого Глѣба за честную главу, хотя и заклати. Святыи же Глѣбъ молчаше, акы агня незлобиво, вьсь бо умъ имяше къ богу, и возрѣвъ на небо, моляшеся сице:

»Господи мои, Исусе Христе,
услыши мя въ часъ и сподоби мя
причастнику быти святыхъ твоихъ.
Се бо, о владыко,
яко древле въ сии день Захарья[i] заколенъ[101] бысть
предъ требникомъ твоимъ,
и се нынѣ азъ закланъ[102] быхъ предъ тобою, господи.
Нъ, господи, господи,
не помяни безаконии моихъ первыхъ,
нъ спаси душу мою,
да не срященеть[103] ея лукавы свѣтъ противныхъ,
нъ да приимуть ю ангели твои свѣтлии,
яко ты еси, господи, спаситель мои,
яже творяща прости,
ты бо еси богъ истины, тебе слава въ вѣкы.
Аминь.«

Си святому Глѣбу рекшю[104], и се преже реченыи поваръ, ставъ на колѣну, и главу емъ[105] святому, и прерѣза гортань его. И тако святыи Глѣбъ предасть душю свою въ руцѣ божии, мѣсяца сентября въ 5 день.

Оканьнии же ти изнесоша тѣло святого, повергоша въ пустыни подъ кладою, ти тако отъидоша ко оканьному. Възвѣстиша ему вся, еже створиша святому. Си слышавъ, немилосердыи тъ не сжали си о томъ, ни поне малы управися отъ того, нъ и на прочюю братью въздвизаше[106] гонения, хотя и вся изгубити ти самъ единъ владѣти всѣми странами.

Нъ богъ, свѣдыи[107] таины сердечныя и хотя всѣмъ человѣкомъ спастися и въ разумъ истиньныи приити, не попусти оканьному тако сътворити, нъ потреби отъ земля сея. Крамолѣ бывшеи[108] отъ людии и изгнану ему сущю[109] не токмо изъ града, нъ изъ области всея: избѣжавше же ему въ страны чюжи и тамо животъ свои сконца[110] и [душу] разверже[111]. Бываеть бо смерть грѣшнику люта: мнози бо глаголють, въ рачѣ[112] его видѣвше, суща тако, яко же и Ульяния Законопреступнаго]...

[1] блаженную страстотерпцу *gen. du.* [2] створивыи *p. a. p.*, *det.* : с(ъ)творити. [3] сы *pr. a. p.* : быти. [4] съповѣмъ *pr. 1 sg.* : съповѣдѣти. [5] вѣси *pr. 2 sg.* : вѣдѣти. [6] святую мученику *gen. du.* [7] исповѣмъ *pr. 1 sg.* : исповѣдѣти. [8] володыи *pr. a. p.*, *det.* : волости. [9] заповѣда *aor. 3 sg.* : заповѣдати. [10] вѣдаше *impf. 3 sg.* : вѣдати. [11] ишедши *dat. sg. f.* и(с)шедъ *p. a. p.* : изити. [12] рⷦохомъ *aor. 1 pl.* : рещи. [13] всѣмъ грядущимъ *dat. abs.* (*temp.*). [14] единому супротивящюсю *dat. abs.* (*temp.*). [15] течаху *impf. 3 pl.* : тещи. [16] 6490 = A. D. 998. [17] мнози *nom. pl.* : м(ъ)ногъ. [18] бѣста *impf.* (*aor.*) 3 *du.* : быти. [19] двѣ звѣздѣ свѣтлѣ *nom. du.* [20] пусти *aor. 3 sg.* : пустити. [21] святу сею *acc. du.* [22] вънимаше *and the following forms in the same sentence* : чтяше, бяше, глаголаше *impf. 3 sg.* [23] помиловавы *p. a. p.* : помиловати. [24] ему молящуся *dat. abs.* (*temp.*). [25] сѣдя *pr. a. p.* : сѣдѣти. [26] утвержастася *impf. 3 du.* : утвержатися. [27] любляше *impf. 3 sg.* : любити. [28] почиваше *impf. 3 sg.* : почивати. [29] Роману молящюся ... уснувшю *dat. abs.* (*temp.*). [30] взятъ *aor. 3 sg.* : в(ъ)зяти. [31] ненавидяи *pr. a. p.*, *det.* : ненавидѣти. [32] текъ *p. a. p.* : тещи. [33] влѣзе *aor. 3 sg.* : вълѣзти. [34] мнии *adj. comp.* [35] унѣи *comp.* : унъ. [36] отъятъ = отъя *aor. 3 sg.* : отъяти. [37] рачаше *impf. 3 sg.* : рачити. [38] отчю *acc. sg. f.* : отьчь *adj. poss.* : отьць. [39] старѣи *comp.* : старъ. [40] мышляше *impf. 3 sg.* : мыслити. [41] блюдыи *pr. a. p.*, *det.* : блюсти. [42] мня *pr. a. p.* : м(ь)нѣти. [43] любяи *pr. a. p.*, *det.* : любити. [44] бяста *impf. 3 du.* : быти. [45] гнѣвашеся *aor. 3 pl.* : гнѣватися. [46] свѣдаста *aor. 3 du.* : с(ъ)вѣдати. [47] болящю ему *dat. abs.* (*temp.*). [48] могы *pr. a. p.* : мочи. [49] давыи *p. a. p.*, *det.* : дати. [50] падъ *p. a. p.* : пасти. [51] честнѣи нозѣ *acc. du.* : чьстная нога. [52] обуимъ *pr. a. p.* : обуяти. [53] отшедшю ... блаженому *dat. abs.* (*temp.*). [54] 6523 = A.D. 1015. [55] сущю иному брату *dat. abs.* (*caus.*). [56] рекыи *pr. a. p.*, *det.* : рещи. [57] рѣцѣ *dat. sg.* : рѣка. [58] влѣзъ *p. a. p.* : в(ъ)лѣзти. [59] вонь = въ нь *prep. + acc. sg. m.* : онъ. [60] отбѣже *aor. 3 sg.* : от(ъ)бѣгнути. [61] отшолъ бѣ *p. periphr.* : отшолъ = отъшьлъ *p. a. p. + бѣ impf.* (*aor.*) *3 sg.* [62] ратьныя *scil.* дѣла. [63] идущю ему *dat. abs.* (*temp.*). [64] покоивыи *p. a. p.*, *det.* : покоити. [65] отца *acc. pl.* : отьць. [66] блаженому идущю *dat. abs.* (*temp.*). [67] погубитъ *sup.* : погубити. [68] ятъ *aor. 3 sg.* : яти. [69] вѣсте *pr. 2 pl.* : вѣдѣти. [70] бѣша ходили *p. periphr.* : бѣша *impf.* (*aor.*) 3 pl. + ходили *p. a. p.* [71] инденемъ *pr. 1 pl.* : изгнати. [72] пекыися *pr. a. p.*, *det.* : пещися. [73] отчи = отьци *nom. pl.* [74] емъ *p. a. p.* : яти. [75] идущу ему *dat. abs.* (*temp.*). [76] простри *imp. 2 sg.* : прострѣти. [77] вонь = въ нь [78] нощи сущи *dat. abs.* (*temp.*). [79] вземь *p. a. p.* : в(ъ)зяти. [80] на нь *prep. + acc. sg.* : онъ. [81] възлеже *aor. 3 sg.* : възлещи. [82] отверзъ *p. a. p.* : отврѣсти. [83] внизоша *aor. 3 pl.* : в(ъ)низити. [84] ему рекшю *dat. abs.* (*temp.*). [85] притекъ *p. a. p.* : притещи. [86] вземше *p. a. p.*, *nom. pl.* : възяти. [87] доволѣ *aor. 3 sg.* : довълѣти. [88] рекыи *pr. a. p.*, *det.* : рещи. [89] кораблечи = корабльци *acc. pl.* : корабльць. [90] имъ приближающимся *dat. abs.* (*temp.*). [91] корабли *acc. pl.* : корабль. [92] имуть *pr. 3 pl.* : яти. [93] уняше *impf. 3 sg.* : унити. [94] пловы *pr. a. p.* : плути. [95] рци *imp.* : рещи. [96] святому рекшу *dat. abs.* [97] имше *p. a. p.*, *nom. pl.* : яти. [98] ключи *instr. pl.* : ключь. [99] изволкъ *p. a. p.* : извлѣщи. [100] ятъ *aor. 3 sg.* : яти. [101] заколенъ *p. p. p.* : заколоти/заклати. [102] закланъ *p. p. p.* : заклати. [103] срящеть *pr. 3 sg.* : с(ъ)рѣсти. [104] Глѣбу рекшю *dat. abs.* (*temp.*). [105] емъ *p. a. p.* : яти. [106] въздвизаше *impf. 3 sg.* : въздвизати. [107] свѣдыи *pr. a. p.*, *det.* : с(ъ)вѣдѣти. [108] крамолѣ бывшеи *dat. abs.* (*caus.*). [109] изгнану ему сущю *dat. abs.* (*caus.*). [110] сконца = сконча *aor. 3 sg.* : с(ъ)кон(ь)чати. [111] разверже *aor. 3 sg.* : разврѣщи. [112] рачѣ = рацѣ *loc. sg.* : рака.

a Eustachius Placidus, a Roman general, was baptized and died a martyr in the reign of Emperor Hadrian (117–38).

b Constantine I the Great, the first Christian Roman-Byzantine Emperor (306–37) and founder of Constantinople.

c Romanus Melodus, a Syrian and a Byzantine hymnologist (sixth century).

d David, King of Israel.

e Region of Vladimir in northeast Russia.

f Joseph, son of Jacob, brother of Benjamin.

g A castle north of Kiev.

h Judas Iscariot.

i Zacharias, one of the 12 minor prophets.

j Julian the Apostate, Roman emperor (361–63).

THE LIFE OF PRINCE ALEXANDER NEVSKIJ

The *Life* was undoubtedly written soon after Prince Alexander Nevskij's death in 1263. The lack of rhetoric and lyricism indicates that the anonymous author contemplated a martial and secular biography rather than a religious legend. Together with the unfinished *History of King Daniel of Galicia*, which is contained in the *Codex Hypatianus* between the years 1200 and 1250, *The Life of Prince Alexander Nevskij* represents a new genre of historical biography.

The text here presented is taken from V. Mansikka, Житие Александра Невского. Разбор редакций и текст in "Памятники древней письменности и искусства" (St. Petersburg), Vol. CLXXX.

Житие Александра Невского

Скажемъ мужество и житие его!

О господѣ нашемъ Исусѣ Христѣ, сынѣ божии, и язъ, худыи и грѣшныи и недостоиныи, начинаю писати житие великаго князя Александра Ярославичя, внука Всеволожа[a]. Понеже слышахъ отъ отецъ своихъ и самовидецъ есмь возрасту его, и радъ быхъ исповѣдалъ[1] святое житие, и честное и славное. Но якожъ Приточникъ[b] рече: *Во злохитру душу не внидетъ премудрость, на высокихъ бо краехъ есть, посреди же стезъ[2] стояще, при вратѣхъ сильныхъ присѣдитъ*. Аще и грубъ есми[3] умомъ, молитвою святыя госпожи богородицы и поспѣшениемь святаго князя Александра Ярославичя начать положюсь.

★

Тои бѣ князь Александръ Ярославичъ богомъ роженъ[4] отъ отца благочестива и нищелюбца, паче жъ кротка, великаго князя Ярослава и отъ матери, благочестивыя Феодосии. Якожъ рече Исаия пророкъ[c]: *Тако глаголеть господь: 'Князи язъ учиняю, священни бо суть, и язъ ввожю во истину'*. Безъ божия бо повелѣния не бѣ княжения его, но княжение князя Александра Ярославичя богомъ благословенно.

Но возрастъ его паче инѣхъ человѣкъ, а гласъ его яко труба въ народѣ, а лице его яко лице Иосифа[d], иже[5] бѣ поставилъ его египетски царь втораго царя во Египтѣ. Сила жъ бѣ ему часть отъ силы Самсоня[6], и премудрость бѣ ему Соломоня[7]. Далъ богъ храброство же ему царя римскаго Еусписиана[8], сына Нерона царя[e], иже плѣнилъ есть[9] землю Июдѣискую. Иногда ополчися [къ граду] Атупату[f] хотя[10] приступити, и шедше гражане побѣдиша полкъ его, и остася единъ, и възврати ихъ до вратъ градныхъ, и посмѣяся дружинѣ своеи, и укори а[11] укоромъ и рече: •

»Оставите мя единаго!«

Тако жъ князь Александръ Ярославичъ [бѣ], побѣждая, непобѣдимъ.

★

И се нѣкто отъ западныя[12] страны, иже нарицаются *Слуги Божия*[g], отъ тѣхъ прииде, хотя видѣти дивныи возрастъ его, якожъ древле царица

Южская[h] приходила къ Соломону царю, хотя слышати премудрость его. Тако сеи, именемъ Андрѣиашь, видѣвъ князя Александра Ярославичя, и возвратися ко своимъ и рече:

»Прошедъ страны и языки, и не видѣхъ таковаго ни во царѣхъ царя, ни во князѣхъ князя!«

И се, слышавъ краль части Римския отъ полунощныя страны[1] таковое мужество князя Александра Ярославичя, и рече:

»Поиду, поплѣню землю Александрову.«

И собра силу велику и наполни корабля многи полковъ своихъ и поиде въ силѣ велицѣ, пыхая духомъ ратнымъ, и преиде рѣку Неву[k], шатаяся безумиемъ. Посла послы, разгордѣвся, ко князю Александру Ярославичю въ Новъгородъ въ Великии и рече:

»Аще можеши ми противитися? Уже есмь здѣ, — поплѣню землю твою!«

Князь же Александръ Ярославичь, слышавъ словеса сия, и разгорѣвся сердцемъ, вниде въ церковъ святыя София[13][1] и паде на колѣно предъ олтаремъ и нача молитися со слезами богу и рече:

> »Боже хвальныи и праведныи,
> боже крѣпкыи и великыи,
> боже вѣнчыи и сотворивыи[14]
>   небо и землю,
>   море и рѣки!
> Ты постави[15] прѣдѣлы языкомъ
> и повелѣ жити, не преступая
> въ чюжая части земли!«

И воспрiимъ псаломьскую пѣснь и рече:

> *Суди, господи, и разсуди прю[16] мою!*
> *Суди, господи, обидящимъ мя*
> *и возбрани борющимся со мною!*
> *Приими оружие и щитъ*
> *и стани въ помощь мнѣ!*

И скончавъ молитву, воставъ, поклонися архиепископу. Архиепископъ же Спиридонъ[m] благослови его и отпусти. Александръ же Ярославичь иде ис церкви, утирая слезы, и нача крѣпити дружину свою. И рече:

»Не въ силѣ богъ, но въ правдѣ! Помянемъ пѣсньсловъца Давида: *Сии въ оружьи, сии на конехъ, мы жъ во имя господа бога нашего призовемъ; ти спяти[17] быша и падоша.*«

И поиде на ня въ малѣ дружинѣ, не сождався[18] со многою силою своею, уповая на святую троицу.

Жалостно слышати, яко отецъ его Ярославъ[n], честныи, великии, не бѣ вѣдалъ[19] таковаго востания на сына своего милаго, великаго князя Александра Ярославичя, ни оному бысть вѣсть послати ко отцу во градъ Киевъ. Уже [бо] бѣша приближилися[20] ратнии, и мнози Новгородцы не совокупилися бяху[21], понеже ускори князь великии поити.

И прииде на нихъ въ день воскресения[o] на память святыхъ отецъ 600 и 30 бывшаго собора въ Халкидонѣ[p] и на память святаго Кирила и Улиты[q] и святаго князя Владимѣра, крестившаго Землю Русскую[r].

Имѣяше жъ вѣру велику ко святымъ мученикомъ Борису и Глѣбу.

Бѣ нѣкто мужъ, старѣйшина земли Ижерскои[8], именемъ Пеглуси[c]. Поручена жъ бысть ему стража утренничная морская. Восприятъ[22] же святое крещение и живяше посреди рода своего, погана суща. Наречено бысть имя ему во святомъ крещении Филипъ. И живяше богоугодно, въ среду и въ пятокъ пребываше во алчьбѣ. И сподоби его богъ видѣти видѣние страшно. Скажемъ же вкратцѣ:

И увиде силу ратныхъ, идуще[23] противъ князя Александра Ярославичя. Да скажетъ ему силу варяжскую и станы ихъ, стрегуще обоя пути, пребысть всю нощь во бдѣнии. Яко жъ солнце нача восходити, и услышавъ шумъ страшенъ по морю, и видѣ насадъ единъ гребущь[24] по морю, а посреди насада Борисъ и Глѣбъ, стояща[25] во одежахъ червленыхъ[26], и быста руки своя держаща на рамѣхъ. И гребцы сѣдяху аки мглою одѣни[27]. И рече Борисъ Глѣбу:

»Брате Глѣбе, вели грести, да поможемъ сроднику своему, великому князю Александру Ярославичю.«

Видѣвъ же Пелгуси таково видѣние, и слыша гласъ таковъ отъ святую мученику, стояше трепетенъ. И отиде насадъ отъ очию его.

И приде скоро князь Александръ Ярославичь. Пелгуси же виде его радостныма очима и повѣда великому князю единому видѣния. Князь же рече:

»Сего не повѣдаи никому жъ!«

И потщався[28] на нихъ наѣха въ 6 часъ дни. И бысть сѣча великая надъ Римляны. И изби множество безчисленое отъ нихъ и самому корелеви возложи печать на лици острымъ своимъ копиемъ.

Здѣ же въ полку въ Александровѣ явишася 6 мужеи храбрыхъ и сильныхъ и мужествоваша съ нимъ крѣпко.

Гаврило единъ, именемъ Алексичь. Сеи наѣхавъ на шняку и видѣвъ королевичь, мчаща подъ руцѣ, възъѣха по досцѣ[29] до самого короля, по неиже досцѣ восхожаху. И востекоша предъ нимъ, и паки обращеся[30], и свергоша его съ доски и съ конемъ въ море. Божиею благодатию оттуду изыде невреженъ, и паки наѣхавъ, бися съ самимъ воеводою крѣпко среди полку.

Другии же Новогородецъ, именемъ Сбыславъ Якуновичь: сеи, наѣхавъ многажды, бьяшеся[31] единымъ топоркомъ, не имѣя страха въ сердци своемъ, и паде[32] нѣколико отъ топорка его. Подивися князь Александръ Ярославичь силѣ его и храбрости его.

Третии же Яковъ, родомъ Полочянинъ, ловчеи бысть у князя: сеи наѣхавъ на полкъ съ мечемъ и мужествовалъ, и похвали его князь.

Четвертыи же Новогородецъ, именемъ Миша: сеи пѣшь съ дружиною своею погуби три корабли Римлянъ.

Пятыи отъ молодыхъ его, именемъ Сава: сеи наѣхавъ шатеръ королевъ великии, златоверхии, и подсѣче[33] столпъ шатерныи. Полцы[34] жъ великого князя Александа Ярославичя видѣша падение шатра и возрадовашася о падении шатра того.

Шестыи же отъ слугъ его, именемъ Ратмиръ: сеи бысть пѣшь, и оступиша его мнози, и отъ многихъ ранъ паде и скончася.

Сии же вся слышахъ отъ господина своего, князя Александра Ярославича, и отъ иныхъ, иже въ то же время обрѣтошася[35] въ тои же сѣчи.

Бысть же въ то время чюдо дивно, якоже во древняя дни при Езикеи царии[u], егда прииде Сенахиримъ, Асириискии царь[v], на Иерусалимъ, хотя плѣнити святыи градъ, и внезапу изыде[36] ангелъ господенъ и изби отъ полку Асирииска 100 тысящь, 80 тысящь 600. И восташа заутро: и обрѣтошася трупие мертва. Такожде и при побѣдѣ князя Александра Ярославича, егда побѣди короля, объ онъ полъ рѣки Ижеры[w], идѣже не бѣ проходно полкомъ Александровымъ: здѣ же обрѣтошася вся трупие мертва отъ архангела божия; и останокъ побѣже, а трупиемъ мертвыхъ своихъ наметаша[37] корабля[38] и потопиша въ морѣ.

Князь же Александръ Ярославичь возвратися съ побѣды, хваля бога и славя своего творца, отца и сына и святаго духа, и нынѣ и присно и во вѣки вѣкомъ.

Аминь.

*

Во второе жь лѣто по возращении съ побѣды князя Александра Ярославичя приидоша отъ западныя страны и возградиша градъ во отечествии Александровѣ. Великии жъ князь Александръ Ярославсчь изыде на ня[39] вскорѣ, изверже[40] градъ изъ основания, а самихъ изби, иныхъ съ собою приведе, а иныхъ помилова и отпусти, бѣ бо милостивъ паче мѣры.

По побѣдѣ же Александровѣ, егда побѣди короля, въ третии же годъ, въ зимнее время, поиде на Землю Нѣмецкую въ силѣ велицѣ, да не хвалятся ркучи:

»Урокомъ Словенскымъ языкомъ и иже себе.«[41]

Уже бо взяша градъ Псковъ[x], и [быша] тиуни у нихъ посажени. Тѣхъ же князь великии Александръ Ярославичь изима и градъ Псковъ свободи отъ плѣнау, и землю ихъ повоева и позже[42] и полона взя безъ числа, иныхъ посѣче[43], а инии во градъ совокупишася и рѣша:

»Побѣдимъ князя Александра Ярославичя и имемъ его рукама!«

Егда приближишася ратнии, и почюша[44] стражи великаго князя Александра Ярославичя. Князь же Александръ, ополчився, поиде противу ратнымъ. И наступиша море Чюдское[z]. Бысть же обоихъ множество. Отець же его Ярославъ послалъ бѣ[45] ему на номощь брата меншаго, князя Анѳрѣя, во мнозѣ[46] дружинѣ. Тако и у князя Александра множество храбрыхъ мужь, якожь древле у царя Давида, — крѣпцыи[47], сильнии, тако жь и мужи Александровы. Исполнишася духа ратна. Бяху сердца ихъ аки львомъ[48]. И рекоша:

»О княже нашъ честныи, драгии! нынѣ приспѣ[49] время намъ положити главы своя за тя!«

Князь же Александръ Ярославичь, воздѣвъ[50] руцѣ на небо, и рече:

»*Суди, господи, и разсуди прю мою!*
Отъ языка велорѣчива избави мя!
Помози[51] *ми, господи, якоже Моисѣю на Амалика*[aa] *древле,*
и прадѣду моему Ярославу на окаянного Святополка[bb]*!«*

Бѣ же тогда день суботныи. Восходящу солнцу, сступишася обои, и бысть сѣча зла, и трускъ отъ копеи, и ломление, и звукъ отъ мечнаго сѣчения, якоже морю мерзшу[52] двигнутися; и не бѣ видѣти леду, покрылся бяше кровию. Се же слышахъ отъ самовидца, — рече:

»Видѣхомъ[53] полкъ божии на воздусѣ[54], пришедши на помощь Александру Ярославичю. И побѣди я[55] помощью божиею, и вдаша ратнии плещи своя. Они жъ сѣчахуть[56] и[57] гонящи яко по яиеру; не бѣ имъ камо убѣжати. Здѣ же богъ прослави великаго князя Александра Ярославичя предъ всѣми полки, яко Исуса Навгина[cc] во Ерихонѣ. А иже рекъ: 'Имамъ рукама великаго князя Александра Ярославичя', сего дастъ ему богъ въ руцѣ его.«

И не обрѣтеся никто жь, противяся ему во брани.

И возвратися князь Александръ Ярославичь съ побѣды съ славою великою. Бысть много множество полону въ полку его. Ведяху[58] подлѣ конии, иже именуются *рыдели*.

Егда прииде князь Александръ Ярославичь ко граду Пскову, и срѣтоша его со кресты игумены и попове въ ризахъ и народъ многъ предъ градомъ, подавающе хвалу богови, и поюще пѣснь и славу государю, великому князю Александру Ярославичю:

> »Пособивыи[59], господи, кроткому Давиду
> побѣдити иноплѣменники
> и вѣрному князю нашему Александру
> оружиемъ крестнымъ побѣдити иноязычныхъ
> и свободити градъ Псковъ рукою Александровою!«

[И рече князь Адександръ Ярославичь:]

»О невѣгласи Плесковичи[60], аще сего забудете и до правнучатъ Александровыхъ, уподобитеся жидомъ, иже питѣлися въ пустыни манною и крастели[61] печеными, и сихъ всѣхъ забыша и бога своего, изведшаго [ихъ] изъ работы египетския!«

И начаша слышати имя великаго князя Александра Ярославичя по всѣмъ странамъ и до моря Пѣшьскаго[dd] и до горъ Аравитскихъ[ee], объ ону страну [моря] Вяряжьскаго[ff] и до Рима.

Въ то время умножися языкъ Литовъски, и начаша пакостити во области Александровы, ѣздя избивати. Единою жь случися ему выѣхати, и поби 7 полковъ ратныхъ, и множество князеи и воеводъ изби. Овии рукама изима, другихъ же, его ругающихся, вязаху ко хвостомъ конь своихъ. И начаша боятися имени его.

★

Въ то время [бысть] нѣкто царь силенъ на восточнои странѣ[gg], и покори ему богъ многи языки отъ востока и до запада. Тои же, слышавъ князя Александра Ярославичя храбра и славна, и посла къ нему послы, рекуще:

»Александре, вѣси[62] лѣ, богъ покори мнѣ многия языки? Ты ли единъ не хощеши покоритися силѣ моеи? Но аще хощеши съблюсти землю свою, то скоро прииди ко мнѣ, и узриши честь царьства моего!«

Князь же Александръ Ярославичь, по умертвии отца своего[hh], прииде въ Володимеръ[ii] въ силѣ велицѣ, и бысть грозенъ приѣздъ его. Проиде вѣсть до усть Волги, и начаша жены моявидския[jj] полошати дѣти своя рекуще:

»Ѣдетъ князь Александръ Ярославичь!«

Сдумавъ же великии князь Александръ Ярославичь, — и благослови его Кирилъ епископъ[kk], — и поиде къ цареви. И видѣвъ его царь Батыи, и подивися и рече велможамъ своимъ:

»Во истину ми повѣдаша, нѣсть[63] подобна ему князя во отечествии его.«

И отпусти его съ великою честью.

Потомъ же царь Батыи разгнѣвася на брата его на меншаго, на князя Ондрѣя, и посла на него воеводу своего Невруя[ll]. И повоева землю Суждальскую. По плѣнении жь Невруевѣ князь велики Александръ Ярославичь, церькви воздвигнувъ, и градъ исполнивъ, и люди разпуженныя собра въ домы своя.

О таковыхъ Исаая пророкъ рече:

Князь благъ во странахъ, тихъ, увѣтливъ, кротокъ, смиренъ, по образу божию есть, не избирая богатества, не презря крови праведничя, сиротъ и вдовицъ въ правду судя, милостилюбецъ, благъ домочадцемъ своимъ и внѣшнимъ, [иже отъ инѣхъ] странъ приходящимъ, кормитель; богъ бо не ангеломъ любитъ, но человѣкомъ щедръ ущедряетъ и показуетъ на мирѣ милость свою.

И распространи богъ землю его богатествомъ и славою, и удолжи богъ лѣта его.

★

Иногда же приидоша послы отъ папы изъ великаго Рима[mm], глаголя князю Александру Ярославичю:

»Папа рече: 'Слышахомъ тя князя честна и дивна, и земля твоя славна и велика. Сего ради послахъ къ тебѣ отъ двоюнадесять кардиналъ два, хитрѣиша, и послушаеши учения ихъ.'«

Великии жь князь Александръ Ярославичь, съдумавъ съ хитрецы своими, восписа[64] къ нимъ и рече:

»Отъ Адама до потопа и до раздѣления языкъ и до начала Авраама, отъ Авраама и до произытия Израиля сквозѣ Чермное[65] море, отъ исхода сыновъ Израилевъ до умертвия Давида царя, отъ начала царьства Соломоня до Августа и до рождества Христова, до страсти и воскресения, отъ воскресения и на небеса вшествия до царьства Констянтина Новаго[nn], отъ перваго собора и до седьмаго[oo] — си вся добро свѣдаю.«

И рече:

»А отъ васъ учения не приимаемъ!«

Они жь возвратишася восвояси.

★

Великому жь князю Александру Ярославичю умножишася дни жития его. Бѣ иерѣилюбецъ и мнихолюбецъ, митрополита жь и епископы чтяше, аки самого творца.

Бѣ бо тогда нужда велика отъ поганыхъ, — веляху людемъ съ собою воинствовати. Великии же князь Александръ Ярославичь поиде къ царевирр, дабы отмолилъ люди отъ бѣды, а брата своего меньшаго Ярослава и сына своего Дмитрея посла съ Новогородцы на западныя страны и вся полки своя съ ними отпусти. Поиде жъ Ярославъ съ сыновцемъ своимъ въ силѣ велицѣ и плѣниша градъ Юрьевъ Нѣмецкии и возвратишася восвояси со многимъ полономъ и съ великою честьючч. Великии жъ князь Александръ Ярославичь изыде отъ иноплеменникъ до Новагорода до Нижняго и ту пребы дни мало здравъ. А дошедши до Новагорода, и разболѣся.

О горе тебѣ, бѣдныи человѣче!
Како можеши написати кончину господина своего?
Како не испадета ти зѣници со слезами вкупѣ?
Како ли не расѣдеся сердце отъ горкия тугы?
Отца бо человѣкъ можетъ забыти,
а добраго государя не можетъ забыти,
аще бы живъ съ нимъ во гробъ влѣзлъ!

Великии же князь Александръ Ярославичь, ревновавъ по господѣ бозѣ своемъ крѣпко, оставя земное царьство и желая небеснаго царьствия, возприятъ[66] ангел[ь]скии образъ мнишескаго жития; еще сподоби его богъ большии чинъ восприяти — скиму. Тако господеви[67] духъ предастъ съ миромъ. Скончася мѣсяца ноября въ 14 день на память святаго апостола Филипа.

Митрополитъ Кирилъгг глаголеть къ людемъ:

»Чада моя, разумѣите, яко уже заиде солнце Земли Суждальскыя!«

Игумени жъ и попове и дьяконе, черноризцы, богатии и нищи и вси людие мнози вопияху глаголюще:

»Уже погибаемъ!«

Святое же тѣло его понесоша къ Володимерю. Митропоитъ же съ чиномъ вкупѣ церьковнымъ, князи и бояре и весь народъ, мали и велици, срѣтоша его въ Боголюбовѣ[88] со свѣщами и съ кадилы. Народъ же отъ множества угнетахуся, хотяще приступити честнѣмъ одрѣ[68] тѣла его. Бысть же плачь великъ зѣло и кричание много, яко николи же тако, но токмо яко земли потрястися.

Бысть же тогда чюдо дивно, памяти достоино. По скончании святыя службы надъ честнымъ тѣломъ его, приступи Кирилъ митрополитъ, хотя разгнути руку его и вложити грамоту духовную. Онъ же самъ, яко живъ, разпростре[69] руку и приятъ грамоту отъ руки митрополита. И бысть страхъ и ужасть велика зѣло на всѣхъ.

И положено бысть честное тѣло его въ Рожествѣ святои Богородицы, мѣсяца ноября въ 23 день, на память святаго Анфилофея епископатт, со псалмы и пѣсньми, славяще отца и сына и святаго духа, святую троицу, нынѣ и присно и въ вѣки вѣком.

Аминь.

---

[1] быхъ исповѣдалъ *cond. periphr. 1 sg.* : исповѣдати.   [2] стезъ *gen. pl.* : стезя = стьзя.
[3] есми = есмь *pr. 1 sg.* : быти.   [4] роженъ *р. р. р.* : родити.   [5] иже ... его = егоже.
[6] Самсоня *gen. sg. f.* : Самсонь *adj. poss.* : Самсонъ.   [7] Соломоня *adj. poss. f.* : Соломонъ.
[8] Еуспсиана = Веспазиана.   [9] плѣнилъ есть *p. periphr.* : плѣнилъ *р. а. р.* + есть.
[10] хотя *pr. a. р.* : хотѣти.   [11] а = я *acc. pl.* : онъ.   [12] западныя *gen. sg.*   [13] София *gen. sg.*
[14] сотворивыи *р. а. р., det.* : сътворити.   [15] постави, повелѣ *aor. 2 sg.* : поставити, повелѣти.

¹⁶ прю *acc. sg.* : п(ь)ря.   ¹⁷ спяти *p. p. p., nom. pl.* : съпяти, съпьну.   ¹⁸ сождавъся *p. a. p.* : сождатися/съжьдатися.   ¹⁹ бѣ вѣдалъ *p. periphr.* : вѣдати.   ²⁰ бѣша приближилися *p. periphr.* : приближитися.   ²¹ совокупилися бяху *p. periphr.* : съвъкупитися.   ²² восприятъ = въсприя *aor. 3 sg.* : въсприяти.   ²³ идуще *pr. a. p. (adv.)*.   ²⁴ гребущь *pr. a. p., acc. sg.* : грети/грести, гребу.   ²⁵ стояща *pr. a. p., acc. sg.* : стояти.   ²⁶ червленыхъ *p. p. p., loc. sg.* : чрвити.   ²⁷ одѣни *p. p. p., nom. pl.* : одѣти.   ²⁸ потщався *p. a. p.* : пот[ъ]щатися.   ²⁹ доскѣ *dat. sg.* : доска/дъска.   ³⁰ обращеся = обращьшеся *p. a. p., nom. pl.* : обратитися.   ³¹ бьяшеся *impf. 3 sg.* : битися.   ³² паде *aor. 3 sg.* : пасти, паду.   ³³ подсѣче *aor. 3 sg.* : подсѣщи.   ³⁴ полцы = пълци *nom. pl.* : пълкъ.   ³⁵ обрѣтошася *aor. 3 pl.* : обрѣстися.   ³⁶ изыде *aor. 3 sg.* : изъити.   ³⁷ наметаша *aor. 3 pl.* : наметати.   ³⁸ корабля *acc. pl.* : корабль.   ³⁹ на ня *prep. + acc. pl.* : онъ.   ⁴⁰ изверже *aor. 3 sg.* : извѣщи.   ⁴¹ урокомъ . . . иже себе *incomprehensible*.   ⁴² позже = пожьже *aor. 3 sg.* : пожещи, пожьгу.   ⁴³ посѣче *aor. 3 sg.* : посѣщи.   ⁴⁴ почюша *aor. 3 pl.* : почюти.   ⁴⁵ послалъ бѣ *p. periphr.*   ⁴⁶ мнозѣ *loc. sg.* : многъ.   ⁴⁷ крѣпцыи *nom. pl.* : крѣпъкъ.   ⁴⁸ лвомъ = львомъ *dat. pl.* : львъ.   ⁴⁹ приспѣ *aor. 3 sg.* : приспѣти.   ⁵⁰ воздѣвъ *p. a. p.* : воздѣти/въздѣти.   ⁵¹ помози *impf. 2 sg.* : помощи.   ⁵² мерзшу *p. a. p., dat. sg.* : мьрзнути.   ⁵³ видѣхомъ *aor. 1 pl.* : видѣти.   ⁵⁴ воздусѣ *loc. sg.* : воздухъ/въздухъ.   ⁵⁵ я *acc. pl.* : онъ.   ⁵⁶ сѣчахуть *impf. 3 pl.* : сѣщи.   ⁵⁷ и = я *acc. pl.* : онъ.   ⁵⁸ ведяху *impf. 3 pl.* : вести.   ⁵⁹ пособивыи *p. a. p., det.* : пособити.   ⁶⁰ Плесковичи = Псковичи.   ⁶¹ крастели *instr. pl.* : крастель.   ⁶² вѣси *pr. 2 sg.* : вѣдѣти.   ⁶³ нѣсть = не есть.   ⁶⁴ воспися = възъпися *aor. 3 sg.* : възъпитися.   ⁶⁵ Чермное = Чьрмьное.   ⁶⁶ возприятъ *aor. 3 sg.* : въсприяти.   ⁶⁷ господеви *dat. sg.* : господь.   ⁶⁸ честнѣмъ одрѣ *loc. sg.*   ⁶⁹ разпростре *aor. 3 sg.* : распрострѣти.

a Alexander, Prince of Novgorod, Great Prince of Vladimir-Suzdal' (1252–63).
b Solomon as the author of the *Book of Proverbs*.
c Isaiah the prophet.
d Joseph, son of Jacob.
e Vespasian, son of Nero, and Roman emperor (69–79).
f The tower Yotapata in Palestine.
g The German Order of the Knights of the Holy Cross in Livonia. The Grand Master of this order, Andreas Welwen, is mentioned in the text.
h The Queen of Sheba.
i Birger Jarl, regent of Sweden (d. 1266) during the reign of King Erik (d. 1250).
k The Neva River, flowing from Lake Ladoga to the Baltic Sea.
l The Cathedral of St. Sophia in Novgorod.
m Spiridon, Archbishop of Novgorod.
n Jaroslav, Great Prince of Kiev and Vladimir-Suzdal' (1238–46), father of Alexander Nevskij.
o July 15, 1240.
p The Fourth Ecumenical Council in Chalcedon.
q SS. Cyril and Julitta, martyrs (fourth century).
r Vladimir I, the Christianizer of Russia.
s Ingermanland, south of the river Neva and the Gulf of Finland.
t Apparently a corrupted form of the Finnish family name *Pelkonen*, gen. *Pelkosen* (or *Pelkoinen*, gen. *Pelkoisen*).
u Hezekiah, King of Judea.
v Sennacherib, King of Assyria.
w The Ižera, affluent of the Neva River.
x Pskov was taken by the Order of the Knights in 1241.
y Pskov was liberated in 1242.
z Lake Peipus (Russian *Čudskoje Ozero*), between Estonia and Russia.
aa The Amalekites.
bb Jaroslav avenged the murder of his brothers Boris and Gleb.
cc Joshua, son of Nun.
dd The name of the sea is unidentifiable.
ee Arabian.
ff Baltic Sea.
gg Batu, Khan of the Golden Horde.
hh Jaroslav died in 1246.
ii The capital of the principality of Vladimir-Suzdal'.

jj Mohabit, here referring to the Finnish neighbors of the principality of Vladimir-Suzdal'.

kk Cyril (d. 1262), Bishop of Rostov (1231–61).

ll Nevruj (in other sources Nevr'un), a Tatar general.

mm Pope Alexander IV (1254–61), or Pope Urban IV (1261–64).

nn Constantine I.

oo From the First Ecumenical Council in Nicaea (385) to the Seventh Ecumenical Council in Nicaea (783–87).

pp The Khan of the Golden Horde.

qq In 1263 the Russians under Princes Jaroslav and Dimitrij failed to retake from the Order of the Knights the city of Jurjev (Tartu, founded in 1030 in Estonia by Jaroslav I, whose Christian name was Jurij = Georgius).

rr Metropolitan Cyril of Kiev (1238–80), who frequently lived in Vladimir, the capital of Alexander Nevskij's principality.

ss Bogol'ubovo, the private estate of the princes of Vladimir-Suzdal'.

tt St. Amphilotheus, a bishop and martyr.

RHETORIC AND LYRICISM

Old Russian literature in its earliest period developed a characteristic lyrical style which was applied mainly to religious themes and to forms of religious self-expression. The source of this lyrical style is undoubtedly to be found in classical Byzantine rhetoric. The literature soon fell under the influence of Russian folk poetry, proverbs, lamentations, etc. Religious lyricism in Old Russian literature, however, never transgressed the borders of scholastic symbolism and allegorical interpretation of life and nature. Only when employd for secular purposes did it approach poetry.

The different forms of Old Russian rhetoric and lyricism are here represented by the following texts:

The *Sermon on Law and Grace* by Metropolitan Hilarion
Two *sermons* by Cyril of Turov
Three *prayers* by Cyril of Turov
The *Canon of Supplication* by Cyril of Turov
The *Sermon on the Merciless Heathens* by Serapion of Vladimir
The *Lament* of Daniel the Exile.

METROPOLITAN HILARION'S
SERMON ON LAW AND GRACE

The theme of this sermon is the antithesis between Judaism and Christianity, represented, respectively, by Hagar, the bondwoman, and her thrallborn son, Ishmael; and by Sarah, the free wife of Abraham, and her freeborn son, Isaac. Hilarion attributes the victory of Christianity in Russia to Prince Vladimir, the grandson of old Prince Igor and son of Prince Sv'atoslav. The sermon was first delivered in the presence of Prince Vladimir's son, Prince Jaroslav of Kiev (1015–54), whose Christian name was George, his wife Princess Irina, and other members of the family. At the time, the author was still presbyter of Prince Jaroslav's private church at Berestovo, but he was later (1051) appointed Metropolitan of Kiev. The sermon tends to glorify Prince Vladimir, whom the Byzantine hierarchy did not officially accept as a saint of the Russian Church.

The text is reprinted in excerpts from A.V. Gorskij, Памятники духовной литературы времен великого князя Ярослава I (Moscow, 1844).

Слово Илариона Киевского
О законѣ Моисеомъ[1], даннѣмъ[2] ему, и о благодати и истинѣ, Исусъ Христомъ бывшихъ

Благословенъ господь богъ Иизраилевъ, богъ христианескъ, яко посѣти[3] и сътвори[4] избавление людемъ, яко не презрѣ[5] твари своея до конца идольскимъ мракомъ одержимѣ[6] быти и бѣсовьскымъ служениемъ, но оправди[7] прежде племя Авраамле[8] скрижальми и закономъ, послѣжде сыномъ своимъ вся языки спасе[9], евангелиемъ и крещениемъ, и вводя въ обновление пакыбытия, въ жизнь вѣчную...

Законъ бо предтечя бѣ[10] и слуга благодати и истинѣ; — истина же и благодать слуга будущему вѣку, жизни нетлѣннѣи.

Яко законъ привождааше[11] възаконеныя[12] къ благодатному крещению, крещение же препущаеть сыны своя на вѣчную жизнь.

Моисии бо и пророци[13] о Христовѣ пришествии повѣдаху[14], Христосъ же и апостоли его о въскресении и о будущемъ вѣцѣ[15]...

*

И что успѣ? Законъ? что ли благодать?

Прежде законъ, потомъ благодать: прежде стѣнь, ти потомъ истина.

Образъ же закону и благодати — Агарь и Сарра, работная Агарь и свободная Сарра; работная прежде, ти потомъ свободная.

И да разумѣеть, иже чтеть[16].

Яко Авраамъ убо отъ уности своея Сарру имѣ жену си[17] свободну, а не рабу, и богъ убо прежде вѣкъ изволи и умысли сына своего въ миръ послати и тѣмъ благодати явитися.

Сарра же не раждаше[18], понеже бѣ неплоды: — не бѣ неплоды, но заключена бѣ божиимъ промысломъ на старость родити.

Безвѣстная же и утаеная мудрости божия утаена бяху[19] отъ ангелъ и человѣкъ, не яко неявима, но утаена и на конецъ вѣка хотяща явитися.

Сарра же глагола къ Аврааму:

»Се заключи мя господь богъ не раждати. Вниди[20] убо къ рабѣ моеи Агари и родиши отъ нея.«

Благодать же глагола къ богу:

»Аще нѣсть[21] времене снити на землю и спасти миръ, сниди на гору Синаи и законъ положи.«

Слуша Авраамъ рѣчи Саррины и вниде къ рабѣ ея Агари.

Послуша и богъ, яже[22] отъ благодати, словесъ и сниде на Синаи.

Роди же Агарь раба отъ Авраама рабичищь, и нарече[23] Авраамъ имя ему: Измаилъ.

И снесе[24] Моисеи отъ Синаискыя горы законъ, а не благодать, — стѣнь, а не истину.

По сихъ же уже стару сущу[25] Аврааму[26] и Саррѣ, явися богъ Аврааму, сѣдящу ему[27] предъ дверьми куща[28] своея, въ полудне, у дуба Мамвриискаго[a]; Авраамъ же тече[29] въ срѣтение ему и поклонися ему до землѣ и приятъ[30] и въ кущу свою.

Вѣку же сему къ концу приближающуся[31], посѣти господь человѣчьскаго рода и сниде съ небесе, въ утробу дѣвицы въходя; приятъ же и[32] дѣвица съ покланяниемъ въ кущу плотяную не болѣвши, глаголющи къ ангелу:

»Се раба господня, буди мнѣ по глаголу твоему!«

Тогда убо отключи[33] богъ ложесна Саррина, и заченши[34] роди Исаака, свободная свободнаго.

Присѣтившу[35] богу[36] человѣчьска естества, явишася уже безвѣстная и утаеная, и родися благодать и истина, а не законъ; — сынъ, а не рабъ.

Яко отдоися[37] отроча Исаакъ и укрѣпѣ[38], и сътвори Авраамъ гоствству велику, егда отдоися Исаакъ сынъ его.

Егда бѣ Христосъ на земли, и еще благодать не укрѣпѣла бѣаше[39], но дояшеся[40] еле, за 30 лѣтъ, въ няже[41] Христосъ таяшеся[42]; егда же отдоися и укрѣпѣ, явися благодать божия, спасенная человѣкомъ въ Иерданстѣи рѣцѣ[43b]; сътвори богъ гоствству велику и пиръ великъ тельцемъ упитаныимъ отъ вѣка, възлюбленнымъ сыномъ своимъ Иисусъ Христомъ, съзвавъ на едино веселие небесныя, съвъкупивъ въ едино ангелы и человѣкы...

★

Хвалить же похвальными гласы[44] Римъская страна Петра и Павла, имиже[45] вѣроваша[46] въ Исуса Христа, сына божия;

Асия и Ефесъ и Патмъ[c] — Иоанна Богослова;

Индия — Фому;

Египетъ — Марка;

вся страны и грады и людие чьтутъ и славятъ коегождо[47] ихъ учителя, иже научиша[48] православнои вѣрѣ.

Похвалимъ же и мы, по силѣ нашеи, малыми похвалами великая и дивная сътворьшаго[49] нашего учителя и наставника, великаго кагана нашея земля[50] Владимера, внука стараго Игоря, сына же славнаго Святослава[d], иже въ своя лѣта владычьствующа, мужьствомъ же и храбъръствомъ прослуша[51] въ странахъ многахъ и побѣдами и крѣпостию поминаются нынѣ и словуть[52].

Не въ худѣ бо и не въ невѣдомѣ земли владычьствоваша, но въ Русскои, яже вѣдома и слышима есть всѣми концы земля...

★

Добръ послухъ благовѣрию твоему, о блаженниче[53], святая церкви святыя богородица Мариа, юже[54] създа на правовѣрнѣи основѣ, идеже и мужьственное твое тѣло нынѣ лежить, ожидая трубы архангеловы!

Добръ же зѣло и вѣренъ послухъ сынъ твои Георгие[e], егоже[55] сътвори господь намѣстника по тебѣ твоему владычеству,

не рушаща[56] твоихъ уставъ, нъ утвержающа,

ни умаляюща твоему благовѣрию положения, но паче прилагающа,

не казяща[57], нъ учиняюща,

иже домъ божии великыи, святыи, его премудрости съзьда

на святость и освящение граду твоему,

иже съ всякою красотою украси и: златомъ и сребромъ
и камениемъ драгыимъ и съсуды[58] честными, —
яже[59] церкви дивна и славна всѣмъ окружнымъ странамъ,
якоже ина не обрящется[60] въ всемъ полунощи земнѣмъ,
отъ въстока до запада, —
и славныи градъ твои Кыевъ величьствомъ, яко вѣнцемъ,
обложилъ,
и предалъ люди твоя и градъ святыи всеславнѣи, скорѣи
на помощь христианомъ, святѣи богородици[61]...

★

Встани, о честная главо[f], отъ гроба твоего,
встани, отряси сонъ!
Нѣси[62] бо умерлъ, но спиши до общаго всѣмъ встаниа.
Встани, нѣси умерлъ, нѣсть бо ти умрѣти, вѣровавшу въ Христа,
живота всему миру.
Отряси сонъ, възведи очи, да видиши, какоя тя чьсти господь тамо
сподобилъ, и на земли не безпамятна оставилъ сыномъ твоимъ.

Встани,
виждь[63] чадо свое Георгия,
виждь милааго своего,
виждь, егоже господь изведе[64] отъ чреслъ твоихъ!
Виждь красящааго столъ земля твоеи,
и возрадуися, възвеселися!
Къ сему же виждь и благовѣрную сноху твою Ирину[8],
виждь вънукы твоа и правнукы.
како живуть,
како храними суть господемъ,
како благовѣрие держать по преданию твоему,
како въ святыа церкви частять,
како славять Христа,
како поклоняются имени его.
Виждь и градъ величьствомь сияющь,
виждь церкви цвѣтущи,
виждь христианство растуще,
виждь градъ иконами святыихъ освѣщаемъ, блистающеся,
и тимианомъ объухаемъ
и хвалами и божественными пѣнии святыими оглашаемъ.

И си вся видѣвъ, възрадуися и възвеселися и похвали благаго бога,
всѣмъ симъ строителя!

[1] Моисеомъ *adj. poss.*, *loc. sg.* : Моисеи.   [2] даннѣмъ *p. p. p.*, *loc. sg.* : дати.   [3] посѣти *aor. 3 sg.* : посѣтити.   [4] сътвори *aor. 3 sg.* : сътворити.   [5] презрѣ *aor. 3 sg.* : презрѣти. одержимѣ *dat. sg.* : одержимъ.   [7] оправди *aor. 3 sg.* : оправ[ь]дити.   [8] Авраамле *adj. poss.* : Авраамъ.   [9] спасе *aor. 3 sg.* : с[ъ]пасти.   [10] бѣ *impf. 3 sg.* : быти.   [11] привождааше *impf. 3 sg.* : приводити.   [12] възаконеныя *p. p. p.* : възаконити.   [13] пророци *nom. pl.* : пророкъ.   [14] повѣдаху *impf. 3 pl.* : повѣдати.   [15] вѣцѣ *loc. sg.* : вѣкъ.   [16] чтетъ *pr. 3 sg.* : чисти.   [17] си *dat. sg. refl.*   [18] раждаше *impf. 3 sg.* : раждати.   [19] бяху *impf. 3 pl.* : быти.   [20] вниди *imp. 2 sg.* : внити.   [21] нѣсть = не есть.   [22] яже *art. ref.* словесъ.   [23] нарече *aor.*

3 sg. нарещи. [24] снесе *aor. 3 sg.* : снести. [25] сущу *dat. sg.* : сы *pr. a. p.* : быти. [26] стару сущу Аврааму *dat. abs. (temp.).* [27] сѣдящу ему *dat. abs. (temp.).* [28] куща *gen. sg.* : куща. [29] тече *aor. 3 sg.* : тещи. [30] приятъ *aor. 3 sg.* : прияти. [31] вѣку ... приближающуся *dat. abs. (temp.).* [32] и *acc. sg.* : онъ. [33] отключи *aor. 3 sg.* : отключити. [34] заченши *p. a. p.* : зачати. [35] присѣтившу *p. a. p.* : присѣтити. [36] присѣтившу богу *dat. abs. (caus.).* [37] отдоися *aor. 3 sg.* : отдоитися. [38] укрѣпѣ *aor. 3 sg.* : укрѣпѣти. [39] бѣаше *impf. 3 sg.* : быти. [40] дояшеся *impf. 3 sg.* : доитися. [41] (въ) няже *acc. pl.* : иже. [42] таяшеся *impf. 3 sg.* : таитися. [43] рѣцѣ *loc. sg.* : рѣка. [44] гласы *instr. pl.* : гласъ. [45] имиже *instr. pl.* : иже. [46] вѣроваша *aor. 3 pl.* : вѣровати. [47] коегождо *gen./acc. sg.* : кыж(ь)до. [48] научиша *aor. 3 pl.* : научити. [49] сътворьшаго *p. p. p., acc./gen.* : сътворити. [50] нашея земля *gen. sg.* : наша земля. [51] прослуша *aor. 3 pl.* : прослути. [52] словуть *pr. 3 pl.* : слыти. [53] блаженниче *voc.* : блаженникъ. [54] юже *acc. sg. f.* : иже. [55] егоже *gen./acc. sg.* : иже. [56] рушаща *pr. a. p., gen./acc. sg.* : рушити. [57] казяща *pr. a. p.* : казити. [58] съсуды *instr. pl.* : съсудъ. [59] яже *nom. sg.* : иже. [60] обрящется *pr. 3 pl.* : обрѣсти. [61] всеславнѣи, скорѣи ..., святѣи богородици *dat. sg.* [62] нѣси = не еси. [63] виждь *imp. 2 sg.* : видѣти. [64] изведе *aor. 3 sg.* : извести.

a The plains of Mamre.
b The river Jordan.
c Ephesus, ancient city in Asia Minor, and Patmos, island of the Dodecanese.
d Vladimir, son of Sv'atoslav and grandson of Igor.
e Jaroslav's Christian name (= Jurij).
f Direct address to the deceased Vladimir.
g Irina (= Ingegerd), daughter of Olaf Skautkonung (d. 1020), King of Sweden.

CYRIL OF TUROV'S SERMONS

Cyril of Turov (ca. 1130–82), an outstanding Old Russian homilist, composed a series of eight solemn homilies on the occasion of diverse Church holidays. Of these, two are here reprinted: *Easter Eve Sermon* and *Sermon on the First Sunday after Easter.*

1

EASTER EVE SERMON

This sermon is built around three motifs: the Virgin Mary's lamentation at the foot of the Cross; Joseph of Arimathea's request to Pontius Pilate for the body of Jesus Christ; and Joseph's lamentation over the body.

The text is taken from "Памятники древней письменности и искусства" (St. Petersburg, 1893), Vol. XCVII.

Слово Кирилла Туровского
во святую великую суботу

Възлюбенни!

Кто возглаголетъ силы и чюдеса господня, или кто можеть извѣщати страсти его?

Солнце бо, видя господу богу досажаему[1], свѣтъ свои помрачи, а луна съ звѣздами не сияше[2] во время страсти спасовы[3]. Иосифъ же, страшная видя въ твари чюдеса, страха исполнися и дивляшеся.

И прииде отъ Аримафия[a] во Иерусалимъ и обрѣте[4] тѣло Иисусово, на крестѣ наго и прободено[5] висяще, Марию матерь его, со единымъ ученикомъ ту предстоящу, и яже, отъ болѣзни сердца горько рыдающе, сице глаголаше[6]:

»Тварь соболѣзнуетъ ми, сыну[7],
твое видяще безъ правьды умерьщвение!
Увы мнѣ, чадо мое, свѣте, творче[8] тваремъ[9]!
Что нынѣ восплачю:
заушения ли, или по плещама[10] бьения,
узы же и темница,
заплевания святаго ти[11] лица,
яжъ[12] отъ безаконникъ за благая приятъ[13]?

Увы мнѣ, сыну неповинныи!
Како поруганъ бысть и на крестѣ смерть вкуси?
Како тя терниемъ вѣнчаша[14]
и желчи оцетомъ напоиша[15],
пречистая ти ребра копиемъ прободоша?[16]
Ужасеся[17] небо, и земля трепещетъ,
июдеискаго не терпящи беззаконнаго дрьзновения,
солнце померче[18], камение распадеся,
жидовьское являющи безаконие.

Вижу тя[19], чадо мое любимое,
на крестѣ нага висяща,
бездушна и беззрачна,
не имуща видѣния, ни доброты,
горько уязвляюся душею.

Чадо, не трьплю тебе бездушна зрѣти,
хотѣла быхъ[20] умрети с тобою;
радость бо мнѣ отселе
никакожъ не прикоснется;
свѣтъ бо мои и надежа и животъ,
сынъ и богъ на древѣ угасе[21].

Гдѣ ми чадо, иже[22] древле Гавриилъ[b] благовѣсти,
ижъ сына и бога нарицаше[23],
спаса и творьца миру[24], грѣхомъ[25] потребителя?
Нынѣ же тебе аки злодѣя зрю
повѣшена среди двою разбоинику[26],
мертва, копиемъ прободена.
Сего ради горько изнемогаю и тужу;
хотѣла быхъ, чадо, съ тобою умрети;
моея бо радости и веселия,
сына и бога, лишена быхъ.

Увы мнѣ, сыну!
о страннѣмъ ти рожьствѣ тако не болѣхъ,
якожъ нынѣ утробою растерзаюся,
твое видяще тѣло пригвожденно[27] ко древу твоему.
Преславно бо рожьство, Иисусе,
а нынѣ страшное твое умерщвение!
Отъ ненасиянныя[28] утробы единъ проиде[29],
цѣлы печати моего дѣвьства соблюде[30],
матерь мя своего воплощения показа,
а дѣвою мя сохрани.
Знаю твое, чадо, за Адама пострадание,
но рыдаю душевною обията[31] горестию,
дивящеся твоего таинества глубинѣ.

Слыши, небо, и море съ землею,
внушите моихъ словесъ рыдания!
Се вашъ творецъ отъ священникъ страсти приемлетъ[32],
единъ праведникъ за грѣшники.

Днесь Симеоново[33c] мя постиже[34] прорицание:
копие ми[35] душу нынѣ проходитъ,
видяще твое отъ воинъ поругание.

Увы мнѣ,
кого къ рыданию призову,
или съ кѣмъ изолью потокы слезъ моихъ?
Вси бо тя ужыки и друзи[36] оставиша,
твоихъ, Христе, насладившеся чюдесъ.

Гдѣ ли 12 ученикъ?
Гдѣ ли верховнии апостоли?
Овъ бо тя лестию фарисеомъ[d] преда[37],
а другии страха ради жидовьскаго
отвержеся[38] съ клятвою,
аки не зная тебѣ творящеся.
Но едина, боже мои, раба твоя
предстою ти со хранителемъ твоихъ словесъ,
со возлюбленнымъ ти ученикомъ.
Увы мнѣ, Иисусе, драгое имя!
Како стоитъ земля, чююще[39] тя на себѣ на крестѣ
        висяща,
иже на водахъ землю въ начатцѣ[40] основалъ еси,
слѣпца[41] многи просвѣтилъ еси.«

Иосифъ же слышавъ горько рыдающу Марию, и прииде къ неи. Она же, видѣвши его, молебными глаголы[42] вопияше къ нему:
»Потъщися[43], благообразне Иосифе, иди къ Пилату, — испроси сняти

со креста тѣло учителя твоего и моего сына и бога! Подвигнися, причаст-
ниче Христову учению[44], апостоле и обѣщниче царьствия, — испроси тѣло
бездушно, пригвожденное ко древу, прободенное въ ребра! Потщися
сугубаго ради вѣнца, иже приимеши: честь и поклонение, а на небеси
жизнь вѣчную!«

Умиливъ же ся Иосифъ плачевными глаголы, и не убояся фарисеискаго
страха и не пощади живота своего, да Христа приобрящетъ[45]: — дерзно-
венно вниде къ Пилату[е] и рече ему глаголя:

»Пилате, даи жъ ми тѣло страннаго оного Иисуса, распятаго межу
двѣмя разбоиникома, оклеветаннаго отъ архиереи завистию и поруганна
отъ воинъ бес правды!

»Даи жъ ми тѣло Иисусово, его жъ книжницы и фарисеи царемъ
имяноваху[46]!

»Даи жъ ми тѣло, о немже рече Каияфа[f], яко тому единому за весь
миръ умрети!

»Даи жъ ми тѣло сего распятаго, емуже восходящу[47] въ Иерусалимъ,
егоже съ вѣтьми[48] срѣтаху[49] младенцы, глаголюще: 'Осанна, сыну Дави-
довъ,' егожъ гласъ услыша адъ и отпусти душу Лазареву[g], четверодневна
суща[50]!

»Даи жъ ми тѣло сего мертваго, егоже мати не позна мужеска ложа,
— дѣвою породи!

»Даи жъ ми тѣло сего умершаго, о немъже отец послушествоваше[51],
въ Иерданѣ[h] крестящуся ему[52], и глагола[53] гласъ: 'Сеи есть сынъ мои
возлюбленныи, о немъже благоволихъ'[54], и о немъже духъ святыи Исаиемъ[i]
глагола: 'Яко овца на заколение веденъ бысть отъ безаконныхъ людеи, и
преданъ бысть на смерть!'«

»Даи жъ ми, Пилате, тѣло Иисусово сняти со древа: уже бо вамъ не
польза въ мертвомъ тѣлѣ, уже бо на намъ вся исполнишася пророчествия!
Се бо наше болѣзни понесе законны и пострада; раною бо его вси исцѣ-
лѣхомъ[55].«

Умоливъ же Иосифъ Пилата, и дасть тѣло Иосифу на погребение, яко
же хощеть. И купи плащаницу и снятъ[56] Иосифъ тѣло Иисусово со креста
съ Никодимомъ: и объвиста[57] тѣло Исусово въ плащаницу, помазавше его
миромъ.

И вопияше глаголя сице Иосифъ, со слезами плачася глаголаше:

> »Солнце незаходимое,
> творче всѣмъ тваремъ,
> господи!
> Како пресвятѣмъ[58] прикоснуся тѣлу твоему,
> неприкосновену сущу небеснымъ силамъ?
> Какою ли плащаницею объвию тя,
> повивающаго небо облакы,
> или кое миро возлию на святое твое тѣло,
> иже тебѣ дары со благоволениемъ
> принесоша[59] парьстии[60] царие
> и яко богу поклонишася, приобразующе
> твое за весь миръ умертвение.

Кия[61] гробныя воспою пѣсни исходу твоему,
владыко,
емужъ въ вышнихъ херувими немолчно гласы вопиютъ?
Како ли понесу тя на руку мою[62],
рукою ти вся съдержащаго?
Како ли положу тя въ худыи сеи гробъ,
небесныи кругъ словомъ утвердившаго,
со отцемъ и съ духомъ на херувимѣхъ почивающаго?

Си бо вся волею претрьпѣлъ еси:
идеши бо, владыко, во адъ,
да Адама со Евгою[h] введеши въ раи
и прочая мертвеца[63] съ нимъ воскресиши
силою своего божества.«

И прогласи господь Иосифу:
»Чему несеши мя, а не поеши?«
И глагола Иосифъ:
»Что велиши, господи, пѣти?«
И глагола господь:
»Пои: 'Святыи боже'«
И нача[64] Посифъ пѣти съ Никодимомъ:

»Святыи боже,
святыи крѣпкии,
святыи безсмертныи,
помилуи насъ!«

Тѣмъ же сице возглаголаша:
»Погребу тя, боже мои, яко наученъ есмь святымъ твоимъ духомъ.«
И принесоша и положиша во гробѣ.

Чистая жъ дѣва плачющися рече:

»Сладость мнѣ не прикоснется отселѣ никакоже!
Свѣтъ бо мои и радость моя во гробъ заиде.

О жены мироносицы, рыдаите и плачите со мною!
Се бо свѣтъ мои и вашь
убьенъ бысть и гробу преданъ!
Нынѣ бо моего чаяния и радости и веселия,
сына и бога, лишенна быхъ.
Увы мнѣ! Болю серъдцемъ.

Солнце незаходяи[65], боже превѣчныи,
творче всѣмъ тваремъ, како во гробъ заиде
и не глаголеши ли слова рабѣ твоеи, слово божие?

Не ущедриши ли, владыко, тебе рожьшую?[66]

Помышляю бо, яко къ тому
гласа твоего не услышу,
ни доброты лица твоего не узрю,
уже бо заиде отъ очию моею[67],
сыне мои!
Ни отъ гроба твоего, чадо мое, востану,
ни слезъ престану точящи, раба твоя.

Увы мнѣ, сыну мои!
почто мя едину остави?
Но иду с тобою въ малыи гробъ твои;
молю ти ся, сыну мои, боже мои,
душевную язву исцѣли.

Сыну, чадо мое,
воскресни тридневно,
якожъ обѣщася[68] самъ!

Престави ми болѣзни горькия
и печаль на радость преложи!
Можеши, елико хощеши,
аще и погребеся[69] волею.«

Господь въ таинѣ рече:
»О мати моя! како утаится бездна щедротъ моихъ? Тварь бо мою хотяи[70] спасти, и умертвитися изволихъ, но воскресну въ 3 день, на небеси и на земли славимъ.«

Дѣва жъ мати, слышавше господа рекъша[71], и иде восвояси, глаголюще:

»Воспою милосердие твое,
Христе боже нашь,
и кланяюся, боже, милости твоеи,
человѣколюбецъ,
создание свое хотя спасти!«

Се изволи прияти, Христе боже мои, многомилостиве, долготрьпѣливе, о Христе Исусѣ господѣ нашемъ, емужъ слава нынѣ и присно и во вѣки вѣкомъ.

Аминь.

[1] досажаему *pr. p. p. dat. sg.* : досажати; господу богу досажаему *dat. abs.*   [2] сияше *impf. 3 sg.* : сияти.   [3] спасовъ *adj. poss.* : с[ъ]пасъ.   [4] обрѣте *aor. 3 sg.* : обрѣсти.   [5] прободено *p. p. p.* : прободти.   [6] глаголаше *impf. 3 sg.* : глаголати.   [7] сыну *voc. sg.* : сынъ.   [8] творче *voc. sg.* : творьць.   [9] тваремъ *dat. pl. poss.* : тварь.   [10] плещама *dat. du.* : плеще.   [11] ти *dat. poss.* : ты.   [12] яжъ = яже *acc. pl. n.* : иже.   [13] приятъ *aor. 2 sg.* : прияти.   [14] вѣнчаша *aor. 3 pl.* : вѣнчати.   [15] напоиша *aor. 3 pl.* : напоити.   [16] прободоша *aor. 3 pl.* : прободти.   [17] ужасеся *aor. 3 sg.* : ужаснутися.   [18] померче *aor. 3 sg.* : помьркнути.   [19] тя *acc.* : ты.   [20] хотѣла быхъ *periphr. cond. 1 sg.*   [21] угасе *aor. 3 sg.* : угаснути.   [22] иже : ижъ *acc. sg.* : иже.   [23] нарицаше *impf.* : нарицати.   [24] миру *dat. poss.* : миръ.   [25] грѣхомъ *dat. poss.* : грѣхъ.   [26] двою разбоинику *gen. du.*   [27] пригвожденно *p. p. p. n.* : пригвоздити.   [28] ненасиянныя *наед. + p. p. p., gen. sg. f.* : насияти.   [29] проиде *aor. 2 sg.* : проити.   [30] соблюде *aor. 2 sg.*

соблюсти/съблюсти. [31] обията *p. p. p. f.* : обияти. [32] приемлеть *pr. 3 sg.* : приимати. [33] Симеоново *adj. poss. n.* : Симеонъ. [34] постиже *aor. 3 sg.* постигнути/постичи. [35] ми *dat. sg.* : я. [36] друзи *nom. pl.* : другъ. [37] преда *aor. 3 sg.* : предати. [38] отвержеся *aor. 3 sg.* : отверечися/отврѣщися. [39] чююще *pr. a. p.* : чюти. [40] начатцѣ *loc. sg.* : начатъкъ. [41] слѣпца *acc. pl.* : слѣпьць. [42] глаголы *instr. pl.* : глаголъ. [43] потъщися *imp. 2 sg.* : потъщитися. [44] Христову учению *dat. poss.* [45] приобрящеть *pr. 3 sg.* : приобрѣсти. [46] имяноваху *impf. 3 pl.* : имяновати. [47] емуже восходящу *dat. abs.* [48] вѣтьми *instr. pl.* : вѣть. [49] срѣтаху *impf. 3 pl.* : срѣтати. [50] четверодневна суща *gen. sg.* [51] послушествоваше *impf. 3 sg.* : послушествовати. [52] крестящемуся ему *dat. abs.* [53] глагола *aor. 3 sg.* : глаголати. [54] благоволихъ *aor. 1 sg.* : благоволити. [55] исцѣлѣхомъ *aor. 1 pl.* : исцѣлѣти. [56] снятъ *aor. 3 sg.* : с(ъ)няти. [57] объвиста *aor. 3 du.* : объвити. [58] пресвятѣмъ = пресвятому. [59] принесоша *aor. 3 pl.* : принести. [60] парьстии *nom. pl.* : парьскъ. [61] кия *acc. pl. n.* : кии/кыи. [62] руку мою *loc. du.* [63] прочая мертвеца *acc. pl.* [64] нача *aor. 3 sg.* : начати. [65] незаходяи *neg. + pr. a. p., det.* : заходити. [66] рожьшую *p. a. p., acc. sg. f.* :родити. [67] очию моею *gen. du.* [68] обѣщася *aor. 2 sg.* : обѣщатися. [69] погребеся *aor. 2 sg.* : погрестися. [70] хотяи *pr. a. p., det.* : хотѣти. [71] рекъша *p. a. p., acc. sg. m.* : рещи.

[a] *Bib.* Arimathea, town of ancient Palestine, whence came Joseph who buried the body of Jesus.
[b] *Bib.* The Archangel Gabriel.
[c] *Bib.* Simeon, a devout man of Jerusalem, who saw the infant Jesus in the temple, took him up in his arms, and prophesied about him.
[d] *Bib.* The Pharisees.
[e] *Bib.* Pontius Pilate.
[f] *Bib.* Caiaphas, a high priest of the Jews who presided at the trial of Jesus.
[g] *Bib.* Lazarus, whom Jesus raised from the dead.
[h] *Bib.* The river Jordan.
[i] *Bib.* Isaiah.
[j] *Bib.* Nicodemus, a Pharisee and a ruler of the Jews, who came to talk to Jesus by night.
[k] *Bib.* Eve.

2

SERMON ON THE FIRST SUNDAY AFTER EASTER

The theme of this sermon—the joyous renewal of nature as a symbol of the Easter feast—is borrowed from a discourse by Gregory Nazianzen (325?-89?), Bishop of Constantinople, on the occasion of the same holiday.

The text is taken from K. F. Kalajdovič, Памятники российской словесности XII века (Moscow, 1821).

Слово Кирилла Туровского
въ новую недѣлю послѣ Пасхи

Ныня солнце, красуяся, къ высотѣ въсходить и, радуяся, землю огрѣваеть: — възиде намъ отъ гроба праведное солнце Христосъ и вся вѣрующая[1] ему съпасаетъ.

Ныня луна, съ вышьняго съступивъши степени, большему свѣтилу честь подаваеть: — уже ветхыи законъ, по писанию, съ суботами преста и пророкы[2], — Христову закону съ недѣлею честь подасть.[3]

Ныня зима грѣховная покаяниемь престала есть и ледъ невѣрия богоразумиемь растаяся[4]; — зима убо язычьскаго кумирослужения апостольскымъ учениемь и Христовою вѣрою престала есть, ледъ же Фомина[5][a] невѣрия показаниемь Христовъ ребръ растаяся.

Днесь весна красуеться, оживляющи земное естьство; бурнии вѣтри, тихо повѣвающе, плоды гобьзують; и земля, сѣмена питающи, зеленую траву ражаеть[6]: — весна убо красная вѣра есть Христова, яже крещениемь поражаеть человѣчьское пакыествство; бурнии же вѣтри грѣхотворнии помысли[7], иже, покаяниемь претворшеся[8] на добродѣтель, душеполезныя плоды гобьзують; земля же естьства нашего, акы сѣмя, слово божие приимши[9] и страхомь его присно болящи[10], духъ спасения ражаеть.

Нынѣ новоражаемии агньци и уньци, быстро путь перуще[11], скачють и, скоро къ матеремъ възвращающеся, веселяться, да и пастыри свиряюще веселиемъ Христа хвалять. Агньца[12] глаголю кроткыя отъ языкъ люди, а уньца[13] кумирослужителя[14] невѣрныхъ странъ, иже Христовомъ въчеловѣчениемь и апостольскымь учениемь и чюдесы[15], скоро по законъ емьшеся[16], къ святѣи церкви възвратившеся, млѣко учения съсуть[17]. Да и учители Христова стада, о всѣхъ молящеся, Христа бога славять, вся волкы и агньца въ едино стадо собравшаго.

Нынѣ дрѣва лѣторасли испущають, и цвѣти благоухания процвитають, и се уже огради сладъкую подавають воню, и дѣлатели съ надѣждею тружающеся плододавьца Христа призывають. Бѣхомъ[18] бо преже ако дрѣва дубравная, не имуще плода; ныняже присадися Христова вѣра въ нашемь невѣрьи, и уже держащеся коренѣ[19] Иосѣева[20]b, яко цвѣты добродѣтели пущающе, раискаго пакыбытья о Христѣ ожидають, да и святители, о церкви тружающеся, отъ Христа мзды ожидають.

Нынѣ ратаи слова, словесныя унца къ духовному ярьму приводяще и крестное рало въ мысленыхъ браздахъ погружающе и бразду покаяния начертающе, сѣмя духовное въсыпающе, надежами будущихъ благъ веселяться. Днесь ветхая конець прияша, и се быша вся нова въскресения ради.

Нынѣ рѣкы апостольскыя наводняються, и язычныя рыбы плодъ пущають, и рыбари, глубину божия въчеловѣчения испытавше, полну церковную мрѣжю ловитвы обрѣтають: рѣками бо, — рече пророкъ, — расядеться земля, узрять и разболяться нечестивии людие.

Нынѣ мнишьскаго образа трудолюбивая бчела, свою мудрость показающи, вся удивляеть; якоже бо они, въ пустыняхъ самокърмиемь живуще, ангелы и человѣкы удивляють, и си, на цвѣты излетающи, медвеныя с[ъ]ты сътваряеть, да человѣкомъ сладость и церкви потрѣбная подасть.

Нынѣ вся доброгласныя птица[21] церковныхъ ликовъ гнѣздящеся веселяться: *и птица бо,* — рече пророкъ, — *обрѣте[22] гнѣздо себѣ* — олтаря[23] *твоя,* и свою каяждо поющи пѣснь, славить бога гласы[24] немолчьными . . .

---

[1] вся вѣрующая *acc. pl.*   [2] пророкы *instr. pl. governed by* съ.   [3] подасть *aor. 3 sg.* : подати.   [4] растаяся *aor. 3 sg.* : растаятися.   [5] Фоминъ *adj. poss.* : Фома.   [6] ражаеть *pr. 3 sg.* : ражати.   [7] помысли *nom. pl.* : помыслъ.   [8] претворшеся *p. a. p., nom. pl.* : претворитися.   [9] приимши *p̌. a. p., nom. sg. f.* : прияти.   [10] болящи *pr. a. p., nom. sg. f.* : болѣти.   [11] перуще *pr. a. p., nom. pl. m.* : прати.   [12] агньца *acc. pl.* : агньць.   [13] уньца *acc. pl.* : уньць.   [14] кумирослужителя *acc. pl.* : кумирослужитель.   [15] чюдесы *instr. pl.* : чюдо.   [16] емьшеся *p. a. p., nom. pl.* : ятися.   [17] съсуть *pr. 3 pl.* : съсати.   [18] бѣхомъ *impf. 1 pl.* : быти.   [19] коренѣ *gen. sg.* : корень.   [20] Иосѣевъ *adj. poss.* : Иосѣи.   [21] птица *nom. pl.* : птица.   [22] обрѣте *aor. 3 sg.* : обрѣсти.   [23] олтаря *acc. pl.* : олтарь.   [24] гласы *instr. pl.* : гласъ.

a Thomas, the apostle who doubted until he saw proof of Christ's resurrection.
b Allusion to Hosea, one of the small prophets.

CYRIL OF TUROV'S PRAYERS

Cyril of Turov was the author of some twenty-two prayers composed for those who were not content with their own ability to form pious and lofty supplications to God. The author drew his variety of themes not from different religious feelings—since each of his prayers expresses the idea of humility and supplication—but rather from a mechanical application of the prayers to the different hours of the day and the different days of the week. The three prayers here presented are highly representative of his style:

Prayer after Sunday Matins
Prayer after Monday Matins (entitled Prayer to the Angels for the Soul)
Prayer after Thursday Matins.

The texts are taken from Makarij, Archbishop of Xar'kov, История русской церкви (2d ed.; St. Petersburg, 1868), Vol. III.

1
PRAYER AFTER SUNDAY MATINS

Addressed to Jesus Christ, this prayer consists of the supplicant's confession of sinfulness.

Молитва Кирилла Туровскаго
въ недѣлю по заутрени

Слава тебѣ, Христе боже мои, яко съподобилъ мя еси[1] видѣти день преславнаго воскресения твоего, въ онже[2] свободилъ еси сущая[3] во адѣ связанная праведныхъ душа[4].

Тоя свободы, владыко, и азъ желаю,
да разрѣшиши мя, связаннаго многими грѣхи[5],
и да возсияетъ свѣтъ благодати твоея
во омраченѣи души моеи.

Вѣдѣ[6] бо безчисленныя твоя щедроты
и неизреченное твое человѣколюбие:
яко отъ небытия въ бытие сотворилъ мя еси
и своего образа подобиемъ украси[7] мя,
словесемъ[8] и разумомъ превыше скота вознесе[9] мя
и твари всеи владыку устроилъ мя еси,
свѣдыи[10] времена и лѣта живота моего,
отъ юности и донынѣ пекиися[11] мною,
дабы спасенъ былъ;
и, прекраснаго лика твоихъ ангелъ
съглагольника хотя имѣти,
заповѣдь предалъ ми еси,
духовное дѣло въ чистотѣ совершити
повелѣлъ ми еси.

Азъ же, окаянныи,
занятъ бывъ умомъ къ своему хотѣнию
люблениемъ плотнымъ,
ввергохъ[12] себе въ смрадную тину грѣховную
и далече ся сотворихъ отъ твоея благодати;
твои сынъ бывъ порождениемъ купѣли духовныя,
рабъ явихся грѣху.
И того ради стоню изъ глубины сердечныя
и слѣжу болѣзнию душевною,
[и] судныи часъ помышляю,
[и] весь изнемогаю.

Како убо обращуся тамо?
Кое слово изреку за грѣхи моя?
И кии[13] отвѣтъ будетъ ми отъ судии?
Гдѣ ли скрыю беззаконии моихъ множество?
Яко нѣсть[14] помогающаго ми,
ни избавляющаго.
И что сотворю, господи мои, господи?
Не вѣдѣ, кому ся приближу,
да спасена ми будетъ душа.
Время живота моего мало;
но понеже отнынѣ пригвозди[15] страсѣ[16] твоемъ плоть мою,
да не нагъ обращуся отъ добрыхъ дѣлъ,
смѣхъ бывая демономъ.

Се бо, яко дѣтиньць, занятъ быхъ[17] отъ врага моего,
въ послѣднюю погибель впадохъ[18].
Инъ человѣкъ не бысть отъ вѣка грѣшенъ якоже азъ:
злыхъ бо ради дѣлъ моихъ прогнахъ[19]
хранителя душа[20] моея ангела
и прияхъ[21] губителя,
неподобная возлагающа на мое сердце.
Но не остави[22] мене до конца погибнути,
Иисусе, сладкое имя,
отъ земля[23] создавыи[24] мя
и животъ давыи[25] ми!

Призри[26] на смирение мое:
аще бо безъ числа согрѣшихъ[27],
но не воздѣхъ[28] руку моею къ богу чуждему,
ни отчаяхся отнюдь,
помышляя образъ твоего человѣколюбия,
еже имаши на грѣшницѣхъ[29].
Но о Давидѣ помышляю:
и, по царстѣмъ[30] житии
въ ровъ любодѣяния впаде[31],
и убииство сотворивъ,

и покаявся къ тебѣ, богу и творцу,
достоинъ бысть твоея благости.
И за Ахава[a] самъ слово къ пророку вѣщаеши, глаголя:
Не имамъ сотворити прежереченнаго зла,
яко видѣхъ его, како сѣтуя ходитъ о своихъ грѣсѣхъ[32].
Еи, владыко мои, и еще приложу, плачася предъ тобою
великихъ и неудобь цѣлимыхъ моихъ струповъ.
Како Манассия[b] по идолослужении
пророки твоя изби
и тя, бога отець своихъ, прогнѣвавъ, —
преданъ бывъ въ казнь иноплеменнику,
егоже въ сосудѣ мѣдянѣ заключше[33]
яко скота травою питаху, —
видѣвъ же свое сокрушение
и разумѣвъ сотворенныя отъ него грѣхи,
возопи изъ среды узъ къ тебѣ, богу и творцу,
и чрезъ надежду изятъ бысть оттуду преславно:
тако же и азъ вся злая[34] въ животѣ моемъ содѣяхъ
и недостоина себе сотворихъ твоеи милости.

И како на высоту къ тебѣ возрю скверныма очима,
како явлюся лицу твоему,
раздравъ первую боготканную одежду
и осквернивъ плоти моея ризу?
Но отчисти[35] мя яко спасъ!
Прости отъ всѣхъ яко богъ!
Призри на смирение мое
и не помяни злобы и грѣховъ,
яже сотвори на убогую мою душу:
надѣю бо ся твоея милости,
вопию къ тебѣ воплемъ велиимъ:
Помяни, господи, глаголъ пречистыхъ твоихъ устъ, иже
рече:
        Ищите, [и] обрящете;
        просите, [и] дасться вамъ!

Не пришелъ бо еси, владыко, призвати праведныхъ,
но грѣшники на покаяние,
отъ нихъже первыи есмь[36] азъ,
и нынѣ исповѣдаю на ся беззакония моя!
И мнѣ бо молчащу[37] ты свѣси[38] я[39]!
Но, о премилостиве, приими мя,
яко разбоиника и мытаря
и блудницу и блуднаго сына.
Ти бо бѣша всѣми отчаеми[40],
ты же приятъ я
и раю жителя[41] сотвори я!

Приими и мое покаяние, недостоинаго раба твоего!
Господи, Иисусе Христе!
Словомъ очиствъ прокаженныя,
очисти скверну души моея,
и буди ми помощникъ,
силою креста твоего огради [мя]
и духомъ святымъ твоимъ утверди мя,
и возврати посрамлены
борющаяся со мною,
и да исповѣдятъ[42] уста моя
множество милости твоея,
яко бысть помощникъ мои
въ день печали моея!

И спаси, господи, раба своего, благовѣрнаго царя, и вся христианы помилуи молитвами пресвятыя богородица[43] и всѣхъ святыхъ:

яко ты еси богъ нашъ
и тебѣ мили ся дѣемъ[44],
яко тя хвалять вся силы небесныя,
отче и сыне и святыи душе[45],
нынѣ и присно и во вѣки вѣкомъ.
Аминь.

[1] еси *pr. 2 sg.* : быти. [2] (въ) онже *acc. sg.* : иже. [3] сущая *acc. pl. f.* : сы *pr. a. p.* : быти. [4] душа *acc. pl.* : душа. [5] грѣхи *instr. pl.* : грѣхъ. [6] вѣдѣ *pr. 1 sg.* : вѣдѣти. [7] украси *aor. 2 sg.* : украсити. [8] словесемъ *instr. sg.* : слово. [9] вознесе *aor. 2 sg.* : вознести/възнести. [10] свѣдыи *pr. a. p., det.* : с(ъ)вѣдѣти. [11] пекиися *pr. a. p., det.* : пещися. [12] въвергохъ *aor. 1 sg.* : въверечи/въврѣщи. [13] кии : кый *pron. interrog. m.* [14] нѣсть = не есть. [15] пригвозди *aor. 2 sg.* : пригвоздити. [16] страсѣ *loc. sg.* : страхъ. [17] быхъ *aor. 1 sg.* : быти. [18] в(ъ)падохъ *aor. 1 sg.* : въпасти. [19] прог(ъ)нахъ *aor. 1 sg.* прогънати. [20] душа *gen. sg.* : душа. [21] прияхъ *aor. 1 sg.* : прияти. [22] остави *imp. 2 sg.* : оставити. [23] земля *gen. sg.* : земля. [24] создавыи *p. a. p., det.* : съз(ъ)дати. [25] давыи *p. a. p., det.* : дати. [26] призри *imp. 2 sg.* : приз(ь)рѣти. [27] согрѣшихъ *aor. 1 sg.* : согрѣшити/съгрѣшити. [28] воздѣхъ *aor. 1 sg.* : воздѣти/въздѣти. [29] грѣшницѣхъ *loc. pl.* : грѣш(ь)никъ. [30] царствѣмъ *loc. sg.* : цар(ь)ствъ. [31] впаде *aor. 3 sg.* : в(ъ)пасти. [32] грѣсѣхъ *loc. pl.* : грѣхъ. [33] заключше *p. a. p., nom. pl. m.* : заключити. [34] вся злая *acc. pl. n.* [35] отчисти *imp. 2 sg.* : отчистити. [36] есмь *pr. 1 sg.* : быти. [37] мнѣ молчащу *dat. abs. (concess.).* [38] свѣси *pr. 2 sg.* : с(ъ)вѣдѣти. [39] я *acc. pl.* : оно. [40] отчаеми *p. p. p., nom. pl. m.* : от(ъ)чаяти. [41] жителя *acc. pl.* : житель. [42] исповѣдятъ *pr. 3 pl.* : исповѣдѣти. [43] богородица *gen. sg.* : богородица. [44] дѣемъ *pr. 1 pl.* : дѣяти. [45] душе *voc. sg.* : духъ.

[a] Ahab, King of Judah.
[b] Manasseh, King of Judah.

2

PRAYER AFTER MONDAY MATINS, ENTITLED PRAYER TO THE ANGELS FOR THE SOUL

This Prayer receives its name from the fact that the invocation to Jesus Christ is preceded by an address to the archangels Michael and Gabriel and the angels Uriel and Raphael.

Молитва Кирилла Туровского въ понедѣльникъ по заутрени ко ангеломъ о души[1] глаголема[2]

Къ вамъ яко заступникомъ[3] и хранителемъ[4] живота нашего азъ, окаянныи и многогрѣшныи, припадаю, молящеся и просяще вашея милости!

Видци[5] божия величества, святии ангели,
престолъ честныи страшно оступающе[6]
и неизреченною свѣтлостию божественныя славы
    облистаеми[7],
молите мя отъ всякаго зла, находящаго на мя.

Михаиле, святыи и великии архангеле,
первыи поклонниче[8] святыя троицы,
наводяи[9] свѣтъ на вселенную!
И мнѣ подаждь[10] дневное пребывание
преити богоугодно, неискусну отъ злыхъ!
Отверзи[11] слухъ ушию моею[12]
слышати божия словеса, благая, полезная,
и да прозрю внутреннима очима,
и еще тьмѣ грѣховнѣи обдержащи[13] мя,
въ неиже преходя во вся дни живота моего,
прогнѣвахъ благаго и беззлобиваго
и долготерпѣливаго моего творца и владыку,
емуже, предстояще со страхомъ,
невещественными усты пресвятую взываю пѣснь!
Моли за мя, по вся часы согрѣшающаго,
да не поястъ[14] мене мечъ ярости господня!
Зѣло бо превзыдоша[15] беззакония главу мою,
и яко бремя тяжкое отяготѣ[16] души моеи[17].
Аще бо помяну мимопрошедшее время живота моего,
преступника себе сотворяю;
разумѣю бо ся:
наче всякаго человѣка злая и неподобная
и немилая богу дѣла сотворихъ,
и боюся,
егда како сошедъ[18] огнь съ небесе сожжеть мя,
или преисподняя пропасть жива[19] пожретъ мя.

Свѣдыи[20] же долготерпѣние
и пучину человѣколюбия божия,
яко не наводитъ казни на достоинаго мучения,
но ожидаетъ моего покаяния,
припадаю и молюся:
Святыи Гаврииле,
радости ходатаю[21],
спасению благовѣстниче,
скорби премѣнителю
и всякаго зла погубителю!
Буди ми помощникомъ въ годъ,
егда побѣжаемъ[22] буду отъ страсти!
Присѣти[23] присѣщениемъ благимъ;
освѣти душу, омеркшую[24] мнозѣми грѣхи[25],
и укрѣпи мя творити добрая дѣла.
Вопию къ тебѣ:
не презри[26] раба твоего,
скоро потъщися,
даже не постигнетъ конецъ,
даже смерть не варитъ!
Не восхоти окаянныя моея душа[27],
и еще злѣ стражуща[28] въ скверныхъ обычаехъ!
Поимеши мя не готова отъ жития,
безъ отвѣта поставиши мя
предъ судящимъ по дѣломъ[29] комуждо[30].

Святыи Уриле!
Виждь[31] бѣду мою и брань вражию,
еюже побѣжаемъ [есмь] присно!
Помощника тя призываю!
Вари[32] въ заступление мое,
да очютится умъ мои отъ сна грѣховнаго!
Дивлю бо ся себѣ,
како крадомъ[33] есмь по вся часы
и обрѣтаюся въ вещехъ,
ихъже ненавижу,
и, неподобная мысля[34],
аки руками разоряю благодать божию,
ожидающую моего обращения.
Увы мнѣ,
како не имамъ тверда основания покаянию!
И кто дастъ очима моима[35] источникъ слезъ,
да ся плачю къ щедрому богу,
да послетъ[36] свою милость
и исторгнетъ[37] мя изъ моря житеискаго,
волнующаго волнами грѣховными,
въ немъже погружаемъ[38] не приемлю обязания
исцѣлѣнию скорымъ покаяниемъ?

Свѣдыи бо узы моя,
и не хошу изрѣшитися отъ нихъ.

Святыи Рафаиле!
Подвигни легиона святыхъ ангелъ,
да молятъ владыку Христа
за убогую и смиренную мою душу,
кающуся о прежесовтореныхъ ми,
неподобныхъ ми дѣлъ.
Вѣмъ бо свое естество,
тлѣнно суще и скоро погибающе:
егда како не достигну вечера,
и порадуетъ ми ся врагъ мои о мнѣ, глаголя:
»Сеи человѣкъ суетѣ уподобися,
и дьни его, яко сѣнь, преидоша.»

Но господи мои, Иисусе Христе, сыне божии!
припадающи[39] молю ти ся:
Призри на мя
и помилуи мя,
и изведи душу мою изъ темницы беззаконныя,
преже даже не прииду на судъ страшныи!
Приими молящпхъ тя за ны
святыя ангелы и архангелы,
херувимы, силы и власти,
престолы и господства,
начала высокая!
Тѣхъ молитвами и пречистыя матере твоея
избави мя студа онаго
и тьмы кромѣшныя
и неусыпающаго ядовитаго черви!
Ты бо еси агнецъ божии,
вземляи[40] грѣхи всего мира,
распныися[41] на крестѣ нашего ради спасения
и принесыися[42] на жертву богу и отцу
за ны грѣшныя.
Вонми[43] молитву мою
и посли[44] ангела хранителя души моея и тѣлу,
да, тѣмъ наставляемъ[45],
избавлюся отъ всѣхъ видимыхъ и невидимыхъ врагъ
и сподоблюся[46] твоея милости,
егда приидеши на судъ
въ день онъ страшныи, егоже трепещетъ душа моя.
Еи, владыко пресвятыи,
беззлобиве и долготерпѣливе,
приклони ухо твое
и услыши глагола молитвы моея
и помилуи мя и вся рабы твоя,
яко ты еси богъ нашъ

и къ тебѣ прибѣгаемъ
и на тя надѣемся.
Аще и согрѣшихомъ[47] много паче человѣкъ,
но отъ тебе не отступихомъ,
ни рукъ нашихъ иному богу воздѣхомъ[48];
но и тя благословимъ
и тобѣ кланяемся
и благодаримъ пресвятое имя твое,
отца и сына и святаго духа,
и нынѣ и присно и во вѣки вѣкомъ.
Аминь.

[1] души *loc. sg.* : душа. [2] глаголема *pr. p. p. f.* : глаголати. [3] заступникомъ *dat. pl.*
[4] хранителемъ *dat. pl.* [5] видци *nom. pl.* : видьць. [6] оступающе *pr. a. p., nom. pl. m.* :
оступати. [7] облистаеми *pr. p. p., nom. pl. m.* : облистати. [8] поклонниче *voc. sg.* [9] наводяи
pr. a. p., det. : наводити. [10] подаждь *imp. 2 sg.* : подати. [11] отверзи *imp. 2 sg.* : от(ъ)врѣсти.
[12] ушию моею *gen. du.* [13] обдержащи *pr. a. p., dat. sg. f.* : обдержати/об(ъ)дьржати.
[14] поясть *pr. 3 sg.* : поясти. [15] превзыдоша *aor. 3 pl.* : прев(ъ)зити. [16] отяготѣ *aor. 3 sg.* :
отяготѣти. [17] души моеи *loc. sg.* [18] сошедъ *p. a. p. m.* : соити/сънти. [19] жива *acc. sg. m.* :
живъ. [20] свѣдыи *pr. a. p., det.* : с(ъ)вѣдѣти. [21] ходатаю *and the following forms in the same
passage* : благовѣстниче, premѣнителю, погубителю *voc. sg.* [22] побѣжаемъ *pr. p. p. m.* :
побѣжати. [23] присѣти *imp. 2 sg.* : присѣтити. [24] омеркшую *p. a. p., acc. sg. f.* : омеркнути/
омьркнути. [25] мнозѣми грѣхи *instr. pl.* : многъ грѣхъ. [26] презри *imp. 2 sg.* : през(ь)рѣти.
[27] окаянныя моея душа *gen. sg.* [28] стражуща *pr. a. p., gen. sg. f.* : страдати. [29] дѣломъ
dat. pl. : дѣло. [30] комуждо *dat. sg.* : кыждо. [31] виждь *imp. 2 sg.* : видѣти. [32] вари *imp.
2 sg.* : варити. [33] крадомъ *pr. p. p.* : красти. [34] мысля *pr. a. p.* : мыслити. [35] очима
моима *dat. du.* [36] послетъ *pr. 3 sg.* : пос(ъ)лати. [37] исторгнетъ *pr. 3 sg.* : исторгнути/
истъргнути. [38] погружаемъ *pr. p. p.* : погружати. [39] припадающи *pr. a. p. adv.* : припадати.
[40] вземляи *pr. a. p., det., m.* : в(ъ)зимати. [41] распныися *p. a. p., det. m.* : распятися.
[42] принесыися *p. a. p., det. m.* : принестися. [43] вонми *imp. 2 sg.* : вънятн. [44] посли *imp.
2 sg.* : пос(ъ)лати. [45] наставляемъ *pr. p. p.* : наставляти. [46] сподоблюся *pr. 1 sg.* : с(ъ)по-
добитися. [47] согрѣшихомъ *aor. 1 pl.* : согрѣшити/съгрѣшити. [48] воздѣхомъ *aor. 1 pl.* :
воздѣти/въздѣти.

3
PRAYER AFTER THURSDAY MATINS

This prayer is addressed to the apostles Peter, Paul, John, Luke, Mark, and
Matthew in particular, and to the other apostles in general.

Молитва Кирилла Туровского
въ четвертокъ по заутрени

Душе моя!
Согрѣшающи по вся дни,
почто не въстягнешися?
Преступающи преданныя ти заповѣди,
кую[1] приимеши отъ бога милость,
аще не преже конца останешися
сластолюбиваго хотѣния,
удаляющаго тя отъ пути, ведущаго въ жизнь?
Въспряни[2], убогая, отъ сна грѣховнаго,
восплачися[3] злыхъ своихъ дѣлъ,

имиже прогнѣва своего владыку,
живодавца и благодателя,
ожидающего моего покаяния!
Нынѣ останися несытыхъ похотеи
и горкихъ тлетворныхъ дѣлъ уклонися!
Припади же вопиюще къ божественнымъ апостоламъ,
да помолятся ко Христу
подати ми оставление грѣховъ.

Святыи Петре, первопрестол[ь]ниче,
твердыи камень вѣрѣ[4],
недвижимое основание церкви,
пастуше[5] словеснаго стада Христова,
ключарю небеснаго царствия,
ловче[6] глубинѣ неразумия!
Тя молю всечестнѣ,
да обыметъ[7] мя божественная мрежа,
и да извлечеши мя изъ глубины погибельныя.
Вѣдѣ[8] бо тя отъ бога приимша[9]
власть вязати и разрѣшати:
разрѣши, молю ти ся, связана мя ужы[10] грѣховными!
Покажи твою милость на мнѣ,
убозѣмь[11] рабѣ твоемъ;
оживи смиренную ми душу,
якоже прежде Тавифу[a] отъ мертвыхъ воскреси;
востави мя на течение благо,
иже въ красныхъ вратѣхъ[12]
словомъ хромаго со одра востави
и стѣнемъ своимъ недуги и болѣзни всякия прогониши;
да осѣнитъ мя твоя благодать,
исцѣляющи душевныя болѣзни
и прогоняющи тѣлесныя недуги.
Вся бо можеши, пресвяте, силою Христовою,
егоже ради вся оставилъ еси
и того возлюбивъ
послѣдовалъ еси пречистымъ его стопамъ,
и за его святое имя узы поносивъ,
къ немуже помолися за мя окаяннаго,
да избавлюся отъ всякаго зла твоими молитвами.

Святыи Павле,
возлюблениче Христовъ,
небесныи человѣче
и земныи ангеле,
проповѣдниче святыя вѣры,
всѣхъ языкъ учителю,
церковная трубо[13],
высоко летаяи[14] орле,

небесныхъ таинъ сказателю,
пресловущи[15] вѣтие[16],
вмѣстилище духовное,
многия бѣды пострадавъ за имя Христово,
пекыися[17] всѣми христианы,
забывая ранъ на тѣлеси,
море прѣмѣривъ
и землю обшедъ
и насъ обративъ
отъ льсти идольския!
Тя молю и къ тебѣ вопию:
не гнушаися мене сквернаго,
не прѣзри мене ослѣпшаго душевныма очима!
Востави мя убогаго,
разслаблена суща грѣховною лѣностию!
Ибо ты въ Лустрѣхъ[b] отъ чрева роженнаго
хромца съ Варнавою востави[18],
и Евтиха[c], бывша мертва, оживи[19].
Воскреси мене отъ мертвыхъ дѣлъ,
иже молитвою отъ основания темницу потрясе[20],
и узники разрѣши[21],
и Наасона[d] отъ заколения спасе[22].
Вся бо можеши данною ти отъ бога властию.
Вѣрою прошу:
посѣти мене твоею милостию
и исторгни мя отъ сѣти вражия[23],
и укрѣпи мя творити добрая дѣла,
яко сыи[24] великии Христовъ апостолъ.

Святыи Иоанне Богословче,
сыну громовъ,
наперстниче Христовъ,
дѣвьственныи сосуде,
душевная церкви,
медоточныи языче,
громогласная уста,
асииское[25] утвержение,
ефесьская[26] похвало,
патмоскыи[27] учителю[e],
всего миру хранителю,
Христова Евангелия списателю,
надежа моя и прибѣжище!
Не остави мене отъ твоего заступления,
не прогнѣваися на мя многосогрѣшившаго.
Иже сына Диоскоридова[28] въ бани воскреси,
и воина изъ моря по семи часъ жива отцу его извлече,
прокаженнаго же въ Босфоре
прикосновениемъ руку очисти

и Прокліянію отъ душегубнаго похотѣнія избавиᶠ:
избави мя такоже отъ всякаго грѣха,
яко къ тебѣ упование мое возложихъ.
Святыи Луко,
божественныи евангелисте,
духовныи скорописче²⁹,
богопустынныи врачюᵍ!
Услыши молитву мою
и уврачюи страсти душа моея;
не мини³⁰ мене, отъ дѣтства
уязвленнаго вражиими стрѣлами:
можеши мя исцѣлити
и отъ сего часа здрава сотворити.

Святыи Марко,
александрьскии³¹ свѣтильниче,
Христовыхъ таинъ написателю
и всѣхъ чудесъ его благовѣстниче!
Работавъ евангелию Христову,
моли за мя человѣколюбьца бога,
да порабощу тѣло божественнымъ заповѣдемъ,
и да свобожу³² душу отъ работы лукаваго
твоими молитвами.

Святыи Матфею,
оставивыи³³ мытницу
и всѣхъ грѣховное собрание разсыпавъ,
восприялъ еси на небесехъ
неизготоваемое богатство,
нескончаемое царство,
сказавыи³⁴ намъ второе Христово пришествие:
Егда же явится съ небесе во множествѣ ангелъ,
со славою небесною,
враги страша и вѣрныя веселя,
тогда и вы сядете на престолѣ судяще языкомъ.
Увы и мнѣ!
Како явлюся тогда азъ грѣшныи,
всякаго зла исполненъ?
Но буди ми нынѣ помощникъ,
укрѣпи мя на течение благо,
да избавлюся отъ вѣчныя муки горкыя.

И вси святыи богоизбраннии апостоли:
Андрѣю, Иякове, Фомо,
Варфоломѣю, Симоне, Филиппе,
Христови угодници³⁵,
льсти искоренители
и вѣры насадители!
Услышите мя грѣшнаго,

надѣющагося на вы.
Уже бо нѣсть ми отъ дѣлъ спасения,
аще не покрыете[36] мене отъ всякаго кова вражия:
се бо, рискаа яко левъ,
ходитъ, хотя мя поглотити.
Но и сокрушите ему лукавьную главу,
растръгнете челюсти его
и мене избавите вашими молитвами,
да быхъ и еще на семь свѣтѣ
моихъ грѣховъ покаялся,
елико же сотворихъ
на убогую душу мою.

И молю тя, владыко мои,
отъ таиныхъ моихъ очисти мя
и даждь[37] благодать разума моему недостоинству:
ты бо еси Христосъ, сынъ божии,
Дая[38] и молитву молящемуся
и приимая покаяние кающихся,
приими и мое покаяние,
и отпусти нечестие сердца моего,
и спаси мя по милости твоеи:
яко азъ рабъ твои и сынъ рабыня твоея[39].
Не даждь во смятение ногу моею[40],
ни да воздремлетъ храняи[41] мене ангелъ;
но вразуми и ублажи и освяти
смиренную ми душу,
да не возвращуся уничиженъ[42], посрамленъ, скорбенъ,
но да получу, ихъже желаю, —
безконечныхъ твоихъ благъ.
Еще молю тя, пресвятыи царю:
помяни милостию и щедротами рабы твоя
и отпусти намъ всяко согрѣшение
молитвами святыхъ апостолъ
и пресвятыя ти матере,
влядычица нашея богородицы,
и всѣхъ святыхъ молитвами помилуи
и спаси души наши:
яко ты еси богъ нашъ,
и тебѣ ся мили дѣемъ,
всегда и нынѣ и присно и во вѣки вѣкомъ.
    Аминь.

[1] кую *acc. sg. f.* : кыи.   [2] въспряни *imp. 2 sg.* : въспрянути.   [3] восплачися *imp. 2 sg.* : восплакатися/въсплакатися.   [4] вѣрѣ *dat. poss.* : вѣра.   [5] пастуше *voc.* : пастухъ.   [6] ловче *voc.* : лов(ь)ць.   [7] обыметъ *pr. 3 sg.* : объяти.   [8] вѣдѣ *pr. (perf.) 1 sg.* : вѣдѣти.   [9] приимша *p. a. p., acc. sg. m.* : прияти.   [10] ужы *instr. pl.* : уже.   [11] убозѣмь *loc. sg.* : убогъ.   [12] вратѣхъ *loc. pl.* : врата.   [13] трубо *voc.* : труба.   [14] летаяи *pr. a. p., det.* : летати.   [15] пресловущи = пресловы *pr. a. p. adj.* : прѣслути.   [16] вѣтие *voc. sg.* : вѣтии.   [17] пекыися *pr. a. p., det. m.* : печися.   [18] востави *aor. 3 sg.* : во(с)ставити/въсставити.   [19] оживи *aor. 3 sg.* : оживити.

[20] потрясе *aor. 3 sg.* : потрясти.   [21] разрѣши *aor. 3 sg.* : разрѣшити.   [22] спасе *aor. 3 sg.* : спасти.   [23] вражия *gen. sg. f.* : вражии.   [24] сыи *pr. a. p., det.* : быти.   [25] асииское *adj.* : Асия.   [26] ефесьская *adj.* : Ефесъ.   [27] патмоскии *adj.* : Патмосъ.   [28] Диоскоридовъ *adj.* poss : Диоскоридъ.   [29] скорописче *voc.* : скорописьць.   [30] мини *imp. 2 sg.* : минути.   [31] александрьскии *adj.* : Александрия.   [32] свобожу *pr. 1 sg.* : свободити.   [33] оставивыи *p. a. p., det.* : оставити.   [34] сказавыи *p. a. p., det. m.* : с(ъ)казати.   [35] угодници *nom. pl.* : угод(ь)никъ.   [36] покрыете *pr. 2 pl.* : покрыти.   [37] даждь *imp. 2 sg.* : даяти.   [38] дая *pr. a. p.* : даяти.   [39] рабыня твоея *gen. sg.*   [40] ногу моею *gen. du.*   [41] храняи *pr. a. p., det. m.* : хранити.   [42] уничиженъ *p. p. p.* : уничижити.

[a] *Bib.* Tabitha, a woman of Joppa whom Peter raised from the dead.
[b] *Bib.* When Barnabas and Paul came to Lystra, the latter healed a cripple.
[c] *Bib.* Eutychus, whom Paul raised from the dead in Troas.
[d] *Bib.* Naason, whose killing Paul prevented.
[e] *Bib.* John the Apostle supposedly preached the gospel in Ephesus and Patmos (Asia Minor).
[f] *Bib.* Apocryphal miracles by John the Apostle.
[g] *Bib.* Luke was believed to have made the first icon and to have been a physician.

CYRIL OF TUROV'S CANON OF SUPPLICATION

Cyril of Turov was the first Russian ecclesiastical poet to cultivate on Russian soil the Byzantine genre of solemn canons which were sung during the liturgy to the accompaniment of music. He is assumed to have composed two canons: the *Penitentiary Canon*, and the *Liturgical Canon*, or *Canon of Supplication*. The latter is reprinted here, in part, from the edition of Makarij, Archbishop of Xar'kov, История русской церкви (St. Petersburg, 1868).

Канонъ Молебенъ
Кирилла Туровского

Пѣснь 1.

Моисѣискую поминающе, о душе, десницю,
бѣжи грѣхолюбиваго Иегипта
и разумнаго Фараона отверзися[1] работы,
да крестную приимеши палицю
и страстное проидеши море смѣреньемъ,
вопьющи:
Поимъ[2] господеви[3], славно бо прославися.

Азъ есмь обличитель сущихъ во мнѣ
золъ[4] дѣянии, имиже прогнѣвахъ Христа,
вся того преступивъ заповѣди,
и вся нынѣ писанью предахъ помысли моя,
словеса же и дѣлеса,
скверны вся и беззаконья
на слышанье всему миру.

Доколѣ вязиши[5], убогая душе,
объята[6] тѣлесными страстьми,
обидою и немилосердьемъ,

гордынею и пьянствомъ?
Си суть вражья тенета,
иже тя живу[7] до ада сведутъ.
Но возпи[8] покаяньемъ: О Христе мои,
растергни[9] ми съузъ грѣховьныи и спаси мя!

Якоже немолчно славятъ огнедохновеньыми гласы
серафимстии[10] полцы[11] тресвятую троицю,
всея твари сдѣтеля,
то и я припадаю,
прося отпуста многыхъ ми грѣховъ:
О милостивыи творче, поне на конецъ спаси мя!

Яко уродивыя дѣвы не имамъ покаяннаго свѣтильника,
ни стяжахъ[12] масла милостивнаго,
но всуе толку[13] затвореномъ[14] отъ мене дверемъ;
но, о мати божия, избави отъ муки лютыя
убогую ми душю!

Пѣснь 2

Вонми[15] небо, рече Моиси,
втораго написая[16] закона перваго преступльшимъ[17].
Разумѣи, душе, свое падение!
Богъ истиненъ, судяи[18] праведно
и въздая комуждо по дѣломъ его.

Адамьская помысливъ,
въ бѣсовская впадохъ;
по законьная емься[19],
въ беззаконьная уклонихся;
свѣтъ възненавидѣвъ,
во тьмѣ грѣховнѣи заблудилъ есмь.

Грѣхи моя, аки Ламехъ[a],
предъ всѣми исповѣдаю,
а своего зла обычая
никогда же не остануся.
О лютѣ[20] мнѣ, окаяньному,
всѣмъ мукамъ повиньному!

Яко богъ многомилостивъ,
приими мя кающася[21]
и даждь ми оставление
многихъ ми сгрѣшении,
да въ троици прославлю тя,
отца и сына и святаго духа.

Яко всѣхъ сыи[22] грѣшнѣи[23],
на небо возрѣти не смѣю,
но къ тобѣ припадая вопью:
Мати божия пречистая,
умилосердися на мя
и избави мя вѣчнаго мучения!

Пѣснь 3

Яко богъ всесиленъ,
изнемогшюю[24] грѣхми[25] душю мою
и сердце, злыми запустѣвше[26],
доброплодно створи:
духомъ скрушеномъ[27]
молитву ти принесу.

Аще вспомяну си дѣла,
отинудь отчаюся,
яко божия не сотворихъ воля[28],
но всю плотьскую похоть,
прельщенъ врагомъ, сдѣяхъ!
Да кто мене не плачетъ,
погибшаго лютѣ?

Зѣло горька, о душе, темница
и люта верига яже[29] о тебѣ
злопомнѣнья страсти!
И аще сихъ не останешися,
злымъ себе предаси[30] бѣсомъ
и тѣми лютѣ яко плѣнница
томима будеши.

Яко человѣкъ сгрѣшихъ,
но яко богъ прости мя,
отче, сыне и святыи душе![31]
Тобѣ вѣрою покланяюся
и твоея требую милости
и до послѣдняго издыхания.

Явлена отъ вѣка всѣхъ крестьянъ заступнице
и къ богу ходатаице
Марье, богоизбранная владычице,
приими мою молитву
и подаждь[32] отпустъ
многихъ ми[33] прегрѣшении
молитвами си[34].

О всестрастная душе, како уязвися,
како злѣ осквернися,
и како лютѣ неключима бысть!
Потъщися[35], покаися и припади,
вопьющи къ богу,
нѣкли муки избавитъ тя.

Судъ безъ милости, о душе,
милости не сотворшимъ[36]:
блюди, внимаи, Христово слово
дѣломъ покажи!
Масло щедротъ восприими
и свѣщю покаянья сблюди[37] неугасающю.
Побди[38], ожидающи жениха,
да внидеши въ чертогъ спасеныхъ.

Пѣснь 4

Провидя духомъ Амбакумъ[b],
еже[39] до моея нищеты
твое, Христе, схоженье,
укрѣпляяся смотрьно вопьяше[40]:
Яростью напрязи[41] на враги лукъ свои,
избавляя отъ плѣна рабы своя,
немолчно вопьюща[42]:
Слава силѣ твоеи, господи!

Въ малъ часъ рабъ Христовъ нарекохся[43],
во вся же дни и донынѣ
грѣховныи рабъ свѣдѣся[44],
дѣлатель бывъ всякаго беззаконья,
всѣми нечистотами осквернився
и всякои муцѣ[45] повиненъ бывъ, окаянныи.

Горе, грѣшная душе, часто каешися
и всегда сгрѣшаеши!
Почто не бѣжиши змьѣ[46],
еяже губительство вѣси[47]?
Како не боишися скоропиѣ[48],
смертное жало имущи?
Пролѣи слызы преже смерти,
да ти угаснетъ вѣчныи огнь.

Я же прияхъ мнасу
и тою купля[49] не творяхъ,
но мысльную раскопавъ землю
и лѣностьнымъ обивъ платомъ,
невѣрьемъ душа[50] посыпахъ.

Но троице святая,
аще и взя[51] отъ мене свое,
нъ въ кромѣшнюю тьму связана
не посли[52] мене.

Явленыхъ и неявленыхъ,
вѣдомыхъ и невѣдомыхъ,
и чресъестьственныхъ безаконии
яко богъ прости мя
молитвами богородица[53], яже за вся молиться.

Христе многомилостиве!
Тоя ради възведи мя
изъ пропасти грѣховныя.

Пѣснь 5

Огньныи умъ Исаия[c]
духодвижимо провъзглашаше[54],
утренюя[55] къ богу, моляшеся
приложити зло нечестивымъ,
понеже истины не створиша на земли.
Тѣмъ взникни, душе моя,
отъ мрака грѣховнаго
и озарися покаянья свѣтомъ!

Быхъ подражатель Скариоту Июдѣ[d]
неправеднаго имѣния ради;
лика же апостолъ отпадохъ,
продавъ истину на лжу[56],
и быхъ давимъ[51] отчаяньемъ.
Но не презри мене, Христе Спасе,
якоже Петра[e], плачущася горько.

Не прельщаися глаголющи, о душе,
яко просто кающися[58] спасешися;
аще не потерпиши преже конца,
слезами горко смиряющися,
то лукавымъ подобна будеши бѣсомъ,
иже вѣдуще[59] бога злое дѣютъ,
— и съ ними вѣчно мучена будеши,
аще не плачешися нынѣ.

Иже рече господь вдовицю обидиму отъ суперника,
въ томъ же градѣ и судью праведна:
градъ убо, рече, разумѣи свое тѣло,
вдовицю же убогую ми душю,
обидиму сердечными помыслы[60],

и судью слово божие, единаго отъ троица,
ожидающа моего покаяния:
и си вся учившіися видять.

Яко всѣхъ крестьянъ заступница
и помощница обидимыхъ,
мати божия пречистая,
къ тобѣ припадаю моляся,
прося отпуста многихъ ми золъ!
Очисти оскверненую лютѣ
убогую ми душю
твоими богоприятными молитвами . . . .

¹ отверзися *imp. 2 sg.* : от(ъ)веречися/отъврѣщися. ² поимъ *imp. 1 pl.* : пѣти.
³ господеви *dat. sg.* : господь. ⁴ золъ = зълъ *adj. gen. pl.* : зълъ. ⁵ вязиши *pr. 2 sg.* : вязити.
⁶ объята *p. p. p. f.* : объяти. ⁷ живу *adj., acc. sg. f.* : живъ. ⁸ возпи *imp. 2 sg.* : възъпити.
⁹ растергни *imp. 2 sg.* : растергнути/растьргнути. ¹⁰ серафимстии *adj., nom. pl. m.* :
серафим(ь)скъ. ¹¹ полцы *nom. pl.* : полкъ/пълкъ. ¹² стяжахъ *aor. 1 sg.* : с(ъ)тяжати.
¹³ толку *pr. 1 sg.* : толочи/тлѣщи. ¹⁴ затвореномъ *p. p. p., dat. pl.* : затворити. ¹⁵ вонми
imp. 2 sg. : вънятн. ¹⁶ написая *pr. a. p.* : написати. ¹⁷ преступльшимъ *p. a. p., dat. p.* :
преступити. ¹⁸ судяи *pr. a. p., det. m.* : судити. ¹⁹ емься *p. a. p. m.* : ятися. ²⁰ лютѣ
adv. : лютъ. ²¹ кающася *pr. a. p., acc. sg.* : каятися. ²² сыи *pr. a. p., det. m.* : быти.
²³ грѣшнѣи *adj. comp.* : грѣш(ь)нъ. ²⁴ изнемогшюю *p. a. p., det., acc. sg. f.* : изнемочи/изне-
мощи. ²⁵ грѣхми *instr. pl.* : грѣхъ. ²⁶ запустѣвше *p. a. p., acc. sg. n.* : запустѣти.
²⁷ скрушеномъ *instr. sg.* : с(ъ)крушенъ. ²⁸ воля *gen. sg.* : воля. ²⁹ яже *art. ref. to* верига.
³⁰ предаси *pr. 2 sg.* : предати. ³¹ душе *voc. sg.* : духъ. ³² подаждь *imp. 2 sg.* : подати.
³³ ми *dat. poss.* : азъ. ³⁴ си *dat. poss. refl.* ³⁵ потъщися *imp. 2 sg.* : потъщитися. ³⁶ сотвор-
шимъ *p. a. p., dat. pl.* : сътворити. ³⁷ сблюди *imp. 2 sg.* : с(ъ)блюсти. ³⁸ побѣди *imp. 2 sg.* :
побѣдити. ³⁹ еже *art. ref. to* схоженье. ⁴⁰ вопьяше *impf. 3 sg.* : вопити/въпити. ⁴¹ напрязи
imp. 2 sg. : напрящи. ⁴² вопьюща *pr. a. p., acc. pl.* ⁴³ нарекохся *aor. 1 sg.* : нарещися.
⁴⁴ свѣдѣся *pr. 1 sg.* : с(ъ)вѣдѣтися. ⁴⁵ муцѣ *dat. sg.* : мука. ⁴⁶ змьѣ *gen. sg.* : змья. ⁴⁷ вѣси
pr. 2 sg. : вѣдѣти. ⁴⁸ скоропиѣ *gen. sg.* : скоропия. ⁴⁹ купля *gen. sg.* : купля. ⁵⁰ душа
gen. sg. : душа. ⁵¹ взя *aor. 2 sg.* : в(ъ)зяти. ⁵² послн *imp. 2 sg.* : пос(ъ)лати. ⁵³ богородица
gen. sg. ⁵⁴ провѣзглашаше *impf. 3 sg.* : провѣзглашати. ⁵⁵ утренюю *pr. a. p.* : утрьневати.
⁵⁶ лжу *acc. sg.* : л(ъ)жа. ⁵⁷ давимъ *pr. p. p.* : давити. ⁵⁸ кающися *pr. a. p. f.* : каятися.
⁵⁹ вѣдуще *pr. a. p., nom. pl. m.* : вѣдѣти. ⁶⁰ помыслы *instr. pl.* : помыслъ.

a *Bib.* Lemech, a descendant of Cain, composed a poem of confession to his wives Adah
and Zitha.
b *Bib.* Habakkuk, the prophet.
c *Bib.* Isaiah.
d *Bib.* Judas Iscariot.
e *Bib.* Peter the Apostle.

SERAPION OF VLADIMIR'S
SERMON ON THE MERCILESS HEATHENS

Serapion, archimandrite of the Cave Monastery in Kiev during the Tatar
invasion of 1240 and later Bishop of Vladimir (d. 1275), one of the last represen-
tatives of the Old Kievan homiletic art, devoted a sermon to the description of
the devastation and spoliation of Kiev by the infidels from the Asiatic steppes.
The invasion is interpreted as divine punishment for the nation's sins.

The text is taken from E. V. Petuxov, Серапион Владимирский, русский
проповедник XIII века (St. Petersburg, 1888).

Слово Серапиона Владимирскаго
о языцѣ[1] немилостивѣ

Почюдимъ, братие, человѣколюбье бога нашего!
Како ны[2] приводитъ къ себѣ?
кыми ли словесы[3] не наказаеть насъ?
кыми ли запрѣщении не запрѣти[4] намъ?
Мы же никакоже къ нему обратихомся[5].

Видѣвь наша безаконья умножившася,
видѣвъ ны заповѣди его отвергша[6],
много знамении показавъ,
много страха пущаше[7],
много рабы своими учаше,
и ничимъ же унше[8] показахомся[9].

Тогда наведе на ны языкъ немилостивъ,
языкъ лютъ, языкъ не щадяшь уны[10],
немощи старець, младости дѣтии!
Двигнухомъ[11] бо на ся[12] ярость бога нашего;
по Давиду *въскорѣ възгорися ярость его на ны*.

Разрушены [быша] божественныя церкви;
осквернени быша съсуди священии[13];
потоптана быша святая[14];
святители мечю во ядь быша;
плоти преподобныхъ мнихъ[15]
птицамъ на снѣдь повержени[16] быша;
кровь и отець и братия нашея,
аки вода многа, землю напои;
князии нашихъ и воеводъ крѣпость ищезе[17];
храбрии наша, страха наполньшеся[18], бѣжаша[19];
мъножаиша же братия и чада наша
въ плѣнъ ведени быша;
села наша лядиною поростоша[20],
и величьство наша смѣрися;
красота наша погыбе[21];
богатство наше онѣмъ въ користь бысть;
трудъ нашъ погании наслѣдоваша;
земла наша иноплемеником въ достояние бысть;
въ поношение быхомъ
живущимъ въскраи земля нашея[22];
въ посмѣхъ быхомъ врагомъ нашимъ;
ибо сведохомъ[23] собѣ,
акы дождь съ небеси, гнѣвъ господенъ;
подвигохомъ[24] ярость его на ся,
и отвратихомъ велию[25] его милость,
и не дахомъ призирати на ся милосердныма очима.

Не бысть казни, кая[26] бы преминула насъ!
И нынѣ бес престани казними[27] есмы[28];
не обратихомся бо къ господу;
не покаяхомся о беззакониихъ нашихъ;
не отступихомъ злыхъ обычаи[29] нашихъ;
не оцѣстихомся[30] калу[31] грѣховнаго;
забыхомъ казни страшныя на всю землю нашу;
мали оставши велици[32] творимся.
Тѣмъ же не престають злая, мучаще ны:
завѣсть умножилася;
злоба преможе[33] ны;
величанье възнесе умъ нашъ;
ненависть на другы вселися въ сердца наша;
несытовьство именья поработи ны,
не дасть миловати ны сиротъ,
не дасть знати человѣчьскаго естества;
но, акы звѣрье жадають насытитися плоти,
тако и мы жадаемъ и не престанемъ,
абы всѣхъ погубити,
а горькое то именье и кровавое къ собѣ пограбити.
Звѣрье ѣдше[34] насыщаются,
мы же насытитися не можемъ:
того добывше, другаго желаемъ.

За праведное богатьство богъ не гнѣвается на насъ,
но, еже речено пророкомъ, *съ небеси призри господь*
    видѣти, аще есть кто разумѣвая или взискяя[35] бога,
    вси уклонишася вкупѣ, и прочее.
Ни ли разумѣвають вся творящи беззаконье,
снѣдающе люди моя въ хлѣба мѣсто?
Апостолъ же Павелъ бес престани въпиеть, глаголя:
Братие, не прикасаитеся дѣлѣхъ[36] злыхъ и темныхъ,
ибо лихоимци-грабители со идолослужители осудяться.
Моисѣеви что рече богѣ?
Аще злобою озлобиши вдовицю и сироту,
взопьютъ ко мнѣ,
слухомъ услышю вопль ихъ,
и разгнѣваюся яростию:
погублю вы[37] мечемъ.

И ныне събысться[38] о насъ реченое:
не отъ меча ли падохомъ[39]?
не единою ли, ни двожды?
Что же подобаетъ намъ творити,
да злая престануть, яже томятъ ны?
Помяните честно написано въ божественыхъ книгахъ,
еже самого владыки нашего большая заповѣдь:
еже любити другъ друга,

еже милость любити ко всякому человѣку,
еже любити ближняго своего аки себе,
еже тѣло чисто съблюсти,
да не осквернено будеть блудомъ;
аще ли оскверниши,
то очисти е[40] покаяниемъ;
еже не высокомыслити,
ни вздати зла противу злу ничего же.
Тако ненавидить господь богъ нашъ
яко злу памятива человѣка.
Како речемъ:
Отче нашъ, остави намъ грѣхи наша,
а сами не оставляюще?
Въ нюже[41] бо, — рече, — мѣру мѣрите,
отмѣрить вы[42] ся богу вашему.

[1] языцѣ *loc. sg.* : языкъ. [2] ны *асс.* : мы. [3] словесы *instr. pl.* : слово. [4] запрѣти *aor. 3 sg.* : запрѣтити. [5] обратихомся *aor. 1 pl.* : обратитися. [6] отвергша *p. a. p., асс. pl.* : отверечи/отврѣщи. [7] пущаше *impf. 3 sg.* : пущати. [8] унше = уньше *adj. compr., nom. pl.* : унъ. [9] показахомся *aor. 1 pl.* : показати. [10] уны *асс. pl.* : унъ. [11] двигнухомъ *aor. 1 pl.* : двигнути. [12] ся *асс. refl.* [13] съсуди *nom. pl.* : съсудъ. [14] святая *nom. pl.* : святыи. [15] мнихъ : мънихъ *gen. pl.* : мнихъ. [16] повержени *p. p. p., nom. pl.* : поверечи/поврѣщи. [17] ищезе *aor. 3 sg.* : ищезнути. [18] наполньшеся *p. a. p., nom. pl.* : наполнити. [19] бѣжаша *aor. 3 pl.* : бѣжати. [20] поростоша *aor. 3 pl.* : порасти. [21] погыбе *aor. 3 sg.* : погыбнути. [22] земля нашея *gen. sg.* [23] сведохомъ *aor. 1 pl.* : с(ъ)вести. [24] подвигохомъ *aor. 1 pl.* : подвигнути. [25] велию *асс. sg. f.* : велии. [26] кая *pron. f.* : кыи. [27] казними *pr. p. p., nom. pl. m.* : казнити. [28] есмы *pr. 1 pl.* : быти. [29] обычаи *gen. pl.* : обычаи. [30] оцѣстихомся *aor. 1 pl.* : оцѣститися. [31] калу *gen. sg.* : калъ. [32] велици *nom. pl.* : великъ. [33] преможе *aor. 3 sg.* : премочи. [34] ѣд(ъ)ше *p. a. p., nom. pl. m.* : ѣсти. [35] взиская *pr. a. p., nom. sg. m.* : взискати. [36] дѣлѣхъ *loc. pl.* : дѣло. [37] вы *асс.* : вы. [38] събысться *aor. 3 sg.* : събытися. [39] падохомъ *aor. 1 pl.* : пасти. [40] е *асс. sg.* : оно. [41] (въ) нюже *асс. sg. f.* : иже. [42] вы *dat.* : вы.

DANIEL THE EXILE'S LAMENT

The author of the *Lament*, a citizen of Perejaslavl', in all probability was not an exile—as is generally assumed— but an erudite, gifted young man fallen in distress; instead of personally appealing to Prince Jaroslav Vsevolodovič (1213–36), he composed a poetic lamentation in order to arouse sympathy for himself and to show his great learning and ability. At a later time, the *Lament* was expanded and supplemented by new aphoristic material. By a misinterpretation of the text, Daniel came to be regarded as an exile bemoaning his fate.

Its highly emotional and antithetic form, often recalling the style of the Psalter and other Biblical books, makes the *Lament* an excellent specimen of Old Russian poetry, clear in its construction, sensitive in its expression, and —in spite of the presence of personal motives—objective in its poetic effect.

The controversial questions connected with the history of the text, several copies of which are extant, and the relationship between the different editions have not been settled. The confusion seems to be so deep that to establish an original text seems almost impossible, and it would even be difficult to distinguish between the different editions through which the text passed.

The text here given is taken in excerpts from the edition of I. S. Šl'apkin, Слово Даниила Заточника по всем известным спискам in Vol. LXXXI of Памятники древней письменности и искусства (St. Petersburg, 1889). Cf. the edition of N. N. Zarubin, in Памятники древнерусской литературы, Vol. III (Leningrad, 1932).

Моление
Даниила Заточника

Вострубимъ убо, братие,
аки въ златокованную трубу,
въ разумъ ума своего
и начнемъ бити въ сребреныя арганы[1]
во извѣстие мудрости,
и ударимъ въ бубны ума своего,
поюще въ богодохновенныя свирѣли,
да восплачются въ насъ душеполезныя помыслы!

Востани, слава моя!
Востани, псалтырь и гусли!
Да развергу[2] въ притчахъ гадания моя
и провѣщаю во языцѣхъ славу мою!
Сердце смысленнаго укрѣпляется въ тѣлесѣ его
красотою и мудростию,
и бысть языкъ мои яко трость книжника-скорописца.
Тѣмъ окушахся изрещи слово.

Всякъ союзъ разверг[3] сердца моего,
разбихъ злѣ аки древняя младенца[4] о камень.
Но боюся, господине, похуления твоего на мя,
аки смоковница она бесплодная проклятия,
не имѣю бо плода покаянию.
Умъ мои яко нощныи вранъ на нырищи.
Ровсыпася[5] животъ мои
яко хананеискихъ царь[a] буесть,
и покры[6] мя нищета
аки Чермное море[b] Фараона.
Не ста обилие посредѣ дому моего
яко солнце на главѣ.
Тѣмъ окушахся написати.

Се бѣжа[хъ] отъ лица скудости моея
аки Агарь рабыня[c] отъ руки Сарры, госпожа[7] своея,
вѣдыи[8], господине, твое благоразумие,
и притекохъ[9] ко обычнѣи твоеи любве.
Глаголетъ бо святое писание:

Просите и приимете.
Давидъ рече:
Не суть рѣчи, ни словеса, ихже не слышатся гласи[10].
Мы же не умолчимъ, но возглаголемъ къ господину своему,
всемилостивому князю Ярославу Всеволодичю[d].

★

Княже мои, господине!
Помяни мя во княжении своемъ,
яко азъ рабъ твои и сынъ рабы твоя!
Вижю, господине, вся человѣкы,
яко солнцемъ, грѣеми[11] милостию твоею;
точию азъ единъ, яко трава въ застѣни израстущи[12],
на нюже ни солнце сияетъ, ни дождь идетъ:
тако азъ хожю во т[ь]мѣ,
отлученъ день и нощь свѣта очию твоею.
Тѣмъ, господине, приклони ухо твое
во глаголы устъ моихъ
и отъ всѣхъ скорбеи моихъ избави мя!

Княже мои, господине!
Вси напитаются отъ обилия дому твоего,
аки потокомъ пища[13] твоея;
токмо азъ единъ жадаю милости твоея,
аки елень источника воднаго.
Есмь бо яко древо сухо, стояще при пути,
да вси мимоходящеи сѣкутъ его;
тако и азъ всѣми обидимъ есмь,
зане не огражень есмь страхомъ грозы твоея,
аки оградомъ твердымъ.

Княже мои, господине!
Богатъ мужь вездѣ знаемъ есть, и въ чюжемъ градѣ:
а убогъ мужь и во своемъ градѣ невѣдомъ ходитъ.
Богатъ мужь возглаголетъ: — вси молчатъ'.
и слово его до облакъ вознесутъ;
а убогъ мужь возглаголетъ, то вси на него воскликнутъ.
Ихже бо ризы свѣтлы, тѣхъ и рѣчи честны.

Княже мои, господине!
Не возри на внѣшняя[14] моя,
но вонми[15] внутреняя моя.
Азъ бо есмь одѣяниемъ скуденъ,
но разумомъ обиленъ;
юнъ возрастъ имыи[16],
но старъ смыслъ вложихъ вонь[17].
И быхъ паря[18] мыслию своею,
аки орелъ по воздуху.

Княже мои, господине!
Яви ми зракъ лица твоего,
яко гласъ твои сладокъ,
и уста твоя медъ истачаютъ,
и образъ твои красенъ;
послания твоя яко раи съ плодомъ;
руцѣ[19] твои исполнены яко отъ злата аравииска;
ланиты твоя яко сосудъ араматы;
гортань твои яко кринъ, капля[20] миро, — милость твою;
видъ твои яко Ливанъ избранъ;
очи твои яко источникъ воды живы;
чрево твое яко стогъ пшениченъ, иже[21] многи напитая;
слава твоя превозноситъ главу мою,
и бысть выя [твоя] въ буести, аки фарсисъ въ монистѣ.

Княже мои, господине!
Не зри на мя, аки волкъ на агнеца,
но зри на мя, яко мати на младенца.
Возри на птица[22] небесныя,
яко ни сѣютъ, ни жнутъ, ни въ житница[23] собираютъ,
но уповаютъ на милость божию.
Да не буди рука твоя согбена[24] на подание убогимъ.
Писано бо есть:
Просящему у тебе даи, толкущему отверзи[25],
да не лишенъ будеши царства небеснаго;
писано бо есть:
Возверзи[26] *на господа печаль свою,*
и тои тя препитаетъ во вѣки.

Княже мои, господине!
Не лиши хлѣба нища мудра,
не возноси до облакъ богата несмыслена.
Нищь бо, а мудръ, яко злато въ калнѣ[27] сосудѣ;
а богатыи человекъ несмысленъ,
яко паволочито изголовие, соломы наткано[28];
а убогъ несмысленъ, аки солома во грязи втоптана.

Княже мои, господине!
Аще есми на рати не вел[ь]ми храбръ,
но въ словесѣхъ крѣпокъ;
тѣмъ збираи[29] храбрыя и совокупляи смысленыя.
Лучше единъ смысленъ, паче десяти владѣющихъ
грады властелинъ безъ ума;
ибо Соломонъ тако же рече:
Лучше единъ смысленъ, паче десяти владѣющихъ
    властелинъ безъ ума,
зане же мудрыхъ мысль добра.
Храбра, княже, борзо добудешь, а уменъ дорогъ.

Мудрыхъ полцы крѣпки и грады тверды;
храбрыхъ же полцы сил[ь]ни, а безумни:
на тѣхъ бываетъ побѣда.
Мнози бо ополчаются на бол[ь]шая грады,
а съ своихъ [градъ] съ меньшихъ ссѣдають.
Якоже рече Святославе, сынъ Ольжинъ[30],
ида[31] на Царьградъ малою дружиною:
»Не вѣдомо ны есть, братие,
граду ли отъ насъ плѣнену быти,
или будетъ намъ отъ града погинути?«...

★

Княже мои, господине!
Азъ бо не во Афинѣхъ[f] ростохъ[32], ни отъ философъ
    научихся,
но быхъ падая аки пчела по различнымъ цвѣтомъ[33]
и оттуду избирая сладость словесную
и совокупляя мудрость, яко въ мѣхъ воду морскую.

Княже мои, господине!
Не остави мене, яко отець мои и мати моя остависта[34] мя,
а ты, господине, приими милостию своею!

Княже мои, господине!
Яко же дубъ крѣпится множествомъ корения,
тако и градъ нашь твоею державою.

Княже мои, господине!
Кораблю глава кормникъ,
а ты, княже, людемъ своимъ.
Видѣхъ полцы[35] безъ добра князя
и рекохъ[36]:
»Великъ звѣрь, а главы не имѣетъ.«
Женамъ глава мужь, а мужемъ князь, а княземъ богъ!
Яко же бо паволока, испестрена[37] многими шолки[38],
красно лице являетъ,
тако и ты, княже нашь, умными бояры
предо многими люд[ь]ми честенъ еси
и по многимъ странамъ славенъ явися.
Яко же неводъ не удержитъ воды,
но избираетъ множество рыбъ,
тако и ты, княже нашь, не держишь богатества,
но раздаешь мужемь сильнымъ и совокупляешь храбрыя.
Златомъ бо мужеи добрыхъ не добудешь,
а мужми[39] злато и сребро и градовъ добудешь.
Тѣмъ и Езекия, царь Израилевъ[g],
похвалися посломъ[40] царя Вавилонскаго,

[и] показа имъ множество злата своего;
они же рекоша:
»Нашь царь богатѣе тебе не множествомъ злата,
но множествомъ храбрыхъ и мудрыхъ людеи.«
Вода мати рыбамъ,
а ты, княже нашь, людемъ своимъ.
Весна украшаетъ землю цвѣты,
а ты насъ, княже, украшаеши милостию своею.

            Княже мои, господине!
Се бо былъ есми въ велицѣи нужи и печали
и подъ работнымъ ярмомъ пострадахъ;
все то искусихъ, яко зло есть.
Лучше бы ми нога своя видѣти[41]
въ лыченицы въ дому твоемъ,
нежели въ черленѣ[42] сапозѣ[43] въ боярстѣмъ[44] дворѣ;
лучше бы ми въ дерюзѣ[45] служити тебѣ,
нежели въ багряници въ боярстѣмъ дворѣ.
Не лѣпо у свинии въ нозрѣхъ рясы златы,
тако на холопѣ порты дороги.
Аще бо были котлу во ушию златы кольца,
но дну его не избыти черности и жжения;
тако же и холопу:
аще бо паче мѣры горделивъ былъ и буявъ,
но укору ему своего не избыти, — холопья имени.
Лучше бы ми вода пити[46] въ дому твоемъ,
нежели медъ пити въ боярстѣмъ дворѣ;
лучше бы ми воробеи испеченъ приимати **отъ руки твоея**,
нежели баранье плечо отъ государеи злыхъ.
Многажды бо обрѣтаются работные хлѣбы
аки пелынь во устѣхъ,
и питие мое съ плачемъ растворяхъ.
Добру господину служа, дослужится свободы,
а злу господину служа, дослужится бол[ь]шие **работы**.

                   ★

            Княже мои, господине!
Кому Переславльъ[h], а мнѣ Гореславль;
кому Боголюбово[i], а мнѣ горе лютое;
кому Бѣлоозеро[j], а мнѣ чернѣе смолы;
кому Лаче озеро, а мнѣ много плача исполнено,
зане часть моя не прорасте[47] въ немъ.
Друзи мои и ближнии мои отвергошася мене,
зане не поставляхъ предъ ними трапезы,
многоразличными брашны украшены.
Мнози дружатся со мною,
простирающе руки своя въ солило,
наслажающе гортань свои пчелинымъ дарованиемъ,

а при напасти паче врази обрѣтаются
и паки помогающе подразити ноги моя;
очима восплачются о мнѣ,
а сердцемъ возсмѣютъ ми ся.
Тѣмъ нѣсть ми вѣры яти другу,
ни надѣятися на брата, ни на друга.
Аще ли что имѣю, поживуть со мною;
аще ли не имѣю, то скоро отлучатся отъ мене.
Тѣмъ же, княже мои, господине,
вопию къ тебе, одержимъ нищетою.
Не лга[48] бо ми Ростиславъ князь[к]:
»Луч[ь]ше бы ми смерть, нежели Курское княжение«.
Тако же мужу: лучьше смерть,
нежели продолженъ животъ въ нищетѣ.
Сего ради Соломонъ глаголетъ:
Богатьства и убожества не даи же ми, господи:
обогатѣвъ, восприиму гордость и буесть,
а во убожествѣ помышляю на тат[ь]бу и на розбои,
а жены на блудъ.

Сего ради, княже мои, господине,
притекохъ ко обычнѣи твоеи любви
и нестрашимѣи милости,
бѣжа[49] убожества, аки ротника зла,
аки отъ лица змиина,
зовыи[50] гласомъ блуднаго сына, еже рече:
»Помяни мя, спасе.«[51]
Тѣмъ и азъ вопию ти:
Помяни мя, сыне великого князя Всеволода[l],
да не возплачюся азъ,
лишенъ милости твоея, аки Адамъ рая.
Обрати тучю милости твоея
на землю худости моея:
да возвеселюся о царѣ своемъ,
яко обрѣтая корысть многу злата,
воспою, яко напоенъ вина,
возвеселюся, яко исполинъ тещи путь.

Земля плодъ даетъ обилия, древеса овощь;
а ты намъ, княже, богатство и славу.
Вси бо притекаютъ къ тебѣ
и обрѣтаютъ отъ печали избавление;
сироты, худые, отъ богатыхъ потопляеми,
аки къ заступнику теплому,
къ тебѣ прибѣгаютъ.
Птенцы радуются подъ крылома[52] матери своея,
а мы веселимся подъ державою твоеи.
Избави мя, господине, отъ нищеты,

аки птицы отъ кляпцы,
и исторгни мя отъ скудости моея,
яко серну отъ тенета,
аки утя, носимо въ кохтяхъ[53] у сокола.
Иже бо въ печали кто мужа призритъ,
то аки водою студеною напоитъ въ день зноя.

        Княже мои, господине!
Ржа ѣстъ желѣзо, а печаль умъ человѣку.
Яко слово многоразливаемо гинетъ,
тако и человѣкъ отъ многи бѣды худѣетъ;
печальну человѣку засышютъ[54] кости.
Всякъ видитъ у друга сучецъ во очию,
а у себе ни бревна не видитъ.
Всякъ человѣкъ хитритъ и мудритъ о чюжѣи бѣдѣ,
а о своеи и смыслити не можетъ.

        Княже мои, господине!
Яко же море не наполнится,
многи рѣки приемля,
тако и домъ твои не наполнится,
множество богатьства приемля,
зане руцѣ твои яко облакъ силенъ,
взимая отъ моря воды, —
отъ богатьства дому твоего, —
труся[55] въ руцѣ неимущихъ.
Тѣмъ и азъ вжадахъ[56] милосердия твоего...

        Княже мои, господине!
Не отрини раба скорбящаго,
не лиши мене живота своего!
Яко очи рабыни въ руцѣ госпожа[57] своеи,
тако очи наши въ руку твоею,
яко азъ рабъ твои и сынъ рабы твоея.
Насыщаяся многоразличными брашны[58],
помяни мя, сухъ хлѣбъ ядущаго[59];
веселяся сладкимъ питиемъ,
облачаяся въ красоту ризъ твоихъ,
помяни мя, въ неиспраннѣмъ врѣтищи лежаща;
на мягкои постели помяни мя,
подъ единомъ рубомъ лежащаго,
зимою умирающаго,
каплями дождевыми, яко стрѣлами, пронизаема.

        ★

        Княже мои, господине!
Орелъ-птица царь надо всѣми птицами,
а осетръ надъ рыбами,

а левъ над звѣр[ь]ми,
а ты, княже, надъ Переславцы.
Левъ рыкнетъ, кто не устрашится?
А ты, княже, речеши, кто не убоится?
Яко же бо змии страшенъ свистаниемъ своимъ,
тако и ты, княже нашъ, грозенъ множествомъ вои.
Злато красота женамъ,
а ты, княже, людемъ своимъ.
Тѣло крѣпится жилами,
а мы, княже, твоею державою.
Птенцы радуются веснѣ, а младенцы матери,
а мы, княже, тебѣ.
Гусли строятся персты[60],
а градъ нашъ твоею державою.
Яко же бо рябъ, сбирая птенцы, не токмо своя,
но и отъ чюжихъ гнѣздъ приноситъ яица, —
воспоетъ, рече, рябъ, созоветъ птенца,
ихже роди и ихже не роди; —
тако и ты, княже, многи слуги совокупи,
не токмо своя домочадца[61],
но и отъ инѣхъ странъ совокупи
притекающая къ тебѣ,
вѣдуще твою обычную милость.
Князь бо милостивъ, яко источникъ тихъ,
не токмо скоты напаяетъ, но и человѣки...

★

Княже мои, господине!
Всякому дворянину имѣти честь и милость у князя.
Но ли ему мыкатися [въ скорбѣхъ]
яко около тура съ топоромъ,
аки на бѣси съ клобукомъ.
То кто же можетъ добро видѣти?
Никто же можетъ видѣти,
ни, не оперивъ стрѣлы, прямо не стрѣлити,
ни лѣностию чести добыти.
Зла бѣгаюче, добра не постигнути.
Не бившися со псомъ объ одномъ моклокѣ,
добра не видати.
Тако же и горести дымные не терпѣвъ,
тепла не видати.
Злато бо искушается огнемъ,
а человѣкъ напастьми.
Пшеница бо много мучима
хлѣбъ чистъ являетъ,
а человѣкъ, бѣды подъемля,
смысленъ и уменъ обрѣтается.
Аще кто не бывалъ во многихъ бѣдахъ,

яко [. . . .][62], и нѣсть въ немъ вѣжества.
Никто же можетъ стрѣлою звѣзды выстрѣлити,
ни въ напасти смыслити.
Не гонявшися после шершня съ метлою,
ни скакавши со столпа по горохово зерно,
добра не видати.

★

Или речеши, княже, солгалъ есмь?
То како есть?
Аще бы умѣлъ украсти,
то селико быхъ къ тобѣ не скорбѣлъ.
Дѣвка погубляетъ свою красоту блуднею,
а мужь свою честь татьбою.

Или речеши, княже:
»Женися у богатаго тестя;
ту пеи и ту яжь[63]!«
Лучше бо ми трясцею болѣти:
трясца бо, потрясчи[64], пуститъ,
а зла жена и до смерти сушитъ.
Глаголетъ бо ся въ мирскихъ притчахъ:
Ни птица во птицахъ сычь;
ни въ звѣрѣхъ звѣрь ежь;
ни рыба въ рыбахъ ракъ;
ни скотъ въ скотѣхъ коза;
ни холопъ въ холопѣхъ, хто у холопа работаетъ;
ни мужь въ мужѣхъ, кто жены слушаетъ. . . .
Блудъ во блудѣхъ, кто поиметъ злу жену
прибытка дѣля или тестя дѣля богата.
То лучше бы ми волъ видѣти въ дому своемъ,
нежели жену злообразну.
Видѣхъ злато на женѣ злообразнѣ
и рекохъ еи: »Нужно есть злату сему.«
Лучше бы ми желѣзо варити,
нежели со злою женою быти.
Жена бо злообразна подобна перечесу:
сюда свербитъ, сюдѣ болитъ.
Паки видѣхъ стару жену, злообразну,
кривозороку, подобну черту,
ртасту, челюстасту, злоязычну,
приничющи[65] въ зерцало, и рекохъ еи:
»Не позоруи[66] въ зерцало, но зри въ коросту!«
Женѣ бо злообразнѣ не достоитъ въ зерцало приницати,
да не въ большую печаль впадетъ,
возрѣшве на нелѣпотьство лица своего.

Или речеши, княже: »Пострищися въ чернцы!«
То не видалъ есмь мертвеца,

на свинии ѣздячи[67], ни черта на бабѣ:
не ѣдалъ есми отъ дубья смоквеи,
ни отъ липья стафилья.
Лучше ми есть тако скончати животъ свои,
нежели, восприимши[68] ангел[ь]скии образъ, **богу солгати.**
Лжи бо, рече, мирови, а не богу:
богу нелзѣ солгати, ни вышнимъ играти.
Мнози бо, отшедше мира сего во иноческая,
и паки возвращаются на мирское житие,
аки песъ на своя блевотины,
и на мирское гонение;
обидятъ села и домы славныхъ мира сего,
яко пси ласкосердии.
Идѣ же брацы[69] и пирове[70],
ту черньцы и черницы и беззаконие:
ангел[ь]скии имѣя на себѣ образъ,
а блуднои нравъ,
святител[ь]скии имѣя на себѣ санъ,
а обычаемъ похабенъ.

★

       Княже мои, господине!
Королязи[m] бо и [....][71],
фрязи[72][n], рытири[o],
магистрове[p], дуксове[q],
и тѣ имѣютъ честь и милость
у поганыхъ салтановъ.
Яко орелъ, инъ воспадъ[73] на фарь,
бѣгаеть чрезъ потрумие, отчаявся живота;
а иныи летаеть съ церкви или съ высокие полаты,
паволочиты крилы имѣя;
а инъ нагъ течеть во огнь: —
показающе крѣпость сердецъ своихъ царемъ своимъ;
а инъ, прорѣзавъ лысты,
обнаживъ кости голенеи своихъ,
кажеть цареви своему,
являеть ему храбрость свою;
а иныи, скочивъ, метается въ море
со брега высока со конемъ своимъ,
очи накрывъ фареви, ударяеть по бедрамъ [...][74]
а инъ, привязавъ вервь ко кресту церковному,
а другии конецъ къ земли отнесетъ далече
и съ церкви по тому бѣгаеть доловъ,
единою рукою за конецъ верви тои держитъ,
а въ другои руцѣ держаще мечь нагъ;
а инъ, обвився мокрымъ полотномъ,
борется съ лютымъ звѣремъ.

★

Ту бо остану много глаголати,
да не во мнозѣ глаголании разношу умъ свои
и буду яко мѣхъ утлъ,
труся богатьства въ руцѣ инѣмъ,
и уподоблюся жерновомъ, иже люди насыщаютъ,
а въ себе не могуть наполнити жита.
Да не возненавиденъ буду многою бесѣдою,
яко же птица, частящи пѣсньми, ненавидима человѣки[75] ...

[1] арганы = органы. [2] развергу *pr. 1 sg.* : разврѣщи. [3] разверъгъ *p. a. p.* : разврѣщи. [4] древняя младенца *acc. pl.* [5] розсыпася *aor. 3 sg.* : розсыпатися. [6] покры *aor. 3 sg.* : покрыти. [7] госпожа *gen. sg.* [8] вѣдыи *pr. a. p., det.* : вѣдѣти. [9] притекохъ *aor. 1 sg.* : притещи. [10] гласи *nom. pl.* : гласъ. [11] грѣеми *pr. a. p., nom. acc. pl.* : грѣти. [12] израстущи *pr. a. p. f.* : израсти. [13] пища *gen. sg.* : пища. [14] внѣшняя, внутреняя *acc. pl. n.* [15] вонми *imp. 2 sg.* : вънати. [16] имыи *pr. a. p., det.* : яти. [17] вонь = вънь *prep. + acc. sg. m.* : онъ. [18] паря *pr. a. p.* : парити. [19] руцѣ *nom. du.* : рука. [20] капля *pr. a. p.* : капати, каплю. [21] иже *art. ref.* : напитая. [22] птица *acc. pl.* : птица. [23] житница *acc. pl.* : житница. [24] согбена *p. p. p. f.* : съгнути. [25] отверзи *imp. 2 sg.* : отъврѣсти. [26] возверзи *imp. 2 sg.* : възъврѣщи. [27] калнѣ *loc. sg.* : кал[ь]нъ. [28] наткано *p. p. p. n.* : нат(ъ)кати. [29] збираи = събираи. [30] Ольжинъ *adj. poss.* : Ольга. [31] ида *pr. a. p.* : ити. [32] ростохъ *aor. 1 sg.* : расти. [33] цвѣтомъ *dat. pl.* : цвѣтъ. [34] остависта *aor. 3 du.* : оставити. [35] полцы *incorr. acc. pl.* : полкъ. [36] рекохъ *aor. 1 sg.* : рещи. [37] испестрена *p. p. p. f.* : испестрити. [38] шолки *instr. pl.* : шолкъ. [39] мужми *instr. pl.* : мужь. [40] пословъ *dat. pl.* : посълъ. [41] нога видѣти *nom. + inf.* [42] черленѣ *p. p. p., loc. sg.* : червити = чьрвити. [43] сапозѣ *loc. sg.* : сапогъ. [44] боярстѣмь *loc. sg.* : боярьскъ. [45] дерюзѣ *loc. sg.* : дерюга. [46] вода пити *nom. + inf.* [47] прорасте *aor. 3 sg.* : прорасти. [48] лга *aor. 3 sg.* : лъгати. [49] бѣжа *pr. a. p.* : бѣжати. [50] зовыи *pr. a. p., det.* : зъвати. [51] спасе *voc.* : с(ъ)пасъ. [52] крылома *loc. du.* : крыло. [53] кохтяхъ = когътяхъ. [54] засышють *pr. 3 pl.* : засыхати. [55] труся *pr. a. p.* : трусити. [56] вжадахъ *aor. 1 sg.* : в[ъз]жадати. [57] госпожа *gen. sg.* [58] брашны *instr. pl.* : браш(ь)но. [59] ядущаго *pr. a. p., gen./acc. sg.* : ясти = ѣсти. [60] персты *instr. pl.* [61] домочадца *acc. pl.* [62] *Illegible.* [63] яжь *imp. 2 sg.* : ясти = ѣсти. [64] потрясчи = потрясши *p. a. p. f.* : потрясти. [65] приничющи *pr. a. p. f.* : приницати, приничю. [66] позоруи *imp. 2 sg.* : позоровати. [67] ѣздячи *pr. a. p.* : ѣздити. [68] восприимши *p. a. p.* : въсприяти. [69] брацы *nom. pl.* : бракъ. [70] пирове *nom. pl.* : пиръ. [71] *Illegible.* [72] фрязи *nom. pl.* : фрягъ. [73] воспадъ *p. a. p.* : воспасти = въспасти. [74] *Illegible.* [75] человѣки *instr. pl.* : человѣкъ.

[a] *Bib.* The kings of Canaan.
[b] The Red Sea.
[c] Hagar was forced to flee from Sarah, Abraham's wife.
[d] There are different opinions about this prince's identity. It is reasonable to suppose that he is Prince Jaroslav of Perejaslavl' (1213-36), later Great Prince of Kiev (1236-46), and that the *Lament* was probably composed after 1223 during the Tatar invasions.
[e] Sv'atoslav, Prince of Kiev (d. 972), son of Igor and Olga.
[f] Athens.
[g] *Bib.* Hezekiah, King of Judah.
[h] Perejaslavl', Daniel's native city, which he calls Goreslavl', suggesting sorrow.
[i] Bogol'ubovo, a princely village whose name was similarly changed.
[j] Beloozero and the following Lace ozero lakes in northeastern Russia.
[k] A prince of Perejaslavl'.
[l] Vsevolod, Jaroslav's father, Great Prince of Russia (d. 1212).
[m] Citizens of the Carolingian Empire.
[n] Probably the Genoese (not the Franks).
[o] Knights.
[p] Masters of orders.
[q] Dukes.

HEROIC AND EPIC LITERATURE

One of the most original features of Old Kievan literature was the conscious and constant effort to establish heroic and epic literary forms. The simple glorification of a heroic figure by rhetorical means was not regarded as satisfactory by the medieval Russian artist. Even when infused with elements of deep lyricism, hagiography was not able to produce an epic work expressive of the mind and taste of early feudal Kievan Russian society. Even when it betrayed sporadic epic tendencies in portraying the nation's past, annalistic literature never truly became popular reading for members of this society. The religious genres, impregnated with purely lyrical and rhetorical methods of self-expression (sermons, prayers, etc.), were unable to assume heroic or epic traits, because of their attitude of humility and supplication. Nevertheless, Old Kievan literature constantly endeavored to create new forms with which to express the heroism of the Russian feudal mind, to create an epic literature. The methods used in attaining this objective were various, but in the end the goal was reached. The following epic works are illustrative of this main tendency in Old Russian literature:

The Igor Tale, in which a pure lyrical style was adapted to the narrative of a recent political event

The Narrative of Batu Khan's Invasion of R'azan', in which a slightly rhythmical prose was interwoven with clearly emotional passages

The Discourse on the Ruin of the Land of Rus', in which the past is glorified in the lamentatory style of Serapion of Vladimir

The Don Tale, an adaptation of *The Igor Tale* style to an event of prime historical importance.

THE IGOR TALE

The Igor Tale, or *The Tale of Igor's Expedition*, was the earliest and most notable result of the heroic and epic trends in Old Russian literature. Written about 1187 by an anonymous poet, it was based upon an historical event: the unsuccessful expedition undertaken in 1185 against the nomads of the steppes by Prince Igor of Novgorod-Seversk; his brother, Prince Vsevolod of Trubčevsk; his son, Prince Vladimir of Putivl'; and his nephew, Prince Sv'atoslav of Ryl'sk. It is characteristic of the nature of Old Russian literature that not a glorious victory, but a national disaster was selected as the theme for the first Russian epic poem. The reason for this may have been extraliterary: the entire tale appears as a philippic on the deplorable feudal discord among the Russian princes and their fratricidal wars. The tale takes the form of a polemic written by a Russian town-dweller living under the rule of dissentient princes, anxious about the fate of his beloved land and troubled by the danger threatening from the steppes and their inhabitants, the nomadic Polovtsians, or Cumans. But even a purely literary motive was tending in the same direction: the fact that lyricism in Old Russian literature was always closely associated with lamentation.

The text here given in illustrative excerpts is taken from the edition of A. S. Orlov, Слово о Полку Игореве (2d ed.; Moscow-Leningrad, 1946). The edition of Roman Jakobson in the *Annuaire de l'Institut de Philologie et d'Histoire Orientales et Slaves* (1945–47), Vol. VIII, has been consulted.

Слово о плъку Игоревѣ,
Игоря сына Святъславля, внука Ольгова

Не лѣпо ли ны[1] бяшетъ[2], братие[3], начяти старыми словесы[4] трудныхъ повѣстии о пълку Игоревѣ, Игоря Святъславлича[a]?

Начати же ся тъи[5] пѣсни по былинамъ сего времени, а не по замышлению Бояню[6]. Боянъ[b] бо вѣщии, аще кому хотяше пѣснь творити, то растѣка- шется[7] мыслию по древу, сѣрымъ вълкомъ по земли, шизымъ[8] орломъ подъ облакы[9]. Помняшеть[10] бо, — рече, — первыхъ временъ усобицѣ[11]. Тогда пущашеть[12] десять соколовъ на стадо лебедѣи; которыя[13] дотечаше[14], та преди пѣснь пояше[15] старому Ярославу[c], храброму Мстиславу[d], иже зарѣза Редедю[e] предъ пълки касожьскыми, красному Романови Святъславличю[f]. Боянъ же, братие, не десять соколовъ на стадо лебедѣи пущаше, нъ своя вѣщиа пръсты на живая[16] струны въскладаше[17]; они же сами княземъ славу рокотаху[18].

Почнемъ же, братие, повѣсть сию отъ стараго Владимера[g] до нынѣ- шняго Игоря, иже истягну умь[19] крѣпостию своею и поостри сердца своего мужествомъ, [и] напълнився ратнаго духа, наведе своя храбрыя плъки на Землю Половецькую за Землю Рускую.

★

Тогда Игорь възрѣ на свѣтлое солнце и видѣ отъ него тьмою вся своя воя[20] прикрыты. И рече Игорь къ дружинѣ своеи:

»Братие и дружино! луце[21] жъ бы потяту[22] быти, неже полонену быти! А всядемъ, братие, на свои бързыя комони, да позримъ синего Дону.«

Спала[23] князю умь похоти[24], и жалость ему знамение заступи искусити Дону великаго.

»Хощу бо, — рече, — копие приломити конець[25] поля половецкаго; съ вами, Русици[26], хощу главу свою приложити, а любо испити шеломомь Дону.«...

★

Трубы трубять въ Новѣградѣ[h],
стоять стязи[27] въ Путивлѣ[i]:
Игорь ждетъ мила брата Всеволода.

И рече ему буи-туръ Всеволодъ[j]:

>>Одинъ братъ, одинъ свѣтъ свѣтлыи ты, Игорю!
Оба есвѣ[28] Святъславличя!
Сѣдлаи, брате, свои бързыи комони,
а мои ты готови,
осѣдлани у Курьска[k] напереди.
А мои ти Куряни свѣдоми къмети:
подъ трубами повити,
подъ шеломы възлѣлѣяни,
конець копия въскръмлени;
пути имъ вѣдоми,
яругы имъ знаеми,
луци[29] у нихъ напряжени,
тули отворени,
сабли изъострени;
сами скачють, акы сѣрыи влъци[30] въ полѣ,
ищучи себе чти[31], а князю славы.

★

Тогда вьступи Игоръ князь въ златъ стремень и поѣха по чистому полю. Солнце ему тьмою путь заступаше[l]; нощь стонущи ему грозою птичь[32] убуди, [и] свисть[33] звѣринъ въстазби[34].

Дивъ[m] кличетъ връху древа, велитъ послушати земли незнаемѣ, Влъзѣ[n], и Поморию[o], и Посулию[p], и Сурожу[q], и Корсуню[r], и тебѣ, Тьмутораканьскыи блъванъ[s]! А Половци неготовами дорогами побѣгоша къ Дону великому; крычатъ тѣлѣгы полунощы, рци[35], лебеди роспущени. Игорь къ Дону вои ведетъ. Уже бо бѣды его пасеться птиць[36] по дубию; влъци грозу ворожатъ по яругамъ; орли клектомъ на кости звѣри зовутъ; лисици брешутъ на чрълеыя щиты.

О, Руская Земле, уже за шеломянемъ еси!

★

Длъго ночь мрькнетъ.
Заря свѣтъ запала.
Мъгла поля покрыла.
Щекотъ славии успе[37],
Говоръ галичь убуди.
Русичи великая поля
чрълеными щиты прегородиша,
ищучи себѣ чти, а князю славы.

Съ зарания въ пятъкъ потопташа поганыя плъкы половецкыя и рассушася[38] стрѣлами по полю: помчаша красныя дѣвкы половецкыя, а съ ними злато, и паволокы, и драгыя оксамиты. Орьтъмани[39] и япончицами и кожухы[40] начаша мосты мостити по болотомъ и грязивымъ мѣстомъ, и всякыми узорочьи[41] половецкыми. Чрълен стягъ, бѣла хорюговь, чрълена чолка, сребрено стружие храброму Святъславличю!

Дремлетъ въ полѣ Ольгово хороброе гнѣздо[t]. Далече залетѣло! Не было оно обидѣ порождено, ни соколу, ни кречету, ни тебѣ, чръныи воронъ, поганыи Половчине! Гзакъ^u бѣжить сѣрымъ влъкомъ, Кончакъ ему слѣдъ править къ Дону великому.

Другаго дни вельми рано кровавыя зори свѣтъ повѣдаютъ; чръныя тучя съ моря идутъ, хотятъ прикрыти 4 солнца, а въ нихъ трепещутъ синии млънии.

> Быти грому великому!
> Итти дождю стрѣлами съ Дону великаго!
> Ту ся копиемъ приламати,
> ту ся саблямъ потручяти
> о шеломы половецкыя
> на рѣцѣ на Каялѣ^v, у Дону великаго.
> О, Руская Землѣ⁴²! уже за шеломянемъ еси!

Се вѣтри, Стрибожи внуци^w, вѣютъ съ моря стрѣлами на храбрыя плъкы Игоревы. Земля тутнетъ, рѣкы мутно текутъ; пороси⁴³ поля прикрываютъ, стязи глаголютъ. Половци идутъ отъ Дона, и отъ моря, и отъ всѣхъ странъ рускыя плъкы оступиша. Дети бѣсови кликомъ поля прегородиша, а храбрии Русици преградиша чрълеными щиты.

> Яръ-туре Всеволодѣ⁴⁴!
> стоиши на борони,
> прыщеши на вои стрѣлами,
> гремлеши о шеломы мечи харалужными.
> Камо, туръ, поскочяше⁴⁵,
> своимъ златымъ шеломомъ посвѣчивая,
> тамо лежатъ поганыя головы половецкыя;
> поскепаны саблями калеными
> шеломы оварьскыя отъ тебе,
> яръ-туре Всеволоде!

Кая рана дорога, братие, забывшу чти и живота, и града Чрънигова^x, отня⁴⁶ злата стола, и своя милыя хоти, красныя Глѣбовныу, свычая и обычая?....

> Съ зараниа до вечера, съ вечера до свѣта
> летятъ стрѣлы каленыя,
> гримлютъ сабли о шеломы,
> трещатъ копиа харалужныя
> в полѣ незнаемѣ, среди Земли Половецкыи.
> Чръна земля подъ копыты⁴⁷
> костьми была посѣяна,
> а кровию польяна;
> тугою взыдоша по Рускои Земли.
> Что ми шумить, что ми звенить
> далече рано предъ зорями?
> Игорь плъкы заворочаетъ,
> жаль бо ему мила брата Всеволода.
> Бишася день, бишася другыи;
> третьяго дни къ полуднию
> падоша стязи Игоревы.

Ту ся брата разлучиста
на брезѣ быстрои Каялы;
ту кроваваго вина не доста;
ту пиръ докончаша храбрии Русици:
сваты попоиша, а сами полегоша
за Землю Рускую.
Ничить[48] трава жалощами[49],
а древо ся тугою къ земли преклонило...

★

О! далече заиде соколъ, птиць[50] бья, къ морю!
А Игорева храбраго пълку не крѣсити!
За нимъ кликну Карна,
и Жля[51][z] поскочи по Рускои Земли,
смагу людемъ мычючи[52] въ пламянѣ розѣ[53].
Жены рускыя въсплакашась, аркучи[54]:
»Уже намъ своихъ милыхъ ладъ ни мыслию смыслити,
ни думою сдумати, ни очима съглядати,
а злата и сребра ни мало того потрепати!«

А въстона бо, братие, Киевъ тугою, а Черниговъ напастьми. Тоска разлияся по Рускои Земли. Печаль жирна утече средъ Земли Рускыи. А князи сами на себе крамолу коваху[55]; а погании, сами съ побѣдами нарищуще[56] на Рускую Землю, емляху[57] дань по бѣлѣ отъ двора.

Тии бо два храбрая Святъславличя, Игорь и Всеволодъ, уже лжу[58] убудиста которою. Ту бяше успилъ[59] отецъ ихъ, Святъславь[aa], грозныи, великыи киевскыи, — грозою бяшеть притрепалъ. Своими сильными плъкы и харалужными мечи наступи на Землю Половецкую;
притопта хлъмы и яругы;
взмути рѣкы и озеры;
иссуши потокы и болота.

А поганаго Кобяка изъ луку моря отъ желѣзныхъ великихъ плъковъ половецкыхъ, яко вихрь, выторже[60]: и падеся Кобякъ въ градѣ Киевѣ, въ гридницѣ Святъславли[61][bb]. Ту Нѣмци и Венедици, ту Греци и Морава[cc] поютъ славу Святъславлю, каютъ князя Игоря, иже погрузи жиръ во днѣ Каялы, рѣкы половецкыя[62], — рускаго злата насыпа.
Ту Игорь князь высѣдѣ из сѣдла злата,
а [сѣдѣ] въ сѣдло кощиево.
Уныша[63] бо градомъ забралы,
а веселие пониче[64].

★

А Святъславъ мутенъ сонъ видѣ въ Киевѣ на горахъ:
»Си ночь съ вечера одѣвахуть[65] мя, — рече, —
чръною паполомою на кровати тисовѣ;
чръпахуть ми синее вино съ трудомь смѣшено;
сыпахуть ми тъщими тулы поганыхъ тльковинъ

великыи женчюгъ[66] на лоно,
и нѣгуютъ[67] мя.
Уже дьскы безъ кнѣса въ моемъ теремѣ златовръсѣмъ[68].
Всю нощь съ вечера бусови врани възграяху[69].
У Плѣсньска[dd] на болони бѣша[70] дебрьски сани
и несошася къ синему морю.«

И ркоша[71] бояре князю:
»Уже, княже, туга умь полонила:
се бо два сокола слѣтѣста съ отня стола злата
поискати града Тьмутороканя,
а любо испити шеломомь Дону.
Уже соколома крилца припѣшали поганыхъ саблями,
а самою опуташа въ путины желѣзны.
Темно бо бѣ въ тъ день:
два солнца помѣркоста[72],
оба багряная стлъпа погасоста[73],
и съ нима молодая мѣсяца, Олегъ и Святъславъ[ee],
тъмою ся поволокоста[74]
и въ морѣ ся погрузиста,
и великое буиство подаста Хинови[ff].
На рѣцѣ на Каялѣ тьма свѣтъ покрыла:
по Рускои Земли простроршася[75] Половци,
акы пардуже[76] гнѣздо.
Уже снесеся хула на хвалу;
уже тресну нужда на волю;
уже връжеся[77] Дивь на землю.
Се бо готьскыя[gg] красныя дѣвы
въспѣша на брезѣ[78] синему морю[79],
звоня рускымъ златомъ;
поютъ время бусово,
лелѣютъ месть Шароканю[80][hh].
А мы уже, дружина, жадни веселиа.«

Тогда великыи Святъславъ изрони злато слово съ слезами смѣшено,
и рече:
»О, моя сыновчя[81], Игорю и Всеволоде!
Рано еста начала Половецкую Землю мечи[82] цвѣлити,
а себѣ славы искати;
нъ нечестно одолѣсте,
нечестно бо кровь поганую пролиясте[83].
Ваю[84] храбрая сердца
въ жестоцемъ харалузѣ[85] скована,
а въ буести закалена.
Се ли створисте[86] моеи сребренеи сѣдинѣ!
А уже не вижду власти сильнаго и богатаго
и многовоя брата моего Ярослава[ii]
съ черниговьскими былями,
съ могуты и съ Татраны,
и съ Шельбиры и съ Топчакы,

и съ Ревугы и съ Ольберы[jj]:
тии бо бес щитовь, съ засапожникы,
кликомъ плъкы побѣждаютъ,
звонячи въ прадѣднюю славу.
Нъ рекосте:
'Мужаимъ ся сами,
преднюю славу сами похытимъ,
а заднюю си сами подѣлимъ!'
А чи диво ся, братие, стару помолодити?
Коли соколъ въ мытехъ бываетъ,
высоко птицъ възбиваетъ,
не дастъ гнѣзда своего в обиду.
Нъ се зло: княже[87] ми непособие.«

На ниче[88] ся годины обратиша. Се у[89] Римѣ[kk] кричатъ подъ саблями половецкыми, а Володимиръ подъ ранами.

Туга и тоска сыну Глѣбову!

★

Великыи княже Всеволоде![ll]
не мыслию ти прелетѣти издалеча
отня злата стола поблюсти?
Ты бо можеши Волгу веслы[90] раскропити,
а Донъ шеломы выльяти!
Аже бы ты былъ, то была бы чага по ногатѣ,
а кощеи по резанѣ[91].
Ты бо можеши посуху живыми шереширы стрѣляти,
удалыми сыны Глѣбовы[mm].

Ты, буи Рюриче и Давыде[nn]!
Не ваю ли вои злачеными шеломы по крови плаваша?
Не ваю ли храбрая дружина рыкаютъ акы тури,
ранены саблями калеными, на полѣ незнаемѣ?
Вступита, господина, въ златъ стремень
за обиду сего времени,
за Землю Русскую,
за раны Игоревы, буего Святъславлича!

Галичкы[92] Осмомыслѣ[93] Ярославе[оо]!
Высоко сѣдиши на своемъ златокованнѣмъ столѣ,
подперъ[94] горы Угорьскыи своими желѣзнымы плъкы,
заступивъ королеви путь[рр],
затворивъ Дунаю ворота,
меча бремены[95] чрезъ облакы,
суды рядя до Дуная.
Грозы твоя по землямъ текутъ;
отворяеши Киеву врата;
стрѣляеши съ отня злата стола салтани за землями.

Стрѣляи, господине, Кончака, поганого кощея,
за Землю Рускую,
за раны Игоревы, буего Святъславлича!

А ты, буи Романе[чч], и [ты], Мстиславе[гг]!
Храбрая мысль носитъ вашъ умъ на дѣло.
Высоко плаваета на дѣло въ буести,
яко соколъ на вѣтрехъ ширяяся,
хотя птицю въ буиствѣ одолѣти.
Су бо у ваю желѣзныи паворози
подъ шеломы латиньскими.
Тѣми тресну земля, и многы страны,
Хинова, Литва, Ятвязи[вв],
Деремела[tt] и Половци
сулици своя повръгоша,
а главы своя подклониша
под тыи мечи харалужныи.
Нъ уже, княже, Игорю утръпе[96] солнцю свѣтъ,
а древо не бологомъ листвие срони.
По Рси[чч] и по Сули гради подѣлиша.
А Игорева храбраго плъку не крѣсити!
Донъ ти, княже, кличетъ,
и зоветь князи на побѣду.
Ол[ь]говичи[vv], храбрыи князи, доспѣли на брань.

Инъгварь[ww] и Всеволодъ[xx], и вси три Мстиставличи[уу],
не худа гнѣзда шестокрил[ь]ци[zz]!
Непобѣдными жребии[97] собѣ власти расхытисте!
Кое ваши златыи шеломы
и сулицы ляцкии[A] и щиты?
Загородите полю ворота
своими острыми стрѣлами
за Землю Русскую,
за раны Игоревы, буего Святъславлича!

Уже бо Сула не течетъ
сребреными струями къ граду Переяславлю,
и Двина болотомъ течетъ
онымъ грознымъ Полочяномъ подъ кликомъ поганыхъ.
Единъ же Изяславъ, сынъ Васильковъ[B],
позвони своими острыми мечи о шеломы литовьскыя,
притрепа славу дѣду своему Всеславу,
а самъ падъ подъ чрълеными щиты
на кровавѣ травѣ притрепанъ литовскыми мечи,
аки с хотию на кровать.
И рекъ[98] Боянъ:
»Дружину твою, княже, птиць[99] крилы приодѣ,

а звѣри кровь полизаша.«
Не бысть ту брата Брячяслава,
ни другаго Всеволода[C]:
единъ же изрони жемчюжну душу
изъ храбра тѣла, чресъ злато ожерелие.
Уныли голоси,
пониче веселие,
трубы трубятъ Городеньскии[D]...

★

Ярославнынъ гласъ ся слышитъ, —
зегзицею незнаема рано кычеть[100]:
«Полечю, — рече, — зегзицею по Дунаеви[E];
омочю бебрянъ рукавъ въ Каялѣ рѣцѣ,
утру князю кровавыя его раны
на жестоцѣмъ его тѣлѣ.«

Ярославна рано плачетъ въ Путивлѣ на забралѣ,
аркучи[101]:
»О, вѣтрѣ[102], вѣтрило!
Чему, господине, насильно вѣеши?
Чему мычеши[103] хиновьскыя стрѣлки
на своею нетрудною крилцю[104] на моея лады вои?
Маго ли ти бяшетъ горѣ подъ облакы вѣяти,
лелѣючи корабли на синѣ морѣ?
Чему, господине, мое веселие по ковылию развѣя?«

Ярославна рано плачеть
Путивлю-городу[105] на забролѣ,
аркучи:
»О! Днѣпре Словутицю!
Ты пробилъ еси каменныя горы
сквозѣ Землю Половецкую.
Ты лелѣялъ еси на себѣ
Святославли насады до плъку Кобякова.
Възлелѣи, господине, мою ладу къ мнѣ,
а быхъ не слала къ нему слезъ на море рано.«

Ярославна рано плачетъ
въ Путивлѣ на забралѣ,
аркучи:
»Свѣтлое и тресвѣтлое слънце!
Всѣмъ тепло и красно еси.
Чему, господине, простре
горячюю свою лучю[106] на ладѣ вои,
въ полѣ безводнѣ жаждею имъ лучи[107] съпряже[108],
тугою имъ тули затче[109]?«

★

Прысну море полунощи;
идутъ сморци[110] мъглами.
Игореви князю богъ путь кажетъ
изъ Земли Половецкои на Землю Рускую,
къ отню злату столу.

Погасоша[111] вечеру зари.
Игорь спитъ, Игоръ бдитъ,
Игорь мыслию поля мъритъ
отъ великаго Дону до малаго Донца.
Комонь явъ полуночи, Овлуръ[F] свисну за ръкою;
велитъ князю разумъти:
князю Игорю не быть!

Кликну, стукну земля,
въшумъ[112] трава,
вежи ся Половецкии подвизаша[113].
А Игорь князь поскочи горнастаемъ къ тростию
и бълымъ гоголемъ на воду.
Въвръжеся на бръзъ комонь
и скочи съ него босымъ влъкомъ.
И потече къ лугу Донца
и полетъ соколомъ подъ мьглами,
избивая гуси и лебеди
завтроку и объду и ужинъ.
Коли Игорь соколомъ полетъ,
тогда Влуръ влъкомъ потече,
труся собою студеную росу:
претръгоста[114] бо своя бръзая комоня.

★

Донецъ рече:
            »Княже Игорю!
Не мало величия, а Кончаку нелюбия,
а Рускои Земли веселиа.«

Игорь рече:
            »О, Донче!
не мало ти величия, лелъявшу князя на влънахъ,
стлавшу ему зелену траву
на своихъ сребреныхъ брезъхъ,
одъвавшу его теплыми мъглами
подъ сънию зелену древу;
стрежаше его гоголемъ на водъ,
чаицами на струяхъ, чрьнядьми на ветръхъ.
Не тако ти, — рече, — река Стугна[G];
худу струю имъя, пожръши[115] ручьи и стругы,
ростре на кусту уношу князя Ростислава[H],
затвори днъ[116] при темнъ березъ[117].

Плачется мати Ростиславля
по уноши князи Ростиславѣ.
Уныша[118] цвѣты жалобою,
и древо с тугою къ земли прѣклонилося.«

★

А не сороки встроскоташа[119],
на слѣду Игоревѣ ѣздитъ Гзакъ съ Кончакомъ.
Тогда врани не граахуть[120],
галици помлъкоша[121],
сороки не троскотоша,
по лозию ползоша только.
Дятлове тектомъ путь къ рѣцѣ кажутъ,
соловии веселыми пѣсньми свѣтъ повѣдаютъ.
Млъвитъ Гзакъ Кончакови:
»Аже соколъ къ гнѣзду летитъ,
соколича[I] рострѣляевѣ[122] своими злачеными стрѣлами.«
Рече Кончакъ ко Гзѣ:
»Аже соколъ къ гнѣзду летитъ,
а вѣ[123] соколца опутаевѣ красною дѣвицею.«
И рече Гзакъ къ Кончакови:
»Аще его опутаевѣ красною дѣвицею,
ни нама будетъ сокольца,
ни нама красны дѣвице[124],
то почнутъ наю[125] птици бити
въ полѣ половецкомъ«...

★

Солнце свѣтится на небесѣ,
Игорь князь въ Рускои Земли.
Дѣвици поютъ на Дунаи,
въются голоси чрезъ море до Киева.
Игорь ѣдетъ по Боричеву[J]
къ святѣи богородици Пирогощеи[K].
Страны ради, гради весели.

Пѣвше пѣснь старымъ княземъ,
а потомъ молодымъ пѣти:
Слава Игорю Святъславличю,
буи- туру Всеволоду,
Владимиру Игоревичу.
Здрави князи и дружина,
побарая за христьяны на поганыя плъки!
Княземъ слава, а дружинѣ честь!
Аминь.

¹ ны *dat.* : мы.   ² бяшетъ *impf.* (*cond.*) *3 sg.* : быти.   ³ братие *voc.* : братия *f. coll.*
⁴ словесы *instr. pl.* : слово.   ⁵ тъи = тои *dat.* : та.   ⁶ Бояню *dat. sg.* : Боянь *adj. poss.* :
Боянъ.   ⁷ растѣкашется *impf. 3 sg.* : растѣкатися.   ⁸ шизымъ = сизымъ.   ⁹ облакы
instr. pl. : облакъ.   ¹⁰ помняшеть *impf. 3 pl.* : помьнити.   ¹¹ усобицѣ *acc. pl.* : усобица
¹² пущашеть *impf. 3 sg.* : пущати.   ¹³ которыя *gen. sg.* : которая.   ¹⁴ дотечаше *impf. 3 sg.* :
дотечи = дотещи.   ¹⁵ пояше *impf. 3 sg.* : пѣти.   ¹⁶ живая = живыя *acc. pl. f.* : живъ.
¹⁷ въскладаше *impf. 3 sg.* : въскладати.   ¹⁸ рокотаху *impf. 3 pl.* : рокотати.   ¹⁹ умь = умъ.
²⁰ вся своя воя *acc. pl.*   ²¹ луце = лучше.   ²² потяту *p. p. p.*, *dat.* : потяти.   ²³ спала *aor.
3 sg.* : с(ъ)палати.   ²⁴ похоти *instead of* похотию.   ²⁵ конець *prep. with gen.*   ²⁶ Русици =
Русичи.   ²⁷ стязи *nom. pl.* : стягъ.   ²⁸ есвѣ *pr. 1 du.* : быти.   ²⁹ луци *nom. pl.* : лукъ.
³⁰ влъци *nom. pl.* : влъкъ.   ³¹ чти *gen. sg.* : чьсть.   ³² птичь *f. coll.*   ³³ свисть = свистъ.
³⁴ въстазби *should read* въ ста(я) съби.   ³⁵ рци *imp. 2 sg.* : рещи, *here adv.*   ³⁶ птиць = птичь.
³⁷ успе *aor. 3 sg.* : ус(ъ)пнути.   ³⁸ рассушася *aor. 3 pl.* : рассутися.   ³⁹ орьтъмани *instr. pl.* :
орьтъманъ   ⁴⁰ кожухы *instr. pl.* : кожухъ.   ⁴¹ узорочью *instr. pl.* : узорочье.   ⁴² землѣ =
земле *voc. sg.*   ⁴³ пороси *nom. pl.* : порохъ.   ⁴⁴ Всеволодѣ = Всеволоде *voc.*   ⁴⁵ поскочяше
impf. 2 sg. : поскочити.   ⁴⁶ отня *gen. sg.* : отьнь *adj. poss.* : отьць.   ⁴⁷ копыты *instr. pl.* :
копыто.   ⁴⁸ ничить *pr. 3 sg.* ничати.   ⁴⁹ жалощами *instr. pl.* : жалощь = жалость.
⁵⁰ птиць = птичь.   ⁵¹ жля = желя.   ⁵² мычючи *pr. a. p.* : мыкати, мычю.   ⁵³ розѣ *loc. sg.* :
рогъ.   ⁵⁴ аркучи = ркучи *pr. a. p.* : рещи.   ⁵⁵ коваху *impf. 3 pl.* : ковати.   ⁵⁶ нарищуще
pr. a. p. : нарискати.   ⁵⁷ емляху *impf. 3 pl.* : имати.   ⁵⁸ лжу *acc. pl.* : лжа = лъжа.
⁵⁹ успилъ *p. a. p.* : усъпити.   ⁶⁰ выторже *aor. 3 sg.* : вытръгнути.   ⁶¹ Святъславли *loc. sg.* :
Святъславль *adj. poss.* : Святъславъ.   ⁶² половецкыя *gen. sg.*   ⁶³ уныша *aor. 3 pl.* : уныти.
⁶⁴ пониче *aor. 3 sg.* : поникнути.   ⁶⁵ одѣвахуть *and the following forms in the same sentence*
чръпахуть, сыпахуть *impf. 3 pl.* : одѣвати, чрьпати, сыпати.   ⁶⁶ женчюгъ = жемчюгъ.
⁶⁷ нѣгують *pr. 3 pl.* : нѣговати.   ⁶⁸ златовръсѣмъ *loc. sg.* : златовръхъ.   ⁶⁹ възграяху
impf. 3 pl. : възграяти.   ⁷⁰ бѣша *impf.* (*aor.*) *3 pl.* : быти.   ⁷¹ ркоша *aor. 3 pl.* : рещи.
⁷² помѣркоста = помьркоста *aor. 3 du.* : помьркнути.   ⁷³ погасоста *aor. 3 du.* : погаснути.
⁷⁴ поволокоста *aor. 3 du.* : поволочися.   ⁷⁵ простроشася *aor. 3 pl.* : прострѣтися.   ⁷⁶ пар-
дуже *adj. poss. n.* : пардузъ = пардусъ.   ⁷⁷ връжеся *aor. 3 sg.* : врѣщися.   ⁷⁸ брезѣ *loc. sg.* :
брегъ = брѣгъ.   ⁷⁹ синему морю *dat. poss.*   ⁸⁰ Шароканю *acc. sg.* : Шарокань *adj. poss.* :
Шароканъ.   ⁸¹ сыновчя = сыновьца *nom. du.* : сыновьць.   ⁸² мечи *instr. pl.* : мечь.
⁸³ одолѣсте . . . пролиясте = одолѣста, пролияста *aor. 2 du.*   ⁸⁴ ваю *gen. du.* : вы.   ⁸⁵ хара-
лузѣ *loc. sg.* : харалугъ.   ⁸⁶ створисте = створиста *aor. 2 du.*   ⁸⁷ княже *adj. poss. n.* :
княжь.   ⁸⁸ ниче = ничьто.   ⁸⁹ у = въ.   ⁹⁰ веслы *instr. pl.*   ⁹¹ резанѣ = рѣзанѣ.
⁹² галичкы = галичьскы.   ⁹³ Осмомыслѣ = Осмомысле *voc.*   ⁹⁴ подперъ *p. a. p.* : подъ-
прѣти.   ⁹⁵ бремены *instr. pl.* : бремя = брѣмя.   ⁹⁶ утръпе *aor. 3 sg.* : утьрпнути.   ⁹⁷ жре-
бии *instr. pl.*   ⁹⁸ рекъ = рече.   ⁹⁹ птиць = птичь.   ¹⁰⁰ кычеть *pr. 3 sg.* : кыкати.   ¹⁰¹ ар-
кучи = ркучи.   ¹⁰² вѣтрѣ = вѣтре *voc. sg.*   ¹⁰³ мычеши *pr. 2 sg.* : мыкати.   ¹⁰⁴ своею
нетрудною крилцю *loc. du.*   ¹⁰⁵ Путивлю городу *dat. poss.*   ¹⁰⁶ лучю *acc. sg.* : луча.
¹⁰⁷ лучи = луци *incorr. acc. pl. instead of* лукы : лукъ.   ¹⁰⁸ съпряже *aor. 3 sg.* : съпрящи.
¹⁰⁹ затче *aor. 3 sg.* : затъкнути.   ¹¹⁰ сморци = съмърци *nom. pl.* : съмъркъ.   ¹¹¹ погасоша
aor. 3 pl. : погаснути.   ¹¹² въшумѣ = въсшумѣ *aor. 3 sg.* : въсшумѣти.   ¹¹³ подвизаша
aor. 3 pl. : подвизати.   ¹¹⁴ претръгоста *aor. 3 du.* : претръгнути.   ¹¹⁵ пожрьши *p. a. p.* :
пожрѣти.   ¹¹⁶ днѣ = дънѣ *loc. sg.* : дьно.   ¹¹⁷ березѣ *loc. sg.* : берегъ.   ¹¹⁸ уныша *aor. 3 pl.* :
уныти.   ¹¹⁹ встроскоташа *aor. 3 pl.* : в(ъ)строскотати.   ¹²⁰ граахуть *impf. 3 pl.* : граати.
¹²¹ помлѣкоша *aor. 3 pl.* : помълкнути.   ¹²² рострѣляевѣ *and* опутаевѣ *in the same passage*
pr. 1 du.   ¹²³ вѣ *du.* : мы.   ¹²⁴ дѣвице = дѣвицѣ *gen. sg.* : дѣвица.   ¹²⁵ наю *acc. du.* : мы.

     a Igor, the son of Sv'atoslav, grandson of Oleg Gorislavič (from whom the Černigov
princes descended), Prince of Novgorod-Seversk (1151–98), later Prince of Černigov (1198–1202).
     b Bojan, an obscure personage commonly assumed to be a Russian scald who com-
posed heroic poems to several princes (eleventh century).
     c Jaroslav the Old, Great Prince of Kiev (1019–54).
     d Mstislav the Brave, Jaroslav's brother, Prince of T'mutarakan' (1016–36), on the
Taman' peninsula between the Sea of Azov and the Black Sea.
     e Reded'a, prince of the Kasogs (ancestors of the Cherkess), killed by Mstislav in 1022.
     f Roman the Fair, Prince of T'mutarakan', killed by his allies, the Polovtsians, in 1079.
     g Vladimir the Old, probably Vladimir I the Great (979–1015) or Vladimir Monomachus
(b. 1053–d. 1125), Prince of Černigov (1078), Great Prince of Kiev (1113).
     h Novgorod-Seversk on the Desna River, the capital of the principality.

ⁱ Putivl', a city in the principality of Novgorod-Seversk on the river Sejm, an affluent of the Dnieper.

ʲ Vsevolod, Prince of Trubčevsk and Kursk (d. 1196), Igor's brother.

ᵏ Kursk, a city on the Sejm River in the principality of Novgorod-Seversk.

ˡ The solar eclipse occurred on May 1, 1185.

ᵐ Apparently a mythical, demoniac creature, perhaps a fantastic bird.

ⁿ The Volga River.

ᵒ The coast of the Black Sea.

ᵖ The land on both sides of the river Sula, the southern border of the principality of Seversk.

q Sudak, a city on the southern coast of the Black Sea.

ʳ Chersonesus, a city on the Crimean peninsula.

ˢ Probably a colossal column in T'mutarakan'.

ᵗ A reference to the descendants of Prince Oleg Gorislavič (Sv'atoslavič), Prince of Černigov (d. 1115), one of Vladimir Monomachus's most bitter antagonists.

ᵘ Gza (or Gzak) and Končak, Polovtsian commanders.

ᵛ The Kajala River has not been identified with certainty.

ʷ Stribog, a Slavic (Russian) deity, probably the god of the winds.

ˣ Černigov on the river Desna, the capital of the principality of Černigov.

ʸ Vsevolod's wife was a daughter of Gleb, Prince of Perejaslavl'-Seversk.

ᶻ Karna and Žl'a, probably personifications of sorrow.

aa Sv'atoslav III, Great Prince of Kiev (1177–94), was the spiritual father of his cousins Igor and Vsevolod.

bb An allusion to Sv'atoslav III's victory over the Polovtsians under Kob'ak Khan or Bon'ak Khan in the battle on the river Orel', July 30, 1183. The khan was taken prisoner and brought to Kiev.

cc Germans, Venetians, Greeks, and Moravians.

dd Plesensk, a town in Galicia between the rivers Bug and Styr.

ee The names "Oleg" and "Sv'atoslav" are incomprehensible in this passage where one expects, instead, the names of the young princes Vladimir of Putivl' and Sv'atoslav of Ryl'sk.

ff An old designation for the Huns; here, Hungary.

gg Remnants of the Goths had survived in the Crimea.

hh Šarokan, a Polovtsian khan, several times defeated by the Russians.

ii Jaroslav, Prince of Černigov (1174–98), brother of Great Prince Sv'atoslav III.

jj The *byli* and *moguty* of Černigov appear to be Russian military designations; the Tatrans, Shelbirs, Topchaks, Revugs, and Olbers may be Turkish tribes at Prince Jaroslav's disposal.

kk Rim, a castle in the principality of Perejaslavl'.

ll Vsevolod, Great Prince of Vladimir-Suzdal' (b. 1154–d. 1212), one of the most powerful princes of the time.

mm Roman, Igor, Vsevolod, and Vladimir, sons of Gleb, princes of R'azan', from 1180 at the disposal of the prince of Vladimir-Suzdal'.

nn R'urik (d. 1215) and David (d. 1197), descendants of Vladimir Monomachus, fierce warriors.

oo Jaroslav, Prince of Galicia (1152–87). His cognomen, "Osmomysl," is known only from *The Igor Tale* and may be an allusion to the eight basic human virtues.

pp The King of Hungary.

qq Roman, Prince of Vladimir-Volynsk (d. 1205).

rr Mstislav, Roman's cousin, Prince of Luck in Volhynia.

ss The Jatv'agi, or Jatvingi, a Baltic tribe between the rivers Bug and Niemen.

tt The Deremela, a Baltic tribe living among the Jatvingi.

uu Ros', an affluent of the river Dnieper.

vv Descendants of Prince Oleg Gorislavič: Great Prince Sv'atoslav, his sons Oleg and Vladimir, and his brother Jaroslav of Černigov.

ww Ingvar, brother of Mstislav of Luck and Prince of Dorogobuž in Volhynia.

xx Vsevolod, Prince of Luck, the brother of Ingvar and Mstislav.

yy The sons of Mstislav the Brave, Prince of Smolensk (d. 1180): Mstislav of Toropec (d. 1227); David of Toropec (d. 1225); and Vladimir, Prince of Luck (1211), later Prince of Pskov (1216). They were infants in Igor's time.

zz A poetic term based on the notion of six wings, i. e., three birds (hawks).
A Polish.
B A prince of this name is not known in other sources.
C Br'ačislav and Vsevolod, sons of Vasil'ko, Prince of Polock.
D A reference to a battle which took place in 1162 at Gorodec in the region of Minsk.
E Unless it refers to a local river in Putivl', *Dunaj* here is a simple appellative representing every possible river.
F Ovlur, or Vlur, or—according to other sources—Lavor, a Polovtsian.
G Stugna, an affluent of the river Dnieper.
H Rostislav, Prince of Perejaslavl', brother of Vladimir Monomachus, drowned in the Stugna River in 1093 while fleeing from the Polovtsians.
I Igor's son.
J A district in Kiev between the hills and the lower part of the city.
K The Church of the Holy Virgin (Greek *Pyrgotissa*).

THE NARRATIVE
OF BATU KHAN'S INVASION OF R'AZAN'

Based upon historical events which occurred in 1237, the narrative deals with the invasion of the principality of R'azan' and the devastation of its capital and of the surrounding region by the Tatars, who as early as 1223 appeared on the borders of Kievan Russia, menacing its populace. Instead of applying the usual method of narration, the author chose to give a thoroughly emotional picture of the disaster. He introduced the legendary story of the heroic Eustratius Kolovrat into the account and intermixed pragmatic prose with clearly rhythmical passages. Without resorting to the symbolistic style of *The Igor Tale*, he succeeded in creating a highly poetic work.

The text is here reprinted from the edition of I. I. Sreznevskij in "Сведения и заметки о малоизвестных и неизвестных памятниках" (St. Petersburg, 1867), Vol. XXXIX, and from N. K. Gudzij, Хрестоматия по древней русской литературе XI–XVII веков (4th ed.; Moscow, 1947).

Повѣсть о приходѣ Батыя на Рязань

Въ лѣто 6745[a], во второе на десять лѣто по принесении чудотворнаго Николина[1] образа изъ Корсуня[b], приде[2] безбожный царь Батыи[c] на Русскую Землю съ многими вои[3] татарскыми и ста[4] на рѣцѣ[5] на Воронежѣ[d] близъ Резанския Земли[e].

И присла на Резань[f] къ великому князю Юрью Ингоревичу[g] Резанскому послы бездѣльны, просяща[6] десятины въ всемъ, во князѣхъ, и во всякихъ людехъ, и въ конехъ. И услыша[7] великии князь Юрии Ингоревичь Резанскии приходъ безбожнаго царя Батыя. И вскорѣ посла въ градъ Владимеръ[h] къ благовѣрному къ великому князю Георгию Всеволодовичу[i] Владимерскому, прося помощи у него на безбожнаго царя Батыя: или бы самъ пошелъ, или бы воя[8] прислалъ. Князь великии Георгии Всеволодовичь и самъ не пошелъ и на помощь воя не посла, хотя[9] о собѣ самъ сотворити брань съ Батыемъ. И услыша великии князь Юрии Ингоревичъ Резанскии, что нѣсть ему помощи отъ великаго князя Георгия Всеволодовича Влади-мерскаго.

И вскорѣ посла по братью своюj, по князя Давида Ингоревича Муром-скаго, и по князя Глѣба Ингоревича Коломенскаго, и по князя Ольга Инго-ревича Краснаго, и по сына своего, по князя Федора Юрьевича, и по Всеволода Проньскаго, и по прочии князи мѣстные и бояре и воеводы. И начаша совѣщевати, яко нечестиваго подобаетъ утоляти дары[10]. И посла сына своего князя Федора Юрьевича Резаньскаго и иныхъ князеи къ безбожному царю Батыю съ дары и молении[11] великиими, чтобы не воевалъ Резанския Земли.

Князь Федоръ Юрьевичъ вскорѣ прииде на рѣку на Воронежь къ Батыю и принесе ему дары и моли царя, чтобы не воевалъ Резанския Земли. Безбожныи же царь Батыи, льстивъ бо и немилосердъ, прия[12] дары и охапися[13] лестию не воевати Резанския Земли. И ярася[14] хвалися воевати Русскуо Землю. И нача князеи резанскихъ потѣхою тѣшити и нача просити у резаньскихъ князеи тщери[15] или сестры собѣ на ложе. И нѣкии отъ вельможь резанскихъ завистию насочи[16] безбожному царю Батыю на князя Федора Юрьевича Резанскаго, яко имѣетъ у собѣ княгиню отъ царска родаk. Она же тѣломъ и лѣпотою зрака красна бѣ зѣло. Царь Батыи, лукавъ лестию и немилостивъ въ невѣрии своемъ, порѣваемъ[17] въ похоти плоти своея, и рече князю Федору Юрьевичу:

»Даи мнѣ, княже, вѣдѣти жены твоеи красоту.«

Благовѣрныи князь Федоръ Юрьевичь Резанскои посмѣяся и рече царю: »Не достоино бо есть намъ, христианомъ, тобѣ, нечестивому царю, водити жены своя на блудъ. Аще насъ приодолѣеши, то и женами нашими владѣти начнеши.«

Безбожныи царь Батыи возъярися зѣло и огорчися. И повелѣ вскорѣ убити благовѣрнаго князя Федора Юрьевича, а тѣло его повелѣ поврѣщи звѣремъ и птицамъ на растерзание. И инѣхъ князеи нарочитыхъ и людеи воиньскихъ побилъ.

И единъ отъ пѣстунъ князя Федора Юрьевича укрыся, именемъ Апоница. Зря на блаженное тѣло честнаго своего господина, горько плачущися[18], и видя его никимъ брегома[19], и взя тѣло возлюбленнаго своего государя и таино сохрани его. И ускори къ благовѣрнои княгинѣ Еупраксѣи. И сказа еи, яко нечестивыи царь Батыи уби и[20], благовѣрнаго князя Федора Юрьевича. Благовѣрная княгиня Еупраксия стояше въ превысокомъ теремѣ своемъ и держа любезное чадо свое, князя Ивана Федоровича Постника. И услыша[21] таковыя смертоносныя глаголы, горести исполнены, абие ринуся[22] изъ превысокаго терема своего съ сыномъ своимъ, княземъ Ива-номъ, на среду земли. И заразися до смерти.

И услыша великии князь Юрии Ингоревичь убиение возлюбленнаго сына своего, блаженнаго князя Федора, и инѣхъ князеи и нарочитыхъ людеи много побитие отъ безбожнаго царя, и нача вельми плакатися и съ великою княгинею, и со прочими княгинеми, и съ братиею. И плакашеся весь градъ резанскии на многъ часъ.

★

И едва отдохнувъ отъ великаго того плача и рыдания, и нача совоку-
пляти воинство свое и учреди ихъ, князь великии Юрии Ингоревичь.
Видя братию свою и боляръ своихъ и воеводы храбрыи мужествены, ѣздяше
по воемъ. И воздѣ[23] руцѣ[24] на небо со слезами, и рече:

»Изми[25] насъ отъ врагъ нашихъ, боже, и отъ востающихъ на ны[26]
избави насъ и покрыи насъ отъ сонма[27] лукавнующихъ[28] на ны. И избави
насъ отъ множества творящихъ безаконие. Буди путь ихъ тьма и ползокъ.
Не попусти, господи, сему окаянному владѣти Рускою Землею, и намъ,
рабомъ твоимъ, не даи въ волѣ его быти.«

И рече братии своеи:

»О господня и братия моя, аще отъ руки господня благая прияхомъ[29],
то злая ли не потерпимъ? Лутче намъ смертию живота собѣ купити [и]
за святыя божия церкви и за вѣру христианскую смерти вкусити, нежели
въ поганои сего окаяннаго царя воли быти! Изъпиемъ чашу смертную!
Се бо я братъ вашь напредь васъ изопью чашу смертную за святыя божия
церкви и за вѣру христианскую и за отчину отца нашего, великаго князя
Ингоря Святославича.«

И поидоша въ церковь Пресвятыя Владычицы Богородицы, честнаго
ея Успения. И плакася много предъ образомъ милостива вседержителя и
пречистыя богородицы, и моляся великому чудотворцу Николѣ и сродни-
комъ своимъ Борису и Глѣбу, и прощаяся у гроба отца своего, великого
князя Ингоря Святославича. И давъ послѣднее цѣлование великои княгинѣ
Агрепинѣ Ростиславнѣ[1], и приемъ[30] благословение отъ епископа и отъ
всего священнаго собора, и поидоша противъ нечестиваго царя Батыя.

И стрѣтоша[31] его близъ предѣлъ резанскихъ. И нападоша на нь[32]. И
начаша битися крѣпко и мужественно. И бы сѣча зла и ужасна. Много бо
бьяшася на многъ часъ, и мнози бо сильнии полки падоша Батыевы. Царь
Батыи видяше, что господство резанское крѣпко и мужественно бьяшеся,
и возбояся вельми. Но противу гнѣву божию хто[33] постоитъ? А Батыевѣ
бо силѣ велицѣ и тяжцѣ [сущи][34], единъ бьяшеся съ тысящею, а два со
тьмою. И видя князь великии убиение брата своего, князя Давида Ингоре-
вича, и иныхъ князеи и сродникъ своихъ, и воскричаше въ горести душа[35]
своея:

>»О братие моя милая и дружина ласкова,
> узорочье и воспитание резанское,
> мужаитеся и крѣпитеся!
> Князь Давидъ, братъ нашь, на передъ насъ чашу испплъ,
> а мы ли сея чаши не пьемъ?«

И прѣсѣдоша съ конеи на кони и начаша битися прилѣжно. Удальцы
же и рѣзвецы резанския тако бьяшася крѣпко и нещадно, яко и земли
постонати. И многия сильныя полки Батыевы смятошася[36], а князь великии,
многия полки своя проѣзжая, такъ храбро и мужественно бьяшеся, яко
всемъ полкомъ татарьскымъ подивитися крѣпости и мужеству резанскому
господству. И едва одолѣша ихъ сил[ь]ныя полки татарския. И ту убиенъ
бы благовѣрныи князь великии Георгии Ингоревичь[m] и братъ его, князь
Давидъ Ингоревичь Муромскои, и братъ его, князь Глѣбъ Ингоревичь
Коломенскои, и братъ ихъ, Всеволодъ Проньскои.

И многия князи мѣстныя и воеводы крѣпкия,
и воинства удальцы и рѣзвецы,
узорочье и воспитание резанское,
вси равно умроша
и едину чашу смертную испиша.
Ни единъ отъ нихъ возвратися вспять,
вси вкупѣ мертвии легоша[37].

Сиа бо наведе богъ грѣхъ[38] ради нашихъ. А князя Ольга Ингоревича яша[39] еле жива суща. Царь же, видя свои полки, яко мнозии падоша, и нача вельми скорбѣти и ужасатися, видя свои силы татарскыя множество побьеныхъ.

И нача воевати Резанскую Землю, и веля[40] бити и сѣчи и безъ милости. И градъ Пронскъ и Бѣлъгородъ и Ижеславль разори до основания. И всѣ люди побиша безъ милости, мужа[41] и жены и чада ихъ. И течаше кровь крестьянская, яко рѣка сильная, грѣхъ ради нашихъ. Царь Батыи, видя князя Ольга Ингоревича вельми красна и храбра и изнемогающа отъ великихъ ранъ, и хотѣ[42] его изврачевати отъ великихъ ранъ и на свою прелесть возвратити. Князь же Олегъ Ингоревичь укори царя Батыя, и нарекъ[43] его безбожна и врага крестьянска. Окаяныи же Батыи дохну[44] огнемъ отъ мерзкаго сердца своего и повелѣ Ольга ножи[45] на части раздробити. Сии бо есть вторыи страстоположникъ Стефанъ[n], мученикъ Христовъ, прия[въ] вѣнецъ своего страдания отъ всемилостиваго бога.

Царь Батыи окаяныи нача воевати Резанскую Землю, и поидоша ко граду къ Резани и объступиша градъ Резань и бишася неотступно пять днеи. Батыево же воиско премѣняшеся, а гражане непремѣнно бьяхуся. И многихъ гражанъ побиша, а инѣхъ уязвиша, а инии отъ великихъ трудовъ изнемогоша. А въ шестыи день рано приидоша погании ко граду, овии съ огни[46], а ини съ пороки[47], а ини съ тьмочислеными лѣствицами. И взяша градъ Резань мѣсяца декабря въ 21 день.

И великую княгиню Агрепину, матерь великаго князя, со снохами и съ прочими княгинями

въ церкви соборнѣи мечи[48] исѣкоша,
а епископа и священническии чинъ огню предаша,
во святѣи церкви пожегоша,
а инии многи отъ оружия падоша,
а во градѣ многихъ людеи и жены и дѣти мечи исѣкоша,
а иныхъ въ рѣцѣ потопиша,
иерѣи и черноризца[49] до останка исѣкоша,
и весь градъ пожгоша,
и все узорочие, нарочитое богатство резанское
и сродниковъ ихъ, киевское и черниговское, поимаша,
и храмы божия разориша,
и во святыхъ олтаряхъ много крови пролияша,
а ини мнози въ полонъ поведени быша.
И не оста въ градѣ ни единъ живыхъ, вси равно умроша,
и едину чашу смертную пиша,
нѣсть бо ту ни стонюща, ни плачуща[50],
и ни отцу и матери о чадѣхъ,

или чадомъ о отци и о матери,
ни брату о братѣ, ни ближнему роду,
но вси вкупѣ мертвы лежаша.
И сия вся наведе богъ грѣхъ ради нашихъ.

Безбожныи царь Батыи, видя велие пролитие крови хрестьянския,
возьярися зѣло и огорчися, и поиде на градъ Суздаль и Владимерьо,
желая Русскую Землю всю поплѣнити,
и вѣру крестьянскую искоренити,
и церкви божия до останка разорити.

★

И нѣкии отъ вельможь резанскихъ, имянемъ Еупатии Коловратъръ, въ
то время былъ въ Черниговѣ со княземъ Ингваремъ Ингоревичемъч, емля[51]
подать своего государя, великаго князя Юрия Ингоревича Резанского. И
услыша приходъ зловѣрнаго, царя Батыя что идетъ со многими силами
на Русскую Землю, и иде изъ Чернигова малою дружиною и гнаше[52]
скоро. И вскорѣ приѣха въ Землю Резаньскую и видѣ ея опустѣвшу,
грады разорены, церкви пожжены, люди побьены. И пригна во градъ Резань
и увидѣ градъ разоренъ, государи побити и множество народа лежаше,
ови побьены и посѣчены, а ини позжены[53], ити въ рѣцѣ истоплены. И
вскрича Еупатии въ горести душа своея и распалаяся[54] въ сердци своемъ.

И собра мало дружины, тысящу и семьсотъ человѣкъ, которыхъ богъ
соблюде[57], быша бо внѣ града. И погнаша въ слѣдъ безбожнаго царя
Батыя, хотяще пити смертную чашу съ своими государьми равно, и едва
угнаша его въ Земли Суздальстѣи[56]. И внезапу нападоша на станы Батыевы
и начаша сѣчи безъ милости. И смятоша[57] яко всѣ полки татарскыя.
Татарове же сташа яко пияны, али неистовыи Еупатии тако ихъ бьяше
нещадно, яко и мечи притупишася, и емля татарския мечи и сѣчаше ихъ
нещадно. Татарове мняша[58], яко мертви воссташа. Еупатии, сильныя полки
татарьскыя проѣзжая, бьяше ихъ нещадно, и ѣздя по полкамъ татар-
скимъ храбро и мужественно, яко и самому царю побоятися.

И едва поимаша отъ полку Еупатиева пять человѣкъ воиньскихъ,
изнемогшихъ отъ великихъ ранъ, и приведоша ихъ къ царю Батыю. И царь
Батыи нача вопрошати:

»Коея вѣры есте вы, и коея земля[59], и что мнѣ много зла творите?«
Они же рѣша[60]:

»Вѣры крестиянския есвѣ[61], раби великаго князя Юрья Ингоревича
Резанскаго, а отъ полку Еупатиева Коловрата, — послани отъ князя
Ингваря Ингоревича Резанскаго тебя, сильна царя, почтити и честно прово-
дити и честь тобѣ воздати. Да не подиви, царю: не успѣвати наливати
чашу на великую силу, рать татарскую.«

Царь же подивися отвѣту ихъ мудрому. И посла шурича своего Хо-
стоврулаг на Еупатия, а съ нимъ сильныя полки татарские. Хостоврулъ
же похвалися предъ царемъ, хотя[62] Еупатия жива предъ цард привести.
И ступишася сильныя полки татарския, хотя Еупатия жива яти. Хосто-
врулъ же съѣхася съ Евпатиемъ. Еупатеи же, исполинъ силою, наѣхавъ и
разсѣче Хостоврула на полы до сѣдла,

и начаша сѣчи силу татарскую,
и многихъ тутъ нарочитыхъ багатыреи Батыевыхъ побиша,
овихъ на полы пресѣкоша[63],
а иныхъ до сѣдла краяша[64].
Татарове же возбояшася,
видя Еупатия крѣпка исполина,
и навадиша на него множество пороковъ
и начаша бити по немъ съ сточисленыхъ пороковъ.
И едва убиша его
и принесоша тѣло его предъ царя Батыя.
Царь Батыи посла по мурзы
и по князи ординскии и по санчакбѣи.
И начаша дивитися храбрости и крѣпости
и мужеству резанскому господству.

Они же рекоша царю:

»Мы со многими цари во многихъ земляхъ
на многихъ бранехъ бывали,
а такихъ удальцовъ и рѣзвецовъ не видали,
ни отци наши возвѣстиша намъ.
Сии бо люди крылатии и не имѣюще смерти,
тако крѣпко и мужественно ѣздя[65]
бьяшася единъ съ тысящею, а два съ тьмою.
Ни единъ отъ нихъ не можетъ сьѣхати
живъ съ побоища.«

Царь Батыи, зря[66] на тѣло Еупатиево, и рече:

»О Коловрате Еупатие,
гораздо еси меня поскепалъ
малою своею дружиною,
да многихъ нарочитыхъ богатыреи
сильнои орды побилъ еси,
и многие полки отъ тебе падоша.
Аще бы у меня такии служилъ,
держалъ быхъ его противъ сердца своего!«

И даша тѣло Еупатиево его дружинѣ останнои, которые поиманы на побоище еле живы суще, и веля ихъ царь Батыи опустити и ничемъ вредити.

★

Князь Ингварь Ингоревичь въ то время былъ въ Черниговѣ у брата своего, князя Михаила Всеволодича Черниговскаго[s], богомъ соблюденъ отъ злаго того отметника, врага хрестьянскаго, и прииде изъ Чернигова въ Землю Резанскую, во свою отчину.

И видя ея пусту и услыша, что братья его всѣ побиены отъ нечестиваго законопреступника, царя Батыя, и прииде во градъ Резань, и видя градъ разоренъ, а матерь свою и снохи своя и сродникъ своихъ и множество многое мертвыхъ лежаща, и земля пуста, градъ разоренъ, церкви пожжены, и все узорочье въ казнѣ черниговскои и рязанскои взято.

Видя князь Ингварь Ингоревичь великую конечную погибель грѣхъ ради нашихъ, и жалостно воскричаше яко труба. рати гласъ подавающп, яко сладкии арганъ вѣщающи, и отъ великаго кричания и вопля страшнаго лежаше на земли яко мертвъ, и едва отъльяша[67] его и носяша по вѣтру, и едва отходи душа его въ немъ.

   Кто бо не возплачется толикия погибели?
   или кто не возрыдаетъ о селицѣ[68] народѣ людии?
   или кто не пожалитъ множества государеи
   и храбрыхъ воеводъ и нарочитыхъ людеи,
   напрасно нужною смертию скончавшася?
   или кто не постонетъ сицеваго[69] плѣнения?

  Князь Ингварь Ингоревичь, разбирая трупия мертвыхъ, и наиде тѣло матери своеи, великия княгини Агрепины Ростиславны, и позна снохи своя, и призва попы изъ веси, которыхъ богъ соблюде, и погребе[70] матерь свою и снохи своя и сродники своя съ плачемъ великимъ. Во псалмовъ и пѣснеи мѣсто кричаше вельми и рыдаше. И похраняше[71] прочия трупия мертвыхъ. И очисти градъ и освяти. И собрашася мало людеи, и дасть имъ мало утѣшения. И плачася беспрестанно, поминая матерь свою и братию свою и родство свое и все узорочье резанское, еже вскорѣ погибе. Сия вся наиде грѣхъ ради нашихъ!

   Погибе градъ и Земля Резанская,
   измѣнися доброта ея,
   и не бѣ что въ неи благо видѣти,
   токмо дымъ и земля и пепелъ,
   а церкви вси погорѣша,
   а сама соборная церковь
   внутри погорѣ и почернѣ.
   И не бѣ во градѣ пѣния ни звона,
   въ радости мѣсто плачь и рыдания!

  А князь Ингварь Ингоревичь поиде, игдѣ[72] побьени быша братия его отъ нечестиваго царя Батыя: великии князь Юрии Ингоревичь Резанскии, и братъ его, князь Олегъ Ингоревичь Красныи, и братъ его, князь Давидъ Ингоревичь Муромскои, и братъ его, князь Глѣбъ Ингоревичь Коломенскои, и Всеволодъ Пронскои.

   И многия ини князи мѣстныя
   и бояре и воеводы и все воинство,
   и крѣпкия многия удальцы и рѣзвецы,
   узорочие и воспитание резанское,
   лежаша на земли пустѣ, на травѣ ковылѣ,
   снѣгомъ и ледомъ померзоша[73], никимъ брегоми[74],
   и отъ звѣреи телеса ихъ снѣдаема[75]
   и отъ множества птицъ разътерзаема.
   Всё бо лежаша купно, [купно] умроша,
   едину чашу пиша[76] смертную.

  И видя князь Ингварь Ингоревичь велия трупия мертвыхъ лежаща, и воскрича горько велиемъ гласомъ, яко труба, распалался. Начаша разбирати трупие мертвыхъ, и князь Ингварь Иигоревичь взя тѣло братии своеи, великаго князя Георгия Ингоревича, князя Давида Ингоревича Муромскаго и князя Глѣба Ингоревича Коломенскаго, и Всеволода Пронскаго,

и инѣхъ[77] князеи мѣстныхъ и своихъ сродниковъ,
и многихъ бояръ и воеводъ и ближнихъ знаемыхъ,
и многихъ удальцовъ и рѣзвецовъ,
узорочье резанское!

Принесе ихъ во градъ Резань и похраняше[78] ихъ честно. А инѣхъ многихъ ту на мѣстѣ на пустѣ собираше. И надгробное пѣша[79]. И похраняше князь Ингварь Ингоревичь и поиде ко граду Пронску.

И собра раздроблены уды брата своего, благовѣрнаго христолюбиваго князя Ольга Ингоревича. И несоша его во градъ Резань, а честную его главу самъ князь великии Ингварь Ингоревичь и до града понесе и цѣлова ю[80] любезно. И положиша его съ великимъ княземъ Юрьемъ Иигоревичемъ во единои рацѣ[81]. А братью свою, князеи Давида Ингоревича да князя Глѣба Ингоревича, положиша у ногъ ихъ близъ гроба во единои рацѣ. Поиде же князь Ингварь Ингоревичь на рѣку на Воронежь, идѣ[82] убиенъ бысть князь Федоръ Юрьевичь Резанскои, и взя честное и святое тѣло его, и плакася надъ нимъ на долгъ часъ, и принесе во область его къ великому чудотворцу Николѣ Корсунскому[ᵗ]. [И положиша и] и его благовѣрную княгиню Еупраксию, и сына ихъ, князя Ивана Федоровича Постника, во единомъ мѣстѣ и поставиша надъ ними три кресты камены. И отъ сея вины да зовется великии чудотворець Николае Заразскии, яко благовѣрная княгиня Еупраксия и съ сыномъ своимъ, княземъ Иваномъ, сама себѣ зарази[ч].

Благовѣрныи великии [князь] Иигварь Ингоревичь, нареченыи во святомъ крещении Козма, приде во градъ Резань, и сяде на столѣ отца своего, великаго князя Ингоря Святославича, и обнови Землю Резанскую, и церкви постави, и монастыри согради, и пришельцы утѣши, и люди собра. И бысть радость крестьяномъ, имъже избави богъ рукою своею крѣпкою отъ безбожнаго зловѣрнаго царя Батыя. А киръ Михаила Всеволодовича[ᵛ] Пронскаго посади на отца его Всеволода Пронскаго отчинѣ Пронску[83].

Да будетъ память усопшимъ за отчину свою и за вѣру христианскую! Аминъ.

---

[1] Николина *gen. sg.* : Николинъ *adj. poss.* : Николаи. [2] приде *aor. 3 sg.* : прити. [3] вои *instr. pl.* : вои. [4] ста *aor. 3 sg.* : стати. [5] рѣцѣ *loc. sg.* : рѣка. [6] просяща *pr. a. p., acc. pl.* : просити. [7] услыша *aor. 3 sg.* : услышати. [8] воя *acc. pl.* : вои. [9] хотя *pr. a. p. (adv.)* : хотѣти. [10] дары *instr. pl.* : даръ. [11] молении *instr. pl.* : моление. [12] прия *aor. 3 sg.* : прияти. [13] охапися *aor. 3 sg.* : охапитися. [14] ярася *pr. a. p.* : яритися. [15] тщери = дъщери *acc. pl.* : дъщи. [16] насочи *aor. 3 sg.* : насочити. [17] порѣваемъ *pr. p. p.* : порѣвати. [18] плачущися *pr. a. p. (adv.)* : плакатися. [19] брегома *acc./gen. sg.* : брегомъ *pr. p. p.* : брещи = брѣщи. [20] и *acc. sg.* : онъ. [21] услыша *pr. a. p.* : услышати. [22] ринуся *aor. 3 sg.* : ринутися. [23] воздѣ *aor. 3 sg.* : воздѣти = въздѣти. [24] руцѣ *acc. du.* : рука. [25] изми *imp. 2 sg.* : изъяти. [26] ны *acc. pl.* : мы. [27] сонма *gen. sg.* : сонмъ = сънмъ. [28] лукавнующихъ *pr. a. p., gen. pl.* : лукавновати. [29] прияхомъ *aor. 1 pl.* : прияти. [30] приемъ *p. a. p.* : прияти. [31] стрѣтоша = с(ъ)рѣтоша *aor. 3 pl.* : с(ъ)рѣсти. [32] на нь *prep. + acc. sg.* : онъ. [33] хто = кто. [34] силѣ ... сущи *dat. abs. (caus.)*. [35] душа *gen. sg.* : душа. [36] смятошася *aor. 3 pl.* : с[ъ]мястися. [37] легоша *aor. 3 pl.* : лещи. [38] грѣхъ *gen. pl.* : грѣхъ. [39] яша *aor. 3 pl.* : яти. [40] веля *pr. a. p.* : велѣти. [41] мужа *acc. pl.* : мужь. [42] хотѣ *aor. 3 sg.* : хотѣти. [43] нарекъ *p. a. p.* : нарещи. [44] дохну *aor. 3 sg.* : дохнути. [45] ножи *instr. pl.* : ножь. [46] огни *instr. pl.* [47] пороки *instr. pl.* : порокъ. [48] мечи *instr. pl.* : мечь. [49] черноризца *acc. pl.* : черноризьць. [50] стонюща, плачуща *pr. a. p., gen. sg.* : стонати, плакати. [51] емля *pr. a. p.* : имати. [52] гнаше *impf. 3 sg.* : г[ъ]нати. [53] позжены = пожжены.

[54] распалаяся *pr. a. p.* : распалатися.   [55] соблюде *aor. 3 sg.* : соблюсти = съблюсти. [56] Суздальстѣи *loc. sg.* : Суздальскъ.   [57] смятоша *aor. 3 pl.* : с[ъ]мясти.   [58] мняша = мьнѣша *aor. 3 pl.* : мьнѣти.   [59] земля *gen. sg.* : земля.   [60] рѣша *aor. 3 pl.* : рещи.   [61] есвѣ *pr. 1 du. instead of* есмъ *pr. 1 pl.* : быти.   [62] хотя *pr. a. p.* : хотѣти.   [63] пресѣкоша *aor. 3 pl.* : пресѣщи.   [64] краяша *aor. 3pl.* : краяти.   [65] ѣздя *pr. a. p. (adv.)* : ѣздити.   [66] зря *pr. a. p. (adv.)* : з[ь]рѣти.   [67] отъльяша *aor. 3 pl.* : отълити.   [68] селицѣ *loc. sg.* : селикъ.   [69] сицеваго *gen. sg.* : сицевъ.   [70] погребе *aor 3 sg.* ; погрести.   [71] кричаше, . . . рыдаше . . . похраняше *impf. 3 sg* ; кричати, рыдати, похраняти.   [72] игдѣ = гдѣ.   [73] померзоша *aor. 3 pl.* : померзнути = помьрзнути.   [74] брегоми *pr. p. p., nom. pl. m.* : брѣщи.   [75] снѣдаема = снѣдаема *pr. p. p.. nom. pl. n.* : сънѣсти.   [76] умроша, пиша *aor. 3 pl.* : умрѣти, пити.   [77] инѣхъ *gen. pl.* : инъ.   [78] похраняше *impf. 3 sg.* : похраняти.   [79] пѣша *aor. 3 pl.* : пѣти.   [80] ю *acc. sg.* : она.   [81] рацѣ *loc. sg.* : рака.   [82] идѣ = гдѣ.   [83] Пронску *loc. sg.*

a 1237.

b St. Nicholas the Wonder-worker, an archbishop in Lykia (Asia Minor), a popular saint (fourth century) whose icon was transferred from Korsun' (Chersonesus) in the Crimea to Russia in 1224.

c Batu Khan of the Tatar Golden Horde, grandson of Genghis Khan.

d An affluent of the river Don.

e Principality of R'azan' on the border of the steppes.

f Capital of the principality.

g Jurij (= Georgij), Prince of R'azan' (1217–37), the son of Prince Ingor', Gleb's son (d. 1195). It is remarkable that among the princes of R'azan' three forms of the same name appear: "Igor'," "Ingor'," and "Ingvar'," the last two representing an interesting restoration of the Old Scandinavian form *Ingvar.*

h Capital of the nearest principality, Vladimir-Suzdal'.

i Jurij, Great Prince of Vladimir (1219–38), son of Vsevolod III.

j Besides David of Murom, Gleb of Kolomna, and Oleg and Vsevolod of Pronsk, the prince had another brother, Ingvar'. It is noteworthy that whereas David died in 1228 and Vsevolod in 1208, Oleg (not a son, but a nephew of Jurij) did not die before 1258.

k Eupraxia, Prince F'odor's wife. Although the text suggests that she was of royal (Byzantine) blood, her origin is unknown.

l Prince Jurij's mother, Prince Igor's widow.

m Prince Jurij.

n St. Stephen, the martyr.

o Following his devastation of the principality of R'azan', Batu Khan invaded the principality of Vladimir and Novgorod, then suddenly retired to the steppes, passing through the principalities of Smolensk and Černigov.

p A purely fictitious character.

q Prince Ingvar', surviving all of his brothers, now became Prince of R'azan'.

r Obviously a Turkish name; the character, however, is undoubtedly fictitious.

s Mixail, Prince of Černigov (1225–46), a relative (not a brother) of Prince Ingvar'.

t St. Nicholas the Wonder-worker.

u A totally erroneous etymology of the place name "Zarazsk" or "Zarajsk."

v Prince Vsevolod's son is here given the Greek title of courtesy *kir* (*kyrios*) "lord, master."

DISCOURSE ON THE RUIN
OF THE LAND OF RUS'

Although the hypothesis that the *Discourse* must be considered an introduction or preface to the anonymous *Life of Alexander Nevskij* seems to be commonly accepted, the differences in style and language are so considerable, that it seems justifiable to regard the *Discourse* as a fragment of a nonextant epic poem and to present it with other examples of Old Kievan epic and heroic literature. There is no doubt that this fragment was influenced to a marked degree by *The Igor Tale* both in literary style and in language.

The text has as its source the edition of X. M. Lopar'ov in "Памятники древней письменности и искусства" (St. Petersburg, 1892), Vol. LXXXVI.

Слово о погибели Русьскыя Земли

О, свѣтло свѣтлая и украсно украшена Земля Русьская!
Многыми красотами удивлена еси:
озеры[1] многыми удивлена еси,
рѣками и кладязьми мѣсточестьными,
горами крутыми, холмы высокыми,
дубравами чистыми, польми дивными,
звѣрьми различными, птицами бещислеными,
городы великыми, селы дивными,
винограды обительными, домы церковьными,
и князьми грозными, бояры честными,
     вельможами многыми!
Всего еси исполнена, Земля Русьская, —
о, правовѣрьная вѣра християньская!

Отселѣ до Угоръ[a] и до Ляховъ[b],
[отъ Ляховъ и] до Чаховъ[c],
отъ Чаховъ до Ятвязи[d2],
и отъ Ятвязи до Литвы[e] и до Нѣмецъ[f],
отъ Нѣмецъ до Корѣлы[g],
отъ Корѣлы до Устьюга[h],
гдѣ тамо бяху Тоимици поганіи[i],
и за Дышючимъ[3] моремъ[j],
отъ моря до Болгаръ[k],
отъ Болгаръ до Буртасъ[l],
отъ Буртасъ до Чермисъ[m],
отъ Чермисъ до Морѣдвы[n], —

то все покорено было богомъ крестияньскому языку,
поганьскыя страны великому князю Всеволоду,
отцю его Юрью, князю Кыевьскому,
дѣду его Володимеру Манамаху[o],
которымъ то Половци дѣти своя страшаху[4] въ колыбели,
а Литва изъ болота на свѣть не выникываху[5],
а Угры твердяху каменыи городы желѣзными вороты[6],
абы на нихъ великии Володимеръ тамо не вьсѣхалъ[7].
А Нѣмци радовахуся, далече будуче за синимъ моремъ;
Буртаси, Черемиси, Вяда[p] и Морѣдва бортьничаху
на князя великого Володимера,
и жюръ[q] Мануилъ цѣсарегородскыи[r], опасъ имѣя,

поне и великыя дары посылаше къ нему,
абы подъ нимъ великыи князь Володимеръ
Цѣсарягорода не взялъ.

А въ ты дни [бысть] болѣзнь крестияномъ,
отъ великаго Ярослава и до Володимера,
и до ныняшняго Ярослава,
и до брата его Юрья, князя Володимерьскаго.

[1] озеры *and the following forms in the same passage*: холмы, польми, городы, селы, винограды, домы, бояры *instr. pl.*: озеро, холмъ/хълмъ, поле, городъ, село, виноградъ, домъ, бояринъ. [2] Ятвязи *incorr. gen. sg.*: Ятвязь *coll. f. instead of* Ятвягъ *gen. pl.*: Ятвязи *nom. pl.* [3] Дышючимъ *pr. a. p., instr. sg.*: дышати. [4] страшаху *impf. 3 pl.*: страшити. [5] выникываху *impf. 3 pl.*: выникивати. [6] вороты *instr. pl.*: ворота. [7] вьсѣхалъ = възъѣхалъ.

[a] Hungary.
[b] Poland.
[c] Czechia (Bohemia).
[d] The Jatv'agi or Jatvingi were a part of the Baltic group of peoples between the rivers Bug and Niemen.
[e] Lithuania.
[f] Germany.
[g] Karelia.
[h] The most important city in the Northern Dvina region.
[i] A Finno-Ugric tribe settled on the river Tojma, an affluent of the Northern Dvina.
[j] The White Sea.
[k] The capital of the Volga-Bulgarian khanate.
[l] A little-known tribe between the Volga-Bulgarian and the Khazarian khanates east of the Volga, or, possibly, of the Oka River.
[m] The Cheremissians or Mari, west of the Volga.
[n] A Finno-Ugric tribe settled west of the Volga river.
[o] This genealogy from Vladimir Monomachus (d. 1125) through his son Jurij, Prince of Vladimir-Suzdal', Great Prince of Kiev (d. 1157), down to Vsevolod (d. 1212), and the second genealogy (at the end of the text) from Jaroslav I (d. 1054) through his great grandson Vladimir Monomachus to the sons of Vsevolod, Prince Jurij of Vladimir (1219–38) and his brother Jaroslav, could serve as evidence that the text is indicative of the time of the Tatar invasion of 1237 rather than of any other period, including that of Alexander Nevskij.
[p] An unknown people, possibly the Finno-Ugric inhabitants of the region of the river V'atka in northeast Russia.
[q] Greek: *lord*.
[r] Manuel I, Byzantine Emperor (1143–80), was not on unfriendly terms with Vladimir Monomachus or with his successors. The following passage, however, seems to indicate that a purely epic folk motif of the Greek emperors' veneration for the Russian princes was drawn into the poem. This may be the source for the belief so characteristic of the period of the rise of Moscow that the tsars' regalia was inherited from Byzantium.

SOFONIA OF R'AZAN:
THE DON TALE

Traditionally called *Zadonščina* and known also as *The Tale of the Battle of the Great Prince Dimitrij and His Brother at the Don River*, this poem is based on a major political event in Russian history, the crushing defeat and rout of Mamaj Khan and his Tatars in 1380. The text has been the object of a complicated evolution, investigated mainly by S. Šambinago, Повести о Мамаевом побоище (St. Petersburg, 1906), and by Jan Frček, *Zadonština* (Prague, 1948).

Composed in close imitation of *The Igor Tale*, the narrative represents an effort to revive the heroic style at the end of the fourteenth century (or the beginning of the fifteenth century) by creating a poem on the theme of victory. The Old Russian tradition of lyricism as necessarily connected with lamentation gives this poem of victory a characteristic tendency to deplore the victims of the battle and the cruelty of war. In spite of its dependence on *The Igor Tale*, *The Don Tale* is a highly poetic work in its own right.

The text reprinted here is taken from the work of S. Šambinago.

Задонщина Софония Рязанца

>... Снидемся[1], братия и друзи и сынове русские,
> составимъ слово къ слову,
> возвеселимъ Русскую Землю,
> возверземъ[2] печаль на восточную страну въ
>   Симовъ жребии[a],
> воздадимъ поганому царю Мамаю[b] побѣду,
> а великому князю Дмитрию Ивановичу[c] похвалу
> и брату его князю Владимиру Андреевичу[d].

И рцемъ[3] таково слово:

Лутчи[4] бо намъ есть, братие, начати повѣдати иными словесы отъ похвальныхъ сихъ, отъ нынѣшнихъ повѣстии о полку великаго князя Дмитрия Ивановича и брата его, князя Владимира Андреевича, правнуковъ Владимира Киевскаго[e].

Начати повѣдати по дѣломъ и по былинамъ.

Но проразимся мыслию надъ землями, — помянемъ первыхъ лѣтъ времена и похвалимъ вѣщаго Бояна[f], въ Киевѣ гораздна гудца.

Тотъ бо вѣщии Боянъ, воскладая своя златыя персты на живыя струны, и пояше[5] русскимъ княземъ славу: первому князю Рюрику, Игорю Рюриковичу, Владимиру Святославичу, Ярославу Володимировичу[g].

Здѣ же помянемъ сего великаго князя Дмитрия Ивановича и брата его, Владимира Андреевича, правнуковъ святаго князя Владимира Киевскаго. Ихъ же помянемъ и похвалимъ пѣсньми и гуслеными буиными словесы,

> занеже ихъ было мужество и желание
> за Землю Русскую и за вѣру христианскую.

★

Се бо князь великии Дмитрии Ивановичъ и братъ его, князь Владимиръ Андреевичъ, истезавше умъ крѣпостию своею, и поостриша сердца своя мужествомъ и наполнишася ратнаго духа, и уставиша себѣ храбрыя воеводы въ Русскои Землѣ, помянувше прадѣда своего, великаго князя Владимира Киевскаго.

> О жаворонокъ-птица, въ красные дни утѣха!
> Взыди подъ синия облаки,
> воспои славу великаму князю Дмитрию Ивановичу

и брату его, Владимиру Андреевичу!
Ци не буря соколы занесе
изъ Земли Залѣсскияʰ
въ поле половецкое.
Кони ржутъ на Москвѣ,
бубны бьютъ на Коломнѣ[1],
трубы трубятъ въ Серпуховѣʲ,
звенитъ слава по всеи Землѣ Рускои.
Чюдно стязиᵏ стоять у Дону великаго на березѣ[7],
пашутся[8] хоругови берчати,
свѣтятся калантыри злачены.
Стоятъ мужи Новгородцы у святыя Софии[l],
аркучи[9] таково слово:
»Уже намъ, братия, къ великому князю Дмитрию Ивановичу
на пособь не поспѣти!«
Тогды аки орды слѣтошася
со всея полунощныя страны.
То ти не орли слѣтошася, —
съѣхалися всѣ князи русские
къ великому князю Дмитрию Ивановичу,
аркучи таково слово:
»Господине, князь великии!
уже погании татарове
на поля на наши наступаютъ,
а вотчину нашу у насъ отнимаютъ,
стоятъ межу Дономъ и Днѣпромъ,
на рѣцѣ на Мечѣ[l] брести хотятъ,
а предати животъ свои нашеи славѣ!«

И рече князь великии Дмитрии Ивановичъ брату своему, князю Владимиру Андреевичу:

»Поидемъ, брате, за быструю рѣку Донъ,
укупимъ землямъ диво,
старымъ повѣсть, а младымъ память,
а храбрыхъ своихъ испытаемъ,
а рѣку Донъ кровию прольемъ
за Землю Русскую и за вѣру христианскую.«

Тако жъ рече князь великии Дмитрии Ивановичъ своеи братии, русскимъ княземъ:

»Братьица моя милая, русские князи!
Гнѣздо есми князя Владимира Киевскаго.
Не въ обиду есми были порожены[10]
ни соколу, ни ястребу, ни черну ворону,
ни тому псу, поганому Мамаю.«

★

Славии птица!
абы еси выщекотала сии два брата,
два сына Ольгердовы[m],
Андрея Полоцкаго[n] и Дмитрия Брянскаго[o]!
Тѣ бо суть сынове храбри,
на щитѣ рожены[11],
подъ трубами повити,
подъ шеломы[12] взлелѣяни,
конець копия вскормлени,
съ востраго меча поени
въ Литовскои Землѣ!

Молвяше Андреи къ своему брату Дмитрию:
»Сама есма[13] два брата,
дѣти Ольгердовы,
внучата Гедымонтовы,
правнуки Скольдимеровы[p].
Соберемъ себѣ милую дружину,
сядемъ, брате, на свои борзые комони,
посмотримъ быстрого Дону,
испиемъ шеломомъ воды,
испытаемъ мечевъ[14] своихъ литовскихъ
о шеломы татарские,
а сулицъ нѣмецкихъ
о баиданы бесерменские.«

И рече ему Дмитрии:
»Не пощадимъ, брате, живота своего
за Землю Русскую и за вѣру христианскую,
за обиду великаго князя Дмитрия Ивановича.
Уже бо, брате, стукъ стучить, громъ гремить
въ славномъ градѣ Москвѣ!
То ти, брате, не стукъ стучить, ни громъ гремить,
стучить сильная рать великаго князя Дмитрия Ивановича,
гремять удальцы русские злаченными доспѣхи,
а шеломы, а черленными щиты.
Сѣдлаи, брате Андреи, свои борзые комони!
А мои ти готови,
напреди твоихъ осѣдлани.
Выѣдемъ, брате, въ чистое поле
и посмотримъ своихъ полковъ!«

★

Уже бо всташа[15] сил[ь]нии вѣтри съ моря,
прилѣлѣяша тучу велику на усть Днѣпра,
на Русскую Землю.
Изъ тучи выступиша кровавыя зори,
а въ нихъ трепещуть синии молнии.

Быти стуку и грому велику
межу Доном и Днѣпромъ,
пасти трупу человѣческому на полѣ Куликовѣч,
пролитися крови на рѣчкѣ Непрядвѣ!
Уже бо воскрипѣли телѣги татарския
межу Доном и Днѣпромъ,
идуть Хиновеᵍ на Русскую Землю.
И притекоша[16] сѣрые волци,
отъ усть Дону и Днѣпра!
То ти было не сѣрые волци,
но приидоша поганые Татарове,
хотятъ проити воюючи всю Землю Русскую.

Тогда же гуси восгоготаша[17],
и лебеди крилы восплескаша[18].
То ти не гуси восгоготаша,
ни лебеди крилы восплескаша,
се бо поганыи Мамаи приведе вои свои на Русь.
Уже бо бѣды ихъ пасоша птица[19] подъ облакы,
ворони часто грають,
а галици своею рѣчью говорять,
орли восклекчуть[20], волци грозно воють,
а лисицы на кости брешуть[21].
Земля, Земля Русская, теперь бо еси за соломянемъ[22]
     побывала!

Тогда же ястреби и соколи и бѣлые кречети
отрывахуся отъ златыхъ колодицъ,
[и] обрываху шелковыя опутины,
возвияючись подъ синия небеса;
позвониша своими злачеными колокольци
надъ быстрымъ Доном, —
хотятъ ударити на многия стада гусиныя и лебединыя!
А богатыри русские хотятъ ударити
на-великия силы поганого царя Мамая.

Тогда князь великии Дмитрии Ивановичъ вступи въ позлащенное свое стремя, и вземъ[23] свои мечъ въ правую руку, и помолися богу и пречистои его матери. Солнце ему ясно сияетъ на востоцѣ и путь повѣдаетъ, а Борисъ и Глѣбъ молитву воздаютъ за сродники своя.

Что ми шумитъ, что гремитъ рано предъ зорями?
Князь Владимиръ Андреевичъ полки перебираетъ
и ведетъ къ быстрому Дону,
аркучи такъ:
»Господине князь Дмитрии!
Не ослабляи поганымъ Татаровямъ,
уже бо поганые поля наступаютъ!«

И рече князь Дмитрии Ивановичъ брату своему, князю Владимиру Андреевичу:

»Брате милыи, сами есмя[24] собѣ два брата,
сынове есми великаго князя
Ивана Даниловича,
а внучата есми великаго князя
Данилы Александровича[s],
а воеводы у насъ вельми крѣпцы,
дружина свѣдома,
имѣютъ подъ собою борзые комони,
а на себѣ доспѣхи злаченые,
а баиданы булатные, а шеломы черкасские[t],
а щиты московские, а сулицы нѣмецкия,
а копия фряския[u], а кинжалы сурские[v].
А дорога имъ свѣдома,
а перевозы у нихъ ставлены,
но еще хотять главы своя положити
за Землю Русскую и за вѣру христианскую.
Пашутъ бо ся живи хоругови,
ищутъ бо собѣ чести и славнаго имяни!«

*

Уже бо ястреби и соколи и бѣлые кречети
борзо за Донъ перелетѣша,
на многия стада гусиныя и на лебединыя.
То ти быша ни соколи, ни кречети, —
то ти наѣхали князи русские
и богатыри литовские
на великия силы татарския
и удариша копии харалужными
о доспѣхи татарские.
Возгремѣли мечи булатные
о шеломы хиновские
на полѣ Куликовѣ, на рѣчкѣ Непрядвѣ.
На полѣ Куликовѣ сильныя тучи сступишася,
а изъ нихъ часто сияли молнии
и гремѣли громы велиции.
То ти сступишася сынове русские
съ погаными Татарами
за свою великую обиду.
А въ нихъ сияли доспѣхи злаченые
и гремѣли мечи булатые
о шеломы хиновские.

Не турове рано возревѣли
у Дону великаго на полѣ Куликовѣ, —
возревѣли воеводы сильные,
великаго князя Дмитрия Ивановича вои,
побиты и посѣчены отъ поганыхъ татаръ.

Пересвѣта чернца, брянскаго боярина[w], на суженое мѣсто привели. И рече Пересвѣтъ великому князю Дмитрию Ивановичу:

>> Лутчи бы намъ потятымъ быти,
нежели полоненнымъ отъ поганыхъ Татаръ!«

Хоробрыи Пересвѣтъ поскакиваетъ на своемъ вѣщемъ сивцѣ, свистомъ поля перегороди, аркучи таково слово:

>> Добре тутъ, братия, стару помолодѣти,
а молодому чести добыти,
плечъ своихъ испытати!«

И рече Ослабя брату своему Пересвѣту:

>> Уже, брате, вижу раны на тѣлѣ твоемъ тяжки,
пасти главѣ твоеи на сырую землю, на бѣлую ковылу,
а чаду моему Иакову[х] лежати на травѣ ковылѣ,
на полѣ Куликовѣ, на рѣчкѣ Непрядвѣ
за Землю Русскую и за обиду великаго князя
Дмитрия Ивановича.«

Въ то же время по Рязанскои Землѣ[у]
ни ратаи не кличуть,
ни трубы не трубять,
только часто ворони грають,
зегзицы кокують,
трупа человѣческаго чаючи[25].
Сего ради грозно и жалостно видѣти,
занеже трава кровно полита бысть,
а древеса тугою до земли приклонишася.

★

Воспѣли птицы жалостными пѣснями,
восплакали княгини и боярини
и вси воеводския жены о избиенныхъ[z].

Воеводина жена Микулы Васильевича Марья рано плакашеся у Москвы града на забаролѣ, аркучи:

>> Доне, Доне, быстрыи Доне!
прорылъ еси каменныя горы,
пробилъ еси берега харалужные,
прошелъ еси Землю Половецкую, —
прилелѣи ко мнѣ моего господина
Микулу Васильевича!«

А Тимофеева жена Валуевича Федосья да Дмитрия жена Всеволожскаго Марья также рано плакашеся, аркучи:

>> Се уже веселие наше пониче[26]
въ славномъ градѣ Москвѣ!
Уже не видимъ государеи своихъ въ животѣхъ!«

Андреева жена Марья да Михаилова жена Анисья рано плакашася:
»Се уже обѣма намъ солнце померкло
въ славномъ градѣ Москвѣ!
Припахнули къ намъ отъ быстраго Дону
поломянныя вѣсти, носяще великую обиду:
ссѣдоша удальци съ борзыхъ конеи своихъ
на суженое мѣсто,
на полѣ Куликовѣ, за быстрымъ Дономъ рѣкою.«

Дивъ кличетъ въ Русскои Землѣ
подъ саблями татарскими.
Не щурове рано возлетѣли
и воспѣли жалостныя пѣсни, —
восплакалися жены Коломенския
у Коломны града на заборолѣхъ о избиенныхъ,
смотрячи на быструю рѣку, на славную Москву,
аркучи тако:
»Москва, Москва, рѣка быстрая!
чему еси залелѣяла мужеи нашихъ отъ насъ
въ Землю Половецкую?
Можеши ли, господине князь великии Дмитрии Ивановичъ,
веслы[27] Днѣпръ исчерпати,
а Донъ трупы татарскими запрудити?
Замкни, государь, Окѣ рѣкѣ ворота,
чтобы тые[28] поганые Татарове
и потомъ къ намъ не бывали,
а насъ не квелили по своихъ государѣхъ,
уже бо мужеи нашихъ рать прибило!«

★

Того же дни, въ суботу
на Рождество святыя богородицы[аа],
изсѣкоша христиане поганые полки
на полѣ Куликовѣ, на рѣцѣ на Непрядвѣ.
Нюкнувъ князь Владимиръ Андреевичъ
скакаше по рати поганыхъ Татаръ,
своимъ борзымъ конемъ поѣздаючи[29],
золотымъ шеломомъ посвѣчаючи[30].
Гремятъ мечи булатные
о шеломы хиновские!

И восхвалитъ Дмитрии Волынецъ[bb] князя Владимира Андреевича:
»Брате княже Владимере!
ты еси желѣзное забороло
у зла-тошьна времени.«

Говоритъ князь Владимиръ Андреевичъ Дмитрию Волынцу:
»Не отставаи своими полки,
уже бо поганые Татарове поля наступаютъ,

а хоробрую дружину у насъ истеряли,
а въ трупѣ человѣчьи
борзые комони не могутъ скочити,
въ крови по колѣно бродятъ.«

Рече Дмитрии Волынецъ:
»Братия, русские князи, бояре и воеводы!
Туто надобе стару помолодѣти,
а молодому чести достати!
То ти есть не наши московские сладкие меды,
туто добудете себѣ чести и славы!«

И тогда аки соколы борзо полетѣли.

Поскакиваетъ Дмитрии Волынецъ со всею силою и рече:
»Брате, княже Владимиръ Андреевичъ!
туто испити медвяна чара!
Наѣждаемъ, брате, своими полки сильными
                на рать Татаръ поганыхъ!«

Тогда князь Владимиръ Андреевичъ наступаетъ на великую силу татарскую.

Гремятъ мечи булатные о шеломы хиновские. Поганые бусорманы покрыша главы своя руками своими, русские же сынове широкия поля кликомъ огородиша и злачеными доспѣхи освѣтиша.

Уже бо ста туръ на боронь.

Черна земля подъ копыты,
костьми татарскими была насѣяна,
а кровью ихъ полита бысть.
Сильные полцп сступишася въ мѣсто
и притопташа холми и луги.
Возмутишася рѣки и потоки и озера.
Кликнулъ Дивъ по всѣмъ землямъ,
велитъ рожнымъ [звѣремъ] послушати.
Шибла слава къ морю и къ Желѣзнымъ вратомъ[сс],
къ Риму и къ Торнаву[dd]
и къ Кафѣ[ee] и ко Царюграду,
что Русь поганыхъ одолѣша.
Туто поганые разлучишася разно, —
бѣжатъ неготовыми дорогами въ лукоморье,
скрегчуще[31] зубы своими,
деруше лица своя и ркуще тако:

«Уже намъ, братия, въ земли своеи не бывать
и катунъ и дѣтеи своихъ не видать,
а на Русь ратью не ходить
и выхода намъ у русскихъ князеи не просить!«

Уже бо возстона Земля Татарская,
бѣдами и тугою покрыся.
Уныша бо цареи ихъ веселие и похвала
на Русскую Землю ходити.
Уже бо русские сынове разграбиша татарское узорочие,
везучи въ землю свою кони и велбуды,
камки и отласы, срѣбро и злато
и крѣпкия доспѣхи и четьи жемчуги.
Уже жены русския восплескаша татарскимъ златомъ.
Уже по Русскои Землѣ простреся веселие и буиство,
вознесеся слава русская на поганыхъ.
Уже бо грозы великаго князя текутъ по всеи землѣ.
Тогда князи русские и воеводы крѣпкие
полки поганые прогнаша,
уже бо поганые оружия своя повергоша на землю,
а главы своя подъ русские мечи подклониша.

А трубы ихъ не трубятъ,
уныша гласы ихъ.

★

И сталъ великии князь Дмитрии Ивановичъ съ своимъ братомъ, со
княземъ Владимиромъ Андреевичемъ и съ остальными своими воеводами
на костѣхъ,

на полѣ Куликовѣ, на рѣчкѣ Непрядвѣ.

Грозно и жалостно, братия, въ то время посмотрѣти!
Лежатъ трупы христианские
у Дона великаго на березѣ,
аки сѣнные стоги,
и Донъ рѣка три дни кровию текла.

И рече князь великии Дмитрии Ивановичъ:
»Братия, князи и бояра и дѣти боярские!
то вамъ сужено мѣсто межь Дономъ и Днѣпромъ
на полѣ Куликовѣ, на рѣчкѣ Непрядвѣ,
и положили есте головы своя за святыя церкви,
за Землю Русскую, за вѣру христианскую!
Простите мя, братие, и благословите
въ семъ вѣцѣ и въ будущемъ!
Поидемъ, брате, князь Владимиръ Андреевичъ,
во свою Землю Залѣсскую, къ славному граду Москвѣ,
и сядемъ, брате, на своемъ княжении.
А чти[32] есми, брате, добылы и славнаго имяни.
Богу нашему слава!«

---

[1] снидемся *imp. 1 pl.* : с(ъ)нитися. [2] возверземъ = възвьрзѣмъ *imp. 1 pl.* : възврѣщи.
[3] рцемъ = рьцѣмъ *imp. 1 pl.* : рещи. [4] лутчи = лучше. [5] пояше *impf. 3 sg.* : пѣти.
[6] стязи *nom. pl.* : стягъ. [7] березѣ *loc. sg.* : берегъ. [8] пашутся *pr. 3 pl.* : пастися. [9] ар-
кучи = ркучи *pr. a. p.* : рещи. [10] порожены *p. p. p.*, *nom. pl.* : породити. [11] рожены

p. p. p., nom. pl. : родити. [12] шеломы *instr. pl.* : шеломъ. [13] есма *pr. 1 du.* : быти. [14] мечевъ *gen. pl.* : мечь. [15] всташе *aor. 3 pl.* : в(ъ)стати. [16] притекоша *aor. 3 pl.* : притещи. [17] восгоготаша *aor. 3 pl.* : възгоготати. [18] восплескаша *aor. 3 pl.* : въсплескати. [19] птица *nom. pl.* : птица. [20] восклекчуть *pr. 3 pl.* : въсклекътати. [21] брешуть *pr. 3 pl.* : брехати. [22] соломянемь *instr. sg.* : соломя. [23] вземъ *p. a. p.* : в(ъ)зяти. [24] есмя *pr. 1 du.* : быти. [25] чаючи *pr. a. p.* : чаяти. [26] пониче *aor. 3 sg.* : поникнути. [27] веслы *instr. pl.* : весло. [28] тые = тѣ *nom. pl.* : тъ(тъ). [29] поѣздаючи *pr. a. p.* : поѣздати. [30] посвѣчаючи *pr. a. p.* : посвѣчати. [31] скрегчуще *pr. a. p.* : скрегътати. [32] чти *gen. sg.* : чьсть.

[a] Shem's share: the Orient.

[b] Mamaj, the actual ruler of the Golden Horde from 1361. He later usurped the khanate, but after the battle on the Don River in 1380 he was forced to cede to Tamerlane's (Timur Lenk's) candidate.

[c] Dimitrij, son of Ivan III (d. 1359) and Prince of Moscow; Great Prince of Vladimir-Suzdal' (1362–89).

[d] Vladimir, Dimitrij's cousin, Prince of Serpuxov (1358–1410).

[e] Vladimir I the Great, Great Prince of Kiev (d. 1015); Christianizer of Russia.

[f] Bojan, the mythical scald, mentioned in *The Igor Tale*.

[g] The genealogy of the R'urik dynasty—from his son Igor (d. 945) and Igor's grandson Vladimir I to Jaroslav—makes no mention of Sv'atoslav (d. 972).

[h] The "land beyond the forests," the principality of Moscow-Suzdal-Vladimir.

[i] Kolomna, a city in the principality of R'azan' on the Moscow River.

[j] Serpuxov on the Oka River.

[k] The cathedral in Novgorod on Lake Ilmen'.

[l] Meča (or Krasnaja Meča), an affluent of the river Don.

[m] Ol'gerd, Great Prince of Lithuania (1341–77).

[n] Andrej, Prince of Polock, Trubčevsk, and Pskov (b. 1325–d. 1399), brother-in-law of Prince Vladimir of Serpuxov.

[o] Dimitrij, Prince of Br'ansk, brother of Andrej.

[p] Their father, Ol'gerd, was the son of the Lithuanian Great Prince Gedymin (1316–41) and grandson of Viten. The name "Skoldimer" seems mythical.

[q] The plain of Kulikovo between the rivers Don, Nepr'adva, and Meča in the region of Tula.

[r] The Huns.

[s] Dimitrij and Vladimir were not the sons of Prince Ivan I and grandsons of Prince Daniil, but their grandsons and great-grandsons, respectively.

[t] Cherkessian.

[u] Frankish or Genoese.

[v] Syrian.

[w] Alexander Peresvet and Roman Osl'ab'a (or Oslab'a), were boyars who entered the Trinity Monastery near Moscow, but were dispatched by St. Sergius of Radonež to help Prince Dimitrij.

[x] Osl'ab'a's son Jacob.

[y] The Prince of R'azan' did not participate in the defense of Russia.

[z] Dimitrij's most prominent commanders—Mikula Vasil'jevič, Timofej Valujevič, Dimitrij Vsevoložskij, Andrej, and Mixail—who were killed in the battle, are listed together with their wives in the following passages.

[aa] The battle took place on September 8, 1380.

[bb] Prince Dimitrij Mixajlovič Bobrok of Volhynia, an emigré who joined the Great Prince of Moscow, thus turning the tide of the battle. He later married the prince's sister Anna.

[cc] Clissura, or the Iron Gate, in Hungary near the city of Kladova where there are falls in the Donau River.

[dd] Trnov, the capital of medieval Bulgaria.

[ee] Caffa, the ancient name of Theodosia in the Crimea.

OLD MUSCOVITE LITERATURE

HAGIOGRAPHY

Whereas Old Kievan hagiography, in the main, preserved the simple and pragmatic style of its classical Old Byzantine models, Muscovite hagiographical literature developed in other directions, which can best be designated as *popular* and *official* hagiography. Both of these deviated from their Old Kievan predecessor, the former in respect to theme, the latter in form.

Popular hagiography had its roots in the Old Kievan tradition of simplicity and factuality, but acquired a very distinct novelistic trait in placing the main emphasis upon action and plot, frequently of folk origin; it was a specifically narrative genre.

Official hagiography, on the other hand, was derived from the New Byzantine style and its South Slavic branch. During the fourteenth century Byzantine and South Slavic hagiography had passed through the new school of rhetorical and lyrical methods in which emphasis was placed on the panegyrical glorification of the heroes of the Church rather than on the factual data concerning their lives. This new approach soon became the distinguishing mark of all Muscovite literature and was intended as a literary symbol of the grandeur of the tsardom of Muscovia. It completely overshadowed popular hagiography which only later influenced the novelistic art of New Muscovite hagiography.

The following texts are illustrative of both genres:

Popular hagiography:
> The anonymous *Life of St. Mercurius of Smolensk*
> The anonymous *Life of Peter, Prince of Murom, and His Wife Fevronia.*

Official hagiography:
> The *Life of Peter, First Metropolitan of Moscow* by Metropolitan Cyprian
> The *Life of St. Stefan of Perm'* by Epiphanius the Sage
> The *Life of St. Sergius of Radonež* by Epiphanius the Sage
> The *Life and Death of Dimitrij, Tsar of Russia*, whose author, generally
> regarded as unknown, was in all likelihood also Epiphanius the Sage.

THE LIFE OF ST. MERCURIUS OF SMOLENSK

The sainthood of Mercurius was not recognized officially in Smolensk before the end of the fifteenth century. On the occasion of his canonization, his legendary life was depicted by an anonymous writer who employed the Byzantine *Life of St. Mercurius of Caesarea* as a welcome model. The motif of Mercurius' decapitation and of his carryiug his own head to the city gate of Smolensk was purely of folk origin. And although the Tatars did not reach Smolensk, the legendary narrative unfolds on the background of the historical invasion of the Tatars under Batu Khan in 1237.

The following (slightly normalized) text represents the oldest variant of the legend and is taken from L. T. Beleckij, Литературная история повести о Меркурии Смоленском, in Vol. XCIX, No. 8, of "Сборник Отделения русского языка и словесности Российской Академии Наук" (Petrograd, 1922).

Слово о Меркурии Смоленьскомъ

Бѣ убо нѣкто человѣкъ, младъ верьстою, именемъ Меркурии, во градѣ Смоленскѣ [a], благочестивъ сыи[1], въ заповѣдехъ господнихъ поучаяся день и нощь, цвѣтыи[2] преподобнымъ житиемъ, постомъ и молитвою сияя бо яко звѣзда богоявленна посредѣ всего мира. Бяше[3] бо умиленъ душею и слезенъ. Часто прихождаше[4] ко кресту господню молитися за миръ[5], зовомыи Петровьскаго Ста[b]. Бѣ бо тогда зълочьстивыи царь Батыи плѣнилъ Рускую Землю[c]: безъвиньную кровь пролия[6] аки воду сильну и християнъ умучи[7]. И пришедъ тои царь сь великою ратию на богоспасаемыи градъ Смоленскъ, и ста[8] отъ града за 30 поприщь и многи святыя церкви пожьже[9] и християнъ поби[10], и тверьдо вооружашеся[11] на градъ тои. Людие же бяху въ велицѣи[12] скорьбѣ, неисходно пребывающе въ соборьнои церкви Пречистыя Богородицы[d], умильно вопиюще сь плачемъ великимъ и со многими слезами ко всемогущему богу и пречистѣи его богоматере и ко всѣмъ святымъ, еже сохранитися граду тому отъ всякаго зъла. Се же бысть нѣкое смотрение божие ко гражаномъ: вънѣ града бысть за Нѣпрѣ[e] рѣкою въ Печерьстѣмъ Монастыри[f]. Преславно явися пречистая богородица понамарю тоя церькви и рече:

»О человѣче божии, скоро изыди ко оному кресту, идѣже молится угодникъ мои Меркуреи. И рьцы ему: 'Зоветъ тя божия мати'.«

Онъ же шедъ тамо и обрѣте[13] его у креста, молящася богови[14], и возъва его именемъ:

»Меркурие!«

Онъ же рече:

»Что ти есть, господине мои?«

И глагола ему:

»Иди скоро, брате! Зоветъ тя божия мати въ Печерьскую церковь!«

Паки же въшедъ богомудрыи во святую церковь и видѣ пречистую богородицу на златѣ престолѣ сѣдяща[15], Христа въ нѣдрехъ имуща[16], объстоима[17] вои. Онъ же паде предъ ногама ея [и] поклонися сь великимъ умилениемъ [и] ужасенъ бысть. Востави его отъ земля пречистая мати божия и рече ему:

»Чадо Меркурие, изъбранниче[18] мои, посылаю тя, иди скоро, сотвори отмщение крови християнския. Шедъ побѣди злочестиваго царя Батыя [и] все воиско его. Потомъ приидетъ ти[19] человѣкъ красенъ лицемъ, въдаи же ему въ руцѣ²⁰ все оружие свое, и усѣчетъ ти главу. Ты же ю²¹ возьми въ руку свою и прииди во свои градъ, и тамо приимеши кончину. И положено будетъ твое тѣло въ моеи церкви.«

Онъ же зѣло о томъ востужи и восплака и глагола:

»О пречистая госпоже владычице, мати Христа бога нашего, како азъ, окаянныи и худыи, непотребныи рабъ твои, на толикое дѣло твое [имамъ] силенъ быти? И не достало ли ти небесныя силы, владычице, побѣдити зълочестиваго царя?«

И възем²² благословение отъ нея, и весь вооруженъ бысть и отиде поклонивъся до земля²³. И изыде изъ церкви и обрѣте ту прехрабра коня стояща. И воссѣдъ²⁴ нань и исшедъ изъ града и дошедъ полки зълочестиваго царя, божиею помощию и пречистыя богородицы побивая враги, собирая християнъ плѣнныхъ и отпуща во градъ свои, прехрабро скакаше по полкомъ, яко орелъ по воздуху летая. Злочестивыи царь, вѣдѣвъ²⁵ таково побѣждение людеи своихъ, велиимъ страхомъ и ужасомъ одержимъ бысть, и скоро отбѣжа²⁶ града того безъ успеха въ малѣ дружинѣ. И пришедъ во Угры, и тамо злочестивыи Стефаномъ царемъ убиенъ бысть.

Таже предста Меркурию прекрасенъ воинъ. Онъ же поклонися ему и въда все оружие свое, и преклонь²⁷ главу свою и усѣченъ бысть. И тако блаженныи възем главу свою въ руку свою, а въ другую руку коня своего, и пришедъ²⁸ во градъ свои безглавенъ. Людие же, видѣвше тако, удивляющеся²⁹ божию строению. И дошедъ вратъ Мологиньскихъ. Ту же вышла по воду нѣкая дѣвица, и зьря святаго безъ главы идуща, и начатъ³⁰ святаго нелѣпо бранити. Онъ же въ тѣхъ вратѣхъ возлеже³¹ и предастъ³² честнѣ душю свою господеви³³. Конь же тои невидимъ бысть.

Отъ того же града архиепископъ пришедъ³⁵ со кресты [и] со множествомъ народа, хотя възяти честное тѣло святаго, и не въдася имъ святыи. Тогда бысть велии плачь въ людехъ и рыдание, что не восхотѣ³⁵ поднятися святыи. Таже бысть архиепископъ въ велицѣ недоумѣнии моляся богови о томъ. И се гласъ бысть къ нему глаголя:

»О слуго господьнь, о семъ не скорби! Кто посла³⁷ на побѣду, тои и погребетъ его.«

Святому же ту лежащу 3 дьни непогребенну³⁷, архиепископъ же тои всю нощь безъ сна пребываше, моляся богови, да явитъ ему богъ таину сию, и зьря во оконьце свое опасно прямо соборьныя церкве. Се же видитъ ясно въ велицѣи свѣтлости, аки въ солнечнои зари, исшедши ис церкви Пречистыя Богородице³⁸ со архистратиги господни³⁹ Михаиломъ и Гаврииломъ, и дошедше мѣста того, идѣже лежаше тѣло святаго, възем же пречистая богородица въ полу свою честно тѣло святаго и принесъше во свою соборьную церковь, и положи на мѣстѣ своемъ во гробѣ, идѣжє есть и до нынѣ, и всѣми видимъ бысть, содѣвая чюдеса въ славу Христу богу нашему, благоухая яко кипарисъ.

Архиепископъ же, ко утреннеи въшедъ въ церковъ, видѣ⁴⁰ чюдо преславно — святаго, лежаща на своемъ мѣстѣ, почивающа. Таже стекъшеся⁴¹ людие и видивъше чюдо то, и прославиша бога.

---

¹ сыи *pr. a. p., det.* : быти. ² цвѣтыи *pr. a. p., det.* : цвѣсти. ³ бяше *impf. 3 sg.* : быти.
⁴ прихождаше *impf. 3 sg.* : приходити. ⁵ миръ *instead of* монастырь. ⁶ пролия *aor. 3 sg.* : пролияти. ⁷ умучи *aor. 3 sg.* : умучити. ⁸ ста *aor. 3 sg.* : стати. ⁹ пожьже *aor. 3 sg.* :

пожещи.   ¹⁰ поби *aor. 3 sg.* : побити.   ¹¹ вооружашеся *impf. 3 sg.* : вооружатися.   ¹² ве-
лицѣи *loc. sg.* : великая.   ¹³ обрѣте *aor. 3 sg.* : обрѣсти.   ¹⁴ богови *dat. sg.* : богъ.   ¹⁵ сѣдяща
incorr. instead of сѣдящу *pr. a. p., acc. sg.* : сѣдѣти.   ¹⁶ имуща *incorr. instead of* имущу
pr. a. p., acc. sg. : имати.   ¹⁷ обстоима *incorr. instead of* обстоиму *pr. p. p., acc. sg.* : обстояти.
¹⁸ избранниче *voc. sg.* : избран[ь]никъ.   ¹⁹ ти = тебѣ.   ²⁰ руцѣ *acc. du.* : рука.   ²¹ ю *acc.
sg.* : она.   ²² въземъ *p. a. p.* : възяти.   ²³ земля *gen. sg.*   ²⁴ воссѣдъ *p. a. p.* : воссѣсти/въс-
сѣсти.   ²⁵ вѣдѣвъ *p. a. p.* : вѣдѣти.   ²⁶ отбѣжа *aor. 3 sg.* : отбѣжати.   ²⁷ преклонь *p. a. p.* :
преклонити.   ²⁸ пришедъ *and the following* дошедъ *p. a. p., incorr. instead of* приде, доиде
aor. 3 sg. : при[и]ти, доити.   ²⁹ удивляющеся *pr. a. p., incorr. instead of* удивляхуся *impf.
3 pl.* : удивлятися.   ³⁰ начатъ *aor. 3 sg.* : начати.   ³¹ возлеже *aor. 3 sg.* : возлещи/възлещи.
³² предастъ *aor. 3 sg.* : предати.   ³³ господеви *dat. sg.* : господь.   ³⁴ пришедъ *p. a. p., incorr.
instead of aor. 3 sg.* : приити.   ³⁵ восхотѣ *aor. 3 sg.* : восхотѣти/въсхотѣти.   ³⁶ посла *aor.
3 sg.* : послати/посълати.   ³⁷ святому … лежащу … непогребенну *dat. abs. (temp.).*
³⁸ Пречистая Богородице *gen. sg.*   ³⁹ архистратиги господни *instr. pl.*   ⁴⁰ видѣ *aor. 3 sg.* :
видѣти.   ⁴¹ стекъшеся *p. a. p., nom. pl.* : с(ъ)тещися.

ᵃ A city on the Dnieper River, the capital of the principality of Smolensk in early times.
ᵇ In the Middle Ages towns were divided into "hundreds."
ᶜ A reference to the Tatar invasion of 1236–37. However, on their return to the steppes
through the principalities of R'azan', Rostov-Suzdal', and Smolensk and through the eastern
part of the principality of Černigov, the Tatars did not enter Smolensk.
ᵈ The Cathedral of Smolensk, housing the famous icon of the Holy Virgin, also known
as Odigitria.
ᵉ The Dnieper River.
ᶠ The Cave Monastery of Smolensk.
ᵍ The author obviously had in mind Batu Khan's foray of 1240–42, when the Tatars
invaded Hungary, Poland, and Bohemia. There was then no Hungarian king named Stefan.
King Bela IV was compelled to flee. Batu, who was not killed during this invasion, met serious
resistance only in Bohemia, where he was defeated by King Václav I and the dukes of Austria
and Carinthia in the battle of Olomouc.

THE LIFE OF PETER, PRINCE OF MUROM, AND HIS WIFE FEVRONIA

The hypothesis has been expressed that the author of this legend was the
monk Erasmus, or Hermolaus, one of Metropolitan Makarij's closest collaborators.
If this is true, he manifested an extreme independence in his stylistic approach,
for *The Life of Peter, Prince of Murom, and His Wife Fevronia* (their spiritual
names were David and Euphrosynia) is completely untouched by the methods
characteristic of the new rhetoric which flourished in the Macarian school. The
legend was probably composed in 1547, the year of their canonization by the
Moscow Church council, and was based on two commonly known folklore motifs:
the liberation of a woman from a dragon by a guileless young man, and
the restoration to health of a leprous young man by a wise maiden. These
motifs were interwoven into the story of ideal love between Prince Peter of
Murom and a simple but wise peasant girl, and of their banishment and death
(1228).

The text is taken from G. Kušel'ov-Bezborodko, Памятники старинной
русской литературы (St. Petersburg, 1860), Vol. I.

Житие и жизнь и отчасти чюдес [а]
святого благовѣрного князя Петра, во иноцѣхъ[1] Давида,
и святыя благовѣрныя княгини Февронии, во иноцѣхъ Евфросинии,
муромскихъ чюдотворецъ[2]

Сеи убо въ Рустѣи[3] Земли градъ, нарицаемыи Муромъ[а], въ немъже бѣ самодержавствуя благовѣрныи князь Павелъ. Искони ненавидяи[4] добра роду человѣчю дияволъ всели[5] неприязненаго летящаго змия къ женѣ князя того на блудъ, и являяся еи, яковъ бяше[6] естествомъ; прихожящимъ же людемъ являшеся своими мечты[7] яко самъ князь. Тѣми же мечты не мало время преиде.

Жена же того не таяше[8], но повѣда князю своему вся ключившаяся[9], и [о] змии, иже неприязненныи осилѣ надъ нею. Князь же мысляше, что сотворити змиеви, и недоумѣяшеся, и рече къ женѣ своеи:

»Мыслю, жено, но недоумѣюся, что сотворити неприязненному змию. Не вѣмъ бо того, како бы на него навести смерть. Нынѣ же заповѣдаю ти: блюди опасно, аще начнетъ тои лукавыи змии глаголати каковы словеса, и вопроси его о семъ льстивыми словесы[10]: вѣсть ли то лукавыи, отъ чего ему смерть хочетъ быти. И аще увѣси[11], то повѣдаи ми вскорѣ, яко да ты свободишися всяко въ нынѣшнемъ вѣцѣ[12] злаго его дыхания и сипѣния и всего скаредия, иже смрадно есть глаголати. Въ будущемъ вѣцѣ судию нелицемѣрнаго Христа милостива себѣ сотвори.«

Жена же таковыи глаголъ мужа своего въ сердцы[13] своемъ приемши[14] твердо, во единъ же отъ днеи, неприязнивому тому змию прилетѣвшу[15] къ неи, она же, помня заповѣданное слово мужа своего, нача тому треклятому змию многия рѣчи съ лестию простирати и по многихъ словесахъ вопроси его, — яко хваля, рече:

»Вижу, яко много вѣси[16], и вѣси ли свою кончину? и отъ чего ти будетъ смерть?«

Онъ же, льстивыи прелестникъ, прельщенъ бысть отъ добрыя жены, мня[17] ея яко истинствующу къ себѣ, и изрече еи таиную свою:

»Смерть моя отъ Петрова плеча, отъ Агрикова меча.«

Жена же, слышавъ отъ него, и по отшествии его повѣда князю, мужеви[18] своему. Князь же, то слышавъ, недоумѣяся: что есть *смерть отъ Петрова плеча, отъ Агрикова меча?*[b]

Имѣяше же у себя приснаго брата, юнѣишаго себе, именемъ Петра зовома. Во единъ же отъ днии повѣда ему, брату своему Петру, подробну вся змиевы рѣчи, яже сказа женѣ его. Князь же Петръ, слышавъ отъ брата своего, яко змии нарече тезоименита ему исходатая смерти своеи, и нача мыслити мужественно, не сумняся[19], како бы змия убити, но не вѣдыи[20] Агрикова меча. Имяше же обычаи ходити по церквамъ, уединяяся. Бысть же церковь въ женстѣмъ[21] монастырѣ Воздвижение Честнаго Креста Господня; и прииде къ неи единъ помолитися. Яви же ся ему отроча, глаголя:

»Княже, хощеши ли, да покажу ти Агриковъ мечь?«

Онъ же рече:

»Покажи ми.«

И рече отроча:

»Иди во слѣдъ менѣ.«

И показа ему во алтарнои стѣнѣ между коремидами скважню, въ неиже мечь лежаше. Князь же Петръ, видѣвъ мечь, нарицаемыи Агриковъ, и взя его; прииде же въ домъ свои [и] исповѣда брату своему, князю Павлу. И отъ того дни начаша искати подобна времени купно, како погубити змия.

Въ нѣкое же время приключися блаженному князю Петру приити въ полату на поклонение брату своему, понеже имяше обычаи блаженныи Петръ вьсегда приходити къ брату своему на поклонение, яко бѣ мнии[22] его лѣты[23]. И бывши у брата своего, потомъ иде въ полату ко сносѣ[24] своеи, и видѣ у нея сѣдяща мужа во образѣ брата своего. И изыде скоро изъ полаты, срѣте[25] нѣкоего человѣка отъ предстоящихъ брату своему, и рече:

»Где есть братъ мои?«

Онъ же повѣда ему, яко въ полатѣ своеи. Онъ же, разумѣвъ пронырство лукаваго змия, и хотя испытно увѣдати, паки иде къ брату своему въ полату и рече ему:

»Когда убо сѣмо прииде?«

Братъ же рече ему:

»Азъ по твоемъ изшествии отъ мене никако исходилъ изъ полаты своея.«

Князь же Петръ повѣда ему пронырство лукаваго змия, и како видѣ у жены во образѣ его, рече же ему:

»Отселе, брате, не исходи никамо изъ полаты своея, дондеже язъ иду братися[26] со змием. Ты же во время пребуди въ молитвѣ къ богу. Егда услышитъ богъ молитву твою, и подастъ ми помощь убити лукаваго змия.«

И тако увѣдавъ брата, и вземъ[27] мечь, нарицаемыи Агриковъ, и пришедъ въ полату ко сносѣ своеи, видѣвъ змия, зракомъ брата своего, и твердо увѣрився, яко нѣсть братъ его, но прелестныи змеи, и удари его мечемъ толико зѣло, яко змии вострепета и бысть мертвъ, и явися, яковъ бяше естествомъ. Блаженныи же князь Петръ нача его мечемъ сѣщи, дондеже до конца низложи.

★

Отъ неприязненыя же его крови окровися лице блаженнаго князя Петра, отъ крѣпкаго его ударения. И быша на блаженнѣмъ[28] отъ тоя змиевы крови болѣзненыя струпы и язвы, и приде нань[29] болѣзнь тяжка зѣло, яко весь острупися. И искаше во своемъ одержании отъ многъ врачевъ[30] исцѣления и не получи ни отъ единаго. Понеже и брань его не бяше съ человѣки[31], но съ диаволомъ, тако подобаше исцѣлению быти не отъ человѣкъ, но отъ божественныя силы, по реченному словеси господни во святѣмъ Евангелии: *Иже невозможно отъ человѣкъ, возможна суть отъ бога,* емуже слава нынѣ и присно и во вѣки вѣкомъ. Аминь.

Сущуже блаженному князю Петру въ велицѣи[32] болѣзни, и слышавъ, яко въ предѣлахъ Рязанския области мнози[33] врачеве[34] жительствуютъ, и повелѣ тамо вести себе; бѣ бо немощенъ зѣло: отъ великия болѣзни на конѣ ѣздити невозможно. И егда приспѣша въ предѣлы Рязанскыи, розосла весь синклитъ свои искати врачевъ, яко да обрящутъ[35] такова врача, иже бы кто его отъ тоя болѣзни уврачевалъ. И повелѣ обѣщати врачемъ дары многи.

Единъ же отъ того синклита, нѣкто юноша, уклонися въ весь, нарицаему Ласкову. И прииде къ нѣкоему дому и не видѣ у вратъ никого. Вниде же въ домъ, и не бѣ, кто его ощутилъ. Вниде же и въ храмину и видѣ: сѣдяше бо едина дѣвица [и] точаше[36] поставъ; предъ нею же скачетъ заецъ. Дѣвица же бысть яко въ сомнѣнии и нача глаголати нѣкаки странны глаголы, яже неудобь разумны юношѣ тому. Рече бо:

»Не лѣпо есть быти дому безъ ушеи, а храму безо очеи.«

Юноша же не разумѣ глаголъ ея и рече къ дѣвицѣ:

»Повѣждь[37] ми, дѣво: гдѣ есть господинъ дому сего?«

Она же отвѣща со многимъ разумомъ:

»Господинъ дому отецъ ми есть, но идоша съ материю моею вкупѣ въ заимы плакати. Есть бо у меня и братъ, но поиде чрезъ ноги въ нави[38] зрѣти.«

Юноша же, слышавъ вещь подобну чюдеси, яко не разумѣ ни единаго отъ глаголъ ея, дивляшеся [и] рече:

»О дѣво! вижу тя мудру сущу. Внидохъ къ тебѣ и видѣхъ тя дѣлающа поставъ и предъ тобою заица скачюща; и слышахъ отъ устъ твоихъ глаголы нѣкия странны, еже азъ не могу разумѣти!«

Она же глагола ему:

»Человѣче, сего ли не разумѣеши? Рѣчи бо сия не суть странны и незнаемы, яже глаголеши, но всякия простоты исполнены. И аще не разумѣеши, азъ ти повѣдаю простою бесѣдою: пришелъ еси въ домъ наю[39], и въ храмину вниде, видѣлъ мя въ толицѣ простотѣ сѣдящу, безобразну и всея лѣпоты лишену; и аще бы въ дому у наю былъ песъ и ощутивъ тя къ дому приходяща, аще бо онъ естествомъ и бессловесенъ, но моглъ бы ми бреханиемъ своимъ приходъ твои возвѣстити: то бо есть *дому уши*. И аще бы у меня въ храминѣ сеи было отроча, и видѣвъ тя [къ] сеи храминѣ приходяща, то бы мнѣ повѣдало: се бо есть *очи храму*. Отецъ же мои и мати поидоша на погребение мертваго, да тамъ надъ нимъ плачютъ. Егда же они преставятся отъ жития сего, и надъ ними такожде учнутъ плакати: се бо есть *заемныи плачъ*. Отецъ же мои и братъ дрѣводѣльцы суть; въ лѣсѣ бо отъ дрѣвия медъ емлютъ; и нынѣ иде братъ мои на таковое дѣло, яко лѣзти ему [на] дрѣво въ высоту: *чрезъ ноги долу зрѣти*, еже бы не отторгнутися и не лишитися живота своего.«

Юноша же рече:

»О дѣво! вижу тя мудру сущу. Повѣждь ми имя свое!«

Она же отвѣщавши рече:

»Имя ми есть Феврония. Повѣдай же и ты ми о себѣ: кто ты еси, и откуду, и камо грядеши[40], и чего ради сѣмо прииде?«

Онъ же рече:

»Азъ есмь отъ предстоящихъ муромскаго князя Петра. Князь же мои, имѣя болѣзнь зѣло тяжку и многи язвы на тѣлѣ своемъ и струпы, понеже окровленъ бѣ отъ неприязненаго летящаго змия, егоже убилъ своею рукою, и во всемъ одержании искаша исцѣления отъ многъ врачевъ, и не получи. И сего ради велѣ себе сѣмо привезти. Слышахъ, яко суть здѣ врачеве мнози, и нынѣ во страну сию приидохомъ, и не вѣмы, како именуются, или гдѣ пребываютъ врачеве. И о семъ молю тя повѣдати ми: аще гдѣ извѣстно вѣси врачевъ?«

Она же рече:

»Аще бы кто требовалъ князя твоего себѣ, моглъ бы его уврачевати.«
Юноша же рече:

»Что убо, дѣво, глаголеши? Кому бо требовати князя моего себѣ? Аще
кто уврачюетъ его, князь мои дастъ ему имѣния многа. Но скажи ми
врача того: кто есть, и камо жилище его?«

Она же рече:

»Да привезите князя своего сѣмо. И аще будетъ мягкосердный и
смиренъ во отвѣтѣ, да будетъ уврачеванъ.«

★

Юноша же возвратися ко князю своему и повѣда ему вся поряду и
подробну, еже видѣ и слыша.

Благовѣрный же князь Петръ, слышавъ таковая глаголы, удивися
разуму дѣвичю и рече къ предстоящимъ:

»Довезите мя, гдѣ есть она дѣвица.«

Предстоящи же, слышавше повелѣния князя своего, повезоша его и
доидоша дому того, въ немже бѣ дѣвица. И посла къ ней князь юношу
вопросити:

»Гдѣ есть тои врачъ, хотяи мя уврачевати?«

Слуга же, пришедъ къ неи, вопроси ю. Она же рече:

»Шедъ повѣдаи князю своему, яко азъ есмь: хощу врачевати его, но
имѣния его не требую. Имамъ къ нему слово таково: аще имамъ супруга
быти ему, то могу уврачевати его.«

Слышавъ же человѣкъ тои, шедъ повѣда князю, яже слыша отъ нея.
Князь же Петръ помысливъ себѣ: »Како ми, князю сущу, дрѣводѣльцеву
дщерь пояти жену себѣ?« Но изнемогаше болѣзнию зѣло и, сжаливыся,
посла къ ней, рече:

»Что есть врачество ея, да врачюетъ: имамъ пояти ю въ жену себѣ.«

Человѣкъ же тои, пришедъ, слово княже повѣда еи. Блаженная же
и преблаженная, не требуя многаго врачевания, но токмо вземъ сосудецъ
малъ и почерпе[41] кислажди своя и дуну[42] на ня[43] и благослови я[44]. И даде[45]
слузѣ[46] [и] рече:

»Приими сие и шедъ отнеси князю своему и повели прежде учредити
баню измытися ему водою, и потомъ да помажется симъ по всему тѣлу,
токмо единъ струпъ оставить не помазанъ, и будетъ здравъ.«

И принесе слуга помазание то ко князю и вся глаголы ея повѣда ему.
Князь же повелѣ баню учредити.

И восхотѣ блаженную искусити премудрости ея ради, якоже слыша
глаголы ея отъ юноши своего. И посла къ ней со единымъ отъ слугъ своихъ
едино повѣсмо льну, глаголя яко:

»Сия дѣвица хощетъ ми супруга быти мудрости ради, и аще мудра
есть, да учинитъ ми въ семъ повѣсмѣ срачицу и порты и убрусецъ въ ту
годину, въ нюже азъ пребуду въ бани.«

Слуга же принесе еи повѣсмо льну и княже слово сказа еи. Она же
ни мало смутися, но рече слузѣ:

»Взыди на печь нашу и, вземъ полѣнце, снеси сѣмо.«

Онъ же послуша ея и снесе. Она же повелѣ ему отмѣрити пяди единыя утинокъ и отсѣщи. Слуга же повелѣния ея сотвори [и] отсѣче утинокъ. Она же рече:

»Возми сеи утинокъ, отнеси князю своему и рцы ему отъ мене: въ кии часъ азъ очищу повѣсмо сие, а князь твои да приготовитъ ми въ семъ утинцѣ въ ту годину станъ и все строение, чимъ сотчется[47] полотно его.«

Слуга же принесе князю утинокъ полѣнца и рѣчи блаженныя вси повѣда ему. Князь же, слышавъ, удивися отвѣту ея и посла того же слугу:

»Шедъ и рци дѣвицы, яко невозможно есть въ таковѣ малѣ дрѣвцѣ и въ малу годину сицева строения сотворити.«

Слуга же пришедъ и слово княже сказа ей. Она же рече:

»А се ли возможно есть человѣку мужеска возраста во единомъ повѣсмѣ и въ такову годину, въ неже въ бани пребудетъ, сотворити срачицу и порты и убрусець?«

Слуга же отиде и повѣда вси ея отвѣты. Князь же, слышавъ, по-хвали ю.

★

И по времени иде князь мытися въ баню. И повелѣниемъ блаженныя помаза онымъ кисляждемъ, яже уготова ему блаженная, вся своя струпы и язвы, и единого же струпа не помаза повелѣниемъ ея, изыде же изъ бани и бысть здравъ, яко ничимъ болѣзнуя. И узрѣ до конца тѣло свое чисто и здраво, развѣ единаго струпа, иже бѣ не помазанъ, и дивяшеся князь скорому своему исцѣлению. И бысть въ размыслѣ мнозѣ за оно слово, еже обѣщавшуся ему[48] блаженную Февронию пояти въ жену себѣ, безотчества ея ради.

И посла къ неи дары многи и повелѣ глаголати еи яко:

»Не возможно князю пояти тя въ жену себѣ безотчества твоего ради.«

Она же даровъ не прия и глагола слугѣ:

»Шедъ рцы князю своему, яко онъ во истинѣ не пребысть. Есть же истинствуяи[49], иже надо всеми сыи[50]: тои сотворитъ, яко восхощетъ.«

Князь же Петръ поѣха во отчину свою, во градъ Муромъ, здравствуя. И нача[ша] на немъ паки струпы являтися отъ того единаго струпа, иже бѣ не помазанъ, единъ по единому, и бысть весь острупленъ, и видя себя въ болѣзни велицѣи, паки возвратися на готовое исцѣление ко блаженнѣи. Яко приспѣ къ дому ея, посла къ неи съ молениемь и съ дары[51], прося врачевания и скораго исцѣления. Она же ни мала гнѣва подержавъ и рече слугамъ его:

»Аще будетъ ми князь супружникъ, да будетъ увра́чеванъ.«

Слуги же, шедше, возвѣстиша князю своему. Онъ же обѣщася съ клятвою пояти ю въ жену себѣ, аще исцѣлитъ его. Она же увѣрися и паки такого же врачевания посла къ нему, яко и прежде. Онъ же по предречен-ному сотвори: помаза всѣ струпы своя и не остави ни единаго непомазана, и бысть весь здравъ, яко николиже болѣвъ.

И поѣха во отчину свою, во градъ Муромъ, поять[52] и блаженную съ собою съ великою честию. И дошедше града Мурома, благословениемъ епископа града того, сотвориша бракъ честенъ; поя[53] блаженную въ жену себѣ, и вѣнчанъ бысть съ нею въ соборной и апостольской церкви. И радость велия бысть во градѣ. И живяста[54] блаженнии во всякомъ благочестии, и ничтоже отъ заповѣдей божиихъ оставляюще, но все житие свое въ смирѣнии и въ кротости и во страсѣ[55] божии провождающе.

★

По малѣ времени старѣйший братъ блаженнаго князя Петра, князь Павелъ, отъ жития сего отиде. Благовѣрный же князь Петръ по братѣ своемъ бысть единъ самодержецъ граду Мурому. Ненавидяи же добра врагъ дияволъ вложи ненависть бояромъ его: начаша блаженныя кнеини[56] Февронии не любити, женъ ради своихъ, яко бысть не боярскаго роду, богу же прославляющу[57] ея, добраго ради жития ея.

Нѣкогда [единъ] отъ предстоящихъ слугъ ея прииде ко благовѣрному князю Петру и навади на ню, яко, — рече:

»Отъ стола своего безчинно исходитъ: внегда убо востати ей, взимаетъ въ руку свою крохи, яко гладна.«

Благовѣрный же князь Петръ, хотя ю искусити, повелѣ еи обѣдати съ собою за единымъ столомъ.

Егда же скончася обѣдъ, она же, яко имаше обычаи, вземъ отъ стола въ рукавъ свои крохи, князь же Петръ, приимъ ю за руку и разверзе[58] [и] видѣ ливанъ добровоненъ и фимиянъ. И отъ того дни остави ю къ тому не искушати.

По мнозѣ же времени приидоша къ нему съ яростию бояре его, рекуще:

»О княже! хощемъ ти вси праведно служити и самодержцемъ тя имѣти, но кнеини Февронии не хощемъ, яже господьствуетъ женами нашими. Аще же хощеши самодержецъ быти, да будетъ ти ина кнеиня. Феврония же, вземъ богатество си довольно, и отидетъ, аможе хощетъ.«

Блаженный же князь Петръ, яко же бѣ ему обычаи, ни о чемъ же ярости не имѣя, со смирѣниемъ отвѣща:

»Да глаголите Февронии, и якоже речетъ, тогда слышимъ.«

Они же наполнишася неистовия и бесстудия [и] умыслиша учредити пиръ и сотвориша. И егда быша весели, начаша простирати бесстудныя своя глаголы, аки пси брешуще, отнимающе у святыя божии даръ, егоже и по смерти еи богъ неразлучна обѣща. Глаголаху:

»О госпоже, княгиня Феврония! Весь градъ и бояре вси глаголютъ: Даждь намъ, егоже просимъ у тебе.«

Она же рече:

»Возмита[59], егоже просита[60].«

Они же едиными усты[61] рѣша[62]:

»Мы убо, госпоже, вси князя Петра хощемъ, да самодержствуетъ надъ нами. Тебе жъ жены наши не хотятъ, яко господьствуеши надъ ними, но вземъ си богатство довольно, и отиди, аможе хощеши.«

Она же рече:

»Обѣщахся вамъ, яко елико аще просите, приимете. Азъ же вамъ глаголю: Дадите ми, егоже азъ попрошу у васъ.«

Они же, злии, тому ради быша, не вѣдуще будущаго, и глаголаша съ клятвою яко:

»Аще речеши единою, безъ прекословия воз[ь]меши.«

Она же рече:

»Ничтоже ино прошу, токмо супруга моего, князя Петра.«

Бояре же рѣша ей:

»Аще самъ восхощетъ, ничтоже ти глаголемъ.«

Врагъ бо наполни ихъ злыхъ мыслеи: яко аще не будетъ князь Петръ, то поставимъ иного самодержца; кииждо отъ бояръ его держаше во умѣ своемъ, яко самъ будетъ самодержецъ. Блаженныи князь Петръ не возлюби временнаго самодержства кромѣ божиихъ заповѣдеи, но по заповѣдемъ его шествуя и держася ихъ, яко богогласныи Матфей[d] во своемъ *Благовѣствии* вѣщаетъ, глаголя: *Аще кто пуститъ жену свою развѣ словеси прелюбодѣи-наго, и оженится иною, — прелюбы творитъ.*

Сеи же блаженныи князь Петръ по *Евангелию* сотвори: одержание свое яко уметы вмѣни, да заповѣди божия не разрушитъ. Они же, злии боляре, даша имъ суды на рѣцѣ, глаголемѣй Окѣ, яже и донынѣ подъ стѣною града того. И тако отидоша отъ своего отчества, упование положше[63] на всесильнаго бога, промышляющаго своими угодники.

★

Пловущимъ же имъ[64] по рѣцѣ въ судѣхъ, и нѣкий человѣкъ бѣ у блаженныя кнеини Февронии въ суднѣ, егоже и жена въ томъ же суднѣ бысть. Тои же человѣкъ, приемъ[65] помыслъ отъ лукаваго бѣса, и возрѣ на святую съ помысломъ. Святая же разумѣ духомъ злыи его помыслъ и вскорѣ обличи его, глаголя ему:

»Почерпи воды изъ рѣки сию сторону судна сего.«

Онъ же почерпе. И повелѣ ему пити. Онъ же испи. И паки повелѣ ему святая почерпнути съ другую сторону судна и испити. Онъ же сотвори тако. Она же рече:

»Коя вода слаждьши[66]?«

Онъ же отвѣща:

»Едина есть вода и вкусъ единъ.«

Святая же рече ему сице:

»И женское естество едино есть. Ты же, свою жену оставя, на чюжую мыслиши.«

Человѣкъ же тои увидѣ, яко въ ней есть прозорливыи даръ, [и] бояся[67] къ тому таковая помышляти.

Вечеру уже приспѣвшу[68], начаша ставитися на брѣзѣ. Блаженныи же князь Петръ нача помышляти: »Что се будетъ, еже волею гонзну само-держства?« Предивная же кнеиня Феврония глагола ему:

»Не скорби, княже! Милостивыи богъ, творецъ и промысленикъ всему, не оставитъ ны[69] въ нищетѣ быти.«

На брѣзѣ же томъ блаженному князю Петру на вечерю его ядь готовляху, и потче[70] поваръ его дрѣвца малы, на нихъже котлы висяху. По вечери же святая кнеиня Феврония, ходящи по берегу, и видѣвши дрѣвца тыя, и благослови я, глаголя:

»Да будутъ сия дрѣвца на утрия велика дрѣвия, имуще вѣтвия и листвия!«

Еже и бысть. Воставше бо заутра, обрѣтоша тыя дрѣвца велика дрѣвия, имуще вѣтвие и листие.

И яко же хотяху людие ихъ рухло метати въ суды со брѣга, и абие приидоша вельможи отъ града Мурома, моляще и глаголюще:

»О господине княже! Отъ всѣхъ вельможъ и отъ всего града приидохомъ[71] молити тя, да не оставиши насъ сирыхъ, но возвратися на свое отечество! Мнози бо вельможи во градѣ погибоша отъ меча, кииждо бо ихъ хотя державствовати; сами ся изгубиша; а оставшии со всѣмъ народомъ молятъ тя, глаголюще: 'О господине княже! Аще и прогнѣвахомъ тя и раздражихомъ, не хотяще, да кнеиня Феврония господствуетъ женами нашими, нынѣ же со всѣми домы[72] своими раби есмы ваю[73], — хощемъ и любимъ и молимъ, да не оставиши насъ, рабъ своихъ!«

Блаженный же князь Петръ и блаженная кнеиня Феврония возвратистася во градъ свой, славя бога, прославляющаго своя угодники. И бѣху державствующе во градѣ томъ, ходяще во всѣхъ заповѣдехъ и оправданиихъ господнихъ безъ порока, и въ непрестанныхъ мольбахъ и милостяхъ ко всѣмъ людемъ, сущимъ подъ областию ихъ. Аки чадолюбивыи отецъ и мати бѣста[74] ко всѣмъ, и любовь равну имуще, не любяще гордости, ни грабления, но въ бога богатѣюща. Бѣста бо всему граду истинная пастиря[75], а не яко наемника[76], градъ бо свои истинно и кротостию, а не яростию правяще, странныя приемлюще, алчныя насыщающе, нагия одѣвающе, бѣдныя отъ напасти избавляюще и во всякомъ благочестии пребывающе и угождающе богу, емуже слава и нынѣ и присно и во вѣки вѣкомъ!

★

Егда же приспѣ благочестное ихъ преставление, умолиша бога, да во единъ часъ будетъ преставление ихъ. И совѣтъ сотворивше, да будутъ положены во единомъ гробѣ, и повелѣста си учредити во единомъ камени два гроба, едину токмо преграду имуще между собою. Сами же во едино время облекшеся во мнишеския ризы; и нареченъ бысть блаженный князь Петръ во иноческомъ чину Давидъ, преподобная же Феврония наречена бысть во иноческомъ чину Евфросиния.

Въ то же время преподобная и блаженная Феврония во храмъ Пречистыя Богородицы соборныя церкви своима рукама шьяше[77] воздухъ, на немже ликъ святыхъ. Преблаженныи же князь Петръ присла къ неи, глаголя:

»О сестро Евфросиния! Хощу уже отити отъ тѣла. Нужду[78] тя, яко купно отидемъ.«

Она же отрече:

»Пожди, господине, да дошью воздухъ во святую церковь.«

Онъ же второе посла къ неи, глаголя:

»Уже мало пожду тя.«

Яко же третицею посла къ ней, глаголя:

»Уже хощу преставитися и не жду тя.«

Она же остаточное дѣло воздуха того святаго шьяше, уже бо единаго святаго ризъ еще не шивъ, лица же нашивъ. И преста. И вотче[79] иглу свою въ воздухъ и привертѣ нитию, еюже шьяше, и посла ко блаженному Давиду о купнѣмъ преставлении. И помолившеся, предаста святыя́ своя души въ руцѣ божии, мѣсяца июня въ 25 день.ᵉ

По преставлении же ихъ восхотѣста[80] людие положити блаженнаго Давида внутри града въ соборной церкви Пречисты Богородицы, святыя же Евфросинии положиша тѣло внѣ града въ женстѣмъ монастырѣ въ церкви Воздвижения Честнаго Креста, глаголюще, яко:

»Во мнишествѣмъ[81] образѣ не угодно есть положити ихъ во единомъ гробѣ.«

И учредиша имъ гробы особныя и вложиша въ ня тѣлеса святыхъ. Святаго князя Петра тѣло постависта[82] внутрь града въ соборной церкви до утрея, а святыя Евфросинии тѣло постависта внѣ града въ церкви Воздвижения Честнаго Креста. Общии ихъ гробъ, егоже святии сами повелѣша истесати во единомъ камени, оставиша тощъ въ тои же соборной церкви.

На утрие же, вставше, людие обрѣтоша особныя гробы ихъ тощи, въ няже ихъ вложиста[83]. Святая же тѣлеса ихъ обрѣтоста[84] внутрь града въ соборной церкви Рожества Пречистыя Богородица во единомъ гробѣ, егоже сами себѣ повелѣша сотворити. Людие же неразумнии, якоже въ животѣ о нихъ мятущеся, тако и по честнѣмъ ихъ преставлении паки преложиша я въ особныя гробы, и паки разнесошася. И паки же на утрия обрѣтостася святии во единомъ гробѣ. И къ тому не смѣяху прикоснутися святымъ тѣлесемъ ихъ.

И положиша я во единомъ гробѣ, въ немъже сами повелѣста, въ соборной церкви Рожества Пречистыя Богородицы, внутрь града, яже даде богъ на просвѣщение и на спасение граду тому. Аще бо кто съ вѣрою приходитъ въ рацѣ мощеи ихъ, неоскудно исцѣление приемлетъ.

---

[1] иноцѣхъ *loc. pl.* : инокъ. [2] чюдотворецъ *gen. pl.* [3] Рустѣи *loc. sg.* : Рус(ьс)кая. [4] ненавидяи *pr. a. p., det.* : ненавидѣти. [5] всели *aor. 3 sg.* : в(ъ)селити. [6] бяше *impf. 3 sg.* : быти. [7] мечты *instr. pl.* : мечта. [8] таяше *impf. 3 sg.* : таити. [9] вся ключившаяся *scil.* дѣла. [10] словесы *instr. pl.* : слово. [11] увѣси *pr. 2 sg.* : увѣдѣти. [12] вѣцѣ *loc. sg.* : вѣкъ. [13] сердцы = сьрдьци *loc. sg.* : сьрдьце. [14] приемши *p. a. p., f.* : прияти. [15] змию прилетѣвшу *dat. abs.* [16] вѣдѣти *pr. 2 sg.* : вѣдѣти. [17] мни *pr. a. p.* : мьнити/мьнѣти. [18] мужеви *dat. sg.* : мужь. [19] сумняся *pr. a. p.* : сум(ь)нѣтися. [20] вѣдыи *pr. a. p., det.* : вѣдѣти. [21] женстѣмъ *loc. sg.* : жен(ь)скъ. [22] мнии = мьньи *compr.* [23] лѣты *instr. pl.* : лѣто. [24] сносѣ *dat. sg.* : сноха. [25] срѣте *aor. 3 sg.* : с(ъ)рѣсти. [26] братися = боротися. [27] вземъ *p. a. p.* : в(ъ)зяти. [28] блаженнѣмъ *loc. sg.* [29] нань *prep.* на + нь *acc. sg.* : онъ. [30] врачевъ *gen. pl.* : врачь. [31] человѣки *instr. pl.* : человѣкъ. [32] велицѣи *loc. sg.* : велика. [33] мнози *nom. pl.* : многъ. [34] врачеве *nom. pl.* : врачь. [35] обрящуть *pr. 2 pl.* : обрѣсти. [36] точаше = тъчаше *impf. 3 sg.* : тъкати. [37] повѣждь *imp. 2 sg.* : повѣдѣти. [38] нави *acc. pl.* : навъ. [39] наю *gen. du.* : мы. [40] грядеши *pr. 2 sg.* : грясти. [41] почерпе *aor. 3 sg.* : почьрпнути. [42] дуну *aor. 3 sg.* : дунути. [43] на ня = на + ня *acc. pl.* : онъ. [44] я *acc. pl.* : онъ. [45] даде *aor. 3 sg.* : дати. [46] слузѣ *dat. sg.* : слуга. [47] сотчется *pr. 3 sg.* : сътъкатися. [48] обѣщавшуся ему *dat. abs.* [49] истинствуяи *pr. a. p., det.* : истинствовати. [50] сыи *pr. a. p., det.* : быти. [51] дары *instr. pl.* : даръ. [52] поятъ *aor. 3 sg.* : пояти. [53] поя *aor. 3 sg.* : пояти. [54] живяста *impf. 3 du.* : жити. [55] страсѣ *loc. sg.* : страхъ. [56] кнеини = княгини. [57] богу . . . прославляющу *dat. abs.* [58] разверзе *aor. 3 sg.* : разврѣсти. [59] возмита *imp. 2 du.* (*ref.* градъ и бояре) : в(ъ)зяти. [60] просита *imp. 2 du.* : просити. [61] усты *instr. pl.* : уста. [62] рѣша *aor. 3 pl.* : рещи. [63] положише *p. a. p., nom. pl.* : положити. [64] пловущимъ . . . имъ *dat. abs.* (*temp.*). [65] приемъ *p. a. p.* : прияти. [66] слаждьши *compr. f.* : сладъкъ. [67] бояся *aor. 3 sg.* : боятися. [68] вечеру . . . приспѣвшу *dat. abs.* (*temp.*). [69] ны *acc. pl.* : мы. [70] потче *aor. 3 sg.* : пот(ъ)кнути. [71] приидохомъ *aor. 1 pl.* : приити. [72] домы *instr. pl.* [73] ваю *gen. du.* : вы. [74] бѣста *impf. 3 du.* : быти. [75] пастыря *nom. du.* [76] наемника *nom. du.* [77] пьяше *impf. 3 sg.* : пити. [78] нужду *pr. 1 sg.* : нудити. [79] вотче = вътъче *aor. 3 sg.* : вътъкнути. [80] восхотѣста *aor. 3 du. instead of* восхотѣша *aor. 3 pl.* : восхотѣти. [81] мнишествѣмъ *loc. sg.* : мнишьскъ. [82] постависта *aor. 3 du. instead of* поставиша *aor. 3 pl.* : поставити

[a] Murom, a town on the Oka River in the principality of R'azan'.
[b] Agrik, a hero of Russian epic tales, possessed a magic sword.
[c] The principality of Murom was a part of the principality of R'azan'.
[d] *Bib.* Matthew the apostle.
[e] 1228.

METROPOLITAN CYPRIAN:
THE LIFE OF PETER,
FIRST METROPOLITAN OF MOSCOW

Cyprian (d. 1406), who was of Bulgarian or Serbian origin, was consecrated Metropolitan of Russia in 1376 by the Patriarch Philothèus of Constantinople, but owing to the opposition of the Great Prince Dimitrij of Moscow, he at first settled in Kiev, moving to Moscow in 1380. As a successor to Peter, the first Russian metropolitan (1305–26) to make his official residence in Moscow, Cyprian resolved to write his predecessor's biography, having found an earlier biography by Proxor, Bishop of Rostov, obsolete from the point of view of contemporary, i. e. Muscovite, hagiographical methods. Towards the end of *The Life of Peter* Cyprian refers to the difficulties he encountered during his tenure in office, alluding to the fact that he was compelled to spend the years 1382–90 in exile in Constantinople. His banishment was ordered by the Great Prince Dimitrij who accused him of plotting intrigues with the Great Prince Ol'gerd of Lithuania, where Cyprian was also acknowledged titular head of the Russian Church. The account of Cyprian's miraculous recuperation from an illness through the invocation of his predecessor is purported to be an attempt to rehabilitate himself in the eyes of the Muscovite readers of the biography.

The text is taken from *The Book of Degrees of the Imperial Genealogy* (Книга степенная царского родословия) (St. Petersburg, 1913), Vol. I, printed in Vol. XXI of "Полное собрание русских летописей."

Киприана, митрополита Киевьскаго,
Житие и подвизи[1] и мало съповѣдание отъ чюдесъ
иже во святыхъ отьца нашего Петра,
архиепископа Киевьскаго и всея Русии.

Праведницы[2] въ вѣки живутъ, и отъ господа мзда ихъ, и строение ихъ отъ вышьняго. И праведникъ, аще постигнетъ скончатися, въ покои будетъ; и похваляему праведнику[3] возвеселятся людие, занеже праведнымъ подобаетъ похвала.

Отъ сихъ убо единъ есть, иже нынѣ нами похваляемый священноначальникъ.

И аще убо никто же доволенъ нынѣ есть похвалити достоино его по достоиньству, но паки неправедно разсудихъ таковаго святителя вѣнець неукрашенъ нѣкако оставити, аще и преже насъ бывшеи самохотиемъ преминуша смотрѣние.

И се нѣкое божие, мню, и святого дарование, яко да и мы малу мзду приимемъ. Яко же вдовица она, принесшая двѣ мѣдници, тако и азъ убо, многими деньми томимъ и привлачимъ[4] любовию ко истинному пастуху. И хотящу ми[5] убо малое нѣкое похваление святителю принести, но свою немощь сматряющу[6] недостижну ко оного величествию, и удержевахся; паки же до коньца оставити и облѣнитися тяжьчаише вмѣнихъ. Сего ради на бога всю надежу возложихъ и на того угодника, ибо дѣло выше мѣры нашея прияхся, — мало ми убо отъ жития его повѣдати, елико богъ дастъ и елико отъ казателии слышахъ, мало же и отъ чюдесъ его исповѣдати.

Ни бо аще можетъ кто всю глубину исчерпати, оставити тако, ни поне малою чашею прияти и прохладити свою жажду, тако и о семъ недостоино судихъ, на его ми мѣстѣ стоящю[7] и на его гробъ зрящю и того же ми престола наслѣдствовавшю, егоже онъ прежде лѣтъ остави и къ небеснымъ обителемъ прииде.

★

Начьну убо юже[8] о немъ повѣсть: рожение его же и воспитание и еже[9] изъ мира отшествие.

Сеи убо великии во святителехъ, блаженныи Петръ родися[a] во единомъ отъ мѣстъ Земли Волыньския[b] отъ родителю християну и благоговѣину[10]: отьца именемъ Феодора и матере, тако же благовѣрны суще. Прилучи же ся нѣчьто сицево преже рождения его, еже недостоино молчанию предати.

И еще бо ему сущу[11] во утробѣ матерни, во едину убо отъ нощи, свѣтяющу дьневи[12] недѣли, видѣ видѣние таково мати его: мняше бо ся еи агньца на руку держати своею, посредѣ же рогъ его дрѣво благолиствьно израстъше[13] и многими цвѣты[14] же и плоды[15] обложено, и посредѣ вѣтвии его мнози свѣщи свѣтяще и благовония исходяща. Возбудившеся, и недоумѣяшеся, чьто сие, или чьто конець таковому видѣнию. Обаче аще и она недомышляшеся, но конець послѣди со удивлениемъ явися, еликими дарми[16] угодника своего богъ обогати.

Рожьдшу[17] же ся отрочати и седьмаго лѣта возраста достигшу[18], вданъ бываетъ родителема книгамъ учитися. Но убо учителеви со прилежаниемъ ему прилежащу[19], отроку же неспѣшно учение творяшеся, но косно и всячески неприлежьно. И о семъ убо не мала печаль бѣяше родителемъ его, и не малу же тьщету совмѣняше себѣ и учитель его.

Единою яко во снѣ видѣ отрокъ нѣкоего мужа во святительскихъ одежахъ, пришедша и ставша надъ нимъ и рекша ему:

»Отверзи[20], чадо мое, уста своя!«

Оному же отверзшу[21], святитель десною рукою прикоснуся языку его и благослови его и яко же нѣкоею сладостию гортань его нали. И абие возбудися отроча и никого же видѣ. И отъ того убо часа, елика написоваше[22] ему учитель его, малымъ проучениемъ изучеваше[23], яко по малѣ времени всѣхъ сверстникъ своихъ превзыде и предвари.

Бывшу же ему[24] двѣманадесяте лѣтомъ, иде въ прилежащеи тамо пустыни во единъ отъ монастыреи[c] и иже[25] отъ тамо сущаго игумена постризается[26] и къ братии причитается. И со отъятиемъ убо власнымъ, и всяко мудрование соотрѣзуетъ[27] плотьское и бываетъ совершенъ во всемъ послушьникъ, духовному своему отьцу послѣдуя. Въ поварню убо воду на раму своею ношаше[28], и братняя власяница[29] измывая, зимѣ же и лѣтѣ се творя беспрестанно; ниже сие остави правило: по звону церковному первому обрѣтатися въ церкви въ нощьныхъ и дьневныхъ правилѣхъ и по сконь-чании послѣди всѣхъ исходити. Но и стоящу ему въ церкви, со благоговѣ-ниемъ послушающу божественаго писания со всякимъ прилежаниемъ, николи же восклонися ко стѣнѣ. И лѣта убо довольна въ таковомъ устроении препроводи день отъ дьне; и яко же убо нѣкоею лѣствицею восхожения въ сердцы полагаше, по *Лѣствьченика*[d] указанию же и слову. Всегда убо наставника во всемъ послушая и братиямъ безъ лѣности служа не яко человѣкомъ, но яко самому богу, и всѣмъ убо образъ бываше благъ къ добродѣтельному житию смирѣниемъ и кротостию и молчаниемъ. По времени же и дияконьское служение приемлетъ[30] разсужениемъ наставничимъ; по семъ же и презвитерскому сану сподобися. И никако перваго служения не преста, еже[31] служити братиямъ со всякимъ смирѣниемъ въ сокрушении сердца.

Еще же и въ желание приходитъ учению иконному, еже и вскорѣ навыче[32] повелѣниемъ наставника. И сему убо дѣлу прилежа[33], и образъ спасовъ пиша[34] и того всенепорочьныя матере и паки же святыхъ вообра-жения и лица. И отсюду умъ и всякую мысль отъ земьныхъ отводя и весь обоженъ[35] бываше умомъ и усвоевашеся[36] къ воображениемъ онѣхъ и большее рачение къ добродѣтельному житию прилагаше и ко слезамъ обра-щешеся. Обычаи бо есть во многихъ се: яко егда любимаго лице помѣнетъ[37], абие отъ любве ко слезамъ обращается. Сице же и сеи божественый святитель творяше: отъ сихъ шаровныхъ образовъ къ первообразнымъ умъ возво-ждаше[38]. И убо преподобный отецъ нашъ и божии человѣкъ безъ лѣности иконы дѣлаше, наставникъ же его, приемля сия, и раздаяше: ова братии, ова же нѣкимъ христолюбцемъ, приходящимъ въ монастырь благословения ради.

По времени же, благословениемъ и повелѣниемъ наставника своего, исходитъ отъ обители: ни бо достояше таковому человѣку не прежде проити вся степени и потомъ на учительскомъ сѣдалищи посадитися. Исходитъ убо отъ обители и объходитъ округьняя мѣста пустынная и обрѣтаетъ мѣсто безмолвно на рѣцѣ, нарицаемои *Рата*. И ту жилище себѣ водружаетъ и болѣзни къ болѣзнемъ прилагаетъ и поты проливаетъ и церковъ воздвизаетъ во имя спаса нашего Исуса Христа и келии воставляетъ въ пребывание къ приходящеи къ нему братии. И въ малѣ времени собрася къ нему не мало число братии. И сеи убо блаженный печашеся[39] о ихъ спасении яко отецъ чадолюбивъ: не точию словомъ учаше ихъ, но дѣломъ большее наказуяше[40] тѣхъ. Бяше бо нравомъ кротокъ, молчаливъ же во всемъ. И не яко стареи-шии показуяшеся[41] братии, но послѣднии всѣхъ творяшеся. Никогда же разъярися на кого согрѣшающа, но съ тихостию словомъ умильнымъ учаше: бѣяше[42] убо толико милостивъ, яко николи же просяща убога или странна не отпусти тъща, но отъ обрѣтающихся въ нихъ подаяше. Множицею же и въ таи братии своея милуяше[43] нища, поминая слово рекшаго: *Милуяи нищаго, богу въ заемъ даетъ*, и самого господа послушая, повелѣвающа: *Будите щедры, яко же и отецъ вашь небесныи щедръ есть*. И множицею бо, не имыи[44] чьто дати просящимъ, и даяше отъ иконъ, пишемыхъ отъ него. Иногда же и власяницю снемъ[45] съ себе, дасть на пути убогу, томиму зимою. И въ сицевыхъ убо пребывая подвигахъ же и исправлениихъ, не мощьно бѣ[46] и граду укрытися, на горѣ добродѣтелии стоящу; но и князю тогдашнему[e] въ слухъ прииде добродѣтельное мужа житие, и вельможамъ такожде, и спроста рещи, и всеи странѣ и земли онои.

★

Тогда бо бяше во своеи чести и времени Земля Волыньская всякимъ обильствомъ приимуща и славою (аще и нынѣ по многихъ ратѣхъ не такова), обаче во благочестии. И всѣми убо чьтомъ и славимъ бѣ дивныи сеи человѣкъ, княземъ убо и славными вельможами; и всѣ слово и учение его приимаху.

Тогда убо прилучися и святителю оному Максиму[f], иже въ та лѣта престолъ всея Руския Земля[47] украшаше, проходити землю ону, поучая люди божия по преданному уставу. Прииде же и божии человѣкъ Петръ съ своею братиею благословение отъ святителя прияти и образъ пречистыя владычица нашея богородица[48], иже бѣ самъ написалъ, принесе ему. Святитель же божии оного убо со братиею благослови, образъ же пречистыя приемъ[49] съ великою радостию и веселиемъ и, златомъ и камениемъ украсивъ, у себе держаше. Во дьни же и въ нощи моляшеся еи непрестанно о сохранении и о соблюдении Русьския Земля даждь до своего живота. И жития убо сего конець прѣмѣни архиепископъ Максимъ, и тѣло его во гробѣ положено бысть въ преславнѣи церкви Пречистыя Богородица и Приснодѣвы Мария во преименитомъ градѣ Владимери.

Геронтии же нѣкто, игуменъ сыи[50], дерзнувъ дерзостию, восхитити хотя санъ святительства, не вѣдыи[51], яко всякъ даръ совершенъ свыше есть сходяи[50] отъ бога отьца свѣтомъ, ни бо слыша писание глаголющее: *Ни хотящему, ни текущему, но милующему богу*. Но тако самовластия недугомъ одержимъ бѣ, и своеумиемъ на таковую высоту дерзнувъ нѣкако, благополучно себѣ творяше, и никому же возбраняющу[51] ему таковаго безсловесия; подъемлетъ убо подвиги, приемлетъ же и святительскую одежу и утварь и еще же и ту самую икону, юже бѣ своею рукою отецъ нашъ Петръ написалъ и Максиму принесъ. Подъемлетъ же и жезлъ пастырскии и сановники церковныя. И поиде къ Костянтину граду[g], яко готово имѣя чаемое[52].

Се же услышано бысть по всеи Земли Русьскои даже и до Волыни, еже и мнози негодоваху. Князь же Волыньския Земли совѣщеваетъ совѣтъ неблагъ[h]: восхотѣ Галичьскую епископию въ митрополию прѣтворити, извѣтомъ творяся Геронтиева высокоумия не хотя. И нападаетъ на Петра словесы[53], подгнѣщая его Царюграду. И сие убо творяше на многи дьни: овогда самъ князь собою глаголя Петрови, овогда же боляръ и совѣтникъ своихъ посылая къ нему. Святыи же прѣкланяется и исходитъ ко словесемъ ихъ и самъ убо къ путеви[54] управляшеся.

Князь же въ таи Петра напишуетъ[55] писания съ молениемъ ко святому патриарху[i] и ко всему священному собору, прося моления своего не погрѣшити, но того самого Петра на святительскомъ престолѣ видѣти прашаше[56]. И посла убо посылаетъ съ писаниемъ съ Петромъ. Геронтиеви же на море пришедшю[57], на корабль восходитъ и ко Царюграду устремляется.

Преподобному же отьцю нашему Петру море достигшу, та же и на иномъ мѣстѣ въ корабль вшедшу и тому же ко Царюграду поплывшу[58], и Геронтиеви злополучьно нѣкако плавание случися: буря бо велика в мори воздвижеся[59], и сопротивнии вѣтри о носъ кораблеви[60] опрѣшася[61] и нужду велику кораблеви творяху[62], и волны велики двизахуся[63]. Петрову же кораблю тихъ нѣкии, хладенъ яко же зефиръ и пособенъ вѣтръ бысть. И яко же во снѣ море прѣшедшю, и ко стѣнамъ Костянтина града прилетѣ.

Геронтиеви же въ печали сущу, въ нощи явися ему икона Пречистая Богородица, юже бѣ (яко же преди сказахомъ[64]) своима рукама Петръ преподобныи написалъ, глаголющи ему сице:

»Всуе тружая ми ся, толику путеви вдался еси! Не взыдетъ на тя великии святительскии санъ, егоже восхитити восхотѣлъ еси. Но иже[65] мене написавыи[66] Петръ, игуменъ Ратьскии ʲ, служитель сына моего и бога моего, — тои возведенъ будетъ на высокии престолъ славныя митрополия[67] русьския и престолъ украситъ и люди добрѣ упасетъ, о нихже Христосъ, сынъ мои и господь, кровь свою, отъ мене заимованну[68], пролия[69]. И сице богоугодно поживъ, во старости маститѣ къ желаемому владыцѣ[70] и первому святителю прѣидетъ радостно.«

И таковое убо видѣние Геронтие[71] видѣ, и словеса услышавъ отъ честнаго и славнаго пречистыя образа, абие возбудився и начатъ[72] сказовати всѣмъ сущиимъ съ нимъ въ корабли, сице глаголя:

»Всуе тружаемся, братие, желаемаго не получимъ!«

Онѣмъ же вину въпрашающиимъ увѣдѣти, и всѣмъ видѣнная и слышанная сказуетъ. И тако по мнозѣ[73] истомлении и бури едва возможе[74] Царяграда доити.

★

Но убо, яко же рѣхомъ[75], преподобному отьцю нашему Петру Костянтинаграда предваривьшу, исходитъ ис корабля и ко святому патриарху въ преименитыи храмъ Святыя Премудрости Божия Слова[k] восходитъ.

Бѣ же тогда патриаршескаго и вселеньскаго престола украшевая[76] святыи Афонасие Дивныи. И Петру убо во двери входящу[77], идѣже бѣ патриархъ сѣдяи[78], благоухания нѣкоего исполнися храмина она. И уразумѣвъ духомъ святымъ патриархъ, яко приходомъ Петровымъ благоухание оно бысть, и приятъ[79] его радостнѣ и благословению сподоби его съ веселиемъ. Потомъ же, яко вину пришествия его увѣда, абие соборъ созываетъ священнѣишихъ митрополитовъ и избрание по обычаю сотворяетъ. И явися достоинъ иже[80] прежде рождения нареченныи Петръ и въ мори такожде образомъ пречистыя богородица[81]. И патриарху убо со священнымъ соборомъ божественую и таиную службу совершающу[82], священетъ и дивнаго Петра, свѣтильникъ на свѣщьницѣ поставивъ, яко да всѣмъ сущимъ во храминѣ свѣтитъ, и учителя того и пастуха Земли Русьскои уставляетъ.

Тогда убо, яко же отъ нѣкиихъ истинныхъ слышахъ повѣдающихъ, лице его, рече, просвѣтися, яко всѣмъ служащимъ съ патриархомъ удивитися. И отъ сего убо большее извѣщение патриархъ со всѣмъ соборомъ приемъ[83] глаголаше, яко:

»Сеи человѣкъ велѣниемъ божиимъ прииде къ намъ и того благостию добрѣ стадо упасетъ, порученное ему.«

И бысть веселие духовное въ день онъ.

По малѣхъ же дьнехъ и Геронтии прииде ко Царюграду по многихъ истомлениихъ, яко преди писахомъ[84], и восходитъ ко святѣишему патриарху и нехотя вся прилучьшая[85] ему сказуетъ и еще же сонное видѣние. Патриархъ же довольна словеса извѣщавъ, еще и отъ правилъ богоносныхъ отецъ нашихъ прирекъ[86], яко не достоитъ мирянómъ избрания святительская творити, никому же смѣти самому на таковыи санъ дерзати, аще не прежде отъ святого собора избранъ, паче же отъ святого и живоначальнаго духа назнаменанъ. Ина многа словеса отъ святыхъ правилъ и божественыхъ писании изрече ему, абие препокои слово.

Ризы же святительския съ честною иконою и пастырски жезлъ, тако же и церковныя сановники, приемъ, въ руки предаетъ истинному святителю и божию человѣку Петру, сице рекъ:

»Приими[87] богородичьныи образъ святыи, иже ты своима рукама написалъ еси. Сего бо ради и воздарие тебѣ дарова: сама икона о тебѣ прорече.«

И оттоле убо святѣишии патриархъ Афонасие[88], на всякъ день бесѣды душеполезныя простирая, святителю Петру глагола сице:

»Блюди, чадо и брате, о Христѣ возлюбленыи, въ каковы и колики подвиги вшелъ еси! Се тебѣ великии корабль Христосъ богъ поручилъ есть наставляти и правити и ко пристанищемъ спасения привести. Да не облѣнишися никогда же, да не уныеши, да не отяготишися великимъ попечениемъ величества и множества Земля Русьския. Се приемникъ бысть[89] апостольскаго служения. Дѣлателя тебе Христосъ винограда своего постави. Буди подражатель апостоломъ! Буди ученикъ истинныи спасовъ! Яко да и ту и со дерзновениемъ во второе пришествие его станеши, взывая: 'Господи! Се азъ и дѣти, яже ми еси далъ!'«

И таковыми словесы и иными множаишими всегда блаженнаго поучая, и по дьнехъ изъ славна Констянтинаграда отпусти. Оному же изшедшу и море благополучьнѣ преплувшу и ко святѣишии митрополии русьскаго престола пришедшу и миръ и благословение всѣмъ подавшу[90], начатъ учити богомъ порученное ему стадо, преходя отъ мѣста до мѣста съ елицѣмъ[91], аще кто речетъ, смирѣниемъ же и трудомъ и кротостию, поминая рекшаго: *Въ сердцы кроткихъ почиетъ богъ*; и паки рече: *Сердце сокрушено и смирено богъ не уничижитъ*...

★

И яко убо прохождаше мѣста и грады божии человѣкъ Петръ, прииде во славныи градъ, зовомыи Москва[1], еще тогда малу сущу ему и немногонародну[92], а не яко же нынѣ видимъ есть нами. Въ томъ убо градѣ бяше обладая благочестивыи и великии князь Иоаннъ[m], сынъ Даниловъ, внукъ блаженнаго Александра[n]. Его же видѣ блаженныи Петръ во православии сияюща и всякими добрыми дѣлы украшена, милостива суща до нищихъ, честь подавающа святымъ и божиимъ церквамъ и тѣхъ служителемъ, любочестива къ божественымъ писаниямъ и послушателя святыхъ учении

книжьныхъ. И зѣло возлюби его божии святитель. Начатъ большее инѣхъ
мѣстъ жити въ томъ градѣ.º Совѣщеваетъ же совѣтъ благъ князю, совѣтуя
ему, яко да сотворитъ церковь, каменемъ составлену, во имя Пречистыя
Владычица нашея Богородица и Приснодѣвица Марияᴾ, пророчествовавъ
сице, яко:

»Аще мене, сыну, послушаеши и храмъ Пречистыя Богородицы воз-
движеши во своемъ градѣ, и самъ прославишися паче иныхъ князеи и
сынове и внуцы твои въ роды и роды. И градъ прославленъ будетъ во всѣхъ
градѣхъ рускихъ, и святители поживутъ въ немъ, и взыдутъ руки его на
плеща врагъ его, и прославится богъ въ немъ! Еще же и мои кости въ
немъ положени будутъ.«

Сия убо словеса князь отъ учителя съ радостию великою приемъ,
начатъ со тьщаниемъ о церкви прилежати и, основаннѣ еи бывши[93], начатъ
день отъ дьне спѣяти и воздвизатися и самому святому прилежати на
всякъ день спѣшити. Бяше убо веселие непрестанно посрѣдѣ обою духовное,
— князю убо во всемъ послушающу и честь велию подавающу[94] отьцу
своему по господнему повелѣнию, еже рече ко своимъ ученикомъ: *Приемляи
васъ, мене приемлетъ,* — святителю же паки толико прилежащу сынови
своему, князю, о душевныхъ и тѣлесныхъ, яко съ Павломъᴾ ему глаголати,
умирая на всякъ день.

И яко убо начатъ церковь совершатися, проувидѣ[95] святыи смерть
свою божиимъ откровениемъ, и начатъ святыма своима рукама гробъ себѣ
творити близъ святого жертвеника. А по совершении его паки видѣ видѣние,
возвѣщающее ему отъ жития сего исхождение, и къ богу, егоже изъ млада
возлюби, прехождение. И весь радости исполнися и, дьневи бывшу[96], самъ
входитъ въ церковь и божественую службу совершаетъ, помолився о право-
славныхъ царѣхъ же и князѣхъ и о своему сыну[97], егоже возлюби, благо-
честива, глаголю, князя Иоанна — и за все благочестиво християнское
множество всея Русьския Земля, но умершихъ такожде воспоминание
сотвори и святымъ таинамъ причастися. По исшествии его изъ церкви
призываетъ весь причетъ церковныи и, довольно поучивъ ихъ, яко же
обычаи бяше ему творити, отъ оного убо часа не преста милостиню творити
всѣмъ приходящимъ къ нему убогимъ, такожде же и монастыремъ и по
церквамъ иереомъ и дияконом.

И яко убо позна свое еже[98] изъ мира исхождение и часъ увѣдѣ[99],
призываетъ нѣкоего именемъ Протасия, егоже бѣ князь старѣишину града
поставилъ, — князь бо тогда не прилучися во градѣ. Бѣ же Протасии
онъ мужъ честенъ и вѣренъ и всякими добрыми дѣлы украшенъ. И рече
ему:

»Чадо! Се азъ отхожду[100] жития сего, оставляю же сыну своему,
возлюбленному князю Иоанну, милость, миръ и благословение отъ бога и
сѣмени его до вѣка. Елико же сынъ мои мене упокоилъ, воздастъ ему
господь богъ сторицею въ мирѣ семъ; и животъ вѣчьныи да наслѣдитъ; и
да не оскудѣетъ отъ сѣмени его, обладая мѣстомъ его, и память его да
упространится!«

Та же, елико имѣше влагалище, дастъ ему, завѣщая на церковное
совершение истощити то. Всѣмъ вкупѣ миръ давъ, начатъ вечерню пѣти.
И еще молитвѣ сущи[101] во устѣхъ его, душа отъ тѣла исхождаше, самому

руки на небо воздѣвшу[102]. И тѣло убо на земли оста, душа же на небеса возлетѣ къ желаемому Христу.[г]

Князю убо съ великою скоростию во градъ приспѣвшу[103], со всѣми вельможами своими, о преставлении добраго отьца и благаго учителя вельми тужаше[104]. И на одръ святого поставльше[105], къ церкви понесоша, яко же обычаи есть мертвымъ творити... И одръ убо съ мощьми ко гробу принесше[106], иже самъ себѣ бяше уготовалъ, поставляютъ его въ немъ мѣсяца декабря 21 день. Идѣже и нынѣ лежитъ, чудеса различнаа точа[107], иже съ вѣрою приходящимъ... И яко же источникъ, черплемыи[108], больши истекаетъ, сице и гробъ новаго чюдотворца Петра съ вѣрою приходящимъ исцѣления истекаетъ, душевная и тѣлесная. Къ нему же и азъ малу нѣкую душеполезную повѣсть приложу, та же слово препокою.

Прежде сихъ лѣтъ, не вѣмъ како судьбами, и имиже вѣсть богъ, и азъ смиренныи возведенъ быхъ на высокии престолъ сея митрополия русския святѣишимъ патриархомъ и дивнымъ Филофеемъ[s] и еже[109] о немъ священнаго собора. Но къ Русьскои Земли пришедшу ми[110], мало нѣчьто сопрвтивно прилучи ми ся ради моихъ грѣховъ. И третиему лѣту наставшу[111], паки ко Царюграду устремихся и, тамо ми достигшу[112] по многихъ трудѣхъ ми[113] и искушениихъ и надѣющу ми ся нѣкое утѣшение обрѣсти, обрѣтохъ всяко нестроение во царѣхъ же и патриарсѣхъ... Пребыхъ же убо во оно время въ Констянтинѣградѣ тринадесять мѣсяць, ниже бо ми мощьно бѣяше[114] изыти, велику бо нестроению и нужди належащи[115] тогда на царствующии градъ, — море убо Латиною обдержимо, земля же и суша обладаема безбожьными турки, — и въ таковомъ убо затворѣ сущу мнѣ[116], болѣзни неудобь стерпимы нападоша[117] на мя, яко еле живу быти ми, но едва и яко въ себе приидохъ и призвахъ на помощь святого святителя Петра, глаголя сице:

»Рабе[118] божии и угодниче[119] спасовъ! Вѣмъ, яко дерзновение велие имаши къ богу и можеши напаствуемымъ и больнымъ помощи, елико аще хощеши. И аще убо угодно есть тебѣ твоего ми престола доити и гробу твоему поклонитися, даи же ми помощь и болѣзни облегчение!«

Вѣруите же ми, яко отъ оного часа болѣзни оны нестерпимыя престаша, и въ малыхъ дьнехъ изъ царствующаго града изыдохъ[120] и божиимъ поспѣшениемъ и угодника своего приидохъ[121] и поклонихся гробу чюдотворному. Тогда убо приятъ насъ [съ] радостию и честию великою благовѣрныи, великии князь всея Русии Димитрие[122], сынъ великаго князя Иоанна, сына славнаго и великаго князя Иоанна, внука Александрова[t].

Такова убо великаго сего святителя и чюдотворца исправления! Сицевы того труды и поты, имиже изъ млада и отъ самыя юности богу угоди, ихже ради и богъ того воспрослави...

---

[1] подвизи *nom. pl.* : подвигъ. [2] праведницы *nom. pl.* : праведникъ/правьдьникъ. [3] похваляему праведнику *dat. abs.* (*caus.*). [4] привлачимъ *pr. p. p.* : привлачити. [5] хотящу ми *dat. abs.* (*concess.*). [6] сматряющу *dat. abs.* (*caus.*). [7] ми стоящю, *and the following forms in the same sentence* : зрящю, наслѣдствовавшю *dat. abs.* (*caus.*). [8] юже *art. ref.* повѣсть. [9] еже *art. ref.* отшествие. [10] родителю християну и благовѣрину *gen. du.* [11] ему сущу *dat. abs.* (*temp.*). [12] свѣтяющу дьневи *dat. abs.* (*temp.*). [13] израстьше *p. a. p.* : израсти. [14] цвѣты *instr. pl.* [15] плоды *instr. pl.* [16] дарми *instr. pl.* : даръ. [17] рожьдшу = рождьшу *p. a. p.*, *dat. sg.* : родити. [18] достигшу *p. a. p.*, *dat. sg.* : достигнути. [19] учителеви ... прилежащу *dat. abs.* (*concess.*). [20] отверзи *imp. 2 sg.* : отврѣсти. [21] оному ... отверзшу *dat.*

[21] написоваше *impf. 3 sg.* : написовати.   [22] изучеваше *impf. 3 sg.* : изучевати. [24] бывшу … ему *dat. abs. (temp.)*.   [25] иже *art. ref.* игумена.   [26] постризается *pr. 3 sg.* : постризатися.   [27] соотрѣзуетъ *pr. 3 sg.* : съотрѣзовати.   [28] ношаше *impf. 3 sg.* : носити. [29] власяница *acc. pl.*   [30] приемлетъ *pr. 3 sg.* : приимати.   [31] еже *art. ref.* служити. [32] навыче *aor. 3 sg.* : навыкнути.   [33] прилежа *aor. 3 sg.* : прилежати.   [34] пиша *pr. a. p.* : писати.   [35] обоженъ *p. p. p.* : обожити.   [36] усвоевашеся *impf. 3 sg.* : усвоеватися.   [37] помѣнетъ *pr. 3 sg.* : помѣнути.   [38] возвождаше *impf. 3 sg.* : возводити.   [39] печашеся *impf. 3 sg.* : пещися.   [40] наказуяше *impf. 3 sg.* : наказовати.   [41] показуяшеся *impf. 3 sg.* : показоватися. [42] бѣяше *impf. 3 sg.* : быти.   [43] милуяше *impf. 3 sg.* : миловати.   [44] имыи *pr. a. p., det.* : яти. [45] снемъ *p. a. p.* : с(ъ)няти.   [46] бѣ *impf. (aor.) 3 sg.* : быти.   [47] земля *gen. sg.*   [48] владычица … богородица *gen. sg.*   [49] приемъ *p. a. p.* : прияти.   [50] сыи, вѣдыи, сходяи *pr. a. p., det.* : быти, вѣдѣти, с(ъ)ходити.   [51] никому … возбраняющу *dat. abs. (caus.)*.   [52] чаемое *pr. a. p., det. n.* : чаяти.   [53] словесы *instr. pl.*   [54] путеви *dat. sg.* : путь.   [55] написуетъ *pr. 3 sg.* : написовати.   [56] прашаше *impf. 3 sg.* : просити.   [57] Геронтиеви … пришедшу *dat. abs. (temp.)*.   [58] Петру … достигшу, вшедшу, поплывшу *dat. abs. (temp.)*.   [59] воздвижеся *aor. 1 sg.* : въздвигнутися.   [60] кораблеви *dat. sg.* : корабль.   [61] опрѣшася *aor. 3 pl.* : опрѣтися.   [62] творяху *imp. 3 pl.* : творити.   [63] двизахуся *imp. 3 pl.* : двизатися.   [64] сказахомъ *aor. 1 pl.* : с(ъ)казати.   [65] иже *art. ref.* Петръ.   [66] написавыи *p. a. p., det.* : написати.   [67] митрополия *gen. sg.*   [68] заимованну *p. p. p., acc. sg. f.* : заимовати.   [69] пролия *aor. 3 sg.* : пролияти.   [70] владыцѣ *dat. sg.* : владыка.   [71] Геронтие = Геронтии.   [72] начатъ *aor. 3 sg.* : начати.   [73] мнозѣ *loc. sg.* : мног.   [74] возможе *aor. 3 sg.* : возмощи/възмощи.   [75] рѣхомъ *aor. 1 pl.* : рещи.   [76] украшевая *pr. a. p.* : украшевати.   [77] Петру … входящу *dat. abs. (temp.)*.   [78] сѣдяи *pr. a. p., det.* : сѣдѣти.   [79] приятъ *aor. 3 sg.* : прияти.   [80] иже *art. ref.* Петръ.   [81] богородица *gen. sg.*   [82] патриарху … совершающу *dat. abs. (temp.)*.   [83] приемъ *p. a. p.* : прияти.   [84] писахомъ *aor. 1 pl.* : писати.   [85] прилучьшая *p. a. p., acc. pl.* : прилучити.   [86] прирекъ *incorr. instead of* прирече.   [87] приими *imp. 2 sg.* : прияти.   [88] Афонасие = Афонасии.   [89] бысть *aor. 2 sg.* : быти.   [90] оному … изшедшу, преплувшу, пришедшу, подавшу *dat. abs.*   [91] елицѣмъ *instr. sg.* : елик.   [92] малу сущу ему и немногонародну *dat. abs.*   [93] основаннѣ еи бывши *dat. abs. (temp.)*.   [94] князю … послушающу, подавающу *dat. abs. (caus.)*.   [95] проувидѣ *aor. 3 sg.* : проувидѣти.   [96] своему сыну *dat. sg. instead of loc. sg.* своемъ сыну.   [97] дьневи бывшу *dat. abs. (temp.)*.   [98] еже *art. ref.* : исхождание.   [99] увѣдѣ *aor. 3 sg.* : увѣдѣти.   [100] отхожду *pr. 1 sg.* : отходити.   [101] молитвѣ сущи *dat. abs. (concess.)*.   [102] самому воздѣвшу *dat. abs. (temp.)*.   [103] князю … приспѣвшу *dat. abs. (temp.)*.   [104] тужаше *impf. 3 sg.* : тужити.   [105] поставльше *p. a. p., nom. pl.* : поставити.   [106] принесше *p. a. p., nom. pl.* : принести.   [107] точа *pr. a. p. (adv.)* точити.   [108] черплемыи *pr. p. p., det.* : черпати.   [109] еже *art. ref.* собора.   [110] пришедшу ми *dat. abs. (temp.)*.   [111] лѣту наставшу *dat. abs. (temp.)*.   [112] ми достигшу *and the following* надѣющу ми ся *dat. abs. (temp.)*.   [113] ми *dat. poss.*   [114] бѣяше *impf. 3 sg.* : быти.   [115] велику нестроению и нужди належащи *dat. abs. (caus.)*.   [116] сущу мнѣ *dat. abs. (temp.)*.   [117] нападоша *aor. 3 pl.* : напасти.   [118] рабе *voc. sg.* : рабъ.   [119] угодниче *voc. sg.* : угодникъ.   [120] изыдохъ *aor. 1 sg.* : изъити.   [121] приидохъ *aor. 1 sg.* : приити.   [122] Димитрие = Димитрии.

[a] The date and place of his birth are unknown.

[b] The Principality of Volhynia near the rivers Prip'at' and Bug was a part of the Kingdom of Galicia at the end of the thirteenth and the beginning of the fourteenth century.

[c] The name of the monastery to which Peter retired is unknown.

[d] St. John Climax was the author of *The Ladder to Paradise* (seventh century).

[e] Prince Jurij I (b. 1262), the son of Lev, King of Galicia, reigned from 1301 to 1316.

[f] Maxim, a Greek, Metropolitan of Kiev (1283–1305), left Kiev in 1299 and moved to Vladimir in the northeast of Russia. This was an event of great political significance, for it symbolized the transfer of the spiritual center of all Russia from Kiev to Vladimir.

[g] Gerontius was appointed Metropolitan of Russia illegally (i. e., without the approval of the patriarchal elective body) in 1308 by the ambitious Great Prince Mixail of Tver' (1271–1319) and sent to Constantinople in order to obtain the patriarch's consent and approbation.

[h] It was the king's intention to establish his own independent metropolitan of Galicia.

[i] Patriarch Athanasius of Constantinople.

[j] Peter was abbot of the monastery he himself had founded in Volhynia.

[k] The Hagia Sophia Cathedral in Constantinople.

[l] Moscow was then but a small provincial town in the Principality of Suzdal'-Vladimir.

[m] Ivan Kalita (Money-purse), Prince of Moscow and Great Prince of Vladimir (1328–41), was the first "gatherer of the land of Russia."

ⁿ Alexander Nevskij.

^o The transfer of the religious center from Vladimir to Moscow was an event of great historical importance for the rise of Moscow as the center of Russia.

^p The Cathedral of the Assumption of the Holy Virgin (Uspenskij Sobor) in the Kremlin.

^q *Bib.* The apostle Paul.

^r The metropolitan died in 1326.

^s Patriarch Philotheus of Constantinople.

^t A reference to the Great Prince Dimitrij of Moscow, conqueror of the Tatars in the battle of Kulikovo (1380).

EPIPHANIUS THE SAGE:
THE LIFE OF ST. STEFAN OF PERM'

Epiphanius the Sage, as he was called because of his rhetorical and oratorical talents, was a native representative of the new hagiographical school. He had visited the monasteries of Constantinople, Mount Athos, and Jerusalem, where he became strongly impressed by the modern Byzantine and South Slavic art of biographical literature. He died ca. 1420 as an ordinary monk in the famous Trinity Monastery near Moscow. *The Life of St. Stefan of Perm'* appears to have been written in 1397, a year after Stefan's death. It is an outstanding example of the new style of hagiographical composition, in which the method of rhetorical hyperbolism and accumulation of epithets and attributes is richly applied.

The excerpts here selected are taken from V. G. Družinin, Житие святого Стефана, епископа Пермского, написанное Епифанием Премудрым (St. Petersburg, 1897).

Епифания Премудраго
Житие Стефана Пермьскаго

Иже преподобныхъ мужеи житие добро есть слышати, или и преписати памяти ради, обаче отъ сего приноситъ успѣхъ не худъ и пользу не малу послушателемъ и сказателемъ[1], свѣдуще извѣсто.

Видѣние бо есть вѣрнѣиши слышания, увѣритъ же многажды и слухъ слышащимъ, аще будутъ во истину глаголемая. Аще ли не написана будутъ памяти ради, то изыдетъ ис памяти, и въ преходящая лѣта и премѣнующимъ родомъ удобь сия забвена[2] будутъ. Да аще бес писания забываема бываютъ, то не полезно есть еже[3] въ забыть положити житие его и, ако глубинѣ, молчанию предати толику пользу. Пишетъ же и великии Василеи[a] въ *Поучении* своемъ, глаголя: *Буди ревнитель право живущимъ, и сихъ имена и жития и дѣлеса напиши на своемъ срьдци.*

Ельма же [азъ] не достигохъ въ ту мѣру и не приидохъ въ сие прясло, еже невидимо на разумныхъ скрыжалѣхъ [и] срьдечныхъ написати, но на чювственыхъ хартияхъ изволихъ писати, сего ради и азъ, худыи и недостоиныи, убогыи инокъ, желаниемъ обдержимъ и любовию подвизаемъ, хотѣлъ быхъ[4] написати мало, — яко отъ многа мало на воспоминание, купно же и памяти ради, — отъ добра и чюдна жития преподобнаго отца нашего Стефана, бывшаго епископа иже въ Перми[b], о немьже слово из

начала приходить: — еже отъ рождения его и издѣтска и въ уности и во
иночьствѣ и въ священьничествѣ и въ святительствѣ, да и до самого преста-
вления его, еже добродѣания его, еже и похвала и елико подобнаа симъ.

Сиа же убо снискахъ[5] и, здѣ и ондѣ собравъ, предположихъ, яже о
житии его. Ова слухомъ услышахъ, ова отъ ученикъ его увѣдѣхъ, и о
учительствѣ [и] управлении. Есть же другое, яко и своима очима видѣхъ,
иное же и съ самѣмъ[6] бесѣдовахъ многажды и отъ того навыкохъ[7], и прочая,
елико впрашахъ[8] отъ старыхъ мужъ, яко рече *Святое Писание*: *Вопроси
отьца твоего, и възвѣститъ тебѣ, и старцы твои рекутъ тебѣ.*

Но молю вы[9] ся, благолюбцы, дадите ми простыню и милосердствуите
о мнѣ; азъ бо есмь грубъ умомъ и словомъ невѣжа, худъ имѣя разумъ и
промыслъ врѣдоуменъ, не бывшу ми въ Афинѣхъ[c] отъ уности, и не научихся
у философовъ ихъ ни плетения риторьска, ни витиискыхъ глаголъ, ни
Платоновыхъ, ни Аристотелевыхъ бесѣдъ не стяжахъ, ни философия, ни
хитрорѣчия не навыкохъ, и спроста отинудъ весь недоумѣния наполнихся.
Но надѣюся на бога всемилостиваго и всемогущаго, отъ негоже вся възможна
суть, иже даетъ намъ милость свою обильно своею благодатию. И молюся
ему, преже прося у него слова потребна, аще дасть ми слово надобно въ
отверзение устъ моихъ, яко же древле Исаиа пророкъ рече: *Господь дасть
ми языкъ сказания вѣдати, внегда подоблетъ[10] ми рещи слово* . . .

★

Сии преподобныи отецъ нашь Стефанъ бѣ убо родомъ Русинъ[d], отъ
языка словеньска, отъ страны полунощныя, глаголемыя Двиньския, отъ
града, нарицаемаго Усть-Юга, отъ родителю нарочиту[11], сынъ нѣкоего
христолюбца, мужа вѣрна, христиана, именемъ Симеона, единаго отъ кли-
рикъ великия съборныя церкви Святыя Богородица, иже на Усть-Юзѣ, и
отъ матере, такоже христианы, нарицаемыя Мария.

И еще дѣтищемъ сыи[12], изъ млада вданъ бысть грамотѣ учити; юже
вскорѣ извыче[13] всю грамоту, яко до года и конархати ему. Таче и чтецъ
бысть въ соборнѣи церкви. Бѣ убо превзиды[14] паче многыхъ сверстникъ
въ родѣ своемъ, добропамятствомъ и скоровычениемъ преуспѣвая и остроу-
миемъ же и быстростию смысла превосходя. И бысть отрокъ доброразу-
миченъ зѣло, успѣваше же разумомъ душевнымъ и верстою тѣлеси и благо-
стию. Къ дѣтемъ играющимся не приставаше; иже въ пустошь текущимъ,
всуе тружающимся, и тщетная гонящимъ не внимаше, ни водворяшеся съ
ними; но отъ всѣхъ дѣтскыхъ обычаевъ и нравъ и игръ отвращаашеся; но
точию на славословие упражняяся, и грамотѣ прилежаше, и книгамъ
всякымъ вычению издався; ти тако, божиимъ дарованиемъ, въ малѣ много
извыкнувшу ему[15] естественною остротою ума своего, научи же ся въ градѣ
Усть-Юзѣ всеи грамотичнѣи хитрости и книжнѣи силѣ. Въздрастьшу ему
въ дѣвьствѣ и въ чистотѣ и цѣломудрии и многы книги почитавшу *Ветхаго*
и *Новаго Завѣта*, и оттуду разсмотри житие свѣта сего маловременное и
скоро минующее и мимо ходящее аки рѣчнаа быстрина или акы травный
цвѣтъ . . .

Сему приде божиа любы еже оставити отечьство и вся сущаа имѣниа.
И просто рещи, всѣми добродѣянии[16] украшенъ бѣ отрокъ тои, поспѣвая[17]

възрастомь въ страхъ божии, и страхомъ божиимъ умилився. И еще младъ, ся богу да въ уности: отрокъ сыи верстою, пострижеся въ черньци въ градѣ Ростовѣ[e], у святаго Григориа Богослова въ манастыри, нарицаемѣ *въ Затворѣ*[f], близъ епископьи, яко книги многы бяху ту, довол[ь]ны суща ему на потребу, почитаниа ради, при епископѣ Ростовстѣмъ[18] Парфении[g]. Отъ руку же острижеся нѣкоего старца, прозвитера суща, саномъ священника, именемъ Максима игумена, прозвище *Калина*; отъ того облечеся въ мнишескый чинъ, и добрѣ потружався во иноческомъ житии, и много подвизався на добродѣтель, постомъ и молитвою, чистотою и смирениемъ, въздержаниемъ и трезвѣниемъ, терпѣниемъ и беззлобиемъ, послушаниемъ же и любовию, паче же всѣхъ вниманиемъ божественыхъ писании, иже много и чясто почитавъ святыя книги, и оттуду всяку добродѣтель приобрѣтая и плоды спасеныя приплодивъ, въ законѣ господни поучаяся день и нощь.

И бысть яко древо плодовито, насажено при исходящихъ водъ, и чясто напаяемо[19] разумомъ божественыхъ писании, и оттуду прорастая грезнъ добродѣтели, и процвѣтаа виды[20] благоволениа. Тѣмъ и плодъ свои дасть въ время свое...

Сице убо ему иночествующу[21], тѣмже доброму яже[22] о Христѣ житию его дивляхуся мнози[23], не точию иноцы, но и простая чадь. Подвизаше бо ся день отъ дне яко земля доброплодна, разумныя бразды прогоняя и многоразличныя плоды благоизволения принося богу. Преже бо всѣхъ въхожаше въ церковь на молитву, и послѣ всѣхъ излазяше[24]. Слуха же своя[25] умно прекланяше о чистыхъ повѣстехъ и учительныхъ словесѣхъ. И сими процвѣташеся убо, на большее мудролюбие и на большее вѣдание возводимъ, не праздень же присно пребывая, но дѣлаше своима рукама всегда трудолюбнѣ. И святыя книги писаше хытрѣ, и гораздѣ, и борзо. И послушествуютъ книги его многыя, яже и до сего дни, яже и своима рукама написалъ, трудолюбно счинивъ, яже суть трудове его. Также ему приму[26] добрѣ благодат[ь]ми, имяше управленъ образъ дѣлъ его.

И тако за многую его добродѣтель поставленъ бысть въ диаконы отъ Арсения, епископа Ростовскаго[h]. Таче по семъ бо преставлении Алексия митрополита[i], повелѣниемъ намѣстника своего, именемъ Михаила, нарицаемаго *Митяя*, поставленъ бысть въ презвитеры отъ Герасима, епископа Коломеньскаго.

И изучися самъ языку пермьскому и грамоту нову пермьскую сложи и азбуки незнаемы счини по предложению пермьскаго языка, якоже есть требѣ, и книги русскыя на пермьскии языкъ преведе и преложи и преписа. Желая же большаго разума, яко образомъ любомудриа, изучися и греческои грамотѣ, и книги греческия извыче, и добрѣ почиташе я, присно имяше я у себе. И бяше умѣя[27] глаголати треми языки (тако же и грамоты три умѣаше) — яже есть русскыи, и греческыи, и пермьскыи...

*

Бяху въ Перми человѣцы, всегда жруще[28] глухымъ кумиромъ, и бѣсомъ моляхуся, волшвениемъ одержими суще, вѣрующе въ бѣсование и въ чарование и въ кудесы. И о семъ зѣло съжалися рабъ божии и вельми печаловаше о ихъ прельщении и разгарашеся духомъ, понеже человѣцы, богомъ сотворени и богомъ почтени суще, но врагу поработишася. И о семъ скорбяше не худѣ, како бы ихъ исхытилъ изъ руки вражия.

Должно же есть взыск014ати и испытовати и извѣсто увѣдати о Пермьскои Земли: гдѣ есть, и въ кии[29] мѣстѣ отстоить, и промежи кыими предѣлы повѣдается, и которыя рѣки обиходять ю и проходять сквозѣ ню, и которыи языцы объсѣдять ю съ живущими въ сусѣдѣхъ около ея. И се имена мѣстомъ и странамъ и землямъ и иноязычникомъ, живущимъ въкругъ около Перми:

Двиняне, Устюжане, Вилежане, Вычежане, Пѣнежане, Южане, Сыряне, Галичане, Вятчане, Лопь, Корѣла, Югра, Печера, Гогуличи, Самоѣдь, Пертасы, Пермь Великая, глаголемаа Чюсовая[j].

Рѣка едина, еиже имя *Вымъ*[k]; си, объходящия всю Землю Пермьскую, и вниде въ Вычегду.

Рѣка же другаа, именемь *Вычегда*[l]: си, исходящия изъ Земля Пермскиа и шествующи[я] къ сѣвернѣи странѣ, и своимъ устиемъ вниде въ Двину, ниже града Усти-Юга за 40 поприщь.

Рѣка же третиая, нарицаемая *Вятка*[m], яже течетъ съ другую страну Перми, и вниде въ Каму[n].

Рѣка же четвертая; си есть именемь *Кама*: си убо, обиходящия и проходящия всю Землю Пермьскую, сквозѣ ню, по неиже мнози языцы сѣдять. Си убо грядущия устремление имяше прямо яко ко угу[30], и своимъ устиемъ вниде въ Волгу, близъ града, нарицаемаго *Болгаръ*[o].

Не знаемо же, како изъ единоя страны истекосте[31] двѣ рѣцѣ, Вычегда и Кама, овы[32] убо воды грядяху на полънощи, овы[33] же на полдни. Всякому же, хотящему шествовати въ Пермьскую Землю, удобызденъ путь есть отъ града отъ Усть-Юга рѣкою Вычегдою въ верхъ, дондеже внидеть въ самую Пермь.

Но остану о семъ много глаголати, да не постигнеть мене нѣкаа повѣсть о сихъ. Но мы на предлежащее слово възвратимся.

О Пермьстѣи Земли, о неиже рѣхъ[33] нынѣ и начахъ глаголати, которыи языцы живуть около ея, иже въ полунощнѣи странѣ предлежащи, мню же, яко въ частехъ Хамовыхъ: си убо Земля Пермьская осталася въ первои прельсти идол[ь]стѣи[34], не просвѣщена сущи святымъ крещениемъ, не научена сущи вѣрѣ христианьстѣи[35]. Ни отъ кого же бо бяху слышали слова, да бы имъ кто проповѣдалъ господа нашего Иисуса Христа. Не бяху бо ни апостоли заходили къ нимъ или учители или проповѣдатели, и никто же имъ благовѣстилъ слова божия...

★

Вземъ[36] съ собою отъ мощи святыхъ, и антимисы, и прочаа потребнаа, яже суть надобна на освящение святѣи[37] цьркви, и святое миро, и священное масло, и ина таковая подобоключимая, и тако поиде дерзновениемъ многымъ: устремися къ шествию преже речен[ьн]аго образа и утверди лице свое въ Землю Пермьскую, яко бѣ и лице его; грядыи[38] къ преже реченьнѣи[39] земли,

къ земли забовнѣи, непроходнѣи,
къ земли пустѣи, гладомъ одрѣжимѣи.

Гладъ же, глаголю, не гладъ хлѣбныи, но гладъ, еже не слышати слова божиа, еже и Давидъ вѣща: *Во дьни гладу насытятъся.*

Поиде въ землю, идѣже не ходиша ногама сии святии апостоли, ученици[40] господни.

По истинѣ бо тѣхъ суть красны ногы благовѣствующихъ миръ!

Поиде въ землю, идѣже не бывали обиходи апостольстии,
 идѣже не изыде вѣщание и проповѣдание святыхъ апостолъ,
 идѣже не бѣ ни слѣда благочестиа и богоразумиа,
 идѣже имя божие отнудь не именовася,
 идѣже покланяются идоломъ,
 идѣже жрутъ жертвища, служаще глухымъ кумиромъ,
 идѣже молятся издолбенымъ болваномъ,
 идѣже вѣруютъ въ кудесы, и въ волхвования,
 и въ чарования, и въ бѣсования,
 и въ прочая прельсти диавольския,
 идѣже суть глаголемии иноязычницы невѣрнии,
 идѣже рекомии невѣгласи, прельщении, некрещении человѣцы ...

И по молитвѣ дерзновениа наполнися, и ревнуя по господѣ вседержители, дерзая по вѣрѣ и по благочестии побарая, ревностию божественною ражжегся[41], крѣпко препоясавъ чресла своя, дерзнувъ, вниде въ ня яко овца посредѣ волкъ и начатъ учити я о бозѣ и о вѣрѣ крестианьстѣи, дабы познали творца своего, истиннаго бога вседержителя ...

Они же убо, слышавше проповѣдь вѣры крестианьския, овии хотяху вѣровати и креститися, а друзии же не хотяху, но и хотящимъ возбраняху вѣровати. Елико же первѣе мало нѣкто отъ нихъ вѣроваша и крещени быша отъ него, тии часто прихождаху къ нему и присѣдяху присно ему, събесѣдующе и съвъпрашающеся съ нимъ, и повсегда держахуся его и зѣло его любляху; а иже не вѣроваша, тии не любятъ его и отбѣгаютъ и убити помышляютъ ...

Исперва убо сии Стефанъ много зла пострада отъ невѣрныхъ Пермянъ, отъ некрещеныхъ: озлобление, роптание, хухнание, хуление, укорение, уничижение, досажение, поношение и пакость, овогда убо прѣщение: смертию прѣщаху ему; овогда убити его хотяху; иногда же оступиша его оба полы въкругъ около его съ ослопы[42] и съ великими уразы[43], смерть ему нанести хотяще; иногда же пакы собрашася на нь множъство крамолующихъ и снесоша множъство брѣменъ сухия соломы, и огню принесену бывъшу[44], и соломѣ въкругъ около его обнесенѣ бывъши, восхотѣша хотѣниемъ[45] сотворити запаление рабу божию, и симъ умыслиша огнемъ немилостивно въ смерть въгнати его ...

★

О Церкви Пермьстѣ[46]

Божии же рабъ Єстефанъ, помоляся богу, и по молитвѣ потъщася заложити церковь божию святую.

Тои же основанѣ бывъши и поставленѣ[47], юже възгради премногою вѣрою и теплотою преизлишняя любви, юже въздвиже чистою совѣстию,

юже създа горящимъ желаниемъ,

юже украси всякымъ украшениемъ яко невѣсту добру и
преукрашену,

юже исполни исполнениемь[48] церковнымъ,

юже свяща[49] по свершении исполнения священиемъ великымъ,

юже сотвори высоку и хорошу,

юже и снаряди чюдну въ правду и дивну...

Въ неи бо великолѣпны таины являются,

въ неиже святая литургия стваряется,

въ неиже божественыхъ таинъ комкание съвершается,

въ неиже многыхъ человѣкъ души спасаются,

въ неиже многымъ людемъ прибѣжище бываетъ,

въ неиже тѣлесныя грѣхы крещениемъ омываются,

въ неиже душевныя скверны покаяниемъ и вѣрою оцѣщаются.

Постави же сию црьковь на мѣстѣ нарицаемѣмъ *на Усть-Выми*, идѣже
Вымь рѣка своимъ устиемъ вошла въ Вычегду рѣку, идѣже послѣди создана
бысть обитель его большаа, еже потомъ и епископия его наречена бысть.
Егда же свяща црьковь сию, яко быти еи, нарече во имя пресвятыя,
пречистыя, преблагословеныя владычица нашея, богородица[50] и присно
дѣвыя[51] Мариа, честнаго ея *Благовѣщениа*...

И тогда собрашася Пермяне, въкупѣ живущеи въ странѣ тои, отъ
мала и до велика, и крещении и не крещении, яко удивлени бывъше
промежи собою, и начаша глаголати къ себѣ:

»Слышасте[52] ли, братие, словеса мужа того, иже отъ Руси пришедшаго?
Видѣсте[53] ли терпѣние его и преизлишнюю его любовь еже[54] къ намъ,
како въ толицѣхъ[55] тѣснотахъ и не отступи отсюду?«...

Тогда восхотѣша креститися еже некрещении Пермяне, и собрашася
къ нему людие мнози, народъ, мужи и жены и дѣти, яко на поучение.
Онъ же, видя ихъ на крещение грядуща, и зѣло преобрадовася обращению
ихъ, и съ веселымъ сердцемъ и съ тщаниемъ приятъ я[56], и отверзъ[57] уста
своя, паки учаше я по обычаю и многа словеса изглагола къ нимъ... И
научи ихъ грамотѣ ихъ пермьстѣи[58], юже бѣ дотолѣ новосложилъ. Но и
всѣмъ ихъ новокрещенымъ мужемъ, и юношамъ и отрокомъ младымъ и
малымъ дѣтищемъ, заповѣда учити грамоту, *Часословецъ* явѣ и *Осмоглас-
никъ* и *Пѣсница Давидова*, но и вся прочаа книги. Учащихъ же ся
грамотѣ, елиции отъ нихъ извыкоша[59] святымъ книгамъ, и въ тѣхъ разби-
раше: овыхъ въ попы поставляше, овыхъ же въ диаконы, другия же въ
подиаконы, четьцы же и пѣвьцы, пѣтие имъ перепѣвая и перелагая и
писати научая ихъ пермския книги. И самъ, спомагая имъ, преводяше съ
рускыхъ книгъ на пермския книги, и сиа предасть имъ. И тако оттолѣ
другъ друга учаху грамотѣ, и отъ книгъ книгу сами преписующе, умножаху
исполняюще...

Добрыи же Стефанъ, мужественыи добропобѣдникъ,

не имыи[60] страхования,

но безъ боязни и безъ ужасти,

и по кумирницамъ ихъ хожаше,

и въ нощи и во дьни,

и по лѣсу и по полю,

и безъ народа и предъ народомъ.

И обухомъ въ лобъ біаше идолы,

и по ногама съкрушаше я,

и сѣкирою съсѣчаше я,

и на удеса рассѣкаше я,

и на полѣніе раздробляше я,

и на иверение раскрошаше я,

и до конца искореняше я,

и огнемъ съжегаше я,

и пламенемъ испепеляше я,

и самъ отъ нихъ цѣлъ бываше,

и невредимъ пребываше.

И не могоша идоли вредити его,

и никоего же зла бѣси не могоша ему сотворити...

★

О прьніи волхва

Прииде нѣкогда нѣкіи волхвъ,

чародѣевыи старець, лукавы мечетникъ,

нарочитъ кудесникъ, волхвомъ начал[ь]никъ,

обавникомъ старѣишина, отравникомъ бол[ь]шіи,

иже[61] на волшебныя хитрости всегда упражняяся,

иже кудесному чарованію теплъ сыи помощникъ,

имя ему Пансотникъ.

Егоже древле Пермяне некрещеніи чтяху паче всѣхъ прочихъ чаровникъ, наставника и учителя себѣ нарицающе его, и глаголаху о немъ, яко того волшвеніемъ управленѣ быти Пермьстѣи Земли, и яко того ученіемъ утвержается идольская вѣра.

Иже отинудъ не вѣренъ сыи, не крещенъ, присно ненавидя вѣры крестіаньскіа и не любя крестіанъ, некрещенымъ убо Пермяномъ и невѣрнымъ не веляше вѣровати и креститися, хотящимъ же вѣровати възбраняше и запрещаше, вѣровавшихъ же и крестившихся развращаше. Иже нѣкамо обрѣте нѣкія крестіаны Пермяны, новоученыя и новокрещеныя, и единаче еще не утвержены суща въ святѣи вѣрѣ христіаньстѣи, начатъ развращати я, и разслабляше ихъ ветхымъ ученіемъ своимъ, прелестнымъ и суетнымъ, и многыми словесы, обавными и чаровными, покушашеся увѣщевати я. Аще ли кого не можаше словесы и прѣніи[62] своими препрѣти и прельстити, то ласканіемъ и посулы дая имъ, инако бо не можаше кого перевабити отъ вѣры крестіаньскія, аще не развѣ точію мъздою и дааніемъ; егоже бо многажды словесы не можаше увѣщевати, то посулы[63] хотѣше удолѣти. Бяше же ученіе его полно всякія хулы и ереси, и порча, и невѣрствіа, и кощуны, и дѣтьскыхъ смѣхъ.

Се же слышавъ преподобный, съжали си зѣло и сътужи си вельми, яко и не любо ему бысть, понеже рече:

»Елико азъ съгражаю, толикоже онъ паче разоряше.«

И многажды о семъ съпирахуся промежи собою,
и не бѣ равно бесѣдование,
и нѣсть конца рѣчемъ его,
овъ бо тому не покоряшеся,
овъ же сему не повиняшеся,
и другыи другаго не послушаше,
и первыи перваго неразумна именоваше.

И нестроинѣ расхожахуся, понеже овъ свою вѣру хваляше, овъ же свою, единъ не приимаше сего предании, и другии отвращашеся иного повелѣнии...

И бысть по словесехъ сихъ, егда скончашася вся словеса си, по мнозѣхъ распрѣнии хъ и супротиворѣчии, изволися има обѣма, и избраста себѣ оба сама два, и восхотѣста приати искушение вѣры, и рекоста[64] другъ къ другу:

»Приидевѣ[65] и вожьжевѣ огнь, и внидевѣ во нь яко сквозѣ огнь пламененъ. Проидевѣ посреди пламени горяща, въ мѣсто купно проидевѣ оба, азъ же и ты, и ту приимевѣ искушение, и ту возмевѣ извѣщение вѣры, — да иже изидетъ цѣлъ и невреженъ, сего вѣра права есть, и тому вси послѣдуемъ. И паки другоицы другое извѣщение приимемъ, тѣмь же образомъ: Приидевѣ оба, имшася[66] за руцѣ когождо, и внидевѣ купно въ едину пролубь, и низъ снидевѣ въ глубину рѣки Вычегды, и пустивѣся на низъ подледию, и паки по часѣ довольнѣ, ниже единаго плеска, единою пролубию оба купно паки возникневѣ, — да егоже аще вѣра права будеть, сии цѣлъ изидеть [и] невреженъ, и тому прочее вси повинуются.«

И угодно бысть слово се предъ всѣмъ народомъ людии, и рѣша вси людие:

»Во истину добръ глаголъ, еже рѣсте[67] днесь.«...

И обратився къ предстоящимъ людемъ [Стефанъ] рече:

»Влагословенъ господь! Возмете огнь и принесѣте и сѣмо и вожьжете сию онъсию храмину окромнюю, отверсту сущу, и зѣло ражьжете ю, дондеже до конца разгорится.«

И сему же бывшу[68], преподобный же сотвори молитву...

И сотворь[69] молитву, и рекъ »Аминь«, и по »Аминѣ« рече къ людемъ:

»Миръ вамъ! Спаситеся, простите и молите о мнѣ, терпѣниемъ бо течемъ на предлежащии намъ подвигъ, взирающе къ начальнику, вѣрѣ свершителю Исусу.«

И тако тщашеся дерзая внити во огнь, и обращся[70] къ волхву, и рече ему:

»Поидевѣ оба въкупѣ, имьшася за руцѣ, якоже обѣщаховѣся[71].«

Онъ же не поиде, устрашився шума огненаго, [и] ужасенъ бывъ; обаче не вниде, народу же предстоящу[72], человѣкомъ собранымъ, людемъ зрящимъ въ очию лѣповидцемъ, огню горящу и пламени распаляющуся. Преподобный же паче прилежаше емъ[73], понужая его, но и рукою явъ[74] за ризу волхва, и крѣпко съжемъ[75] ю, похв、ащаше[76] и[77], и нудма влечаше и къ огню очима. Чародѣи же паки въспять въспящашеся, и елижды сему бываему[78], толь краты же сии, нагло влекомъ, вопиаше, глаголя:

»Не дѣите[79] мене, да почию!«

Паки же третицею сътуживъ си[80], преподобный позываше и, глаголя:

»Поидевѣ, да внидевѣ оба въ огнь палящь по словеси твоему и по суду твоему, яко же изволилъ еси.«

Онъ же не хотяше внити. И рече ему Стефанъ:

»Не се ли суть твоя словеса, яже преже глаголалъ еси? Не самъ [ли] ты сиа избралъ еси? И тако восхотѣлъ еси искусити бога жива, то како нынѣ сего сотворити не хощеши?«...

Преподобныи же Стефанъ, побѣдився съ волхвомъ различнымъ симъ начинаниемъ, пакы инѣмъ[81] образомъ побѣду воздвиже на нь. И поимъ[82] его съ народомъ, и приведе и къ рѣцѣ, и сотвориша двѣ велицѣ[83] пролуби, едину выше, а другую въ дале внизъ, — ова убо, яже есть верхняя, идуже понърѣти има обѣма въкупѣ, имшися за руцѣ, ова же нижняя, еюже низшедше по подледию, и пакы выспрь возницати. Чародѣивыи же волхвъ, и тамо побѣженъ[84], посрамися; но и тамо трикраты понуженъ бывъ, и многажды отвержеся, глаголя яко:

»Немощенъ есмь сице сотворити, аще и тьмами виновата мя сотворите.«...

Преподобныи же, возрѣвъ къ народу, и рече:

»Вы же есте свѣдетели симъ всѣмъ. Рцѣте[85] ми, что ся вамъ мнитъ?«

Они же рѣша[86]:

»Повиненъ есть казни!«

Тогда мужи пермьстии, приступльше[87] и яша и, и имѣше[88] предаша и Стефану...

Отвѣщавъ же Стефанъ и рече имъ:

»Ни убо, да не будетъ тако! И не буди[89] рука наша на нашемъ вразѣ[90], ни скоро руки моея не возложу на нь, ни казня[91] показню его, и смерти не предамъ его!«...

»Нынѣ повелѣваю пустити тя: изиди убо отъ лица нашего цѣлъ и не язвенъ, токъмо прочее блюдися[92] потомъ, да не злѣ постражеши[93].«

И се рекъ, мужи держащии его испустиша и. Онъ же искочи отъ нихъ яко елень и идяше отъ лица собору, радуяся, яко не тепенъ[94].

★

Но богъ, милостивыи человѣколюбець, иже вся устраяя на пользу людемъ си, и не оставляя рода человѣчя безъ разума, но всячески приводя на разумъ и на спасение, иже пощадѣ и помилова люди пермьскаго языка, въздвиже и устрои имъ якоже древле Веселеила[s] въ Израили и наполни мудрости и хитрости, тако и сего Стефана, мужа добра и благоговѣина, и посла къ нимъ: онъ же сотвори имъ грамоту нову; азбуку пермьскую, сложивъ, съчини. И егда сему бывшу[95], мнози отъ человѣкъ, видѣвшии [и] слышавшии, чюдишася, не точию сущии въ Перми, но и по инымъ градомъ и землямъ. Паче же на Москвѣ дивляхуся, глаголюще:

»Како сеи умѣетъ книги пермьскыя доспѣти? И откуду сему дана бысть премудрость?«

Друзии же рѣша:

»Се есть во истину философъ новыи!«

То бысть Костянътинъ, нарицаемъ и *Кирилъ Философъ*[t], иже сотворилъ грамоту словеньскую въ тридесять и восмь словъ, тако же и сесь сложилъ числомъ четыре межу двѣма десятима словъ, подобяся греческия азбукы числу словъ, ова убо слова по чину гречески[хъ] писменъ, ова же убо по рѣчи пермьскаго языка, первое же слово *азъ* у стиха, якоже и у греческия азбукы. Прежде же всѣхъ грамотъ бысть жидовьская грамота; съ тое сняша еллиньстии грамотничици; таче, по сихъ, римьская и прочии инии мнози; по мнозѣхъ лѣтѣхъ русская, послѣ же всѣхъ пермьская. У жидовьския азбукы первому слову имя *алфъ*; а у греческия азбукы первому слову имя *алфавита*; а [у] сирианьския *алефъбе*; а у угорьския *афакавасака*; а у русския *азъ*; у пермьския *абуръ*. Да не по единои, глаголюще, умножится слово: мнози бо суть грамоты и мнози азбукы. Но се имена словомъ азбукы пермьскиа:

а, буръ, гаи, дои, е, жои, зата, зита, и, коке, леи, мено, нено, во, пѣи, реи, сии, таи, цю, черы, шуя, е, ю, о.

★

Поучение

Во единъ же отъ дьнии призва своя си[96] клирики и ризничнии падиаки и вся сущая его, елико съ нимъ приѣхаша отъ Земля[97] Пермьския. И рече имъ:

»Братие, слышите словеса отъ устъ моихъ! Се нынѣ отпущаю вы[98] паки въ Землю Пермьскую. По моемъ ошествии идѣте и рцѣте имъ, новокрещенымъ людемъ пермьскымъ, и всѣмъ ближнимъ и дальнимъ, возвѣстите къ нимъ моя глаголы, елико къ нимъ приказываю, или епистолиею написуя[99], или нарокомъ нарекуя[100], скажите имъ, елико слышасте[101] и видѣсте[102]. Се бо уже конечное слово хощу рещи, яже паки къ тому уже прочее потомъ не приложу глаголати: постигнетъ бо мя коньчина, и прииде дьнь и приближися часъ и приспѣ година.«...

И мало побесѣдовавъ промежу собою о душеполезныхъ, и вся добрѣ расправивъ и розрядивъ, и вся проуготовавъ и устроивъ, и все управивъ, и тако простеръ[103] нозѣ[104] свои на ложи своемъ, и братиямъ предстоящимъ и канонъ обычныи поющимъ и славословящимъ[105], и самъ съ братиями бесѣдоваше мала нѣкая словеса: овому отъ прозвитеръ кадильницею съ фимианомъ покадити веляше, овому же молитву отходную промолвити, овѣмъ же канонъ *во исходъ души* прогласити. И еще сущу благодарению[106] во устѣхъ его, и молитвѣ купно исходящи[107] отъ устъ его, и акы нѣкому спати хотящу или въ[з]дрѣмати начинающу[108] сладкымъ сномъ, тихо и безмятежно испусти духъ...

★

Тѣмъ же въ рѣсноту убо достоитъ намъ почтити тебе яко достоина суща хвалы! *Достоинъ бо, рече, дѣлатель мзды своея.*

Да како тя възможемъ по достоянию восхвалити?

Или како тя ублажити, яко сотворилъ еси дѣло равно апостоломъ?

Хвалитъ бо Римская Земля обою апостолу Петра и Павла, чтитъ же и блажитъ Асииская Земля Иоанна Богослова, Египетьская Марка Евангелиста,

Антиохииская Луку Евангелиста,
Греческая Андрѣя Апостола,
Руская Земля великого князя Володимера, крестившаго ю,
Москва же блажитъ и чтитъ Петра митрополита[u] яко
    новаго чюдотворца,
Ростовьская же Земля Леонтиа[v], епископа своего;
тебе же, о епископе Стефане,
Пермьская Земля хвалитъ и чтитъ —
яко апостола, яко учителя,
яко вожа[109], яко наставника,
яко наказателя, яко проповѣдника,
яко тобою тьмы избыхомъ,
яко тобою свѣтъ познахомъ!...

★

Плачется Црькви Пермьская по епископѣ своемъ, глаголющи:
    »Увы мнѣ, увы мнѣ, о чада црьковная!
    Почто таите мене, еже не утаится?
    Почто скрываете мене, еже не укрыется?
    Гдѣ женихъ мои водворяется?
Аще глаголете его преставльшася[110], и аще паки, якоже рѣсте[111],
московьская црькви приятъ[112] въ хранилища своя, почто нѣсте[113] ревни-
тели сыномъ Израилевымъ, иже вземше кости Иосифа Прекраснаго[w] отъ
Земля Египетьскыя и принесоша въ землю обѣтованную, юже обѣща богъ
отцемъ ихъ, Аврааму и Исааку и Иакову?
    И вы бысте тако же учителеви должнующе[114] послужили[115].
    Почто его вземше не принесосте[116]
    въ свою землю, въ его епископию, въ его црьковь,
    юже ему богъ дарова,
    юже ему богъ поручи?

    Увы мнѣ, женише[117] мои добрыи,
    невѣстокрасителю мои и пѣснокрасителю!
    Гдѣ водворяешися,
    гдѣ витаешися,
    гдѣ почиваеши?
    О, како не сѣтую, яко лишена быхъ тебе,
    рыдаю себе, яко остахъ[118] тебе,
    плачю о себѣ, яко овдовѣхъ,
    сѣтую чадъ своихъ, яко осирѣша[119].

    Увы мнѣ!
    Кто дасть очима моима слезы
    и главѣ моеи воду,
    да ся плачю о женисѣ[120] своемъ дьнь и нощь,
    да беспрестани рыдаю въдовьства своего,
    да присно сѣтую о сиротствѣ чадъ своихъ?

Увы мнѣ!
Кого къ рыданию моему призову на помощь?
Кто ми пособитъ плакатися?
Кто ми печаль утѣшить?...

Увы мнѣ, свѣте[121] очию моею! Камо заиде?
Откуду же ми просвѣтится луча,
свѣтилу моему зашедшу[122]?
Иже иногда имѣхъ надъ главою моею свѣщу свѣтящуся,
нынѣ же свѣща угасе[123] ми!
Иже иногда имѣхъ съкровище съкровено въ съсудѣ глинянѣ,
нынѣ же съкровище безъ вѣсти бысть,
а съсудъ зданныи обрѣтеся тощь богатьства вѣрныхъ!
Иже иногда веселяхся акы брачнѣ[124] ликующи,
нынѣ же умилено сѣтую, бѣды ради стенющи!
Иже иногда праздновахъ ликоствующи
и радостнотворныя пѣсни поющи,
нынѣ же [пою] рыдальныя и опечаленыя
и плачевныя и надгробныя пѣсни!
Иже иногда свѣтлыми облачахся[125] одежами брачными
и черторжными и многоцѣнными,
нынѣ же облекохся[126] въ студъ,
облекохся въ ризы черныя, мрачныя и плачевныя!
Вси бо, рече, *по мертвецъхъ плачющеся въ черно облачатся.*
Понеже отятъ[127] бысть отъ мене женихъ мои,
и азъ того ради напрасно плачемъ учернихся.
Иже иногда быхъ исполнь богатьства
црьковнаго и духовнаго,
сиающи благодатьми при своемъ си женисѣ,
нынѣ же нага, нища и убога
обрѣтохся по своемъ си женисѣ,
обнажихся оноя доброты!

Увы мнѣ!
Како премѣнихся премѣнениемъ жалостнымъ,
како премѣнихся напрасно
отъ онаго преукрашения въ безкрасие,
како внезапу отяся она утварь невѣстьская,
како внезапу отпаде цвѣтъ,
по истинѣ усше[128] трава и цвѣтъ ея отпаде,
яко рѣка въ кровь приложися,
якоже древле при Фараонѣ въ Египтѣ,
яко пакы вода въ кровь премѣнися!...

★

Азъ же, отче господине епископе, аще уже и умершу ти[129], хощу принести ти хвалу, или сердцемъ, или языкомъ, или умомъ. Иже иногда, живу сущу ти[130], быхъ ти досадитель, нынѣ же [есмь] похвалитель, и нѣкогда съ тобою спирахся о нѣкихъ приключшихъся, или о словѣ етерѣ или о коемждо стисѣ[131] или о строцѣ[132]; но обаче поминая нынѣ твое долготерпѣние и твое многоразумие и благопокорение, самъ ся себе усрамляю и окаю, самъ ся обрыдаю и плачю...

Но что тя нареку, о епископе,
или что тя именую,
или чимъ тя призову,
и како тя провѣщаю,
или чимъ тя мѣню,
или что ти проглашу?
Како похвалю, како почту,
како ублажю, како разложу,
и како хвалу ти съплету?

Тѣмъ же, что тя нареку *пророка* ли,
яко пророческаа проречения протолковалъ еси,
и гадания пророкъ уяснилъ еси,
и посредѣ людии невѣрныхъ и невѣгласныхъ
яко пророкъ имъ былъ еси?

Апостола ли тя именую,
яко апостольское дѣло сътворилъ еси,
и равно апостоломъ, равно образуяся, подвизася[133],
стопамъ апостол[ь]скымъ послѣдуя?

Законодавца ли тя призову или *законоположника*,
иже людемъ безаконнымъ законъ далъ еси,
и не бывшу у нихъ закону[134], вѣру имъ уставилъ еси,
и законъ положилъ еси?

Крестителя ли тя провѣщаю,
яко крестилъ еси люди многы,
грядущая къ тебѣ на крещение?

Проповѣдника ли тя проглашу,
понеже, яко биричь, на торгу клича[135],
тако и ты въ языцѣхъ велегласно
проповѣдалъ еси слово божие?

Евангелиста ли тя нареку или *благовѣстника*,
имъже благовѣстилъ еси въ мирѣ
святое евангелие Христово,
и дѣло благовѣстника сотворилъ еси?

Святителя ли тя именую,
ельма же бол[ь]шии архиереи[136] и старѣишии святитель[137],
священникы поставляя въ своеи земли,
надъ прочими священникы былъ еси?

Учителя ли тя прозову,
яко учительскы научилъ еси языкъ заблуждьшии[138],
или невѣрныя въ вѣру приведе
и человѣкы, невѣгласы суща?

Да что тя прочее назову *страстотерпца* ли или *мученика*,
яко мученическы волею вдался еси въ руки людемъ,
свѣрѣпѣющимъ на муку,
и, яко овца посрѣдѣ волкъ,
дерзнулъ еси на страсти
и на терпѣние и на мучение?...

Да и азъ, многогрѣшныи и неразумныи,
послѣдуя словесемъ похвалении твоихъ,
слово плетущи и слово плодящи
и словомъ почтити мнящи,
и отъ словесъ похваление събирая
и приобрѣтая и приплетая,
пакы глаголя: Что еще тя нареку?

Вожа заблужьдшимъ,
обрѣтателя погыбшимъ,
наставника прельщенымъ,
руководителя умомъ ослѣпленымъ,
чистителя оскверненымъ,
взискателя расточенымъ,
стража ратнымъ,
утѣшителя печальнымъ,
кормителя алчющимъ,
подателя требующимъ,
наказателя несмысленымъ,
помощника обидимымъ,
молитвеника тепла,
ходатая вѣрна,
поганымъ спасителя,
бѣсомъ проклинателя,
кумиромъ потребителя,
идоломъ попирателя,
богу служителя,
мудрости рачителя,
философии любителя
цѣломудрия дѣлателя,
правдѣ творителя,
книгамъ сказателя,
грамотѣ пермьстѣи списателя!

Многа имена твоя, о епископе!
Многоименитство стяжалъ еси!
Многыхъ бо даровъ достоинъ бысть!
Многыми благодатьми обогатѣлъ еси!...

¹ послушателемъ и сказателемъ *dat. pl.* ² забвена = забъвена *p. p. p., nom. pl. n.* : забыти. ³ еже *art. ref. inf.* : положити, написати. ⁴ хотѣлъ быхъ *cond. periphr. 1 sg.* : хотѣти. ⁵ снискахъ *aor. 1 sg.* : с(ъ)нискати. ⁶ самѣмъ *instr. sg.* : самъ. ⁷ навыкохъ *aor. 1 sg.* : навыкнути. ⁸ впрашахъ *impf. 1 sg.* : в(ъ)прашати. ⁹ вы *dat. pl.* : вы. ¹⁰ подоблетъ *pr. 3 sg.* : подобити. ¹¹ родителю нарочиту *gen. du.* ¹² сыи *pr. a. p., det.* : быти. ¹³ извыче *aor. 3 sg.* : извыкнути. ¹⁴ превзиды *pr. a. p.* : прев(ъ)зити. ¹⁵ извыкнувшу ему *and the following* въздрастьшу ему и почитавшу *dat. abs. (temp.).* ¹⁶ добродѣянии *instr. pl.* ¹⁷ поспѣва *pr. a. p.* : поспѣвати. ¹⁸ ростовстѣмъ *loc. sg.* : ростовьскъ. ¹⁹ напаемо *pr. p. p., n.* напаяти. ²⁰ виды *instr. pl.* : видъ. ²¹ ему иночествующу *dat. abs. (caus.).* ²² яже = еже *art. ref.* житию. ²³ мнози, иноцы *nom. pl.* : м(ъ)ногъ, инокъ. ²⁴ излаяше *impf. 3 sg.* : излазити. ²⁵ слуха своя *acc. du.* ²⁶ ему правиму *pr. p. p., dat. abs. (caus.).* ²⁷ бяше умѣя *p. periphr.* : бяше *impf. 3 sg.* + умѣя *pr. a. p.* ²⁸ жруще *pr. a. p., nom. pl.* : ж(ь)рѣти. ²⁹ кии *loc. sg.* : кыи. ³⁰ угу = югу. ³¹ истекосте *aor. 3 du.* : истещи. ³² овы *gen. sg. f.* : овъ. ³³ рѣхъ *aor. 1 sg.* : рещи. ³⁴ идол(ь)стѣи *loc. sg., det.* : идольскъ. ³⁵ христианьстѣи *dat. sg., det.* : христианьскъ. ³⁶ въземъ *p. a. p.* : възяти. ³⁷ святѣи *dat. sg. f.* : святъ. ³⁸ грядыи *pr. a. p., det.* : грясти. ³⁹ реченьѣи земли *dat. sg.* ⁴⁰ ученици *nom. pl.* ⁴¹ ражжегся = разжегся *p. a. p.* : разжещися. ⁴² ослопы *instr. p.* : ослопъ. ⁴³ уразы *instr. pl.* : уразъ. ⁴⁴ огню принесену бывъшу *and the following* соломѣ обнесенѣ бывъши *dat. abs.* ⁴⁵ восхотѣша хотѣниемъ *rhetorical pleonasm.* ⁴⁶ пермьстѣ *loc. sg.* : пермьскъ. ⁴⁷ тои же основанѣ бывъши и поставленѣ *dat. abs. (temp.).* ⁴⁸ исполни исполнениемъ *rhetorical pleonasm.* ⁴⁹ свяща *aor. 3 sg.* : свящати. ⁵⁰ владычица, богородица *gen. sg.* ⁵¹ дѣвыя *gen. sg.* : дѣвая. ⁵² слышаста *aor. 2 du.* ⁵³ видесте *aor. 2 du.* ⁵⁴ еже *postpositive art.* ⁵⁵ толицѣхъ *loc. pl.* : толикъ. ⁵⁶ приятъ *aor. 3 sg.* : прияти. ⁵⁷ отверзъ *p. a. p.* : отврѣсти. ⁵⁸ пермьстѣи *dat. sg.* : пермьскъ. ⁵⁹ извыкоша *aor. 3 pl.* : извыкнути. ⁶⁰ имыи *pr. a. p., det.* : имати. ⁶¹ иже *art. det.* ⁶² прѣнии *instr. pl.* : п(ь)рѣние. ⁶³ посулы *instr. pl.* : посулъ. ⁶⁴ избраста, восхотѣста, рекоста *aor. 3 du.* : изб(ь)рати, восхотѣти/въсхотѣти, рещи. ⁶⁵ приидевѣ *and the following forms in the sentence* : вожьжевѣ, внидевѣ, проидевѣ, приимевѣ, возмевѣ *pr./imp. 1 du.* : приити, вожещи, в(ъ)нити, проити, прияти, въз)яти. ⁶⁶ имшася *p. a. p., nom. du.* : ятися. ⁶⁷ рѣсте *aor. 3 du.* : рещи. ⁶⁸ сему бывшу *dat. abs. (temp.).* ⁶⁹ сотворь = сътворь *p. a. p.* : сътворити. ⁷⁰ обращся *p. a. p.* : обратитися. ⁷¹ обѣщаховѣся *aor. 1 du.* : обѣщатися. ⁷² народу предстоящу *and the following expressions dat. abs. (temp.).* ⁷³ емъ = емь *loc. sg.* : онъ. ⁷⁴ явъ *p. a. p.* : яти. ⁷⁵ съжемъ *p. a. p.* : съжати. ⁷⁶ похващаше *impf. 3 sg.* : похватити. ⁷⁷ и *acc. sg.* : онъ. ⁷⁸ сему бываему *dat. abs. (temp.).* ⁷⁹ дѣите *imp. 2 sg.* : дѣяти. ⁸⁰ си *dat. reflex.* ⁸¹ инѣмъ *instr. sg.* : инъ. ⁸² поимъ *p. a. p.* : пояти. ⁸³ велицѣ *acc. du., f.* : великъ. ⁸⁴ побѣженъ *p. p. p.* : побѣдити. ⁸⁵ рцѣте *imp. 2 pl.* : рещи. ⁸⁶ рѣша *aor. 3 pl.* : рещи. ⁸⁷ приступльше *p. a. p., nom. pl.* : приступити. ⁸⁸ имше *p. a. p., nom. pl.* : яти. ⁸⁹ буди *imp. 2 sg.* : быти. ⁹⁰ вразѣ *loc. sg.* : врагъ. ⁹¹ казня *pr. a. p.* : казнити. ⁹² блюдися *imp. 2 sg.* : блюстися. ⁹³ пострАжеши *pr. 2 sg.* пострадати. ⁹⁴ тепенъ *p. p. p.* : тети, тепу. ⁹⁵ сему бывшу *dat. abs. (temp.).* ⁹⁶ си *dat. poss. (refl.).* ⁹⁷ земля *gen. sg.* ⁹⁸ вы *acc. pl.* ⁹⁹ написуя *pr. a. p.* : написовати. ¹⁰⁰ нарекуя *pr. a. p.* : нарековати. ¹⁰¹ слышасте *aor. 2 pl.* : слышати. ¹⁰² видесте *aor. 2 pl.* : видети. ¹⁰³ простеръ *p. a. p.* : прострѣти. ¹⁰⁴ нозѣ *acc. du.* : нога. ¹⁰⁵ братиямъ предстоящимъ ... благословящимъ *dat. abs. (temp.).* ¹⁰⁶ сущу благодарению *dat. abs. (temp.).* ¹⁰⁷ молитвѣ исходящи *dat. abs. (temp.).* ¹⁰⁸ нѣкому ... хотящу ... начинающу *dat. abs. (temp.).* ¹⁰⁹ вожа *acc./gen. sg.* : вожь. ¹¹⁰ преставльшася *p. a. p., acc./gen.* преставитися. ¹¹¹ рѣсте *aor. 2 pl.* : рещи. ¹¹² приятъ *aor. 3 sg.* : прияти. ¹¹³ нѣсте = не есте. ¹¹⁴ должнующе *pr. a. p., nom. pl.* : долж(ь)новати. ¹¹⁵ бысте послужили *cond. periphr. 2 pl.* ¹¹⁶ принесосте *aor. 2 pl.* : принести. ¹¹⁷ женише *voc. sg.* : женихъ. ¹¹⁸ остахъ *aor. 1 sg.* : остати. ¹¹⁹ осирѣша *aor. 3 pl.* : осирѣти. ¹²⁰ женисе *loc. sg.* : женихъ. ¹²¹ свѣте *voc. sg.* : свѣтъ. ¹²² свѣтилу моему зашедшу *dat. abs. (temp.).* ¹²³ угасе *aor. 3 sg.* : угаснути. ¹²⁴ брачнѣ *adv.* ¹²⁵ облачахся *impf. 1 sg.* : облачитися. ¹²⁶ облекохся *aor. 1 sg.* : облещися. ¹²⁷ отятъ *p. p. p.* : отяти. ¹²⁸ усше = усъше *aor. 3 sg.* : усъхнути. ¹²⁹ умершу ти *dat. abs.* ¹³⁰ живу сущу ти *dat. abs.* ¹³¹ стисѣ *loc. sg.* : стихъ. ¹³² строцѣ *loc. sg.* : строка. ¹³³ подвизася *aor. 2 sg.* : подвизатися. ¹³⁴ не бывшу ... закону *dat. abs. (caus.).* ¹³⁵ клича *pr. a. p.* : кликати. ¹³⁶ архиереи *gen. pl.* ¹³⁷ святитель *gen. pl.* ¹³⁸ заблуждьшии *p. a. p., acc. sg.* : заблудити.

a Basilius the Great, Bishop of Caesarea (fourth century).
b Stefan was appointed Bishop of Perm' in 1383.
c Athens, Greece.

^d Born ca. 1340 in Ust'ug, a town at the conflux of the rivers Jug and Suxoma in the region of the Northern Dvina.

^e His transfer to Rostov in the principality of Suzdal'-Rostov was provoked by the prophecy of Procopius, the "Fool in Christ," that he would become the apostle of the people of Perm'.

^f The Monastery of St. Gregorius Theologus in Rostov was famous as a missionary school.

^g Parthenius, Bishop of Rostov.

^h Arsenius, Archbishop of Rostov (d. 1405).

ⁱ Alexius, Bishop of Vladimir from 1345, Metropolitan of Russia from 1348 (d. 1378).

^j Native tribes named partly for towns and cities (Ust'ug, Galič), partly for landscapes (Perm', Jugra), partly for rivers (Dvina, Vil'ad', Vyčegda, Pinega, Pečora, Jug, V'atka, Čusovaja); other tribes, retaining their tribal names (Lapps, Zyrians, Carelians, Samojeds, Pertassians).

^k Vym', an affluent of the Vyčegda River.

^l Vyčegda, an affluent of the Northern Dvina River.

^m V'atka, an affluent of the Kama River.

ⁿ Kama, an affluent of the Volga River.

^o A town on the Volga, the old capital of the Volga-Bulgarians.

^p Breviary.

^q Octoichos, a church book.

^r David's Book of Psalms.

^s *Bib.* Bezaleel, son of Uri.

^t St. Cyril, the apostle of the Slavs (ninth century).

^u Peter, Metropolitan of Russia (d. 1326).

^v Leontius, Bishop of Rostov (d. 1077).

^w *Bib.* Joseph, son of Jacob.

EPIPHANIUS THE SAGE:
THE LIFE OF ST. SERGIUS OF RADONEŽ

Epiphanius knew the abbot Sergius of Radonež personally, and apparently more intimately than he knew Stefan of Perm'. He began to write the former's biography immediately after Sergius's death, but did not complete it before 1417, some twenty-five years later. There is a certain difference in style between *The Life of St. Stefan* and *The Life of St. Sergius* in that the latter, although in general it evinces the same main rhetorical devices, nevertheless makes less use of exuberant, flowery rhetoric. Both of these biographies have one definite feature in common: they were written by a pupil of the subjects portrayed and were based on personal acquaintance. The fragment here selected contains the application of a prenatal prophecy, a characteristic of this genre encountered earlier in the introduction to *The Life of Peter*.

The text is taken from the edition of Archimandrite Leonid in Памятники древней письменности и искусства (Moscow, 1885), Vol. LVIII.

Епифания Премудраго
Житие Сергия Радонежьскаго

Начало житию Сергиеву

Сь преподобныи отець нашь Сергие[1] родися^a отъ родителю доброродну^b и благовѣрну, отъ отца, нарицаемаго Кирила, и отъ матере именемъ Мария, иже бѣста[2] божии угодници, правдиви предъ богомъ и предъ человѣкы, и всяческыми добродѣтельми исплънени же и украшени, якоже богъ любитъ: не попусти бо богъ, иже таковому дѣтищу, въсиати хотящу, да родиться отъ родителю неправедну, но прежде преуготова богъ и устроилъ таковая праведна родителя его и потомъ отъ нею своего си произведе угодника.

О прехвальная връсто! О преподобная супруга[3], иже таковому дѣтищу родителя быста! Прежде же подобаше почтити и похвалити родителеи его, да отъ сего яко нѣкое приложение похвалы и почьсти ему будетъ: понеже лѣпо бяше ему отъ бога дароватися многымъ людемъ на успѣхъ, на спасение же и на пол[ь]зу, и того ради не бѣ лѣпо такому дѣтищу отъ неправедныхъ родитися родителеи, ниже ины, — сирѣчь неправеднымъ родителемъ таковаго не бѣ лѣпо родити дѣтища, но токъмо тѣмъ единѣмъ отъ бога даровася, еже и прилучися. Паче и снидеся добро къ добру и лучьшее къ лучьшему.

И бысть же чюдо нѣкое прежде рождениа его. Еще бо ему въ утробѣ матерьнѣ носиму[4], въ единъ отъ дьнии, дьневи сущу[5] недѣли, мати его въниде въ церковь, по обычаю, въ время, егда святую поютъ литургию. И стояше съ прочими женами въ притворѣ, и вънегда хотяху начати чести *Святое Евангелие*, людемъ млъчащимъ[6], тогда абие внезаапу младенець начатъ[7] въпити въ утробѣ матернѣ, якоже и многымъ отъ таковаго проглашениа ужаснутися о преславнѣмъ чюдеси, бывающемь о младеньци семъ. Пакы же, егда прежь начинаниа еже[8] пѣти херувимскую пѣснь, рекше *Иже херувимъ*, тогда внезаапу младенець гласомъ начя вельми верещати въ утробѣ вторицею паче прьваго, яко и въ всю церковь изыде гласъ его, яко и самои матери его ужасшися[9] стояти, и сущимъ женамъ, стоящимъ ту и недомыслящимъся въ себѣ, глаголющимъ:

»Что убо будетъ о младеньци семъ?«

Вънегда же иерѣи възгласи: *Въньмѣмь святая святымъ*, тогда пакы младенець третицею вельми възопи. Мати же его мало не паде на землю, отъ многа страха и трепетомъ великымъ одръжима сущи, и ужасшися нача въ себѣ плакати. Прочая же вѣрныя оны жены, приступльши[10] къ неи, начаша въпрашати ю глаголюще:

»Имаши ли въ пазусѣ[11] младеньца, пеленами повита[12], егоже гласъ младеньческыи слышахомъ въ всеи церкви верещающа?«

Она же, въ недоумѣнии, отъ многа плача не можаше къ нимъ ни провѣщати, но въ малѣ отвѣща имъ:

»Пытаите« — рече — »иньде, азъ бо не имамъ.«

Они же въпрашаша, пытающе промежу собою, и поискавъше, и не обрѣтоша. Пакы обратишася къ неи, глаголюще:

»Мы, въ всеи церкви поискавъше, и не обрѣтохомъ младеньца. Да кыи тъ есть младенець, иже гласомъ проверещавыи[13]?

Мати же его, не могущи утаити бываемаго и испытаемаго, отвѣща къ нимъ:

»Азъ младеньца въ пазусѣ не имамъ, якоже мните вы; имѣю же въ утробѣ, еще до времени не рожена. Сии провъзгласилъ есть.«

Жены же рѣша къ неи:

»Да како дасться гласъ прежь рождениа младенцу, въ утробѣ сущу?«

Она же рече:

»Азъ о семь и сама удивляюся и вся есмь въ страсѣ[14]; трепещу, не вѣдущи бываемаго.«

Жены же, въздохнувъше и бьюще въ перси своя, възвращахуся каяждо на свое мѣсто, токъмо къ себѣ глаголющи:

»Что убо будетъ отроча се? И яже о немь воля господьня да будетъ?«

Мужие же въ церкви, сиа вся слышавъши и видѣвъши, стояху безмолвиемь ужасни, дондеже иерѣи святую съврьши[15] литургию, и съвлечеся ризъ своихъ, и распусти людъ. И разидошася кииждо въ свояси; и бысть страхъ на всѣхъ слышащихъ сиа.

★

Мариа же, мати его, отъ дне того, отнележе бысть знамение таковое и проявление, оттолѣ убо пребываше до времене рождениа его, и младеньца въ утробѣ носящи, яко нѣкое съкровище многоцѣньное, и яко драгыи камень, и яко чюдныи бисеръ, и яко съсудъ избранъ. И егда въ себѣ сего носяше, и симъ непразднѣ сущи еи[16], тогда сама съблюдашеся отъ всякия скврьны. И отъ всякия нечистоты постомъ ограждаяся, и всякия пища[17] тлъстыя ошаявся[18], и отъ мясъ и отъ млѣка, и рыбъ не ядяше[19], хлѣбомъ точию и зелиемь и водою питашеся, и отъ пианьства отинудъ въздрьжашеся, но вмѣсто пития всякого воду едину точию, и то по оскуду, испиваше, на частѣ же въ таинѣ, наединѣ, съ въздыханиемь и съ слъзами, моляшеся къ богу, глаголя:

»Господи!

Спаси мя, съблюди мя,

убогую си рабу свою,

и сего младеньца, носимаго въ утробѣ моеи,

спаси и съхрани!

Ты бо еси храняи[20] младеньца господь,

и воля твоя да будетъ, господи,

и буди имя твое благословено въ вѣкы вѣкомъ!

Аминь.«

И сице творя, пребываше даже и до самаго рождениа его. Вельми прилежаше паче всего посту и молитвѣ, яко и самое то зачатие и рожьство полно бѣ поста и молитвы: бяше бо и та добродѣтельна сущи и зѣло боящися бога, яко и прежъ рождения его увѣдавъши и разумѣвъши яже о немь таковое знамение и проявление и удивление. И съвѣщаша съ мужемь своимь, глаголя:

»Аще будетъ ражаемое мужьскъ полъ, общаевѣся[21] принести его въ црьковь и дати его благодѣтелю всѣхъ, богу.«

Яко же и бысть.

Оле вѣры добрыя! О теплоты благы! Яко и прежъ рожества его обѣщастася привести его и въдати благыхъ подателю, богу, якоже древле Анна пророчица[c], мати Самоиля пророка!

Егда же испльнишася дьние родити еи, и роди младеньца своего, и зѣло непечально рожьство приимъши. Родители же его призваста къ себѣ ужикы своя, и другы, и сусѣди, и възвеселишася, славяще и благодаряще бога, давъшаго има таковыи дѣтищь.

По рожении же его, вънегда и пеленами повито бысть отрочя, нужа

всяко бяше еже[22] и къ съсцу принести. Да вънегда аще случяшеся матери
его пищу нѣкую вкусити, еже отъ мясъ, и тою насыщенѣ быти и полнѣ
утробѣ ея, тогда никакоже младенець съсцу касашеся! И сие случашеся
не единою бывати, но овогда дьнь, овогда два младенцу не напитати.

Иже отинудъ о семъ ужасъ вкупѣ и скръбь обдръжаше рожшую[23] и
сродники ея, и едва разумѣша, якъ не хощетъ младенець еже отъ мясъ
питаемѣ питател[ь]ницѣ его быти и тѣмъ млѣкомъ напаятися, но точию отъ
поста и не раздрѣшатися[24]. И уже оттолѣ пища матерня въздръжание и
постъ бяше, и оттолѣ младенець повсегда по обычаю питаемъ бываше.

И испльнишася дние обѣщанию матери его: яко бысть по днехъ шестихъ
седмицъ, еже есть четверодесятныи дьнь по рожьствѣ его, родители же его
принесоста младенець въ црьковь божию, въздающе, якоже и прияста,
якоже обѣщастася въздати его богу, давшему его; купно же иерѣеви повелѣ-
вающа, яко да крьщениемъ божественымъ съвръшити. Иереи же, огласивъ
его и много молитвовавъ надъ нимъ, и съ радостию духовною и съ тщаниемь
крести его въ имя отца и сына и святаго духа, Варфоломѣя[d] въ святомъ
крьщении нарекъ того имя. Възведъ же[25] его абие отъ купѣльныя воды
крьщениа, благодать приимъ богато святаго духа, и провидѣвъ духомъ
божественымъ, и проразумѣ, съсуду избраньну быти младеньцу.

Отець же его и мати, разумъ имуща *Святаго Писаниа* не худѣ, и та
повѣдаста иерѣови, како носимъ сы въ[26] утробѣ матерни, въ црькви три
краты провъзгласи:

»Что убо будетъ сие, мы не вѣмы[27].«

Иерѣи же, именемь Михаилъ, расудень сыи книгамъ, повѣдаше има
отъ божественаго писаниа, отъ обою *Закона*, *Ветхаго* и *Новаго*, и сказа
глаголя:

»Давиду въ *Псалтыри* рекъшу[28], яко: *Несъдѣланное мое видѣста очи
твои*; и самъ господь святыми своими усты учеником си рече: *Вы же яко
искони съ мною есте*. Тамо, въ *Ветхомъ Законѣ*, Иеремѣя пророкъ въ чрѣвѣ
матерни освятися; здѣ же, въ *Новѣмъ*, Павелъ апостолъ въпиаше: *Богъ
отець господа нашего Исусъ Христа*, *възвавыи*[29] *мя изъ чрѣва матере моея,
явити сына своего въ мнѣ, да благовѣствую въ странахъ*!«

И ина множаишая отъ святыхъ повѣда има писаниа.

О младенци ихъ рече къ родителемъ:

»Не скръбите о семъ, но паче радуитеся и веселитеся, яко будетъ
съсудъ избранъ богу, обитель и служитель святыя троица[30]!«

Еже и бысть. И тако благословивъ отроча и родителя его, отпусти
я[31] въ домъ ею[32].

★

Потомъ же, по времени, малымъ минувъшимъ днемъ, о младеньци паки
чюдодѣиствовашеся другое нѣкое знамение, странно нѣчто и незнаемо: въ
среду бо и въ пятокъ не приимаше ни отъ съсцу, ни отъ млѣка кравья[33],
но отинудъ ошаятися ему и не съсати, и не ядущу[34] пребывати ему въ весь
дьнь; кромѣ же среды и пятъка въ прочая дьни по обычаю питашеся; аще
ли будяше[35] въ среду и въ пятокъ, то алченъ младенець пребываше. Се же
не единою, ни дважды, но и многажды прилучашеся, еже есть: по вся
среды и пятки бываше. Отъ сего нѣкымъ мняшеся[36], яко больно бѣ дѣтище.

О семъ же убо мати его, скръбящи, сѣтоваше; и съ другими женами, съ прочими кормительницами расматряюще бѣаше, — мняше, яко отъ нѣкия болѣзни младенцу приключашеся сие бывати; но обаче обзираху повсюду младеньца, яко нѣ[37] больно, и яко не обрѣташеся въ немъ явленыя или не явленыя болѣзни; ни плакаше, ни стоняше, ни дряхловаше, но и лице и сердце и очи весели, и всячьскы младенцу радостну сущу[38], яко и ручицами играше. Тогда вси, видящи, и позна́ша и разумѣша, яко не болѣзни ради въ пятокъ и въ среду младенець млѣка не приимаше, но проявление нѣкое прознаменашеся, яко благодать божия бѣ на немь, еже проявляше будущаго въздержания образъ, яко нѣкогда, въ грядущая времена и лѣта, въ постномъ житии просияти ему. Еже и бы.

Другоици же мати его привожаше къ нему жену нѣкую, доилицу, имущу млѣко, дабы его напитала. Младенець же не рачи прияти никако же отъ чюждия матери питатися, но точию отъ своея си родительница[39]. И сие видѣвъше, прихождаху къ нему и другыя жены, таче и доилици, тѣмъ подобно такоже творити, якоже и пръвие. И тако пребысть своею токъмо питаемъ материю, дондеже и отдоенъ бысть. Се же съматряютъ нѣции[40], яко и се знамение бысть, яко да бы, добра корене добрая лѣторасль, нескврънымъ млѣкомь въспитанъ бывъ...

[1] Сергие = Сергии.   [2] бѣста *impf.* (*aor.*) *2 du.* : быти.   [3] супруга *nom.* (*voc.*) *du.* : супругъ.   [4] ему . . . носиму *dat. abs.*   [5] дьневи сушу *dat. abs.*   [6] людемъ млъчащимъ *dat. abs.*   [7] начятъ *aor. 3 sg.* : начяти.   [8] еже used as *art. before inf.*   [9] ужасшися *p. a. p.*, *dat. sg. f.* : ужаснутися.   [10] приступльши *p. a. p.*, *nom. pl.* : приступити.   [11] пазусѣ *loc. sg.* : пазуха.   [12] повита *p. p. p.*, *acc. sg.* : повити.   [13] проверещавый *p. a. p.*, *det.* : проверещати.   [14] страсѣ *loc. sg.* : страхъ.   [15] съврши *aor. 3 sg.* : съвръшити = съвьршити.   [16] неправеднѣ сущи еи *dat. abs.*   [17] пища *gen. sg.*   [18] ошаявся *p. a. p.* : ошаятися.   [19] ядяше *impf. 3 sg.* : ясти.   [20] храняи *pr. a. p.*, *det.* : хранити.   [21] обѣщаевѣся *pr. 1 du.* : обѣщати.   [22] еже used as *art. before inf.*   [23] рожшую *p. a. p.*, *acc. sg.* : родити.   [24] раздрѣшатися = раз + рѣшатися.   [25] възведъ *p. a. p.* : възвести.   [26] сы *pr. a. p.* : быти.   [27] вѣмы *pr. 1 pl.* : вѣдѣти.   [28] Давиду . . . рекъшу *dat. abs.*   [29] възвавый *p. a. p.*, *det.* : въ(з)а(з)вати.   [30] троица *gen. sg.*   [31] я *acc. du.* : онъ.   [32] ею *gen. du.* : онъ.   [33] кравья *gen. sg.* : кравии *adj. poss.* : крава.   [34] ядущу *pr. a. p.*, *dat. sg.* : ясти.   [35] будяше *impf. 3 sg.* : быти.   [36] мняшеся *impf. 3 sg.* : м(ь)нитися.   [37] нѣ = не + е(сть).   [38] младенцу . . . сущу *dat. abs.*   [39] родительница *gen. sg.*   [40] нѣции *nom. pl.* : нѣкии.

[a] Sergius was born in Rostov in 1314 or 1319 and died in 1392.
[b] His parents were boyars of Rostov.
[c] *Bib.* Hannah, mother of the prophet Samuel.
[d] In 1337 Sergius became a monk and on this occasion assumed his second name.
[e] *Bib.* Jeremiah, the prophet.

THE LIFE AND DEATH OF DIMITRIJ,
TSAR OF RUSSIA

It is very probable that this anonymous work was written by Epiphanius the Sage, the author of *The Life of St. Stefan of Perm'* and *The Life of St. Sergius of Radonež*. The Great Prince Dimitrij, whose heroic exploits in the battle of Kulikovo are described in *The Don Tale*, died in 1389, a few years before Epiphanius began to compose his famous hagiographies. A comparison of the methods of stylistic expression, particularly the emotional rhythmization of prose passages and the characteristic enumeration of epithets and attributes in glorification of the hero, makes it evident that the outstanding hagiographer, probably in the beginning of the fifteenth century, was requested by the Court of Moscow to compose a biography of the Great Prince and conqueror of the Tatars. The title "Tsar" may have been anticipated by Epiphanius, or added at a later date.

The text is based upon the edition in "Полное собрание русских летописей" Vol. IV, Part I, and has been compared with that of N. K. Gudzij, Хрестоматия по древней русской литературе XI–XVII веков (4th ed.; Moscow, 1947).

О житии и о преставлении великого князя Дмитрия Ивановича, царя Русьскаго

Сии убо великии князь Дмитреи[a] родися отъ благородну и отъ пречестну родителю[1], великого князя Ивана Ивановича[b] и матере, великые княгини Александры, внукъ же бысть князя великого Ивана Даниловича[c], собрателя Русьскои Земли, и корени святаго и богомъ сажденнаго[2] саду отрасль благоплодна и цвѣтъ прекрасныи царя Владимира[d], новаго Ко[н]стянтина, крестившаго Русьскую Землю; сродникъ же бысть Борису и Глѣбу въ благочестии и въ славѣ и со всяцѣми[3] наказании[4] духовными отъ самѣхъ пеленъ бога възлюби.

Отцю же его, великому князю Ивану Ивановичю оставльшу[5] житие свѣта сего и приимшему[6] небесная селения, си же оста младъ сыи[7], яко лѣтъ 9, съ любимымъ си[8] братомъ своимъ княземъ Иваномъ Ивановичемъ[e]. Потомъ же и мати его преставися, великая княгини Александра, и пребысть единъ въ области великого княжения, приемшу[9] ему[10] скипетръ державы Русьскыя Земля[11], и настолование земнаго царства, и отчину свою [въ] великое княжение, по даннѣи[12] ему благодати отъ бога, чести же и славѣ.

Еще же младъ сыи възрастомъ, и о духовныхъ прилежа дѣлесѣхъ[13],
и пустошныхъ бесѣдъ не творяше[14],
и срамныхъ глаголъ не любляше,
злонравныхъ человѣкъ отвращашеся,
а съ благыми всегда бесѣдоваше,
божественыхъ писании всегда со умилениемъ послушаше,
о церквахъ божиихъ вельми печашеся,
а стражбу Земли Русьскыя мужествомъ своимъ держаше,
злобою отроча обрѣташеся,
а умомъ свершенъ всегда бываше,
ратнымъ же всегда въ бранехъ страшенъ бываше,
и многы враги, встающая[15] на ны, побѣди,
и славныи градъ свои Москву стѣнами чюдными огради[f],
и во всемъ мирѣ славенъ бысть, —
яко кедръ въ Ливанѣ[g] умножися
и яко финикъ въ древесѣхъ[16] процвѣте[17].

Сему же бывшу[18] лѣтъ шестинадесять, приведоша[19] ему на бракъ княгиню Авдотию[h], отъ Земля Суздальскыя[20], дщерь великого князя

Дмитрия Ко[н]стянтиновича, отъ матере великые княгини Анны, и възрадовася вся Земля Русьская о совокуплении брака ею. По брацѣ[21] же цѣломудрено живяста[22] и съ умилениемъ смотряста[23] своего спасения. И въ чистѣ совѣсти и крѣпости разума предержа земное царство и къ небесному присягая, плотиугодия не творяху[24]. И акы кормчии крѣпокъ противу вѣтромъ волны минуя, направляемъ вышняго промыслом, яко пророкъ на стражѣ божия смотрѣния, тако смотряше своего царствия.

И умножишася слава имени его, якоже святаго и великаго князя Владимира. Въскипѣ Земля Русьская въ лѣта княжения его, якоже преже обѣтованная Израилю; и страхомъ господства своего огради всю Землю Русьскую: отъ въстока и до запада хвально бысть имя его; отъ моря и до моря, отъ рѣкъ и до коньць вселенныя прознесеся честь его.

Царие земьстии, слышаще его, удивишася, врази[25] же его взавидѣша ему, живущии окрестъ его, и навадиша нань нечестивому Мамаю[i], тако глаголюще:

»Великии князь Дмитреи Московскии себе именуетъ Рускои Земли царя, и паче честнѣиши тебе славою, — супротивно стоитъ твоему царству.«

Онъ же наваженъ лукавыми совѣтники, иже християньскую вѣру держать, а поганыхъ дѣла творяху, и рече Мамаи княземъ своимъ и рядцемъ:

»Прииму Землю Русьскую, и разорю церкви християньскыя, и вѣру ихъ на свою преложю, и велю кланятися своему Махметю[j]. А идѣже церкви были, ту ропати поставлю, а баскаки[k] посажю по всѣмъ градомъ русьскымъ, а князи русьскыя избию.«

Акы преже Агогъ, царь Васаньскыи[l], похвалися на кивотъ завѣта господня иже[26] въ Силомѣ[m], сице похвалився погибе[27] самъ преже.

★

И посла безбожныи Мамаи преже себе на Русь ратию воеводу своего, окааннаго Бигича[n], съ великою силою и со многыми князи[28] Ординьскыми.

Се слышавъ, великии князь Дмитреи Ивановичь поиде въ срѣтение ему со многою силою Русьскыя Земля[29] и бися съ погаными въ Рязаньскои Земли, на рѣцѣ на Вожѣ, и поможе[30] богъ и святая богородица великому князю Дмитрею Ивановичю, а поганыя Агаряне[о] посрамлени быша: овии изсѣчени быша, а инии побѣгоша[31]. Великии же князь Дмитреи Ивановичь, възвративься съ великою побѣдою, тако заступаше свою отчину, Русьскую Землю, отъ поганыхъ противнаго нахожения.

Безстудныи же Мамаи срама исполнися, въ похвалы [бо] мѣсто безчестие прииде ему. И поиде самъ на Русьскую Землю[р], похвалився на великого князя Дмитрия Ивановича, — исполни сердце свое злаго безакония. Слышавъ же се, князь великыи Дмитреи Ивановичь, въздохнувъ изъ глубины сердца своего къ богу и пречистѣи его матери, и рече:

»О пресвятая госпоже дѣво богородице, владычице, заступнице и помощнице[32] миру!

»Моли сына своего за мя грѣшнаго, да достоинъ буду главу и животъ положити за имя сына твоего и за твое. Иноя помощница[33] не имамъ, развие тебе, госпоже! Да порадуются враждующии ми безъ правды, ни ркуть погании: *Гдѣ есть богъ ихъ, на него же уповаше?*[34] Да постыдятся вси являющии рабомъ твоимъ злая, яко азъ рабъ твои есмь и сынъ рабыня твоея[35].

»Испроси ми, госпоже, силу и помощь отъ святаго жилища сына твоего и бога моего на злаго моего супостата и нечестиваго врага!

»Постави ми, госпоже, столпъ крѣпости отъ лица вражия, възвеличи имя християньское надъ погаными Агаряны и всегда посрами ихъ!«

И призва вельможа своя[36] и вся князи Русьскыя Земля, сущая подъ властию его, и рече княземъ Русьскыя Земля и вельможамъ своимъ:

»Лѣпо есть намъ, братие, положити главы своя
за правовѣрную вѣру християньскую,
да не прияти[37] будуть грады наши погаными,
ни запустѣютъ святыя божия церкви,
и не разсѣяни будемъ по лицю всея земля,
да не поведени будуть жены наша и дѣти въ полонъ,
да не томими будемъ погаными по вся дни,
аще за насъ умолить сына своего и бога нашего
пречистая богородица!«

И отвѣщаша ему князи русьстии и велможа его:

»Господине русьскыи царю! рекли есмя[38] тебѣ животъ свои положити, служа тебѣ; а нынѣ тебе ради кровь свою пролиемъ и своею кровию второе крещение приимемъ!«

И въсприимъ[39] Аврамлю[40] доблестьⁱ, помолився богу и помощника имуще святаго великаго святителя и чюдотворца Петраᵍ, заступника Русьскыя Земли, и поиде противу поганаго, акы древнии великыи князь Яро-славъ Володимеровичьˢ, — на злочестиваго Мамая, втораго Святополка.

И срѣте[41] его въ татарьскыхъ полѣхъᵗ, на Дону на рѣцѣ,
и съступишася акы сил[ь]нии тучи,
блеснуша оружия яко молния въ день дождя,
ратни сѣчахуся, за рукы емлющеся[42],
и по удолиемъ кровь течаше,
и Донъ рѣка потечаше, съ кровию смѣсився,
главы же татарскыя акы камение валяшеся,
и трупия поганыхъ акы дубрава посѣчена;
мнози же достовѣрнии видяху ангелы божия
помагающе християномъ.

И поможе богъ великому князю Дмитрею Ивановичю и сродника его, святая мученика Борисъ и Глѣбъ, окаанныи же Мамаи отъ лица его побѣже;
треклятыи Святополкъ въ пропасть побѣже,
а нечестивыи Мамаи безъ вѣсти погыбе.

Великы же князь Дмитреи Ивановичь възвратися съ великою побѣдою, якоже преже Моисеи Амаликаᵘ побѣди, и бысть тишина въ Русьскои Земли. И тако врази его посрамишася. Иныя же страны слышаша побѣды, данныя ему отъ бога на врага, и всѣ подъ руцѣ[43] его подклонишася, расколь-ници же и мятежници[44] царства его вси погыбоша...

★

И се едино повѣмъ[45] отъ жития его!

Тѣло свое чисто схрани до женитвы, — церковь себе святому духу съблюде[46] нескверну; очима зряше часто къ земли, отъ неяже взятъ бысть; душю и умъ простираше къ небеси, идѣже лѣпо есть ему пребывати; и по брацѣ совкупления тѣло свое чисто же соблюде, грѣху непричастно. Христова апостола Павла сбысться о немъ реченое: *Братие, вы есте церкви бога живаго, якоже рече: 'Вселюся въ ня и похожю.'*

> Царскыи убо санъ держаше,
> ангельскы живяше, постомъ и молитвою,
> и по вся нощи стояше,
> сна же токмо мало приимаше,
> и паки по малѣ часѣ на молитву встааше,
> и подобу благу творяше всегда,
> въ берньнѣмъ тѣлеси безплотныхъ житие свершаше,
> Землю Русьскую управляше,
> на престолѣ царьстѣмъ сѣдя,
> яко пещеру въ сердци держаше,
> царьскую багряницю и вѣнецъ ношаше,
> а въ чернечьскыя ризы по вся дни облещися желаше,
> и по вся часы честь и славу отъ всего мира приимаше,
> а крестъ Христовъ на раму[47] ношаше,
> въ божественыя дни поста въ чистотѣ храняшеся,
> и по вся недѣля святыхъ таинъ причащашеся,
> и преочиствовану душу хотя представити предъ богомъ,
> по истинѣ явися земныи ангелъ и небесныи человекъ...

Поживе[48] лѣтъ съ своею княгынею Евдокѣею 20 лѣтъ и два лѣта въ цѣломудрии, прижи[49] сыны и дщери и въспита въ благочестии; а вотчину свою, великое княжение, держаше лѣтъ 29 и 6 мѣсяць; а всѣхъ лѣтъ отъ рождества его 38 и 5 мѣсяць; многы же труды и побѣды по правовѣрнѣи вѣрѣ показа, яко инъ никто же.

Потомъ разболѣся и прискорбенъ бысть вельми, и паки [болѣзнь] легкая бысть ему, и възрадовашася великая княгини и сынове его радостию великою и вел[ь]можа его; и паки впаде[50] въ большую болѣзнь, и стенание прииде въ сердце его, яко и внутренимъ его терзатися, и уже приближися ко смерти душа его[v]...

★

Егда же преставися благовѣрныи и христолюбивыи, благородныи великыи князь Дмитреи Ивановичь всея Руси, просвѣтися лице его акы ангелу.

Видѣвши же княгыни его мертва на постели лежаща, и восплакася горькимъ гласомъ, огненыя слезы изо очию испущааше, утробою распалаашеся и, въ перси свои руками бьющи,

> яко труба рать повѣдающи
> и яко арганъ сладко вѣщающи:

> »Како умре, животе мои драгии,
> мене едину вдовою оставивъ?
> Почто азъ преже тебя не умрохъ[51]?
> Како заиде, свѣтъ очию моею?

Почто не промолвиши ко мнѣ?
Цвѣте мои прекрасныи,
что рано увядаеши?
Винограде многоплодныи,
уже не подаси[52] плода сердцу моему
и сладости души моеи!
Чему, господине, не взозриши на мя,
ни промолвиши ко мнѣ?
Уже ли мя еси забылъ?
Что ради не взозриши на мя и на дѣти своя?
Чему имъ отвѣта не даси?
Кому ли мене приказываеши?
Солнце мое, рано заходиши!
Мѣсяць мои прекрасныи, рано погыбаеши!
Звѣздо восточная, почто къ западу грядеши?...

★

Егда же успе вѣчнымъ сномъ великии князь Земли Русьскыя Дмитреи Ивановичь,

аеръ възмутися,
земля трясашеся[53]
и человѣци[54] смутишася.
Что ли нареку день тои,
день многия туги и скорби,
и слезъ и вздыхания,
туги и скорби многи?...

★

Кому уподоблю великого сего князя Дмитрея Ивановича, царя Русьскыя Земля, и настольника великому княжению и собрателя християньского?

Приидите, любимици, церковнии друзи[55], къ похвалению словеси, по достоянию похвалити держателя Земли Русьскои!

Ангела тя нареку?
Но во плоти сущи[56] ангельскы пожилъ еси.

Человѣка ли?
Но выше человѣчьскаго существа дѣло свершилъ еси.

Первозваннаго[w] ли тя нареку?
Но тои приимъ[57] заповѣдь съдѣтеля, и преступи,
ты же обѣты своя по святомъ крещении чисты сътвори.

Сифа[x] ли тя нареку?
Но того премудрости ради людие *богомъ* нарицаху,
ты же чистоту сблюде и богови рабъ обрѣтаашеся,
и божии престолъ держа,
господинъ Земли Русьскои явися.

Еноху[у] ли тя подоблю?
Но тои преселенъ бысть на землю невѣдому,
твою же душю ангели съ славою възнесоша на небеса.

Ноя ли тя именую?
Но тои спасенъ бысть въ ковчезѣ[58] отъ потопа,
ты же съблюде сердце свое
отъ помысла грѣховнаго,
акы въ чертозѣ[59], въ чистомъ тѣлеси.

Евера[z] ли тя нареку,
не примѣсившася безумныхъ языкъ
къ столпотворению?
Ты же столпъ нечестия разрушилъ еси въ
     Русьскои Земли,
и не примѣсивъ себе къ безумнымъ странамъ
на християньскую погибель!

Авраама ли тя нареку?
Но ты тому вѣрою уподобися,
а житиемъ превзиде паче оного.

Исаака ли тя въсхвалю,
отцемъ на жертву приготовлена богу?
Но ты самъ душю свою чисту и непорочьну
жертву господеви своему принесе!

Израиля[аа] ли тя възглаголю?
Но тои съ богомъ съ исторзѣ[60] боряшеся
и духовную лѣствицю провидяше,
ты же по бозѣ[61] со иноплеменники боряшеся,
съ нечестивыми Агаряны и съ поганою Литвою,
за святыя церкви, християньскую утвержая вѣру,
акы ону духовную лѣствицю!

Иосифа ли тя явлю
цѣломудренаго плода и духовнаго,
обладавшаго Египтомъ?
Ты же въ цѣломудрии умъ держаше
и владѣтель всеи Земли Русьскои явися.

Моисея ли тя именую?
Но тои князь бысть единому евреискому языку,
ты же многи языки въ своемъ княжении имяше,
честию благодарения во многыя страны
имя твое провозсия[62].

Похваляетъ бо Земля Римская Петра и Павла,
а Асииская Иоана Богослова,

Индииская апостола Фому,
а Ерусалимьская брата господня Иякова,
и Андрея Первозванного все Поморие,
царя Коньстянтина Гречьская Земля,
Володимера Киевская со окрестными грады;
ҭебе же, великиы князь Дмитреи Ивановичь,
вся Русьская Земля[bb]!...

[1] благородну . . . пречестну родителю *gen. du.* [2] сажденнаго *p. p. p., gen. sg.* : садити.
[3] всяцѣми *instr. pl.* : всякъ. [4] наказании *instr. pl.* : наказание. [5] оставльшу *p. a. p., dat. sg.* : оставити. [6] приимшему *p. a. p., dat. sg.* : прияти. [7] сыи *pr. a. p.* : быти. [8] си *dat. poss.* [9] приемшу *p. a. p., dat. sg.* : прияти. [10] приемшу ему *dat. abs.* [11] земля *gen. sg.* [12] даннѣи *p. p. p., dat. sg.* : дати. [13] дѣлесѣхъ *loc. pl.* : дѣло. [14] творяше *impf. 3 sg.* : творити. [15] встающая *pr. a. p., acc. pl.* : в(ъ)ставати. [16] древесѣхъ *loc. pl.* : древо/дрѣво. [17] процвѣте *aor. 3 sg.* : процвѣсти. [18] сему . . . бывшу *dat. abs. (temp.).* [19] приведоша *aor. 3 pl.* : привести. [20] земля Суздальскыя *gen. sg.* [21] брацѣ *loc. sg.* : бракъ. [22] живяста *impf. 3 du.* : жити. [23] смотряста *impf. 3 du.* : съмотрити. [24] творяху *impf. 3 pl. instead of expected 3 du.* : творяста. [25] врази *nom. pl.* : врагъ. [26] иже *art.* [27] погибе *aor. 3 sg.* : погибнути. [28] князи *instr. pl.* : князь. [29] Русьская земля *gen. sg.* [30] поможе *aor. 3 sg.* : помощи. [31] побѣгоша *aor. 3 pl.* : побѣщи [побѣгнути]. [32] дѣво богородице, владычице, заступнице, помощнице *voc.* [33] иноя помощница *gen. sg.* [34] уповаше *impf. 3 sg.* : уповати. [35] рабыня твоея *gen. sg.* [36] вельможа своя *acc. pl.* [37] прияти *p. p. p., nom. pl.* : прияти. [38] рекли есмя *p. periphr.* : рекли *p. a. p., nom. pl.* : рещи + есмя *pr. 1 pl.* : быти. [39] въсприимъ *p. a. p.* : въсприяти. [40] Авраамлю *adj. poss., acc. sg.* : Авраамъ. [41] срѣте *aor. 3 sg.* : с(ъ)рѣсти. [42] емлющеся *pr. a. p., nom. pl.* : иматися. [43] руцѣ *acc. du.* : рука. [44] раскольници, мятежници *nom. pl.* : раскольникъ, мятежникъ. [45] повѣмъ *pr. 1 sg.* : повѣдѣти. [46] съблюде *aor. 3 sg.* : съблюсти. [47] раму *loc. du.* : рамо. [48] поживе *aor. 3 sg.* : пожити. [49] прижи *aor. 3 sg.* : прижити. [50] впаде *aor. 3 sg.* : в(ъ)пасти. [51] умрохъ *aor. 1 sg.* : умрѣти. [52] подаси *pr. 2 sg.* : подати. [53] трясашеся *impf. 3 sg.* : трястися. [54] человѣци *nom. pl.* : человѣкъ. [55] друзи *nom. pl.* : другъ. [56] сущи *pr. a. p. (adv.)* : быти. [57] приимъ *p. a. p.* : прияти. [58] ковчезѣ *loc. sg.* : ковчегъ. [59] чертозѣ *loc. sg.* : чертогъ. [60] исторзѣ *loc. sg.* : исторгъ/истъргъ. [61] бозѣ *loc. sg.* : богъ. [62] провозсия *aor. 2 sg.* : провъссияти.

[a] Dimitrij was born in 1350.
[b] Ivan II, Prince of Moscow, Great Prince of Vladimir, reigned 1353–59.
[c] Ivan I, Kalita, Prince of Moscow, Great Prince of Vladimir, 1328–41.
[d] Vladimir I (979–1015).
[e] Ivan died in 1364.
[f] The Kremlin was built in 1365.
[g] Lebanon.
[h] Eudoxia, daughter of Dimitrij, Prince of Nižnij-Novgorod, Great Prince of Vladimir (1306–63).
[i] Mamaj, khan of the Golden Horde (1361–80).
[j] Mohammed.
[k] Tatar tax collectors.
[l] *Bib.* King Og of Bashan.
[m] The Tabernacle of the Congregation in Shilch.
[n] The Tatar Mirzah Begič was defeated by Dimitrij in 1378 at the Voža River, an affluent of the Oka River.
[o] The Mohammedans were considered to be descendants of Ishmael, son of Hagar.
[p] Mamaj Khan invaded Russia in 1380.
[q] *Bib.* Abraham, father of the Hebrews.
[r] Metropolitan Peter, whose life was portrayed by Cyprian, died in 1326.
[s] Jaroslav, the son of Vladimir I, defeated his own brother Sv'atopolk, who murdered Prince Boris and Gleb (1015). The comparison between the Tatar khan and Sv'atopolk is based on the fact that both of them died in exile.
[t] The battle on the fields of Kulikovo at the Don River in 1380.

^u The Amelekites, enemies of the Hebrews.

^v He died in 1389.

^w Allusion to Peter who was the first-called among the disciples of Jesus.

^x *Bib.* Seth, third son of Adam.

^y *Bib.* Enoch, son of Jared.

^z *Bib.* Eber, son of Sarah and grandson of Shem, eponymous ancestor of the Hebrews.

^{aa} *Bib.* Isaac, called Israel.

^{bb} The same apostolic formula, originally invented by Hilarion of Kiev, is also used in *The Life of St. Stefan of Perm'*.

HISTORIOGRAPHY

The principal difference between Old Kievan annalistic literature and Old Muscovite historiography was the latter's diminishing interest in past history and increasing concern with current events. With the rise of the Muscovite Empire and with its succession to the authority once centered in Byzantium, literature became a means of glorifying the tsars of Moscow, especially Ivan the Terrible. Even the interpretation of past history underwent a radical revision: by means of purely theoretical scholastic concepts a completely new view of the history of Muscovite Russia was created. Of the many writings of this period, the ones selected here are particularly characteristic of the evolution of the newly developed historiography, and even of the growth of a pompous literary language:

The Tale of the Taking of Constantinople by Nestor-Iskander
The Legend of the Princes of Vladimir by Pachomius Logothetes
The anonymous *Tale of the Taking of the Empire of Kazan'*
The anonymous *Tale of the Attack of the Lithuanian King Stefan Batory in the Year 7085 on the Great and Famous Town of Pskov, and of Its Liberation.*
The Book of Degrees of the Imperial Genealogy.

NESTOR-ISKANDER:
THE TALE OF THE TAKING OF
CONSTANTINOPLE

The conquest of Constantinople (1453), the center of Eastern Orthodoxy, by the Moslems under the Turkish sultan Mohammed II, was an event of prime historical significance for the fate of Eastern Europe and for the rise of the Muscovite Empire as heir to the political and religious mission of Byzantium. Nestor-Iskander's *Tale* was written but a short time after the conquest by a participant of the siege, a Russian who—by a strange twist of fate—had been compelled to embrace the Islamic faith and who found himself in the camp of the Turks. Based in all probability on a journal maintained during the long siege and upon accounts heard from the surviving defenders of Constantinople, the *Tale* gives a colorful and realistic description of the fierce struggle between the

Turkish besiegers and the Byzantine defenders up to the moment of the city's
fall. In a manner signally characteristic of Muscovite historism, the author begins
with an account of Constantinople, basing his narrative partly on authentic
historical facts concerning the activity of Constantine the Great, partly on
folk material, especially the legend of the struggle between the eagle (as a symbol
of Christianity) and the serpent (as a symbol of Islam). Characteristic also is the
conclusion of the *Tale* with its prophecy that the Russian people would someday
become masters of Constantinople and rule in it. This prophecy, taken from
Byzantine eschatological sources quoted in the text, resulted from a confusion
of the Greek word *rhusios*, of the Russian equivalent *rusyj* "red-haired," with the
national name of the Russians, *russkij*.

The text is reprinted in excerpts from the edition of Archimandrite Leonid
in Памятники древней письменности и искусства, Vol. LXII, 1886.

Нестора-Искандера
Повѣсть о взятіи Царьграда

Въ лѣто 5818-оеᵃ, царствующу[1] въ Риму богосодѣтельному великому
Ко[н]стянтину Флавіюᵇ, со тщаніемъ великимъ отсюду собравъ отземсто-
ванныхъ[2] христьянъ, нача укрѣпляти и разширяти вѣру христьянскую,
цьркви божія украшати, а ины преславны въздвизати, а идолы сокрушати
и домы ихъ въ славу богу превращати. И къ тому законы многы устави
яко: идольская капища святителемъ Христовымъ и христьяномъ точію
владѣти и рядити, въ среду же и въ пятькъ постися страстеи ради Хри-
стовыхъ, а недѣлю праздновати въскресенія ради Христова, жидомъ же
отинудъ жьртвы не творити и на распятіе не осуждати никого же нечестія
ради крьста Христова и ракъ имъ не покупати никому же и на златницѣ
образъ его написати.

И бысть радость велія повсюду христьяномъ.

Въ 13 же лѣто цѣсарства его, совѣтомъ божіимъ подвизаемъ, въсхотѣ
градъ создати въ имя свое. И посла мужеи достоиныхъ въ Асію и въ
Ливію и въ Еѵропію ᶜ на взысканіе и изобраніе преславна и нарочита
мѣста на созданіе таковаго града. Онѣмъ же возвращающимся[3], сказаваху[4]
цѣсарю различныя мѣста преславная, а наипаче похвалиша ему Макидонію
и Византію. Онъ же больма прилежаше мыслію на Трояду, идѣже и
всемирная побѣда бысть Грекомъ на Фрягиᵈ. И сіе умышляющу царю[5] въ
дни и въ нощи, слыша въ снѣ гласъ:

»Въ Византіи подобаетъ Констянтинуграду създатися.«

И абіе цѣсарь, възбудився отъ сна, вскорѣ посылаетъ въ Византію
магистровъ и градскыхъ дѣлателеи готовити мѣсто. Самъ же цѣсарь,
оставивъ въ Риму кесари, два сына Консту и Констянтинаᵉ, а сыновца
своего Адамантаᶠ въ Бретанію [пославъ], поиде съ материю своею Еленою
въ Византію. Съ нею же взятъ[6] и жену свою Максимину, дщерь Диоклитіана
царяᵍ, и сына своего Констянтинаʰ, и Ликинія, зятя своегоⁱ, и два брата
своихъ, Далматаʲ и Констянтинаᵏ, и Далматова сына, Далмата жеˡ, и
Констянтиновыхъ два сына Галу и Уліянаᵐ. И пришедъ въ Византію,

видѣ на томъ мѣстѣ семь горъ и глушицъ морскихъ много. И повелѣ горы рыти и нижняя мѣста наполняти и на глушицахъ столпы каменные ставити и на нихъ своды сводити и равняти мѣсто. А самъ цѣсарь пребывааше[7] въ Визандии. Егда же уготовиша[8] мѣсто, събра[9] цѣсарь вельможъ и мегистанъ и магистровъ и начатъ умышляти, како быти стѣнамъ и стрѣльницамъ и вратамъ градскимъ, и повелѣ размѣрити мѣсто на три углы, на всѣ стороны по семи верстъ, тако бо бѣ[10] мѣсто то межи дву морь[11] — Чернаго и Бѣлаго[п].

И се змии, внезаапу вышедъ изъ норы, потече[12] по мѣсту, и абие свыше орелъ, спадъ[13], змия похвати и полетѣ на высоту, а змии начатъ укрѣплятись въкругъ орла. Цѣсарь же и вси людие бяху зряще[14] на орла и на змия; орелъ же, възлетѣвъ изъ очью на долгъ часъ, и паки явися низлетающь и паде съ змиемъ на тожъ мѣсто, понеже одоленъ бысть отъ змия. Людие же, текше[15], змия убиша, а орла изымаша. И бысть цѣсарь во ужасѣ велицѣмъ[16], и созвавъ книжники и мудреци, сказа[17] имъ знамение. Они же, поразсудивъ, сказаша[18] цѣсарю:

»Се мѣсто *Сед[ь]мохолмыи* наречется и прославится и возвеличится въ всеи вселеннѣи паче иныхъ градовъ. Но понеже станеть межи дву морь и бьенъ[19] будеть волнами морьскими, поколебимъ будеть. А орелъ — знамение хрестьянское, а змии — знамение бесерменское[о]. И понеже змии одолѣ орла, являеть, яко бесерменство одолѣеть хрестьянства. А понеже хрестьяне змия убиша, а орла изымаша, являеть, яко напослѣдокъ пакы хрестьянство одолѣеть бесерменства и *Сед[ь]мохолмаго* приимутъ и въ немъ въцарятся.«

Великии же Констянтинъ о семъ возмутися зѣло, но обаче словеса ихъ велѣ написати, а магистры и градские дѣлатели раздѣли на двое, ибо единои странѣ повелѣ размѣрити градские стѣны и стрѣльници и начати градъ дѣлати, а другои странѣ повелѣ размѣрити улицы и площади на римскои обычаи. И тако начаша дѣлати церкви божиа и дворъ цѣсарскии и иные домы славны вельможамъ и мегистаномъ и всѣмъ сановникомъ и воды[20] сладие приводити[р].

★

Въ седьмое же лѣто видѣ цѣсарь мало живущихъ въ градѣ, зане великъ бо бѣ зѣло, и тако сотвори: пославъ изъ Рима и отъ иныхъ странъ събравъ достославныхъ вельможъ и мегистанъ, рекше[21] сановникъ, съ множьствомъ людеи ихъ ту приведе, и домы велия создавъ, дасть имъ жити въ градѣ со устроениемъ великимъ и цѣсарскими чины[22], яко и своя домы и отечьства имъ забыти. Създа же цѣсарь и полату великую, иподрому предивную[ч] и двѣ полѣ устрои, рекше, улицы покровены, на торгование[г]. И назва градъ Новыи Римъ.

Потомъ же созда церкви преславные[s]: Софею великую, святыхъ Апостолъ и святыя Ирины и святаго Мокия и Архангела Михаила. Постави[23] жъ и пречюдныи онъ столпъ багряныи[t], егоже изъ Рима принесе[23] моремъ трею лѣты[24] до Царьграда, зане великъ бѣ зѣло и тяжекъ; отъ моря жъ до торгу лѣтомъ единымъ привезенъ бысть. Цѣсарю часто приходящу и злато много дающу[25] людемъ брежения ради, и положи въ основания 12 кошъ, ихже благослови Христосъ, и отъ древа честнаго и

святыхъ мощеи на утвержение и сохранение предивнаго и единокаменнаго
онаго столпа, и постави на немъ кумиръ, еже принесе отъ Солнечнаго
града Фригииского, имущаго на главѣ семъ лучь. Такожъ и ины вещи
предивны и достохвальны принесе изъ многыхъ странъ и градовъ. И пре-
украсивъ градъ, възда ему честь велию обновлениемъ и праздники и тор-
жествы великими на многие дни, и такъ устави, да ся зоветъ градъ тои
Царьградомъ. И бысть радость велия во всѣхъ людѣхъ.

Днемъ же минувшимъ[14] паки пѣсарь съ патриархомъ и съ святители[27]
събравъ весь священническии чинъ, также и весь синглитъ цѣсарьскыи
и множество народа, сътвориша литию и мольбы, молениемъ дающе хвалу
и благодарение всемогущеи и живоначальнои троици, отцу и сыну и святому
духу, и пречистые богоматери. И предаша градъ и всякъ чинъ людскыи
въ руцѣ всесвятѣи Богородицы Одигитрие[u], глаголюще:

»Ты, убо, всенепорочная владычица и богородица, человѣколюбивая
естествомъ сущи, не остави градъ сеи достояния твоего. Но яко мати
хрестьянскому роду заступи и сохрани и помилуи его, наставляя и научая
въ вся времена, яко человѣколюбивая и милостивая мати: яко да и въ
немъ прославится и возвеличится имя великолѣпия твоего въ вѣки.«

И вси людие рекоша[28]: »Аминь«, и благодариша цѣсаря и похвалиша
добрыи его разумъ и еже[29] къ богу желание. Цѣсарь же понужааше[30]
стратигъ и градскихъ наказателеи храмы святыхъ и домы мирския съзидати
на исполнение града; вельможамъ же и мегистаномъ и всѣмъ нарочитымъ
людемъ тако заповѣда: аще кто сподобится коеи степени цѣсарскаго чина,
да сотворитъ себѣ память достоину, домъ да воздвигнетъ или обитель
славну или ино здание дивно, яко да населится градъ преславными дѣлесы[31].
Такоже и по немъ цѣсарствующеи цѣсарици, кыиждо въ свое время подви-
заашесь[32] вещь преславну сотворити: овыи бо на взыскание и собрание
страстеи господнихъ и пречистые богоматери ризы и пояса и святыхъ мощеи
и божественыхъ иконъ, но и того самого богомужнаго, нерукотвореннаго
образа, иже отъ Едеса; овыи же на прибавление града и домовъ великыхъ;
ины паки на воздвижение святыхъ обителеи и храмовъ божиихъ, якоже
великии Иустиниианъ цѣсарь[v] и Федосии Великии[w] и цѣсарица Евдокия[x]
и ины мнози. И тако наполниша градъ преславными и дивными вещьми,
имиже и блаженныи Андреи Критскии[y] удивися рече:

Во истину градъ сеи выше слова и разума есть.

Къ симъ же и пренепорочная владычица, мати Христа бога нешего,
во вся времена цѣсарствующии градъ сохраняюще и покрывающе и отъ
бѣдъ спасающе и отъ неисцѣльныхъ напастеи премѣняюще[33]. Такими убо
великими и неизреченными благодѣяньми и дарованьми пресвятыя богоро-
дица[34] сподобися градъ сеи, яко и всему миру, мню, недостоину быти тому.

★

Но убо понеже естество наше тяжкосердно и нерадиво, и яко неистовы
еже[35] на насъ милости божьеи и щедротъ отвращаемся и на злодѣяния и
беззакония обращаемся, имиже бога и пречистую его матерь разгнѣваемъ
и славы своея и чьти[36] отпадаемъ, якоже есть писано: *Злодѣяния и без-
закония превратятъ престолы сильныхъ,* и паки: *Расточи гърдыя мысли*

сердца ихъ, и низложи сильныя съ престолъ, также и сии цѣсарствующии
градъ неисчетными согрѣшеньми и беззаконьми отъ толикихъ щедротъ и
благодѣянии пречистые богоматери отпадшесь[37], тьмочисленными бѣдами и
различными напастьми много лѣта пострада.

Тако жъ и нынѣ въ послѣдняя времена, грѣхъ ради нашихъ, овогда
нахожденіемъ невѣрныхъ, овогда гладомъ и повѣтрии[38] частыми, овогда же
межусобными браньми, имиже оскудѣша[39] сильнии и обнищаша людие, и
преуничижися[40] градъ и смирися до зѣла, и бысть,

                     яко сѣнь въ виноградѣ
                      и яко овощное хранилище въ вертоградѣ.

Сия убо вся увѣдѣвъ тогда властвующеи Турки[41] безбожный Магуметъ,
Амуратовъ сынъ[z], въ миру и въ докончанье сыи[42] съ цѣсаремъ Констянти-
номъ[aa], абие събираетъ воя многа землею и моремъ, и, пришедъ внезаапу,
градъ объступи со многою силою. Цѣсарь же съ прилучившимися вельмо-
жами и вси людие града не вѣдяху[43] что сотворити, понеже людскаго
собрания не бѣ, и братиямъ цѣсаревымъ не сущимъ[44], и послаша къ Магу-
мету салтану посланники, хотя увѣдати бывшее и о миру глаголати. Онъ же
безвѣренъ сыи и лукавъ, посланники отосла, а градъ повелѣ бити пушками
и пищальми, а ины стѣнобьеные хитрости наряжати и приступы градские
уготовляти. Сущие же людие въ градѣ, Греки и Фрягове[bb], выѣждая[45]
изъ града, бьяхуся[46] съ Турки, не дающе имъ стѣнобьеныя хитрости наря-
жати, но убо силѣ велицѣ и тяжцѣ[47] сущи[48], не возмогоша[49] имъ никоея
пакости сотворити, зане единъ бьяшесь[50] съ тысящею, а два съ тьмою.

Сие же видѣвъ, цѣсарь повелѣ вельможамъ и мегистаномъ раздѣлити
воиномъ градския стѣны и окны и врата; также и всихъ людеи и клаколы
ратные на всѣхъ странахъ изъставити, да коиждо ихъ вѣсть[51] и хранитъ
свою страну, и вся яже[52] на бранную потребу устраяетъ, и да бьется съ
Турки[53] съ стѣны, а изъ града не выѣзжати. Тако жъ и пушки и пищали
уставити по приступнымъ мѣстамъ, на обранение стѣнамъ. А самъ цѣсарь
съ патриархомъ[cc] и святители и весь священный соборъ и множество женъ
и дѣтеи хожаху[54] по церквамъ божиимъ, и мольбы и моления дѣюще,
плачуще и рыдающе, и глаголюще:

»Господи, господи! Страшное естество и неисповѣдимая сила, юже
древле горы, видѣвше[55], вострепеташа[56] и тварь потрясеся[57], солнце же и
луна, ужасшесь[58] блистаниемъ ихъ, погибе, и звѣзды небесныя спадоша[59]!
Мы же, окаянный, тая вся презрѣвъ, съгрѣшихомъ[60] и беззаконовахомъ,
господи, предъ тобою, тьмократнѣ разгнѣвахомъ и озлобихомъ божества,
забывающи твоихъ великихъ дарованіи, и препирающе твоихъ повелѣнии,
и, яко неистови, еже[61] на насъ милости и щедротъ твоихъ отвратихомся,
имиже далече отъ тебе отступихомъ. Вся сия, иже наведе на ны и на
градъ твои святыи, праведнымъ и истиннымъ судомъ сътворилъ еси грѣхъ
ради нашихъ, и нѣсть намъ отверсти[62] усты что глаголати; но убо, всепѣтыи
и преблагословенный господи! създание и творение есмя[63] твое и дѣло рукъ
твоихъ, — не предаи же насъ до конца врагомъ твоимъ, и не разори досто-
яния твоего и не отстави милость твою отъ насъ, и ослаби намъ въ время
се, во еже обратитися намъ и покаятися твоему благоутробию. Самъ бо,
владыка, реклъ еси[64]: *Не приидохъ праведныхъ спасти, но грѣшнымъ на
покаяние, во еже обратитися имъ и живымъ быти.* Еи, господи цѣсарю

небесныи! ослаби, ослаби нынѣ пречистыя ради богоматере твоея и святыхъ патриархъ и цѣсареи, прежъ угодившихъ твоему божеству въ градѣ семъ!«

Сия вся и ина многа изрекшимъ[65], такоже и пренепорочнѣи богородицѣ отъ среды сердца стонаниемъ и рыданиемъ по вся дни моляхуся.

Цѣсарь же объѣждааше[66] въкругъ града почасту, укрѣпляя стратигъ и воинъ, тако же и всѣхъ людии, да не отпадутъ надѣжею, ни ослабляютъ съпротивлениемъ на врагы, но да уповаютъ на господа вседержителя: тои бо нашъ помощникъ и защитель есть. И паки обращашесь[67] на молитву. Турки же по вся мѣста бьяхуся безъ опочивания, день и нощь премѣняющеся, не дающе нимала опочити градскиимъ, но да ся утрудятъ, понеже уготовляхуся[68] къ приступу, и тако творяху отбои до 13 дне.

Въ 14-и же день Турки, откликнувше свою безбожную молитву, начаша сурны играти и въ варганы и накры бити, и прикативши пушкы и пищали многие, начаша бити градъ, также стрѣляти и изъ ручныхъ и изъ луковъ тьмочисленныхъ; гражане же отъ безчисленнаго стрѣляния не можаху[69] стояти на стѣнахъ, но западше ждаху приступу, а инии стрѣляху изъ пушекъ и изъ пищалеи, елико можаху, и многы Турки убиша. Патриархъ же и святители и весь священническыи чинъ бяху непрестанно молящеся[70] о милости божии и о избавлении града. Егда же Турки начаяху[71] — уже всихъ людии съ стѣнъ събиша[72], — абие вскрычавши все воинство, и нападоша на градъ вкупѣ со всѣхъ странъ, кличюще и вопиюще, овыи со огни[73] различными, овыи съ лѣствицами, овыи съ стѣнобитными хитростьми и иными многы козни[74] на взятие града. Градские же люди также вопияху и кричаху на нихъ, бьющеся съ ними крѣпко. Цѣсарь же объѣжаше по всему граду, понужая люди свои, дающе имъ надѣжу божию, и повелѣ звонити по всему граду на созвание людемъ. Турки жъ паки, услышавше звонъ велии, пустиша сурныя и трубныя гласы и тумбанъ тьмочисленныхъ. И бысть сѣча велия и преужасна!

Отъ пушечнаго бо и пищальнаго стуку и отъ зуку звоннаго и отъ гласа вопли и кричания отъ обоихъ людеи и отъ трескоты оружия: — яко молния бо блистааху отъ обоихъ оружия! — также и отъ плача и рыдания градскыхъ людеи и женъ и дѣтеи, мняшесь[75] небу и земли совокупитись и обоимъ колебатись, и не бѣ слышати другъ друга, что глаголеть: совокупиша бо ся вопли и крычания и плачъ и рыдания людеи и стукъ дѣльныи и звонъ клакольныи въ единъ зукъ, и бысть яко громъ велии. И паки отъ множества огнеи и стрѣляния пушекъ и пищалеи обоихъ странъ дымное курение, съгустивсея, покрыло бяше[76] градъ и воиско все, яко не видѣти другъ друга, съ кѣмъ ся бьетъ, и отъ зелеинаго духу многимъ умрѣти. И тако сѣчахуся, и маяся[77] на всѣхъ стѣнахъ, дондеже нощная тьма ихъ раздѣли: Турки убо отыдоша въ свои станы, и мертвыя своя позабывше, а градские люди падоша отъ труда яко мертвы. Токмо стражъ единыхъ оставиша по стѣнамъ.

*

Магуметъ же, видѣвъ толикое падение своихъ и слышавъ цѣсареву храбрость, тоя ночи не спа[78], но совѣтъ велии сотвори:[dd] хотяше бо тоя ночи отступити, зане уже и морскии путь приспѣ[79], и корабли многые придутъ на помощь граду[ee]. Но да сбудется божие изволение! — съвѣтъ тои не съврьшися[80]. И яко уже о семои годинѣ тоя ночи, начатъ[81] наступати надъ градомъ тьма велия: воздуху убо на аерѣ сгустившуся[82], нависеся[83] надъ градомъ плачевнымъ образомъ; ниспущаше, аки слезы, капли велики, подобные величествомъ и взоромъ буивольному оку, черлены; и терпяху на земли на долгъ часъ, яко удивитися всѣмъ людемъ, и въ тузѣ[84] велицѣи и во ужасѣ быти. Патриархъ же Анастасие[85 ff], вскорѣ събравъ весь клирикъ и синклитъ, поиде къ цѣсарю и рече ему:

»Свѣтлѣишии цѣсарю, вся прежереченная о градѣ семъ добрѣ вѣси[86], тако и отшествие святаго духа видѣ[87]; и се пакы нынѣ тварь проповѣдует погибели града сего. Молимъ тя: изыди изъ града, да не вси вмѣстѣ погибнемъ! Бога ради, изыди!«

И повѣдаша ему много дѣянии прежнихъ цѣсареи симъ подобна. Тако же и клирикъ весь и синклитъ много глаголаше ему, да изыдетъ изъ града. И не послушаше ихъ, но отвѣщаваше имъ:

»Воля господня да будетъ!«

Магуметъ же окаянныи, яко видѣ тьму велию надъ градомъ, созва книжники и молнъ и вопроси ихъ:

»Что есть сия тьма надъ градомъ?«

И рекоша ему:

»Знамение велико есть и граду пагуба.«

Онъ же, безбожныи, повелѣ вскорѣ уготовити вся воя, и пусти напредъ тьмочисленныи оружники пѣсьца, и пушки и пищали, и за ними все воиско, и прикативъ противъ Полаго Мѣста[gg], начаша бити о всемъ томъ мѣстѣ. И яко отступиша далече гражане отъ Полаго Мѣста, поскориша пѣсьца очистити путь ратнымъ и рвы изровняти, и тако напустиша Турки всѣми полкы[88] и потопташа гражанъ, конникомъ мало сущимъ[89]. Стратигомъ же и мегистаномъ и всимъ конникомъ приспѣвшимъ[90], покрѣпиша народъ и боряхуся съ Турки. Цѣсарю же пригнавшу[91] со всѣми вельможи[92] и со избранными своими конники и пѣсца оружники, и нападе на Турки, уже многу сущу воиску[93] внутри града, и смѣшався съ ними, сѣчахуся тяжкимъ и звѣрообразнымъ рвениемъ, и прогнаша ихъ къ Полому Мѣсту.

Бегиларъ-беи[hh] же восточныи, велику сущу и мощну[94], воскричавъ со всею силою восточною и нападе на Греки: и размѣси полки ихъ и прогна и, вземъ[95] копие, напусти на цѣсаря. Цѣсарь же, подавъ ему щитъ, отведе ему копие и, ударивъ его мечемъ въ главу, и разсѣче[96] его до сѣдла. И абие возопиша турки многими гласы[97] и падши[98] отъяша его и отнесоша. Цѣсарь же пригласивъ своихъ со восклицаниемъ многымъ, [и] внидоша во всѣ полки ихъ, и, бья ихъ, прогнаша изъ града.

Но Карачь-бею башѣ собравшу[99] множество воиска, приде гуфою и гордостию великою на Полое Мѣсто и вниде въ градъ и прогна цѣсаря и всихъ гражанъ. Цѣсарь же, паки помолився стратигомъ и всимъ мегистаномъ и вельможамъ, тако и народу, укрѣпи ихъ, и возвративися нападоша на Турки, уже отложше[100] живота, и паки прогнаша ихъ изъ града. Но аще бы горами подвизали, божие изволение не премочи:[101] *Аще бо, —* рече, — *не господь созиждеть[102] храмъ, всуе тружаемося зиждущеи[103].* Туркомъ убо множествомъ много сущимъ[104], премѣняхуся на брань, гражаномъ же всегда единымъ — отъ многаго труда изнемогаху и падаху, аки пияни, тако же и цѣсарю и всимъ воиномъ; ни откуду же помочь чающе, разпадоша[105] крѣпостию и истаяша[106] мыслию, объяше[107] бо ихъ скорбь и печаль велия.

Магметъ же окаанныи, слышавъ восточнаго бегиларъ-бея убииство, плакаше много: любяше бо его мужества ради его и разума. И возъярився поиде самъ съ своими Враты[108 ii] и со всѣми силами, а на цѣсаря повелѣ навадити пушки и пищали, бояше бо ся его, да не изыдетъ изъ града со всѣми людьми и нападетъ напрасно нань[109]. И пришедъ, безбожныи ста противъ Полаго Мѣста и повелѣ первое бити изъ пушекъ и изъ пищалеи, да отступятъ гражане, таче напусти Балтауглия-башу[jj] со многыми полки и три тысяща избранныхъ и заповѣда имъ, да улучатъ цѣсаря, аще и до смерти постражутъ[110], или да изъ пищали убьютъ его. Стратиги же и мегистаны и вси вельможи, видѣвъ устремление безвѣрнаго, пришедша въ силѣ тяжцѣ, и стрѣляния зельнаго, отведоша цѣсаря, да не всуе умретъ. Онъ же, плача горько, рече имъ:

»Помните слово, еже рѣхъ[111] вамъ и обѣтъ положихъ: не дѣите мене, да умру здѣ съ вами!«

Они же отвѣщаваху:

»Мы вси умремъ за церкви божия и за тебя!«

И вземъ[112] отведоша его отъ народа и много увѣщаху его, да изыдетъ изъ града. И давъ ему конечное цѣлование, стоня и рыдая, возвратишася вси на уреченное мѣсто. Балтауглию же приспѣвшу[113] со многою силою, стрѣтоша его стратиги на Поломъ Мѣстѣ, но не возмогоша удержати его, и вниде въ градъ всѣми полки и нападе на гражанъ. И бысть сѣча крѣпчаишая всѣхъ прежнихъ, и падоша стратиги и мегистаны и вси вельможи, яко ото многыхъ мало отъидоша на извѣщение цѣсарю, тако и гражанъ и Турковъ, имже не бѣ числа, тритысячники же ристаху и совахуся на всѣ страны, аки дивии звѣри, ища себѣ лову цѣсаря.

★

Магметъ же окаанныи, паки вскорѣ урядивъ, разсылаше всю свою рать по всѣмъ улицамъ и по вратомъ, цѣсаря бречи, а самъ ся оста токмо съ яничаны[kk], обрывся въ обозѣ, и пушки и пищали уготовивъ, бояше бо ся цѣсаря. Цѣсарь же, яко слыша божие изволение, поиде въ великую церковь и паде на землю, прося милость божию и прощение согрѣшениемъ, и простився съ патриархомъ и со всѣми клирики[114] и съ цѣсарицею, и поклонився на всѣ стороны, поиде изъ церкви. И абие возопиша весь клирикъ и весь народъ, сущии ту, и жены и дѣти, имже не бѣ числа, рыданиемъ и стонаниемъ, яко мнѣтися церкви онои великои колебатися, и гласи ихъ, мню[115], до небесъ достигаху[116]. Идущу же цѣсарю[117] изъ церкви, се едино прирекъ:

»Иже хочетъ пострадати за божия церкви и за православную вѣру, да поидетъ со мною!«

И всѣдъ на фарисъ, поиде къ Златымъ Вратамъ[ll], чаяше[118] бо срѣтити безбожнаго. Всѣхъ же воинъ собрашеся[119] съ нимъ до трею тысящь. И обрѣте[120] во Вратѣхъ множство Турокъ стрегущи его, и побивше ихъ всѣхъ, поиде во Врата, но не можааше[121] проити отъ многаго трупия. И паки срѣтоша[122] ихъ множство Турокъ, и сѣчахуся[123] съ ними и до нощи. И тако пострада благовѣрныи царь Ко[н]стянтинъ за церкви божия и за православную вѣру, мѣсяца маия въ 29 день, убивъ своею рукою, якоже оставшеи сказаша, больма 600 Турковъ. И събысться реченное: *Ко[н]-стянтиномъ създася и паки Ко[н]стянтиномъ и скончася.*

Зане согрѣшениемъ осуждение судомъ божиимъ временемъ бываютъ, *злодѣяние бо, — рече, — и беззаконие превратитъ престолы сильныхъ.* О велика сила грѣховнаго жала! О колико зла творитъ преступление!

О горе тобѣ, *Сед[ь]мохолмии,* яко поганіи тобою обладаютъ, ибо колико благодатеи божіихъ на тебѣ возсіяша: овогда прославляя и величая паче иныхъ градовъ, овогда многообразнѣ и многократнѣ наказая и наставляя благыми дѣлы[124] и чудесы[125] преславными, овогда же на врагы побѣдами прославляя, не престааше[126] бо поучая и къ спасению призывая и житеи-скимъ изобиліемъ утѣшая, но украшая всячески! Такоже и пренепорочная мати Христа бога нашего неизреченными благодѣянии[127] и неизчетными дарованьми помиловаше и храняше во вся времена. Ты же, яко неистовенъ, еже на тебѣ милости божіи и щедротъ отвращашеся и на злодѣяние и безаконие обращашеся. И се нынѣ открыся гнѣвъ божіи на тебѣ и предасть тебе въ руцѣ враговъ твоихъ. И кто о семъ не восплачется или не възрыдаетъ?

Но убо паки да придемъ къ прележащему. Царица же въ онъ же часъ приятъ[128] прощение отъ цѣсаря и иночьство прия. Оставшии же стратиги и боляре, вземъ[129] царицю и благородныхъ дѣвицъ и младыхъ женъ многихъ, отпустиша въ Зустунѣевы[mm] корабли и каторги во островы и въ Амарию[nn] къ племянамъ. Народи жъ по улицамъ и по дворомъ не покаряхуся[130] Туркомъ, но бьяхуся съ ними, и падоша того дни отъ нихъ много людіи и женъ и детеи, а иныхъ полоняху[131]. Тако же и въ окнахъ сущеи воини не предаша окны, но бьяхуся съ двоими Туркы, внѣ града сущими и внутри града, и въ день одолѣваеми бѣжаху и скрывахуся въ пропастехъ, а ночи вылазяху и побиваху Турковъ. А инии людіи и жены и дѣти метаху на нихъ сверху палатъ керамиды и плиты и паки зажигаху кровли палатные древяные и метаху на нихъ со огни[132] и пакость имъ дѣяху велию. И ужасахуся баши и сензякъ-беи и не вѣдяху, что сотворити, но послаша къ султану:

»Аще не самъ внидеши въ градъ, не одоленъ будетъ градъ!«

Онъ же взыскание сотвори велие о цари и о царици. И не смѣяше въ градъ ити и бысть въ размышлении въ великомъ. И позва боляръ и стратигъ, ижъе поимаше на боехъ, и ижъе баши взяша на свои руки, и вѣда имъ слово свое крѣпкое и дары [и] посла ихъ съ баши и санчакъ-беи рещи гражаномъ по всѣмъ улицамъ и сущимъ въ окнахъ слово салтаново съ клятвою:

»Да престанетъ брань безъ всякого страху и убииства и плѣнения! Аще ли же ни — всихъ васъ, и жены и дѣти ваши, мечь поясть[133]!«

И сему бывшу[134], преста брань. И вѣдашася вси боляромъ и стратигомъ и башамъ на руки.

И се слышавъ салтанъ возрадовася и посла градъ чистити, улицы и поля. Въ 11 же день посла санчакъ-беевъ по всѣмъ улицамъ съ многими людьми бречи израды. А самъ поиде со всѣми чины Вратъ своихъ въ врата Святаго Романа[oo], къ великои церквѣ, въ нюже бяху собраны патриархъ и весь клирикъ и народу безчислено, и женъ и дѣтеи. И пришедъ на поле у великия церкви, слѣзе съ коня, и падъ[135] на землю лицемъ, взятъ[136] персть и посыпа главу, благодаря бога. И почюдився оному великому зданию, тако рече:

»Воистину людие сии быша и преидоша, а ини по нихъ симъ подобни не будутъ!«

И поиде въ церковь. И вниде мрьзость запустѣния въ святилище божие. И ста на мѣстѣ святѣмъ его. Патриархъ же и весь клирикъ и народъ возопиша слезы[137] и рыданьми и падоша предъ нимъ. Онъ же помаявъ рукою, да престанутъ, и рече имъ:

»Тобѣ глаголю, Анастасие, и всеи дружинѣ твоеи и всему народу: съ днешняго дне да не убоятся гнѣва моего, ни убииства, ни плѣнения!«

И обратився рече башамъ и санчакъ-беямъ:

»Да запретятъ всему воиску и всякому чину моихъ Вратъ, да не дѣютъ весь народъ градскии и женъ и дѣтеи ни убииствомъ, ни плѣнениемъ, ни иною враждою никоторою! Аще ли же кто преступитъ нашего повелѣния, н смертию да умретъ!«

И повелѣ выслати вонъ, да поидутъ коиждо въ свои домъ, хотяше бо видѣти урядъ и сокровища церковная, да сбудется реченное: *И вложитъ руцѣ*[138] *своя въ святая жертвенная, и святая потребитъ и дастъ сыновомъ погибели.* Народу же идущу[139] до девятыя годины, и еще многымъ сущимъ[140] въ церкве, видѣвъ исшедшихъ полно поле и во всѣ улици идущихъ много, и удивися толику народу отъ одной храмины изшедшимъ и поиде къ царскому двору. И ту срѣте[141] его нѣкыи Сербинъ, — принесе ему цѣсареву главу. Онъ же возрадовася зѣло и вскорѣ позва болярь и стратигъ, и спроси ихъ, да рекутъ ему истину, аще то есть глава цѣсарева. Они же, страхомъ одержими, рекоша ему:

»То есть сущая глава цѣсарева!«

Онъ же облобыза ю[142] и рече:

»Явна тя богъ миру уроди, паче же и цѣсаря. Почто тако всуе погибе[143]?«

И посла ю къ патриарху, да обложитъ ю златомъ и сребромъ и сохранитъ ю, якоже самъ вѣсть. Патриархъ же, вземъ, положи ю въ ковчежецъ сребрянъ и позлащенъ и скры[144] ю въ великои церкви подъ престоломъ. Отъ иныхъ же паки слышахомъ, яко оставшеи[145] отъ сущихъ съ цѣсаремъ у Златыхъ Вратъ украдоша его тоя нощи и отнесоша его въ Галату и сохраниша егорр.

О цѣсарицѣ же бывшу велику испытанию[146], сказаша султану, яко великии дукасъ и великии доместикъ и анактосъ и протостраторовъ сынъ Андреи и братаничь его Асанъ Фома Палеологъ и епархъ градскии Николаичч отпустиша цѣсарицю въ корабли. И абие повелѣ ихъ, истязавъ, посѣщи.

И симъ сице бываемымъ и тако съврьшаемымъ[147] грѣхъ ради нашихъ, беззаконный Магуметъ сѣде на престолѣ царствия, благороднѣиша суща всѣхъ иже[148] подъ солнцемъ, и изообладаше[149] владѣющихъ двѣма части вселенныя и одолѣ одолѣвшихъ гордаго Артаксерксиягг, невмѣстима пучинами морскими, и вояводя ширя земля и потреби потребившихъ Троию, предивну и семьюдесятьми и четырьмя крали[150] обороняему.

★

Но убо да разумѣеши, окаянне, — аще вся прежереченная Мефодиемъ Патаромскымъ[88] и Львомъ Премудрымъ[tt] знамения о градѣ семъ съвершишася, то и послѣдняя не преидутъ, но такоже съвершитися имутъ.

Пишетъ бо:

Русии же родъ съ прежде создательными всего Измаилта[чч] *побѣдятъ и Сед[ь]мохолмаго приимутъ съ прежде законными его, и въ немъ въцарятся и судрьжатъ Сед[ь]мохолмаго Русы, языкъ шестыи и пятыи, и насадитъ въ немъ зелие, и снѣдятъ*[151] *отъ него многи*[152] *въ отмщение святымъ.*

И паки въ послѣднемъ *Видѣнии Даниловѣ*[vv]:

И востанетъ великыи Филиппъ съ языки[153] *осмнадесятъ, и соберутся въ Сед[ь]мохолмомъ, и сразиться бои, иже не бысть николиже, и потекутъ по удолиемъ и по улицамъ Сед[ь]мохолмаго яко рѣки крови человѣческыя, и возмутиться море отъ крови до Тѣснаго устия. Тогда Вовусъ возопиетъ, и Скеролафъ восплачетъ, и Стафоринъ*[ww] *речетъ: »Станите, станите, миръ вамъ, и отмщение на непослушныхъ! Изыдите на десные страны Сед[ь]мохолмаго и обрящете человѣка у двою столповъ стояща, сѣдинами праведными и милостива, носяща нищая, взоромъ остра, разумомъ же и кротка, средняго врьстою, имѣюща на деснѣи нозѣ посреди голени бѣлегъ: возмите его и вѣнчаите цѣсаремъ!« И вземше четыри ангелы живоносны и введутъ его въ Святую София п вѣнчаютъ и цѣсаря и дадятъ въ десную руку его оружие, глаголюще ему: »Мужаися и побѣжаи врагы своя!« И восприемъ*[154] *оружие отъ тоя ангела, и поразитъ Измаилты и Ефиопы, Фругы и Татаре и всякъ родъ. И убо Измаилты раздѣлитъ на трое: прьвую часть побѣдитъ оружиемъ, вторую крьститъ, третью же отженетъ*[155] *съ великою яростию до Единодубнаго*[хх]*, и въ возвращение его открыются сокровища земная, и вси обогатѣютъ, и никтоже нищь будетъ, и земля дастъ плодъ свои седмерицею, оружия ратная сътворятъ серпове, и царствуетъ лѣтъ 32, и по семъ въстанетъ инъ отъ него. И тако провидѣвъ смерть свою, идетъ во Иерусалимъ, да предастъ цѣсарство свое богу, и оттолѣ воцарятся четыре сынове его: прьвыи въ Римѣ, а вторыи въ Александрии, третии въ Сед[ь]мохолмомъ, четвертыи въ Селуни*[уу]*.*

Сия убо вся и ина многая прорицания и знамения писание съдрьжитъ о тебѣ, градѣ божии, ихже всещедрыи и всеблагии богъ да совршитъ на премѣнение и на попрание скверныя и безбожныя сея вѣры атаманскыя[156], и на обновление и укрѣпление всея православныя и непорочныя вѣры християнстѣи[157], нынѣ и присно и въ вѣкы вѣкомъ.

Аминь.

[1] царствующу ... Ко[н]стянтину Флавию *dat. abs.* (*temp.*). [2] отземствованныхъ *p. p. p.*, *gen./acc. pl.* : отземствовати. [3] онѣмъ же возвращающимся *dat. abs.* (*temp.*). [4] сказаваху *imp. 3 pl.* : с[ъ]казавати. [5] умышляющу царю *dat. abs.* (*caus.*). [6] взятъ = взя *aor. 3 sg.* : в[ъ]зяти. [7] пребывааше *impf. 3 sg.* : пребывати. [8] уготовиша *aor. 3 pl.* : уготовити. [9] събра *and the following expression in the same sentence* начатъ = нача *aor. 3 sg.* : съб[ь]рати, начати. [10] бѣ *impf. 3 sg.* : быти. [11] морь *gen. pl.* : море. [12] потече *aor. 3 sg.* : потещи. [13] спадъ *p. a. p.* : с[ъ]пасти. [14] бяху зряще *p. periphr.* : *impf. 3 pl.* : быти + *pr. a. p.*, *n.*, *nom. pl.* : з[ь]рѣти. [15] текше *p. a. p.*, *nom. pl.* : тещи. [16] велицѣмъ *loc. sg.* : великъ. [17] сказа *aor. 3 sg.* : с[ъ]казати. [18] сказаша *aor. 3 pl.* : с[ъ]казати. [19] бьенъ *p. p. p.* : бити. [20] воды *gen. sg.* : вода. [21] рекше *p. a. p.* (*adv.*) : рещи. [22] чины *instr. pl.* : чинъ. [23] принесе *aor. 3 sg.* : принести. [24] трею лѣты *instr.* [25] цѣсарю ... приходящу ... дающу *dat. abs.* [26] днемъ ... минувшимъ *dat. abs.* [27] святители *instr. pl.* [28] рекоша *aor. 3 pl.* : рещи. [29] еже *art. ref.* желание. [30] понужааше *impf. 3 sg.* : понужати. [31] дѣлесы *instr. pl.* : дѣло.

[32] подвизаашесь *impf. 3 sg.* : подвизатися. [33] сохраняюще ... покрывающе ... спасающе ... премѣняюще *pr. a. p. (adv.)* : сохраняти, покрывати, с[ъ]пасати, премѣняти. [34] пресвятыя богородица *gen. sg.* [35] еже *art. ref.* милости. [36] чьти *gen. sg.* : чьсть. [37] отпадшеесь *p. a. p. (adv.)* : отпастися. [38] повѣтрии *instr. pl.* : повѣтрие. [39] оскудѣша *and the following expression in the same sentence* обнищаша *aor. 3 pl.* : оскудѣти, обнищати. [40] преуничижися *aor. 3 sg.* : преуничижитися. [41] Туркы *instr. pl.* [42] сыи *pr. a. p., det.* : быти. [43] вѣдяаху *impf. 3 pl.* : вѣдѣти. [44] братиямъ цѣсаревымъ не сущимъ *dat. abs. (caus.)*. [45] выѣждая *pr. a. p. (adv.)* : выѣзжати. [46] бьяхуся *aor. 3 pl.* : битися. [47] велицѣ и тяжцѣ *dat. sg.* : велика, тяжька. [48] силѣ ... сущи *dat. abs.* [49] возмогоша *aor. 3 pl.* : възмощи. [50] бьяшесь *impf. 3 sg.* : битися. [51] вѣсть *pr. 3 sg.* : вѣдѣти. [52] яже *art. (pl.) ref.* вся. [53] Турки *instr. pl.* [54] хожаху *impf. 3 pl.* : ходити. [55] видѣвше *p. a. p., nom. pl.* : видѣти. [56] вострепеташа *aor. 3 pl.* : въстрепетати. [57] потрясеся *and the following expression in the same sentence* погибе *aor. 3 sg.* : потрястися, погибнути. [58] ужасшесь *p. a. p., nom. pl.* : ужаснутися. [59] спадоша *aor. 3 pl.* : с[ъ]пасти. [60] съгрѣшихомъ *and the following expressions in the same sentence* беззаконовахомъ, разгнѣвахомъ, озлобихомъ *etc. aor. 1 pl.* [61] еже *art. ref.* милости. [62] отверсти = отврѣсти. [63] есмя = есмъ *1 pl.* : быти. [64] реклъ еси *periphr. p. 2 sg.* : рещи. [65] изрекшимъ (*scil.* имъ) *dat. abs. (temp.)*. [66] объѣждааше *impf. 3 sg.* : объѣзжати. [67] обращашесь *impf. 3 sg.* : обращатися. [68] уготовляхуся *impf. 3 pl.* : уготовитися. [69] можаху *impf. 3 pl.* : мощи. [70] бяху ... молящеся *periphr. p.* : бяху *impf. 3 pl.* : быти + молящеся *pr. a. p., nom. pl.* [71] начаяху *impf. 3 pl.* : начаяти. [72] събиша *aor. 3 pl.* : събити. [73] огни *instr. pl.* : огнь. [74] многы козни *instr. pl.* [75] мняшесь *impf. 3 sg.* : м(ь)нѣтися. [76] покрыло бяше *periphr. p.* : *p. a. p., n. sg.* : покрыти + *impf. 3 sg.* : быти. [77] маяся *pr. a. p. (adv.)* : маятися. [78] спа *aor. 3 sg.* : с(ъ)пати. [79] приспѣ *aor. 3 sg.* : приспѣти. [80] съврьшися *aor. 3 sg.* : съврьшитися. [81] начатъ *aor. 3 sg.* = нача. [82] воздуху ... сгустившуся *dat. abs.* [83] нависеся *aor. 3 sg.* : нависнутися. [84] тузѣ *loc. sg.* : туга. [85] Анастасие = Анастасии. [86] вѣси *pr. 2 sg.* : вѣдѣти. [87] видѣ *aor. 2 sg.* : видѣти. [88] полкы *instr. pl.* [89] конникомъ ... сущимъ *dat. abs.* [90] конникомъ ... приспѣвшимъ *dat. abs.* [91] цѣсарю пригнавшу *dat. abs.* [92] вельможи *and the following expressions in the same sentence* конники, пѣсца, оружники *instr. pl.* [93] многу сущу воиску *dat. abs.* [94] велику сущу и мощну *dat. abs.* [95] вземъ *p. a. p.* : в(ъ)зяти. [96] рассѣче *aor. 3 sg.* : рассѣщи. [97] гласы *instr. pl.* : гласъ. [98] падши *p. a. p. (adv.)* : пасти. [99] карачь-бею башѣ собравшу *dat. abs.* [100] отложьше *p. a. p., nom. pl.* : отложити. [101] премочи = премощи *inf.* [102] созиждеть *pr. 3 sg.* : съзьдати. [103] зиждущеи *pr. a. p., nom. pl.* : зьдати. [104] Туркомъ ... сущимъ *dat. abs.* [105] распадоша *aor. 3 pl.* : распасти. [106] истаяша *aor. 3 pl.* : истаяти. [107] объяше *impf. 3 sg.* : объяти. [108] враты *instr. pl.* [109] нань *prep.* на + нь *acc. sg.* : онъ. [110] постражутъ *pr. 3 pl.* : пострадати. [111] рѣхъ *aor. 1 sg.* : рещи. [112] вземъ *p. a. p., adv.* : в[ъ]зяти. [113] Балгауглию ... приспѣвшу *dat. abs.* [114] клирины *instr. pl.* [115] мню *pr. 1 sg.* : м(ь)нѣти. [116] достигаху *impf. 3 pl.* : достигати. [117] идущу ... цѣсарю *dat. abs.* [118] чаяше *impf. 3 sg.* : чаяти. [119] собрашеся = събрашася *aor. 3 pl.* [120] обрѣте *aor. 3 sg.* : обрѣсти. [121] можааше *impf. 3 sg.* : мощи. [122] срѣтоша *aor. 3 pl.* : срѣсти. [123] сѣчахуся *impf. 3 pl.* : сѣчися. [124] дѣлы *instr. pl.* : дѣло. [125] чюдесы *instr. pl.* : чюдо. [126] престааше *impf. 3 sg.* : престати. [127] благодѣянии *instr. pl.* [128] приятъ = прия *aor. 3 sg.* : прияти. [129] вземъ *p. a. p. (adv.)* : взяти. [130] покаряхуся *impf. 3 pl.* : покоритися. [131] полоняху *impf. 3 pl.* : полонити. [132] огни *instr. pl.* [133] поясть *pr. 3 sg.* : поясти. [134] сему бывшу *dat. abs.* [135] падъ *p. a. p.* : пасти. [136] взять = взя *aor. 3 sg.* : в(ъ)зяти. [137] слезы *instr. pl. (incorr.)* : слеза. [138] руцѣ *acc. du.* [139] народу ... идущу *dat. abs. (temp.)*. [140] многымъ сущимъ *dat. abs.* [141] срѣте *aor. 3 sg.* : с(ъ)рѣсти. [142] ю *acc. sg.* : она. [143] погибе *aor. 2 sg.* : погибнути. [144] скры *aor. 3 sg.* : с(ъ)крыти. [145] оставшеи *p. a. p., det., nom. pl.* : остати. [146] бывшу велику испытанию *dat. abs.* [147] симъ ... бываемымъ и ... съврьшаемымъ *dat. abs.* [148] иже *art.* [149] изообладааше *impf. 3 sg.* : изообладати. [150] крали *instr. pl.* : краль. [151] снѣдятъ *pr. 3 pl.* : с(ъ)нѣсти. [152] мнози *nom. pl.* : многъ. [153] языкы *instr. pl.* [154] и *acc. sg.* : онъ. [155] восприемъ *p. a. p.* : восприяти = въсприяти. [156] отженеть *pr. 3 sg.* : отъгнати. [157] атаманскыя = оттоманскыя. [158] христианстѣи *dat. sg. instead of* християнскыя *gen. sg.*

a 310.

b Constantine I, the Great, emperor of the Byzantine Empire (306-37), son of Constantius I Chlorus (d. 306) and his first wife Helena.

c Asia, Libya, and Europe.

d The Trojan War was misinterpreted as being a war between the Greeks and Franks (Phrygians).

e Nestor-Iskander has confused names and persons. The sons of Constantine I here mentioned were Constans (emperor 325–50) and Constantius (emperor 317–61).

f Adamantius(?).

g The wife of Constantine I was Fausta, daughter of Maximian. Maximian's daughter Theodora was the second wife of Constantius I Chlorus. The Emperor Diocletian was a friend of Constantine I in the latter's youth.

h Constantine (316–40) was the first son of Constantine I.

i Licinius (d. 325) was married to Constantia, half sister of Constantine I.

j Delmatius, half brother of Constantine I.

k Constantius (*not* Constantine), half brother of Constantine I.

l Delmatius' son was Delmatius.

m Gallus and Julian (the Apostate) were sons of Constantius, half brother of Constantine I.

n The White Sea referred to here is the Sea of Marmara.

o Mohammedan.

p Constantine I built the first aqueducts of Constantinople.

q The Hippodrome.

r The Great Bazaar containing 3,000 shops.

s The churches referred to here are the Cathedral of St. Sophia, the Church of the Holy Apostles, the Church of St. Irene, the Church of St. Mocius, the Church of the Archangel Michael.

t The famous purple column brought from Rome to Constantinople by Constantine I.

u The icon of the Path-finding Virgin (Odigitria).

v Justinian I the Great (483–565).

w Theodosius I the Great (346–95).

x Eudoxia, the wife and widow of Constantine X Ducas (1059–67).

y St. Andreas, Archbishop of Crete (d. 712), a famous hymnologist.

z Sultan Mohammed II (1451–81), son of Sultan Murad II (1421–51).

aa Constantine XI Palaeologus (1449–53).

bb "Franks" here means the Venetian and Genoese troops in Constantinople.

cc The Patriarch's name was Athanasius (1443–53).

dd The Sultan's council was held on May 27, 1453.

ee A fleet sent by the Pope was actually reported to be at Chios.

ff Erroneously Anastasius instead of Athanasius.

gg Probably the Lycus Valley.

hh Begler-bey (-beg), title of a governor of a province in the Ottoman Empire.

ii The (Sublime) Porte, a name given to the Turkish government, from the gate of the sultan's palace, at which justice was administered.

jj Balta-oghlu, Turkish admiral.

kk Janizaries.

ll The Golden Gate in Constantinople.

mm Giovanni Giustiniani, the Genoese admiral and commander in chief of the defense.

nn Morea, peninsula of Greece, held by the Byzantines.

oo The Gate of St. Romanus in Constantinople.

pp According to other sources, Mohammed II ordered the emperor's head to be exhibited publicly in the Augusteum.

qq Members of the imperial family and of the administration.

rr Artaxerxes, King of Persia.

ss Methodius of Patara, a martyred church father (third century) and author of eschatological works.

tt Leon the Wise, author of several prophetic works.

uu *The Vision of St. Daniel* contained eschatological prophecies.

vv The Mohammedan descendants of Ishmael, son of Hagar.

ww Vovus, Skerolaf, Staforin—fictitious names.

xx A district in Constantinople.

yy Saloniki.

PACHOMIUS LOGOTHETES:
THE LEGEND OF THE PRINCES OF VLADIMIR

Pachomius Logothetes, a Serbian by descent, who appeared in Russia ca. 1440, was one of the South Slavic immigrants who brought with them to Moscow the new flowery panegyric style. He was a prolific hagiographer who wrote and revised a series of Russian legends, eulogies, liturgies, and saints' lives, adapting to them the new spirit of ornate rhetoric. As a representative of the tendency to consider Russia the successor to Byzantium's religious mission as the center of Christian orthodoxy and power, he reinterpreted (and distorted) historical facts in his *Legend of the Princes of Vladimir*, which—although it appears anonymously in all sources—is generally ascribed to him.

Since the princes of Vladimir were direct ancestors of the princes of Moscow, *The Legend* played an important role in the development of Muscovite ideology; for the author's main purpose was to establish and to substantiate the rights and authority of the Muscovite princely dynasty by deriving it not from the Varangian *Rus'*, but from a fictitious *Prussus*, king of the Prussians on the Vistula River, and relative of the Roman Emperor Augustus. The author boldly connects the family of Augustus through Antony and Cleopatra with the descendants of Noah and Shem in Egypt. He does not hesitate to interpret the arrival of R'urik, Sineus, and Truvor, descendants of Prussus, as the result of an invitation extended to them by Gostomysl, the legendary governor of Novgorod. He further tries to establish the Russian princes' claim to the title of successors to Byzantium by maintaining, contrary to all historical documentation, that the Byzantine regalia was transferred from Emperor Constantine Monomachus to Prince Vladimir Monomachus of Kiev, the first tsar of all Russia.

The text is taken from I. N. Ždanov, Русский былевой эпос. Исследования и материялы (St. Petersburg, 1895).

Сказание
великихъ князеи Владимерскихъ
великиа Росия

Отъ история Ханаонова[a] *и предѣла, рекомаго Арфаксадова*[b]*, перваго сына Ноева, рождьшагося*[1] *по потопѣ*

По отца своего Ноя благословению раздѣлися вся вселенная на три части тремъ сыномъ его: Симу, Хаму и Афету[c].

Извержеся[2] отъ нерадѣния Хамъ отъ благословения отца своего, зане не покры[3] наготы отца своего Ноя, упивъшася[4] виномъ. Егда истрезвися[5] Нои отъ вина и вразумѣ[6], елика сотвори сынъ его меньшии, и рече: »Проклятъ буди Хамъ, да будетъ рабъ братома своима[7]!«

И благослови дву сыновъ своихъ Сима и Афета[d], иже покрыша наготу отца своего, опакы зряще, наготы же не видѣша. И благослови Симова сына Арфаксада, яко да вселится въ предѣлѣхъ Ханаоновыхъ, и родишася ему двѣ близнятѣ[8]: первому имя Мерсемъ, второму Хусъ, сии начальницы Египту. И умноживъшимся ихъ родомъ[9] по колѣномъ, отлучися Хусъ въ глубочаишая страны Индия[10] и распространися тамо на востоцѣ. Мерс[ем]у же умножишася племена даже и до сеи страны, Афету же излишняя племена отъ сѣверныхъ странъ даже и до полунощныя.

И воста нѣкии начальникъ того же роду, именемъ Фарисъ, въ Калаврииских странахъ и созда градъ во имя свое. Имяше же и Симъ сына именемъ Арфакса[дъ]. Правнукъ же его, именемъ Гундаварии; сеи первъи написа астрологию во Асирии въ предѣлѣхъ Симовѣхъ. И по семъ С[е]о[с]трѣ[e]. Первое всѣхъ С[е]о[с]тръ воцарися во Египтѣ лѣтъ 20, и по колѣну его многа лѣта преминуша. И отъ того роду нача царьствовати Филиксъ, и тои пооблада всю вселенную. По Филиксѣ же, многимъ лѣтомъ минувъшимъ[11], воста нѣкии царь во Египтѣ отъ того же роду, именемъ Нектанавъ волъхвъ[f]. Сеи роди Александра Макидонскаго отъ Алимпиады, жены Филиповы[g]. Сеи вторыи пооблада вселенную лѣтъ 12, и всѣхъ лѣтъ живота его 32, и скончася и предаде[12] Египетъ рядднику своему Птоломѣю[h].

Мати же Александрова, по смерти сына своего, возъвратися ко отцу своему Фолу, царю Ефиопскому. Фолъ же дасть ю[13] ко второму браку за Виза, сродника Нектанавова[i]. Визъ же роди отъ нея дщерь и нарече имя еи Антия. И созда градъ въ Созсвѣнѣхъ и нарече имя граду тому во свое имя и дщеря[14] своея *Византия*, иже нынѣ зовется *Царьградъ*. И отъ Александра, царя Макидонскаго, премину до Птоломѣя царя Прокаженаго во Египтѣ Птоломѣевъ 22.

Птоломѣи же Прокаженыи, имѣя дщерь премудру, именемъ Клеопатру[j], и та правяше царство свое подъ отцемъ своимъ Птоломѣемъ. И въ то же время Июлии, кесарь римскии[k], посла зятя своего Антонина[l], стратига римскаго, воинствомъ на Египетъ. Антонину же пришедшу[15] со многими вои по суху и по морю на брань ко Египту, посла же Клеопатра ко Антонину, стратигу римскому, послы своя съ дары многими, глаголющи:

»Вѣси[16] ли, о стратиже[17] римскии, египетское царьство и богатество? [Не] лучше ли есть съ покоемъ царьствовати, нежели съ малоумиемъ излияти крови человѣческия?«

Умиливъ же ся, Антонинъ прия Египетъ бес крове, и посяже[18] занъ[19] царица Клеопатра Премудра. И воцарися Антонинъ во Египтѣ.

Услышавъ Июлие, кесарь римскии, Антониново прозорьство, и постави брата своего Августа[m] стратигомъ надъ ипаты[20] и посла его съ четырьми браты[21] своими и со всею областию римскою на Антонина. И пришедъ Августъ и възятъ[22] Египетъ и уби[23] зятя своего Антонина, а самъ сѣде[24] во Египтѣ. И взявъ же Клеопатру царицу, дщерь Птоломѣя Прокаженаго, и посла ю въ Римъ въ кораблехъ со многимъ богатествомъ египетскимъ. И Клеопатра уморися[25] ядомъ аспидовымъ, во умѣ глаголющи:

»Лучьши есть царицѣ египетскои смерть прияти, нежели плѣнницею приведенѣи[26] быти въ Римъ!«

Восташа же ипаты на Июлия кесаря, Врутосъ[n] и Понплии[o] и Красъръ, и убиста[27] его въ Римѣ. И скоро прииде вѣсть ко Августу во Египетъ о Июлиевѣ смерти. Онъ же зѣло опечалися о братни смерти и скоро созва вся воеводы и чиноначальники и нумеры и препосити и возвѣщаетъ имъ смерть Июлия, кесаря римскаго. Они же единогласно рѣша[28], Римляне и Египтяне:

»О преславныи стратиже! Июлия кесаря, брата твоего, отъ смерти воста-
вити не можемъ, а твое величество вѣнчаемъ Римскаго Царьства вѣнцемъ.«

И облекоста[29] его во одежду Сеострову, начальнаго царя Египту, въ
порфиру и виссонъ, и препоясаста его поясомъ дермлидомъ[30] и возложиста
на главу ему митру Пора, царя индѣискагоч, юже принесъ царь Алек-
сандръ Макидонскии отъ Индѣя, и приодѣша по плещема[31] окроиницею
царя Филикса, владѣющаго вселенною, и радостно воскликнуша велиимъ
гласомъ:

»Радуися, Августе, цѣсарю римскии и всея вселенныя!«

★

Въ лѣто 5457[г] Августу, кесарю римскому, грядущу[32] во Египетъ съ
своими ипаты, иже бѣ власть его Египетская, рода суща Птоломѣева, и
стрѣте[33] его Иродъ Антипатровъ[в], творя ему велие послужение вои[34] и
пищею и дарми. Предаде же богъ Египетъ и Клеопатру въ руцѣ Августу.
Августъ же начатъ[35] дань подкладати на вселеннѣи[36]. Постави брата своего
Патрекия[t] царя Египту; Августалия, другаго брата своего, постави Алек-
сандрии властодръжца; Ирода же Антипатрова Асколонятина за многие его
почести постави царя надъ Июдѣи въ Иерусалимѣ; Асию же поручи Евла-
герду, сроднику своему; Илирика брата своего постави въ повершии Истра[u];
Пиона постави во Отоцѣхъ Златыхъ, иже нынѣ нарицаются Угрове[v], и
Пруса, сродника своего, постави въ брезѣ Вислы рѣки[w] въ грады Марбо-
рокъ[x] и Турнъу и Хвоица[z] и пресловыи Гданескъ[aa] и ины многи гради,
по рѣку, глаголемую Нѣмонъ[bb], впадшую въ море. И житъ[37] Прусъ многа
времена лѣтъ, и до четвертаго роду; оттоле и до сего времени зовеся
Прусская Земля.

★

И въ то время нѣкии воевода Новогородскии, именемъ Гостомыслъ[cc],
скончеваетъ свое житие и созва владѣльца[38] Новагорода и рече имъ:

»О мужие Новогородстии! Совѣтъ даю вамъ азъ, яко да пошлете въ
Прусскую Землю[dd] мужа мудрыя[39] и призовите отъ тамо сущихъ родовъ
владѣльца себѣ!«

Они же, шедше въ Прусскую Землю, обрѣтоша[40] тамо нѣкоего князя,
именемъ Рюрика, суща отъ рода римска Августа царя; и молиша князя
Рюрика посланницы[41] отъ всѣхъ Новогородцевъ, дабы шелъ въ нимъ княжити.
Князь же Рюрикъ пришедъ въ Новъгородъ, имѣя съ собою два брата,
имя единому Труворъ, а другому Синеусъ, а третеи племянникъ его съ
нимъ, именемъ Олегъ; и отъ того времени нареченъ бысть великии Новградъ,
и нача князь великии Рюрикъ первыи княжити въ немъ въ лѣто 6375[ee].
Отъ великаго князя Рюрика великии князь Владимеръ 4-ое колѣно[ff],
иже просвѣти Русскую Землю святымъ крещениемъ въ лѣто 6496[gg].

★

Поставление великихъ князеи русскихъ,
откуду и како начаша ся ставити на великое княжение
святыми бармами и царскимъ вѣнцемъ

Въ лѣта 6622[hh] бысть сии князь великии Владимеръ Всеволодовичь Мономахъ[ii], князь великии киевъскии, правнукъ великаго князя Владимера, просвѣтившаго Русскую Землю, отъ негоже 4-е колѣно. Тои бо Мономахъ прозвася отъ таковыя вины[jj]. Егда сѣде въ Киевѣ на великое княжение, начатъ съвѣтъ творити со князи своими и съ боляры и съ вел[ь]можи, глаголя тако — рече:

»Егда азъ малъ есмь преже мене царствовавшихъ и хоругви[42] правящихъ скипетра великия Росия? Якоже князь великии Олегъ ходилъ и възялъ со Царяграда велию дань на вся воя своя, и потомъ великии князь Всеславъ[43] Игоревичь ходилъ и в[ъ]зялъ на Констянтинѣградѣ тяжчаишую дань. А мы есмя[44] божиею милостию настольницы своихъ прародителеи и отца своего великого князя Всеволода Ярославича и наслѣдницы, тоя же чести отъ бога сподоблены. И нынѣ убо съвѣтъ ищу отъ васъ, моея полаты князеи и бояръ и воеводъ и всего христолюбиваго воинства, и да превознесѐтся имя святыя и живоначальныя троица[45] вашея храбрости могутствомъ, божиею волею, съ нашимъ повелѣниемъ. И кии ми съвѣтъ воздаете?«

Отвѣщаста[46] же великому князю Владимеру Всеволодовичю князи и боляря его и воеводы и рѣша ему:

»Сердце царево въ руцѣ божии, якоже есть писано, а мы есмя вси раби твои подъ твоею властию.«

Великии же князь Владимеръ събираетъ воеводы благоискусны и благоразумны и благоразсудны, поставляетъ чиноначальники и сотники и пятидесятники, и совокупи многи тысяща воинствъ и отпусти ихъ на Фракию, Царяграда области[kk]. И поплѣниша ихъ довольно и возвратишася со многимъ богатествомъ здрави восвояси.

★

Тогда бѣ во Царѣградѣ благочестивыи царь Ко[н]стянтинъ Мономахъ, и въ то время брань имѣя съ Персы и съ Латины. И составляетъ съвѣтъ благъ премудрыи царьскии, отряжаетъ убо послы своя къ великому князю Владимеру Всеволодовичю: митрополита Ефесскаго Неофита отъ Асия и съ нимъ два епископа, Митулинскаго и Мелетинскаго, и стратига Антиохиискаго и игѐмона Иерусалимскаго Иеустафия и иныхъ своихъ благородныхъ[ll]. Отъ своея же царьския выя[41] снимаетъ животворящии крестъ отъ самого животворящаго древа, на немъже распятся[48] владыка Христосъ. Снимаетъ же отъ своея главы царьскии вѣнецъ и поставляетъ его на блюдѣ златѣ. Повелѣваетъ же принести крабицу сердоликову, изъ неяже Августъ, царь римскии, веселяшеся. Посылаетъ же и ожерелие, сирѣчь святыя бармы, иже на плещу свою[49] ношаше, и чепь[50], отъ злата аравитскаго скованну, и ины многи дары царьския, и дасть ихъ митрополиту Неофиту и епископомъ и своимъ благороднымъ посланникомъ. И отпусти ихъ къ великому князю Владимеру Всеволодовичю, моля его и глаголя:

»Приими отъ насъ, благолюбивыи и благовѣрныи княже, сия честныя дарове[51] иже[52] отъ начатка вѣчныхъ лѣтъ твоего родства и поколѣния царьскихъ жребии[51] на славу и честь [и] на вѣнчание твоего вольнаго и самодержавнаго царствия. О немъ же начнутъ молити тя наши посланницы, что мы отъ твоего благородия просимъ мира и любве, яко да церкви божия безмятежны будутъ, и все православие въ покои да пребудетъ подъ сущею нашего царства и твоего вольнаго самодержавства великия Росия[54], да нарицаешися *богогвѣнчанныи царь*, вѣнчанъ симъ царьскимъ вѣнцемъ рукою святѣишаго митрополита киръ Неофита съ епископы[55].«

И съ того времени князь великии Владимеръ Всеволодовичъ наречеся *Мономахъ, царь великия Росия*. И потомъ пребыста[53] прочая времена съ царемъ Констянтиномъ князь великии Владимеръ въ мирѣ и любви. Оттолѣ и донынѣ тѣмъ царьскимъ вѣнцемъ вѣнчаются великии князи Владимерстии[57], егоже прислалъ греческии царь Констянтинъ Мономахъ, егда поставятся на великое княжение росииское.

Преставися князь великии Владимеръ Киевскии Мономахъ въ лѣто 6632[mm]. Княжилъ въ Киевѣ лѣтъ 13, а живе[58] всѣхъ лѣтъ 73. И положенъ бысть во святѣи Софеи[nn] въ Киевѣ мая въ 19 день.

Въ царьство же Констянтина Мономаха отлучися отъ Цариграда церкви и отъ правыя вѣры отпаде римскии папа Формосъ и уклонися въ Латынство. Царь же Констянтинъ и святѣишии патриархъ Киръ Иларие[59] повелѣ собратися собору[oo] во царствующии градъ, — святѣишии патриарси[60] Александриискии и Антиохиискии и Ерусалимьскии, — и сихъ совѣтомъ благочестивыи царь Мономахъ, съ святымъ вселенскимъ соборомъ, четырьми патриархи[61], и митрополиты и епископы и иерѣи, извергоша[62] папино имя ис поминанеи церковныхъ и отлучиша его, отъ четырехъ патриархъ и отъ православныя вѣры отпадша[63]. И отъ того времене и донынѣ *лытаютъ*[64], нарекшеся[65] *Латыня*[pp].

Мы же, православнии крестьяне, исповѣдаемъ святую троицу, безначальнаго отца съ единороднымъ сыномъ и съ пресвятымъ, единосущнымъ и животворящимъ духомъ во единомъ божествѣ, вѣруемъ и славимъ и покланяемся.

---

[1] рождьшагося *p. a. p.*, *gen. sg.* : родитися. [2] извержеся *aor. 3 sg.* : изврѣщися. [3] покры *aor. 3 sg.* : покрыти. [4] упившъася *p. a. p.*, *gen. sg.* : упитися. [5] истрезвися *aor. 3 sg.* : истрезвитися. [6] вразумѣ *aor. 3 sg.* : в[ъ]разумѣти. [7] братома своима *dat. du.* [8] близнятѣ *nom. du.* : близня. [9] умноживъшимся . . . родомъ *dat. abs. (caus.)*. [10] Индия *gen. sg.* [11] многимъ лѣтомъ минувъшимъ *dat. abs. (temp.)*. [12] предаде *aor. 3 sg.* : предати. [13] ю *acc. sg.* : она. [14] дщеря *gen. sg.* : д(ъ)щи. [15] Антонину . . . пришедшу *dat. abs.* [16] вѣси *pr. 2 sg.* : вѣдѣти. [17] стратиже *voc. sg.* : стратигъ. [18] посяже *aor. 3 sg.* : посягнути. [19] зань = за *prep.* + нь *acc.* : онъ. [20] ипаты *instr. pl.* : ипатъ. [21] браты *instr. pl.* : братъ. [22] възятъ = възя *aor. 3 sg.* : възяти. [23] уби *aor. 3 sg.* : убити. [24] сѣде *aor. 3 sg.* : сѣсти. [25] уморися *aor. 3 sg.* : уморитися. [26] приведенѣи *p. p. p.*, *dat. sg.* : привести. [27] убиста *aor. 3 du. instead of* убиша *aor. 3 pl.* : убити. [28] рѣша *aor. 3 sg.* : рещи. [29] облекоста *and the following forms in the sentence* : препоясаста, возложиста *aor. 3 du. instead of* облекоша, препоясяша, возложиша *aor. 3 pl.* : облещи, препоясати, возложити. [30] дермлидомъ *instr. sg.* : дермлидъ. [31] плещема *dat. du.* : плеще. [32] Августу . . . грядущу *dat. abs. (dat.)*. [33] стрѣте = с(ъ)рѣте *aor. 3 sg.* : с(ъ)рѣсти. [34] вои *instr. pl.* : вои. [35] начатъ = нача *aor. 3 sg.* : начати. [36] вселеннѣи *loc. sg.* : в(ъ)селенная. [37] житъ = жи *incorr. aor. 3 sg.* : жити. [38] владѣльца *acc. pl.* : владѣльць. [39] мужа мудрыя *acc. pl.* [40] обрѣтоша *aor. 3 pl.* : обрѣсти. [41] посланницы *nom. pl.* : посланникъ. [42] хоругви *instr. pl.* : хорюгъвь. [43] Всеславъ = Святославъ. [44] есмя = есмъ *pr. 1 pl.* : быти. [45] троица *gen. sg.* [46] отвѣщаста *aor. 3 du. incorr. instead of* отвѣщаша *aor. 3 pl.* : отвѣщати. [47] выя *gen. sg.* : выя. [48] распятся *aor. 3 sg.* : распятися. [49] плещу свою *loc. du.* [50] чепь = цѣпь. [51] дарове = дары *acc. pl.* : даръ. [52] иже *art. ref.* дарове. [53] жребии *gen. pl.* : жребии. [54] великия Росия *gen. sg.* [55] епископы *instr. pl.*

[56] пребыста *aor. 3 du.* : пребыти. [57] Владимерстии *nom. pl.* : Владимерскии. [58] живе *aor. 3 sg.* : жити. [59] Иларие = Иларии. [60] патриарси *nom. pl.* : патриархъ. [61] патриархи *and the following expressions* митрополиты, епископы, иерѣи *instr. pl.* [62] извергоша *aor. 3 pl.* : изврѣщи. [63] отпадша *p. a. p., acc. sg.* : отпасти. [64] лытаютъ *pr. 3 pl.* : лытати. [65] нарекшеся *p. a. p., nom. pl.* : нарещися.

[a] *Bib.* Canaan.

[b] According to the Bible, Arphaxad was the third son of Shem, the son of Noah.

[c] The tripartition of the earth among the sons of Noah is in agreement with the theory presented in the cosmographic introduction to Nestor's *Chronicle.*

[d] The genealogy from Noah to Alexander the Great is badly confused. The author appears to have used secondary—apocryphal, mythological, romantic—sources in addition to the Bible.

[e] Sesostris, a mythical king of Egypt, identified by Josephus Flavius with Susakin of the Bible.

[f] Nektanebh II, King of Egypt (367–350 B.C.), appears here in the same role as in the medieval tales about Alexander.

[g] Philip of Macedon (359–336 B.C.) and his wife Olympia were the parents of Alexander I who became king even of Egypt.

[h] Ptolemy I Soter, King of Egypt (323–285 B. C.).

[i] Actually, Olympia was not the daughter of an Ethopian prince, but of Neoptolemus, King of Molossos, and was not married to Byzas, the legendary eponymic founder of Byzantium.

[j] Cleopatra, Queen of Egypt (51–30 B.C.), daughter of Ptolemy XI.

[k] Julius Caesar.

[l] Marc Antony.

[m] Octavianus Augustus, later the first Roman emperor (27 B.C.–A.D. 14), was not Julius Caesar's brother, but his adopted son.

[n] Brutus.

[o] Pompey.

[p] Crassus instead of Cassius(?).

[q] Porus, King of India, defeated by Alexander the Great.

[r] 51 B.C.

[s] Herod the Great, son of Antipatros and Roman King of Judea, born in Askalon.

[t] The names of Augustus' brothers (Patricius, Illyricus, Augustalius) and of his relatives (Pion, Prussus) are fictitious.

[u] Ister = Donau River.

[v] Hungary.

[w] Vistula River.

[x] Marienburg in former East Prussia.

[y] Toruń (Poland) on the Vistula River.

[z] Chojnice(?)

[aa] Danzig (Gdańsk).

[bb] Niemen River.

[cc] Gostomysl, the commander of Novgorod, is a fictitious person.

[dd] The theory of the descent of the Varangian princes R'urik, Truvor, and Sineus from Prussus, a supposed relative of Caesar Augustus, is the first expression of Russian (Muscovite) nationalism.

[ee] 877.

[ff] Vladimir I, Great Prince of Kiev (979–1015), who Christianized his people.

[gg] 988.

[hh] 1114.

[ii] Vladimir Monomachus, Great Prince of Kiev (1113–25), the son of Great Prince Vsevolod and the daughter of Emperor Constantine Monomachus (1042–55).

[jj] The theory expressed by the author regarding the origin of Vladimir's surname is pure invention.

[kk] Thrace, province of Byzantium.

[ll] The ambassadors of the emperor were, according to the author, the metropolitan Neophytus of Ephesus, the bishops of Mytilene and Miletus, the governor of Antiochia and Eustathius, the *hegumenos* of Jerusalem.

[mm] 1124.

nn The Cathedral of St. Sophia in Kiev.

oo The schism between the Roman Catholic and Greek Orthodox churches occurred in 1054 during the reign of Constantine Monomachus, but the leading personage was neither a patriarch Hilarius nor a pope Formosus, both fictitious, but the Patriarch Michael Cerularius (1043–54) and Pope Leo IX (1049–54).

pp A play on words difficult to understand.

THE TALE OF THE TAKING OF THE EMPIRE OF KAZAN'

Written presumably in the years 1564–65, some thirteen years after Ivan the Terrible's conquest of Kazan' in 1552, this is one of the most important works of narrative fiction of the period. It appears under different titles in different sources: in some of them it is entitled *Brief Tale from the Beginning of the Empire of Kazan' and of the Muscovite Great Princes' Battles with, and Victories over, the Tsars of Kazan', and of the Taking of the Empire of Kazan'*; in others it is called simply *The Story of the Empire of Kazan'*. A biographical coincidence points to the fact that Nestor-Iskander's *Taking of Constantinople* undoubtedly served as a model. The author of this narrative—precisely as Nestor-Iskander— was a Russian who, captured by the enemy, spent twenty years as a highly respected prisoner at the court of the tsar of Kazan' and thus was an eyewitness to the struggle he later described. Another coincidence consists in the use of a folklore account of the founding of Kazan' by the Volga-Bulgarian tsar Sain: the motif of the dragon destroyed by fire by a magician, a familiar, internationally known legend, parallels the legend employed by Nestor-Iskander. The narrative is an outstanding specimen of the glorious, dignified, and moderately rhetorical prose style of the time of Ivan the Terrible. Each chapter is in itself a compositional unit.

The chapters here reprinted under their original titles are taken from История о Казанском царствие, Казанский летописец (St. Petersburg, 1903), in Полное собрание русских летописей, Vol. XIX.

Сказание вкратцѣ отъ начала Царства Казанского и о бранѣхъ и о побѣдахъ великихъ князеи московскихъ со цари[1] казанскими и о взятии Царства Казани

Красныя убо и новыя повѣсти достоино намъ послушати, о христоименитии людие, яже содѣяшася[2] преславная дѣла въ нашеи земли во дни наша[3]! ...

Но молю васъ, о боголюбцы, не позазрите грубости моеи! О любви Христовѣ поизрещи чаемъ[4] бѣхъ[5] и покусихся[6], невѣдущимъ сего по насъ людемъ[7], въ родъ инъ писаниемъ изъявити разумно маловѣдомыя мною: отъ начала Казанского Царства, и откуду исперва, и въ какая лѣта, и како быть почася[8], и о бывшихъ великихъ побѣдахъ съ великими нашими самодержцы[9] московскими. Яко да прочетше[10] братия наша, воини, отъ скорби своея примѣнятся, а простые же возвеселятся и прославятъ бога Исуса Христа, и разумѣютъ вси дивная чюдеса его и великия милости, еже подаетъ истиннымъ рабомъ своимъ вѣрнымъ.

Начну же сице. Вы же внимаите себѣ разумно сладкия повѣсти сия!

Бысть убо отъ начала Руския Земли, якоже повѣдаютъ, Русь и варвари. Все то Руская Земля была едина, идѣже нынѣ стоитъ градъ Казань, продолжающеся[11] въ длину съ оного Новаграда Нижнего на востокъ, по обою странамъ великия рѣки Волги внизъ и до Болгарскихъ рубежовъ[a] и до Камы рѣки, — въ ширину на полунощие и до Вятския Земли[b] и до Пермския[c], — на полудние до Половецкихъ предѣлъ[d], — все то держава и область Киевская и Владимерская, по тѣхъ же нынѣ Московская. Живяху[12] же за Камою рѣкою, въ части земля своея[13], болгарские князи и варвари, владѣюще поганымъ языкомъ черемискимъ[e], незнающе бога, никоего же закона имуще. Обои же бяху служаще и дани дающе[14] Рускому Царству до Батыя царя[f]. А о первомъ зачалѣ Царства Казанского, въ кое время, како зачася[15], не обрѣтохъ[16] въ *лѣтописцехъ* рускихъ, но мало въ казанскихъ[g] видѣхъ; много же рѣчью пытахъ ото искуснѣишихъ людеи рускихъ, и глаголаше тако инъ и инако, ни единъ же повѣдая истины.

Грѣхъ ради моихъ случи ми ся плѣнену быти варвары[17] и сведену быти въ Казань. И даша мя царю казанскому въ дарѣхъ[19]. И взятъ[20] мя царь[h] съ любовию къ себѣ служити, во дворъ свои, и постави мя предъ лицемъ своимъ стояти. И бывъ тамо 20 лѣтъ, по взятии же казанскомъ, изыдохъ исъ Казани, на имя царево московского. Царь[i] же мя крести и вѣрѣ Христовѣ причте[21] и мало земли ми удѣломъ дастъ[22], и начахъ[23] служити ему вѣрно.

Мнѣ же живущу[24] въ Казани, часто прилѣжно у царя въ веселии пытающу ми[25] премудрѣишихъ и честнѣишихъ Казанцовъ, — бѣ бо царь по премногу зная мене и любя[26] мя, вельможи же паче мѣры брѣжаху[27] мя, — и слышахъ[28] словомъ отъ самого царя изо устъ многожды и отъ вельможъ его. Аминь...

*

О первомъ началѣ Казанского Царства и о мѣстномъ угодѣ и о змииномъ жилищѣ

Бысть же на Окѣ рѣкѣ старыи градъ, именемъ Бряховъ[j]. Оттуду же прииде царь, именемъ Саинъ Болгарскии[k], и поискавъ, по мѣстомъ проходя, въ лѣта 6608-го[l], и обрѣте[29] мѣсто на Волгѣ на самои украинѣ рускои, на сеи странѣ Камы рѣки, концомъ прилежаще въ Болгарскои Землѣ[m], другимъ же концомъ къ Вяткѣ и къ Перми, Мѣсто пренарочито и красно вельми и скотопажно и пчелисто и всяцѣми[30] сѣмяны[31] родимо и овощми преизобильно и звѣристо и рыбно и всякого много угодья, яко не обрѣсти можно другаго такого мѣста по всѣи Рускои Землѣ нигдѣже, подобно такову мѣсту красотою и крѣпостию и угодьемъ человѣческимъ, и не вѣмъ[32] же, аще есть въ чужихъ земляхъ. И вельми царь за то возлюби, Саинъ Болгарскии.

И, глаголютъ мнози[33] нѣцы[34], преже мѣсто быти издавна гнѣздо змиево, всѣмъ жителемъ земля тоя[35] знаемо. Живяше[36] ту, вгнѣздився, змии великъ, страшенъ, о двою главу[37], едину имѣя змиеву, а другую главу волову; единою пожираше[38] человѣки и скоты и звѣри, а другою главою траву ядяше. А иныя змия около его лежаша[39], живяху[40] съ нимъ, всяцѣми образы[41]. Тѣмъ же не можаху[42] человѣцы близъ мѣста того миновати, свистания ради змиина и точения ихъ, но далече инѣмъ путемъ обхожаху.

Царь же, по многие дни зря[43] мѣста того, обходя и любя его, и не домышляшеся[44], како извести змия того отъ гнѣзда своего, яко на томъ мѣстѣ будетъ градъ крѣпокъ и славенъ вездѣ. Изыскався въ воехъ его сице волхвъ хитръ и рече царю:

»Азъ змия уморю и мѣсто очищу.«

Царь же радъ бысть, и обѣщася ему нѣчто дати велико, аще тако сотворитъ. И собра обаянникъ волшениемъ своимъ вся живущая змия тѣ[45] отъ вѣка въ мѣстѣ томъ къ великому змию во едину велику громаду и всѣхъ чертою очерти, да не излѣзетъ изъ нея ни едина змия, и бѣсовскимъ дѣйствомъ всѣхъ умертви. И обволоче[46] кругомъ сѣномъ и тростиемъ и дрѣвиемъ и лозиемъ сухимъ многимъ, и полиявъ сѣрою и смолою, и зазже[47] огнемъ и попали[48] и пожже[49] вся змия[50], великого и малыя, яко быти отъ того велику смраду змиину по всѣи земли тои, проливающи впредъ хотяще быти отъ окаяньного царя зло содѣяние проклятыя его вѣры срацынския[51]. Мнозѣмъ[52] же отъ вои[53] его умрѣти отъ лютаго смрада змиина; близъ того мѣста стояще кони и верблюды мнози падоша[54]. И симъ образомъ очисти мѣсто.

Царь же возгради на мѣстѣ томъ Казань градъ, никому же отъ державныхъ Руси смѣющимъ[55] супротивъ что рещи. И есть градъ Казань, стоитъ донынѣ, всѣми рускими люд[ь]ми видимъ и знаемъ есть, а не знающимъ слышимъ есть. Яко преже сего, на томъ мѣстѣ, вогнѣздися змии лютъ и токовище его, и воцарися во градѣ скверны царь, нечестия своего великимъ гнѣвомъ наполнився, и распалашеся[56] яко огнь въ ярости на христьяны и разгарашеся яко огнь, пламенными усты[57] устрашая и похищая и поглащая яко овца смиренныя люди руския; въ прилежащихъ вьсехъ[58] близъ живущая около Казани изгна отъ нея Русь, и въ три лѣта землю ту пусту положи и наведе ис Камы языкъ лютъ, поганъ, болгарскую чернь, со князи[59] ихъ и со старѣишинами ихъ, и многимъ имъ сущимъ подобнымъ[60] суровствомъ и обычаемъ злымъ песьимъ главамъ — Самоѣдомъ. Наполни такими люд[ь]ми землю ту, еже Черемиса, зовомая Отяки, — тое жъ глаголютъ Ростовскую чернь, забѣжавшу тамо отъ крещения руского и всельшуся[61] въ болгарскихъ жилищахъ.

И болгарския грады обладаются царемъ казанскимъ. То бо бѣ преже земля Болгарецъ Малыхъ за Камою, промежъ великия рѣки Волги и Бѣлыя Волжки, до Великия Орды Нагаискияⁿ. А Большие Болгары на Дунаѣº. Тутъ же былъ на Камѣ стары градъ, именемъ Бряховъ Болгарскии, нынѣ же градищо пусто, егоже первое взя князь великии Андреи Юрьевичъ Владимерскииᴾ и въ конечно запустѣние преда, а Болгаръ тѣхъ подъ себя подкори; а Балыматычᵋ, отъ Болгаръ тѣхъ яко 20 поприщъ, и дале тотъ же князь великии повоева.

И бысть Казань стольныи градъ, вмѣсто Бряхова. И вскорѣ нова орда и земля благоплодна и сѣменита, именита и медомъ кипяща и млекомъ, дашася[62] во одержание и власть и въ наслѣдие поганымъ. И отъ сего царя Саина преже сего зачася[63] Казань, и словяше[64] Юртъ Саиновъ[г]. И любяше царь [новъ юртъ] и часто самъ отъ стольного своего града Сарая[s] приходяше и живяше въ немъ, и остави по себѣ на новомъ юртѣ своемъ царя отъ колѣна своего и князя своя[65] съ нимъ. По томъ же царѣ Саинѣ мнози цари, кровопивцы, руския люди погубили, и премѣнящеся царствоваху же въ Казани лѣта многа . . .

∗

О смерти великого князя Василия
и о приказъ царства сыну его
и о самовластьи боляръ его

И отъ того времени и донынѣ велико зло бысть христьяномъ отъ Казанцовъ.

Въ то же время преставися князь великии Василеи Ивановичъ, во иноцѣхъ[66] Варламъ[t], въ лѣто 7042[u], мѣсяца декабря въ 5 день. Царствова на великомъ княжении 28 лѣтъ, много брався[67] съ Казанцы[68], и весь животъ свои премогаяся до конца своего, и не возможе[69] имъ ничтоже сотворити. И осташася отъ него 2 сына, яко отъ красноперного орла два златоперная птенца: первии же сынъ, нынѣ нами нареченъ князь великии Иванъ[v], остася отца своего 4 лѣтъ и 3 мѣсяцъ, благороденъ зѣло, емуже отецъ его великую власть Руския Державы по смерти своеи дарова; другии же сынъ его, Георгии[w], не таковъ благороденъ и кротокъ, тои бо остася 3-ю лѣтъ сущу.

Умирая бо, повеле къ себѣ ихъ въ ложницу внести, оба сына своя, и, ту сѣдящимъ[70] у него митрополиту Данилу всея Русии[x], отьцу его духовному, и всѣмъ боляромъ и княземъ и воеводамъ, и восклонися отъ одра своего. Сѣде[71], стоня, двѣма бояринома[72] поддержимъ, и взя[73] на руцѣ свои большаго сына своего, цѣлова его съ плачемъ и глагола яко:

»Сеи будетъ по мнѣ царь и самодержецъ! Тои омыетъ[74] слезы христьянския, вся враги своя проженетъ[75] и побѣдитъ.«

И цѣловавъ оба своя дѣтища и отдавъ ихъ пѣстуномъ, а самъ тихо возлегъ[76] на одрѣ и конечное прощение ц цѣлование великое давъ великои княгинѣ своеи Еленѣ[y] и всемъ княземъ и боляромъ и приказщикомъ своимъ, и успе[77] вѣчнымъ сномъ, не созрѣлъ сѣдинами, ни старости достигъ[78] многолѣтныя. И остави по себѣ плачъ великъ всеи Рускои Земли, до возраста и до воцарения сына своего.

И растяху[79] оба сына его въ воли своеи, и безъ отца и безъ матери, богомъ самомъ брегомы[80] и учимы и наказуемы. И всѣмъ тогда княземъ и боляромъ и вельможамъ и судьямъ градскимъ, самовластиемъ живущимъ, не по правдѣ судящимъ, по мздѣ, насильствуя людемъ, никогоже блюдущимся[81], — бѣ бо князь великии юнъ, — ни страха божия имущимъ и не брегущимъ[82] отъ супостатъ своихъ Руския Земля: вездѣ погани христьянъ воеваху и губяху[83], и вельможи христьянъ губяху продажею великою. И како раби ихъ видяху господь своихъ, тако же творяху. Неправды умножишася, обиды, татьбы и разбои и уби[и]ства, по всеи земли рыдания и вопль великъ . . .

∗

О цари и великомъ князѣ Иванѣ Васильевичѣ
и о разумѣ его и о премудрости его
и о соглядании его боляръ и о избьении
и о соглядании земля своея[84] *и о любви къ воемъ своимъ*
и о увѣдании его о Казанскомъ Царствѣ

Возрастшу[85] же и великъ разумъ приимшу[86] великому князю Ивану Василевичу[87], и восприемникъ бысть по отцѣ по своемъ во всеи рускои державѣ великаго Царства Московского. И воцарися на царство въ лѣто 7050-го[z], мѣсяца сентября въ 16 день, и помазанъ бысть святымъ миромъ, вѣнчанъ святыми бармы и вѣнцомъ Мономаховымъ, по древнему чину царьскому, якоже и римсти[88] цари и гречести[89] православнии цари поставляхуся[90][aa]. И наречеся *царь*[bb] Державы Руския, и самодержецъ[cc] великии показася, и страхъ его одержаше[91] вся языческая страны. И бысть вельми мудръ и храбръсердъ и крѣпкорукъ и силенъ тѣломъ и легокъ ногама, аки пардусъ; подобенъ по всему дѣду своему, великому князю Ивану. И преже бо никто же отъ прадѣдъ его словяше[92] въ Руси царь, и никто же смѣяше отъ нихъ поставитися царемъ и зватися новымъ тѣмъ именемъ, блюдущеся[93] завидѣния и востания на нихъ поганыхъ цареи невѣрныхъ.

Сему же удивишася, слышаще, врази[94] его. Погани цари и нечестивии короли похвалиша[95] его и прославиша его и прислаша послы своя съ дары къ нему и назваша его *великимъ царемъ самодержцомъ*, не гордящеся имъ и не завидяще ему. О семъ же паче великии салтанъ турскии[dd] похвальная написа ему сице:

»Воистину ты еси самодержецъ и царь премудры и вѣрны и вольны божии слуга. Удивляетъ бо насъ и ужасаетъ превеликая твоя власть и слава, и огненная твоя хоруговъ прогоняетъ и попаляетъ воздвижющихся. Уже отъ нея вси боятся орды наши [и] на твоя предѣлы наступати не смѣютъ.«

И сѣде на великомъ царствѣ державы своея благовѣрны царь, самодержецъ Иванъ Васильевичъ всея Русии. И вся мятежники старыя избивъ, владѣвшия царствомъ не по правдѣ до совершеннаго возвраста своего, и многихъ вельможъ устраши, отъ лихомания и неправды обрати и праведенъ судъ судити научи. И правляше[96] съ ними до конца добре царство свое. Кротокъ и смиренъ быти нача и праведенъ въ судѣхъ и непоклоненъ, ко всѣмъ воинственнымъ своимъ людемъ милостивъ и многодаровитъ и веселъ сердцемъ и сладокъ рѣчью и окорадостенъ. И въ скорбехъ и въ бѣдахъ множае[97] во всемъ искусенъ бываетъ и много стражущихъ[98] въ напастехъ помогаетъ. И разумъ и смыслъ великъ въ немъ препложается: тако и державны малъ сеи остася отца своего и матери, [и] во юности своеи вся собою позна, яко злато въ горнилѣ въ бѣдахъ искусися. И соглядая всю землю свою очима своима, всюдѣ яздяше[99].

Видѣ: — многи грады руския, старыя, запустѣша отъ поганыхъ: Рязанская Земля[ee] и Сиверская[ff] крымскимъ мечемъ погублена, Низовская Земля вся, Галичъ и Устьюгъ и Вятка и Пермь[gg] отъ Казанцовъ запустѣ-[ша]. И плакашеся всегда предъ богомъ, молящеся, да вразумитъ его богъ то же языкомъ[100] воздати, еже они христьяномъ воздаша. И смѣти во всеи области своеи ратныхъ людеи, служивыхъ ему, и любля[ше][102] ихъ и брежаше старыя яко отца, средовѣчныя яко братию, юныя же яко сыны, всѣ почиташе честьми прилѣжными. И отъ сего самодержца почашеся[103] воемъ[104] быти трудъ великъ и печали велицы и брани и кровопролитие; облечахуся[105] копья и мѣдныя щиты, златыя шлемы и желѣзныя одѣяния на всѣхъ, яко разумѣ, яко мощно есть, божиею помощию и съ тѣмъ своимъ воинствомъ, брещи землю свою со всѣхъ странъ отъ поганыхъ языкъ. И еще ново прибави къ нимъ огненныхъ стрѣл[ь]цовъ много, къ ратному дѣлу гораздо изученыхъ и главъ своихъ не щадящихъ; а въ нужное время, отцы и матереи и женъ и дѣтеи своихъ забывающе, и смерти не боящеся, ко всякому бою, аки къ велицѣ которои корысти или къ медвянои чашѣ царевѣ другъ друга напередъ течаху[106] и сил[ь]но бияхуся и складаху главы своя нелестно за вѣру христьянскую и за любовь къ нимъ царскую, забывая жены своя и дѣти.

И увѣда царь и князь великии, что издавна на Рускои Земли есть ново царство срачинское[hh] *Казань*, по рускому же языку *Котелъ Златое Дно*[ii], и велика скорбь и бѣда прѣдѣломъ рускимъ отъ него, и какъ отецъ его и дѣдъ и прадѣдъ воеваху съ ними и конечныя споны не возмогоша сотворити Казани. И много лѣтъ преидоша, до 300 лѣтъ, отъ перваго начала Казани, отъ Саина царя, отнележе бяху обладающе[107] царствующе князи и цари страны тоя [и] частью многою Рускою Землею завладѣша.

Нынѣ слово мое грядетъ, похваляя доблесть его много: иже прежде его бывше державствующе праотцы сего, московстии великия князи, востающе и ополчающе на Казанцовъ, хотяще взяти змиево гнѣздо ихъ, Казань градъ, изгнати ихъ ото отечества своего, Руския Державы; и вземше не единою Казань, и держати за собою царство не могоша и укрѣпить его не разумѣша, лукавства ради Казанцовъ. И много крови проливающе ово же Казанцовъ, ово же наипаче руския[108] больши. Овогда державнии наши побѣждаху[109] Казанцовъ, ово же сами отъ нихъ сугубо побѣждаеми бываху, никоего же зла могуще сотворити Агаряномъ, внукомъ Измаилевымъ[jj], но сами паче множае бездѣльны и посрамлены возвращахуся отъ нихъ.

Умѣлы бо суть Измаил[ъ]тяне: отъ начала бранемъ учатся, отъ младенства сицовымъ образомъ, потому же суровы и безстрашны и усерды намъ бываху смиреннымъ; бо отъ праотецъ своихъ благословени быша они же, ото Измаила и отъ Исава Прегордого[kk], питатися оружиемъ своимъ; мы есмя[110] отъ кроткого и смиренного праотца нашего Иякова[ll], тѣмъ сил[ь]но не можемъ противитися имъ, и смиряющися предъ ними, яко Ияковъ предъ Исавомъ, и побѣждаемъ ихъ оружиемъ крестнымъ; то бо есть намъ во бранехъ помощь и утвержение на противныя наша. Они бо Измаил[ь]тяне оружиемъ своимъ преодолѣша[111] многимъ землямъ и понасиловаша великимъ градомъ, яко въ нашеи странѣ обладаша напрасно украиною нашею Земля Руския[112] и вселишася въ неи и разплодишася много ихъ и крѣпишася, — злѣ быша по насъ за умножение предъ богомъ беззакония нашего.

★

Отъ Казанцовъ плѣнение рускимъ людемъ
и сквернение отъ нихъ святыхъ церквеи
и наругание христьяномъ православнымъ

И како могу сказати или списати напасти сия грозныя и страшныя рускимъ людемъ во время то?

И страхъ бо мя обдержитъ, и сердце ми горитъ, и плачъ смущаетъ, и сами слезы текутъ изъ очию моею!

И кто бо изрещи можетъ бѣды сия за многа лѣта отъ Казанцовъ, отъ поганыя Черемисы[113] православнымъ христьяномъ, паче Батыя?

Баты бо единою Рускую Землю прошелъ и, яко молнина стрѣла и яко темная главня попаляя и пожигая и грады разрушая, плѣняше христьянство, мечемъ губя: Казанцы же, не такъ губяще Русь, но всегда изъ Земли Руския не изхождаху[114]: овогда съ царемъ своимъ, овогда же воеводами воююще Русь, посѣкающе аки сады руския люди и кровь ихъ аки воду проливающе; отъ нашихъ же христіянъ, Христовыхъ воеводъ, московскихъ князеіи боляръ, противъстати и возбранити не могуще [никто] отъ сихъ свирѣпства и суровства.

И всѣмъ тогда бѣда и тоска велика въ украинѣ живущимъ отъ варваръ тѣхъ; у всѣхъ рускихъ людеи ото очию слезы текутъ аки рѣки; крыющеся въ пустыняхъ, въ лѣсахъ и въ горахъ, въ тѣснотахъ гор[ь]кихъ живяху съ женами и съ дѣт[ь]ми; отъ поганыхъ варваръ тѣхъ, покидающе родъ и племя, отечества своя бѣжаху[115] во глубину Руси. Мнози грады русти[116] роспадоша[117], и травою и былиемъ заростоша села и деревни; многия улусы зарастоша былиемъ отъ варваръ. Великия монастыри и святыя церкви оскверниша, лежаще и спяще, блудъ надъ плѣномъ творяще съ женами и съ дѣвицами, и святыя образы сѣкирами разсѣкающе, [и] огню предающе служебныя сосуды, изъ нихъже дома скверно пиюще и ядуще[118]; святыя образы и кресты переливаху и сер[ь]ги и ожерелия, маниста и тафия на главы своя украшаху; а въ ризахъ церковныхъ себѣ ризы перешиваху, и мнихомъ наругающеся, образъ ангельски безчестиша: углие горящие за сапоги обдираху; ужемъ за шею оцѣпляюще скакати и плясати веляще имъ, съ младыхъ тѣлеситыхъ чернцовъ черныя ризы снимаху и ругахуся, въ срацинския ризы облечающе[119]. И продаваша[120] мирскии полонъ въ дальныя Срачины[mm], имъ и выити не могущимъ[121]. А иныя черница[122] аки простыя дѣвица[123] за себя поимаша[124], надъ мирскими же дѣвицами, предъ очима отцовъ и матереи, насильствующе, блудное дѣло творяще, и надъ женами предъ очима мужеи, еще же надъ старыми женами, кои лѣтъ 40 или 50 вдовствующе пребываше[125]. Нѣсть беззакония исчести мощно тобе!

Еже самъ видѣхъ очима своима, пишу сия, — видѣхъ гор[ь]кую бѣду сию. Православнии же христьяне по вся дни Татары[126] и Черемисою въ плѣнъ ведомы, а старымъ воимъ очи избодаху[127], уши и уста и носъ обрѣзаша[128], зубы искореневаху и ланиты выломляху; овѣмъ же руцѣ и нозѣ отсѣцаху[129]; такъ пометаху по землѣ: тѣло валяшеся, послѣ умираше; инымъ же главы отсѣцаху и на двое разсѣкаху; ови же удами, за ребра и за ланиты пронизающе, повѣшаху, а иныхъ на колья посажаху около града своего и позоры дѣяху и смѣхъ.

Оле, Христе царю, терпѣния твоего!

И сие же злѣе паче сихъ всѣхъ реченныхъ — младенца[130] незлобивая отъ пазухъ матереи своихъ [отъемлюще], и тѣхъ, погани кровопиицы, о камень ударяху и задавляху и на копьяхъ пробожающе[131] подымаху. О солнце, како не померкне[132] и сияти не преста? О како, луна, въ кровь не преложися? И земля, како стерпѣ[133] таковая, не пожре[134] живыхъ поганыхъ? И кто тогда гор[ь]цѣ не восплакася: горе увы! видяще, [яко] отца и матерь отъ чадъ своихъ разлучаху аки овца отъ стадъ своихъ, чада же отъ родителеи своихъ, други отъ друговъ своихъ. Ови же, яко новобрачни суще, живше[135] день единъ или два, ови же, токмо обручившеся по законному браку, отъ церкви въ домы своя идуще, вѣнчавшеся, женихъ съ невѣстою, разлучахуся, не вѣдуще, аки звѣрие пустынные, восхищающе. Злато и сребро въ мегновение ока поимаху[136]. Погании же Казанцы все себѣ поимаху поплѣненную Русь и прельщаху имъ мужескъ полъ и женескъ въ срацынскую вѣру и принуждаху прияти. Неразумнии же мнози приимаху срацынскую вѣру ихъ, нужи и страха ради мукъ, и запродания боящеся, и прел[ь]стишася. Горе! варвары и Черемиса хрестьянъ губяху! А кои же не восхотѣша вѣры прияти, и тѣхъ аки скотъ, толпами перевязанныхъ, держаща[137] на торгу, продаваху иноземцамъ поганымъ. Не смѣяху бо Казанцы многи Руси у себя держати мужеска полу, не обусурманныхъ держати, развѣ женъ и дѣтеи малыхъ, да не наполнится Русь въ Казани; того ради запродаваху ихъ. Великъ плачъ и скорбь и бѣда и стонание отъ языка поганого!...

★

О бѣсъ, творящемъ мечты предъ человѣки,
живущи[138] во градцѣ

Къ сему же третие знамение при мнѣ же бысть, еще бо ми тогда въ Казани живущу[139].

Бѣ нѣ въ коемъ улусѣ казанскомъ малъ градецъ пустъ, на брезѣ высоцѣ[140] Камы рѣки стоя, егоже Русь имянуетъ *Бѣсовское градищо*, въ немъже живяше бѣсъ, мечты творя отъ много лѣтъ. И то бѣ еще старыхъ Болгаръ мол[ь]бище жертвенное. И схожахуся ту людие мнози со всея Земля[141] Казанския, варвары и Черемиса, мужи и жены, жрюще[142] бѣсу, и о полезнѣ себѣ вопрошаху отъ ту сущихъ волхвовъ. Бѣсъ же аки овѣхъ отъ недугъ исцѣляше, овѣхъ, съ нерадениемъ минующихъ его, уморяше, не пометнувшихъ ему ничто же и плавающихъ рѣкою опроверзаше[143] ладьи и потопляше въ рѣцѣ, — чюдо же, отъ христьянъ нѣкихъ погубляше. Тѣмъ никто же смѣя[ше][144] проѣхати его, не повергши[145] мало что отъ рухла своего. И къ вопрошающимъ отвѣтъ невидимо отдаяше[146] жерцы[147] своими, комуждо ихъ долголѣ[т]ствие сказываше, смерть и здравье и помощь, убытцы[148] и на землю ихъ плѣнение и пагубу, и всяку скорбь. И на воину пошедше, жряху ему, совопрошающися[149] съ волхвы, аще съ добыткомъ или съ четою[150] возвратятся; бѣсъ же проявляше имъ впредь и симъ прельщаше, овогда же и лгаше.

И посла тогда царь самого Сеита казанского[nn] вопрошати, аще одолѣетъ Казань московскии царь и князь великии, или Казанцы ему одолѣютъ. И до 10 днеи павше кляцаху[151] на землю, молящеся, ерея[152] бѣсовския, не востающи отъ мѣста и мало ядуще[153], да не умрутъ съ гладу. Минувъ 10 днеи, въ полудни отозвася[154] гласъ отъ бѣса въ мечетѣ, всѣмъ людемъ слышащимъ:

»Что стужаете[155] о мнѣ? Уже бо вамъ отнынѣ нѣсть на мя надежи, ни помощи ни мало отъ мене! Отхожю бо отъ васъ въ пустая мѣста, непроходная, прогнанъ Христовои силою. Приходитъ бо сюда со славою своею, хощетъ воцаритися въ земли сеи и просвѣтити святымъ крещениемъ.«

И по малѣ часѣ явися дымъ чернъ, великъ, изнутрь градца, изъ мечети, на воздухъ идя, смрадъ золъ; изъ дыма же излѣтѣ змии великъ, огненъ, и на западъ полѣтѣ, всѣмъ намъ зрящимъ и чюдящимся[156], и невидимъ бысть изо очию нашею. И разумѣша вси, бывше ту, яко исчезе[157] животъ ихъ . . .

★

О изведении царицы изъ Казани съ сыномъ ея
и о плачѣ ея

И егда ведомѣ[158] быти царицѣ ᵒᵒ изъ Казани, тогда посла по ню царь великого воеводу московского, князя Василья Сребряного ᴿᴿ, а съ нимъ вои 3,000 воруженныхъ, да 1,000 огненныхъ стрѣльцовъ. Воевода же, вшедъ во градъ, и ятъ[159] царицу со царевичемъ ея яко смиренну птицу нѣкую во гнѣздѣ со единымъ малымъ птенцемъ, въ полатахъ ея, въ превысокихъ свѣтлицахъ, не трепещущи же еи[160], ни бьющися, со всѣми ея любимыми рабынями, рожденными женами и отроковицами, живъшими въ полатахъ ея, — царицѣ же не свѣдавши[161] изымания своего: аще бы свѣдала, то бы сама ся убила. Вшедъ же къ неи воевода въ вельможами казанскими въ полату, одѣянъ во златую одежду, и ста предъ нею и, снемше[162] златый вѣнецъ [съ] главы своея, и рече еи слово тихо и честно, толкомъ:

»Поимана еси, вол[ь]ная царица казанская, великимъ богомъ нашимъ, Исусъ Христомъ, царствующимъ на небеси, отъ негоже царствуютъ вси цари на земли и служатъ ему князи и власти. До воля[163] его богати величаются, сил[ь]ныи похваляются и храбрствуютъ, — тои надо всѣми господь, единъ царь, царству же его нѣсть конца. Тои нынѣ отъ тебѣ царство твое отъемлетъ и предаетъ тя съ нимъ въ руцѣ великому и благочестивому самодержцу всея великия Руси, егоже повелѣниемъ азъ, рабъ его, приидохъ по тебе и посланъ: ты же буди готова скоро съ нами поити.«

Она же, разумѣвъ толкомъ рѣчь его и противъ отвѣщавъ слова его, выпрянувъ отъ высокого мѣста своего царского, на немъже сѣдяше[164], и ста[165], поддержаема подъ руцѣ рабынями ея, и умильно, съ тихостию, отвѣщавъ варварскимъ языкомъ:

»Буди воля божия и самодержцова московского!«

И поразися о руку рабынь, поддержащихъ ю, и пусти гласъ свои съ великимъ плачемъ, и подвизающе съ собою на плачъ и то бездушное камение. Тако же и честныя жены и красныя дѣвица[166] въ полатѣ у нея многоплачевны гласъ на градъ пущаше[167], и лица своя деруще и красныя власы рвуще и руцѣ и мышьцы кусающе.

И восплакася по неи дворъ и вельможи и властели и вси царьсти отроцы[168], слышавше плачъ тои. И стекахуся[169] народи ко цареву двору, тако же плакахуся и кричаху неутѣшно, [и] хотяху воеводу жива поглотити, аще бы мощно, и воя его каменемъ побити; ино не даяше[170] имъ воли властели ихъ, бьюще ихъ щелыгами и батоги[171], и дрекольемъ разгоняху ихъ по домомъ. И похватиша[172] царицу отъ земля стояще ту съ воеводою, ближния ея старѣиши воеводы и вел[ь]можи, мало не мертву: едва отъльяша водою; и утѣшающе ю. И умоленъ бысть воевода за царицу сию, да еще мало помедлитъ царица въ Казани. Онъ же у царя и у воеводы вопроси, и далъ еи воевода 10 днеи пребыти въ полатахъ своихъ, за крѣпкими стражами, да не убьетъ сама себѣ, давъ ея беречи вел[ь]можамъ казанскимъ. Самъ, почасту ходя, назираше[173] ее.

И стояше[174] же во царевѣ дворѣ, во инѣхъ полатахъ, не просто, [но] брегомъ отъ своихъ вои, да не зло нѣкое невѣдомо учинятъ Казанцы лукаво надъ нимъ. И преписоваше[175] цареву казну всю и до пороха. И запечатавъ самодержцовою печатью, и наполнивъ до угружения 12 лодеи великихъ златомъ и сребромъ, и сосуды[176] сребряными и златыми, и украшенными постелями, и многоразличными одѣянми царскими, [и] воинскими оружми всякими, и высла изъ Казани преже царицы со инѣмъ воеводою въ Новыградъ[чч]. Посла съ казною и хранителя казенного, скопца царева, да тои самъ книги счетныя предъ самодержцомъ положитъ.

И по десяти днехъ поиде воевода исъ Казани. За нимъ же поведоша[177] царицу исъ полаты ея во слѣдъ его воеводы, несуще ея подъ руцѣ. А царевича, сына ея[гг], предъ нею несоша на рукахъ пѣстуны его. И упросишася[178] царица у воеводы у царева гроба проститися; воевода же отпусти ю за сторожами своими, а самъ ту у двереи стояше. И вниде[179] царица въ мечеть, гдѣ лежаше умерлъ[180] царь, и сверже[181] златую утварь съ главы своея и раздра верхния ризы своя и паде у гроба царева, власы главы своя терзающи и ногот[ь]ми лице свое дерущи и въ перси своя биющи, и плакася, горько вопия [и] глаголя:

»О милы мои господине, царю Сапкирею!
виждь ныне царицю свою!
Любилъ еси[182] паче всѣхъ женъ своихъ!
И ведома[183] бываетъ въ плѣнъ иноязычными воины
       на Русь
съ любимымъ твоимъ сыномъ яко злодѣица,
и не нацарствовавшися съ тобою многа лѣтъ,
       ни нажившися.

Увы и мои животъ!
Почто рано заиде красота твоя
ото очию моею подъ темную землю,
а меня вдовою остави,
а сына своего сиротою младенца?
Увы!
Гдѣ лежиши, гдѣ тамо живеши,
да иду къ тебѣ и живу съ тобою,
и почто нынѣ остави здѣ?

Увы мнѣ
Не вѣси[184] ли сего?
Се бо предается царица твоя врагомъ твоимъ,
въ руцѣ ненадѣемымъ сопостатомъ нашимъ,
московскому царю.

Мнѣ же убо единѣи не могущи[185] въ рати быти
и битися силѣ и крѣпости его, —
и не имѣхъ помогающихъ мнѣ, —
вдахся[186] воли его!

Увы мнѣ!
Аще отъ иного нѣкоего царя
плѣнна быхъ была[187]
единого языка нашего и вѣры единыя,
пошла бы тамо, не тужа,
но съ радостию и безъ печали.
Нынѣ же, — увы мнѣ, — мои царю милыи,
послушаи гор[ь]кого моего плача
и отверзи ми темны свои гробъ!

Поими мя къ себѣ живу,
и буди намъ гробъ единъ, тебѣ и мнѣ,
царская наша ложница и свѣтлая полата!
Увы мнѣ, царю мои!
Не рече ли тебѣ бол[ь]шая твоя царица,
яко добро тогда будетъ
умерлымъ и неродившимся,
и се не сбысть[188] ли ся тако?
Ты же ничего сего не вѣси,
намъ же прииде живымъ горе и болѣзнь.

Приими, драгии царю мои,
юную и красную царицу свою,
не гнушаися мене, яко нечисты,
да насладишися красоты моея,
да не буду лишена отъ тебѣ
и на землю чюждю не иду
въ поругание и въ посмѣхъ и во иную вѣру чюжую
и въ иныи языкъ и незнаемыя люди.

Увы мнѣ, господине мои!
Кто пришедши мнѣ[189] тамо
плачъ мои утѣшитъ,
и горьки слезы моя утолитъ,
и скорбь души моеи возвеселитъ,
или кто пресѣтитъ мя?
Нѣсть никого же!

Увы мнѣ!
Кому тамо печаль мою возвѣщу?
къ сыну ли нашему? — но и тои еще млечную пищу
    требуетъ;
или къ отцу моему[88]? — но тои отселѣ далече;
къ Казанцомъ ли? — но они чересъ клятву отдаша мене!

Увы мнѣ, милыи мои царю Сапкирею!
Не отвѣщаеши ли со мною ничего же?
Се при дверехъ, здѣ, стоитъ
немилостивыи воинъ, хотя мя поглотити,
яко звѣрь дивии серну увосхитити отъ тебѣ.

Увы мнѣ!
Царица твоя бѣхъ[190] иногда,
нынѣ же гор[ь]кая плѣнница;
и госпожа именовахся всему граду казанскому,
нынѣ убогая худая раба.
И за радость плачь и слезы горькия постигоша[191] мя,
за царскую утѣху сѣтование и болѣзнь,
и скорбныя бѣды обыдоша[192] мя.
И уже бо плакатися не могу,
ни слезы текутъ ото очию моею;
и ослѣпоста[193] очи мои
отъ безмѣрныхъ слезъ моихъ,
и премолче[194] гласъ мои
ото многаго вопля моего!«

И на многа причиташе царица и кричаше, лежаще у гроба на земли, яко 2 часа, убивающеся, яко самому воеводѣ приставнику прослезитися, и уланомъ[tt] же и мурзамъ[uu] всѣмъ предстоящимъ, — плакаху горькимъ рыданиемъ.

И приступиша къ неи царевы отроки повелѣниемъ приставника воеводы, со служащими рабынями ея. И подняша отъ земли мертву, и видѣша вси людие открыто лице ея, опухше отъ слезъ, еяже красоты ото обычныхъ ея вел[ь]можъ, всегда входимыхъ къ неи о дѣлѣхъ земскихъ, никто же нигдѣ же видѣ. И ужасеся[195] приставникъ воевода, яко не убрежаша[196] ея. Бѣ бо царица образомъ красна вел[ь]ми и въ разумъ премудра, яко не обрѣстися такои лѣпотѣ лица ея во всѣхъ казанскихъ женахъ и въ дѣвицахъ, но и во многихъ рускихъ на Москвѣ, во дщеряхъ и въ женахъ болярскихъ и во княжнахъ...

★

О поведении царицы къ Москвѣ изъ Казани и о плачи ея, отъ Свияжска града идучи

И проводиша царицу отъ Свияжска[vv] 2 воеводы съ силою до руского рубежа, до Василяграда[ww]. Третии же воевода, приставникъ царицынъ, бояшеся, егда Казанцы раскаются и, достигше, царицу отымутъ у единого воеводы, многажды бо они извѣришася, преступающи клятву.

Царица же казанская, егда поведена бысть къ Москвѣ, гор[ь]ко плакашася Волгою, зряще очима на Казань, и рече:

»Горе тебѣ, горе тебѣ, граде кровавъ,
горе тебѣ, граде унылы!

Что еще гордостию возносишися?
Уже бо паде[197] вѣнецъ съ главы твоея,
яко жена худая вдовая осиротѣвъ.
Рабъ еси, а не господинъ.
И преиде царская слава твоя и скончася,
ты же изнемогше падеся
аки звѣрь, не имущи главы.
Не срамъ ти есть?
Аще бы вавилонския стѣны имѣлъ еси
и римския превысокия столпы,
то никако бы отъ царя сил[ь]наго устоялъ еси, —
всегда огневою обидою отъ него тебѣ быти обидиму!
Всяко царство царемъ премудрымъ сдержается,
а не стѣнами и столпами;
рати сил[ь]ныя воеводами крѣпкими бываютъ и бесъ стѣны.
Но кто царство одолѣетъ?
Царь твои сил[ь]ны умре[198],
и крѣпки воеводы изнемогше[199],
и вси людие охудѣша и ослабѣша,
и царства за тебя не сташа,
и не даша ни мало пособия, —
тѣмъ же ты всячески и побѣжденъ еси.

И се со мною восплачеши о себѣ, красны граде,
воспомянувъ славу свою,
и праздницы и торжествия своя
и пиры веселия всегдашныя!
Гдѣ нынѣ бывшая въ тебѣ иногда
царския пирове[200] и величествия твоя?
И гдѣ уланове и князи и мурзы
твоего красования и величания?
И гдѣ младыхъ женъ и красныхъ дѣвицъ
ликове и пѣсни и плясания?
Вся ты ныне исчезоша и погибоша[201]!
Въ тѣхъ мѣстѣхъ быша много народного стенания
и воздыхания и плача и рыдания непрестанно.
Тогда въ тебѣ рѣки медвены
и потопы винныя тѣцаху[202];
нынѣ въ тебѣ рѣки крови людеи твоихъ проливаются,
и слезъ горячихъ источницы проливаются,
и мечъ рускии открывается,
дондеже вся люди твоя изгубитъ.

Увы мнѣ, господине!
Нынѣ воз[ь]му птицу борзолетную,
глаголющу языкомъ человѣческимъ,
да послю отъ мене ко отцу моему и матери,
да возвѣститъ случшася[203] чаду ихъ....«

Ведущи же ю[204] приставницы и не можаше[205] ю всяко утѣшити, и до Москвы путемъ идуще, отъ великаго умил[ь]наго плача ея, обѣщавающе велику честь отъ царя прияти. Приставникъ же воевода, аки орелъ, похищая себѣ сладокъ ловъ, мчаше[206] царицу, не медля, день и нощь, и скоро ведяше[207] ее въ великихъ струзѣхъ[208] до Нижнето-Новаграда, по Оцѣ рѣкѣ, къ Мурому и къ Володимерю, изъ Володимеря же посади царицу на царския колымаги, на красныя, позлащеныя, яко царицѣ честь творяще...

★

Совѣтъ съ бояры своими царя и великого князя

И призываетъ великии князь и царь московскии къ себѣ въ Великую Полату Златую братью свою, благороднаго князя Георгия и князя Владимера[xx], и вся князи мѣстныя и вся великия воеводы и вся благородныя своя вел[ь]можи.

И посадивъ ихъ по мѣстомъ ихъ, и нача благъ и мудръ совѣтъ съ ними творити, хотя самъ въскорѣ двигнутися на безбожную и поганую Казань, на презлыя и недруги своя Казанцы, мстити крови христьяньския, яко Елизвои, Ефиопскии царь, на Омиритскаго князя Дунаса Жидовина[уу], ревнуя прадѣдомъ своимъ и великому князю Святославу Игоревичю[zz]. Како тои многажды Греческую Землю плѣни, столь далече ему сущу[209] отъ Руския Земля растояниемъ, и дани великия со Царяграда ималъ со благородныхъ Грекъ, побѣдившихъ Трою предивную и прегордаго царя Перского Скерска[210 A]. Тои же великии князь Святославъ по Дунаю стоящихъ 80 градовъ болгарскихъ взя. Поревновавъ же сыну его во благочести[и] сиявшему, православному и великому князю Владимеру[B] и державу свою, Рускую Землю, святымъ крещениемъ просвѣтившему, како взя великии градъ Корсунь[C], и ины земля[211]: многия языцы работаху ему, дани дающе, и надо всѣми враги его рука бѣ высока. Вельми же позавидѣ и Владимеру Мономаху[D], како же тои подвижеся[212] на греческаго царя Ко[н]стянтина Мономаха великимъ ополчениемъ ратнымъ, не хотѣвшу греческому царю[213] мира поновити и дани давати по уложению преже бывшихъ его цареи съ великими княз[ь]ми рускими; великии же князь Владимеръ Мономахъ, шедъ, всю Фракию[E] начисто повоева и Халкидомнину[F] и окрестныя области Царяграда греческии всѣ пусты положи и возвратися на Русь съ великою корыстию и со многимъ богатествомъ, поплѣнивъ Царство Греческое.

Царь же Ко[н]стянтинъ бысть въ велицѣ недоумѣнии и печали и въ тузѣ[214], и совѣтовавъ съ патриархомъ, да пошлетъ въ Киевъ на Русь къ великому князю о миру, дабы отъ сего престалъ проливати крови тацѣхъ[215] же христьянъ сущихъ, вѣрныхъ людеи греческихъ, откуду и самъ, проливая кровь неповинную, вѣренъ бысть и всѣи земли своеи спасение изобрѣте. Избравъ посылаетъ къ нему съ смирениемъ великимъ своя премудрыя послы, Ефеского митрополита киръ Неофита и 2 епискупа съ нимъ, Митулинского и Мелетинского, и стратига Антиохииского Ивана и игемона Иерусалимского Евстафия, [и] инѣхъ многихъ своихъ съ ними благородныхъ мужеи, яко могущихъ укротити его и ярость и свирѣпство княжее. Съ ними посла къ нему честныя великия дары безцѣнныя, самы свои царскии вѣнецъ и

багряницу и скифертъ[216] и сердоликову крабицу, изъ неяже еще великии
Августъ, римскии кесарь, на вечеряхъ своихъ пия веселяшеся, и злата,
и сребра, и бисера, и камени драгихъ безъ числа, и инѣхъ вещеи драгихъ
множество, утоляя гнѣвъ его, и *свѣтлымъ царемъ рускимъ* называя его,
да уже къ тому не двигнется Греческия Земля его плѣнити.

»И сея ради вины велики князь Владимеръ, прадѣдъ мои, *царь Моно-
махъ* наречеся, отъ негоже и мы приятхомъ[217] *цари* нарицатися, вѣнца ради
и порфиры и скиферта Ко[н]стянтина царя Мономаха. И уложиша межю
собою миръ и любовь во вѣки и паче перваго.«

И вся бывшая сия царь и князь великии съ брат[ь]ею своею и со
князи[218] мѣстными и съ великими воеводами премудрѣ и царски думаше и
паки глаголаше:

»Или егда убо я хуждьше[219] отца моего, великого князя Василья[G],
и дѣда моего, великого князя Ивана[H], недавно предо мною бывшихъ и
царствовавшихъ на Москвѣ и скиферты правящихъ всея Руския Державы?
Тако же бо и инѣхъ покориша подъ ся, великия грады и земля чюжихъ
странъ [и] многихъ языкъ незнаемыхъ поработиша и память себѣ велику
и похвалу въ роды вѣчныя оставиша. И язъ, сынъ и внукъ ихъ, взятыя
же грады и земли единъ содержу. Коими бо царствоваше онѣ, а азъ тѣми
владѣю, и вся суть въ рукахъ моихъ, и мною нынѣ вся строятся.

Азъ есмь божеи милостию царь и сопрестол[ь]никъ ихъ. Тацыи[220] же
есть у меня воеводы великии и славны и сильны и храбры и въ ратныхъ
дѣлѣхъ искусны, яковы же были у нихъ! И кто ми возбраняетъ творити
тако же, яко же бо они потщашася[221], намъ сотворше[222] многа блага? Тако
же и мы хощемъ, богу помогающу[223] намъ, инѣмъ по насъ сотворити.

Велико бо нынѣ зло постиже[224] отъ единыхъ Казанцовъ, паче всѣхъ
врагъ моихъ и супостатъ. И не вѣмъ бо, како мощенъ буду съ ними упра-
витися, зѣло бо стужаютъ; отъ нихъ и слышати уже не могу всегдашняго
плача и рыдания людеи моихъ и терпѣти не хощу досады мнѣ отъ Казан-
цевъ. И за сие вся, князи мои и воеводы, надѣяся азъ на премилостиваго
и всещедраго и человѣколюбиваго бога, дерзаю: хощу второе самъ съ вами
итти на казанския Срацыны и страдати за православную вѣру нашу и за
святыя церкви. Не токмо же до крове страдати хощу, но и до послѣднаяго
издыхания! Сладко бо есть всякому человѣку умрѣти за вѣру свою, паче
же кому, за христьяньскую святую, нѣсть бо то смерть, но животъ. Сие
бо страдание прияша[225] святии отцы и апостоли и мученицы и благочестивы
цари и благоверны князи, сродницы наши, и за то отъ бога прияша не
токмо земныя почести, царство же и славу и храбрость на сопротивныя,
и многолѣтно и славнѣ на земли пожиша. И дарова имъ богъ за ихъ благо-
честие и страдание, еже за православие пострадаша, по отшествии сего
прелестнаго мира, въ земныхъ мѣсто небесная, въ тлѣнныхъ мѣсто нетлѣн-
ная, и въ бесконечную радость вѣчное веселие: быти у господа бога своего,
всегда со ангелы[226] предстояти, со всѣми праведными веселитися въ бесконеч-
ныя вѣки. Вы же, братия и вся благородныя наша вельможи, что ми
отъ сихъ промыслите и речете?«

Преста[227] глаголя, и мало молчанию бывъ...

★

Наказание царя и великого князя
царицѣ своеи Анастасіѣ

И тогда благовѣрныи царь и князь великии миръ и любовное цѣлование царицѣ своеи Анастасіѣ[I] оставль[228], и прирекъ еи слово едино:

»Азъ тебѣ, о жено, повелѣваю никако же скорбѣти о моемъ шествіи, но пребывати въ подвизѣхъ[229] духовныхъ и въ постѣ и воздержаніи, и часто приходити къ церквамъ божіимъ, и многи мол[ь]бы творити за мя и за ся, и милостину убогимъ давати, и бѣдныхъ миловати, и въ царскихъ нашихъ опалахъ разрѣшати, и въ темницахъ заключенія испущати, да сугубу мѣзду отъ господа приимеше въ будущемъ вѣцѣ.«

То же слово и брату своему наказа.

Царица же, слышавъ сия отъ благочестивого царя, супруга своего любимаго, и нестерпимою скорбию уязвися о шествіи его. И не можетъ отъ великия печали стояти и хотяше пасти на землю, аще не бы самъ царь супружницу свою рукама поддержалъ. И на многъ часъ она безгласна бывши, и восплакася гор[ь]цѣ, едва мало возможе[230] удержатися отъ великихъ слезъ и проглаголати:

»Ты убо, благочестивыи мои господине царю, заповѣди божия храниши и тщишися[231] единъ, паче всѣхъ, душу свою положити за люди своя. Азъ же, свѣте мои драгыи, како стерплю на долго время разлучение твое отъ менѣ? Или кто ми утолитъ горькую мою печаль? Или кая птица въ часъ единъ прилетитъ и долготу пути того возвѣститъ мнѣ и сладкую вѣсть здравия твоего, яко ты съ поганымъ брався[232] и одолѣти возможе?

> О всемилостивы господи боже мои,
> призри на мое смирѣние,
> и услышы молитву рабы твоея,
> и вонми[233] рыдания моего слезы,
> и даруи ми слышати супруга моего, царя,
> преславно побѣдивьша враги своя,
> и сподоби мя здравие его сождати,
> свѣтла и весела видѣти ко мнѣ пришедша,
> радующася и хвалящася о милости твоеи!«

Царь же князь великии, утѣшивъ царицу свою словесы[234] и наказаниемъ и цѣлованиемъ, и здравие давъ еи, исходитъ отъ нея исъ полатъ своихъ и входитъ во церковь Пресвятыя Богородица, честнаго ея Благовѣщения[J], еже стоитъ на сѣняхъ близъ царскихъ полатъ его.

Благовѣрная же царица его Анастасия, проводивъ до церкви тоя супруга своего царя и возвратився въ полаты своя, аки ластвица во гнѣздо свое, съ великою тугою и печалью и со многимъ сѣтованиемъ, аки свѣтлая звѣзда темнымъ облакомъ скорбию и тоскою прикрывся въ полатѣ своеи, въ неиже живяше[235], и вся оконца позакры[236], и свѣта дневного зрѣти не хотя, доколѣ царь съ побѣдою возвратится, и въ постѣ и въ молении пребываше, день и нощь бога моля о супрузѣ[237] своемъ, да, на неже пошелъ есть орудие свое, и то непреткновенно да исправится ему, съ веселиемъ и съ радостию да приидетъ къ неи во своя, оба да престануть отъ печали своея и сѣтования и туги...

*

О стрась[238] огня и о разрушении стѣнъ и погибели Казанцовъ

И егда зажжено бысть огненное зелье въ ровѣхъ, священнику же чтущу[239] на молебнѣ святое *Евангелие* и конецъ того возгласившу[240]: *И будетъ едино стадо и единъ пастырь*, и аки друга вѣрна съ тѣмъ во едино дѣло согласистася, въ тои часъ абие возгремѣ земля яко велии громъ и потрясеся[241] мѣсто все, идѣже стояше градъ, позыбахуся[242] стѣны градныя, и вмалѣ весь градъ не паде отъ основания. И вышедъ ис подъ градныхъ пещеръ, и соидеся во едино мѣсто и возвысися пламень огня до облакъ, шумяще и клокочюще аки нѣкия великия рѣки. Сильныи прахъ, яко и рускимъ воемъ инѣмъ смутитися отъ страха и далече отъ града бѣжати, прорва[243] крѣпкия стѣны градныя, прясло едино, а въ другомъ же мѣстѣ, отъ Булака[K] саженеи съ десятокъ, и таиникъ подня[244], и понесе на высоту великое дрѣвие съ людьми, яко сѣно и прахъ вѣтромъ, и относя чрезъ воя руския, и меташе въ лѣсѣ и на полѣ далече, за 10 верстъ и 20 верстъ, идѣже нѣсть рускихъ людеи. И божиимъ брежениемъ не уби дрѣвиемъ тѣмъ великимъ ни единого же Русина. Бывши же на стѣнахъ погани, поносы и укоризни дающе рускимъ воемъ, и вси безъ вѣсти погибоша[245]. Овие дрѣвиимъ и дымомъ подави, овѣхъ же огнь пояде[246], а иже внутрь во градѣ Казанцы, мужи и жены, отъ страха сильного грянутия омертвѣша и падоша ницы[247] на землю, чающе подъ собою земли погрязнути, или яко содомскии огнь съ небеси сошедше попалити ихъ. И быша аки мышцы безгласни, другъ на друга зряще, яко изумленны, и никто же другъ ко другу своему провѣщати могуще и долго лежавше, и очнѣша[248] отъ страха того, и смутишася, и подвизашася яко пьяни. И вся хитрость ихъ и разное умѣние ихъ поглощено бысть Христовою благодатию и обратися имъ въ мѣсто смѣха плачъ и въ веселию мѣсто жалость и въ гуслеи мѣсто и прегудница[249] и плясания, другъ друга объемлюща, плакати и рыдати неутѣшно.

★

Ополчение и побѣда московскихъ воеводъ на Казанцовъ

Видѣвше же се воеводы великого полка, яко прииде имъ уже помощь божия, и наполнишася духа храбра, и вострубиша воя ихъ въ ратныя трубы и въ сурны во многия и удариша въ накры, вѣсть подающе и прочимъ полкомъ всѣмъ, да готовятся скоро. Царь же князь великии, вземъ[250] благословение и прощение отъ духовнаго отца своего, мужа добродѣтельна, Андрѣя именемъ[L], и аки пардусъ ярости наполнився бранныя, и всѣдъ[251] на избранныи свои конь съ мечемъ своимъ, и скача[252] вопияше[253] воеводамъ, мечемъ маша[254]:

»Что долго стоите бездѣльны? Се приспѣ время потружатися малъ часъ и обрѣсти вѣчную славу!«

И хотѣше въ ярости дерзнути съ воеводами самъ итти къ приступу въ велицѣмъ полцѣ[255] и собою дати храбрости начало всѣмъ. Но удержаша воеводы нудма и воли ему не даша, да не грѣхъ кои случится, и отведоша въ станъ его, и увѣщевающи его тихими словесы[256]:

»Тебѣ убо, о царю, спасти себѣ и насъ! Аще бо мы всѣ избьени будемъ,

а ты будеши здравъ, то намъ будетъ честь и слава и похвала во всѣхъ
земляхъ, и останутся у тебя сынове наши и внучата и сродники, то и
паки вмѣсто насъ будетъ безъ числа служащихъ ти. Аще ли же мы всѣ
спасемся и тебѣ единого самодержца изгубимъ, [не] таковая намъ будетъ
слава и похвала, но студъ и срамъ и поношение во языцѣхъ[257] и уничижение
вѣчно, и останемся аки овечная стада, въ пустыняхъ и въ горахъ блудяще[258],
снѣдаемы отъ волкъ и не имущи пастыря.«

Онъ же пришедъ во умъ свои отъ ярости зѣльныя, и позна, яко не
добро есть безумное дерзновение, и пусти ко граду впреди великии полкъ,
пѣшихъ оружниковъ за великими щитами древяными, по 30 человѣкъ, ко
всѣмъ вратомъ, и туры подвигнути ко стѣнамъ граднымъ близко до толика,
яко воемъ взыти съ нихъ на стѣны проломныя. А царевичевъ Асторохан-
скихъ[M] съ Татары [не пусти], за тѣми же воинество все, но и еще полкомъ
всѣмъ не велѣ поспѣшити, да не угнетения ради и тѣснения у града
падение людемъ будетъ велие.

Самъ же отъѣхавъ съ братомъ своимъ, со княземъ Владимеромъ и со
царемъ Шигалѣемъ[N] и стояше[259] и смотряше издалеча бывающаго. Воеводы
же, съ пѣшцы[260] ко граду приступльше[261], и единѣмъ часомъ, мало трудни,
деветеры врата града изломиша и во градъ внидоша и путь всюдѣ со-
твориша всему рускому воинству, И самодержцово знамя вознесше на градѣ
поставиша, христьянское побѣдительство на поганыхъ являющи всѣмъ. И
вдругъ съ тѣми царевичи поспѣшиста[262] въ проломы, съ полки[263] своими
варварскими, внидоша во градъ, полыми мѣсты[264], въ мегновени ока,
безбранно, и обои тя отъ возгорѣния градъ отняша и угасиша силу огнен-
ную, Казанцамъ бо еще во страсѣ мятущимся и не вѣдающимъ себе и ума
не собравшимъ[265].

Прочие же воеводы, стоящи и времени ожидающи, и видѣвше огнь
угасше[266], по аеру вѣтромъ разносимъ, и вои рускихъ скачущихъ и бью-
щихся съ Казанцы, за руки имаяся, и двигнушася отъ мѣстъ своихъ съ
полки своими, киждо ихъ гдѣ стояху, съ воплемъ крѣпкимъ, И приидоша во
градъ на конѣхъ своихъ, яко грозныя тучи съ великимъ громомъ, лиющеся
со всѣхъ странъ, аки сил[ь]ная вода, во всѣ врата и въ проломы, съ обна-
женными копии[267] и съ мечи[268], другъ друга понукающи и вопиюще:

»Дерзаите! Не боитеся, о друзи и братия! И поспѣшите на дѣло
божие! Се Христосъ невидимо помогаетъ намъ!«

И не удержаша ихъ ни рѣки, ни глубокия рвы, и вся крѣпость казан-
ская, но яко птица[269] чрезъ ихъ прелѣтаху[270] и ко граду припадаху и
прилипаху. *И аще не господь сохранитъ градъ, то всуе бдя[271] стреги[272] его.*

Пѣшцы же, лѣствица[273] т[ь]мочисленная приставляющи ко стѣнамъ
граду, полѣзоша[274] неудержанно: ови же, яко птица или векшица при-
лѣпляющися, яко ногти[275], желѣзными багры[276] всюду, ко стѣнамъ возла-
зяху[277] и на градѣ бияху Казанцовъ; Казанцы же со стѣнъ градныхъ
кидаху[278] на землю. И смерть свою предъ очима своима видяще и лучше
живота смерть вмѣняху[279], [и] яко не лестно за законъ свои и за отечество
и за градъ свои пострадаша[280].

Съ нѣкихъ же Казанцовъ сниде[281] смертныи страхъ, и охрабришася[282]:
сташа[283] во вратѣхъ града и у полыхъ мѣстъ, сняшася[284] съ Русью и съ
татары, смѣша[ша]ся[285] сѣчемъ великимъ, съ прежними же и съ задними,

иже кои во градѣ, и крѣпцѣ[286] сѣцахуся[287], яко звѣри дивии рыкающе. И страшно бѣ видѣти обоихъ храбрости и мужества: ови во градъ влѣсти хотяху, ови же пустити не хотяще и отчаявше живота своего, и сильно бияхуся, и неотступно рекуще въ себе, яко:

»Единако же умрѣти есть намъ!«

И стрескотаху[288] копия и сулицы и мечи въ рукахъ ихъ, и, яко громъ силенъ, гласъ и кричание отъ обоихъ вои гремяше.

И ту въ Муралевыхъ вратѣхъ[O] язвиша[289] Казанцы храброго воеводу, князя Семиона Микулинского[P] ранами многими, но не смертными, — и по малѣхъ днехъ исцѣлиша его врачеве[290] и здрава сотвориша, не на много время [яко преже написахъ о немъ], — брата же его, князя Дмитрѣя, изъ пушки со стѣны убиша, — и похвативше слуги его, и отомчаша мертва въ шатеръ его, — и вои его паде съ нимъ 3,000.

И мало бившеся и потопташа Казанцовъ Русь и вогнаша ихъ въ улицы града, биюще. И сѣцаху Казанцовъ, не зѣло много имъ успѣвающимъ скакати по всѣмъ мѣстомъ граду, всюду вратъ и проломовъ брещи, и битися со всѣми не могущимъ[291], яко уже полонъ градъ Руси, аки мышца[292] насыпано. И тако бѣгающе бияхуся и на вои ставляхуся многажды и воздержеваху[293] многихъ преднихъ немнози и сильныхъ убиваху несильны, донележе созади Русь приспѣвши и побиваху ихъ. Ини же вбѣгаху въ домы своя и запирахуся во храминахъ и бияхуся оттолѣ.

Но не можетъ малъ пламень много удержати, [ни] противитися велицѣи водѣ [и] гашению, но скоро угасаетъ. И ни малая прудина — великия рѣки быстрины! Сице же ни Казанцы [могоша] много стояти противу толикого множества рускихъ вои, и паче же рещи божия помощи.

★

О падении храбрыхъ Казанцовъ

Казанцовъ же собрася 3,000 храбрыхъ, и сѣдоша на кони своя и прорвашася во Врата Царевы[Q] за Казань рѣку, и надѣющися на крѣпость рукъ своихъ и хотяще пробитися сквозѣ рускихъ полковъ [и] убѣжати въ Ногаи. И скочиша аки звѣрие во осоку. И ту ихъ окружи руская сила, и осыпаша ихъ аки пчела, не дадущи[294] прозрѣти. Стоя[ша] бо ту на полѣ два воеводы противу Царевыхъ Вратъ, князь Петръ Щенятевъ [и] князь Иванъ Пронскои-Тарантаи[R]. И много сѣкъшеся[295], Казанцы и многихъ вои рускихъ убиша, и сами ту же умроша[296], храбрыя, похвально на землѣ своеи! Како бо можаху[297] Казанцы съ такими рускими силами многими, яко быти на единого Казанца Русиновъ пятдесятъ?

Русти[298] же вои быстро, яко орли и ястреби гладнии на нырищи полетоваху[299], и скачаху[300] яко елени по горамъ и по стогнамъ града и рыстаху яко звѣрие по пустынямъ, сѣмо и овамо, и яко львы рыкаху, восхитити лова ищущи Казанцовъ, въ домѣхъ и во храминахъ и въ погребахъ и въ ямахъ сокрывающихся. И гдѣ аще обрѣтаху Казанца, стара или юношу или срѣдолѣтного, и ту вскорѣ того оружиемъ своимъ смерти предаваху. Отроки же токмо младыя и красныя жены и дѣвица[301] соблюдаху[302] и не убиваху повелѣниемъ самодержца, что много моляху и мужеи своихъ предатися ему. И бѣ видѣти, яко высокия горы, громады же великия

побитыхъ Казанцовъ лежащихъ, яко внутрь града съ градными стѣнами
сравнитися. И во вратѣхъ же градныхъ, и въ проломѣхъ, и за градомъ
во рвѣхъ, и въ потоцѣхъ, и въ кладезяхъ, и по Казани рѣкѣ, и по-за
Булаку, и по лугомъ безчисленно мертвыхъ бысть, яко сильному коню не
могущу[303] долго скакати по трупию мертвыхъ Казанцовъ, но всѣдати
воиномъ на иныя коня и премѣнятися. Рѣки же по всему граду крови
ихъ пролишася[304], и потоцы горящихъ слезъ протекоша[305], и, яко великия
лужа[306] дождевыя воды, кровь стояше по низкимъ мѣстомъ и очерлени-
ваше[307] землю, яко и реченнымъ водамъ съ кровию смѣситися. И не можаху
людие изъ рѣкъ по 7 днеи пити воды, конемъ же и людемъ въ крови до
колѣну бродити. И бысть сѣча та великая ото утра перваго часа и до
десятого.

★

О встрѣтении царя и великого князя
епископовъ и всего народа московского
и о красотѣ и ополчении его

Слышано же бысть на Москвѣ о царскомъ приходѣ его. И выѣхавше
посланныи отъ митрополита епископы три, и встрѣтиша его отъ града
Москвы за 12 верстъ, въ царскомъ селѣ его въ Тонинскомъ, со архима-
риты [и] игумены[308]: Ростовски архиепископъ Никандръ, и Тверски епис-
копъ Акакии, и Сава, епископъ Крутицкии, миръ и благословение носяще
отъ пресвященного отца Макария митрополита[8]. И поклонишася ему, и
благословивше его, и скоро назадъ возвратившеся отъ него. Приближаю-
щуся ему[309] къ Посаду граду, и пусти, водима[310] спреди себѣ далеко съ
приставникомъ воеводою, казанского царя со знамениемъ его и съ плѣнен-
ными Казанцы[311], полкъ великъ до 50,000. И позвонеся[312] великии градъ
Москва.

И изыдоша на поле на Посадъ въстрѣтити царя и великого князя
князи и вел[ь]можи его и вси старѣишины града, богатии и убози, юноша
и дѣвы, и стары со младенцы, черньцы и черницы, и спроста все множество
безчисленное народа московского, и съ ними же вси купцы иноязычныя,
Турцы, и Армены, и Нѣмцы, и Литва, и многия странницы. И въстрѣтиша
за 10 верстъ, ови же за 5, ови за 3, ови же за едино поприщо, оболы
пути стояща со единого, угнетающеся и тѣснящеся. И видѣша самодержца
своего яко пчелы матку свою, и возрадовашася зѣло, хваляще и благо-
даряще его, *и побѣдител[ь]на [и] велика* его нарицающе, *и много лѣта* ему
восклицающе на долгъ часъ, и падающи вси поклоняхуся ему до земля[313].

Онъ же посрѣдѣ народа тихо путемъ прохождаше[314] на царстѣмъ[315]
конѣ своемъ со многимъ величаниемъ и славою великою. На обѣ страны
поклоняшеся народомъ, да вси людие насладятся, видяще и велелѣпотныя
славы его, сияюща на немъ. Бяше бо оболченъ[316] во весь царскии санъ,
яко въ свѣтлыи день Воскресения Христова, въ латная и въ сребряная
одежда[317] и въ златьци вѣнецъ на главѣ его, съ великимъ жемчюгомъ и съ
каменемъ драгимъ украшенъ, и царская порфира о плещу[318] его. И ничто
же ино видѣти у ногу[319] его развѣ злата и сребра и жемчюга и каменья
драгоцѣнного. И никто же такихъ вещеи драгихъ нигдѣ же когда видѣ:
удивляютъ бо сия умъ зрящимъ нань[320].

За нимъ же яждяху[321] братия его, князь Георги и князь Владимеръ, такожде и ти въ златыхъ вѣнцахъ и въ порфирная и въ златыя одѣяни. За ними же, кругъ ихъ, вся князя и воеводы и благородныя боляре и вел[ь]можи яждяху, по тому же въ пресвѣтлая и въ драгая оболочены, и коемуждо на выяхъ ихъ повѣшены чѣпи[322] и гривны златыя, — яко забыти въ тои часъ всѣмъ людемъ, на такия красоты на царския зрящимъ, и вся домовная попечения своя и недостатцы.

Прилучиша же ся тогда на Москвѣ послы нѣкия, съ честию и съ дары[323] пришедше отъ далекихъ странъ, на бол[ь]шую славу самодержцу нашему: Вавилонского царя[T] посолъ, сеитъ, мужъ зѣло премудры, и взятъ бысть Казанского Царства за 25 лѣтъ, удалъ, — и нѣсть бывалъ отъ тоя земля[324] преже сего на Руси посолъ, — и послы ногаиския и послы поль-ского короля и посолъ сви[и]ского короля[U] и послы дацкого короля[V] и посолъ волоскии[W], и купцы Аглинския Земля[X]: и ти вси послы же и купцы тако же дивляхуся глаголюще яко:

»Нѣсть мы видали[325] ни въ коихъ же царствахъ, ни въ своихъ, ни въ чюжихъ, ни на коемъ же царѣ, ни на королѣ таковыя красоты и силы и славы великия!«

Ови же народи московсти[326], возлѣзше на высокия храмины и на забрала и на полатныя покровы, и оттуду зряху царя своего, ови же далече напредъ заскакаше[327], и отъ онѣхъ отъ высотъ нѣкихъ, лѣпящеся, смотряху, да всяко возмогутъ его видѣти. Дѣвица[328] же черто́жныя и жены княжа и болярския, имже нельзѣ есть въ такая позорища великая, человѣческаго ради срама, изъ домовъ своихъ исходити и изъ храминъ излазити, — полезнѣ есть, гдѣ сѣдяху и живяху, яко птицы брегоми въ клѣтцахъ, — они же совершеннѣ приницающе изъ вереи, изъ оконецъ своихъ, и въ малыя скважницы, глядяху и наслажахуся[329] многаго того видѣния чюднаго и доброты и славы бльщаяся[330].

---

[1] цари *instr. pl.* [2] содѣяшася *aor. 3 pl.*: съдѣятися. [3] наша *acc. pl.* [4] чаемъ *pr. p. p.*: чаяти. [5] бѣхъ *impf. (aor.) 1 sg.*: быти. [6] покусихся *aor. 1 sg.*: покуситися. [7] невѣдущимъ ... людемъ *dat. abs. (caus.).* [8] почася *aor. 3 sg.*: початися. [9] самодержцы *instr. pl.* [10] прочетше *p. a. p., nom. pl.*: прочисти, прочьту. [11] продолжающеся *pr. a. p. (adv.)*: продолжатися. [12] живяху *impf. 3 pl.*: жити. [13] земля своея *gen. sg.* [14] бяху служаще ... дающе *periphr. p.*: бяху *impf. 3 pl. + pr. a. p.* [15] зачася *aor. 3 sg.*: зачатися. [16] обрѣтохъ and the following expressions in the same sentence видѣхъ, пытахъ *aor. 1 sg.*: обрѣсти, видѣти, пытати. [17] варвары *instr. pl.* [18] даша *aor. 3 pl.*: дати. [19] дарѣхъ *loc. pl.*: даръ. [20] взятъ *aor. 3 sg.*: в(ъ)зяти. [21] причте *aor. 3 sg.*: причисти. [22] дастъ *aor. 3 sg.*: дати. [23] начахъ *aor. 1 sg.*: начати. [24] мнѣ живущу *dat. abs. (temp.).* [25] пытающу ми *dat. abs. (temp.).* [26] бѣ ... зная и любя *periphr. p.*: бѣ *aor. 3 sg. + pr. a. p.*: знати, любити. [27] брѣжаху *impf. 3 pl.*: брѣщи. [28] слышахъ *impf. 1 sg.*: слышати. [29] обрѣте *aor. 3 sg.*: обрѣсти. [30] всяцѣми *instr. pl.*: в[ь]сякъ. [31] сѣмяны *instr. pl.*: сѣмя. [32] вѣмъ *pr. 1 sg.*: вѣдѣти. [33] мнози *nom. pl.*: многъ. [34] нѣци *nom. pl.*: нѣкии. [35] земля тоя *gen. sg.* [36] живяше *impf. 3 sg.*: жити. [37] двою главу *loc. du.* [38] пожираше and the following expression in the same sentence ядяше *impf. 3 sg.*: пожирати, ясти. [39] лежаша (*unexpected*) *aor. 3 pl.*: лежати. [40] живяху *impf. 3 pl.*: жити. [41] образы *instr. pl.* [42] можаху and the following expression in the same sentence обхожаху *impf. 3 pl.*: мощи, обходити. [43] зря and the following expressions in the same sentence обходя, любя *pr. a. p. (adv.).* [44] домышляшеся *impf. 3 sg.*: домыслитися. [45] вся живущая змия тѣ *acc. pl.* [46] обволоче *aor. 3 sg.*: оболочи = облѣщи. [47] зазже = зажьже *aor. 3 sg.*: зажещи. [48] попали *aor. 3 sg.*: попалити. [49] пожже = пожьже *aor. 3 sg.*: пожещи. [50] вся змия *acc. pl.* [51] проклятыя ... вѣры срацынския *gen. sg.* [52] мнозѣмъ *dat. pl.*: многъ. [53] вои *gen. pl.* [54] падоша *aor. 3 pl.*: пасти. [55] никому ... смѣющимъ *dat. abs. (temp.).* [56] распалашеся and the following expression in the same sentence разгарашеся

impf. 3 sg. : распалатися, разгаратися. [57] усты *instr. pl.* [58] вьсехъ *loc. pl.* : вьсь. [59] князи *instr. pl.* : князь. [60] многимъ имъ сущимъ подобнымъ *dat. abs.* [61] вселшуся *p. a. p.*, *acc. sg. f.* : в[ъ]селитися. [62] дашася *aor. 3 pl.* : датися. [63] зачася *aor. 3 sg.* : зачатися. [64] словяше *impf. 3 sg.* : слути. [65] князя своя *acc. pl.* [66] иноцѣхъ *loc. sg.* : инокъ. [67] брався *p. a. p.* : братися [= боротися]. [68] Казанцы *instr. pl.* [69] возможе *aor. 3 sg.* : възмощи. [70] сѣдящимъ ... митрополиту ... и всѣмъ боляромъ *dat. abs.* [71] сѣде *aor. 3 sg.* : сѣсти. [72] двѣма болярина *instr. du.* [73] взя *aor. 3 sg.* : в(ъ)зяти. [74] омыеть *pr. 3 sg.* : омыти. [75] проженеть *pr. 3 sg.* : прогънати. [76] возлегъ *p. a. p.* : възлещи. [77] успе *aor. 3 sg.* : усъ(п)нути. [78] достигъ *p. a. p.* : достигнути. [79] растяху *impf. 3 pl.* : расти. [80] брегомы *and the following expressions in the same sentence* учимы, наказуемы *pr. p. p.*, *nom. pl.* : брещи, учити, наказовати. [81] блюдущимся *pr. a. p.*, *dat. pl.* : блюстися. [82] всѣмъ князямъ ... живущимъ, ... судящимъ, ... блюдущимся, ... имущимъ, ... не брегущимъ *dat. abs.* [83] воеваху, губяху *impf. 3 pl.* : воевати, губити. [84] земля своея *gen. sg.* [85] возрастшу *p. a. p.*, *dat. sg.* : возрасти = възрасти. [86] приимшу *p. a. p.*, *dat. sg.* : прияти. [87] возрастшу и ... приимшу великому князю Ивану Васильевичу *dat. abs. (temp.).* [88] римсти *nom. pl.* : рим(ь)скъ. [89] гречести *nom. pl.* : греческъ = гречьскъ. [90] поставляхуся *impf. 3 pl.* : поставитися. [91] одержаше *impf. 3 sg.* : одержати = одьржати. [92] словяше *impf. 3 sg.* : слути. [93] блюдущеся *pr. a. p.*, *nom. pl.* : блюстися. [94] врази *nom. pl.* : врагъ. [95] похвалиша *and the following expressions in the same sentence* прославиша, прислаша, назваша *aor. 3 pl.* [96] правляше *impf. 3 sg.* : правити. [97] множае *compr.* : много. [98] стражущихъ *pr. a. p.*, *gen. pl.* : страдати. [99] яздяше *impf. 3 sg.* : яздити = ѣздити. [100] языкомъ *dat. pl.* [101] смѣти *aor. 3 sg.* : смѣтити. [102] любля[ше] *and the following expressions in the same sentence* брежаше, почиташе *impf. 3 sg.* : любити, брещи, почитати. [103] почашася *aor. 3 pl.* : почати. [104] воемъ *dat. pl.* : вои. [105] облечахуся *impf. 3 pl.* : облекатися. [106] течаху *and the following expressions in the same sentence* бияхуся, складаху *impf. 3 pl.* : тещи, битися, с[ъ]класти. [107] бяху обладающе *periphr. p.* : бяху *impf. 3 pl.* + *pr. a. p.* : обладати. [108] руския (крови) *gen. sg.* [109] побѣждаху *impf. 3 pl.* : побѣдити. [110] есмя *pr. 1 pl.* : быти. [111] преодолѣша *and the following expressions in the same sentence* понасиловаша, обладаша, вселишася, расплодишася, крѣпишася, быша *aor. 3 pl.* [112] Земля Руския *gen. sg.* [113] Черемисы *gen. sg.* : Черемиса. [114] исхождаху *impf. 3 pl.* : исходити. [115] бѣжаху *impf. 3 pl.* : бѣжати. [116] русти *nom. pl.* : рус(ьс)къ. [117] роспадоша *and the following expression in the same sentence* зарастоша *aor. 3 pl.* : роспасти, зарасти. [118] ядуще *pr. a. p.*, *nom. pl.* : ясти = ѣсти. [119] облечаху *pr. a. p.* : облечати. [120] продаваша *incorrect instead of* продаваху *impf. 3 pl.* : продавати. [121] имъ ... не могущимъ *dat. abs.* [122] черница *acc. pl.* [123] дѣвица *acc. pl.* [124] поимаша *incorrect instead of* поимаху *impf. 3 pl.* : поимати. [125] пребываше *incorrect instead of* пребываху *impf. 3 pl.* : пребывати. [126] Татары *instr. pl.* [127] изободаху *and the following expressions in the same sentence* искореневаху, выломляху *impf. 3 pl.* : изободати, искореневати, выломлляти. [128] обрѣзаша *incorrect instead of* обрѣзаху *impf. 3 pl.* : обрѣзати. [129] отсѣцаху *impf. 3 pl.* : отсѣщи/отсѣцати. [130] младенца *acc. pl.* : младеньць. [131] пробожающе *pr. a. p.*, *nom. pl. (adv.)* : пробожати. [132] померкне *aor. 2 sg.* : померкнути = помьркнути. [133] стерпе *aor. 2 sg.* : с(ъ)тьрпѣти. [134] пожре *aor. 2 sg.* : пожрѣти. [135] живше *p. a. p.*, *nom. pl. (adv.)* : жити. [136] поимаху *impf. 3 pl.* : поимати. [137] держаща *p. a. p. (adv.)* : держати. [138] живущи *pr. a. p. (adv.).* [139] ми живущу *dat. abs. (temp.).* [140] высоцѣ *loc. sg.* : высокъ. [141] земля *gen. sg.* [142] жрюще = жруще *pr. a. p.*, *nom. pl.* : жьрѣти. [143] опроверзаше *impf. 3 sg.* : опровьрзати. [144] смѣя[ше] *impf. 3 sg.* : смѣти. [145] повергши *p. a. p.*, *(adv.)* : повьрещи. [146] отдаяше *impf. 3 sg.* : отдаяти. [147] жерцы *instr. pl.* : жьрьць. [148] убытцы *nom. pl. instead of expected* убытки *acc. pl.* : убытъкъ. [149] совопрошающася *pr. a. p. (adv.).* [150] четою = тъщетою. [151] кляцати *impf. 3 pl.* : кляцати. [152] ерея *nom. pl.* : (и)ереи. [153] ядуще *pr. a. p.*, *nom. pl.* : ясти = ѣсти. [154] отозвася *aor. 3 sg.* : отъзъватися. [155] стужаете *pr. 2 pl.* : с(ъ)тужати. [156] всѣмъ намъ зрящимъ и чюдящимся *dat. abs.* [157] исчезе *aor. 3 sg.* : исчезнути. [158] ведомѣ *pr. p. p.*, *dat. sg. f.* : вести. [159] ятъ *aor. 3 sg.* : яти. [160] трепещущи еи *dat. abs.* [161] царицѣ ... свѣдавши *dat. abs. (temp.).* [162] снемше *p. a. p. (adv.)* : с(ъ)няти. [163] воля *gen. sg.* [164] сѣдяше *impf. 3 sg.* : сѣдѣти. [165] ста *aor. 3 sg.* : стати. [166] дѣвица *nom. pl.* [167] пущаше *incorr. instead of* пущаху *impf. 3 pl.* : пущати. [168] отроцы *nom. pl.* : отрокъ. [169] стекахуся *and the following expressions in the same sentence* плакахуся, кричаху, хотяху *impf. 3 pl.* : с[ъ]текатися, плакатися, кричати, хотѣти. [170] даяше *incorr. instead of* даяху *impf. 3 pl.* [171] батоги *instr. pl.* : батогъ. [172] похватиша *aor. 3 pl.* : похватити. [173] назираше *impf. 3 sg.* : назирати. [174] стояше *impf. 3 sg.* : стояти. [175] преписоваше *impf. 3 sg.* : преписовати. [176] сосуды *instr. pl.* : съсудъ. [177] поведоша *aor. 3 pl.* : повести.

[178] упросишася *incorr. instead of* упросися *aor. 3 sg.* : упроситися. [179] вниде *aor. 3 sg.* : в[ъ]нити. [180] умерлъ *p. a. p.* : умрѣти. [181] сверже *and the following expressions in the same sentence* раздра, паде *aor. 3 sg.* : с[ъ]врѣщи, раздрати, пасти. [182] любилъ еси *periphr. p.* : любилъ *p. a. p.* + еси *pr. 2 sg.* : быти. [183] ведома *pr. p. p., f.* : вести. [184] вѣси *pr. 2 sg.* : вѣдѣти. [185] мнѣ . . . могущи *dat. abs.* [186] вдахся *aor. 1 sg.* : в[ъ]датися. [187] быхъ была *periphr. cond., 1 sg.* : быти. [188] сбысть *aor. 3 sg.* : с[ъ]быти. [189] пришедши мнѣ *dat. abs. (temp.).* [190] бѣхъ *impf. (aor.) 1 sg.* : быти. [191] постигоша *aor. 3 pl.* : постигнути. [192] обыдоша *aor. 3 pl.* : обыти = обити. [193] ослѣпоста *aor. 3 du.* : ослѣпнути. [194] премолче *aor. 3 du.* : премолкнути. [195] ужасеся *aor. 3 sg.* : ужаснутися. [196] убрежаша *incorr. instead of* убрегоша *aor. 3 pl.* : убрещи = убрѣщи. [197] паде *aor. 3 pl.* : пасти. [198] умре *aor. 3 sg.* : умрѣти. [199] изнемогше *p. a. p., nom. pl.* : изнемощи. [200] пирове *nom. pl.* : пиръ. [201] исчезоша, погибоша *aor. 3 pl.* : исчезнути, погибнути. [202] тѣцаху *impf. 3 pl.* : тѣцати. [203] случшася *p. a. p., acc. pl.* : с[ъ]лучитися. [204] ю *acc. sg.* : она. [205] можаше *incorr. instead of* можаху *impf. 3 pl.* : мощи. [206] мчаше *impf. 3 sg.* : м[ъ]чати. [207] ведяше *impf. 3 sg.* : вести. [208] струзѣхъ *loc. pl.* : стругъ. [209] ему сущу *dat. abs. (temp.).* [210] Скераска = Ксеркса. [211] земля *acc. pl.* : земля. [212] подвижеся *aor. 3 sg.* : подвигнутися. [213] не хотѣвшу греческому царю *dat. abs. (caus.).* [214] тузѣ *loc. sg.* : туга. [215] тацѣхъ *gen. pl.* : такии. [216] скифертъ = скипетръ. [217] прияхомъ *aor. 1 pl.* : прияти. [218] князи *instr. pl.* : князь. [219] хуждьше *compr.* : худъ. [220] тации *nom. pl.* : такии. [221] потщашася *aor. 3 pl.* : пот(ъ)щатися. [222] сотворше *p. a. p., nom. pl.* : сътворити. [223] богу помогающу *dat. abs.* [224] постиже *aor. 3 sg.* : постигнути. [225] прияша *and, in the same sentence,* пожиша *aor. 3 pl.* : прияти, пожити. [226] ангелы *instr. pl.* : ангелъ. [227] преста *aor. 3 sg.* : престати. [228] оставль *p. a. p.* : оставити. [229] подвизѣхъ *loc. pl.* : подвигъ. [230] возможе *aor. 3 sg.* : възмощи. [231] тщишися *pr. 2 sg.* : т(ъ)щитися. [232] брався *p. a. p.* : братися [= боротися]. [233] вонми *imp. 2 sg.* : в(ъ)няти. [234] словесы *instr. pl.* : слово. [235] живяше *impf. 3 sg.* : жити. [236] позакры *aor. 3 sg.* : позакрыти. [237] супрузѣ *loc. sg.* : супругъ. [238] страсѣ *loc. sg.* : страхъ. [239] чтущу *pr. a. p., dat. sg.* : чисти, чьту. [240] священиику . . . чтущу . . . возгласившу *dat. abs.* [241] потрясеся *aor. 3 sg.* : потрястися. [242] позыбахуся *impf. 3 pl.* : позыбатися. [243] прорва *aor. 3 sg.* : прорвати. [244] подня *aor. 3 sg.* : поднятн. [245] погибоша *aor. 3 pl.* : погибнути. [246] пояде *aor. 3 sg.* : поясти = поѣсти. [247] ницы *nom. pl.* : ниць *adj.* [248] очнѣша *aor. 3 pl.* : оч(ь)нѣти. [249] прегудница *gen. sg.* [250] вземъ *p. a. p.* : в(ъ)зяти. [251] всѣдъ *p. a. p.* : в[ъ]сѣсти. [252] скача *pr. a. p.* : скакати. [253] вопияше *impf. 3 sg.* : вопити = въпити. [254] маша *pr. a. p.* : махати. [255] велицѣмъ полцѣ *loc. sg.* : великъ полкъ. [256] словесы *instr. pl.* [257] языцѣхъ *loc. pl.* : языкъ. [258] блудяще *pr. a. p., nom. pl.* : блудити. [259] стояше *and the following* смотряше *impf. 3 sg.* [260] пѣшцы *instr. pl.* : пѣшьць. [261] приступльше *p. a. p., nom. pl.* : приступити. [262] поспѣшиста *aor. 3 du.* : поспѣшити. [263] полки *instr. pl.* : полкъ. [264] мѣсты *instr. pl.* : мѣсто. [265] Казанцамъ . . . мятущимся . . . невѣдающимъ . . . не собравшимъ *dat. abs.* [266] угасше *p. a. p.* : угаснути [*apposition to* огнь]. [267] копии *instr. pl.* : копие. [268] мечи *instr. pl.* : мечь. [269] птица *nom. pl.* [270] прелѣтаху *and the following expressions in the same sentence* припадаху, прилипаху *impf. 3 pl.* : прелѣтати, припадати, прилипати. [271] бдя *pr. a. p.* : бъдѣти. [272] стреги = стрегии *pr. a. p., det.* : стрещи. [273] лѣствица *acc. pl.* [274] полѣзоша *aor. 3 pl.* : полѣзти. [275] ногти *instr. pl.* : ног(ъ)ть. [276] багры *instr. pl.* : баг(ъ)ръ. [277] возлазяху *impf. 3 pl.* : възлазити. [278] кидаху *impf. 3 pl.* : кидати. [279] вмѣняху *impf. 3 pl.* : в[ъ]мѣнити. [280] пострадаша *aor. 3 pl.* : пострадати. [281] сниде *aor. 3 sg.* : с[ъ]нити. [282] охрабришася *aor. 3 pl.* : охрабритися. [283] сташа *aor. 3 pl.* : стати. [284] сняшася *aor. 3 pl.* : с[ъ]нятися. [285] смѣша[ша]ся *aor. 3 pl.* : с[ъ]мѣшатися. [286] крѣпцѣ *adv.* : крѣпъкъ. [287] сѣцахуся *impf. 3 pl.* : сѣцатися. [288] стрескотаху *impf. 3 pl.* : с[ъ]трьскотати. [289] язвиша *aor. 3 pl.* : язвити. [290] врачеве *nom. pl.* : врачь. [291] имъ . . . успѣвающимъ . . . немогущимъ *dat. abs.* [292] мышца *acc. pl.* : мыш[ь]ца. [293] воздержеваху *impf. 3 pl.* : въздьржевати. [294] дадущи *pr. a. p., f.* : дати. [295] сѣкъшеся *p. a. p., nom. pl.* : сѣщися. [296] умроша *aor. 3 pl.* : умрѣти. [297] можаху *impf. 3 pl.* : мощи. [298] русти *nom. pl.* : рус[ьс]къ. [299] полетоваху *impf. 3 pl.* : полетовати. [300] скачаху *impf. 3 pl.* : скакати. [301] дѣвица *acc. pl.* [302] соблюдаху *impf. 3 pl.* : съблюсти. [303] коню . . . не могущу *dat. abs.* [304] пролишася *aor. 3 pl.* : пролитися. [305] протекоша *aor. 3 pl.* : протещи. [306] лужа *nom. pl.* : лужа. [307] очерленивaше *impf. 3 sg.* : очьр(в)леннвать. [308] архимариты и игумены *instr. pl.* [309] приближающуся ему *dat. abs. (temp.).* [310] водима *p. a. p., acc. sg.* : водити. [311] Казанцы *instr. pl.* [312] позвонеся *aor. 3 sg.* : позвонутися. [313] земля *gen. sg.* [314] прохождаше *impf. 3 sg.* : проходити. [315] царствѣмъ *loc. sg.* : царскъ. [316] оболченъ *p. p. p.* : оболочь, оболоку. [317] одежда *acc. pl.* [318] плещу *loc. du.* : плеще. [319] ногу *loc. du.* : нога. [320] нань = *prep.* на + нь *acc. sg.* : онъ. [321] яждаху *impf. 3 pl.* : яздити = ѣздити.

³²² чѣпи = цѣпи.   ³²³ дары *instr. pl.* : даръ.   ³²⁴ земля *gen. sg.*   ³²⁵ нѣсть видали = нѣсмы видали.   ³²⁶ московсти *nom. pl.* : московьскъ.   ³²⁷ заскакаше *aor. 3 pl.* : заскакати. ³²⁸ дѣвица *nom. pl.*   ³²⁹ наслажахуся *impf. 3 pl.* : насладитися.   ³³⁰ блыцаяся *pr. a. p.,* *gen. sg. f.* : блыцатися.

a The former Volga-Bulgarian kingdom later incorporated by the Kazan' Tatars.
b The region of V'atka.
c The region of Perm'.
d The former region of the Polovtsians or Kumans in the steppes.
e The Finnish tribe of Cheremisians or the Mari.
f Batu, khan of the Golden Horde, who attacked Russia in the thirteenth century.
g The author may have studied Tatar sources.
h It is not clear which one of the Kazan' princes the author has in mind (possibly Sahib-Girej or Dafa-Girej).
i The Muscovite tsar is Ivan IV.
j Br'axov (or rather Br'aximov) was a principal Volga-Bulgarian town, but its site is now unknown.
k The Bulgarian Prince Sain seems to have existed. Here he is assumed to have arrived from Saraj, the capital of the Tatar Golden Horde.
l 1100.
m The Bulgarian kingdom on the Volga River.
n The Nogaj Horde, north of the Caspian Sea.
o Bulgaria on the Balkan Peninsula.
p Prince Andrej, called Bogol'ubskij, the first Great Prince of Suzdal' and Vladimir (d. 1174), was presumably married to a Bulgarian woman.
q Probably a town, unidentifiable.
r Sain's Tent, from which the name of the first Bulgàrian king, Sain, may be derived, was devastated by the Russians in 1399.
s Tsar Vasilij (1505–33) who strengthened Muscovite influence in the Kazan' khanate.
u 1534.
v Ivan IV the Terrible.
w Georgij (1533–63), imbecile brother of the tsar.
x Daniil (d. 1547), metropolitan of Russia (1522–39).
y Jelena, a member of the Glinskij family, Tsar Vasilij's second wife.
z 1542.
aa On the following pages the author repeats the false theory of Pachomius Logothetes concerning the origin of the tsar's regalia. (See annotations to *The Legend of the Princes of Vladimir*.)
bb The title of "Tsar" was officially assumed by Ivan IV the Terrible.
cc The title "autocrat" had been officially assumed by Ivan III in 1482.
dd Sultan Mohammed II (1451–81), the conqueror of Constantinople.
ee The principality of R'azan', close to the border of the steppes, was incorporated into Muscovia in the beginning of the sixteenth century.
ff The small principality of Novgorod-Seversk had also been incorporated.
gg Galič, Ust'ug, V'atka, and Perm' were towns and regions in the northeastern part of Muscovia.
hh Saracen.
ii Obviously a Russian translation of the Tatar name meaning "Goldbottomed kettle."
jj The Mohammedans were presumably descendants of Ishmael, son of Hagar.
kk Esau, son of Isaac, was—according to the Bible—married to a daughter of Ishmael.
ll *Bib.* Jacob, son of Isaac.
mm Remote Saracen lands.
nn A Mohammedan ecclesiastical official, probably of high rank.
oo Probably Sumbeka, widow of the last legitimate prince of Kazan', Saph-Girej (d. 1549).
pp Vasilij Serebr'anyj was an otherwise unimportant Muscovite general.
qq Nižnij-Novgorod on the Volga River.
rr Probably Prince Utekish-Girej.
ss Sumbeka's father was Mirzah Jusuf of the Nogaj Tatar horde.
tt The bodyguard of the princes of Kazan'.
uu Officials of the civil administration of Kazan'.

vv Svijažsk had been built in 1551 at the mouth of the Svijaga River as a base against the Kazan' Tatars.

ww Probably identical with Vasil'jeva Sloboda in the Nižnij-Novgorod region on the right shore of the Volga River.

xx A cousin of Ivan IV.

yy Legendary kings, probably quoted from a hagiography, e. g., *The Life of Gregentius, Archbishop of the Homerites.*

zz One of the first princes of Kievan Russia, the father of Vladimir I.

A   Xerxes, King of Persia.

B   Vladimir I (979–1015).

C   Prior to his baptism, Prince Vladimir I conquered the Byzantine town of Chersonesus on the Crimean peninsula.

D   The author repeats on the following pages what had already been written by Pachomius Logothetes.

E   Thrace on the Balkan peninsula.

F   Chalcedon in Asia Minor.

G   Vasilij III (1505–33).

H   Ivan III (1462–1505).

I   Anastasia (d. 1560), Ivan IV's wife, daughter of Roman Jurjevič Zaxarjin.

J   The Cathedral of the Annunciation in the Kremlin.

K   Bulak, a part of Kazan'.

L   Andrej was the Tsar's personal confessor.

M   The princes of Astraxan' sided with Ivan IV.

N   Shig-Ali pretended to the throne of Kazan' on several occasions and even now sided with Ivan IV.

O   One of the gates of the Kremlin in Kazan'.

P   Simeon Mikulinskij-Punkov (d. 1562) was appointed the Tsar's representative (and actual ruler) in Kazan' by Ivan IV in 1552.

Q   One of the gates of the Kremlin in Kazan'.

R   Both Prince Peter Ščen'atev and Prince Ivan Pronskij-Turuntaj were later murdered by order of Ivan IV (1568 and 1570).

S   Metropolitan Makarij of Russia.

T   The kingdom of Babylon is unidentifiable; it is, in any case, a Mohammedan country.

U   Swedish king.

V   Danish king.

W   Walachia (a part of later Rumania).

X   England.

THE TALE OF THE ATTACK
OF THE LITHUANIAN KING STEFAN BATORY
ON THE GREAT AND FAMOUS TOWN
OF PSKOV
AND OF ITS LIBERATION

This anonymous narrative was undoubtedly written but a short time after the event it describes, the siege of Pskov in 1581, and is thus characteristic of the literary style of Ivan IV's time: Muscovite rhetoric, founded by Metropolitan Makarij, characterized by verbosity, decorativeness, syntactical fluency of language, neologisms, and the use (and abuse) of magnificent titles. The struggle between Ivan the Terrible of Muscovia and Stefan Batory, King of Lithuania, is interpreted in the light of the hagiographic concept of the struggle between the saints and the dragon of paganism. Although this prose was devoid of true lyricism, the reader will nevertheless encounter sporadic attempts at poetic treatment of the historical material, and now and then the language assumes a form of clear rhythms.

The text is presented in excerpts from Чтения в Императорском Обществе Истории и Древностей Российских, No. VII (Moscow, 1847).

Повѣсть о прихожении литовскаго короля Стефана съ великимъ и гордымъ воинствомъ на великии и славныи и богомъ спасаемыи градъ Псковъ, и како избави богъ отъ руку[1] врагъ нашихъ богомъ спасаемыи градъ Псковъ: милостию пребезначальныя троица[2] со студомъ отъидоша

Бѣ же сие въ лѣто 7085[a], во царьство благовѣрнаго и христолюбиваго государя царя и великаго князя Ивана Васильевича[b], всея Русии самодержца, и при благовѣрныхъ его царевичехъ, царевичѣ Иванѣ Ивановичѣ[c] и царевичѣ Федорѣ Ивановичѣ[d], правящимъ же имъ[3], государемъ нашимъ, добрѣ православное християнское Росииское Царьство.

Отъ окольнихъ и невѣрныхъ цареи и кралеи и всякихъ нахальныхъ, воюющихъ и насилующихъ его Государство Росииское, царьство православное, еже[4] подъ его царьскою высокою десницею, всѣхъ живущихъ оборочяющи, наипаче за святыя монастыри и цьркви и за православную вѣру изряднѣ на враги стояще, и побораше[5]. Бѣ бо отъ бога тако. Высокопрестольныи християнскии царь во всѣхъ концахъ вселенныя именовашеся, совершенья его ради, святыя християнския вѣры хранящаго, твердо сие держати и хранити непорочнѣ повелѣвающаго.

Въ та же лѣта, во времена государства его, прииде къ нему, государю, вѣсть отъ полунощныя страны Росииского его Царьства о насилии и о нахождении вои, худѣишихъ паче иныхъ земль, отъ Вифлянския[6] Земли Нѣмецъ[e]: не токмо же многимъ мѣстомъ тоя страны, но и всѣмъ градомъ многа зла сотворяютъ и насилуютъ, но и чюдотворное и святое мѣсто Успения пресвятыя богородицы Печерьскаго монастыря[f] около все обвоевали и заступиша, и многозѣльная злая[7] монастырю творяще.

И слышавъ же сие, христолюбивыи царь, государь князь великии Иванъ Васильевичь всея Русии, яко не токмо его государевымъ градомъ и всѣмъ тамо приближеннымъ насилуютъ, но и на чюдотворное мѣсто крѣпко вооружаются и утѣсняютъ, сего ради не токмо своя воя[8] во отмщение посылаетъ на Вифлянския Нѣмцы, но и самъ государь за богородицынъ домъ на враги ополчается [и] съ благовѣрнымъ своимъ царевичемъ, княземъ Иваномъ Ивановичемъ, приемше[9] благословение отъ отца своего Антония, митрополита[g], пути ся касаетъ.

Постигшу[10] же государю[11] своя вотчины, славнаго града Пскова, въ томъ же градѣ благовѣрныи по чину устроя[ше] своихъ бояръ и воеводъ: коего же надъ повелѣннымъ ему полкомъ воеводствовати и по чину правити. Бѣ бо тои градъ на рубежи отъ невѣрныхъ градовъ насилующихъ врагъ.

Пути же шественному на враги начинающуся[12] изъ славнаго града Пскова, приходитъ же благовѣрныи государь въ соборную цьрковь Живоначальныя троицы[h] и припадаетъ предъ святымъ образомъ Живоначальныя троицы и молитъ въ троицы славимаго бога, дабы ему, государю, богъ подалъ милость свою свыше и побѣду на невѣрныя враги, иже насилуютъ на христианы, вѣрующихъ во Христа. Тако же приходитъ предъ чюдотворную икону Пречистыя Богородица[13], слезы же многи проливаетъ предъ святымъ ея образомъ.

»Вѣмъ бо« — рече — »госпоже богородице, яко елика просиши у сына своего бога, не презритъ моления твоего. Помолися, богородице, сыну своему и богу о рабѣ своемъ, и да исполнитъ господь богъ желание сьрдца моего, яко да возвыситъ десницу грѣшнаго раба твоего на насилующихъ враговъ, иже насилуютъ на христианы, наипаче же на святое мѣсто, въ немъже изволи ти ся славитися имени твоему, и за живущая въ немъ рабы сына твоего и бога, славословящихъ имя твое и возвеличающихъ.«

Таже приходитъ къ сроднику своему, благовѣрному и великому князю Всеволоду[i], псковскому чюдотворцу, къ честные его раки, егоже намнозѣ на молитву и на помощь призываетъ. Знаменавшися[14] силою воображения крьста Христова, отъ печерскаго игумена Селивестра, таже по чюдотворнымъ иконамъ знаменавшися и на многие отвѣты святымъ мѣстомъ и чюдотворнымъ иконамъ воздати отвѣщавшися[15], наипаче чюдотворному Печерскому монастырю въ домъ Пресвятыя Богородицы, таже благовѣрныи государь настоящему своему пути касаетъ.

Постигшу же ему, государю, Вифлянские Земли Нѣмецъ, слышавше же сие жители Вифлянския Земли царьское на нихъ нашествие и разумѣюще въ воинствѣ крѣпка и сил[ь]на, немощь же свою знающе, возмятошася и восколебашеся яко пиянии. Овии же отъ нихъ воины страны отбѣгоша, инии же во градѣхъ своихъ затворишася накрѣпко, и на крѣпости надѣющеся градныя, овии же смущающеся, во градѣхъ сидѣти ли крѣпко, или покоритися и съ дарми рускаго великаго государя стрѣтити, вѣдуще, яко укрѣпленныи ихъ стѣны противо рускихъ стѣнобитныхъ сосудовъ отстояти не могутъ.

Божиею милостию и пречистыя богородицы молениемъ и святыхъ великихъ чюдотворцевъ благовѣрныи государь царь и великии князь Иванъ Васильевичь всея Русии не токмо отместитель врагомъ божиимъ явися, но и государь всеи земли тои по достоянию прославися. Овыя же ихъ грады за щитомъ приимаше[16]: сии же ни коея милости и живота не получиша; инии же Нѣмцы изъ своихъ градовъ за многие поприща исхождаша[17] со многими дарми [и] съ женами и дѣтьми царю поклонишася[18]: и государь надъ таковыми милосердие свое показоваше. Елицы же ихъ, на многие лѣта и на твердость градовъ надѣющеся, и крѣпцѣ вооружашася[19] сѣдѣти, и повелѣ тѣхъ до основания стѣны разрушати, самѣхъ же разными гор[ь]кими смертьми умрети съ женами и съ дѣтьми, да и прочии страхъ приимутъ.

Слышавше же сие окрестные ихъ сосѣди, Курланские Земли[j] Нѣмцы, яко отъ росииска́го государя ни кая же твердость' отстоятися не можетъ, а приходящии къ нему, государю, съ дарми и честию великою, ослабу приемлюще, — собравше же ся начальницы страны тоя Курланскихъ Нѣмецъ, сотвориша совѣтъ, да пошлютъ къ нему, государю, со многими дарми своя послы, дабы получити милость рускаго государя надъ ними и надъ ихъ землею, и наложитъ по своему, государеву, хотѣнию повселѣтную дань. Совѣту же ихъ тако сотворшуся[20], умиластившу же ся до нихъ государю[21], и дары у нихъ восприя и имъ во своихъ отчинахъ жити повелѣ, дани на нихъ повсегодныя по своему хотѣнию уложи и паки во свою землю отпусти ихъ.

Вифлянскую же Землю до конца повоева, многия грады восприя и живущая[22] въ нихъ овыхъ мечю предаде[23], и овыхъ въ плѣнъ отведе[24]. Богатьство же ихъ безчетное, злато и сребро и узорочия всякия, въ царьствующии градъ Москву приказа.

Самъ же государь добръ и здравъ и славенъ побѣдитель явися.

Во свою отчину, въ Росииское Государство, возвратися.

Приходитъ же государь первие въ домъ Пречистыя Богородицы, честнаго и славнаго ея Успения Печерскаго монастыря, и припадаетъ къ чюдотворнои ея иконѣ въ подножие на мраморъ помоста церковнаго,

слезы же яко струю отъ очию испущающе,

отъ устъ же благодарныя пѣсни богородицы возсылающе[25].

Отвѣты же своя вся устраяюще богородицы, отдающе безчисленное множество злата и сребра, пречистѣи богородицы въ домъ предаде.

★

Въ третие лѣто перваго своего ходу во отмщение на нихъ пустися.

Слышавше же сие враги и лестницы Нѣмцы царьское на нихъ нашествие и воополчение, и кииждо во своемъ помыслѣ помощи искаше. Страхомъ же и трепетомъ [сѣрдца] многимъ восколебашася, безсильны же себе яко мравие знающе. Приходятъ же въ Литовскую Землю къ литовскому королю Стефану[k], отъ сего помощи своеи обрѣтаютъ. И молятъ вкупѣ же и совосподнимаютъ его на совоспротивление брани съ росиискимъ царемъ. Моление же отъ себѣ къ нему предпосылаютъ — богомерзкие христоненавис[тни]цы и поругателие Христовы вѣры и силы крьста Христова, въ вѣрѣ несохранителие, но преступницы цѣлования на вѣрѣ крьста Христова, — росиискаго нашего государя измѣнниковъ, князя Ондрѣя Курпъскаго[l] съ товарищы[26]; сии же христоненавистницы, сие моление отъ нихъ слышавше, яко желатѣл[ь]ние елени по *Писанию* на християнского царя помыслы[27] ополчаются, июдѣискимъ совѣтомъ на владыку своего воздвигнути псовъ обѣщеваютъ. Тщателие же и изрядие къ королю литовскому приходятъ; сего же на росиискаго государя воинствомъ подъемлютъ.

Бѣ бо и тои самъ литовскии краль Стефанъ неистовыи звѣрь, неутомимыи аспидъ, люторския[m] своея вѣры воинъ, и радъ бѣ всегда кровопролитию и начинанию бранемъ. Лютыи же звѣрь, свирѣпыи и змѣиныи ядъ своея несытныя утробы отрыгнувъ, воиску же своему вооружитися повелѣ и съ ними на Рускую Землю устремися къ старому литовскому ихъ граду Полоцку, въ 17 лѣто, отъ неяже взялъ его отъ Литвы градъ нашъ[n].

Рускому же государю шествие пути на Нѣмцы творящу[28], достигшу же ему[29], государю, славнаго града Пскова, вѣстницы же прибѣжаша исъ Полоцка, яко литовскои краль идетъ со многимъ воискомъ на Полоцкои градъ.

Слышавъ же православныи государь царь и великии князь Иванъ

Васильевичь всея Русии напрасное его, татебное, звѣриное устремление, воеводы же своя и многия воя къ Полоцку граду и во окрестныя предпосылаетъ. Воинские люди и стрѣльцы на осаду въ прибавку посла. Бѣ бо — ис тое украины люди съ государемъ бяше въ воинствѣ, въ великомъ собрании.

Богу же попустившу[30] сквернаго сего варвара на християны грѣхъ ради нашихъ, вѣсть же прииде ко государю во Псковъ, яко литовскои краль Полоцкои взялъ и со окрестными его грады[31]. Многие же безчисленныя государевы воеводы и вои въ Полоцкѣ и во окрестныхъ градѣхъ храбро же и мужественно крови своя за Христову вѣру излияша[32]. Но и паче во градѣ Соколѣ изряднѣ, паче неже въ иныхъ. Слышавъ же сие государь, кручиною объятъ бывъ, но токмо глаголаше:

»Воля господня да будетъ!«

★

Яко же господу годѣ, тако бысть. Самъ же возвратися къ царствующему граду Москвѣ.

Посемъ 89 по седмои тысящи°, во второе лѣто по Полоцкомъ взятии, разсвирѣпися и разгордѣся лютыи тои варваръ, литовскии краль Степанъ. Паки устремление показаетъ къ Росиискои Земли, попущениемъ божиимъ грѣхъ ради нашихъ начало болѣзнемъ Руския Земли. Тамошныя украины приемлетъ грѣхъ ради нашихъ, яко *забывше бога возвратившеся на грѣхи*, яко же рече *Писание*. Подъ Великия же Луки р паки помышляетъ приити.

Слышавъ же сие свирѣпо его нашествие, государь царь и великии князь Иванъ Васильевичь всея Русии, великою кручиною объятъ бывъ, въ Великия жъ Луки воеводъ своихъ посылаетъ и во окрестныя ему грады многое воиско во осаду приготовляетъ. Къ нему же послы своя предпосылаетъ, прося миру.

Онъ же, всегорделивыи, ни къ ушесамъ[33] своимъ слышати не хотя, государевыхъ пословъ безчестными и бездѣльными словесы[34] отказа[35]. Къ нему же и всезакрытыи и злоядовитыи, яко отъ ядовы утробы яда отрыгнувъ, не токмо на Великия Луки свирѣпствова и на окрестныя ему грады, но сотонинскимъ своимъ возношениемъ превознесеся на великии и славныи Псковъ градъ, яко:

»Не токмо« — рече — »Великия Луки восприиму со окрестными грады его, но и славныи и великии Псковъ градъ вашъ яко каменемъ жерновнымъ обратити имамъ, и государь тому именоватися хощу.«

Тако же и о Великомъ Новѣградѣ многогорделивая[36] изрече яко же:

»Ни единъ градъ не можетъ укрѣпитися или отсидѣтися отъ великаго пол[ь]скаго краля и отъ множества литовскихъ храбрыхъ воинъ! О миру же ни како ни въ помыслѣ« — рече — »прииму!«

Послы же государевы съ собою взяти повелѣ подъ Великие Луки:

»Да смотрите,« — рече, — »како грады государя вашего поплѣню!«

Прииде же вѣсть къ государю нашему, яко не токмо миръ отъ него [не] приятъ[37], но и послы его государевы съ собою [взяти] повелѣ, и велехвал[ь]ныи свои помыслъ не токмо на Великия Луки изрыгну[38], но вельми превознесеся гордостию на Великии Новъградъ, паче же, преболѣ еще, на славныи и богомъ спасаемыи градъ Псковъ. И рече:

»Тои бо, слышахъ, Псковъ градъ превеликъ въ земли вашеи, каменно-
оградными крѣпостьми, преболѣ и паче иныхъ, утверженныи. Сего ми« —
рече — »преболѣ и преже подобаетъ взяти. Великии же Новъградъ и не
единаго дни противъ мене постояти не можетъ!«

Государь же, сие слышавъ, вельми воздохнувъ, и съ глубины сьрдца
рече:

»Воля господня да будетъ!«

★

Въ Великии Новъградъ воеводы посла. Въ великии, богомъ спасаемыи
градъ Псковъ посылаетъ благовѣрныи государь, царь и великии князь
Иванъ Васильевичь всея Русии, боярина своего и воеводу, князя Василья
Федоровича Шуискаго-Скопина, да боярина своего и воеводу, князя Ивана
Петровича Шуискаго, да воеводу Микиту Ивановича Очина-Плещеева, и
князя Ивана Ондрѣевича Хворостинина, и князя Владимера Ивановича
Бахтеярова-Ростовскаго, и князя Василья Михаиловича Ростовскаго-Лоба-
нова, и съ ними воя многи.

Сихъ же предпомянутыхъ бояръ своихъ и воеводъ царь и великии
князь Иванъ Васильевичь всея Русии, отпущающе[39] во Псковъ, наказуетъ
ихъ своими царьскими наказан[ь]ми: и како имъ за православную хри-
стиянскую вѣру, и за святыя цьркви, и за него, государя, и его государевы
дѣти, и за все православное християнство на враги стояти и битися съ
ними крѣпко, отъ всея души и сьрдца своего, съ подручными ихъ вои[40] даже
до смерти; и како имъ всякими крѣпостьми утвердити стѣны града Пскова,
учинити по чину, яко же подобаетъ, во осадѣ крѣпцѣ быти. Сими же
многими наказаньми царьскими наказавъ ихъ царь государь, и обѣты
царьскими обѣщася имъ:

»Аще господь избавитъ насъ, и вашими воеводскими замыслы[41] богъ
градъ утвердитъ.«

Пожаловати обѣщевается ихъ государь, яко ни на сьрдци кому чаяни-
емъ таковыя отъ него милости.

Бояре же и воеводы, яко истиннии раби, обѣщавшеся своему владыцѣ[42]
творити по его наказанию, на томъ же християнскою вѣрою крьстъ цѣло-
ваша. И тако отпусти ихъ въ богоспасаемыи градъ Псковъ и рече государь:

»Богъ и отци и святии вси съ вами да будутъ!«

Бояре же и воеводы, въ богоспасаемыи градъ Псковъ приѣхавъ, по
государеву указу вся начаша творити и градовныя стѣны утвержати камен-
нымъ и древяннымъ и землянымъ [валомъ] и всякими крѣпостьми, елико
имъ богъ въ сьрдце влагаше осаду крѣпцѣ утвержати. Головы же и дѣти
боярские, и головы стрѣлецкие, и стрѣльцы, и Псковичи, отъ малы и до
великия, и всѣхъ събѣгшихся людеи еже[43] во осадѣ быти, приводяху ихъ
къ вѣрѣ, рекше къ крьстному цѣлованию.

Кралю же литовскому подъ Луки Великия пришедшу, послы же госу-
даревы съ собою привезшу[44], и многозѣльнаго ради грѣха нашего и много-
неправдиваго ради беззаконнаго ума, за вся неправды наша[45] предъ богомъ
и человѣки[46], и всѣхъ злыхъ грѣхъ ради нашихъ предаде[47] богъ сему
Агарянину Великия Луки, и со окрестными грады, лѣта 7088 году ч.

★

И паки [ся ему] возвративъшу въ Литовскую Землю по Великихъ Лукъ взятию, со многимъ разгордѣниемъ и возвышениемъ, воя же своя повоевати распустившу[48], на весну же паки готовитися повелѣ.

»Славнѣ же« — рече — »и похвал[ь]нѣ прежнего нынѣшнему моему на Рускую Землю [хождению] быти подобаетъ, зане же на славныи градъ Псковъ хощу итти. Вы же, любимыя мои и храбрыя воя всего высокаго Польского Королества и Великаго Княжества Литовскаго, со всѣми подручными землями, и преудобрение и храбрѣ утвержении, ярыя королевския отроки, непобѣдимыя витязи! Кииждо по своимъ отчинамъ и панствамъ укрѣпляите тѣлеса своя и мышца!

> Борзыя же свои кони упокоиваите,
> и ратныя же своя броня содѣловаите,
> на славныи же градъ Псковъ
> ратию всячески со многою силою уготовляитеся!

И имущии жены, хотящи съ ними во Псковъ градъ панствовати, — сии съ своими паньями[49] и съ дѣтьми во Псковъ да приуготовляются!«

Сими же словесы[50] лукавыми наказавъ изъ вышнихъ своихъ гетмановъ и ротмист[р]овъ и всего воиска своего, и тако роспустивъ ихъ паньство, сие же прирече имъ:

»По времени шествия пути листы возвѣщательныя къ вамъ имамъ прислати.«

Сия же начальныя волки кровопролитию, вышняя его гетманы съ подручными имъ мертвотрупоты[51], глаголя: снѣдательными псы[52], немилостивыя воя, обѣщашася своему королю яко неутолимому аспиду по его повелѣнию совершити. И раз[ъ]ѣхашася восвояси.

Государю же нашему, царю и великому князю Ивану Васильевичю всея Русии, сие слышавшу[53], совершенное ему устремление на его государеву вотчину, на Псковъ градъ уготовляющеся, времени же сего свирѣпства приспѣвающу[54], нашимъ християнскимъ закономъ святому великому посту приходящу[55], — благовѣрныя [послы] государь въ преславныи градъ Псковъ посылаетъ по боярина своего и воеводу, князя Ивана Петровича Шуискаго. Сему же князю къ нему, государю, приѣхавшему[56], и роспрашиваетъ государь у него о градовомъ укрѣплении великаго града Пскова: како отъ нихъ укрѣпишася всякия крѣпости граду, и колицѣму[57] наряду и въ коихъ мѣстѣхъ годно стояти, и для которые[58] обороны, и коему отъ коего мѣста быти, и всячески людскими укрѣплении[59] колицѣ осадѣ крѣпцѣ[60] быти. Бояринъ же и воевода, князь Иванъ Петровичь Шуискои, вся о томъ государю, порознь и по чину, богонадежныя сотворения отъ нихъ всякия крѣпости розсказавъ, къ сему же и присовокупляетъ богонадежное слово. Рече:

»Надежею крѣпцѣ на бога и на необоримую стѣну и покровъ, християнскую нашу заступницу, истинную богородицу и на вся святыя, и на твое, государь, царьское высокое имя, яко Псковъ градъ отъ литовскаго краля отстоятися можетъ всякими укрѣплении.«

Еже и бысть, благодатию Христовою.

Слышавъ сия, благовѣрныи царь и государь и великии князь Иванъ Васильевичь всея Русии отъ боярина своего и воеводы, князя Ивана Петровича Шуискаго, многокрѣпления отъ нихъ во градѣ всякия крѣпости[61],

боярское же и воеводское и всѣхъ подручныхъ имъ вои[62] крѣпкое и нео-
слабное во осадѣ тщание сидѣти и всѣхъ жителеи богохранимаго того града
Пскова непреклонную вѣру, всякимъ тщаниемъ тщащимся за бога, и за
своего государя, и за его государевы дѣти, и за православную вѣру, и за
своя домы и жены и дѣти [и] умрети всѣмъ произволяющимъ[63] за Псковъ
градъ отъ литовскаго короля, нежели литовскимъ кралемъ при ихъ животѣ
взяту быти граду Пскову, — по сему же разсмотрительнѣ богонадежно
отстояние града Пскова слышитъ, яко отстоятися можетъ. Слезами же
царьское свое лице омакающе[64], рече:

»Богу и богородицы и святымъ великимъ чюдотворцамъ града сего въ
руцѣ предаю, но и паче сроднику своему, благовѣрному чюдотворцу, князю
Всеволоду, иже изволи въ томъ богоспасаемомъ градѣ Псковѣ въ соборнои
цркви Живоначал[ь]нои Троицы честнымъ мощемъ положенымъ быти. И
избавити сего имать чюдотворецъ отъ находящихъ нань[65] враговъ. Надѣяся
сего, ему въ руцѣ предаю. Потомъ же и вамъ, бояромъ и воеводамъ и
всѣмъ воемъ и Псковичемъ, аще по своему обѣщанию сотворите, еже обѣ-
щаетеся къ богу и ко мнѣ, яко да богомъ наставляеми всякими домыслы[66],
— елико коего богъ вразумитъ, — да утвержяются во градѣ Псковѣ!«

Благовѣрныи государь, царь и великии князь Иванъ Васильевичь всея
Русии боярина своего и воеводу князя Ивана Петровича Шуискаго паки
отпущаетъ въ богоспасаемыи градъ Псковъ, сего же паки наказуетъ всякими
царьскими учении и наказании[67]. Сему же единому вручаетъ отъ своихъ
царьскихъ устъ и писменныи наказъ, высокою его десницею утверженъ,
къ немуже и приглашаетъ государь яко:

»На тебѣ ми« — рече — »на единомъ подобаетъ все тое службы[68] спы-
тати и поиск[ати], неже на иныхъ товарищахъ твоихъ и воеводахъ.«

Онъ же, сие слышавъ яко: »На тебѣ ми« — рече — »и мимо всѣхъ
искати во Псковѣ всего, осаду и службы,« внятъ[69], неже сие слово въ
сьрдце свое восприя. Рабски же противу своего государя словеси никакоже
смѣя вѣщати, ниже за многоналожное его толико бремя, ни единаго слова
отрицатися нача[70], еже не токмо государю отвѣща:

»Еже богъ благоволи, и тебѣ, государю, изволися, всячески по повелѣ-
нию твоему тебѣ, государь, рабъ есмь азъ! И елико богъ и богородица
наставитъ, вседушевнѣ сию врученную службу сьрдьчнѣ и истинно слу-
жити радъ!«

Наипаче сихъ премногими словесы[71] и великими обѣты[72] въ царствую-
щемъ градѣ Москвѣ въ соборнои цркви Пречистыя Богородицы предъ
святымъ ея образомъ государю обѣщевается вся творити по государеву
указу, и еже держати и сидѣти во осадѣ крѣпко со всѣми пребывающими
во градѣ християнскими народы, и за Псковъ градъ битися всѣмъ безо
всякаго порока съ Литвою, даже до смерти. Еже и бысть благодатию
Христовою!

И паки отпущаетъ во Псковъ. Государевъ же бояринъ и воевода князь
Иванъ Петровичь Шуискои, во Псковъ приѣхавъ, паки съ бояриномъ, со
княземъ Васильемъ Федоровичемъ Шуискимъ-Скопинымъ съ товарищы[73] о
укрѣплении града всяко тщание показоваше, непрестанно около града
объѣзжая, и повелѣваше утвержевати всякими крѣпостьми стѣны града.
И паки приводятъ всѣхъ головъ, и боярскихъ дѣтеи, и головъ стрѣлецкихъ,

и сотниковъ, и стрѣльцовъ, и всѣхъ Псковичь къ крѣстному цѣлованию: яко же бы за Христову вѣру, и за своего государя, царя и великаго князя Ивана Васильевича всея Русии, и за государевы дѣти, и за святыя цьркви, и за Псковъ градъ битися съ Литвою до смерти безо хитрости.

Тако же и во окольные псковские пригороды непрестанно съ гонцы[74] грамоты розсылаше о укрѣплении градовъ всякимъ утверженіемъ...

Настоящему, да глаголется, времяни[75] же, себѣ свирѣпству приспѣвающу[76], литовскому королю Степану со многою своею силою на рубежъ Руские Земли пришедшу[77]: слухи же всячески во Псковъ про то приходяху, яко уже король на Псковскую Землю на Вороночь городъ пришелъ, съ сто поприщь ото Пскова.

Приближение же свое до Пскова увѣдѣвше[78],

    яко несытыи адъ пропастны своя челюсти раскиаше[79] —
    оле! Пскова поглотити хотяше,
    спѣшнѣ же и радостнѣ ко Пскову
    яко изъ великихъ пещеръ лютыи великии змии летяше,
    не долетѣвъ во утробѣ у себя того Пскова [снѣсти] сказоваше,
    аспиды же свои и приближныи змии и скорпии великии
    тои змии, литовскии король, блеваниемъ насытити хваляшеся.
    И тамо яко змии на крилѣхъ на Псковъ летяше,
    и се горделивствомъ своимъ яко крилами повалити хотяше,
    змииными своими языки вся живущая во градѣ,
    аки жилами[80], уморити мняшеся,
    вся же въ немъ благая во своихъ ядовныхъ утробахъ
    во свою Литву отнести хваляшеся,
    достальныя же живыя люди, яко сокровище,
    на хоботѣхъ въ домы своя принести хваляшеся,
    и тако побѣдитель хваляшеся
    чадъ Псковомъ быти...

★

О избавлении града Пскова.
Хвала богу!

    Кто возглаголетъ силы господня?
    Ли кто слышаны сотворитъ хвалы его?

Блажени бо, — рече, — вси, боящиися бога, — ходящии въ путѣхъ его, труды плодъ своихъ снѣдятъ[81].

    Услышите сия, вси языцы!
    Внушите, вся живущеи по вселеннѣи!

Земнии же сынове человѣчестии[82], въ купѣ богатъ и убогъ, приидете, вся святыя, руския земли християнскаго православия, и живыи съ нами споболѣзнованте молитвами своими!

    И богъ намъ поможе[83]
    и богомъ прославленыи тои градъ спасе[84].

Воистину жъ реку, яко *богоспасаемыи* Псковъ!

    Въ купѣ прославимъ бога,
    въ купѣ и возвеличимъ троицу,
    въ купѣ же торжественно речемъ:

Богъ намъ прибѣжище и сила,
помощникъ въ скорбѣхъ, обрѣтшихъ[85] ны[86] зѣло.
Сего ради не убоимся по пророческому гласу!
Велии бысть и хваленъ зѣло
во градѣ бога нашего,
въ горѣ святѣи его.
Богъ въ тяжестѣхъ его[87] знаемъ есть,
егда заступаетъ и[88].
И во смирении нашемъ помяну ны[89] господь,
яко царие земстии[90] собрашася въ купѣ
на богоспасаемыи градъ Псковъ,
въ купѣ глаголюще:
»Богъ оставилъ есть его!
Поженѣте[91], и возьмемъ его,
яко нѣсть избавляяи[92]
отъ окаяннаго и всегорделиваго лукаваго языка!«
Литовскии начал[ь]ниче, Оботура Степанеⁿ,
и со всѣмъ своимъ безумнымъ воискомъ!
Како речете окаяннии, яко »Нѣсть избавляяи?«
Господь силъ съ нами,
заступникъ нашъ богъ Ияковль[76],
богъ въ троицы славимыи,
единъ богъ въ три имени славимыи,
раздѣляемъ, во единѣмъ своиствѣ познаваемъ,
отецъ и сынъ и святыи духъ,
на негоже надѣемся и уповаемъ!
А не яко же ты, Оботура,
въ беззаконнои своеи ереси не знаеши его,
но превознесеся[94] на Псковъ градъ до небеси,
надѣяся по своему безумию,
множествомъ силы своея хвалящеся!
Пожди, окаянне, что узриши надъ своею силою
и уразумѣеши, нѣсть ли избавляяи!
Яко же написахъ гордая твоя хуления на Псковъ градъ,
противъ же сего и уничижение приимеши.
Отъ высокаго своего возношения до ада снидеши
со всѣмъ своимъ воискомъ,
яко во смирении нашемъ помяну ны[95] господь,
и избавилъ ны есть отъ врагъ нашихъ!

И услыша господь моление рабъ своихъ. Маниемъ неизреченнаго своего милосердия, начало события владычня, егда призрѣ[96] на свое достояние, и яви надъ своими рабы[97] великую свою милость.
Съ Похвальскаго Роскату изъ великия пищали,
изъ Барсы удариша,
по Свиновскои башнѣ[s], не погрѣшиша,
тогда множество воинскихъ людеи литовския силы
въ башни прибиша.

Еще же государевы бояре и воеводы повелѣша подъ Свин[ов]скую башню поднести много зелия и повелѣша зажещи е[98], тогда же тѣ высоко-горделивые королевские приближенные дворяне, иже у короля выпрошалися напередъ во Псковъ внити и короля срѣсти и государевыхъ бояръ и воеводъ связанныхъ привести, — про нихъже речемъ въ первои похвалѣ, — отъ связанныхъ бояръ и воеводъ рускихъ божиимъ промысломъ первые со псковскою каменною стѣною Свиныя башни въ купѣ смѣсишася и своими тѣлесы[99] яко другую башню подо Псковымъ соградиша. И первые королевские дворяне отъ рускихъ государевыхъ воеводъ, про нихъже глаголяху яко связанныхъ королю привести, подъ Свиною башнею до послѣдняго востания связавшеся, и тѣлесами своими псковскии ровъ наполниша.

О нихъже и первое извѣщение къ королю прииде, яко воспросити ему: »Уже ли мои дворяне въ замцѣ[100]?«

Ему же отвѣщаша яко:

»Государь, всѣ тѣ въ Свинои башни убиты, сожжены, въ рову лежатъ.«

Тогда же ему яко въ малѣ на свои мечь не напасти, яко мнѣтися [въ] малѣ сердцу его не треснути.

Таковъ бо бываетъ обычаи усердымъ, паче же невѣрнымъ.

★

Яко же король усердися, присылаетъ къ Покровскои башни[t], и по всему пролому рохмист[р]омъ и всѣмъ градоемцомъ крѣпко и безотступно Псковъ взяти велящи[101].

Государевы же бояре и воеводы, видѣвше непокорное и безотступное стрѣляние, крѣпкое градоемство и многия своя воя прибиты и ранены и изнемогши[102], но токмо надежею божиею неослабно посылаютъ въ соборную цьрковь Живоначальныя Троица по большее надежное избавление, по святыя чюдотворныя иконы и мощи благовѣрнаго князя Всеволода Чю-дотворца, избавителя отъ врагъ нашихъ Псковскаго града, и повелѣваютъ принести близъ проломнаго мѣста отъ Литвы.

Яко же чюдотворную икону пречистыя богородицы изъ Володимера въ царьствующии градъ Москву нахождения ради Темиръ-Аксака[ч] царя, — здѣ же въ богоспасаемомъ градѣ Псковѣ нахождения ради польскаго короля; — тамо яко по Владимерскую икону, здѣ же по Печерскую икону; — тамо яко понесена бысть пречистыя богородицы икона изъ Владимера къ Москвѣ въ самыи праздникъ успения богородицы, того же дни Темиръ-Аксакъ царь усрамися[103] отъ пречистаго образа, зане видимо убояся[104], и со всѣмъ воинствомъ отъ Москвы и со всѣя Росия побѣже[105], здѣ же въ преименитомъ и славномъ градѣ Псковѣ въ самыи же праздникъ богоро-дицы, честнаго и славнаго ея рожества; — егда понесена бысть святая и чюдотворная икона успения пречистыя богородицы Печерскаго монастыря отъ соборныя цьркви Живоначальныя Троица и съ протчими чюдотворными иконами и со святыми мощьми князя Всеволода и съ протчими святынями къ проломному мѣсту, — того же часу, отъ града Пскова невидимо, явися на проломѣ, крѣпко — реку — Литва со стѣны града Псковския башни и со всего пролома литовское воинство, съ рускимъ воинствомъ бьющеся. Госу-даревы же бояре и воеводы, и со всѣмъ еже[106] о Христѣ воинствомъ, тако же противу ихъ стояхуся[107], и не дающе входа Литвѣ снити во градъ.

Егда же — яко рекохомъ[108] — идоша къ проломному мѣсту святыя иконы, — того же часу, яко отъ лица милости святыхъ иконъ, вѣстницы[109] яко на конѣхъ прибѣжавше, — не вои, — реку о нихъ: тоя же чюдотворныя иконы пречистыя богородицы не люди, но воины Христовы, на невидимыхъ конѣхъ, черны образомъ!

И первыи, — реку, — отъ нихъ: тоя же чюдотворныя иконы пречистыя богородицы Печерскаго монастыря келарь Арсенеи, именуемыи Хвостовъ; съ нимъ же вторыи: рожества пречистыя богородицы Снегорговскаго монастыря казначеи Она Наумовъ; третеи же съ ними: Мартиреи игуменъ; знаемъ бѣ тои во Псковѣ всѣми.

Сии же предпомянутыи черноризцы, плотскимъ урожениемъ дѣти боярские, и егда бѣяху[110] въ мирѣ, тогда искусни воины были. Сего ради и богомудрено и вѣры ради Христовы и честныхъ своихъ молитвъ, егда прибѣжаше къ проломному мѣсту, идѣже кровопролития торжество обѣихъ странъ совершается, и великими гласы[111] воскричавше, государевымъ бояромъ и воеводамъ и всему християнскому воинству, — яко же преже рекохомъ, — яко отъ лица святыхъ иконъ милости рекоша[112]:

»Не боитеся! Станемъ крѣпко и устремимся на литовскую силу, богородица бо идетъ къ намъ съ милостию и заступлениемъ и со всѣми святыми на помощь!«

Тако же, егда услышавше глаголы сия государевы бояре и воеводы и все християнское воинство, яко богородица идетъ со святыми на помощь, въ купѣ же съ сими слуги богородицыны, милость и осѣнение на все християнское воинство прииде,

и немощныхъ сьрдца крѣпчае[113] адаманта утвердишася,

и вси въ купѣ на подвигъ вооружишася,

тако же во едино сьрдце вси богородицыну милость приемше[114],

яко единѣми усты[115] богородицу на помощь призывающе

и во единъ гласъ кликнувше.

Государевы же бояре и всѣ воеводы, с[ъ] ними же и предпомянутыя чернцы и все воинство, рекуще:

»Днесь, о друзи, умремъ въ купѣ за Христову вѣру, и за православнаго царя и великаго князя Ивана Васильевича всея Русии отъ литовскихъ рукъ, а не предадимъ государя нашего града Пскова польскому кралю Стефану!«

Тако же великаго заступника псковскаго князя Всеволода и князя Доманта[v] и Николу Христа ради Уродиваго[w] въ сьрдцахъ своихъ на помощь приемше, и все воинство християнское въ купѣ снемшеся[116], устремишася[117] на литовскую силу, на стѣны градныя на проломномъ мѣстѣ.

И тако вси божиею милостию и пречистыя богородицы молениемъ и заступлениемъ святыхъ великихъ чюдотворцовъ, съ проломнаго мѣста литовскую силу съзбиша[118] и благодатию Христовою, идѣже литовские люди на Псковскои стѣнѣ стояху[119], и паки християнская сила на тѣхъ мѣстѣхъ утвердишася[120].

И за градомъ съ Литвою со стѣны снидоша[121] бьющеся, и съ достальными, еще въ Покровскои башни оставшимися.

★

Того же часу, егда християнское одолѣние надъ Литвою показа богъ, и с[ъ] проломнаго мѣста литовскихъ рохмист[р]овъ съ гаидуки[122] събиша, тогда и та благодать Христова не утаися[123] по всему граду Пскову оставльшимся[124] женамъ, и промчеся[125] то слово во весь градъ Псковъ яко:

»Всѣхъ литовскихъ людеи богъ пособилъ съ города събити! И вамъ, оставшимся женамъ, велѣно по литовскои нарядъ итти и останокъ Литвы побивати, отъ пролома скопяся[126]!«

Тогда же вси, еже[127] во Псковѣ жены, по домомъ оставльшиися отъ печали, мало, и како радости благовѣстие приемше и оставивше немощи женския и въ мужескую крѣпость оболкшеся[128], и всѣ вскорѣ каяждо изъ своихъ дворовъ, и каяждо по своеи силѣ, оружие ношаше[129]; младыя же и сверстныя, тѣлесы[130] крѣпкия, оружие ношаху[131], достали приступа Литву побивати; старыя же жены и немощныя плотию, тѣ въ своихъ рукахъ малыя и краткия верви ношаше[132], и тѣми литовскии нарядъ по сказанию въ городъ ввести помышляюще. И вси къ пролому бѣжаху[133], и всякая жена другия[134] паче тщание скоростию показующе.

Събѣжавшеся многое множество женъ къ проломному мѣсту, и ту великое пособие и угодие воинскимъ християнскимъ людемъ показавше:

овии же камение воемъ приношаху
и Литву съ города и за градомъ побиваху,
овии же утруждьшимся[135] воиномъ и изнемогшимъ
отъ жажды воду приношаху
и ретивыя сьрдца ихъ водою отливаху.

Пятку же тогда дню, яко же рекохъ, въ праздникъ рожества пречистыя богородицы къ вечеру приспѣвающу[136], литовскимъ же людемъ еще въ Покровскои башни сѣдящимъ и по крестьянѣхъ[137] во градъ стрѣляющимъ[138], государевы же бояре и воеводы, бога на помощь призывающе, християнскимъ языкомъ кликнувше и въ купѣ снемшеся[139] мужи и жены, и на достальную Литву въ Покровскую башню устремишася, коегождо и чимъ и какъ богъ вразумитъ: овии же изъ ручницъ стрѣляюще, инии же, огни зажигающе, на нихъ меташа, и всячески промышляюще.

Таже и подъ тою башнею зажгоша[140], и божиимъ пособиемъ и досталь [съ] Покровскои башни Литву збиша, и Христовою благодатию паки очистися каменная Псковская стѣна отъ сквeрныхъ литовскихъ ногъ. Въ нощи же приспѣвши тои намъ божиимъ милосердиемъ свѣтъ благодати возсия[142], и отъ стѣны за градомъ отбиша.

И тако Литва отъ града изъ стѣны побѣ[го]ша. Изъ города же, выскочивше, християне далече за ними гнашася, сѣкуще ихъ, которыя же во Псковскомъ рву заставше, и тѣхъ прибивающе. Многия же, живыя ухвативше, и въ городъ къ государевымъ боярамъ и воеводамъ приведоша нарочитыхъ, съ набаты[143], и съ трубы, и съ знаменами, и съ ратными оружии. И паки всѣ во Псковъ здоровы со одолениемъ и безчисленнымъ богатествомъ возвратишася. Оружия же литовская и изрядныхъ нарочитыхъ самопаловъ и ручныхъ разныхъ всяки образы безчисленно много въ городъ внесоша.

И тако благодатию Христовою и неизреченнымъ милосердиемъ пребожественныя троица и молитвами пречистыя богородица честнаго и славнаго ея Рожества и всѣхъ святыхъ великихъ чюдотворцовъ, того дни спасенъ бысть великии градъ Псковъ, и великое одолѣние показа богъ християнскому воинству надъ горделивою Литвою...

★

Тако же свои совѣтъ король поляку канцлеру оставляетъ.

Самъ же въ Литву отѣзжаетъ.

Полякъ же канцлеръ тои же Псковъ выстояти и взяти похваляется.

Что же твоего ума, польскии кралю?

Что же твоего безбожнаго совѣту, князь великии литовскии?

Что же твоего домыслу, Стефане?

Яко вѣтры гониши?

Или къ морскои пучинѣ путь нахожения видѣти хощеши?

Или высокопарна орла стези считаеши?

Жестоко ти есть противо рожна стояти!

Аще богу по насъ, ты ли на насъ?

Отъ сего же явѣ твоего безумия обличение, яко при себѣ и при своемъ стоянии всякими своими разными замышлен[ь]ми[144] великаго града Пскова не взялъ еси[145]!

Нынѣ же по своемъ уничиженномъ и великосрамномъ отшествии отъ Пскова, града Пскова холопу своему взяти велиши!

Осле[146] глупости! Осле безумия!

Глава ногамъ бесѣдуетъ!

Господинъ честь рабу своему отдаетъ!

Аще преже твои которыи воевода посланъ тобою подъ который градъ, и по повелѣнию своего государя исправление не учинитъ, ничто же дивно есть.

Аще ли самъ государь, не исправя, холопу исправити велитъ, безчестно есть се и отъ простыхъ, не токмо отъ начальныхъ.

Аще бъ и самъ исправилъ еси?

Но что же ся хвалиши во злобѣ сил[ь]нѣ беззакония?

Не своею силою одолѣваеши насъ, но за свои грѣхи смиряемся!

Глаголетъ бо *Писание о плѣнении Иерусалима*[x] Титомъ[y], царемъ римскимъ: *не Тита бо любя богъ, но Ерусалимъ казня.*

Ты же похвалил ся еси до конца разорити царство християнское.

Како смѣлъ еси своимъ дерзостнымъ языком такое похваление изрѣщи?

Християнское царство разорити?

Или предтеча еси онаго предъявляемаго отступника?

. . . .

[1] руку *gen. du.* : рука.   [2] троица *gen. sg.*   [3] правящимъ ... имъ *dat. abs. (temp.).* [4] еже *rel. pron. ref.* царьство.   [5] поборашe *impf. 3 sg.* : поборати = побарати.   [6] Вифлянския = Лифляндския.   [7] злая *scil.* дѣла.   [8] своя воя *acc. pl.*   [9] приемше *p. a. p. (adv.)* : прияти.   [10] постигшу *p. a. p., dat. sg.* : постигнути.   [11] постигшу ... государю *dat. abs. (temp.).*   [12] пути ... начинающуся *dat. abs. (temp.).*   [13] богородица *gen. sg.*   [14] знаменавшися *p. a. p. (adv.)* : знаменатися.   [15] отвѣщавшися *p. a. p. (adv.)* : отвѣщатися.   [16] приимаше *impf. 3 sg.* : приимати.   [17] исхождаша *incorr. instead of* исхождаху *impf. 3 pl.* : исходити. [18] поклонишася *aor. 3 pl.* : поклонитися.   [19] вооружашася *incorr. instead of* вооружахуся *impf. 3 pl.* : вооружатися.   [20] совѣту ... сотворшуся *dat. abs. (temp.).*   [21] умилостившу ...

ся ... государю *dat. abs. (caus.).*   ²² живущая *pr. a. p., acc. pl.*   ²³ предаде *aor. 3 sg.* : предати.   ²⁴ отведе *aor. 3 sg.* : отвести.   ²⁵ испущающе, ... возсылающе *pr. a. p. (adv.)* : испущати, возсылати.   ²⁶ товарищы *instr. pl.* : товарищь.   ²⁷ помыслы *instr. pl.* : помыслъ.   ²⁸ рускому ... государю ... творящу *dat. abs. (temp.).*   ²⁹ достигшу ... ему *dat. abs. (temp.).*   ³⁰ богу ... попустившу *dat. abs. (caus.).*   ³¹ грады *instr. pl.* : градъ.   ³² излияша *aor. 3 pl.* : излияти.   ³³ ушесамъ *dat. pl.* : ухо.   ³⁴ словесы *instr. pl.* : слово.   ³⁵ отказа *aor. 3 sg.* : отказати.   ³⁶ многогорделивая (*scil.* слова).   ³⁷ приятъ *aor. 3 sg.* : прияти.   ³⁸ изрыгну *aor. 3 sg.* : изрыгнути.   ³⁹ отпущающе *p. a. p. (adv.)* : отпущати.   ⁴⁰ вои *instr. pl.* : замыслы *instr. pl.* : замыслъ.   ⁴² владыцѣ *dat. sg.* : владыка.   ⁴³ еже *art. ref.* людеи.   ⁴⁴ кралю ... литовскому ... пришедшу, ... привезшу *dat. abs. (temp.).*   ⁴⁵ наша *acc. pl.*   ⁴⁶ человѣки *instr. pl.*   ⁴⁷ предаде *aor. 3 sg.* : предати.   ⁴⁸ ся ему возвративщу, ... распустившу *dat. abs. (temp.).*   ⁴⁹ паньями *instr. pl.* : панья *nom. pl.* : панъ.   ⁵⁰ словесы *instr. pl.* : слово.   ⁵¹ мертвотрупоты *instr. pl.* : мертвотрупота.   ⁵² псы *instr. pl.* : пьсъ.   ⁵³ государю ... слышавшу *dat. abs. (temp.).*   ⁵⁴ времени ... приспѣвающу *dat. abs. (temp.).*   ⁵⁵ посту приходящу *dat. abs. (temp.).*   ⁵⁶ сему ... князю ... приѣхавшему *dat. abs. (temp.).*   ⁵⁷ коликѣму *dat. sg.* : коликъ.   ⁵⁸ которые *gen. sg.* : которая.   ⁵⁹ укрѣплении *instr. pl.* : укрѣпление.   ⁶⁰ коликѣ осадѣ крѣпцѣ *dat. sg.*   ⁶¹ всякия крѣпости *gen. sg.*   ⁶² вои *gen. pl.* : вои.   ⁶³ тщащимся ... всѣмъ произволяющимъ *dat. abs.*   ⁶⁴ омакающе *pr. a. p. (adv.)* : омакати.   ⁶⁵ нань = на + нь *acc. sg.* : онъ.   ⁶⁶ домыслы *instr. pl.* : домыслъ.   ⁶⁷ учении, наказании *instr. pl.*   ⁶⁸ всее тое службы *gen. sg.*   ⁶⁹ внятъ = вня *aor. 3 sg.* : в[ъ]няти.   ⁷⁰ нача *aor. 3 sg.* : начати.   ⁷¹ словесы *instr. pl.* : слово.   ⁷² обѣты *instr. pl.* : обѣтъ.   ⁷³ товарищы *instr. pl.*   ⁷⁴ гонцы *instr. pl.* : гоньць.   ⁷⁵ настоящему ... времяни *dat. abs. (temp.).*   ⁷⁶ свирѣпству приспѣвающу *dat. abs. (caus.).*   ⁷⁷ литовскому королю ... пришедшу *dat. abs. (temp.).*   ⁷⁸ увѣдѣвше *p. a. p. (adv.)* : увѣдѣти.   ⁷⁹ раскиаше *impf. 3 pl.* : раскияти.   ⁸⁰ жилами *mistake for* жалами(?).   ⁸¹ снѣдятъ *pr. 3 pl.* : снѣсти.   ⁸² человѣчестии *nom. pl., det.* : человѣчьскъ.   ⁸³ поможе *aor. 3 sg.* : помощи.   ⁸⁴ спасе *aor. 3 sg.* : с(ъ)пасти.   ⁸⁵ обрѣтшихъ *p. a. p., loc. pl.* : обрѣсти.   ⁸⁶ ны *acc.* : мы.   ⁸⁷ его = града.   ⁸⁸ и *acc. sg.* : онъ.   ⁸⁹ ны = намъ *dat. pl.*   ⁹⁰ земстии *nom. pl.* : зем(ь)скъ.   ⁹¹ поженѣте *imp. 2 pl.* : погънати.   ⁹² избавляяи *pr. a. p., det.* : избавляти.   ⁹³ Ияковль *adj. poss.* : Ияковъ.   ⁹⁴ превознесеся *aor. 2 sg.* : превознестися.   ⁹⁵ ны = насъ *acc. pl.*   ⁹⁶ призрѣ *aor. 3 sg.* : призьрѣти.   ⁹⁷ рабы *instr. pl.* : рабъ.   ⁹⁸ е *acc. sg.* : оно.   ⁹⁹ тѣлесы *instr. pl.* : тѣло.   ¹⁰⁰ замцѣ *loc. sg.* : замъкъ.   ¹⁰¹ веляще *pr. a. p. (adv.)* : велѣти.   ¹⁰² изнемогши *p. a. p., acc. pl.* : изнемощи.   ¹⁰³ усрамися *aor. 3 sg.* : усрамитися.   ¹⁰⁴ убояся *aor. 3 sg.* : убоятися.   ¹⁰⁵ побѣже *aor. 3 sg.* : побѣгнути.   ¹⁰⁶ еже *art. ref.* воинством   ¹⁰⁷ стояхуся *impf. 3 pl.* : стоятися.   ¹⁰⁸ рекохомъ *aor. 1 pl.* : рещи.   ¹⁰⁹ вѣстницы *nom. pl.* : вѣстникъ.   ¹¹⁰ бѣяху *impf. 3 pl.* : быти.   ¹¹¹ гласы *instr. pl.* : гласъ.   ¹¹² рекоша *aor. 3 pl.* : рещи.   ¹¹³ крѣпчае *compr.* : крѣпъко.   ¹¹⁴ приемше *p. a. p., nom. pl.* : прияти.   ¹¹⁵ усты *instr. pl.* : уста.   ¹¹⁶ снемшеся *p. a. p., nom. pl.* : с(ъ)нятися.   ¹¹⁷ устремишася *aor. 3 pl.* : устремитися.   ¹¹⁸ съзбиша *aor. 3 pl.* : съзбити/съсъбити.   ¹¹⁹ стояху *impf. 3 pl.* : стояти.   ¹²⁰ утвердишася *aor. 3 pl.* : утвердитися.   ¹²¹ снидоша *aor. 3 pl.* : с(ъ)нити.   ¹²² гаидуки *instr. pl.* : гаидукъ.   ¹²³ утаися *aor. 3 sg.* : утаитися.   ¹²⁴ оставльшимся *p. a. p., dat. pl.* : оставитися.   ¹²⁵ промчеся *aor. 3 sg.* : пром(ъ)кнутися.   ¹²⁶ скопяся *pr. a. p., adv.* : с[ъ]копитися.   ¹²⁷ еже *art. ref.* жены.   ¹²⁸ приемше, ... оставивше, ... оболкшеся *p. a. p. (adv.)* : прияти, оставити, облѣщися.   ¹²⁹ ношаше *impf. 3 sg.* : носити.   ¹³⁰ тѣлесы *instr. pl.* : тѣло.   ¹³¹ ношаху *impf. 3 pl.* : носити.   ¹³²* ношаше *incorr. instead of* ношаху *impf. 3 pl.* : носити.   ¹³³ бѣжаху *impf. 3 pl.* : бѣжати.   ¹³⁴ другия *gen. sg. (compr.).*   ¹³⁵ утруждьшимся *p. a. p., dat. pl.* : утрудитися.   ¹³⁶ пятку ... дню ... приспѣвающу *dat. abs. (temp.).*   ¹³⁷ крестьянехъ = христианехъ.   ¹³⁸ литовскимъ людемъ ... сѣдящимъ ... стрѣляющимъ *dat. abs. (caus.).*   ¹³⁹ снемшеся *p. a. p., nom. pl.* : с[ъ]нятися.   ¹⁴⁰ зажгоша *aor. 3 pl.* : зажещи.   ¹⁴¹ збиша = събиша *aor. 3 pl.* : събити.   ¹⁴² возсия *aor. 3 sg.* : возсияти.   ¹⁴³ набаты *and the following forms in the same sentence* : трубы, оружии *instr. pl.*   ¹⁴⁴ замышлен[ь]ми *instr. pl.*   ¹⁴⁵ взялъ еси *periphr. p.* : в[ъ]зялъ *p. a. p.* + еси *pr. 2 sg.* : быти.   ¹⁴⁶ осле *voc. sg.* : осьлъ.

ᵃ 1577.
ᵇ Ivan IV the Terrible.
ᶜ Prince Ivan (1554–82) was killed by his father.
ᵈ Prince F'odor succeeded his father to the throne (1584–98).
ᵉ Livonia, a part of the Baltic dominion of the German Order of the Knights of the Cross.
ᶠ The Cave Monastery not far from Pskov.
ᵍ Antonius, Metropolitan of Moscow and Russia.

h The Trinity Cathedral in the Kremlin in Pskov.

i Vsevolod (Gavriil), Prince of Novgorod (1117–37), died in Pskov and was soon canonized by the church.

j Kurland, a part of the dominion of the Knights of the Sword.

k Stefan Batory, King of the united Kingdom of Poland and Lithuania (1576–86).

l Prince Andrej Kurbskij (1528–83), a former Muscovite general and one of Ivan the Terrible's bitter enemies, from 1563 a political emigré in Lithuania.

m Stefan Batory was a Catholic, not a Lutheran.

n Polock had been conquered by Ivan IV in 1563, but Stefan Batory regained it in 1580.

o 1580.

p The fortress of Velikije Luki was taken by Stefan Batory in 1580.

q 1581 (actually 1580).

r *Obotur*, Batory's surname in Russian.

s The Swine Tower in the Kremlin in Pskov, at which Batory directed his first attack.

t The Tower of the Virgin's Intercession was the site of the second attack.

u Tamerlane, or Timur-Lenk (Turkish Timur-Aksad = "the limp Timur"), the Mongol conqueror (1336–1405), attacked southern Russia in 1375, but did not reach Muscovia. In order to encourage Moscow, he permitted the Virgin's icon to be transferred from Vladimir.

v Prince Dovmont, a Lithuanian, elected Prince of Pskov (1266–1300), was one of the famous defenders of Pskov against all aggression and popular among its citizenry.

w Nikolaj Salos, a "Fool in Christ," who in 1570 succeeded in thwarting Ivan the Terrible's plan to devastate Pskov.

x The famous work of Josephus Flavius, a Jewish historian (37–100).

y Titus Vespasianus, Roman emperor (79–81).

THE BOOK OF DEGREES OF THE IMPERIAL GENEALOGY

The glorification of the Muscovite tsars and their dynasty—from its first Christian representatives, Princess Olga and Prince Vladimir I, to Tsar Ivan the Terrible of Muscovia—reached its culmination in the voluminous *Book of Degrees of the Imperial Genelaogy*, initiated by Macarius and composed by his friend and successor, the imperial confessor Athanasius. The work was finished ca. 1563. It was the most flowery expression of the pompous Macarian style, rhetoric and verbosity, and highly panegyrical in its evaluation of the individual princes and tsars, each of whom was portrayed in carefully polished essays. The compositional principle underlying the entire work was the concept of a genealogical ladder, in which each numbered rung represents one generation and which in its entirety leads to God. It must be assumed that the fourteenth-century *Panegyrical Biographies of Serbian Kings and Archbishops*—known as *The Book of Tsars* (Carostavnik) and also as *The Book of Generations* (Rodoslov)—by the Serbian archbishop Danilo provided the original idea for the Muscovite work. The concept of Moscow's great mission as the center of Christian orthodoxy is here developed to its highest degree.

The chapters here presented are selected from P. G. Vasenko, Книга степенная царского родословия (St. Petersburg, 1908–1913), in Полное собрание русских летописей, Vol. XXI.

Книга Степенная Царскаго Родословия

Книга степенна царскаго родословия,
иже[1] въ Рустѣи[2] Земли въ благочестии просиявшихъ,
          богоутверженныхъ скипетродержателеи,
иже бяху[3] отъ бога яко раиская древеса насаждени
          при исходящихъ[4] водъ,
          и — правовѣриемъ напаяеми[5],
          богоразумиемъ же и благодатию возрастаеми[6],
          и божественною славою осияваеми[7], —
явишася[8] яко садъ доброрасленъ и красенъ листвиемъ и благоцвѣтущъ,
          многоплоденъ же и зрѣлъ и благоухания исполненъ,
          великъ же и высоковерхъ,
и многочаднымъ рождиемъ, яко свѣтлозрачными вѣт[ь]ми, расширяемъ,
          [и] богоугодными добродѣтельми просвѣщаемъ; —
          и мнози[9] отъ корени и отъ вѣтвеи
многообразными подвиги[10], яко златыми степен[ь]ми,
на небо восходную лѣствицу непоколеблему водружиша[11],
по неиже невозбраненъ къ богу восходъ утвердиша
          себѣ же и сущимъ по нихъ;

имъже бяше[12] благочестию начальница богомудрая въ женахъ,
святая и равноапостольная великая княгини Ольга[a],
          супружница Игорева Рюриковича[b],
          еяже торжественое слово
въ началѣ преже оглавления книги сея
          предложено суть[13];
потомъ же [слово] преславнаго внука ея,
          равнаго апостоломъ,
святого и блаженнаго царя и великаго князя Владимера[c]
          и сѣмени его праведнаго;

иже мнози отъ нихъ, мужеска полу и женска,
богу угодиша[14] въ благоденственомъ державствѣ,
          въ супружествѣ живуще
          и во благородномъ многочадии;
          овии же безсупружествомъ [и] чистотою,
          иночествомъ и мучениемъ за Христа,
          и на бранехъ храбростию,
и благодарнымъ терпѣниемъ во плѣнениихъ,
          въ нужахъ и въ юзахъ,
и въ темицахъ и въ межеусобныхъ крамолахъ,
озлоблениемъ и лишениемъ очию и заточениемъ,
и ини же самовол[ь]ною нищетою и странствиемъ
и богомудростнымъ претворения уродствомъ
и бездомѣствиемъ во отечествиихъ и въ чюжеземствиихъ
и прочими добродѣтельми паче песка умножишася,
и никтоже можетъ исчести ихъ.

Чюдныя же повѣсти, ихъже елико возмогохомъ[15] отчасти изообрѣсти, и сия здѣ въ князѣ[16] сеи степен[ь]ми разчинены суть и граньми объявлены и главами съ титлами сказуеми; имиже возможно всяку повѣсть, въ князѣ сеи реченну, немедлено обрѣсти; идѣже и святѣишихъ митрополитъ всея Русии имена вчинена суть и прочихъ святыхъ, и знамения иже[17] съ небеси отъ бога.

★

О благовѣрномъ и богохранимомъ великомъ князѣ
Георгии Ярославѣ Владимеричи

Иже[18] божиемъ благоволениемъ просвѣщеннаго благочестиемъ, святого корени многорасленная вѣтвь, и доброплодная и богу благопотребная, — сии благовѣрный и богохранимыи великии князь Ярославъ, нареченный во святомъ крещении Георгии[d], яко же толкуется сия — *Божие Дѣло*[e].

Во истину убо божие дѣло есть сии богоподражательныи сынъ же и наслѣдникъ равноапостольнаго царя и великого князя Владимера, отъ негоже вся Русьская Земля приятъ[19] святое крещение. Отъ негоже бысть сии Георгии вторыи степень благочестию, четвертыи же во братии своеи, иже отъ Рогнѣды[f] родися[20], отъ Рюрика же 5. О немъ же речено есть въ первои степени во главѣ 69 и въ 73, како одолѣвъ окаяннаго братоубиицу Святополка[g], и тако благоволениемъ божиимъ бысть же единъ самодержьствуя и добрѣ правяи[21] скипетро всего Рускаго Царствия. Аще же и хромоногъ бяше, но благоразумнымъ велемудриемъ преудобренъ, во бранехъ же храборъ и мужественъ бѣ[22], наипаче же божии страхъ имѣя, отъ благаго же произволения и отьческимъ богомудроственымъ стопамъ правовѣрно послѣдуя, и вся православныя догматы по бозѣ[23] трудолюбно утвержая, и вся християнския законы непревратно исправляя, и прочая благочестивая уставы не умаляя, ни превращая, но паче сугубо исполняя и недоконьчанная навершая, яко же Соломонъ [и] Давидъ на святость и на украшение богомъ дарованыя имъ державы[24]. Яко же древле возлюби богъ и благослови и умножи сѣмя праведнаго Авраама, тако и здѣ въ новои благодати въ Рустѣи Земли возлюби богъ и благослови и умножи новаго Израиля, сѣмя праведнаго Василия, рекомаго Владимера, иже и до нынѣ вси тьщахуся[25] угодная[26] богу сотворити. Яко же сии богомудрыи Георгии Ярославъ самъ тьщашеся угодная богу сотворити, и вся благолѣпотныя чиновы християнскаго исполнения и церковнаго свѣтлоукрашения и святыхъ апостолъ и святыхъ отецъ предания удобрити и уяснити, тако же и во всеи области царствия своего

[бяше] вся люди во благочестие управляя,

и многи святыя церкви потавляя,

и честныя монастыри устрояя.

И таковымъ подвигомъ его вѣра християнская въ Руси сугубо распростирашеся и утвержашеся совершеннымъ благочестиемъ, и черноризьцы умножахуся. Самъ же вседушно любяше церковныя уставы,

и презвитеры по велику чьтяше[27],

и божественыя книги прилѣжно самъ почиташе.

★

О самодержавномъ наслѣдницѣ[28], *о великомъ князѣ Всеволодѣ Ярославичи*

Тако благоволениемъ божиимъ и праведными его судьбами, яко же самъ блаженныи Владимеръ богоугодно житие соверши[29], сице и благороднии сынове его, тако же и сынове сыновъ его и прочии роду его мнози многообразными подвиги[30] благочестно житие совершиша[31] и къ богу востекоша[32]. Яко же пишетъ апостолъ: *Аще начатокъ святъ, то и примѣшение; аще корень святъ, то и вѣтви.*

Таковъ же бѣ и сии изрядныи наслѣдникъ, третии степень во благочестии Русьскаго Царствия, великии князь Всеволодъ Ярославичь[h], внукъ того блаженнаго Владимера.

Издѣтска вельми боголюбивъ бѣ[33] и правду любя и убогия милуя, святителеи же и весь священныи чинъ усердно почитая, и всяко требование подаваше[34] имъ. Самъ же воздержателенъ бѣ отъ объядения и пьяньства, и отъ плотскихъ сладострастии, тако же и родителемъ своимъ всегда благопослушливъ бываше и нуждашеся[35] угодная по бозѣ сотворити има, егоже ради сподобися получити непремѣнное благословение отъ приснопамятнаго отьца своего, Ярослава Владимерича, отъ негоже всегда неотлученъ бываше совершенныя ради къ нему отьческия любви. Егоже благословляя, отецъ его Ярославъ и пророчествуя глаголаше:

»О сыну мои возлюбленныи! Благо тебѣ, яко стяжалъ еси получити отъ бога даръ смиреномудрия и кротости. Благо же и мнѣ, яко ты еси чадо мое, покои старости моеи, яко же слышу и вижу добрая дѣла, о нихъже радуюся, ихъже ради люблю тя паче братия тво[е]я. И дасть ти господь богъ наслѣднику быти скипетродержания моего, аще и послѣди братия[36] твоея[i] приимеши начальство державы, но обаче кромѣ неправды и вражебнаго насилования. Егда же приведетъ тя богъ отъ жития сего, и да будетъ тѣло твое во гробѣ погребено у моего гроба, да и по смерти неразлучьны будевѣ[37].«

И все, еже прорече великии князь Ярославъ, и вся тако сбышася[38]...

★

О боговѣнчанномъ царѣ и великомъ князѣ Владимерѣ Всеволодичи Мономасѣ[39]

Лѣпо же убо не преити молчаниемъ, но должно есть воспомянути въ малѣ нѣчьто о боговѣнчанномъ царѣ и самодержцѣ, о великомъ князѣ Владимерѣ Всеволодичи Мономасѣ[j], и о многихъ знамениихъ и чюдесѣхъ, иже во дни его быша, и о ослѣпленномъ сродницѣ[40] его Василькѣ[k], и о сугубомъ знамении крестномъ, и о державствующихъ въ лѣта его, и о преславномъ его иже[41] на царство вѣньчании, и о совершении добродѣтельнаго жития его.

Сеи убо богомъ вѣньчанныи царь и великии князь Владимеръ, сынъ Всеволожь[42] Ярославичя, правнукъ блаженнаго самодержьца Владимера, отъ негоже бысть четвертыи степень, пресловущии въ Руси царскимъ именованиемъ, иже по матери дѣдним званиемъ именуемъ есть Мономахъ. И сего кто доволенъ есть подробну изрещи благородную доблесть, и крѣпко-

душьное мужьство, и благоразумное разсуждение, наипаче же не земле-
плѣнное властолюбие, но высокожеланное смиренномудрие? Внегда бо хри-
столюбивому отьцу его, Всеволоду Ярославичю, зѣльно изнемогающу[43] уже
при смерти, и тогда призва къ себѣ отъ Чернигова[1] сего благороднѣишаго
сына, Владимера Мономаха, и, даровавъ ему благословение, къ богу
отиде[44]. Владимеръ же тогда, все отьческое достояние въ руку своею имѣя,
и ни мало не вознесеся[45] мыслию начальственаго властолюбия, но само-
вольнѣ уступая Киевскаго самодержания, и къ брату своему нелицемѣрную
любовь предлагаше[46], и паче себя начальствомъ почитая того, яко да
завистию не уязвляется и враждебныя брани не составляетъ. Призываетъ
же отъ Турова брата си изъ двуродныхъ Святополка Изяславича, внука
Ярославля[47] Владимерича; и на того честь и старѣишинство великого кня-
жения возлагаетъ и все отьческое достояние иже[48] въ Киевѣ поручаетъ
ему; самъ же въ Черниговъ отходитъ, и тамо господьствуя, и прочая
снабдѣвая...

★

О богохранимомъ великомъ князѣ
Иванѣ Ивановичѣ[m]

Сии христолюбивыи, богохранимыи, кроткии, и тихии, и милостивыи,
тезоименитыи и изрядныи наслѣдникъ отеческаго имени и державы бого-
прославленнаго Рускаго Царствия, блаженныи великии князь Иванъ Ивано-
вичь, внукъ блаженнаго Данила, правнукъ чюдотвориваго Александра
Невскаго, — отъ великого же Владимера, просвѣтителя рускаго, первыи
на десять степень, отъ Рюрика же четвертыи на десять, иже[49] благочестиваго
сѣмени благословеныи плодъ. Отъ младыхъ бо ноготь навыче[50] страху
божию, во всемъ послѣдуя благимъ обычаемъ[51] и богоугоднымъ исправле-
ниемъ благородныхъ си[52] родителеи: богомудраго си отьца, великаго князя
Ивана Даниловича, и благоумныя си матери, великия княгини Елены[n].
Еще бо вельми дѣтескъ сыи[53], яко егда шестому лѣту скончавшуся[54] отъ
рожения его, и тогда христолюбивая его мати изволи восприяти ангельскии
образъ и во иноческии облечеся чинъ и къ богу отиде, егоже возюби, и
положена бысть въ монастырь въ церкви Преображения Господня. Потомъ
же десять лѣтъ мину[55], и богохранимыи отецъ его, великии князь Иванъ
Даниловичь, въ томъ же монастыри иноческии великии чинъ восприимъ[56],
къ богу отиде по извѣщению великаго чудотворьця Петра, митрополита
всея Русии[o], яко же въ десятомъ степени явлено есть.

Сему[57] же великому князю Ивану Ивановичю шьтинадесять[58] лѣтъ по
отьцы оставшю[59], по семъ же единому лѣту минувшю[60], законному браку
приобщися [и] поятъ[61] себѣ сожитьницу, дщерь Дьмитрия Добряньскаго,
именемъ Александру[p].

Тогда начальствовавъ Державою Руською 13 лѣтъ, старѣишии братъ
его, великии князь Симеонъ Ивановичь, иже зовомъ[62] есть *Гордыи*[q]; и тои
Великимъ Новымъградомъ и Пьсковомъ господьствуя и Нѣмецъ враждую-
щихъ побѣжая, яко егда краль Магнушь[r] лестию взя градъ Орѣховецъ[s],
великии же князь Симеонъ посла [вои своя], и паки взяша Орѣховецъ, а
Нѣмецъ побѣдиша. И Литву одолѣ, яко и Ординьскии царь Зянибѣникъ[t]

посла къ нему на Москву пословъ литовскихъ и братию Ольгердову [u], да еже хощетъ, тако да сотворитъ има за вражю[63], еже творяше Ольгердъ [v] Земли Русьстѣи. И умоленъ бывъ посланиемъ отъ Ольгерда великии князь Симеонъ и многими дарьми удоволенъ, и тако милость дарова литовскимъ княземъ и прочимъ съ ними, и отпусти ихъ; и Смольняномъ покаряющимся миръ дарова и, прочее мирно поживъ, преставися отъ житиа сего и положенъ бысть, идѣже и отецъ его.

И тогда сии богохранимыи наслѣдникъ Державы Руския, великии князь Иванъ Ивановичь, [бысть] паче же инѣхъ князеи честию преспѣвая и начальствуя богомъ дарованною ему державою. Во дьни же благочестивыя его державы бысть тишина велиа въ Рустѣи Земли, яко же и при отьцы его.

★

О благовѣрномъ и богохранимомъ и чюдесно рожен[н]омъ
великомъ князѣ Василии Васильевичѣ

Сии благовѣрныи и христолюбивыи и богомъ снабдимыи, отьчеименитыи и божиимъ изволениемъ роженныи и подобно терпѣливыи праведному Иеву [w] во много отъ бога попутныхъ нань искушениихъ великии князь Василии, царскоименитыи сынъ, иже отъ царскаго именитаго отьца родися, великаго князя Василия Дьмитреевича, и отъ матери, богомудрыя великия княгини София [x]. Бысть же отъ святаго великаго князя Владимира четвертыи на десять степень, отъ Рюрика же седьми на десять. Роди же ся чюдесно сице.

Въ лѣто 6923 [y], во время святаго и великаго четверодесятнаго поста, мѣсяца марта 15 день, егда прииде время, въ неже родитися таковому державному отрочати, и тогда христолюбивая мати его и великая княгини София нача[64] вельми изнемогати, яко и къ коньцу приближитися еи. Великии же князь о семъ скорбяше вельми. Бѣ же тогда нѣкии старець святъ въ монастыри святаго Иоанна Предтечи подъ Боромъ [z] за Москвою рѣкою; знаемъ же бысть великому князю, егоже вельми любляше. И посла къ нему великии князь, да помолится о великои его княгинѣ, будетъ ли еи животъ. Онъ же отвѣща посланному къ нему, сице рекъ[65]:

»Иди и рьцы[66] великому князю: 'Да и самъ помолися господу богу и пречистои его матери и великому мученику Логину [aa], понеже тои данъ бысть помощьникъ всему роду вашему о всѣхъ, ихъже[67] требуете, благихъ[68]. О своеи же великои княгинѣ скорби не имѣи: будетъ здрава; въ сии же вечеръ родитъ сына, наслѣдника тебѣ'.«

Еже и бысть по проречению его. Егда же родися, и въ тои часъ священнику стоящу[69] на молитвѣ въ кѣлии своеи, иже бысть духовникъ великому князю, живыи[70] въ монастыри Преображения господа бога и спаса нашего Иисуса Христа [bb], къ немуже пришедъ нѣкто и удари во двери кѣлиа его, рекъ ему:

»Иди, презвитере, и сотвори молитву великои княгинѣ, и новорожденному отъ нея младенцу нарьцы[71] имя Василии.«

Онъ же скоро изыде ис кѣлиа своея и не обрѣте никого же, посланного по него, и удивися, яко скоро отиде звавыи[72] его. И поиде съ монастыря

къ великому князю. И срѣтоша[73] его посланнии по него, яко да шедъ
дастъ молитву великои княгинѣ, и да наречетъ имя роженному отъ нея
дѣтищу, богомъ дарованному сыну великого князя Василия Дьмитреевича.
Священникъ же воспроси его, аще онъ есть прежде приходилъ по него.
И рече:

»Нѣсмь[74].«

И шедъ, потребныя таковаго времени молитвы соверши, и имя отрочати
нарече Василии, тезоименитое имя отьца его, яко же отъ бога извѣстися[75]
ему таковое именование. И потомъ многу испытанию бывшу[76], кто есть
преже приходяи[77] и звавыи, или кто пославыи[78], и никто же не обрѣтеся
нигдѣ же: ни посланныи, ни пославыи. И сие повѣдано бысть и самому
великому князю и великои княгинѣ и многимъ людемъ, и вси дивишася
и прославиша бога.

Егда же сии богознаменаныи великии князь Василии Васильевичъ
бысть лѣтомъ десятимъ отъ рождества его, и тогда христолюбивыи отецъ
его, великии князь Василии Дьмитриевичь, къ богу отиде, въ негоже мѣсто
бысть изрядныи наслѣдникъ богомъ дарованныя ему державы Росиискаго
Царствия сии благородныи сынъ его, великии князь Василии Васильевичь.
Мати бо его, боголюбивая княгини София, по преставлении державнаго
супруга своего, увѣща[79] всѣхъ боляръ и сановниковъ и радниковъ и всѣхъ
чиновниковъ, еже[80] быти имъ неотступнымъ отъ сына ея, великаго князя
Василия Васильевича...

★

О благочестивомъ и богомъ утверженомъ одольт[ел]и супостатомъ,
о христолюбивомъ и великомъ князѣ Иванѣ Васильевичѣ[cc],
государѣ и самодержьцѣ всея Русии,
и пророчество Михаила Клопьскаго

Пресвятая троица, отецъ и сынъ и святыи духъ, единыи истинныи богъ
нашь, иже есть сыи[81] царь царствующимъ, и господь господьствующимъ,
и всея твари содѣтель, и вся, елика хощетъ, творитъ на небеси и на земли,
и по своеи ему воли дает власть и царство и славу, емуже хощетъ, и
скипетры царствия поручает, — яко же пишетъ: *Аще кая земля управится*
предъ богомъ, то поставляетъ еи держателя благочестива и правдива и
благостроино управляюща и любяща судъ и правду, — тако своимъ неизре-
ченнымъ милосердиемъ постави бодреливаго стража и истинна пастыря,
главу благоразумну и правдиву своему тезоименитому достоянию, превозлю-
бленнѣи его Русьстѣи Велицѣи[82] Земли,

> кореноплодному отьчеству изряднаго наслѣдника,
> и крѣпкаго поборника православию,
> мужествена исполина и врагомъ страшна,
> всюду супостаты одолѣвающа,
> и вся враги побѣжающа[83],
> и никимъ же побѣждаема,
> и всяко нечестие и прелесть разоряюща,
> и всяку ересь потребляюща,
> и всяку вражду пресѣкающа,

и многоначалие и самовластие упражняюща[84],
иже[85] окресть державы его властодержателеи
подъ свою державу покаряюща,
отъ дальнихъ же превысочаишихъ самодержателеи
во братственую любовь сочетатися желаема,
и во вся концы земныя знаема,
и славна и пресловуща,
миръ же и тишину и правду утвержающа,

сего настоящаго свѣтлѣишаго самодерьжца, благовѣрнаго и христолюбиваго и человѣколюбиваго великаго князя Ивана Васильевича, всея Русии государя и царя, именуема Тимофея, иже бысть отъ святаго и равноапостольнаго великаго Владимера Святославича пятыи на десять степень, отъ Рюрика же осьмыи на десять. Сеи убо православныи въ державныхъ, благодатно имя, Иванъ родися въ лѣто 6948[dd], мѣсяца генваря 22.

Во время же рожения его прорече о немъ никто[86] инокъ свять отъ вельможьска роду, именемъ Михаилъ[ee], живыи въ Великомъ Новѣградѣ въ монастыри Клопьскомъ. И такова прозорлива дара сподобися отъ бога, яко многажьды прорицаше[87] хотящая преди быти и сия яко настоящая глаголаше. Тако же бысть, егда родися сии великии князь Иванъ. И тогда внезапу начать звонити въ колоколы, и мнози людие снидошася[88]. Онъ же яко уродствуя бяше и всѣмъ людемъ Великаго Новаграда и самому пастырю ихъ, великому архиепископу Евфимию, явствено вопия, и глаголаше сице:

»Днесь во преславномъ градѣ Москвѣ у великаго князя Василия Васильевича родися сынъ, князь великии Тимофеи, сущее же имя ему Иванъ. И тои будетъ всему Россиискому Царствию наслѣдникъ, и всѣмъ окрестнымъ странамъ страшенъ будетъ, и сего вашего всего Великаго Новаграда обладаетъ, и гордыню вашу упразднитъ, и во всю свою волю привлечетъ васъ, и все ваше самовластие раздрушитъ[89] и самовольная ваша обычая измѣнитъ, и за ваше непокорство и супротивие многу побѣду и посѣчение и плѣнъ надъ вами сотворитъ, и богатество ваше и села ваша восприиметъ.«

Еже и бысть по лѣтѣхъ четыридесятихъ...

*

О чюдесномъ зачатии и рождении великаго князя Василия Ивановича, всея Русии самодержьца

И тако ему [великому князю Ивану Васильевичу] отъ бога прославлену и благоденьствено царствующу[90], дарова же ему богъ и чадородие довольно: отъ первыя ему сожитьницы, отъ великия княгини Марии, дьщери великаго князя Тверьскаго, родися ему сынъ, великии князь, тезоименитыи Иванъ, зовомыи *Младыи*, и отъ вторыя же сожитьницы его, великия княгини, царевны Софии родишася ему три дьщери[ff]. Изрядна сына бо тогда не успѣ родити ни единого.

Великии же князь Иванъ и его великая княгини София о семъ не малу скорбь имяху и бога моляху, дабы даровалъ имъ сынове[91] родити въ наслѣдие царствию своему, еже и получиша. И сего ради нѣкогда сия

христолюбивая великая княгини Софья, отъ великия вѣры и отъ сердечь-
наго желания, по благому совѣщанію благочестиваго си супруга, самодер-
жавнаго великаго князя Ивана Васильевича всея Русіи, трудолюбиво
потьщася пѣша шествовати съ Москвы въ преименитую великую обитель
Пресвятыя и Живоначальныя Троицы и великаго свѣтильника, преподоб-
наго Чюдотворьца Сергія, помолитися о чадородіи сыновъ. Идущи же еи[92],
и доиде монастырьскаго села, Клементіева зовома. Оттуду же исходящи
еи[93] во удоль, иже близъ самыя обители, и внезапу зрить очивѣсть во
стрѣтеніе грядуща священнолѣпьна инока, его[же] позна по образу быти
преподобнаго чюдотворьца Сергія gg, имуща въ руцѣ отроча младо, мужескъ
полъ, егоже напрасно вверже[94] въ нѣдра великои княгинѣ, и абіе неви-
димъ бысть. Она же отъ такова необычьна видѣнія вострепета и начатъ[95]
изнемогати и къ земли преклонятися. Сущіи же съ нею жены вельмож-
скія рукама поддержаша ю и сами вельми ужасошася[96], невѣдущи, чьто
случися еи. Она же, сѣдши и рукама въ пазусѣ[97] своеи ища вверженаго
еи отрочати, его не ощути. И абіе уразумѣ посѣщенію быти великаго
чюдотворьца Сергія, и укрѣпися на нозѣ[98] свои, и благонадежьно и здраво
пріиде въ монастырь, и довольно молитвова, и цѣл[ь]боносныя мощи пре-
подобнаго Сергія любезно цѣлова, умильно припадая къ честнѣи рацѣ[99]
его, надежу имѣя получити, егоже прошаше[100]; и братію любочестными
брашьны[101] учреди, и съ радостію возвратися, отнюдуже пріиде.

И отъ того чюдеснаго времени зачатся[102] во чревѣ ея богодарованныи
наслѣдникъ Русьскому Царствію. Подобну времени достигшу[103], и родися
благонадежьныи сынъ, великіи князь Василіи Гаврилъ, въ лѣто 6986 hh,
мѣсяца марта въ 25, въ самыи праздникъ Благовѣщенія пресвятыя богоро-
дицы, въ 1 часъ нощи, мѣсяца же апрыля, въ недѣлю цвѣтоносную ii, и
святымъ крещеніемъ просвѣщенъ бысть въ церкви обители Святыя Троице jj
у чюдотворивыхъ мощеи преподобнаго чюдотворьца Сергія, о немъжа
довлѣетъ быти особьному сказанію.

Сія же повѣсть явлена бяше[104] митрополитомъ Іоасафомъ kk всея
Русіи, еже онъ слыша отъ устъ самого великого князя Василія Ивановича,
всея Русіи самодеръжьца. Потомъ же родишася имъ и прочая сынове и
дьщери.

★

O благородномъ и боговѣньчанномъ цари и государи,
великомъ князѣ Иванѣ Васильевичѣ ll, *всея Русіи самодержьци,*
егоже паче надежда[105] израсти молитвеная доброта
собрателя отечеству[106]

Иже[107] въ троицы прославляемыи господь Иисусъ Христосъ, истинныи
богъ нашъ, содѣтель и спасъ всего міра, видимаго и невидимаго, единъ
сильныи, единъ державныи, единъ человѣколюбецъ, преже вѣкъ сыи[108] со
отьцемъ и со святымъ духомъ, вездѣ сыи и вся исполняя, отъ небытія въ
бытіе приведыи[109] всяческая, и предѣлы языкомъ положи по числу ангелъ
божіихъ, отъ вѣка и до вѣка вся строя на пользу человѣческому роду,
имъже всяка власть и всяко начало и держава царствія учинена суть[110].

Того же ради верховныи апостолъ Петръ повелѣваетъ повиноватися

всѣмъ человѣкомъ царю яко преобладающу, аще ли княземъ, посланнымъ
отъ него во общение злодѣемъ, въ похвалу же добродѣемъ, и паки глаго-
летъ: »*Бога боитеся, царя чьтите!*« Тако же избранныи божии сосудъ,
Павелъ апостолъ глаголетъ: »*Молю убо прежде сего молитвы творити и
моления и благодарения и прошения за царя и за вся, иже*[111] *во власти
сущихъ, понеже тѣми спасение отъ начала вниде въ миръ; яко да и мы въ
царскомъ ихъ благоденьствии тихо и безмятежьно житие поживемъ во
всякомъ благовѣрии и чистотѣ.*« Ибо самъ господь учитъ ны, глаголя:
»*Вся, елика, аще молящеся, просите, вѣруите, яко приемлете, и будетъ
вамъ.*« И апостолу Иакову глаголющу[112]: »*Много бо можетъ молитва пра-
веднаго поспѣшествуема*[113].«

Молитва бо есть божие томление благочестно,

молитва — человѣкомъ къ богу соединение,
молитва — скорбемъ средостѣние,
молитва — дарованиемъ ходатаица,
молитва — печалемъ разрѣшение,
молитва — благонадежное веселие.

Сице и здѣ молитвеная доброта разверзе[114] царское неплодие само-
держьца Василия Ивановича, и родися ему сынъ и наслѣдникъ царствию,
сии святопомазанныи царь и великии князь, сладчаишее имя Иванъ, госу-
дарь и самодержецъ всея Русии, и инымъ многимъ языкомъ и царствьемъ
одолѣтель, иже бысть отъ святаго перваго Владимера седьми на десять сте-
пень, отъ Рюрика же двадесятыи. Роди же ся въ лѣто 7039[mm], мѣсяца
августа 25. И убо прежде рожения его за 24 лѣта пророче о нѣмъ нѣкоторыи
инокъ свять, именемъ Галахтионъ, о немъже писано въ книзѣ[115] сеи въ
шестои на десять степени во второи на десять главѣ.

Егда же зачатся во чревѣ матерни, и яко бысть близъ рожения, и
тогда боголюбивая мати его, великая княгиня воспроси нѣкоего мужа
юродива, именемъ Доментия, глаголя:

»Чьто имамъ родити?«

Онъ же, яко уродствуя, глаголаше:

»Титъ, широкии умъ.«

Она же сугубо у бога прошаше[116] не погрѣшити надежда[117].

Прежде же девяти дьнии рождения его, въ самыи праздникъ Успения
пресвятыя богородица, служащимъ иереомъ[118] божественую литургию, иже
тогда ни единъ отъ нихъ никако же вѣдяху[119], яко царица во чревѣ ношаше
отроча, и по изрядномъ помяновении пресвятыя богородица[120], обычьныя
молитвы глаголаху о христолюбивомъ самодержьцѣ Василии [и] о царицѣ
его. И повсюду же тогда прилагаху, еже *Подати има плодъ чрева.* Единъ
же отъ служащихъ ту, еже бы рещи ему: *Подати има плодъ чрева,* и
вмѣсто того внезапу, яко сномъ обьятъ, рече:

»И о благородномъ чадѣ ихъ.«

Тако и на прочихъ служащихъ глядяше, хотя воспросити ихъ о имени
царскаго отрочати. И абие вострепета, рече, еже *подати ему плодъ чрева.*

И удивися о необычьномъ въ себѣ речении, егоже никако же повѣдаше.

И по малѣхъ дьнѣхъ услышася повсюду царьскаго отрочати рождение,
и вси людие возрадовашася. Прочее же о многоприлѣжьныхъ къ богу
молитвахъ самодержьца и о преславномъ рождении богомъ дарованнаго

ему сына, сего боговѣнченнаго царя Ивана, явлено есть въ книзѣ сеи, въ
шестои на десять степени, во главѣ двадесять второи. Христолюбивому же
самодержьцу Василию, во мнозѣ[121] благодарении и благоденьствии отъ
земьнаго царствия въ небесное премѣнившуся[122], богодарованному же сыну
его, царю, великому князю Ивану тогда же еще юну сущу[123] возрастомъ,
яко трею лѣтъ и трею мѣсяцъ, и бысть наслѣдникъ отьческаго скипетро-
держания, богомъ утверженнаго ему царствия всея Русии. Съ нимъ же
державствова тогда христолюбивая мати его, великая княгини Елена[nn],
наипаче же самъ всесильныи богъ, своею крѣпькою десьницею всегда и
всюду наставляя его, яко въ древнихъ повѣстехъ пишетъ, иже: *Тако
глаголетъ господь:* »*Азъ воздвигохъ*[124] *тя царя правдою и прияхъ*[125] *тя за
руку десную и укрѣпихъ*[126] *тя, да послушаютъ тебе языцы*[127]. *И крѣпость
царемъ раздрушу*[128], *отворю ти двери, и грады не затворятся. Азъ предъ
тобою поиду, и горы поравнаю, и двери мѣдныя сокрушу, и затворы желѣз-
ныя сломлю.*«

И тако сему, благоволениемъ божиимъ, богодарованному государю
нашему, начиньшу[129] державствовати, и тогда совѣтомъ боярскимъ поиманъ
бысть братъ великаго князя Василия, князь Юрьи Ивановичь Дьмитров-
скии[oo]: бояху[130] бо ся, егда како людие къ нему обратятся и вкупѣ съ
нимъ нѣкии мятежь сотворятъ на юношьство государское. И посадиша его
въ полату на Москвѣ, Въ неиже пребысть три лѣта и преставися.

Потомъ же отъ многаго смущения злыхъ людеи нападе[131] страхъ на
князя Андрея Ивановича Старицькаго[рр]: убояся къ Москвѣ ити, поверже[132]
грады своя [и] побѣже[133] къ Великому Новуграду. Великии же князь
посла князя Никиту Васильевича Оболенскаго[qq] ко владыцѣ[134] и къ намѣ-
стникомъ на бреженье. Князю же Ивану Федоровичу Овчинѣ[rr] повелѣ
собратися съ людьми и поити за княземъ Андреемъ. Онъ же дошедъ князя
Андрея въ Тюхалѣ, и своимъ произволениемъ далъ правду князю Андрею
и прииде съ нимъ на Москву. И поиманъ бысть князь и посаженъ въ полату,
во второе же лѣто и преставися. Сынъ же его, князь Владимеръ, и мати
его, княгиня Ефросиния, за стражьбою сѣдяша[135] три лѣта и полъчетверта
мѣсяца.

По умолению же Иоасафа, митрополита всея Русии, великии князь
показа на нихъ милость свою[88]: вся отьческия грады дарова ему и многимъ
имѣниемъ изобилова его. И сице убо тогда симъ царскимъ дѣтемъ случися
житию конець восприяти, богу тако попустившу[136], яко же самъ единъ
вѣсть, судьбами своими, иже[137] вся на пользу строяи[138] человѣкомъ: ово
убо, иже нѣчьто, яко человѣцы, согрѣшиша, и отъ таковыхъ сими скорбьми
хотя ихъ очистити господь, ово же утвержая богъ совершено и непоколе-
блемо царство отъ юности самодержавному государю.

И тако ему по отьцы царствующу[139] съ мудрою материю своею, къ
нему же тогда прихожаху[140] отъ многихъ странъ, отъ цареи и отъ кралеи,
послы поздравити его на государьствѣ: изъ Крыму и изъ Царяграда, тако
же и исъ Казани, и изъ Литвы, и изъ Ногаи, и изъ Нѣмецькихъ земель,
и изъ Волохъ, и отъ иныхъ странъ отъ всѣхъ; здравствоваху ему на отъ-
ческомъ его царствии. вси тогда къ нему въ братство и во единоначальство
прилагахуся[141]. Тако же и онъ къ нимъ своя послы посылаше, яко же и
отець его.

Въ первое же лѣто государства его прояви богъ многая чюдотворения отъ иконы святыя великомученицы Варвары: слѣпии прозираху[142] и глусии[143] слышаху, нѣмии проглаголаху и всякими болѣзньми одержими исцѣление примаху; тако же и потомъ, съ вѣрою приходяще въ честный храмъ ея, иже бяше у Великаго Торгу и Паньскаго Двора. Тогда же воеводы великаго князя: князь Семионъ Пунковъ[tt] да князь Иванъ Тать[uu] на Пронѣ многихъ Татаръ побѣдиша, живыхъ же пятьдесятъ и три руками яша[144] [и] къ великому князю на Москву прислаша...

Благовѣрная же великая княгиня Елена по преставлении супруга своего, великаго князя Василья Ивановича всея Русии, державствова всѣмъ Росиискимъ Царствиемъ съ сыномъ своимъ, великимъ княземъ Иваномъ Васильевичемъ, четыре лѣта и четыре мѣсецы и къ богу отиде въ лѣто 7046[vv], мѣсяца априля въ 3, въ среду пятыя недѣли великаго поста, и положена бысть въ церкви Христова Вознесения въ монастыри[ww] внутри града Москвы, идѣже лежатъ прочие великие княгини.

Сыну же ея, великому князю Ивану Васильевичу всея Русии, младу оставшуся[145] на отьческомъ царствии, осмому[146] лѣту тогда наставшу[147] отъ рождения его, и тогда грѣхъ ради нашихъ богонадежнии боляре великаго князя и прочии вельможи, яко благополучьно и самовластно время себѣ улучивше, и изволиша собрати себѣ множество имѣния. И тако вражиимъ навѣтомъ и, вмѣсто еже[148] любити искрене [ближняго] яко себе, въ ненависть уклонишася: кииждо себѣ различьныхъ и высочаишихъ сановъ желаху[149], инии же получаху[150], обаче на мало время. И нача въ нихъ быти самолюбие, и неправда, и желание на восхищение чужаго имѣния. И воздвигоша[151] вел[и]ю крамолу между себе, и властолюбия ради другъ друга коварствоваху[152], и не токмо въ заточение посылаху, или въ темьницахъ затворяху и узами облагаху, но и самои смерти предаваху, навыкше[153] господоубиисвенному совѣту, яко же выше речено бысть о царьскихъ отраслѣхъ, о князѣ Юрьи и Андрѣ Ивановичехъ. Тако же и на своихъ друговъ востающе, и домы и села ихъ себѣ притяжаще[154], и сокровища своя наполниша неправеднаго богатьства. Не токмо же между собою сие содѣваху[155], но и великому христоподобному чину архиереиску превысочаишаго святительства приразишася[156] своя ради межуусобныя крамолы: митрополита Данила съ митрополии сведоша[157] во Иосифовъ Монастырь[xx], въ него же мѣсто поставленъ бысть на митрополию Иоасафу[уу], игуменъ Сергиева Монастыря[zz], по триехъ же лѣтѣхъ и тои изгнанъ бысть отъ престола своего и въ Кириловъ Монастырь[A] посланъ бысть, и оттуду же въ Сергиевъ Монастырь. И бысть престолу Росиския Митрополия[158] приемникъ дивныи во святителехъ Макарие[B], архиепископъ Великаго Новаграда и Пьскова. И яко же прежде сего, тако и по сихъ, многа бяше междуусобная крамола въ болярехъ и несытное мздоимьство, даже и до самаго возраста великаго князя, дондеже великии князь царьскимъ вѣньцемъ вѣнчася рукою того же преосвященнаго Макария, митрополита всея Русии[C].

Вкупѣ же законному браку сочетася[159]: избра себѣ по своему царскому достоянию богомудрую царицу Анастасию, дщерь Романову Юрьевича Захарьина[D], отъ неяже родишася ему три сыны: Дьмитрии, Иванъ, Федоръ и три дщери. Прочее же речется въ степени сеи въ главѣ.

Человѣколюбивыи же богъ, своимъ неизреченнымъ милосердиемъ долготерпяи[160] о нашихъ согрѣшенияхъ, ожидая нашего покаяния, и не хотя конечьнои пагубѣ предати насъ, яко да престанемъ отъ злобы и не упо-ваемъ на неправедное богатство, еже вскорѣ минуется, милостивно нака-зати насъ хотяи[161], — богъ и попусти неправедному богатьству огнемъ истребитися[E]. Въ тоже лѣто, мѣсяца априля 12, на свѣтлои недѣлѣ во вторникъ, грѣхъ ради нашихъ, во градѣ Москвѣ загорѣся Великии Торгъ[F], и многъ товаръ погорѣ, и многия святыя церкви и дворовъ множество и имѣния безчислено испепелися, и въ новѣишемъ градѣ Москвѣ мала часть избысть[162] отъ огня. И потомъ, во осьмыи день, загорѣся за Яузои[G] на Болвановкѣ[H] и внизъ по Москвѣ рѣкѣ, и дворы кожевниковы и гоньчары погорѣша. Подлѣ же Яузу и до устья Москвы рѣки выгорѣ, и у Спаса въ Чигасовѣ монастырь[I] погорѣ, и въ церкви все выгорѣ, и чюдьная подпись и верхъ церковныи отъ огня падеся[163].

Того же лѣта, июня въ 21, попусти богъ быти зѣльнѣишему пожару[J], о немъже откровено[164] бысть преже единаго дьни преподобному Ва-силию, Христа ради Уродивому[K], нагоходьцу и самовольнѣ обнаженному тѣлеснаго одѣяния. Не имѣяше бо на тѣлеси своемъ ни единаго рубища и стыдѣния не имуще, яко же первозданныи преже преступления, душевною же добротою неизреченно одѣянну ему и сугубо преукрашенному[165], иже многа лѣта великия подвиги полагая и много болѣзненыя нужди пре-терпѣвая, сице преходя съ беззлобиемъ богомудростное уродство, воздер-жаниемъ же и наготою томя себе, лѣтѣ[166] убо солнечнымъ зноемъ изга-раше[167], зимѣ[168] же всегда и самои землѣ отъ зѣльнѣишаго мраза разсѣ-датися. Онъ же кромѣ храмины прехождаше всюду и, яко бесплотенъ, нестерпимыи мразъ яко теплоту вмѣняя, и о тѣлеси не радяше, егоже ни огнь, ни мразъ не врежаше[169]. Божия бо благодать грѣяше его. Огня же и мраза сильнѣиши плоть праведнаго сего бяше. И такову благодать при-ятъ[170] отъ бога великихъ чюдодѣянии, яко егда въ нощехъ таино хождаше по святымъ церквамъ на молитву, ему же и сама церковныя врата, идѣже прихождаше, отверзахуся[171]; мнози же иноземнии гостие повѣдаху, яко своима очима видѣша его по морю ходяща, яко по суху. Прочее же о немъ въ малѣ нѣчьто явлено есть въ шестои на десять степени книги сея, во главѣ шестои же на десять.

По преже реченныхъ же пожарѣхъ сии блаженныи, июня 20, прииде въ полуднѣ на монастырь Воздвижения честнаго креста[L], иже зовется *на Островъ*, и ста предъ церквию, иже тогда быша[172] древяная, нынѣ же плиньфяна, къ неиже умильно зря, умную молитву дѣиствуя, и плачася неутѣшно. Людие же, видѣвше его, дивляхуся, не вѣдуще вины плача его. Послѣди же увѣдѣ[173], яко плакаше, провидя хотящии на утрии быти великии пожаръ. Во утрии же, грѣхъ ради нашихъ, во осьмыи часъ дьни тая церкви Воздвижения загорѣся, и оттуду же разыдеся огнь на многия улицы, богу же тако попустившу[174], яко абие бысть тогда и буря зѣльна, еюже великия древеса, и забрала крѣпкия, и храмы многия отъ самыя земли изо основания яростно восторгахуся, и на высоту яко плѣвы развѣ-ваемы и всюду разметаеми. Пламы[175] же зѣльнаго огня, [яко] великия горы, до облакъ взимахуся[176], и всюду яко тученосныя облаки особъ ноша-хуся, и вездѣ яко молния разливахуся, и многия домы и святыя церкви немилостивно пожигая. И выгорѣ все Занеглинение[M] и Большии Посадъ[N] и во обоихъ градѣхъ, въ древнемъ и въ новомъ, и весь Царскии Дворъ[O] и Митрополичь Дворъ[P] и весь Великии Торгъ, и вся, яко въ мегновении ока, испепелишася. Не токмо же древяные храмы, но и самое камение распадашеся, и желѣзо, яко олово, разливашеся[177], и во многихъ каменыхъ церквахъ и въ полатахъ все выгорѣ.

Наипаче же жалостнѣиши всего, иже и самыя неизреченныя церковныя священныя вещи и многия святыни, иже въ похвалу самому богу и пречистои богородицы и всѣмъ святымъ въ различьныхъ и многообразныхъ потребахъ устраяемая, во единъ часъ вся сия огнемъ потребишася. Вкупѣ же съ неправеднымъ богатьствомъ и праведнаго имѣния бесчисленое множество погибе[178], еще же и многая дражаишая безцѣнная узрачия, многообразныя же и различьныя святыя утвари и прочая неизреченныя и памяти достоиная вещи. Еще же и царския, драгия и преславныя, иже отъ древнихъ лѣтъ, многия отъ прародитель стяжания, во святыхъ же церквахъ и въ сокровищихъ царскихъ и во святительскихъ божественыя иконы и честныя кресты, наипаче же многия цѣл[ь]боносныя мощи святыхъ и святыя многия книги греческия и руськия, дивно и преизрядно украшенныя, ризы же и одежды священныя и мирския, тако же и сосуды драгия, злата же и сребра и драгого жемьчюгу и камения многоцѣннаго и прочия неисчетныя и неудобсказанныя всякия кузни[179] множество. И вся сия безъ вѣсти быша.

Елико убо мы согрѣшихомъ[180], сице сими на ся и гнѣвъ божии наведохомъ. Тако и долготерпяи господь богъ, не хотя инѣми образы[181] конечьнои пагубѣ предати насъ за без[з]акония наша, своея всякоя святыни не пощадѣ[182]. Яко же древле боговидецъ Моисии, видя израильския люди, согрѣшившихъ предъ богомъ, и самыхъ скрижалеи не пощадѣ, божиимъ перстомъ писаныхъ, но въ ярости сокруши, тако и насъ милосердыи богъ таковымъ страшнымъ уязвениемъ приводя въ покаяние. Тогда же преосвященныи Макарии, митрополитъ всея Русии, и иже[183] съ нимъ освященныи соборъ въ соборнѣи велицѣи церкви Пречистыя Богородицы прилежныя молитвы и моления со слезами простираху къ богу, да отвратитъ отъ насъ праведныи гнѣвъ свои и ущедрится на ны[184] и помилуетъ насъ.

Пламени же велику всюду палящу[185], и самыя тоя великия церкви кровля горяше, и паперть каменая у церкви тоя отъ зѣльнаго огня распадеся. Внутрь же церкви тоя знои нестерпимъ бысть. Митрополита же, вельми отъ зноя изнемогша, едва выведоша изъ церкви. Онъ же, вземъ[186] съ собою образъ богоматери, егоже великии чюдотворецъ Петръ митрополитъ своею рукою написалъ[Q], и книгу *Божественая Правила*, юже Киприанъ митрополитъ[R] изъ Царяграда принеслъ. Великии же чюдотворныи образъ пречистыя богородицы, еже есть икона Владимирьская, хотяху изнести изъ церкви и не возмогоша ни двигнути его отъ мѣста, идѣже въ киотѣ стояше. Сама бо богомати сохраняя бяше[187] и соблюдая не токмо свои пресвятыи образъ и всю церковь, но и всего мира покрывая и защищая отъ всякаго зла. Тако бо согрѣшихомъ[188] и бога беззлобиваго раздражихомъ, яко къ самои кончинѣ приближихомся, аще не бы пречистая богородица, всемилостивая, своимъ предстательствомъ возвратила праведныи гнѣвъ божии, преславно и избавляя насъ отъ предлежащихъ бѣдъ и чюдесно показуя себе на воздусѣ[189] стоящи и молящися о насъ къ сыну своему и къ богу нашему, отъ непостояннаго огня защищая насъ.

Тогда убо мнози многа и чудна видѣния видѣша, о нихъже нѣчто въ малѣ речется, еже открыся[190] нѣкоему человѣку новопросвѣщену, иже преже Татаринъ бѣ. И тои, видя тогда великии тои пожаръ и огненыя пламы, до облакъ располагающися, и съ зѣльнымъ вихромъ всюду свирѣпо вся пожигающи, онъ же недоумѣвашеся и отъ нестерпимаго того огня сѣмо и овамо укланяшеся, яко послѣднюю коньчину зря, и внѣ града стоящу ему и всюду со ужасомъ глядающу[191]. И абие тогда умная очеса отверзошася[192] ему, и внезапу зритъ явственно, выспрь великия соборныя церкви митрополии русьския, жену пресвѣтлу, багряны ризы имущу, и молящуся о насъ, и ризами своими яко маха и осѣняя и свирѣпьство яростнаго огня уталяющи[193]. Онъ же недоумѣвашеся о видѣнии, и многимъ людемъ, вкупѣ съ нимъ бывшимъ, ту выспрь показуя, еже видяше, еже и мнози узрѣша — таковое предивное явление на воздусѣ пречистыя богородицы. И таковымъ ея милостивнымъ заступлениемъ нача гнѣвъ божии уталятися и пламы огненыя умалятися и остаточьныхъ дворовъ и храминъ велии огнь близъ бяше и не прикасашеся ихъ, и неврежени быша. И тако преста пожаръ.

Тогда же бысть ино чудо предивно за Великимъ Торгомъ близъ Соляного Двора[8] въ дому подъячего, зовомого Третьякъ Теплыи. У него же бяше образъ пречистыя богородицы; стояше во древянои храминѣ. И во оба великие тѣ пожары всѣ дворы и храмины оба полы погорѣша, тои же храмъ посредѣ пламене неврежен бысть, къ немуже ни дымная воня не прикоснуся, въ немъже храмѣ бысть тогда образъ богоматери. Нынѣ же тои чюдесныи образъ поставленъ бысть близъ двора того въ церкви Зачатия святыя Анны[T], отъ негоже и до нынѣ чудеса содѣваются[194]. Тако насъ пречистая богородица преславно избавляя отъ всяческихъ бѣдъ, и чюдесно спасая, и въ разумъ истинны обращая[195].

Вси же людие умилишася и на покаяние уклонишася отъ главы и до ногу, яко же самъ благочестивыи царь, тако же и вельможи его, и до простыхъ людеи вси сокрушеннымъ сердцемъ, первая грѣховная дѣла возненавидѣвше, и вси тщахуся и обѣщевахуся богу угодная дѣла сотворити, елика кому возможна. Милосердыи же богъ, видя толикое смирѣние и сокрушение сердечное и благое произволение людеи своихъ,

и тако праведныи гнѣвъ свои утоли
и ярость свою отврати отъ нихъ
и паки благотворениемъ обнови ихъ
и благословениемъ благостыннымъ благослови ихъ
и милость свою умножи на нихъ

и всякая требования и богатства и утвари драгия сугуба дарова имъ. И го страшьномъ томъ великомъ пожарѣ, лѣтомъ единымъ, святыя церкви прекрасны поставлены и освящены [и] всякия святыня драгия[196] исполнены быша паче древняго, и домы царския и святительския и вельможьския и прочихъ людеи устроени быша изряднѣе перваго, и различьная имѣния ихъ усугубишася и всякаго блага исполнишася. Тако же и торговная купля преизобилова.

И въ прочая лѣта благодать божия растяше и множашеся во всеи державѣ благочестиваго царя и великаго князя Ивана Васильевича, всея Русии самодержьца, предстательствомъ и молитвами пречистыя богородицы, заступьницы нашея, и великихъ чюдотворьцевъ рускихъ и всѣхъ святыхъ ...

[1] иже *art. ref.* книга. [2] Рустѣи *loc. sg.* : Рус(ьс)къ. [3] бяху *impf. 3 pl.* : быти. [4] исходящихъ = источникахъ. [5] напаяеми *pr. p. p., nom. pl.* : напаяти. [6] возрастаеми *pr. p. p., nom. pl.* : возрастати. [7] осияваемы *pr. p. p., nom. pl.* : осияватн. [8] явишася *aor. 3 pl.* : явитися. [9] мнози *nom. pl.* : многъ. [10] подвиги *instr. pl.* [11] водружиша *aor. 3 pl.* : въдружити (= въдрузити). [12] бяше *impf. 3 sg.* : быти. [13] суть *instead of expected* есть. [14] угодиша *aor. 3 pl.* : угодити. [15] возмогохомъ *aor. 1 pl.* : возмощи. [16] книзѣ *loc. sg.* : книга. [17] иже *art. ref.* знамения. [18] иже *art. ref.* вѣтвь. [19] приятъ = прия *aor. 3 sg.* : прияти. [20] родися *aor. 3 sg.* : родитися. [21] правни *pr. a. p., det.* : правити. [22] бѣ *impf. 3 sg.* : быти. [23] бозѣ *loc. sg.* : богъ. [24] дарованыя державы *gen. sg.* [25] тьщахуся *impf. 3 pl.* : тьщатися = тъщатися. [26] угодная *scil.* дѣла. [27] чьтяше *impf. 3 sg.* : чьтити. [28] наслѣдницѣ *loc. sg.* : наслѣдьникъ. [29] соверши *aor. 3 sg.* : съвьршити. [30] подвиги *instr. pl.* : подвигъ. [31] совершиша *aor. 3 pl.* [32] востекоша *aor. 3 pl.* : востещи = въстещи. [33] бѣ *impf. 3 sg.* : быти. [34] подаваше *impf. 3 sg.* : подавати. [35] нуждашеся *impf. 3 sᵤ.* : нудитися. [36] братия *gen. sg.* [37] будевѣ *pr. 1 du.* : быти. [38] сбышася *aor. 3 pl.* : с[ъ]бытися [39] Мономасѣ *loc. sg.* : Мономахъ. [40] сродницѣ *loc. sg.* : сродникъ. [41] иже *art. ref.* вѣнчании. [42] Всеволожь *adj. poss.* : Всеволодъ. [43] христолюбивому отьцу ... изнемогающу *dat. abs. (temp.).* [44] отиде *aor. 3 sg.* : отити. [45] вознесеся *aor. 3 sg.* : възнестися. [46] предлагаше *impf. 3 sg.* : предлагати. [47] Ярославля *adj. poss., gen./acc.* : Ярославъ. [48] иже *art. ref.* достояние. [49] иже *art. ref.* плодъ. [50] навыче *aor. 3 sg.* : навыкнути. [51] обычаемъ *dat. pl.* [52] си *dat. poss.* [53] сыи *pr. a. p.* : быти. [54] лѣту ... сконьчавшуся *dat. abs.* [55] мину *aor. 3 sg.* : минути. [56] восприимъ *p. a. p.* : въсприяти. [57] сему ... оставшю *dat. abs. (temp.).* [58] шьтинадесять = шьстинадесять. [59] оставшю *p. a. p., dat. sg.* : остати. [60] единому лѣту минувшю *dat. abs. (temp.).* [61] поятъ *aor. 3 sg.* : пояти. [62] зовомъ *pr. p. p.* : зъвати. [63] вражью *acc. sg.* : вража. [64] нача *aor. 3 sg.* : начати. [65] рекъ *p. a. p.* : рещи. [66] рьцы *imp. 2 sg.* : рещи. [67] ихъже *pron. ref.* : благихъ. [68] благихъ *scil.* дѣлъ. [69] священнику стоящу *dat. sg.* [70] живый *pr. a. p., det.* : жити. [71] нарьцы *imp. 2 sg.* : нарещи. [72] званый *p. a. p., det.* : зъвати. [73] срѣтоша *aor. 3 pl.* : с[ъ]рѣсти. [74] нѣсмь = не есмь. [75] извѣстися *aor. 3 sg.* : извѣститися. [76] многу испытанию бывшу *dat. abs.* [77] приходяи *pr. a. p., det.* : приходити. [78] послявый *p. a. p., det.* : пос[ъ]лати. [79] увѣща *aor. 3 sg.* : увѣщати. [80] еже *art. ref.* быти. [81] сый *pr. a. p., det.* : быти. [82] велицѣ *dat. sg.* : великая. [83] побѣжающа *pr. a. p., acc. sg., m.* : побѣж[д]ати. [84] упражняюща *pr. a. p., acc. sg., m.* : упражняти. [85] иже *art. ref.* властодержателеи. [86] никто = нѣкто. [87] прорицаше *impf. 3 sg.* : прорицати. [88] снидошася *aor. 3 pl.* : с[ъ]нитися. [89] раздрушить = разрушить. [90] ему ... царствующу *dat. abs.* [91] сынове *here acc. pl.* : сынъ. [92] идущи еи *dat. abs.* [93] исходящи еи *dat. abs.* [94] вверже *aor. 3 sg.* : въврѣщи. [95] начатъ = нача *aor. 3 sg.* : начати. [96] ужасошася *aor. 3 pl.* : ужаснутися. [97] пасусѣ *loc. sg.* : пазуха. [98] нозѣ *acc. du.* : нога. [99] рацѣ *dat. sg.* : рака. [100] прошаше *impf. 3 sg.* : просити. [101] брашны *instr. pl.* : брашьно. [102] зачатся = зачася *aor. 3 sg.* : зачатися. [103] времени достигшу *dat. abs. (temp.).* [104] бяше *impf. 3 sg.* : быти. [105] надежда *gen. sg.* [106] отечество *dat. poss.* [107] иже *art. ref.* господь. [108] сый *pr. a. p.* : быти. [109] приведый *p. a. p., det.* : привести. [110] суть *pr. 3 pl.* *instead of expected* есть *pr. 3 sg.* : быти. [111] иже *art. ref.* сущихъ. [112] апостолу ... глаголющу *dat. abs.* [113] поспѣшествуема *pr. p. p.* : поспѣшьствовати. [114] разверзе *aor. 3 sg.* : разврѣсти. [115] книзѣ *loc. sg.* : книга. [116] прошаше *impf. 3 sg.* : просити. [117] надежда *gen. sg.* [118] служащимъ иереомъ *dat. abs. (temp.).* [119] вѣдяху *impf. 3 pl.* : вѣдѣти. [120] богородица *gen. sg.* [121] мнозѣ *loc. sg.* : многъ. [122] Василию ... премѣнившуся *dat. abs. (temp.).* [123] сыну ... сущу *dat. abs.* [124] воздвигохъ *aor. 1 sg.* : воздвигнути. [125] прияхъ *aor. 1 sg.* : прияти. [126] укрѣпихъ *aor. 1 sg.* : укрѣпити. [127] языцы *nom. pl.* : языкъ. [128] раздрушу = разрушу. [129] наченьшу *p. a. p., dat. sg.* : начяти. [130] бояху *impf. 3 pl.* : бояти. [131] нападе *aor. 3 sg.* : напасти. [132] поверже *aor. 3 sg.* : повьргнути. [133] побѣже *aor. 3 sg.* : побѣгнути. [134] владыцѣ *dat. sg.* : владыка. [135] сѣдяша *instead of corr.* сѣдяху *impf. 3 pl.* : сѣдѣти. [136] богу попустившу *dat. abs. (caus.).* [137] иже *art. ref.* самъ. [138] строи *pr. a. p., det.* : строити. [139] ему ... царствующу *dat. abs.* [140] прихожяху *impf. 3 pl.* : приходити. [141] прилагахуся *impf. 3 pl.* : прилагатися. [142] прозираху *impf. 3 pl.* : прозирати. [143] глусии *nom. pl., det.* : глухъ. [144] яша *aor. 3 pl.* : яти. [145] сыну ... оставшуся *dat. abs. (temp.).* [146] осмому = восьмому. [147] лѣту наставшу *dat. abs. (temp.).* [148] еже *art. ref.* : любити. [149] желаху *impf. 3 pl.* : желати. [150] получаху *impf. 3 pl.* : получати. [151] воздвигоша *aor. 3 pl.* : въздвигнути. [15] коварствоваху *and the following expressions in the same sentence* посылаху, затворяху,

облагаху, предаваху *impf. 3 pl.* [153] навыкнѣ р. а. р., *nom. pl.* : навыкнути. [154] притяжаще *pr. a. p., nom. pl.* : притяжати. [155] содѣваху *impf. 3 pl.* : съдѣвати. [156] приразишася *aor. 3 pl.* : приразитися. [157] сведоша *aor. 3 pl.* : с[ъ]вести. [158] митрополия *gen. sg.* [159] сочетася *aor. 3 sg.* : съчетатися. [160] долготерпяи = долго *adv.* + терпяи *pr. a. p., det.* : терпѣти. [161] хотяи *pr. a. p., det.* : хотѣти. [162] избысть *aor. 3 sg.* : избыти. [163] падеся *aor. 3 sg.* : пастися. [164] откровено *р. р. р., n.* : открыти. [165] одѣянну ему . . . преукрашенному *dat. abs.* [166] лѣтѣ *loc. sg. (temp.).* [167] изагараше *impf. 3 sg.* : изагарати. [168] зимѣ *loc. sg. (temp.).* [169] врежаше *impf. 3 sg.* : вредити. [170] приятъ = прия *aor. 3 sg.* : прияти. [171] отверзахуся *impf. 3 pl.* : отвързатися. [172] быша *aor. 3 pl. instead of expected* бысть *aor. 3 sg.* [173] увѣдѣ *aor. 3 sg. instead of expected* увѣдѣша *aor. 3 pl.* : увѣдѣти. [174] богу . . . попустившу *dat. abs. (caus.).* [175] пламы *nom. pl.* : пламя. [176] взимахуся *and the following expressions in the same sentence* ношахуся, разливахуся *impf. 3 pl.* : в[ъ]зиматися, носитися, разливатися. [177] распадашеся, разливашеся *impf. 3 sg.* : распадатися, разливатися. [178] погибе *aor. 3 sg.* : погибнути. [179] кузни *gen. sg.* : кузнь. [180] согрѣшихомъ *and the following expression* наведохомъ *aor. 1 pl.* : съгрѣшити, навести. [181] образы *instr. pl.* : образъ. [182] пощадѣ *aor. 3 sg.* : пощадѣти. [183] иже *art. ref.* : соборъ. [184] ны *acc. pl.* : мы. [185] пламени . . . паляшу *dat. abs. (temp.).* [186] вземъ *p. a. p., abs. instead of* взя *aor. 3 sg.* : в[ъ]зяти. [187] сохраняя бяше *periphr. p. : pr. a. p.* + *impf. 3 sg.* [188] согрѣшихомъ *and the following expressions* раздражихомъ, приближихомся *aor. 1 pl.* : съгрѣшити, раздражити, приближитися. [189] воздусѣ *loc. sg.* : воздухъ. [190] открыся *aor. 3 sg.* : открытися. [191] стоящу ему и . . глядающу *dat. abs. (temp.).* [192] отверзошася *aor. 3 pl.* : отврѣзти. [193] уталяющи *pr. a. p. f.* : уталяти (*cf.* утолити). [194] содѣваются *pr. 3 pl.* : съдѣватися. [195] избавляя, спасая, обращая *pr. a. p., abs., instead of pr. 3 sg.* [196] всякия святыня драгия *gen. sg.*

a Olga (= Helga), Great Princess of Kiev (945–69) and wife of Prince Igor, the first Varangian princess to be baptized (Christian name *Helena*).

b Great Prince Igor (= Ingvar (912–45)), son of R'urik (= Hroerekr).

c Vladimir I (972–1015), Olga's grandson, baptized in 986 (Christian name *Vasilij*), who Christianized the Russian people.

d Jaroslav (Christian name *George*), son of Vladimir, reigned 1019–54.

e This etymology is erroneous.

f Rogneda (= Ragnheid), Varangian princess of Polock, one of Vladimir's wives.

g Sv'atopolk, oldest of Vladimir's sons, murdered his brothers Boris and Gleb and was later defeated and banished (1019) by Jaroslav.

h Vsevolod (1078–93), son of Jaroslav.

i Prior to Vsevolod's reign, his older brothers were Great Princes of Kiev: Iz'aslav (1054–68 and 1076–78) and Sv'atoslav (1073–76).

j Vladimir Monomachus, son of Vsevolod and a Byzantine princess of the Monomachus dynasty, reigned (1113–25) after the death of his cousin Sv'atopolk II, the son of Iz'aslav.

k Vasil'ko of Terebovl' was blinded in 1097.

l Vladimir Monomachus was then Prince of Cernigov.

m Ivan II, Great Prince of Muscovia (1353–59), second son of Ivan I (1328–41), grandson of Daniil (1261–1303), great-grandson of Alexander Nevskij (d. 1263).

n Ivan II's mother, Jelena, entered a convent in 1332.

o Metropolitan Peter, who transferred the center of ecclesiastical authority from Vladimir to Moscow.

p Alexandra, daughter of Prince Dimitrij of Br'ansk (or Debr'ansk), whom Ivan II married in 1342.

q Simeon the Proud (1341–53), oldest son of Ivan I.

r Magnus Eriksson (d. 1374), King of Sweden (1319–65).

s The Swedish Castle of Nöteborg, later Schlüsselburg, on Lake Ladoga.

t Djani-beg (-bey), khan of the Golden Horde (1342–57).

u Ol'gerd, Great Prince of Lithuania (1345–77).

v Djani-beg Khan extradited the brothers of Prince Olgerd to the Muscovite prince. They had been sent to the Golden Horde in order to establish an alliance against Moscow.

w *Bib.* Job.

x Vasilij II (1425–67), son of Vasilij I and Sophia, daughter of Vitovt (Vytautas), Great Prince of Lithuania.

y 1415.

z The Monastery of St. John the Baptist.

aa St. Longinus.

aa St. Longinus.

bb The Monastery of the Transfiguration in Moscow.

cc Ivan III, son of Vasilij II and Maria, daughter of Jaroslav, Prince of Serpuxov. He reigned during the years 1462–1505.

dd 1440.

ee Mixail Klopskij, famous for his prophecies; a relative of a princely family, he concealed his origin and entered a monastery (d. 1452).

ff Ivan III was married twice: to Maria (d. 1467), daughter of Prince Boris of Tver', and to Sophia Palaeologus, an exiled Byzantine princess.

gg St. Sergius of Radonež.

hh 1478.

ii Palm Sunday.

jj The Trinity Monastery of St. Sergius.

kk Ioasaph, Metropolitan (1539–42).

ll Ivan IV the Terrible (reigned 1533–84).

mm 1530.

nn Jelena Glinskaja (d. 1538), whom Vasilij III married after divorcing the barren Solomonia Saburova.

oo Prince Jurij Dmitrovskij was imprisoned and died in 1536.

pp Prince Andrej Starickij, Ivan's uncle.

qq Nikita Obolenskij, Jelena Glinskaja's partisan and from 1533 a member of the high council.

rr Prince Ivan Ovčina-Telepn'ov-Obolenskij (d. 1539), Jelena's favorite.

ss After his release from prison, where he had been held with his mother, Vladimir remained faithful to Ivan IV, but his death was later ordered by Ivan in 1569.

tt Prince Simeon Mikulinskij-Punkov (d. 1562).

uu Prince Ivan Tat'-R'apolovskij.

vv 1538.

ww The Church of the Monastery of the Ascension in the Kremlin.

xx Metropolitan Daniil was removed in 1539.

yy See footnote kk.

zz The Trinity Monastery of St. Sergius.

A The Monastery of St. Cyril in Belozersk.

B Makarij (b. 1428) was metropolitan from 1542 to 1563.

C The coronation took place on January 16, 1547.

D The wedding took place in February, 1547.

E The first fire of Moscow, Easter Sunday (April 12) 1547.

F The public mart in Kitaj-gorod.

G The river Jauza, an affluent of the Moscow River.

H A district beyond Moscow across the Jauza River.

I The Monastery of the Savior in Čigasovo on the Jauza River.

J The second fire of Moscow (June 21, 1547).

K Vasilij the Beatified, a "Fool in Christ." A church in his memory stands on Red Square in Moscow.

L The Monastery of the Exaltation of the Cross.

M A district across the Neglinnaja River, an affluent of the Moscow River.

N A district later incorporated into Kitaj-gorod.

O The tsar's palace in the Kremlin.

P The metropolitan's palace in the Kremlin.

Q Peter, the first metropolitan of Moscow, was an icon-painter.

R Cyprianus, Metropolitan of Moscow (1390–1406).

S The salt mart in Moscow.

T The Church of the Conception of St. Anna.

NEW MUSCOVITE LITERATURE

HISTORIOGRAPHY

Whereas Old Muscovite historiographical literature consisted of the glorification of the tsardom of Russia and the majesty of its rulers, New Muscovite historiography was a literature of lamentation and dolorous contemplation of tragic events. It was almost entirely dedicated to the consideration and characterization of the great national disaster, the *Smuta* (Period of Disorder)—the short but dismal interregnum lasting from the extinction of the old dynasty, with the death of tsars Ivan the Terrible (1584), F'odor (1598), and Boris Godunov (1605), to the election of the first tsar of the Romanov dynasty, Mixail, in 1613. Numerous ecclesiastic, semi-ecclesiastic, and secular writers attempted to portray this period of insecurity and chaos during which both native and foreign pretenders to the throne, Poles and Swedes, invaded Muscovia and shook the structure of the proud empire. Few historiographers of the time succeeded in giving a true picture of the actual state of affairs. The literary style of this New Muscovite historiography was mainly a faithful continuation of the florid style created in the period of Makarij's activity. At the same time, new tendencies crept in to give narrative prose a character heretofore unseen: (1) a trend toward spontaneous, sporadic, and primitive versification; and (2) epic tendencies reminiscent partly of Russian folk songs, partly of epic methods in the tradition of the famous *Igor Tale* and its epigonal imitation, *The Don Tale*. Particularly illustrative of this development are:

The anonymous *Lament on the Occupation and Ultimate Devastation of the Muscovite Empire*
Prince Katyr'ov-Rostovskij's *Story of Former Years*
The anonymous *Tale of the Death of Prince Skopin-Šujskij*
F'ódor Poróšin's *Tale of the Siege of Azov.*

LAMENT ON THE OCCUPATION AND ULTIMATE DEVASTATION OF THE MUSCOVITE EMPIRE

This short narrative about the pretender Dimitrij, written presumably in 1612, was conceived by an unknown ecclesiatic personage as a homiletic sermon addressed to a congregation. It reflects the sentiments of ecclesiastical circles

still stunned by the ruin of their glorious Muscovia; in accordance with the old
hagiographic manner, it interprets the devastation of the country as the fruit
of the sinfulness of the Russian people and tsars, who had abandoned "the ladder
leading to God and built of blessed words" (an allusian to the ladder concept
of the *Book of Degrees*). The flowery rhetoric of the *Lament* is characterized
particularly by the use of exclamations and emotional expressions customary
at the time.

The text is taken from the edition in Памятники древней русской пись-
менности, относящиеся к Смутному времени (2nd ed.; St. Petersburg, 1909),
in Vol. XIII of Русская историческая библиотека.

Плачь о плѣнении и о конечномъ разорении
превысокаго и пресвѣтлѣишаго Московскаго Государства,
въ пол[ь]зу и наказание послушающимъ

Откуду начнемъ плакати — увы! — толикаго падения преславныя,
ясносияющия, превеликия России?

Которымъ началомъ воздвигнемъ пучину слезъ рыдания нашего и сто-
нания?

О, коликихъ бѣдъ и горестеи сподобилося видѣти око наше!

Молимъ послушающихъ со вниманиемъ:

О христоименитии людие, сынове свѣта, чада церковнии, порожденнии[1]
банею бытия! разверзите чювственныя и умныя слухи ваша, и вкупѣ рас-
пространимъ органъ словесныи, вострубимъ въ трубу плачевную, возопиемъ
къ живущему въ неприступнѣмъ свѣтѣ, къ царю царствующихъ и господи
господьствующихъ, къ херувимскому владыцѣ[2], съ жалостию сердецъ
нашихъ, въ перси биюще и глаголюще:

Охъ, увы, горе! Како падеся[3] толикии пиргъ благочестия? Како разо-
рися[4] богонасажденныи виноградъ, егоже вѣтвие многолиственною славою
до облакъ вознесошася[5], и гроздь зрѣлыи, всѣмъ въ сладость неисчер-
паемое вино, подавая?

Кто отъ правовѣрныхъ не восплачетъ? или кто рыдания не исполнится,
видѣвъ пагубу и конечное падение толикаго многонароднаго государства,
християнскою вѣрою святаго, греческаго, отъ бога даннаго закона испол-
нен[н]аго и, яко солнце на тверди небеснѣи, сияющаго и свѣтомъ илектру
подобящася? И многими лѣты[7] основанъ, вскорѣ приятъ[8] разорение и
всеяднымъ огнемъ погорѣ[9]!

★

Весь благоприятныи о Христѣ народъ вѣсть[10] высоту и славу великия
России, — како возвысися, и коликъ страхъ бысть Бесерменомъ[a] и Герма-
номъ и прочимъ языкомъ.

Преславна вещь зрящимъ, — бысть утворенна кафолическая соборная
церковь и въ неи живописанныя святыя иконы, къ сему же и столпи[11]
благочестия, и по успении рѣки чюдесъ православнымъ изливающе.

Колики быша[12] царския многоцѣнныя полаты, внутрь златомъ украшени и шары[13] доброцвѣтущими устроены!

Колико сокровищь чюдныхъ, царскихъ диадимъ и пресвѣтлыхъ царскихъ багряницъ и порфиръ, и камения предрагаго, и всякаго бисера многоцѣннаго бысть преисполнено!

Какови быша доми благородныхъ, двоекровныя и троекровныя, богатствомъ и честию кипящая!

Симъ пресвѣтлымъ и предивнымъ государьствомъ преславни быша велиции царие[14], величашася[15] благороднии князи; и во всемъ, — дерзновенно рещи, — толикаго учреждения бысть преисполнено, и свѣтомъ и славою превзыде[16], яко невѣста, на прекрасный бракъ жениху уготована.

★

Обаче же во обычное моление притеку:

О Христе царю, о спасе, и слово божие, и боже, — увы! о, о! — имъже и въ немъже преславная глаголашеся[17] божиа слова гласъ, и великаго царя и бога граде[18]! И всечистая богомати, како твои, иже[19] великоимениты и преславно царьствующии, градъ Москва, иже самои земли око, иже вселеннѣи свѣтлость, — увы! — угасе[20]?

О, честный же и пречистый владычицы нашея богоматере граде и наслѣдие, въ немъже преславное, паче солнца сияющее въ пресвѣтлѣмъ храмѣ твоемъ подобие, пречистаго твоего тѣлесе[21] и зрака образъ, превѣчнаго ти[22] младенца, бога нашего, на руку[23] носящи[24], пресвѣтлымъ Лукою Евангелистомъ воображенъ, милостию сияющь, яко пресвѣтлая заря, исцѣления всѣмъ преизобильно подавая!

О, о! еже[25] въ немъ великое и всепѣтое пречестное ти имя съ сыномъ твоимъ, господемъ богомъ нашимъ и спасомъ Иисусомъ Христомъ, ангелоподобно, выну вселѣпнѣ воспѣваемо и славимо!

О, всѣхъ царице[26], богородице и госпоже всеи твари, паче слова освященная и паче мысли неблазненая[27] богородител[ь]нице, и паче естества приснодѣво и мати! — увы! — како, едина спасител[ь]ница и хранител[ь]ница бодрая, насъ остави?

Каковыхъ убо бѣдъ и обстоянии прежде изимаше[28] ны, нынѣ же како милостивая не поможе[29]?...

★

Начну же сице бесѣдовати вкратцѣ богоизбранному стаду, словеснымъ овцамъ беззлобиваго пастыря, спаса Христа!

Сего ради падеся превысокая Россия и разорися толикии твердыи столпъ: Сущии въ немъ, живущии царие вмѣсто лѣствицы, къ богу возводящеи, спасител[ь]ныхъ словесъ, еже раждаются отъ книгородныхъ догматовъ, прияша[30] богоненавистныя бѣсовския козни, волшбу и чарование, и вмѣсто духовныхъ людеи и сыновъ свѣта возлюбиша чадъ Сатаниныхъ, иже отводятъ отъ бога и отъ неблазненаго свѣта во т[ь]му, и не даша[31] мѣста умному своему слуху видѣти словеси[32] правдива, но клевету на благородныхъ, ненависти ради, ясно послушающе, и крови многочисленнаго народа, того ради, яко рѣка[33] излияша[34]. И, вмѣсто непобѣдимаго жезла богоподражательныя кротости и правды, гордость и злобу возлюбиша, еяже ради, иже преже бысть пресвѣтелъ яко денница, съ превысочаишаго небеси спаде и ангельския свѣтлости и славы отпаде. Къ сему же отъ великихъ, благородныхъ, отъ премудрыхъ и до простыхъ, — и вкратцѣ реку, — отъ главы и до ногу вси неисцѣл[ь]ными струпы[35] обязашася[36], и Содома и Гомора и прочихъ безчисленныхъ бѣсовскихъ язвъ исполнишася.

И того ради прежде гладомъ, встягновения ради, отъ бога наказани быша, и ни мала взыдоша отъ пути погибели на путь спасения. Потомъ толикое наказание и гнѣвъ воздвижеся[37], еже немалому удивлению, паче же и слезамъ достоино. И ни едина книга богословецъ, ниже жития святыхъ, и ни философския, ни царьственныя книги, ни гранографы[38], ни историки, ни прочия повѣстныя книги не произнесоша[39] намъ таковаго наказания ни на едину монархию, ниже на царьства и княжения, еже случися надъ превысочаишею Россиею.

★

Воста предтеча[b] богоборнаго Антихриста, сынъ т[ь]мы, сродникъ погибели, отъ чина иноческаго и дияконскаго, и преже свѣтлыи ангельскии чинъ поверже[40], и отторгнувся отъ части християнския, яко Июда отъ пречистаго ангельскаго лика, и избѣжавъ въ Пол[ь]шу, и тамо безчисленныхъ богомерзкихъ ересеи скрижали сердца своего наполнилъ, и т[ь]мообразную свою душу паки предая[41] въ руцѣ[42] Сатанины и, вмѣсто святыя християнския вѣры греческаго закона, люторскую треокаянную вѣру возлюбивъ, и безстуднѣ нарекъ[43] себе царемъ Димитриемъ, приснопамятнаго царя Ивана сыномъ, глаголя, яко избѣглъ[14] отъ рукъ убииственныхъ, и испросивъ помощь у литовскаго короля еже[45] ити съ воинствомъ на великую Россию. Королю же пол[ь]скому, и паномъ, и кардиналомъ, и арцыбискупомъ, и бискупомъ вел[ь]ми о томъ радующимся[46], яко мечь на кровь християнскую воздвижеся, — понеже николи причастия нѣсть т[ь]мѣ ко свѣту, ни Велиялу[c] ко Христу, — и вдаша сему окаянному въ помощь воинства литовскаго.

И дерзнувъ безстуднѣ приити во область Московскаго Государства, во грады Сѣверския[d], именова[47] себе царемъ Димитриемъ. Живущии же людие во странахъ тѣхъ осуетишася помышлениемъ и объюродѣша[49] умомъ и малодушествомъ обязашася и яко по-истинѣ царя прияша его и воздвигоша[50] мечь противу братии своихъ, Христовыхъ воинъ, и рѣкамъ подобно излияся отъ обою странъ християнская кровь. Но грѣхъ ради нашихъ божии превеликии гнѣвъ разлияся, и нѣсть ничто же сопротивно праведнымъ суд[ь]-бамъ его, — и царьствовати сему окаянному въ велицѣи[51] России попу-ставъ. Егда же приятъ скифертъ[52] и власть царскаго престола, мнози[53] отъ сожителеи царьствующаго града и окрестныхъ градовъ и весеи прямо по-знаша[54] его, яко врагъ креста Христова, рострига Гришка Отрепьевъ, а не царевичь Димитрии, но страха ради безчисленныхъ мученеи смертоносныхъ не смѣюще обличити его, но таино о немъ въ слухи християнския произ-носяще.

Тои же окаянныи коликихъ бѣдъ и злобы въ велицѣи России не излия! Святителеи, отцемъ начальствующихъ, съ престоловъ сверъ, многихъ

пастыреи и наставниковъ отъ паствъ отлучи, бесчисленныя крови христиан-
ския излиялъ. И не прия въ сытость сицеваго бѣсовскаго яда, — прия себѣ
въ жену люторския вѣры невѣсту Маринку[e] и, не устыдився нимало,
ниже убоявся безсмертнаго бога, ввелъ ея некрещену въ соборную апостоль-
скую церковь Пресвятыя Богородицы[f], и вѣнчавъ ея царскимъ вѣнцемъ.
И потомъ хотѣ[55] разорити православную христианскую вѣру и святыя
церкви и учинити костелы латынския и люторскую вѣру устроити.

Премилостивыи же богъ нашъ троица не до конца сему врагу попусти
всезлобныи ядъ излияти: вскорѣ разсыпа[56] бѣсовския его козни, и душа
его злѣ исторгнуся[57] отъ него, и срамною смертию отъ рукъ правовѣрныхъ
скончася.

★

По его же, окаяннаго, смерти вси живущии людие въ велицѣи России
того надѣялися, что не токмо въ нынѣшнихъ родѣхъ таковыя соблазны
искоренятся, но и въ будущихъ, предтекущихъ людѣхъ, слышавшии отъ
писания о сихъ, зѣло удивятся, и таковыхъ враговъ соблазны отнюдъ не
явятся. Грѣхъ же ради нашихъ, всего православнаго христианства, паки
тѣмъ же проименованиемъ царя Димитрия инъ врагъ[g] воздвижеся, и тоя
же страны малоумнымъ и безумнымъ пиянствомъ одержимыхъ людеи
прел[ь]сти, и тою же прежеписанную Маринку блудницу на ложе къ себѣ
приятъ, и собравъ воинство на богоизбраннаго и святымъ елеомъ помазан-
наго царя и великаго князя Василия Ивановича[h] всея России, иже бысть
отъ корене святаго благовѣрнаго великаго князя Александра Ярославича
Невскаго[i].

Къ его же злочестивому совѣту приста король литовскии[j], и посла
бѣсояростное воинство свое, и многи грады и веси разори, и святыя великия
лавры разруши, и нетлѣнная и честнѣишая по успении тѣлеса святыхъ
отъ благочиннѣ устроенныхъ ракъ извергъ и конечному обруганию пре-
дастъ; и безчислено православныхъ народа мечю предани быша, и крове[58]
источники пролияшася. И не единѣмъ симъ несытнымъ кровопролитиемъ
великодержавная Россия въ погибель впаде, но мнози воздвигошася врази[59],
и т[ь]мочисленное излияся лукавство. И мнози отъ грабителеи и несыт-
ныхъ кровоядцевъ царьми именоваша себе и различная имена на ся возло-
жиша: инъ наречеся Петръ[k], инъ Иванъ наречиемъ Августъ[l], инъ Лаврен-
теи[m], инъ Гуреи[n], и отъ нихъ такоже многи крови излияшася, и бесчисленно
благородныхъ мечемъ скончашася, ихъже всѣхъ превысокая божия десница
побѣди, и мимотекущая ихъ, пребѣдная слава, яко дымъ, разлияся и, яко
прахъ, разсыпася.

Но единако оскудѣша[60] мнози гради и веси, и бесъ числа избиени
предобрии воины Христовы.

★

Въ та же времена[o] воста на православную христианскую вѣру нечести-
выи литовский король, и велику ярость и злобу воздвиже, и прииде во
область Московскаго Государства подъ градъ Смоленскъ, и многи грады
и села разори, церкви и монастыри разруши.

Живущии же во градѣ Смоленскѣ, благочестивии людие мученическими
страдан[ь]ми изволиша лучше смерть восприяти, неже въ люторскую вѣру
уклонитися, и мнози гладомъ и смертию нужною скончашася. И градъ
нечестивому королю восхитившу[61], и кто не наполнится слезъ и жалости
о толикомъ падении? Много святыхъ церквеи и монастыреи разорися,
бесчисленно православныхъ мечемъ скончашася, не откровеннии[62] лица и
не посягшии[63] къ сообщению отъ беззаконныхъ мнози растлишася, и въ
плѣнъ восхищени! Егда же сему несытному кровожелателю, пол[ь]скому
и литовскому королю бывшу[64] подъ градомъ Смоленскомъ, а въ то же
время врагъ креста Христова, иже царемъ Димитриемъ нарицашеся, стоялъ
подъ царствующимъ градомъ Москвою съ проклятою Литвою, мнози же съ
нимъ и отъ рускихъ людеи: въ слабострастие, лихоимания ради и граби-
тел[ь]ства, уклонишася и такоже кровь христианскую, яко воду, проли-
ваша.

Къ сему же восташа на православную вѣру христианскую домашнии
врази: отъ сигклита царска Михаило Салтыковъ[p], отъ рода купецка
Фед[ь]ка Андроновъ[q], и инии съ ними, ихъже множества ради писати пре-
крaтивъ. И ради мимошедшия суетныя сея славы улишиша[65] себе будущаго
превѣчнаго живота и бесконечнаго веселия, и устроиша себе посланниками
къ злочестивому королю, аки отъ царствующаго града, просити на великую
Россию державствовати сына королева[66], и золъ совѣтъ устроиша, и епи-
столиями королевскими своими, злохищными глаголы[67], царствующии градъ
Москву прел[ь]стиша, обѣщавая королевича[r] дати по крещении царствовати
на великую Россию. И злояростнаго и бѣсодерзостнаго гетмана[s] съ воин-
ствомъ отъ короля подвигнуша, и крови христианския многи излияли, и
подъ царствующии градъ Москву съ нимъ приидоша. Послѣдователь же
стопамъ Антихристовымъ, иже царемъ Димитриемъ именова себе, по лука-
вому совѣту треклятого воинства литовскаго, нача многи мѣста всеяднымъ
огнемъ истребляти и насилие великое царствующему граду творити. Люди
же, живущии въ велицѣи России, не уразумѣша враждебнаго королевскаго
лукавства, — восхотѣша прияти королевича на Московское Государство
царствовати, и простотою и несовершенствомъ ума богомъ избраннаго царя[t]
съ престола свергнули и отъ царьства отлучили и во иноческии чинъ наси-
лиемъ облекли и къ королю подъ Смоленескъ отслали, и гетмана пол[ь]-
скаго и литовскаго съ воинствомъ его пустиша внутрь царствующаго града
Москвы.

★

Непоколебимыи же столпъ благочестия, предивныи рачитель христиан-
ския вѣры, крѣпкии, твердыи адамантъ, человѣколюбныи отецъ, пре-
мудрыи иерархъ, святѣишии Ермогенъ патриархъ[u], видя людеи божиихъ,
иже[68] въ велицѣи России мятущихся и зѣло погибающихъ, много нàказуя
ихъ и полезная вѣщая имъ, и глаголя:

»Чада паствы моея, послушаите словесъ моихъ! Что всуе мятетеся и
ввѣряете душа своя[69] поганымъ полякомъ?

Которое вамъ, словеснымъ овцамъ, причастие со злохищными волки[70]?
Вы кротцы[71] о Христѣ, сии же дерзостни о Сатанѣ.

Вѣсте[72] сами, яко издавна православная наша христианская вѣра греческаго закона отъ иноплеменныхъ странъ ненавидима: киими же нравы[73] примиримся со иноплеменники[74] сими?

Лучше бы было вамъ изыскати, что[75] со слезами и съ рыданиемъ всенародно, съ женами и съ чады, претещи къ неотсѣкаемои надежди, ко всемилостивому въ троицы славимому богу, и просити милости и щедротъ у богодательныя его десницы, да подастъ вамъ разумъ благъ, еже[76] творити душамъ своимъ полезная и царствующему граду и окрестнымъ градомъ благостроиная, а не мятежная.«

Инии же отъ православныхъ христианъ сладцѣ[77] послушаша благихъ его словесъ, а инии мнози осуетишася помышленьми и противо дивнаго пастыря своего нелѣпая вѣщающе[78]. Нечестивымъ же пол[ь]скимъ и литовскимъ людемъ, лукавствомъ вшедшимъ[79] въ царствующии градъ Москву, яко пагубнымъ волкомъ, вкрадшимся[80] въ оградъ Христова стада, и много насилие начаша содѣвати православнымъ христианомъ, и внутрь царствующаго града костелы устроиша.

Потомъ же, — горе, горе! увы, увы! охъ, охъ! — великая злоба содѣяся, и многомятежная буря воздвижеся, рѣки крове истекоша.

★

Приступите, правовѣрнии людие, иже не видѣша сицеваго великия России разорения, да повѣдаю вкратцѣ боголюбезному вашему слуху таковое превысокаго и славою превознесеннаго царства падение и конечное разорение.

Егда симъ пагубнымъ волкомъ внутрь царствующаго града Москвы водворившимся[81], и не вскорѣ злобы ядъ излияша, и ожидающе времени, и совѣтоваша съ предатели[82] христианския вѣры и со враги[83] Московскаго Государства, съ Михаиломъ Салтыковымъ да Фед[ь]кою Андроновымъ, которыми образъ[84] разорити царствующии градъ Москву и пролити кровь христианскую. И егда исполнившуся злочестивому совѣту[85] ихъ, уготоваша окаяннии дерзобѣсныи свои руцѣ[86] и умыслиша растерзати оружиемъ Христовыхъ овецъ, и позобати виноградъ и разорити средоградия стѣны и погасити славу христоимянитаго царствующаго града. Приспѣвшу же времени[87] святыя великия четыредесятницы, и седмица наста спасительныхъ страстеи, — уготоваша окаяннии Поляки и Нѣмцы, иже внидоша съ ними въ царствующии градъ, нечестивии руцѣ свои на брань, и жестосердо, яко л[ь]ви, устремишася, иже преже огнемъ запалиша многая мѣста святыхъ церквеи и домовъ, и потомъ воздвигоша мечь на православныхъ христианъ и начаша безмилостивно посѣкати родъ христианскии и проливаша, яко воду, кровь неповинныхъ, а трупия мертвыхъ землю покрыша.

И обагришася[88] многонародною кровию и всеяднымъ огнемъ вся святыя церкви, и монастыри и грады и домы истребиша, устроениемъ же отъ камения церкви разграбиша, и живописанныя иконы владычни и богоматере его и святыхъ угодниковъ его съ учрежденныхъ мѣстъ на землю повергоша и бесчисленныя корысти [и] всякихъ предрагихъ вещеи руцѣ свои наполниша. И сокровища царьская, многими лѣты собранная, ихъже и зрѣти было таковымъ неудобно, расхитиша. И раку блаженнаго и цѣл[ь]боноснаго тѣлесе[89] великаго Василия, о Христѣ Юродиваго[v], разсѣкоша на многи части, и одръ съ мѣста, иже бысть подъ ракою, сдвигнуша, а на томъ мѣстѣ, идѣже лежитъ блаженное его тѣло, конемъ мѣста устроиша и съ женообразными лицы, и безстуднѣ и безстрашнѣ, въ того святаго церкви блудное скаредие творяще. Неповиннѣ же побиенныхъ правовѣрныхъ христианъ ниже погребения сподобиша, но въ рѣку ввергоша всѣхъ тѣлеса. И многи жены обругаша, и дѣвы растлѣниемъ повредиша; избѣгшии же отъ рукъ тѣхъ мнози по путемъ мразомъ и гладомъ и различными скорбми скончашася.

★

И кто не исполнится отъ христианъ плача и рыдания?

Кто не ужаснется, толикую скорбь и язву слышавъ о приснои по духу братии своеи?

Кто не накажется толикими бѣдами, не о имѣнияхъ своихъ скорбяще, но о разорении святыхъ церквеи и о погублении столпа благочестия, святыя христианския вѣры, рыдающе?

О благочестивии, христоподражательныя любве исполнении людие!

Приклоните ухо ваше, и приимемъ страхъ божии въ сердца своя, и начнемъ просити милости у всещедраго бога съ неутѣшными слезами и воздыханиемъ и стенаниемъ!

Отягченное бремя грѣховъ нашихъ покаяниемъ и милостынями и прочими благими дѣтел[ь]ми разсыплемъ, — дабы премилостивыи богъ нашъ, человѣколюбия ради своего, пощадилъ останокъ рода христианскаго и потребилъ отъ насъ враговъ нашихъ и злолукавыи совѣтъ ихъ искоренилъ и останокъ бы россиискихъ царствъ и градовъ и весеи миромъ оградилъ и всякия благодати исполнилъ.

И не предастъ насъ врагомъ въ расхищение и въ плѣнъ: милостивъ бо и человѣколюбивъ богъ нашъ, на всякъ часъ кающимся пучину милосердия своего изливаетъ и, по писанному, *не до конца прогнѣвается, ни во вѣки враждуетъ*, но браздою и уздою, сирѣчь скорбми и бѣдами, востязуетъ насъ, да чада свѣта и горняго Иерусалима сожители будемъ и превѣчнаго будущаго живота и небесныхъ благихъ[90] насладимся.

Буди[91] же всему словесному стаду великия России, православнымъ христианомъ, о Христѣ миръ!

---

[1] порожденнии *p. p. p., nom. pl.* : породити. [2] владыцѣ *dat. sg.* : владыка. [3] падеся *aor. 3 sg.* : пастися. [4] разорися *aor. 3 sg.* : разоритися. [5] вознесошася *aor. 3 pl.* : вознестися/възнестися. [6] подобящася *pr. a. p., gen. sg.* : подобитися. [7] лѣты *instr. pl.* : лѣто. [8] приятъ = прия *aor. 3 sg.* : прияти. [9] погорѣ *aor. 3 sg.* : погорѣти. [10] вѣсть *pr. 3 sg.* : вѣдѣти. [11] столпи *nom. pl.* : столпъ/стълпъ. [12] быша *aor. 3 pl.* : быти. [13] шары *instr. pl.* : шаръ. [14] царие *nom. pl.* : царь. [15] величашася *aor. 3 pl.* : величатися. [16] превзыде *aor. 3 sg.* : превзъити. [17] глаголашеся *impf. 3 sg.* : глаголатися. [18] граде *voc. sg.* : градъ. [19] иже *art. ref.* градъ. [20] угасе *aor. 3 sg.* : угаснути. [21] тѣлесе *gen. sg.* : тѣло. [22] ти *dat. poss.* : ты. [23] руку *loc. du.* : рука. [24] носящи *pr. a. p. (adv.)* : носити. [25] еже *art. ref.* имя. [26] царице *and the following expressions* богородице, госпоже, богородительнице *voc. sg.* [27] неблазненая *neg. + p. p. p.* : блазнити. [28] изимаше *impf. 2 sg.* : изимати. [29] поможе *aor. 2 sg.* : помощи. [30] прияша *aor. 3 pl.* : прияти. [31] даша *aor. 3 pl.* : дати. [32] словеси *gen. sg.* : слово. [33] рѣка *instead of expected* рѣку *acc. sg.* [34] излияти. [35] струпы *instr. pl.* : струпъ. [36] обязашеся *aor. 3 pl.* : обязатися. [37] воздвижеся *aor. 3 sg.* : воздвигнутися/въздвигнутися. [38] гранографы = хронографы. [39] произнесоша *aor. 3 pl.* : произнести.

⁴⁰ поверже *aor. 3 sg.* : поврѣщи.   ⁴¹ предая *pr. a. p.* : предавати.   ⁴² руцѣ *acc. du.* : рука.   ⁴³ нарекъ *p. a. p.* : нарещи.   ⁴⁴ избѣглъ *p. a. p.* : избѣгнути.   ⁴⁵ еже *rel. art. ref.* ити.   ⁴⁶ королю ... паномъ ... радующимся *dat. abs. (temp.).*   ⁴⁷ именова *aor. 3 sg.* : именовати.   ⁴⁸ осуетишася *aor. 3 pl.* : осуетитися.   ⁴⁹ объюродѣша *aor. 3 pl.* : объюродѣти.   ⁵⁰ воздвигоша *aor. 3 pl.* : въздвигнути.   ⁵¹ велицѣи *dat. sg.* : великая.   ⁵² скифертъ = скипетръ.   ⁵³ мнози *nom. pl.* : м(ъ)ногъ.   ⁵⁴ познаша *aor. 3. pl.*; познати.   ⁵⁵ хотѣ *aor. 3 sg.* : хотѣти.   ⁵⁶ разсыпа *aor. 3 sg.* :рассыпати.   ⁵⁷ исторгнуся *aor. 3 sg.* : истъргнутися.   ⁵⁸ крове *gen. sg.*   ⁵⁹ врази *nom. pl.* :врагъ.   ⁶⁰ оскудѣша *aor. 3 pl.* : оскудѣти.   ⁶¹ королю восхитившу *dat. abs. (temp.).*   ⁶² откровеннии *p. p. p., nom. pl.* : открыти.   ⁶³ посягшии *p. a. p., nom. pl.* посягнути.   ⁶⁴ королю бывшу *dat. abs. (temp.).*   ⁶⁵ улишиша *aor. 3 pl.* : улишити.   ⁶⁶ королева *adj. poss., gen. sg.* : король.   ⁶⁷ глаголы *instr. pl.*   ⁶⁸ иже *rel. art. ref.* людеи.   ⁶⁹ душа своя. *acc. pl.*   ⁷⁰ волки *instr. pl.*   ⁷¹ кротцы *nom. pl.* : кротъкъ.   ⁷² вѣсте *pr. 2 pl.* : вѣдѣти.   ⁷³ нравы *instr. pl.*   ⁷⁴ иноплеменники *instr. pl.*   ⁷⁵ что = какъ.   ⁷⁶ еже *art. ref.* творити.   ⁷⁷ сладцѣ *adv.* : сладъкъ.   ⁷⁸ вѣщающе *pr. a. p., nom. pl.* : вѣщати.   ⁷⁹ людемъ ... вшедшимъ *dat. abs. (temp.).*   ⁸⁰ вкрадшимся *p. a. p., dat. pl.* : в[ъ]крастися.   ⁸¹ волкомъ ... водворившимся *dat. abs. (temp.).*   ⁸² предатели *instr. pl.*   ⁸³ враги *instr. pl.*   ⁸⁴ образи *instr. pl.*   ⁸⁵ исполнившуся ... совѣту *dat. abs.*   ⁸⁶ руцѣ *acc. du.* : рука.   ⁸⁷ приспѣвшу ... времени *dat. abs. (temp.).*   ⁸⁸ обагришася *aor. 3 pl.* : обагрити.   ⁸⁹ тѣлесе *gen. sg.* : тѣло.   ⁹⁰ благихъ *(scil. дѣлъ)* = благъ *gen. pl.* : благо.   ⁹¹ буди *imp. 3 sg.* : быти.

ᵃ Mohammedans.
ᵇ Pseudo-Demetrius I (1605–6).
ᶜ Belial.
ᵈ Principality of Novgorod-Seversk.
ᵉ Marina Mniszek (d. 1614), wife of Pseudo-Demetrius I.
ᶠ Cathedral of the Assumption of the Holy Virgin within the Kremlin.
ᵍ Pseudo-Demetrius II (1607).
ʰ Tsar Vasilij Šujskij (1606–10).
ⁱ Alexander Nevskij of Suzdal' (1252–63).
ʲ King Sigismund III of Poland and Lithuania (1587–1632).
ᵏ Pseudo-Peter (1607).
ˡ Pseudo-August (1607).
ᵐ Pseudo-Laurentius (1607).
ⁿ Pseudo-Gregory (1607).
ᵒ 1609.
ᵖ A boyar traitor and member of Tsar Vasilij's council (1608).
�q F'odor Andronov, a merchant and traitor (1608).
ʳ Prince Władysław of Poland, elected Tsar of Muscovia in 1610, later King of Poland and Lithuania (1632–48).
ˢ Hetman Stanisław Żółkiewski (1547–1620), conqueror of Moscow.
ᵗ Tsar Vasilij Šujskij.
ᵘ Patriarch Hermogen (1606–12), one of the organizers of the national defense against the Poles.
ᵛ Vasilij the Beatified, the "Fool in Christ" (d. 1552), buried in the Cathedral of the Intercession of the Holy Virgin in Moscow.

PRINCE I. M. KATYR'OV-ROSTOVSKIJ: STORY OF FORMER YEARS

The authorship of the *Story of Former Years* is commonly attributed to Prince Katyr'ov-Rostovskij (d. 1640) who was the first secular writer to present an objective and integrated description of the *Smuta* in a work completely free from ecclesiastical rhetoric and religious interpretation of historical facts. His work, distinguished by a fine and original style, a dignified and calm prose, and a language that is highly descriptive, was influenced by a fifteenth-century Russian translation of Guido di Colonna's famous novel of the Trojan war, *De proeliis.* His pronounced poetic ambitions were expressed partly in exquisite nature pictures, partly in the introduction of metrical patterns into his prose. Of particular interest are his concise portraits of Ivan the Terrible, his son F'odor; Tsar Boris Godunov, his son F'odor and his beautiful daughter Ksenia; and other persons active in the *Smuta.* The book was written in 1626, during the reign of the new Tsar Mixail Romanov.

Excerpts from the *Story* are taken from the edition published in Памятники древней письменности, относящиеся к Смутному времени (2nd ed.; St. Petersburg, 1909), in Vol. XIII of Русская историческая библиотека.

Повѣсть отъ прежнихъ лѣтъ
князя Ивана Михаиловича Катырева-Ростовскаго

Повѣсть книги сея отъ прежнихъ лѣтъ:
о началѣ царствующаго града Москвы,
и о корени великихъ князеи московскыхъ,
и о пресѣчении корени царскаго отъ Августа царя,
и о началѣ инаго корени цареи,
и о настатьѣ царя Бориса,
и о приходѣ богомерскаго еретика Гришки Отрепьева Ростриги[a] на царствующии градъ.
и о началѣ его,
и о убиении его,
и о мятежи,
и о настатьѣ царя Василия Шуйскаго[b] на царство,
и о началѣ мятежи во царствующемъ градѣ,
и о пришествии Литвы,
и о разорении царствующаго града Москвы отъ безбожныхъ Ляховъ,
и о взятии царствующаго града Москвы собраниемъ и попеченiемъ всего православнаго росиискаго хри стианства,
и о избрании на царствующии градъ Москву и на всѣ росиискҍ государства царя Михаила Федоровича[c],
и о возрастѣ и о мужествѣ и о нравѣхъ прежнихъ царей царствующаго града Москвы.
Написана бысть сия книга въ лѣто 7134[d], июля въ 28 день.

★

Царство Московское, — егоже именуютъ отъ давныхъ вѣкъ *Великая Росия.* Тои же градъ Москву постави великыи князь Данилъ[e] и царствова въ немъ самъ и дѣти его и внучата[1] и вся степень его досдҍ, даже и до великого князя Василия Ивановича[f] всея Русии. Тои же князь великии Василеи царствова въ томъ градѣ Москвѣ съ супругою своею, Еленою нарицаемою: отъ ихъ супружества изыде же мужъ толико славенъ, толико честенъ, толико многоразсуденъ, — имя ему Иванъ[g].

И въ лѣто 7042-го[h] году, декабря въ 4 день, преставися великии князь

Василеи Ивановичь, а по немъ остася сынъ его, сеи многославныи царевичь Иванъ Васильевичь, и восприемлетъ[2] великое княжение вмѣсто отца своего, а остася послѣ отца своего трехъ лѣтъ и трехъ мѣсяцъ и десети днеи. И достиже[3] совершена мужеска возрасту и нача владѣтельно держати скифетро Росиискаго Государства, и рати воздвигъ, и многие окрестные государства великие подъ свою державу, высокую руку, поручилъ: Царство Казанское и иные многие бусурманския[1] государства. И потомъ *царь Росиискаго Государства* прозвася. И возвеличи его богъ паче сродникъ своихъ, первона-чал[ь]ствующихъ цареи и великихъ князеи въ превеликои именитои Москвѣ. И расширися державство его пространствомъ велиимъ.

И за умножение грѣхъ всего православнаго крестьянства супротивенъ обрѣтеся[4] и наполнися гнѣва и ярости, наченше[5] по доблестныхъ своихъ сущихъ рабъ злѣ и немилостивно гонити и кровь ихъ пролияти. И царство свое, порученное ему отъ бога, раздѣли на двѣ части: часть ему[6] собѣ отдѣли, другую же часть царю Семиону Казанскому[j] поручи. И устрои его на Москвѣ царемъ. Самъ же отъиде въ единъ отъ малыхъ градовъ, Старицу[k] зовомыи, и тамо жител[ь]ствуя много время. И свою же часть людеи и градовъ прозва *Опришнина*[l], а другую часть царя Семиона именова *Земщина*[m].

И заповѣда своеи части оную часть людеи насиловати
и смерти предавати,
домы ихъ разграбляти,
и воеводъ, данныхъ отъ бога ему, безъ вины убивати,
и грады краснѣишия разрушати,
а въ нихъ православныхъ крест[ь]янъ немилостиво убивати,
даже и до сущихъ младенецъ.
Не усрами же ся и святительскаго чину,
овыхъ убивая,
овыхъ заточению предавая.
И тако многия лѣта во дни живота своего провожая,
уже и на конецъ страсти[7] пришедъ,
нрава же своего никако премѣнися.

И разгнѣвася нань богъ. Попусти на Росииское государство короля пол[ь]ского, — Стефанъ имя ему, прозванныи *Оботуръ*[n]; — и пришедъ со множествомъ воинъ, поплѣнилъ окрестные многие грады Московскаго Госу-дарства, и подо Псковомъ[o] много время продолжи свое стояние и уклони мысль свою на крестьянское убиение и простре[8] десницу свою на несытное грабление. И сего же царь Иванъ устрашися зѣло и посла къ пол[ь]скому королю подъ царствующи градъ Псковъ пословъ своихъ съ умилениемъ, дабы ярость гнѣва своего прекратилъ и далъ бы крестьянскому народу покои и тишину. И король пол[ь]скии пословъ царя и великаго князя приялъ честно
и время подалъ благоутишно;
отъ царствующаго града отступи
и мирное поставление на двадесятъ лѣтъ утверди[p].

Въ третие лѣто[q] перемирные годины царь и великии князь отъиде къ богу. Бысть же ему сыновъ три: царевичь Иванъ и царевичь Федоръ и царевичь Дмитреи; два отъ первые ево царицы Настасеи[r], Иванъ[s] да

Федоръ, а царевичь Дмитреи ͭ отъ сед[ь]мыя ему жены, царицы Марфы ͨ. И царевичь Иванъ преставися въ царствующемъ градѣ Москвѣ при животѣ отца своего, за два лѣта кончины живота его, а въ наслѣдие остася ему царевичь Федоръ и возведенъ бысть на царскии престолъ въ мѣсто отца своего ͮ. И умилосердися господь на люди своя и время благополучно подаде[9] и возвеличи царя и люди и повелѣ ему державствовати тихо и безмятежно, во благонравии живуще. Начал[ь]ницы же Московскаго Государства, князи и боляре и воеводы, вкупѣ и все православное християнство, начаша отъ скорби бывшия утѣшатися и тихо и безмятежно жити, хваля всещедраго бога за благодѣяние его. Благочестивыи же царь Феодоръ юнѣишаго своего брата, царевича Дмитрея, посла на Углечь ͫ съ материю его, съ Марфою.

И по малѣ времени отъ боляръ нѣкто, емуже имя Борисъ Федоровичь Годуновъ ˣ, и единокровнымъ союзомъ царю близоченъ, и вся держава Росиискаго Государствия поручена бысть ему, понеже не мен[ь]шею честию предъ царемъ отъ людеи почтенъ. Бысть же тои Борисъ образомъ своимъ и дѣлы множество людеи превозшедъ[10]; никто бѣ ему отъ царскихъ синклитъ подобенъ во благолѣпие лица его и въ разсужение ума его; милостивъ и благочестивъ, паче во многомъ разсужении доволенъ, и велерѣчивъ зѣло, и въ царствующемъ градѣ многое дивное о собѣ творяше во дни власти своея.

Но токмо едино неисправление имяше
предъ богомъ и всѣми люд[ь]ми:
во уши его ложное приношаху;
радостно того послушати желаше
и оболганыхъ людеи безъ рассуждения напрасно мучителемъ[11]
предаваше.
И властолюбивъ вел[ь]ми бываше,
и начал[ь]никовъ всего Росиискаго Государства и воеводъ,
вкупѣ же и всѣхъ людеи московского народу,
подручны себѣ учини,
якоже и самому царю во всемъ послушну ему быти
и повелѣнное имъ творити.
Помалѣ же бо превознесеся мыслию своею
и похотѣ властолюбецъ быти
и на царскыи престолъ безстудно воскочити.

Прел[ь]щенъ бысть отъ самого богоненавидимаго диявола: простре руку свою на царская убиения и послалъ таибниковъ своихъ, Микиту Качалова да Михаила Битяговского ͬ, на Углечь къ царевичю Дмитрею и заповѣда имъ, да обол[ь]стятъ и предадутъ царевича смерти. Они же, окаяннии, послушавъ властолюбиваго повелѣния, обол[ь]стивъ отроча и матерь его, и отведоша его, якобы на утѣшение нѣкое, и заклаша[12], яко незлобиваго агнеца. Оле страшнаго падения и убивственнаго помысла!

Въ каковыя убо пагубы порѣваетъ боголюбивыхъ душь властолюбию[13] хотѣние. Яко древле треокаянныи Каинъ, дерзнувыи[14] на праведнаго брата своего Авеля ͵ убивственными дѣлы[15], егоже богу не оставившу[16] безъ опитемьи[17], — здѣ же горша сихъ: рабъ на владыку помысли, и по мысли дѣло бысть.

Оле братоненавидѣния!

Како не вострепета убиица онъ праведнаго и грознаго мздовоздателя бога, еже не оставляетъ безъ испытания помыслъ[18] человѣческыхъ? Ниже усрамился, или паче убоялся скифетродержавнаго владычества и множественнаго народа, благочестивую сию отрасль отъ животнаго свѣта отторже[19], емуже порученъ отъ бога служити паче нежели убивати!

Доиде же слухъ тои до царствующаго града Москвы, и оскорбѣша вси людие зѣло. И благочестивыи царь Федоръ о томъ не мало поскорбѣ и втаинѣ пролия многие слезы, а взыскания учинити не возможе[20], понеже благоюродивъ бысть отъ чрева матере своея и ни о чемъ попечения имѣя, токмо о душевномъ спасении. Народи же московстии[21] наипаче ужасошася[22] страхомъ велиимъ и печал[ь]ни быша о царевичевѣ убиении. Тои же Борисъ, видя народъ возмущенъ о царевичевѣ убиении, и посылаетъ совѣтники своя и повелѣ имъ многия славныя домы въ царствующемъ градѣ запалити, дабы люди о своихъ напастехъ попечение имѣли. И тако симъ ухищрениемъ преста мирное волнение о царевичевѣ убиении, и ничто же ино помышляюще людие, токмо о домашнихъ, находящихъ на ны[23], скорбехъ. И посемъ утвердися рука Борисова на всемъ народѣ Росиискаго Царства, и нихто супротивенъ ему бысть.

Царствова же благовѣрныи царь Федоръ Ивановичь на Москвѣ 14 лѣтъ мирно и безмятежно и умре безчаденъ и погребенъ бысть со отцы[24] своими въ пречестнѣмъ храмѣ Архистратига Михаила[aa]. И бысть плачь и рыдание велие въ людехъ, и колебашася людие сѣмо и овамо аки овца, не имѣюще пастыря, Благочестивая же царица Ирина[bb] нача скифетръ Росиискаго Царства держати подъ правительствомъ единороднаго брата своего Бориса Федоровича Годунова. Богъ убо творитъ, елико хощетъ; идѣже бо хощетъ, побѣждаются естества чинове; и восхотѣ скифетродержавство отдати единому отъ синклитъ царскихъ, сему многославному Борису, единородному брату царицы Ирины. И народи же купно и единомышленно воздвигоша гласы свои, да царствуетъ на Москвѣ Борисъ. И возсташа святител[ь]скии, мнишескии чинъ со пречестными и чюдотворными иконами и молиша его, дабы царскии вѣнецъ возложилъ на главу свою и царствовалъ надъ ними. Онъ же испусти слезы предъ народомъ лестию, якобы не хотяше такыя власти, а отъ прежнихъ лѣтъ, отъ давнаго сего дѣла со усердиемъ желаше и во крови праведнаго руцѣ[25] свои обагри, таковаго ради хотѣния своего. Народи же наипаче кричаху, ови отъ препростаго ума своего, овии же научени бывше отъ самого, ови же боязни ради, да и вси единогласно вопияху:

»Да царствуетъ надъ нами!«

И по многи дни бысть народное кричание. Тои же Борисъ, провидя народъ, яко непремѣнно умоляютъ его по многи дни, юже[26] никотораго прекословия ему нѣсть ни отколе, отъ мала даже и до велика, и повелѣ народъ собрати и обѣща имъ:

»Яко годѣ вамъ, тако и будетъ!«

И возрадовашеся людие радостию великою зѣло и наченше[27] хвалу богу воздавати зѣло, и наченше и въ канбаны[28] тяжкия бити и молебныя гласы приносити въ возблагодарение его. Нареченныи же царь Борисъ Федоровичь сѣлъ на царствующемъ градѣ Москвѣ.

И притече[29] къ нему вѣс[т]никъ отъ восточныя страны изъ городовъ украинныхъ, яко хощетъ крымскии царь[cc] быти на крестиянские грады со множествомъ воинъ. Нареченныи же царь Борисъ, о своеи державѣ многоразсудно попечение имѣя, и повелѣ во грады писание посылати, дабы воинские люди стекалися въ сонмъ единъ во царствующии градъ Москву, а инымъ повелѣ итти противу крымскаго царя по украин[н]ымъ городомъ, гдѣ кому подобно. А самъ царь Борисъ, собрався со князи[30] и съ боляры и съ воеводы и съ начал[ь]ники всего Московского Государства, со множествомъ воинъ поиде противу своего врага, крымского царя, во градъ въ Серпуховъ[dd] и ту утвердися обозами и всякими твержаишими крѣпостьми. И всемилостивыи богъ умилосердися на люди своя и не восхотѣ пролития крови: вмѣсто брани бысть миръ. Прииде посланецъ отъ царя просити миру, и бысть тако. Утверди перемирия и оттолѣ возвратися царь Борисъ во царствующии градъ честно и, пришедъ, возложи на ся царскыи вѣнецъ, и помазаша его миромъ, да царствуетъ надъ люд[ь]ми.

И потомъ утвердися рука его на всемъ Московскомъ Царствѣ, и нападе страхъ и трепетъ велии на вся люди, и начаша ему вѣрно служити, отъ мала даже и до велика. И подаде ему богъ время тихо и безмятежно отъ всѣхъ окрестныхъ государствъ, мнози же ему подручны быша. И возвыси руку его богъ, яко и прежнихъ великихъ государеи, и наипаче. Тои же царь Борисъ помрачися умомъ, отлошши[31] велемудрыи свои и многоразсудныи разумъ и восприемши горделивое безумие, сирѣчь ненависть и проклятое мнѣние, якоже и выше о семъ рѣхомъ[32]: не усрами же ся и славна роду, но и паче въ завѣщател[ь]номъ союзѣ дружбы имѣху[33] ихъ, и сихъ не помилова, напрасно оболгати повелѣ, и безчестнѣ влечаху[34] по улицамъ градскимъ[35],

и мучителемъ предаетъ,
и въ заточение посылаетъ,
и смерти гор[ь]кия сподобляетъ.

Отъ сего же ужасни быша людие царствующаго града и оскорбѣша зѣло.[ee]

И бысть въ лѣто сед[ь]мое царства его: вниде[36] слухъ во уши его, яко проявися въ литовскихъ градѣхъ царевичь Дмитрѣи, егоже онъ убити повелѣ. И промчеся[37] то слово во всю Росию, яко: »Живъ есть царевичь Дмитрѣи, егоже Борисъ заклати повелѣ!« Уже и къ нѣкоему городку съ воинскими люд[ь]ми приде, зовомыи Монастырищ[ff], и ту людие поклонишася ему и воеводъ ему царевыхъ отдаша. Уже скоро сол[ь]ники приходятъ отъ всѣхъ градовъ царю Борису и повѣдаютъ ему вся бывшая, якоже прозванныи царевичь Дмитрѣи со множествомъ воинъ на Сѣверныя[gg] грады приде, и тамо ему вси людие подручны хотятъ быть. Царь же Борисъ о семъ немало втаинѣ болѣзнуетъ

и въ скорѣмъ часѣ мысль свою премѣняетъ,
исправления своего настоящаго дѣла отрѣшаетъ
и грамоты во грады посылаетъ,

дабы вси воинстии людие стекалися въ Сѣверскую Землю и тамъ бы были подо властию воеводъ, которымъ царь повелитъ быти. Въ малѣ же времени собрашася все воинство въ сонмъ единъ, и наченше брани чинити подо властию воеводъ своихъ. Бысть же всего воинства начал[ь]ныи властелинъ боляринъ и воевода князь Федоръ Ивановичь Мстиславскии[hh]. И иные многые начал[ь]ницы и воеводы по повелѣнию цареву мужески ополчахуся[38] противъ врага царева.

★

Въ то же время, егда стояху[39] людие царевы подъ Кромами[ii] [и] ополчахуся противу врага царева, случися царю Борису въ царствующемъ градѣ сидѣти за столомъ въ царскомъ своемъ домѣ; обѣднее кушание творяше но обычаю царскому. И по отшествии стола того, мало времени минувшю[40], царю же въ постел[ь]нои своеи храминѣ сѣдящу, и внезапу случися ему смерть и, падъ, издше[41].

Повѣдана бысть смерть царева царицѣ и чадомъ его; царица же съ чады[42] нача вопити жалобными гласы[43]: бысть плачь и рыдание велие, яко быти имъ вполы живымъ сущимъ. Людие же вси, князи и бояре и весь синклитъ царскии, стекошася[44] во градъ купно и въ недоумѣнии быша о смерти царевѣ. Царица же Мария[jj] съ сыномъ своимъ царевичемъ Федоромъ, мало отдохнувъ отъ скорби бывшия, и призва къ себѣ патриарха Иева[kk] и весь соборъ и болярь великихъ, и молиша ихъ, да были не отступили сына ихъ, царевича Федора, и дали бы ему царствовати вмѣсто отца своего. Боляре же и начал[ь]ницы Московского Царства, вкупѣ же и весь народъ, обѣщание даша царицѣ, да служатъ еи и сыну ея и возведутъ его на царскии престолъ вмѣсто отца его; и тако у҆твердиша быти и разыдошася[45] въ домы своя. Царь же Борисъ погребенъ бысть честно въ пречестнѣмъ храмѣ Архистратига Михаила съ прочими первоначал[ь]ствующими цари и князи[46]. Царевичь же Федоръ державства приемлетъ вмѣсто отца своего и во всѣ грады писание посылаетъ, яко онъ царь хощетъ быти Московскому Государству вмѣсто отца своего[ll].

И слышана бысть смерть царева воеводамъ и начал[ь]никомъ и всему воинству, которые пребываютъ во обступлении града Кромъ и въ защищении отъ врага царева Гришки Ростриги[mm]. И начаша воинстии[47] людие умы своими колебатися сѣмо и овамо и сотвориша совѣтъ, да престанутъ бранная ополчения противу Ростриги, прозваннаго царевича. Лукавыи же бѣсъ вложи мысль сию въ сердца всѣмъ человѣкомъ, да мнятъ вси людие существенно быти царевича Дмитрѣя оного Ростригу, и восхотѣша ему служити, а Борисова сына суща отвергошася. И согласишася все воинство купно,

и оружия своя воздвигоша,
и на воеводъ царевыхъ напрасно нападоша,
и, поимавъ, во градъ въ Путимль[nn] связанныхъ поведоша
до оного мнимаго царевича,
и завѣщаниемъ общаго совѣта между собою
вси людие утвердишася,
да во единои мысли вси пребудутъ.

Рострига же тои приде во царствующии градъ[oo], и стрѣтоша[48] его вси людие, отъ мала и до велика, и съ пречестными и съ чюдотворными иконами и со многими дражаишими дары. И радостны бысть вси людие, мняху[49] его суща царевича Дмитрѣя быти. И сѣде[50] Рострига на царствующемъ градѣ и возложи на ся царскии вѣнецъ, и помазаша[51] его миромъ въ пречестнѣмъ храмѣ Пречистые Богородицы честнаго и славнаго ея успения[pp].

И вся грады Росиискаго Царствия подручны бысть[51] ему, яко и прежнимъ великимъ государемъ. И нача владѣтел[ь]но держати Росииское Царство и возведе на святительскии престолъ единогласника своего, богомерскаго еретика, Греченина Игнатья[qq]; а прежебывшаго великаго патриарха Иева заточению предаде и мниховъ многыхъ пречестныя обители Архангела Михаила въ заточения розосла, понеже знаемъ ими бываше и самимъ патриархомъ Иевомъ, понеже поставленъ бысть [имъ] во дияконскии чинъ. Царевну же Ксѣнию[rr], дщерь царя Борисову, дѣвицу сущу, срамотнѣ счиниша[53] надъ нею и дѣвство ея блудомъ оскверниша, а потомъ пострищи еѣ[54] повелѣ, и отослаша ея въ дал[ь]нюю пустыню, въ горы, на Бѣлоозеро, близъ пречестныя обители Кирилова монастыря.

О волче[55] хищенныи, ненасытимыи! не насытился еси сластолюбиемъ кромѣ сия благородныя дѣвицы? Множество честнеишихъ женъ и множество благолѣпыхъ дѣвицъ во царствующемъ градѣ ненасытнымъ своимъ блуднымъ хотѣниемъ осквернилъ еси, — по что сию благородную дѣвицу, дщерь цареву сущу, не пощедѣлъ еси, дѣвственныи чертогъ ея опорочилъ? Еяже благородию во царствующемъ градѣ никто подобенъ, понеже во царскомъ домѣ воспитана бысть по обычею своему? Благолѣпие же лица ея никто отъ синклитъ могъ видѣти. Мнози же благороднии юноши царского роду отъ великаго Августа кесаря влекоми суть: сынъ великого короля Датцкие Земли[ss], юноша зѣло чюденъ образомъ и дѣлы[56], и иныя мнози благороднии юноши, сея ради благородныя дѣвицы, оставя свое отеческое царство и грады, приидоша рабски служити царю Борису, отцу ея, понеже превеликия Росия[57] царя дщерь во благородствѣ своемъ, яко цвѣтъ дивныи, сияя[58]. Ты же сию блудомъ осквернилъ, и царское ея благородие обесчестилъ, и законному браку не сподоби, и облеклъ[59] еси ея во мнишескии образъ, и заточению предаде! Матерь же ея и единороднаго брата ея, юношу пресвѣтлаго, гор[ь]кои смерти предалъ еси. За сию бывшую скорбь по что дѣвицы сия не помилова? О проклятыи богомерскии еретику! По что не усрамися таковаго дѣла сотворити, понеже на царскии домъ недостоинъ еси зрѣти? Ты же, безстудныи, яко песъ, на царскии престолъ воскочи, и сѣдящего на немъ царева сына и съ материю его опроверже[60] и гор[ь]кия смерти сподоби, сию же дѣвицу, осквернивъ блудомъ, и убогу учини и въ пустыню заточи, еяже николиже могла видѣти!

★

Юже зимѣ прошедши[61], время же бѣ приходитъ[62], яко солнце творяше подъ кругомъ Зодѣинымъ[63], въ Зодѣю[tt] же входитъ Овенъ[uu],

въ неиже нощь со днемъ уровняется
и весна празднуется,
время начинается веселити смертныхъ,
на воздусѣ[64] свѣтлостию блистаяся.
Растаявшу снѣгу и тиху вѣющу вѣтру[65],
и во пространные потоки источницы[66] протекаютъ.
Тогда ратаи рало погружаетъ
и сладкую бросду[67] прочертаетъ
и плододателя бога на помощь призываетъ;

растутъ желды, и зеленѣются поля,

и новымъ листвиемъ облачаются плоды земля,

поютъ птицы сладкимъ воспѣваниемъ,

иже по смотрѣнию и по его человѣколюбию всякое упокоение
человѣкомъ спѣетъ на услаждение.

Въ сие же время красовидные годины прежереченныи хищныи волкъ
собрася со множествомъ воинъ пол[ь]ского народу и съ казацы[68] Сѣверские
страны, и поидоша на воеводъ московскыхъ и на все воинство. Воевода же
и начал[ь]никъ московского воинства, князь Дмитрѣи Ивановичъ Шуискои[vv],
никако сего ужасеся[69], и повелѣ воинству препоясатися на брань. И раз-
дѣли все воинство на пять полковъ и воеводъ постави по повелѣнию цареву.
И поидоша во стрѣтение его, и сшедшимся има[70] со обою страну, и соста-
виша брань велию зѣло. И тако бысть[71] брань по двою дне непремѣнно.
Много падение бысть, и убииство велие московскому воинству. Поляцы[72]
же ополчениемъ жестокимъ нападоша на Москвичь. Помалу же воиско
московское оскудѣваше, понеже поражении смертоносныхъ понесть не воз-
могоша[73] и вдашася бѣгству. Поляцы же поля обрѣтаютъ и усты[74] меча
гонятъ и безчисленно людеи царевыхъ побиваютъ. Людие же вдашася невоз-
вратному бѣгству и оружия своя отъ себя меташа, овии же сами подъ конь-
скими ногами напрасно умираху. И возмутися воздухъ отъ коньскаго риста-
ния, и другъ друга не знающе[75], помрачиша бо ся лица ихъ отъ пыли,
вѣемыя[76] по воздуху. И тако гнаша Поляцы 20 верстъ и возвратишася
вспять, а богатество же ихъ все пограбиша. Друзии же людие московскаго
воинства, часть едина, вбѣгоша во градъ Болховъ[ww] и затворишася; и тако
пребыша во градѣ два дни и предашася въ руцѣ его и градъ отвориша. Тои
же злохищныи прелестникъ, названныи царь Дмитрѣи, ничѣмъ ихъ вреди
и постави надъ ними воеводу, и поидоша до царствующаго града; и при-
шедшу ему[76] на рѣку на Угру[хх], и оттолѣ отбѣгоша отъ него вси тии людие
московстии[77] и до царя Василия поидоша.

★

Въ то же время человѣкъ нѣкыи въ Нижнемъ Новѣградѣ, убогою
куплею питаяся, сирѣчь продавецъ мясу и рыбѣ[78] въ требование людемъ,
имя ему Коз[ь]мауу, — тои же Коз[ь]ма отложше[79] своеи вещи дѣло, и
восприемлетъ велемудрое разумѣние и смыслъ, ино и во всѣхъ людѣхъ
страны тоя силу и власть восприемлетъ, и уроки многие собираетъ, [и]
изыскуетъ во градѣ людеи воинскихъ, которые избыша отъ посѣчения
иноплеменныхъ,

и сихъ изыскуетъ,

и жаждущая сердца ихъ утоляетъ,

и наготу ихъ прикрываетъ,

и сими дѣлы[80] собираетъ

воинство не мало.

Въ то же время случися князю Дмитрѣю Пожарскому[zz] быти на селѣ
своемъ, отъ разорения московского избѣжавшу, понеже раненъ бысть, и
отъ тоѣ раны закоснѣвшу ему на селѣ своемъ. Тои же Коз[ь]ма, слышавъ
о немъ, посылаетъ пословъ своихъ и молитъ его, дабы ѣхалъ въ великии

Новградъ Нижнеи, и поручаетъ ему все собранное воинство. Тои же князь Дмитрѣи прошения ихъ радостно восприемлетъ и дѣлу толикия вещи направляетъ себя охотно: прииде во градъ и приятъ[81] бысть тамо честно, и посемъ воинство пространнее собираетъ. И поидоша съ ними во градъ Ярославль[A], и ту стояху время не мало; и умножися воинство велие зѣло. Тои же Коз[ь]ма, о своемъ дѣлѣ непрестанно попечение имѣя, во всѣ грады Россиискаго Царства посылаетъ, и сребра множество собираетъ, и раздаетъ воинству въ требование имъ. И тако поидоша съ воинствомъ подъ царствующии градъ, и положися обозами съ другую страну града, за Орбацкими враты[B].

Въ то же время паки приходитъ прежереченныи гетманъ Хоткѣевичь[C] со множествомъ воинъ отъ земли своея, и разъярися зѣло, уповая отженути[82] московское воинство отъ стѣнъ градскихъ мощию своею, своихъ же свободныхъ учинити покушается; скачетъ по полкомъ всюду, аки левъ рыкая на своихъ, повелѣваетъ крѣпцѣ напрязати[83] оружие на враги своя. Московского же воинства воевода и начал[ь]никъ, князь Дмитрѣи Михаиловичь Пожарскои, со всѣми полки[84] своими приходитъ на брань; и такъ брань смертную спускаютъ.

> Тамо убивство велие,
> тамо же велие низлагание!
> Со обою страну бысть ополчение жестокое:
> другъ на друга направляюще кони своя,
> и поражениемъ смертоноснымъ уязвляются;
> свищутъ стрѣлы по аеру,
> сокрушаются копия,
> падаютъ трупия мертвыхъ сѣмо и овамо.
> Помалу же Поляцы силу восхищаютъ
> и усты меча гонятъ,
> Москвичи же поля оставляютъ
> и вспять итти понуждаются.

Въ то же время начальныи воевода и властель, князь Дмитрѣи Тимофѣевичь Трубецкои[D], отъ свою страну съ полки своими и съ Казанцы[85] приходитъ на брань, и тако преновляется брань:

> бысть громь велии отъ стрѣляния пищальнаго,
> и молния яко съ небесъ блистаяся,
> и тако брань плитъ[86] жесточаишая.
> Московстии же воини пришествиемъ ихъ преновляются,
> и аки свѣжи быша,
> и велемощно оружия своя напрягаютъ,
> и смертнѣ враговъ своихъ уязвляютъ,
> силу восхищаютъ
> и усты меча гонятъ.
> Поляцы же, хотятъ ли, не хотятъ ли, хребетъ даютъ,
> и давшеся бѣгству;
> Москвичи же вослѣдъ женуша[87] немало,
> даже и до шатровъ!
> Нашедши нощи преста брань.

Наутрие же гетманъ и начал[ь]ныи воевода пол[ь]ского народу, панъ Хоткѣевичь, видѣвъ московского народу собрание велие и изрядное ихъ ополчение, помышляше на долгъ часъ, и поидоша воспять, граду же помощи учинити не возмогоша.

Плачются во градѣ Поляцы всѣхъ своихъ падении, и ни откуду надежею уповати имѣху; и оскудѣвшу[89] брашны[90], даже и до того доиде, яко всяко скверно и нечисто вкушаху и сами себя татебно побиваху и другъ друга снѣдаху; и посемъ ослабѣвшу[91] отъ глада, и изоmроша[92] мнози. Плѣнныи же сущии московстии, вкупѣ же и всѣхъ людеи, мужие и женъ и отроковицъ чюдныхъ, послѣднаго ради невзгодия своего, отъ насилованныя руки своея [свободныхъ] учиниша; они же, яко плѣнницы[93], до становъ московскаго воинства приходятъ, и ту коиждо со своими познавается и въ домѣхъ ихъ обитаютъ. Воеводы же и начал[ь]ницы московского собрания, видѣвъ враги своя оскудѣваемы, повелѣваютъ въ рогъ трубити

и на градъ Китаи[E] мужески нападаютъ,

и хоругви по стѣнамъ градским простираютъ,

и по лѣс[т]ницамъ воиска входятъ,

и тако взяту бывшу тому граду Китаю[94];

и елико въ немъ людеи обрѣтаютъ,

и тако мечемъ погубляютъ

и сокровища ихъ грабятъ. Поляцы же устремления москвичь подняти не могутъ, бѣгутъ до внутренняго града, превысокого Кремля, и тамо врата утвержаютъ жестокими запоры[95]; московстии же воины, яко л[ь]вы рыкая, скорятъ ко вратомъ градским превысокого Кремля, уповая отомщение врагомъ своимъ немедленно воздати.

И тако ужасни быша Поляцы и не возмогоша оружия своя подняти; стѣны градския оставляютъ и бѣгаютъ сѣмо и овамо, и недоумѣваяся, како бы отъ посѣкаемаго[96] меча могли избыти. И тако снидошася[97] вкупѣ на уреченное мѣсто на площади все воинство; посреди же ихъ стоитъ начал[ь]ныи воевода и властель, панъ Струсъ[F], мужъ великие храбрости и многого разсужения. Сеи же Струсъ помаавъ[98] рукою, и повелѣ имъ молчати, и отверзъ[99] уста своя, глаголаше:

»Мужие пол[ь]ского народу, полковницы и ротмистры славного рыцерства! Вѣсте[100] сами настоящую сию бѣду нашу, яко сопротивнымъ намъ московского собрания [полкомъ] преодолѣти не возмогохомъ[101], множества ради храбрыхъ: мнози полковницы и ротмистры со множествомъ воинъ, и самъ великии гетманъ, панъ Хоткѣевичь, пособие намъ подаваху, —

они же сего никако ужасахуся[102],

мужески противу насъ ополчение творяху

и въ силѣ крѣпости меча своего

всегда собрание наше посѣчаху.

Нынѣ же послѣднее невзгодие видимъ и плачемся своихъ падении, яко враги наша у вратъ градских предстоятъ и уповая отомстити вскорѣ наносимыя отъ насъ тяжкия имъ бѣды; намъ же отъ глада ослабѣвшимъ[103], и ни отъ коею страну[104] помощи чаемъ имѣти. Уже кончина приходитъ и посѣкаемыи мечь уже готовъ бысть[105]! Подаите ми совѣтъ благъ, да како избыти можемъ отъ немилостиваго сего кровава меча врагъ нашихъ, понеже даже не воскипѣлъ во крови нашеи?«

Поляцы же вси единодушно воздвигоша[106] гласы своя, да пошлются послы къ воеводамъ и властелямъ московского воинства просити отъ нихъ милости, да не предадутъ ихъ гор[ь]кия[107] смерти.

И на томъ утвердиша слово.

И посылаютъ пословъ за стѣны града до воеводъ московскихъ просити милости отъ нихъ. Воеводы же и начал[ь]ницы московского воинства пословъ градскихъ восприемлютъ и пришествия ихъ испытуютъ; они же посол[ь]ства своего дѣло возвѣщаютъ и, къ ногамъ властелинскимъ припадая, молятъ, дабы гнѣвъ свои превратили на милость и не свели бы душь ихъ съ кровию во адъ. Воеводы же и начал[ь]ницы московского собрания на милость уклоняются и обѣщание имъ даютъ, да въ сохранении живота своего вси пребудутъ отъ меча ихъ.

И на семъ утвердиша слово.

Поляцы же радостны во градъ возвращаются и повѣдаютъ вся бывшая; они же возрадовашася радостию велиею зѣло, [и] врата граду отворяютъ.

Начал[ь]ницы же и воеводы московскаго воинства во градъ входятъ,

и къ соборнои апостольскои церкви Пресвятые Богородицы[G] приступаютъ,

и предъ чюдотворною иконою Владимерскою[H] припадаютъ,

и отъ радости многи слезы проливаютъ.

Посемъ приходятъ во царския полаты и созываютъ къ себѣ начал[ь]никовъ пол[ь]скихъ и московскихъ измѣнниковъ, и испытуютъ ихъ о царьскихъ многолѣтнихъ сокровищахъ;

они же имъ вся повѣдаютъ,

[и] оставшая сокровища отъ похищения вся собираютъ.

Посемъ начал[ь]ницы московстии повелѣваютъ воеводу и властелина пол[ь]ского народую, пана Струса, утвердити за крѣпкими стражи[108]; и иныхъ начал[ь]никовъ и воеводъ пол[ь]ского народу, вкупѣ же и все воинство, за приставы[109] утвердиша,

овыхъ же во окрестныя грады розослаша;

смерти же ихъ по обѣщанию не предаша.

По совершении же дѣла сего воеводы и властели, вкупѣ же и весь народъ царствующаго града Москвы, воздаша хвалу богу и пречистѣи его матери, предъ чюдотворною иконою молебное пѣние воспѣша и уставиша праздникъ торжественныи праз[д]новати о таковои дивнои побѣдѣ; даже и донынѣ празднуютъ людие, да незабвенна будетъ милость божия въ преходящия роды.

Посемъ же повелѣваютъ начал[ь]ницы и властели во всѣ грады Московского Царства посылати писание, дабы людие снималися во царствующии градъ Москву о избрани[и] царскомъ. Въ малѣ же времени собрашася людие отъ всѣхъ градовъ во царствующии градъ Москву и ту совѣтуютъ, да изберется царь на царство; и тако бысть по многие дни собрание людемъ, дѣла же толикия вещи утвердити не возмогутъ. Во единыи же день снидошася вси людие въ сонмъ единъ, по обычею своему, и начаша сѣтовати, и завѣщание полагаютъ, да не отступаютъ отъ мѣста сего, преже даже не изберется царь Московскому Царству. И помышляше на долгъ часъ, и посемъ отверзаютъ уста своя; единогласно вси народи вопияху, да помажутъ на царство царя Михаила, сына прежебывшаго великаго боярина

Федора Никитича Романова[I]. Тои же великии болярин Федоръ единокро-
венъ бысть прежебывшему великому государю, царю и великому князю
Федору Ивановичю всеа Русии, по успении его много пострада отъ царя
Бориса и заточенъ бысть, тамо же и облеченъ во мнишескии образъ; по
смерти же царя Бориса возведенъ бысть на святительскии престолъ во
градѣ Ростовѣ[J]. Отъ сего же Федора изыде сеи богоизбранныи царь Ми-
хаилъ; юноша зѣло младъ бысть; и въ тыя дни, когда же избранъ бысть
на царскии престолъ, богомъ направляемъ, царскии скифетръ приемлетъ и
вѣнецъ державныи на главу свою возлагаетъ; и помазуютъ его миромъ во
царствующемъ градѣ, во пречестнѣмъ храмѣ Пресвятыя Богородица чест-
наго и славнаго ея Успения. И тако возрадовахуся вси людие радостию
велиею зѣло и отъ скорби бывшия уповаху утѣшитися о немъ, хваля всеще-
драго бога, иже на херувимѣхъ сѣдяи[110] и на смиренныя призирая и на
боящихся его велия щедроты своя изливая.

Сему писанию конецъ предлагаемъ.
Дѣла толикие вещи во вѣки не забываемъ!
Настоящаго изыскуемъ,
въ пространную сию историю сия написуемъ.
Словеса писанию превосходятъ въ конецъ.
Умъ человѣчь нихто[111] не можетъ исповѣсть[112].

★

*Написание вкратцѣ о царѣхъ московскихъ,
о образѣхъ ихъ, и о возрастѣ, и о нравѣхъ*

. Царь Иванъ образомъ нелѣпымъ, очи имѣя сѣры, носъ протягновенъ
и покляпъ. Возрастомъ великъ бяше, сухо тѣло имѣя, плещи имѣя высоки,
груди широки, мышцы толсты. Мужъ чюднаго разсуждения, въ наукѣ
книжного поучения доволенъ и многорѣчивъ зѣло, ко ополчению дерзостенъ
и за свое отечество стоятеленъ. На рабы своя, отъ бога данныя ему, жесто-
косердъ вел[ь]ми, и на пролитие крови и на убиение дерзостенъ и неумо-
лимъ;

множество народу отъ мала и до велика
при царствѣ своемъ погуби,
и многия святительския чины заточи,
и смертию немилостивою погуби,
и иная многая содѣя надъ рабы своими,
женъ и дѣвицъ блудомъ осскверни.
Тои же царь Иванъ многая благая[113] сотвори,
воинство вел[ь]ми любяше[33]
и требующая ими отъ сокровища своего неоскудно подаваше.
Таковъ бо бѣ царь Иванъ.

★

Царь же Федоръ возрастомъ малъ бѣ, образъ постничества нося, сми-
рениемъ обложенъ, о душевнѣи вещи попечение имѣя, на молитвѣ всегда
предстоя, и нищимъ требующая подая, о мирскихъ ни о чемъ попечения

имѣя, токмо о душевномъ спасении. Отъ младенства даже и до конца живота своего тако пребысть. За сие же спасен[н]ое дѣло его

> богъ царство его миромъ огради,
> и враги подъ нозѣ[114] его покори,
> и время благоутѣшно подаде[115].
> Таковъ бѣ царь Федоръ.

★

Царь же Борисъ, благолѣпиемъ цвѣтуще[116], и образомъ своимъ множество людеи превзошедъ[117], возрасту посредство имѣя. Мужъ зѣло чюденъ, въ разсужении ума доволенъ и сладкорѣчивъ вел[ь]ми, благовѣренъ и нищелюбивъ и строителенъ зѣло, о державѣ своеи много попечение имѣя, и многое дивное о себѣ творяше.

> Едино же имѣя неисправление
> и отъ бога отлучение:
> ко врачемъ сердечное прилежание
> и ко властолюбию несытное желание;
> и на прежебывшихъ ему цареи
> ко убиению имѣя дерзновение.
> Отъ сего же возмездие восприятъ.

★

Царевичь Федоръ, сынъ царя Бориса, отроча зѣло чюдно, благолѣпиемъ цвѣтуще, яко цвѣтъ дивныи на селѣ, отъ бога преукрашенъ, яко кринъ въ поли цвѣтущи; очи имѣя велики, черны, лице же ему бѣло, млечною бѣлостию блистаяся, возрастомъ среду имѣя, тѣломъ изообиленъ. Наученъ же бѣ отъ отца своего книжному почитанию, и во отвѣтѣхъ дивенъ и сладкорѣчивъ вел[ь]ми; пустошное же и гнило слово никогда же изо устъ его исхождаше; о вѣрѣ же и поучении книжномъ со усердиемъ прилежа.

★

Царевна же Ксѣния, дщерь царя Бориса, дѣвица сущи, отроковица чюднаго домышления, зѣл[ь]ною красотою лѣпа, бѣла вел[ь]ми, ягодами румяна, червлена губами, очи имѣя черны, велики, свѣтлостию блистаяся. Когда же въ жалобѣ слезы изо очию испущаше, тогда наипаче свѣтлостию блистаху зѣл[ь]ною. Бров[ь]ми союзна, тѣломъ изообил[ь]на, млечною бѣлостию облиянна; возрастомъ ни высока ни низка; власы имѣя черны, велики, — аки трубы по плещамъ лежаху. Во всѣхъ женахъ благочиннѣиша и писанию книжному навычна, многимъ цвѣтяше благорѣчиемъ, воистинну во всѣхъ своихъ дѣлѣхъ чредима;

> гласы воспѣваемыя любляше
> и пѣсни духовныя любезнѣ желаше.

★

Рострига же возрастомъ малъ, груди имѣя широки, мышцы толсты; лице же свое имѣя не царского достояния, препростое обличие имѣя, и все тѣло его вел[ь]ми помраченно. Остроуменъ же, паче и въ научении книж-

номъ доволенъ, дерзостенъ и многорѣчивъ зѣло; конское рыстание лю-
бляше; на враги своя ополчитель смѣлъ; храбрость и силу имѣя; воинство
же вельми любляше.

★

Царь Василеи возрастомъ малъ, образомъ же нелѣпымъ, очи подслѣпы
имѣя; книжному поучению доволенъ и въ разсужении ума зѣло смысленъ;
скупъ вел[ь]ми и неподатливъ; ко единымъ же къ тѣмъ тщание имѣя,
которы во уши ему ложное на люди шептаху,

    онъ же сихъ веселымъ лицемъ восприимаше
    и въ сладость ихъ послушати желаше;
    и къ волхвованию прилежаше,
    а о воѣхъ своихъ не радяше.

★

  Начало виршемъ,
  мятежнымъ вещемъ,
  ихъже разумно прочитаемъ
  и слагателя книги сеи потомъ уразумѣваемъ.
  Изложенна бысть лѣтописная книга
  о похожении Чюдовскаго мниха[к],
  понеже бо онъ бысть убогии чернецъ
  и возложилъ на ся царскии вѣнецъ,
  царство великие Росии[118] возмутилъ
  И диядиму царскую на плещахъ своихъ носилъ.
  Есть бо то во очию нашею дивно!
  Предложимъ писаниемъ, чтобы во вѣки незабытно,
  и наши приклады въ книгѣ сеи имаемъ
  и того въ забытии не оставляемъ.
  Тогда бо мятежные времена были,
  и славные роды отечества своего отступили.
  Мы же сему бывшему дѣлу писание предлагаемъ
  и предъидыщии родъ воспоминаниемъ удивляемъ.
  Посемъ предние строки углядаемъ
  и трудолюбца дѣла сего познаваемъ:
  Есть же книги сеи слагатаи
  сынъ предиреченнаго князя Михаила, роду Ростовского сходатаи,
  понеже бо онъ самъ сие существенно видѣлъ
  и иные бо вещи отъ изящныхъ безприкладно слышелъ;
  елико чего изыскалъ,
  толико сего написалъ.
  Всякъ бо чтыи[119] да разумѣваетъ
  и дѣла толикие вещи не забываетъ.
  Сие писание въ конецъ преити едва возмогохъ[120]
  и въ трудѣ своемъ никоея же пол[ь]зы обрѣтохъ[121].

---

[1] внучата *nom. pl.* : вънукъ. [2] восприемлетъ = въсприемлетъ *pr. 3 sg.* : въсприимати.
[3] достиже *aor. 3 sg.* : достигнути. [4] обрѣтеся *aor. 3 sg.* : обрѣстися. [5] наченше *p. a. p.*
(*adv.*) : начяти. [6] ему *dat. poss.* : оно. [7] страсти = старости. [8] простре *aor. 3 sg.* : про-
стрѣти [9] подаде *aor. 3 sg.* : подати. [10] бысть . . . превозшедъ *p. periphr.* : бысть *aor. 3 sg.* :

быти + превозшедъ *p. a. p.* : превъзити.   [11] мучителемъ *dat. pl.*   [12] заклаша *aor. 3 pl.* : заклати/заколоти.   [13] властолюбию *dat. poss.*   [14] дерзнувыи *p. a. p.*, *det.* : дерзнути.   [15] дѣлы *instr. pl.* : дѣло.   [16] богу не оставившу *dat. abs. (temp.)*.   [17] опитемьи = эпитемьи.   [18] помыслъ *gen. pl.*   [19] отторже *aor. 3 sg.* : отторгнути/оттъргнути.   [20] возможе *aor. 3 sg.* : возмощи/възмощи.   [21] московстии *nom. pl.* : московьскъ.   [22] ужасошася *aor. 3 pl.* : ужаснутися.   [23] ны = насъ *acc. pl.*   [4] отцы *instr. pl.*   [25] руцѣ *acc. du.* : рука.   [26] юже = уже.   [27] наченше *p. a. p.*, *nom. pl.* : начяти.   [28] канбаны = камбаны.   [29] притече *aor. 3 sg.* : притещи.   [30] князи *and the following expressions in the same sentence* боляры, воеводы, началь-ники *instr. pl.*   [31] отлошши = отложьши *p. a. p.* : отложити.   [32] рѣхомъ *aor. 1 pl.* : рещи.   [33] имѣху *incorr. impf. 3 pl. instead of* имѣаше *impf. 3 sg.* : имѣти.   [34] влечаху *incorr. 3 pl. instead of* влечааше *impf. 3 sg.* : влѣщи.   [35] грацкимъ = градьскимъ.   [36] вниде *aor. 3 sg.* : в[ъ]нити.   [37] промчеся *aor. 3 sg.* : промъкнутися.   [38] ополчахуся *impf. 3 pl.* : опълчатися.   [39] стояху *impf. 3 pl.* : стояти.   [40] времени минувшу, царю сѣдящу *dat. abs. (temp.)*.   [41] издше = издъше *aor. 3 sg.* : издъхнути.   [42] чады *instr. pl.* : чадо.   [43] гласы *instr. pl.* : гласъ.   [44] стекошася *aor. 3 pl.* : с(ъ)тещися.   [45] разыдошася *aor. 3 pl.* : разъитися.   [46] цари и князи *instr. pl.*   [47] воинстии *nom. pl.* : воиньскъ.   [48] стрѣтоша = сърѣтоша *aor. 3 pl.* : сърѣсти.   [49] мняху = мьнѣаху *impf. 3 sg.* : мьнѣти.   [50] сѣде *aor. 3 sg.* : сѣсти.   [51] пома-заша *aor. 3 pl.* : помазати.   [52] бысть *incorr. instead of* быша *aor. 3 pl.* : быти.   [53] счиниша *and the following expressions* оскверниша *and* отослаша *aor. 3 pl., probably mistakes for* с[ъ]чини, оскверни, отосла *aor. 3 sg.*   [54] еѣ *acc. sg.*   [55] волче *voc. sg.* : волкъ/вълкъ.   [56] дѣлы *instr. pl.*   [57] Россия *gen. sg.*   [58] сияя *pr. a. p.* : сияти.   [59] облеклъ *p. a. p.* : облещи.   [60] опро-верже *aor. 3 sg.* : опровѣщи.   [61] зимѣ прошедши *dat. abs. (temp.)*.   [62] бѣ приходитъ *incorr. use of periphr. p.*   [63] Зодѣинымъ *instr. sg.* : Зодѣиныи = Зодииныи *adj.* : Зодѣи = Зодии.   [64] воздусѣ *loc. sg.* : воздухъ/въздухъ.   [65] растаявшу снѣгу, вѣющу вѣтру *dat. abs. (temp.)*.   [66] источницы *nom. pl.* : источникъ.   [67] брозду = борозду.   [68] казацы *incorr. i nstr. pl.* : казакъ.   [69] ужасеся *aor. 3 sg.* : ужаснутися.   [70] сшедшимися има *dat. abs. (temp.)*.   [71] бысть *aor. 3 sg.* : быти.   [72] Поляцы *nom. pl.* : Полякъ.   [73] возмогоша *aor. 3 pl.* : възмощи.   [74] усты *instr. pl.* : уста.   [75] знающе *pr. a. p.* : знати.   [76] вѣемыя *pr. p. p., f. gen. sg.* : вѣяти.   [76] при-шедшу ему *dat. abs. (temp.)*.   [77] московстии *nom. pl.* : московьскъ.   [78] мясу, рыбѣ *dat. poss.*   [79] отложше *p. a. p., nom. pl.* : отложити.   [80] дѣлы *instr. pl.* : дѣло.   [81] приятъ = прияти.   [82] отженути *incorr. inf. instead of* отъгнати.   [83] напрязати = напрягати.   [83] полки *instr. pl.*   [84] Казанцы *instr. pl.*   [86] плитъ *pr. 3 sg.* : плити.   [87] женуша *incorr. aor. 3 pl.* : гънати.   [88] нашедши нощи *dat. abs. (temp.)*.   [89] оскудѣвшу *p. a. p., dat. abs. (incorr.)* : оскудѣти.   [90] брашны *instr. pl.* : брашно.   [91] ослабѣвшу *p. a. p., dat. abs. (incorr.)* : ослабѣти.   [92] изомроша *aor. 3 pl.* : изъмрѣти.   [93] плѣнницы *nom. pl.* : плѣнникъ.   [94] взяту бывшу тому граду Китаю *dat. abs. (incorr.)*.   [95] запоры *instr. pl.* : запоръ.   [96] посѣкаемаго *pr. p. p., gen. sg.* : посѣкати.   [97] снидошася *aor. 3 pl.* : с[ъ]нитися.   [98] помаавъ *p. a. p.* : помаати/помавати.   [99] отверзъ *p. a. p.* : отврѣсти.   [100] вѣсте *pr. 2 pl.* : вѣдѣти.   [101] возмогохомъ *aor. 1 pl.* : възмощи.   [102] ужасахуся *and the following expressions in the same sentence* творяху, посѣчаху *impf. 3 pl.* :   [103] намъ ... ослабѣвшимъ *dat. abs. (caus.)*.   [104] коею страну *gen. sg.*   [105] бысть *instead of* есть.   [106] воздвигоша *aor. 3 pl.* : въздвигнути.   [107] гор[ь]кия *gen. sg. incorr. instead of dat. sg.*   [108] стражи *instr. pl.* : стража/стражь.   [109] приставы *instr. pl.* : приставъ.   [110] сѣдяи *pr. a. p., det.* : сѣдѣти.   [111] нихто = ник(ъ)то.   [112] исповѣсть = ис-повѣдѣти.   [113] благая *(scil. дѣла)*.   [114] нозѣ *acc. du.* : нога.   [115] подаде *aor. 3 sg.* : подати.   [116] цвѣтуще *pr. a. p. (adv.)* : цвѣсти.   [117] превозшедъ *p. a. p.* : прев(ъ)зити.   [118] великие Росии *gen. sg.*   [119] чтыи *pr. a. p., det.* : чисти, чьту.   [120] возмогохъ *aor. 1 sg.* : възъмощи.   [121] обрѣтохъ *aor. 1 sg.* : обрѣсти.

[a] Grigorij Otrepjev, first Pseudo-Demetrius (1605–06).

[b] Vasilij Šujskij, tsar of Muscovia (1606–10).

[c] Mixail Romanov, elected tsar of Muscovia (1613–45).

[d] 1726.

[e] Daniil (1261–1303), Prince of Moscow, son of Alexander Nevskij.

[f] Vasilij III (1505–33), son of Ivan III, Great Prince of Moscow.

[g] Ivan the Terrible (1533–84), tsar of Moscow, son of Vasilij III and his second wife Jelena Glinskaja.

[h] 1534 (more precisely 1533).

[i] Moslem, Mohammedan.

[j] Simeon Bekbulatovič, Christianized Tatar khan, whom Ivan the Terrible made Great Prince of Russia in 1574, but removed two years later.

[k] Starica, a town in the Tver (or Kalinin) region, a private possession of the tsars.

l Ivan the Terrible's private possession, established in 1565.

m The remaining part of the country, later given to "Tsar" Simeon.

n Stefan Batory, King of Poland (1575–86).

o The siege of Pskov, which was successfully defended by the Russians, took place in 1581.

p The truce was concluded in 1582.

q Ivan the Terrible died in the beginning of 1584.

r Anastasia Zaxarjina-Jurjeva died in 1560.

s Prince Ivan was killed by his own father in 1582.

t Prince Dimitrij died suddenly (or was assassinated) in 1591.

u Marfa Nagaja, seventh wife of Ivan the Terrible.

v Tsar F'odor reigned during the years 1584–98, assisted by his brother-in-law, Boris Godunov, a boyar of Tatar origin.

w Uglič, a small town in the Jaroslavl' region, where Prince Dimitrij and his mother lived in exile.

x Boris Godunov reigned during the years 1598–1605.

y Mixail Bit'agovskij, the governor of Uglič, and his assistant Nikita Kačalov were the supposed assassins of Prince Dmitrij.

z *Bib.* Cain and Abel, sons of Adam.

aa The Cathedral of the Archangel Michael within the Kremlin.

bb Irina, wife of Tsar F'odor and sister of Boris Godunov.

cc Kazi-Girej, Tatar khan of Crimea (1588–1607), undertook an unsuccessful campaign against Moscow in 1591. In 1598 there were only rumors of the Crimean Tatars' impending invasion.

dd Serpuxov, a small town near Moscow, where Boris Godunov received a Crimean peace negotiator.

ee The period of denunciations began in 1601. The noble families of Miloslavskij, Šujskij, Bel'skij, and Romanov were among those persecuted.

ff A small town on the border between Poland and Muscovia.

gg The region of Novgorod-Seversk in southwestern Russia.

hh Mstislavskij, sent against the Pseudo-Demetrius, was defeated by the latter in the battle of Novgorod-Seversk (1604), but defeated him in turn in the battle of Dobryniči.

ii Kromy, a town in the Orel region.

jj Wife of Boris Godunov, daughter of Mal'uta Skuratov.

kk First Russian patriarch, elected in 1589 on the initiative of Boris Godunov.

ll F'odor Godunov ruled only from April to June, 1605.

mm Pseudo-Demetrius I, whose true name was Gregorij Otrepjev, was called "the unfrocked" because he was said to have been a monk earlier in life.

nn Putiml' (or rather Putivl'), a small town in the Kursk region, where Pseudo-Demetrius I had his headquarters.

oo Pseudo-Demetrius I entered Moscow in June, 1605.

pp Pseudo-Demetrius I reigned from June, 1605, to May, 1606.

qq Patriarch Job was removed, and Ignatius, Archbishop of R'azan', was appointed in his stead.

rr Princess Ksenia was violated and exiled to St. Cyril's Monastery in Belozersk.

ss Prince John, son of Christian IV, King of Denmark, was one of Princess Ksenia's suitors. He died in Moscow in 1602.

tt Zodiac.

uu Aries, the Ram.

vv A Muscovite boyar who participated in a conspiracy against Pseudo-Demetrius and was defeated by him. Later he was appointed commander in chief of the Muscovite armies when his brother Vasilij Šujskij became tsar. Imprisoned by the Poles, he died in 1613.

ww A town in the Orel region.

xx Affluent of the Oka River.

yy Kuz'ma Minin-Suxoruk, a citizen and merchant of Nižnij-Novgorod, one of the liberators of Muscovia (d. 1616).

zz Prince Mixail Požarskij (1578–1641), one of the liberators of Muscovia.

Å A large town north of Moscow.

B The gate of Arbat in Moscow.

C Jan Karol Chodkiewicz (d. 1621), hetman of Lithuania from 1605, commander in chief of the Polish forces in the campaign against Moscow.

D Prince Dimitrij Trubeckoj (d. 1625), one of the liberators of Muscovia, was elected pro-tempore ruler of the empire until a new tsar was elected (1613).

E Kitaj, a district of Moscow.

F The commander of the Polish troops stationed in Moscow.

G The Cathedral of the Assumption of the Holy Virgin.

H The icon of the Holy Virgin of Vladimir.

I F'odor Romanov, son of Nikita Romanov, was compelled to become a monk and exiled by Boris Godunov in 1601, nominated Metropolitan of Rostov by Pseudo-Demetrius I in 1605, appointed Patriarch by Pseudo-Demetrius II in 1609, dispatched to Poland for negotiations concerning the election of Prince Władysław, imprisoned by the Poles until 1619, died in 1633.

J Rostov, an old town northeast of Moscow.

K Pseudo-Demetrius I was allegedly a fugitive monk from the Monastery of the Archangel Michael (also called the Miracle Monastery) within the Kremlin.

THE TALE OF THE DEATH OF PRINCE SKOPIN-ŠUJSKIJ

This anonymous narrative was apparently written shortly after the incident to which it refers, the sudden and mysterious death (1610) of the very popular Prince Skopin-Šujskij, who, while attending a banquet at the home of Prince Vorotynskij, was allegedly handed a goblet of poisoned punch by Tsar Vasilij Šujskij's sister-in-law. It is generally maintained that the poison was administered on the suggestion of the Tsar, who was envious of the Prince's fame and popularity.

The *Tale* represents an interesting attempt to combine the methods of rhetorical hagiography with the style of epic folk songs. As usual in Old Russian literature, lyrical emotion is expressed in passages devoted to lamentation on death. Particularly impressive is the end of the narrative in which the author recounts a prophecy of Prince Skopin-Šujskij's death, discreetly alluding to the Tsar's role in the incident.

The text is here reprinted from Памятники древней русской письменности, относящиеся к Смутному времени (2nd ed.; St. Petersburg, 1909), Vol. XIII of Русская историческая библиотека.

Писание о преставлении и о погребении князя Михаила Васильевича Шуйского, рекомаго Скопина[a]

Отнеле же рече богъ: Да будетъ свѣтъ, небо и земля и солнечное течение и лунное умножение и умаление, — *и егда быша звѣзды, восхвалиша мя гласомъ велиемъ вси ангели мои,* — и [отнеле] сотворенна прочая тварь вся и человѣцы[1] уселишася[2], [и] изочтоша[3] времена [и] индикты, и по евреиски, и по гречески, и по латынски; — [понеже по розводцамъ разчитаютъ времена и лѣта], — по русскому же языку въ лѣта 7118[b] преставися благовѣрныи и благородныи и благочестивыи, прирожденнаго благочестиваго государя царя и великаго князя Василия Ивановича всеа Руси Шуи-

ского, — [понеже отъ единаго корени владѣющаго вселенную Августа,
кесаря римского[c], и отъ единыя православныя вѣры христианския начал[ь]-
ника, князя Владимера Киевскаго и всея Русския Земли, и отъ единоя
отрасли великаго князя Александра Ярославича Невскаго раздѣления
вѣтви государствъ], — бояринъ, воинъ и воевода и ближнеи совѣтникъ и
правитель, по прироженію нетихъ, сиирѣчь племянникъ, князь Михаило
Васильевичь, Шуискои именуемыи, — [понеже отъ единаго великаго князя
Александра Ярославича Невскаго, яко же преди рекохомъ[4], родишася
князь Андрѣи Владимирскии и Суждал[ь]скии[d] и князь Данило Москов-
скии[e] и прочая братия: и отъ сего князя Андрѣя Александровича князи
Суздальские и Шуиские родишася, а отъ князя Данила Александровича
Московские князи и цари родишася]. — Но о семъ умолчимъ, на предре-
ченныя да поидемъ о преставлении князя Михаила Васильевича Шуиского.

Егда тои воинъ и воевода, князь Михаило Васильевичь Шуискои,
послушавъ царя, и приѣхалъ въ царствующии градъ Москву изъ Слободы
Александровы[f], — и напрасно, грѣхъ ради нашихъ, родися боярину,
князю Ивану Михаиловичу Воротынскому[g] сынъ, княжевичь Алексѣи. И не
дошедъ дву мѣсяцъ по четыредесять днеи рожения, бысть князь Михаило
крестныи кумъ, кума же княгиня, жена князя Дмитрея Ивановича Шуискаго[h],
Марья[i], дочь Малюты Скуратова. И по совѣту злыхъ измѣнниковъ своихъ
и совѣтниковъ мысляше во умѣ своемъ злую мысль измѣнную уловити аки
въ лѣсѣ птицу подобну, акы рысь изжарити, — змия лютая, злымъ взоромъ
аки звѣрь лютыи:

дияволу потѣха бѣсится,
сатанѣ невѣста готовится.

И какъ будетъ после честного стола пиръ на весело,
и дияволь[ь]скимъ омрачениемъ злодѣянница та
княгиня Марья, кума подкрестная,
подносила чару пития куму подкрестному,
и била челомъ, здоровала съ крестникомъ Алексѣемъ Ивановичемъ.
И въ тои чарѣ уготовано лютое питие смертное.
И князь Михаило Васильевичь выпиваетъ ту чару до суха,
а не вѣдаетъ, что злое питие лютое смертное.
И не въ долгъ часъ у князя Михаила во утробѣ возмутилося
и не допировалъ пиру почестного
и поѣхалъ къ своеи матушкѣ, княгинѣ Еленѣ Петровнѣ.
И какъ въсходитъ въ свои хоромы княженецкие,
и усмотрила его мати и возрила ему во ясные очи;
и очи у него ярко возмутилися,
а лице у него страшно кровию знаменуется,
а власы у него на главѣ, стоя, колеблются.
И восплакалася горько мати его родимая
и во слезахъ говоритъ ему слово жалостно:

»Чадо мое, сынъ, князь Михаило Васильевичь,
для чего ты рано и борзо съ честнаго пиру отъѣхалъ?

Любо тобѣ богоданыи крестныи сынъ
принялъ крещение не въ радости?
Любо тобѣ въ пиру мѣсто было не по отечеству?
Или бо тебѣ кумъ и кума подарки дарили не почестные?
А хто[5] тобя на пиру честно упоилъ честнымъ питиемъ?
И съ того тебѣ пития вѣкъ будетъ не проспатися.
И сколько я тобѣ, чадо, въ Александровѣ Слободѣ приказывала:
Не ѣзди во градъ Москву,
что лихи въ Москвѣ звѣри лютые,
а пышатъ ядомъ зміинымъ измѣнничьимъ,«

И паде[6] князь Михаило на ложи своемъ,
и нача у него утроба люто терзатися
отъ того пития смертнаго.

Онъ же на ложѣ въ тоскахъ мечущеся и биющеся и стонуще и кричаще[7] лютѣ зѣло аки звѣрь подъ землею и желая отца духовнаго. Мати же да жена его, княгиня Александра Васильевна, и весь дворъ его слезъ и гор[ь]каго вопля и кричания исполнися.

И доиде въ слухъ сия болѣзнь его страшная
до воиска его и подручия,
до нѣмецкого воеводы, до Якова Пунтусова ͥ.
И многи дохтуры нѣмецкие,
со многими лѣчебными пригодами,
не можаше[8] никако болѣзни тоя возвратити.

Изъ двора дохтуры нѣмецкия отъ князя идяху[9] и слезы испущаху, аки о государѣ своемъ.

И отъ того же дни, въ настатьи всенощныхъ, яко же въ *Житіи Великого Василія*, солнце къ солнцемъ заиде по исходѣ дьневныхъ часовъ, мѣсяца апрѣля въ 23 день со дьни великаго воина и страстотерпца Георгия ко дьни воеводы Савы Стратилата, понеже и сеи воинъ и воевода и стратилатъ. Но тогда бо по Московскому Государству не слышано бысть настоящия ради нощи.

На утрие же, свѣтающуся вторнику и восходящу солнцу[11], слышано бысть по всему царствующему граду Москвѣ:
»Отшедъ онъ сего свѣта, преставися
князь Михаило Васильевичь!«

★

Тогда убо стекаются ко двору его множество воиска, дружины и подручия его хоробраго и множества народа по писанному: *Юноша съ дѣвы*[12] *и старцы со юнотами и матери со младенцы и всякъ возрастъ человѣчь*[13] со слезами и съ великимъ рыданиемъ.

Отъ воиска же его и дружины хоробрыя
князя Михаила Васильевича
ближние его подручники,

воеводы и дворяне и дѣти боярские
и сотники и атаманы
прихождаху[14] во дворъ его и ко одру его,
припадая со слезами и со многимъ воплемъ и стонаниемъ.
И жалостно во слезахъ глаголаше и причитаху:

»О господине не токмо, но и государь нашь,
князь Михаило Васильевичь!
Отшелъ еси отъ сего свѣта,
возлюбилъ еси небесному царю воинствовати,
а насъ еси кому ты оставилъ?
И хто у насъ грозно и предивно и хоробро полки урядитъ?
И кому насъ приказалъ служити?
и у кого намъ жалованья просити?
и за кѣмъ намъ радошно и весело на враги ѣхати ко брани?
Не токмо, государь нашь, подвигомъ своимъ враговъ устрашалъ,
но и мыслию помыслишь на враговъ,
на литовскихъ и польскихъ людеи,
и онѣ и отъ мысли твоея дале бѣгутъ,
со страхомъ емлются[16].
А нынѣ мы аки скоти безсловеснии,
овцы не имуще пастыря крѣпкаго.
У тобя, государя нашего,
въ полцѣхъ[17] воиска нашего
и безъ казни страшно и грозно,
а радошны и веселы.
И какъ ты, государь нашь, въ полцѣхъ у насъ поѣдешь,
и мы, аки на небесное солнце, назрѣтися не можемъ!«

Но все вкратце пишемъ, а недоумѣемъ убо много и жалостнаго плача и причитания ихъ исписати. Но возвратимся ко прежнему.

Тако убо ко двору его стекаются и держащеи власти и строющеи и правящеи царския и народная[18]; таже и нищии и убогии, и вдовицы и слѣпии и хромии, всякъ со слезами и гор[ь]кимъ воплемъ, кричаще и воплюще[19], таже и богатии вел[ь]можи.

Таже прииде нѣмецкии воевода Яковъ Пунтусовъ со двѣнатцетьми своими воеводы и съ своими дворяны[20]. Московские же вел[ь]можи не хотяху его во дворъ ко князю пустити, невѣрствия ради, къ мертвому тѣлу. Яковъ же съ грубными словесы[21] во слезахъ изглагола:

»Како мя не пустите не токмо господина моего, но и государя, кормильца моего, своими очи[22] мнѣ видѣти? Что ся таково содѣяся[23]?«

И пустиша его во дворъ.

Шедъ[24] Яковъ, и видѣ мертвое его тѣло, и восплакася гор[ь]ко и цѣлоавъ его тѣло. Простяся[25] и пошедъ со двора, плакася гор[ь]це[26]; и захлебаяся, глаголаше во слезахъ:

»Московскии народи! Да уже мнѣ не будетъ не токмо на Руси вашеи, но и въ свои Нѣмецкои Земли, но и отъ королевскихъ величествъ государя такова.«

Таже прииде и самъ царь и съ братьи[27] своими, таже и патриархъ, — тогда держа святительский престолъ великия Росии Ермогенъ, — и митрополиты и епископы и архимариты, и игумены, и протопопы, и весь священныии соборъ и иноческии чинъ, черноризцы и черноризицы. И не бѣ мѣста вмѣститися отъ народнаго множества.

Тогда убо посылаютъ во вся торги Московского Государства изыскати колоду дубовую, еже есть гробъ, въ нюже положатъ тѣло его. И, мѣру вземше[28], во вся торги ходивше, избравше величаишее всѣхъ, и никако возможе вмѣстити тѣлеси его. И тогда пристрогавши въ концѣхъ колоды тоя, и тако съ нужею полагаютъ въ колоду тѣло его, да изнесутъ его ко церкви.

И тогда привезоша гробъ камененъ великъ, но ни тои добляше[29] вмѣстити тѣло его, понеже великъ бѣ возрастомъ тѣлесъ своихъ, по Давиду пророку — *паче сыновъ человѣческихъ.*

И тако устроивше въ древяномъ гробѣ, понесше, хотяху положити въ Чудовъ Монастырь архистратига Михаила, до времени бо, и вины ради сицевыя, яко да тѣло его во градѣ Суздалѣ положено будетъ, и ко гробомъ прародительскимъ и родительскимъ присовокупятъ и онъ предреченныи каменныи гробъ устроятъ; но въ Суздалѣ градѣ въ то время нестроение велико суще, понеже осилѣли воры и литовские люди, паны съ воискомъ своимъ; да егда си отступятъ, тогда его отвезутъ въ Суздаль градъ.

И слышавше народное множество, что хотятъ тѣло его въ Чудовъ Монастырь положить, и возопиша[30] всенародное множество, яко единѣми усты[31]:

»Подобаетъ убо таковаго мужа, воина и воеводу и на сопротивныя одолителя, яко да въ соборнои церкви у Архангела Михаила положенъ будетъ и гробомъ причтенъ царскимъ и великихъ князеи, великие ради его храбрости и одолѣния на враги, и понеже онъ отъ ихъ же рода и колѣна,« — яко же напреди рекохомъ.

★

И тогда царь велегласно къ народу рече[32]:

»Достоино и праведно сице сотворити!«

И тако на главахъ понесоша въ соборную церковь Архангела Михаила, послѣдствующу патриарху и митрополитамъ и всему священному собору[33]; таже по немъ царь и весь царскии синглитъ и всенародное множество, предидуще и послѣдствующе, поющихъ надгробное пѣние священныхъ соборъ, Отъ народа же кричания и вопля тяжка гласы поющихъ надгробное [пѣние] покрываху, — и не бѣ дивно, яко толику бесчислену народу сущу[34], предидуще и послѣдствующе, яко звѣздъ небесныхъ, или, по *Писанию* рещи, *яко песокъ морскии.* И не бѣ видѣти ни единаго человѣка не плачущеся, но вел[ь]ми слезны кричь и плачь и рыдание велико всякого человѣка.

Богатии и убозии[35] и нищии, хромии и слѣпии, а безногии ползуще, главами своими о землю бьющеся [и] плачющеся, и жалостно причитаху, Яко же и самому царю и патриарху плачуще, со стенаниемъ и воплемъ и рыданиемъ, гор[ь]це всему народу. Но и аще у кого и каменно сердце, но и тои на жалость розлиется[35], зря своего народа плачущеся.

И тако съ великою нуждею, утѣснения ради, несяху тѣло его во гробѣ ко церкви. И отъ народнаго тѣснения, яко же нѣкогда Алексѣя человѣка божия [k], не донесоша и положиша среди церкви у Архангела Михаила. И пѣвше надгробное пѣние, и разыдошася, яко да предиреченныи каменныи гробъ устроятъ и могилу на вмѣщение гроба ископаютъ.

Но убо маломощнии и нищии, такожде вдовицы и черноризцы день тои предсѣдяху, плачуще и скорбяще.

Давыдовы же псалмы надъ нимъ непрестанно глаголаху, премѣняяся день и нощь.

На утрие же, свитающю дни, утреннему славословию кончану, солнцу паки возсиявшу и второму часу наставшу [37], и паки стекается всенародное множество со всего Московского Царства, понеже во вчерашнии день не всѣмъ въ слухи внидоша, и не вѣдомо, гдѣ погребенъ будетъ. Нынѣ обое слышатъ, и сего ради безчисленное множество отовсюду стекаются, мужие и жены и, по предреченному, старцы со юнотами, нищии, слѣпии и хромии; иже есть, хто не вѣдаше [38] его во плоти, но слышавше его храбрость и на враги одолѣние, и понѣ погребанию его сподобятся причетницы [39] быти. И тако торжища истощишася, и купилища быша порозни оставльше [40], а раби — господеи своихъ службы, и домы порозни быша житеи [41] своихъ: всякъ возрастъ стекается на погребение его.

Таже по времени царь и патриархъ и прочии синглитъ и освященныи соборъ во церковь ону собрася, и уставному пѣнию погребению [42] наченшуся [43] и гласу отъ поющихъ превозносящуся [44] зѣл[ь]не, понеже въ строкахъ роспѣваху. Отъ бояръ же и отъ служилыхъ людеи, иже [45] съ нимъ въ великои онои службѣ въ побѣдѣ и во одолѣнии бывшихъ, паче же и отъ всенароднаго множества люди, по предреченному, яко звѣздъ небесныхъ или песка морскаго, вдовъ же, оставльшихся [46] отъ мужъ своихъ, и черноризицъ и нищихъ и сиротъ, вопиющихъ съ плачемъ и кричаниемъ, не бѣ гласа поющихъ слышати и мнѣтися, аки во иступление ума сущу, ако и воздуху потутнути и земли стонати и камению колебатися, не токмо церкви стѣнамъ, но и граду; и по пророку рещи, яко *взятся покрову храма отъ гласа вопиющихъ*. И не бѣ слышати гласа поющихъ, а ереи все во церкви, просвѣщашеся множествомъ свѣщеи, и мостъ же церковныхъ наводняшеся пролитиемъ слезъ отъ народа. И не бѣ изрещи и исписати! По *Апостолу* глаголюще: *на сердце человѣку не взыде*, иже народи, плачуще и жалостно, причитаху.

> Овии убо столпа его Русские Земли [47] глаголаху.
> Инии же тверда и велика града именоваху.
> Инии же, яко новаго Исуса Наввина [l] нарицаху его.
> Инии же, яко Гедеона [m] и Варака [n], или Самсона [o],
> побѣдителя иноплеменникомъ зваху его,
> отъѣхавше въ малѣ и роспространшеся [48] и приѣхавше во мнозѣ.
> Овии же яко Давида [p], отомстителя врагомъ, зваху
> или яко Июду Маккавеискаго [q], въ толикое нужное время
> добре храбровавшего.

И, по *Апостолу* рещи, *возмогоша отъ немощи и быша крѣпцы* [49] *во бранѣхъ, обративше же въ бѣгство полки чуждихъ*. Инъ же нѣкто, стоя, отъ народа, велегласно вопияху [50] со слезами во храмѣ Архангела Михаила: »Взялъ еси у насъ, господи, таковаго воеводу, князя Михаила Васильевича, но ты нынѣ самъ заступаи насъ, яко же при Езекеи[г] на Сенахирима, царя Невгицкаго[s].«

А инъ же отъ служащихъ его глаголя:

»Не подобаетъ убо таковому тѣлеси его въ земли разсыпатися; вѣмъ бо его тѣлесную чистоту, купно же и духовную.«

Да что убо много глаголати! Не вмѣстятъ ушеса[51] жалостнаго причитания плача ихъ! И мнѣтися, яко сонъ видѣти или въ недоумѣние быти, яко же Петру апостолу, егда ангелъ изведе его изъ темницы.

Не токмо же Русские Земли народомъ и всему миру плакати, но и иноземцемъ и нѣмецкимъ людемъ и самому свицкому[t] воеводѣ Якову Пунтосову плачуще, и къ русскому народу во слезахъ глаголетъ:

»Уже де нашего кормил[ь]ца и вашего доброхота, Русския Земли столпа и забрала, крѣпкаго воеводы не стало!«

Прочии же отъ народа, — умолчимъ бо о семъ нѣмецкого воеводы его умил[ь]ныхъ и жалостныхъ глаголании, — и возопиша[52] русскии народъ:

»Воистинно бысть тако!«

И понеже, по *Евангелию* глаголюще, *не вмѣстити пишемыхъ*[53] плача ихъ *книгъ*.

И тако отпѣвше надгробное пѣние, и полагаютъ его въ предреченнои каменнои гробъ и относятъ его къ соборнои церкви въ придѣлъ за олтаремъ на южнои сторонѣ, въ церковь Обрѣтения честныя главы пророка и крестителя Иоанна. И тамо полагаютъ его *въ новоископанномъ гробѣ, иже никто же*, по *Евангелию, прежде сего положенъ бысть*, — тамо за олтаремъ придѣла же святыя живоначальныя троицы, идѣже положени быша благочестивыи блаженныи памяти цари и великии князи: царь и великии князь Иванъ Васильевичь всеа Руси, во иноцѣхъ Иона, и сынъ его, благодатныи и благочестивыи царевичь Иванъ, и вторыи сынъ его, царь и великии князь Феодоръ Ивановичь всеа Руси, — въ соборнои церкви, яко же преди рекохомъ.

Мало же о семъ побесѣдуемъ отъ древнихъ повѣстеи, коимъ приложимъ, яко же плакашеся прежде по патриархѣ Ияковѣ[u] и Иосифѣ[v] и прочая братия его и съ нимъ Египтяне, или, рещи, во исходѣ Израилевѣ изъ Египта въ пустыни горы Синаиския, плакася весь Израиль при Моисѣи пророцѣ[w], или, паки рещи, плакася по Самоилѣ пророцѣ[x] весь Израиль великимъ плачемъ. Не малъ же плачь сотвориша людие по цари Иосѣе[y]; таже плакася уничиженныи и расточенныи Израиль по родѣ Маккавеи и по братьѣ его[z].

Здѣ же не меньши того плачь бысть всенародному множеству, Новому Израилю, христианскому народу Государства Московского.

★

А о матери его, [княгинѣ Еленѣ Петровнѣ, и о женѣ его,] княгинѣ Александрѣ Васильевнѣ, что изглаголати или исписати? Сами вѣсте[54] матерне[55] сѣтование и рыдание и по своимъ дѣтемъ разумѣите, какъ у коеи матери и послѣднее дитя, а не токмо единочадное, смерти предасться, и како убо матерню сердцу по своемъ дѣтяти, и то, како княгиня Елена и княгиня Александра, горько плачюще и кричаще и вопиюще и бьющеся о гробницу бѣлу каменну князя Михаила и жалостно во слезахъ причитая. Мати же причиташе отъ жалости:

> »О чадо мое, милыи князь Михаило!
> Для моихъ слезъ на сесь[56] свѣтъ изъ утробы моея родися!
> И како еси во утробѣ моеи зародися?
> И како утроба моя тобою не просядеся[57]
> излияти тебя на землю?«

А жена его причиташе:

> »Государю мои, князь Михаило Васильевичь!
> Жена ли тебѣ не въ любве язъ, грѣшница?
> Того ли еси ради смерти предался?
> И почто ми еси не повѣдалъ?
> И нынѣ возьми меня подъ свои каменнои гробъ,
> и подъ гробомъ смерти предамся!
> И готова есми[58] за тобя во адѣ мучитися,
> нежели мнѣ отъ тобя на семъ свѣтѣ живои остатися!«

И разумѣите ихъ жалостное причитание и плача горького исписати!

Но буди вамъ извѣстно, яко и самъ царь Василеи, егда отъ погребения возвратися, и пришедъ въ полату свою и на златъ столъ свои царьскии ницъ падъ[59], и плачася[60], захлебаяся гор[ь]ко, смоча слезами столъ, слезы на полъ съ стола каплющи[61]. Матерь же его, княгиню Елену, и жену его, княгиню Александру, ближнии ихъ вѣрныи слузѣ[62] едва съ нужею отъ гробницы отволочаше[63] въ домъ свои. Черноризицы же, иноки и вдовицы во слезахъ же утѣшаше[64] ихъ:

»Да не плачитеся, княгиня Елена Петровна и княгиня Александра Васильевна, но богу убо такъ извол[ь]шу[65], краткои вѣкъ жити ему; вамъ бо отъ многаго плача и туги великия во иступление ума не быти.«

И тѣ же княгины, мати его и жена, пришедше же въ домъ свои и падше на столъ свои ницъ, плакахуся гор[ь]це и захлебающе, стонуще и слезами своими столъ уливая, — и слезные быстрины, аки рѣчныя струя[66], на полъ съ стола пролияшеся, — и до утра безъ пищи пребывая, яко же Давидъ иногда плака по Анафанѣ[аа], сынѣ Сауловѣ.

> Но и старицы же, яко галицы,
> вдовицы же, яко ластовицы,

на утрие около церкви оноя предсѣдяху весь день, яко же и матери со младенцы и мнози боярские жены, овдовѣвше, своею печалию стекаху въ мѣсто ко онои церкви.

И бѣ въ мирѣ шатание и колебание и смущение много, болѣзни ради смертнои. И глаголаху другъ ко другу:

»Откуду бо нашедшу[67] на такова мужа такое смертное посѣчение? Бысть бо таковыи воинъ и воевода. Аще ли божие попущение, то воля господня будетъ!«

И вси ту въ сѣтовании бяху. Не подобаетъ же сего молчаниемъ покрыти по реченному ангеломъ къ Товиту[bb], еже *дѣла божия проповѣдати, таити же царевъ таинъ.*

★

Сице же здѣ случися нѣкто житель града; бывъ прежде въ службѣ
царскои въ писателѣхъ Дворцова Приказу, сказа намъ, по тонку глаголя:
»Прежде,« — рече, — »преставления его княжа«[68] — о немъже нынѣ
повѣсть глаголемъ — »за 15 день съ праздника Воскресения Христова къ
понедѣльнику въ ночь видѣхъ видѣние.

Мняхся[69], стою на Площадѣ Государевѣ межь Пречистою соборною и
Архангеломъ [cc]. И позрѣхъ на царские полаты.

И се видитъ ми ся, яко единъ столпъ розвалися, и потече изъ него
вода, но вел[ь]ми черна, что смола или декоть. Таже полстолпа, отломився,
паде, и по семъ не вдолзѣ и другая полстолпа сокрушися, и обое ни во что
бысть. И падение оно помнихо ми ся[70] страшно.

Азъ отъ страха возбнувся[71] отъ сна, и размышляя видѣние се, и послѣ
заутрени таити сна не могохъ и повѣдахъ ту мужу нѣкоторому, стару
деньми[72], яко 90 лѣтъ ему сущу[73] отъ рожения, и у цареи въ приказѣхъ
велику ему бывшу[74]; и многу вьразумѣхъ[75], и для старости оставлься
царския службы, но во смирении пребывая, кормяся отъ своихъ вотчинъ.
Онъ же, слышавъ отъ меня таковая и размышляя во умѣ своемъ, рече ми:
'Мнитъ ми ся, яко нѣкоторому великому мужу отъ Полаты Царевы смертное
посѣчение приближается.'

И азъ сие видѣние и оного мужа речеи размышляхъ и никому не глаго-
лахъ до сего, донележе збышася[76] въ сие настоящее время.«

Прочее же о семъ умолчимъ, да не постигнетъ насъ по *Апостолу*
закоснѣние, но мало побесѣдуемъ о мимошедшемъ.

[1] человѣцы *nom. pl.* : человѣкъ. [2] уселишася *aor. 3 pl.* : уселитися. [3] изочтоша
aor. 3 pl. : исчести. [4] рекохомъ *aor. 1 pl.* : рещи. [5] хто = к(ъ)то. [6] паде *aor. 3 sg.* :
пасти. [7] мечущеся, биющеся, стонуще, кричаще *pr. a. p. (adv.)* : метатися, битися, стонати,
кричати. [8] можаше *impf. 3 sg. instead of* могоша *aor. 3 pl.* : мощи. [9] идяху *and the followign
expression in the same sentence* испущаху *impf. 3 pl.* : ити, испустити. [10] настоящия *pr. a. p.*,
gen. sg. f. : настояти. [11] свѣтающуся вторнику, восходящу солнцу *dat. abs. (temp.).* [12] дѣвы
instr. pl. [13] человѣчь *adj. poss. m.* : человѣкъ. [14] прихождаху *impf. 3 pl.* : приходити.
[15] глаголаше *aor. 3 pl. (instead of* глаголаху *impf. 3 pl. ?).* [16] емлются *pr. 3 pl.* : иматися.
[17] полцѣхъ *loc. pl.* : полкъ. [18] царская и народная *(scil.* дѣла). [19] вопиюще *pr. a. p.* :
вопити. [20] воеводы, дворяны *instr. pl.* [21] очи *instr. pl.* [22] содѣяхъ *p.a. p.* [23] содѣяся
aor. 3 sg. : содѣятися/съдѣятися. [24] шедъ *p. a. p., adv.* : ити. [25] простяся *pr. a. p.* = про-
стився *p. a. p.* : проститися. [26] гор[ь]це *adv.* : горькии. [27] братьи *instr. pl.* [28] вземше
p. a. p. : в(ъ)зяти. [29] добляше *impf. 3 pl.* : доблѣти. [30] возопиша *aor. 3 pl. instead of ex-
pected* возопи *aor. 3 sg.* : возопити/възъпити. [31] усты *instr. pl.* : уста. [32] рече *aor. 3 sg.* :
рещи. [33] послѣдствующу патриарху и митрополитамъ и всему священному собору *dat.
abs. (temp.).* [34] толику бесчислену народу сущу *dat. abs.* [35] убозии *nom. pl.* : убогъ.
[36] розлиется *pr. 3 sg.* : розлитися. [37] свитающу дни, славословию кончану, солнцу воз-
сиявшу, часу наставшу *dat. abs. (temp.).* [38] вѣдаше *impf. 3 sg.* : вѣдати. [39] причетницы
nom. pl. : причетникъ. [40] оставльше *p. a. p. instead of* оставлены *p. p. p.* : оставити.
[41] житеи *gen. pl.* : жить. [42] погребению *dat. poss.* [43] наченшуся *p. a. p., dat. sg.* : начатися.
[44] пѣнию наченшуся *and* гласу ... превозносящуся *dat. abs.* [45] иже *art. ref.* бывшихъ.
[46] оставльшихся *p. a. p., gen. pl.* : оставитися. [47] Русские Земли *gen. sg.* : Русская Земля.
[48] роспространшеся *p. a. p., acc. sg. m.* : распространитися. [49] крѣпцы *nom. pl.* : крѣп(ъ)къ.
[50] вопияху *impf. 3 pl. instead of* вопише *impf. 3 sg.* : въпити. [51] ушеса *nom. pl.* : ухо.
[52] возопиша *aor. 3 pl. instead of* возопи *aor. 3 sg.* : возопити. [53] пишемыхъ *p. p. p., gen. pl.* :
писати. [54] вѣсте *pr. 2 pl.* : вѣдети. [55] матерне *n.* : матер(ь)нь *adj. poss.* : мати. [56] сесь
pron. dem. = съ. [57] просядеся *aor. 3 sg.* : просѣстися. [58] есми *pr. 1 sg.* : быти. [59] падъ
p. a. p. : пасти. [60] плачася *instead of* плакася *aor. 3 sg.* : плакатися. [61] слезы ... каплющи
nom. abs. [62] слузѣ = слузи *nom. pl.* : слуга. [63] отволочаше *aor. 3 pl.* : отволочати.
[64] утѣшаше = утѣшаху *impf. 3 pl.* [65] изволь[ь]шу *p. a. p., dat. (abs.)* : изволити. [66] струя
nom. pl. : струя. [67] нашедшу *p. a. p., dat.* : наити *(grammatically incorr. dat. abs.).* [68] княжа

gen. sg. : к(ъ)нязь adj. poss. : кънязь.   ⁶⁹ мняхся impf. 1 sg. : мьнѣтися.   ⁷⁰ помнихь (ми) ся incorr. aor. 1 sg. : помьнитися.   ⁷¹ возбнувся p. a. p. : възъбънутися.   ⁷² деньми instr. pl. : дьнь.   ⁷³ ему сущу dat. abs.   ⁷⁴ велику ему бывшу dat. abs.   ⁷⁵ въразумѣхъ incorr. aor. 1 sg. instead of въразумѣ 3 aor. sg. : въразумѣти.   ⁷⁶ збышася aor. 3 sg. : збытися = събытися.

a Mixail Skopin-Šujskij (1587–1610), famous Muscovite general, victorious in many battles.

b 1610.

c The theory of the descent of Muscovite tsars from the Roman emperor Augustus was conceived by Pachomius Logothetes.

d Andrej, Great Prince of Vladimir and Suzdal' (1294–1304), son of Alexander Nevskij.

e Daniil, Prince of Moscow (1261–1303), son of Alexander Nevskij, ancestor of the princes of Moscow.

f A village near Moscow, now Alexandrov.

g Prince Ivan Vorotynskij (d. 1627), one of the prominent personages of the "Period of Disorder."

h Prince Dimitrij Šujskij (d. 1613), brother of Tsar Vasilij Šujskij.

i The name of Prince Dmitrij Šujskij's wife was not Maria, but Jekaterina. She was a daughter of Mal'uta Skuratov (d. 1572), a favorite of Ivan the Terrible and father-in-law of both Boris Godunov and Dimitrij Šujskij.

j Jacob Pontus Delagardie (1583–1652), a celebrated Swedish general, commander in chief of the Swedish forces during the Swedish intervention of 1610.

k The hero of a popular legend.

l Bib. Joshua, son of Nun.

m Bib. Gideon, an Israelite hero and judge.

n Bib. Barak, a Jewish captain who, under Deborah's direction, routed the Canaanites.

o Bib. Samson, son of Manoah.

p Bib. King David.

q Bib. Judas Maccabeus.

r Bib. Hezekiah, King of Judah.

s Bib. Sennacherib, King of Assyria (705–681 B. C.).

t Swedish.

u Bib. Jacob, Hebrew patriarch.

v Bib. Joseph, Hebrew patriarch, son of Jacob.

w Bib. Moses, Hebrew prophet and lawgiver.

x Bib. Samuel, Hebrew judge and prophet.

y Bib. Josiah, King of Judah.

z Bib. Judas Maccabeus and his brethren.

aa Bib. Jonathan, son of Saul.

bb Tobit, hero of an uncanonic Biblical legend.

cc The cathedrals of the Assumption of the Holy Virgin and of the Archangel Michael within the Kremlin.

F'ODOR POROŠIN:
THE TALE OF THE SIEGE OF AZOV

Azov, a fortress on the Gulf of Taganrog near the Black Sea and from the middle of the sixteenth century the subject of discord between the sultans of Turkey and the free Russian Cossacks of the Don region, was conquered by the Cossacks in 1637, but besieged again by the Turks in 1641. Following an unexpected Turkish retreat, the Cossacks dispatched Ataman Naum Vasil'jev and F'odor Ivanovič Porošin, the head of the Chancellor's Office, to Moscow in order to persuade the Muscovite tsar to accept the sovereignty over Azov. On the basis of an official report delivered to the Department of Foreign Affairs in Moscow,

Porošin wrote his poetic *Tale*, remarkable as evidence of the strong folk trend within Muscovite historiography. Its style is a successful and effective fusion of archaic solemn rhetoric and official documentary exactitude with the highly emotional expressiveness of Russian lyrical and epic folk poetry and the traditional language of *The Don Tale, The Tale of the Attack of Batu Khan,* and *The Igor Tale.* Porošin's work was the last attempt in Russian literature to base poetic prose on the style of popular songs and folk poems.

The text is based on the edition of V. N. Adrianova-Peretc, Воинские повести древней Руси (Moscow-Leningrad, 1949).

Феодора Иванова Порошина
Повѣсть объ Азовскомъ сидѣнии

Лѣта 7150 [a]-го году, октября въ 28 день, приѣхали къ Москвѣ къ государю царю и великому князю Михаилу Федоровичу, всея Русии самодержцу, съ Дону изъ Азова-города донския казаки: атаманъ Наумъ Васил[ь]евъ да ясаулъ[1] Федоръ Ивановъ, а съ ними казаковъ приѣхало 24 человѣка, которыя сидѣли въ Азовѣ-городѣ отъ Турокъ въ осадѣ, и своему осадному сидѣнью привезли роспись. И тое роспись подали на Москвѣ въ Посольскомъ Приказѣ [b] печатнику и думному дьяку Федору Федоровичю Лихачеву. А въ росписи ихъ пишетъ:

*

Въ прошломъ де во 149-мъ [c] году, июня въ 24 день, прислалъ турскои царь Ибрагимъ салтанъ [d] подъ насъ, казаковъ, своихъ 4 паши, да 2 своихъ полковниковъ; имъ же имена: Капитана [e] да Мастафу [f], Иусеина [g] да Ибреима [h], да ближние свои таиные[2] думы, [да] вѣрного своего слугу Ибреима-скопца [i], надъ ними уже, надъ пашами, смотрить вмѣсто себя, царя турскаго, бою ихъ и промыслу, какъ станутъ паши и полковники надъ Азовымъ-городомъ промышляти, и надъ нашими казач[ь]ими головами.

А съ ними, пашами, прислалъ турскои царь подъ насъ многую свою собраную силу и бусурманскую рат[ь], совокупя на насъ всѣхъ подручниковъ своихъ: нечестивыхъ цареи и королеи и князеи и владѣтелеи — 12 земель! Воинскихъ людеи переписаннои свои рати из-за моря, по спискамъ его, боевого люду браного 200,000, окромѣ поморскихъ и кафинскихъ черныхъ мужиковъ [j], которые у нихъ на сеи сторонѣ моря собраны, со всѣхъ ордъ ихъ, и крымские [k], и нагаиские[1], съ лопаты[3] и съ заступы[4] на загребение наше, чтобъ насъ, казаковъ, многолюдствомъ своимъ въ Азовѣ-городѣ живыхъ загрести и засыпати бы имъ горою великою, какъ они загребаютъ своими силами людеи въ городѣхъ персидскаго шаха, а себѣ бы имъ тѣмъ, царю своему турскому, нашею смертью слава залѣзть вѣчная[5] во всю вселенную, а намъ бы, християномъ, учинить укоризну вѣчную. Тѣхъ-то людеи собрано на насъ черныхъ мужиковъ многие тысячи безъ числа, и письма имъ нѣтъ, — тако ихъ множество!

Да съ ними жъ, пашами, пришелъ изъ Крыму крымскои царь [Бегадыръ-Гиреи] [m] да братъ его Нарадымъ [n] и Крымъ-Гиреи царевичь [o] и Калга [p], со всею своею Крымскою и Нагаискою Ордою, да крымскихъ и нагаискихъ князеи и мурзъ и[зъ] Татаръ, вѣдомыхъ пис[ь]меныхъ людеи 8,000, опричъ тѣхъ невѣдомыхъ людеи. Да съ тѣмъ же царемъ пришло горскихъ князеи ч и Черкасъ изъ Кабарды г 10,000. А съ пашами было наемныхъ людеи нѣмец-кихъ s 2 полковника, а съ ними 6,000 салдатовъ. Да съ тѣми жъ пашами было для приступныхъ промысловъ многие нѣмецкие люди-городоемцы, и подкопныя мудрые вымышленики, славные многихъ государствъ измышле-ники: Гишпане t, изъ Виницеи великия u, изъ Стекольныя в и изъ Францыи. То были они пинарщики, которые дѣлать умѣютъ всякия приступныя му-дрости и ядра чиненыя огненныя, и ини которые мудрости умѣютъ.

А снаряду было съ пашами подъ Азовымъ пушекъ большихъ ломовыхъ v 120 пушекъ. А ядра у нихъ были велики, въ пудъ, и въ полтора, и въ два пуда ядро. Да мелкого наряду было съ ними всякихъ пушекъ и тюфяковъ w 674 пушки, окромѣ верховыхъ пушекъ х огненныхъ, а верховыхъ съ ними было 32 пушки. А весь нарядъ былъ прикованъ на чѣпяхъ 7, бояся того, чтобъ мы на вылазкахъ, вышедъ, у нихъ того снаряду не отбили и въ городъ бы его не взяли.

А было съ пашами подъ нами всякихъ воинскихъ собраныхъ людеи всякихъ розныхъ земель и вѣръ царя турского, его земли и розныхъ земель:

1 — Турки,
2 — Крымцы,
3 — Греки,
4 — Серби,
5 — Арапы,
6 — Можары у,
7 — Буданы z,
8 — Бошняки aa,
9 — Арнауты bb,
10 — Волохи cc,
11 — Мутьяне dd,
12 — Черкасы,
13 — Нѣмцы.

И всего съ пашами и съ крымскимъ царемъ людеи было, по спискамъ ихъ, браного мужика, окромѣ вымшлениковъ Нѣмецъ и черныхъ мужиковъ и охотниковъ, 256,000. А събирался турскои царь на насъ, казаковъ, за моремъ ровно 4 годы, а на пятои годъ онъ пашеи своихъ и крымского царя подъ Азовъ прислалъ.

★

Июня въ 24 день, въ первомъ часу дни, пришли къ намъ паши его подъ городъ.

И крымскои царь наступилъ на насъ
со всѣми великими силами турецкими.
Всѣ наши поля чистые
орды s нагаискими изнасѣяны:
гдѣ у насъ была степь чистая,
тутъ стала [у] насъ однѣмъ часомъ, людьми ихъ многими,
что великие и непроходимые лѣса темныя.

Отъ силы ихъ многия
и отъ ристанья ихъ конского
земля у насъ подъ Азовымъ[-городомъ]
потряслася и погнулася,
и изъ рѣки у насъ изъ Дону
вода на береги выступила,
отъ такихъ великихъ тягостеи,
и изъ мѣстъ своихъ вода на луги пошла.
И почали они, Турки, по полямъ у насъ
шатры свои турецкия ставити.
И полатки многия и наметы великия
и дворы большия, полотняныя,
яко горы высокия и страшныя, забѣлѣлися.
И почали у нихъ въ полкахъ быти трубли великия
въ трубы большие и игры многия,
и писки отъ нихъ пошли, великия и несказанныя,
голосами страшными ихъ бусурманскими.
И послѣ того въ полкахъ ихъ почала быти
стрѣльба пушечная и мушкетная великая:
какъ есть стала гроза великая
надъ нами страшная,
будьто громъ великъ и молния страшная
ото облака бываетъ съ небеси.
Отъ стрѣльбы ихъ сталъ огнь и дымъ до неба.
И всѣ наши градные крѣпости потряслися
отъ стрѣльбы ихъ тои огненои.
И солнце померкло во дни томъ
и, свѣтлое, въ кровь претворилося.
Какъ есть наступила тьма темная.

И страшно добрѣ намъ стало отъ нихъ въ тѣ поры! Трепетно и дивно ихъ несказаннои и страшнои и дивнои приходъ бусурманскои намъ было видѣти.

Никакъ непостижимо уму человѣческому:
въ нашемъ возрастѣ того было не слышати,
не токмо что такую рать великую,
страшную и собранную, очима кому видѣти.
Близостью самою къ намъ они почали ставиться
за полверсты малые отъ Азова-города.

Ихъ яныческие [ее] головы строемъ ихъ идутъ къ намъ подъ городъ великими большими полки.

Головы ихъ и сотники, отдѣляся[9] отъ нихъ,
предъ ними идутъ пѣши же.
Знамена у нихъ яныченския,
велики[я] и неизреченно черны[я].
Въ себѣ знамена, яко тучи страшныя,

покрываютъ людеи.
Набаты[ff] [гремятъ] многие
и трубы трубятъ, и въ барабаны бьютъ,
въ великия и несказанныя.
Ужасно слышати сердцу всякому
ихъ бусурманская трубля, —
яко звѣри воютъ страшны[я]
надъ главами нашим[и] голосами розными.
Ни въ какихъ странахъ ратныхъ
такихъ людеи не видали мы,
и не слыхано про такую рать отъ вѣку.

Подобно тому, какъ царь греческии приходилъ подъ Трояньское Госу-
дарьство[gg] [со] многими государьствы и тысячи[10], 12 ихъ головъ яны-
ческихъ пришли къ намъ самою близостию къ городу.

И осадили насъ они, пришедши, накрѣпко.
Стекшися[11], они стали кругъ Азова-города
во восмь рядовъ,
отъ рѣки Дону захватя до моря рука за руку.
И патожки они свои потыкали
и мушкеты свои по насъ прицѣлили.
Фетили у всѣхъ яныченеи кипятъ
у мушкетовъ ихъ, что свѣщи горятъ.
А у всякого головы [яныченского]
въ полку яныченеи по двѣнаддать тысячеи.
И бои у нихъ у всѣхъ огненнои,
платье на нихъ на всѣхъ головахъ
яныческихъ златоглавное,
а на яныченяхъ на всѣхъ сбруя ихъ
одинакая, красная, яко зоря кажется;
пищали у нихъ у всѣхъ
долгие турские съ жаграми,
а на главахъ у всѣхъ яныченеи
шишяки яко звѣзды кажются.
Подобенъ ихъ строи строю салдатскому.
Да съ ними жъ тутъ въ рядъ стали
нѣмецкихъ два полковника съ салдатами,
а въ полку у нихъ салдатъ шесть тысячеи.

★

Того же дни на вечеръ, какъ пришли Турки къ намъ подъ городъ,
прислали къ намъ паши ихъ турские толмачеи своихъ бусурманскихъ, пер-
сидскихъ и еллинскихъ.

А съ ними, толмачами,
говорить прислали съ нами
голову яныченскаго перваго

отъ строю своего пѣхотнаго.
И почалъ намъ говорить голова ихъ яныческои
слово царя своего турскаго
и отъ четырехъ пашеи его и отъ царя крымскаго
рѣчью гладкою:

»О люди божии, царя небесного!
Никѣмъ вы въ пустыняхъ водими или посылаеми,
яко орли парящие безъ страха по воздуху летаете
и яко л[ь]ви свирѣпыи въ пустыняхъ рыскаете.
Казачество донское, и вольное и свирѣпое,
сосѣди наши ближние и непостоянные, —
нравы лукавы пустынножители,
неправии убиицы и разбоиницы непощадны[и]!
Какъ отъ вѣка не наполните своего чрева гладного?
Кому приносите такие обиды великие
и страшные грубости?
Наступили вы на такую десницу высокую,
на государя царя турского!
Не впрямъ вы еще на Руси
богатыри святорускиe [hh] нарицаетесь?
Гдѣ вы, воры, теперво можете утечи
отъ руки его страшныя?
Птицею ли вамъ изъ Азова летѣть?
Осаждены вы теперво накрѣпко.
Прогнѣвали вы Мурата [ii] салтана, царя турского,
величество его.

Первое, — вы у него убили на Дону чес[т]на мужа греческаго закона, турского посла Фому [Кантакузина] [jj], принявъ его съ честию въ городки свои, а съ нимъ побили вы всѣхъ Арменъ и Гречанъ, для ихъ сребра и злата. А тотъ посолъ Фома посланъ былъ отъ Царяграда ко царю вашему для великихъ царьственныхъ дѣлъ.

Да вы же у царя взяли любимую цареву вотчину, славнои и краснои Азовъ-градъ и рыбнои дворъ.

Напали вы на него, аки волки гладныя,
и не пощадили въ немъ никакого мужеска возраста,
ни стара ни мала, дондеже и владѣтелеи, —
посѣкли [вы] всѣхъ до единого.
И положили вы тѣмъ на себя
лютое имя звѣриное.
И теперво сидите въ немъ.
Раздѣлили вы государя царя турского
тѣмъ Азовымъ-городомъ
со всею его Ордою Крымскою
воровствомъ своимъ.
А та у него Орда Крымская —
оборона его на всѣ стороны страшная.

Второе, — разлучили его съ корабельнымъ пристани-
    щемъ.
Затворили вы тѣмъ Азовомъ-городомъ
все море Синее [kk]
не дадите проходу по морю
ни кораблемъ, ни катаргамъ царевымъ
ни въ которыя поморския городы.

Согрубя[12] вы такую грубость лютую,
чего вы конца въ немъ дожидаетесь?
Крѣпкие, жестокия казачьи сердца ваши!
Очистите вотчину царя турского,
Азовъ-городъ, въ ночь сию, не мѣшкая.
А что есть у васъ въ немъ вашего сребра и злата,
то понесите безъ страха съ собою изъ Азова-города
въ городки свои казачьи къ своимъ товарыщемъ,
а на отходѣ ничѣмъ васъ не тронемъ.
А есть ли тол[ь]ко[13] вы изъ Азова-города
сея нощи вонъ не выдете,
не можете завтра отъ насъ живы быти.
Кто васъ можетъ, злодѣи-уби[и]цы, укрыть
или заступить отъ руки его такия сил[ь]ныя
и отъ великихъ такихъ, страшныхъ, непобѣдимыхъ **силъ** его,
царя восточного, турского?

Кто постоитъ ему?
Нѣсть ему никого ровна или подобна
величествомъ и силами на свѣтѣ!
Единому лише повиненъ онъ богу небесному,
и единъ лише онъ вѣренъ стражъ гроба божия,
по воли жъ божии:
избра его богъ на свѣтѣ едина отъ всѣхъ цареи.
Промышляите себѣ въ нощь сию животомъ своимъ,
не умрите отъ руки царя турского
смертью лютою, своею волею.
Онъ, великии государь, восточнои турскои царь,
не убиица николи вашему брату
вору, казаку и разбоинику.
Ему бы то, царю, честь достоиная,
что побѣдить гдѣ царя великаго и равна своеи чести,
а ваша ему не дорога кровь разбоиничья.
А есть ли вы ему пересидите
въ Азовѣ[-городѣ] нощь сию
черезъ цареву такую милостивую рѣчь и заповѣдь, —
приимемъ мы завтра градъ Азовъ
и васъ въ немъ, воровъ-разбоиниковъ,
яко птицу въ руцѣ[14] свои воз[ь]мемъ
и отдадимъ васъ, воровъ, на муки лютыя и грозныя.

Раздробимъ всю плоть вашу разбоинич[ь]ю
на крошки дробныя!
Хотя бы васъ, воровъ, въ Азовѣ-городѣ
сидѣло сорокъ тысячеи,
ино силы съ пашами подъ васъ прислано
бол[ь]ши трехсотъ тысячеи.

Нѣсть столько и волосовъ на главахъ вашихъ,
сколько силы турецкие
подъ Азовымъ-городомъ.
Видите вы и сами, воры глупые,
очима своима[15] силу его великую, неисчетну[ю],
какъ они покрыли всю степь вашу казач[ь]ю великую.
Не могутъ, чаю, и съ высоты, съ города
очи ваши видѣти другого краю силъ нашихъ.
Не перелетитъ черезъ силу нашу турецкую
никакова птица паряща:
устрашится людеи отъ много множества силъ нашихъ,
вся валится съ высоты на землю.
Аще бъ восхотѣлъ государь нашь царь
турецкими своими силами великими
плѣнити Государство Персидское‘
и онъ его, государь, такими люд[ь]ми,
въ три дни взялъ или бъ землю его разорилъ.

И то вамъ даемъ вѣдати,
что отъ Царства вашего Московскаго
никакои вамъ не будетъ помощи и выручки,
ни отъ царя, ни отъ человѣкъ рускихъ.
На что вы, воры глупыя, надежны?
Запасу вамъ хлѣбнаго
съ Руси николи не пришлютъ.

А есть ли вы, люди божии, служить похочете,
казачество свирѣпое, [донское], вол[ь]ное,
государю нашему,
царю Ибрагимъ-салтану, его величеству,
принесите тако ему, царю,
винныя свои головы разбоинич[ь]и
въ повиновение на службу вѣчную.
Радость будетъ: отпуститъ вамъ
государь нашь, турецкои царь,
и паши его вси ваши казач[ь]и грубости,
прежние и нонѣшние и взятье Азовское.
Пожалуетъ васъ, казаковъ, онъ,
государь нашь, турецкои царь,
честию великою.

Обогатитъ васъ, казаковъ, онъ, государь, турецкои царь,
многимъ и неисчетнымъ богатствомъ.
Учинитъ вамъ, казакомъ, [онъ]
у себя во Цареградѣ
покои великии во вѣки.
Положитъ на васъ, на всѣхъ казаковъ,
плат[ь]е свое златоглавое,
печати подастъ вамъ богатырские,
золоты[е], съ царевымъ клеимомъ своимъ.
Всякъ возрастъ вамъ, казакомъ,
въ государствѣ его во Цареградѣ будетъ кланятися,
станутъ васъ всѣхъ, казаковъ, называти —
Дону славнаго рыцари знатныя,
казаки избранныя.
И то ваша слава казачья вѣчная
въ вѣцѣ[16] семъ, отъ востоку до западу:
станутъ васъ называти во всѣ орды
бусурманския и еллинские и персидские
святорускими богатырями,
што не устрашились вы своими людьми малыми —
пятью тысячами —
страшныхъ и непобѣдимыхъ силъ царя турского, —
трехсотъ тысячеи однои тои его силы пописаннои,
окромѣ люду вольного и черныхъ мужиковъ,
а тѣхъ у насъ и щету[17] нѣтъ
и пописати такого ихъ множества,
яко травы на полѣ или песку на морѣ.
Дождалися вы къ себѣ полки подъ городъ
въ жестосердии вашемъ.

Каковъ передъ вами славенъ и силенъ,
и многолюденъ и богатъ [шахъ] персидскои царь,
владѣтель поставленъ отъ бога
надо всею великою Персидою
и надъ богатою Индеею!
Имѣетъ онъ, государь, у себя рати многия,
яко нашъ государь, турецкои царь!
И тотъ шахъ, персидскои царь,
впрямъ николи не стоитъ на поли
противъ царя турского,
и не сидятъ его люди персидския
противу нашеи силы въ городкѣхъ своихъ,
вѣдая они наше свирѣпство и безстрашие.«

*

Отвѣтъ нашъ казачеи изъ Азова-города турецкимъ и розныхъ языковъ
и вѣръ толмачамъ и головѣ яныческому:

»О, прегордыи и лютыи варвары!
Видимъ мы всѣхъ васъ и до сѣхъ мѣстъ
и про васъ [мы] вѣдаемъ,
силы и пыхи царя турского знаемъ всѣ.

И видаемся мы съ вами, Турками,
почасту на морѣ и за моремъ,
Знакомы ужъ вы намъ и на сухомъ пути.
Ждали мы васъ гостеи дни многия.
Гдѣ, полно, вашъ Ибрагимъ турскои царь умъ свои дѣлъ?
Позоръ его конечнои будетъ!
Или у него, царя, не стало за моремъ злата и сребра,
что онъ прислалъ подъ насъ, казаковъ,
для кровавыхъ казач[ь]ихъ зипуновъ нашихъ
четырехъ пашеи своихъ?
А съ ними, сказываете, что подъ насъ прислано
рати турецкие однои его пописи
триста тысячеи.
То мы си сами впрямь видимъ и вѣлаемъ,
что есть столько силы его подъ нами,
съ трехсотъ тысячь люду боевого,
окромѣ мужика чорного и охотника.
Тѣхъ впрямь людеи много:
что травы на полѣ или песку на морѣ.
Да на насъ же наиялъ вашъ турецкои царь
изъ 4 земель нѣмецкихъ салдатовъ
шесть тысячеи,
да многихъ мудрыхъ подкопщиковъ,
и далъ имъ за то казну великую
для смерти нашеи.
Добивался головъ казач[ь]ихъ!

И то вамъ, Туркомъ, самимъ давно вѣдомо,
что съ насъ по сю пору никто нашихъ зипуновъ
даромъ съ плечъ нашихъ не имывалъ.
Хотя онъ [у] насъ, турецкои царь,
Азовъ[-городъ] и взятьемъ воз[ь]меть
такими своими великими силами турецкими
и наемными людьми нѣмецкими,
умомъ нѣмецкимъ и промысломъ,
а не своимъ царевымъ дородствомъ и разумомъ, —
не большая та и честь будетъ его,
царева, турскаго имяни,
что воз[ь]меть насъ, казаковъ, въ Азовѣ-городѣ.
Не избудетъ онъ тѣмъ на вѣки
и не изведетъ казач[ь]я имяни и прозвища,
и не запустѣетъ Донъ головами нашими!

А на взыскание смерти нашеи
съ Дону удалые молодцы
къ вамъ то[т]часъ будутъ подъ Азовъ [в]сѣ,
не утечи будеть пашамъ вашимъ
отъ нихъ и за море [Черное].
А есть ли только насъ избавитъ богъ
отъ руки его такия сил[ь]ныя,
отсидимся отъ васъ въ осадѣ въ Азовѣ-городѣ
отъ великихъ такихъ силъ его,
отъ трехсотъ тысячеи,
людьми своими малыми, —
всего насъ, казаковъ, въ Азовѣ[-городѣ]
сидитъ пять тысячеи, —
срамно то будетъ царю вашему, турскому,
и вѣчнои стыдъ и позоръ отъ его братьи,
отъ всѣхъ цареи и королеи нѣмецкихъ.

Назвалъ отъ высока самъ себя,
будто онъ выше всѣхъ земныхъ цареи.
А мы люди божии,
и надежа у насъ вся на бога
и на матерь божию богородицу
и на иныхъ [святыхъ] угодниковъ
и на всю братию товарыщеи.
А холопи мы природные
государя царя християнскаго
[великого и славного] Царьства Московскаго,
а прозвище наше вѣчное:
Казачество Донское, вольное и безстрашное!
Станемъ мы съ нимъ, царемъ турскимъ, биться,
что съ худымъ свинымъ пастухомъ-наимитомъ.
Мы себе казачество вольное исповѣдаемъ
и живота своего не разсужаемъ,
не страшимся того, что ваши силы великия:
гдѣ бываютъ рати великия,
тутъ ложатся трупы многия!
Вѣдь мы люди божии,
а не шаха персидского,
что вы, будто женокъ, засыпаете
въ городѣхъ ихъ горами высокими,
а насъ, казаковъ, отъ вѣку никто
въ осадѣ живыхъ не имывалъ,
а горою вамъ къ намъ итти моторно.
Вы нашъ промыслъ надъ собою сами увидите.
Хотя насъ, казаковъ, въ осадѣ сидитъ не много,
только пять тысячеи,
а за божиею помощию не боимся силъ вашихъ великихъ,
трехсотъ тысячь и нѣмецкихъ всякихъ промысловъ.

Гордому ему, бусурману-царю турскому,
и пашамъ вашимъ богъ противится
за его такия слова высокие.
Ровенъ онъ, собака, смраднои песъ, вашъ турскои царь,
богу небесному у васъ въ титлахъ пишется.
Какъ онъ, бусурманъ поганои, смѣетъ такъ
въ титлахъ писат[и]ся и подобитися вышнему?
Не положилъ онъ, похабнои бусурманъ,
поганыи песъ, скаредная собака,
бога себѣ помощника,
обнадежился онъ на свое богатество тлѣнное,
вознесъ отецъ его Сатана гордостию до неба,
опуститъ его за то богъ съ высоты въ бездну во вѣки.

И отъ нашеи казач[ь]и руки малыя
срамота и стыдъ и укоризна ему будетъ вѣчная,
царю вашему турскому,
и пашамъ, и всему воиску!
Гдѣ его рати великия
топере въ поляхъ у насъ ревутъ и славятся,
завтра въ томъ мѣстѣ будутъ вмѣсто игоръ вашихъ
горести лютые и плачи многие, —
лягутъ отъ рукъ нашихъ ваши трупы многие.
И давно у насъ въ поляхъ нашихъ летаючи,
клегчютъ орлы сизыя
и граютъ вороны черныя
подлѣ Дону тихого,
всегда воютъ звѣри дивии, волцы сѣрыя,
по горамъ у насъ брешутъ лисицы бурыя,
а все то скликаючи,
вашего бусурманского трупа ожидаючи.
Прежъ сего накормили мы ихъ
головами вашими, какъ Азовъ взяли,
а топерво имъ отъ насъ опять хочется того жъ,
чтобъ плоти вашея мы тѣхъ звѣреи накормили, —
и то вамъ будетъ по прежнему!

А краснои, хорошеи Азовъ-городъ
взяли мы у царя вашего турского
не разбоиничествомъ и не татинымъ промысломъ:
взяли мы Азовъ-городъ
впрямь въ день, а не ночью,
дородствомъ своимъ и разумомъ для опыту,
каковы его люди турские
въ городѣхъ отъ насъ сидятъ,
А мы сѣли въ Азовѣ людьми малыми,
роздѣлясь съ товарыщи нарокомъ надвое, для опыту жъ; —
посмотримъ мы турецкихъ умовъ и промысловъ!

А все то мы примѣняемся
къ Ерусалиму и Царюграду.
Хочется намъ тако жъ взяти Царьградъ,
то государьство было християнское.

Да вы жъ, бусурманы, насъ жалѣете,
что съ Руси не будетъ къ намъ
ни запасу хлѣбного, ни выручки,
а сказываете намъ, будто къ вамъ
изъ Государьства Московскаго о томъ писано.
И мы про то сами безъ васъ, собакъ, вѣдаемъ,
какие мы въ Московскомъ Государьствѣ, на Руси,
люди дорогие:
ни къ чему мы тамъ не надобны,
очередь мы свою за собою сами вѣдаемъ.
А Государьство Московское
многолюдно, велико и пространно, сияетъ свѣтло посреди,
паче всѣхъ иныхъ государьствъ и ордъ
бусурманскихъ, персидскихъ и еллинскихъ,
аки въ небѣ солнце.
А насъ на Руси не почитаютъ и за пса смердящаго.
Отбѣгаемъ мы изъ того Государьства Московскаго,
изъ работы вѣчныя, изъ холопства невол[ь]наго,
отъ бояръ и отъ дворянъ государевыхъ,
да здѣ прибѣгли[18] и вселились
въ пустыни непроходнѣи,
взираемъ на Христа, бога небеснаго.
Кому объ насъ тамъ потужить?
Ради тамъ всѣ концу нашему.
А запасы къ намъ хлѣбные и выручки
съ Руси николи не бывали.

Кормитъ насъ, молодцовъ, на поли
господь богъ своею милостию
во дни и въ нощи звѣр[ь]ми дивными,
да морскою рыбою.
Питаемся мы, аки птицы небесныя:
ни сѣемъ, ни оремъ, ни въ житницы събираемъ.
Такъ питаемся подлѣ море Черное[19].
А злато и сребро емлемъ[20] у васъ за моремъ, —
то вамъ самимъ вѣдомо!
А жены себѣ красныя и любимыя
водимъ и выбираемъ отъ васъ же изъ Царяграда,
а съ женами дѣтеи съ вами вмѣстѣ приживаемъ.

А се мы взяли Азовъ-городъ своею волею,
а не государьскимъ повелѣниемъ,

для казач[ь]ихъ зипуновъ своихъ
и для лютыхъ и высокихъ пыхъ вашихъ,
поганыхъ и скаредныхъ.
И за то на насъ, холопеи своихъ дальныхъ,
государь нашъ зѣло, кручиноватъ
и мы зѣло боимся отъ него, великого государя,
казни смертныя за взятье Азовское.

А государь нашъ великии и праведныи и пресвѣтлыи царь и великии князь Михаило Федоровичь, всея России самодержецъ и многихъ государьствъ и ордъ государь и обладатель: много у него, великого государя, въ вѣчномъ холопствѣ такихъ бусурманскихъ цареи: служатъ ему, великому государю, какъ и вашъ Ибрагимъ, турскои царь. Только онъ, государь нашъ великии, пресвѣтлыи и праведныи царь, чинитъ по преданию святыхъ отецъ, не желаетъ пролития кровеи вашихъ бусурманскихъ. Довольно онъ, великии государь, богатъ отъ бога данными своими царьскими оброками и безъ вашего бусурманского скаредного богатства собачья. А есть ли вы на то его государьское повелѣние было, и восхотѣлъ бы онъ, великии государь,
вашихъ бусурманскихъ кровеи разлития
и градомъ вашимъ бусурманскимъ разорения
за ваше бусурманское къ нему, великому государю, неисправление,
хотя бы онъ, великии государь нашъ, на васъ на всѣхъ бусурманъ
велѣлъ быть воиною однои своеи Украинѣ,
которые люди живутъ въ украинскихъ городѣхъ
по валу отъ рубежа крымского и ногаиского,
и тутъ бы собралось его государевыхъ рускихъ людеи
съ однои тои Украины больши легеона тысящь.
Да и такия его государевы люди руския Украиньцы,
что они жестоки на васъ будутъ и алчны,
аки львы яростные и неукротимые,
и хотятъ поясти вашу живую плоть бусурманскую.
Да держитъ ихъ и не повелитъ имъ на то
десница его царьская,
а въ городѣхъ во всѣхъ украинскихъ
подъ страхомъ смертнымъ, а царевымъ повелѣниемъ,
держатъ ихъ воеводы государевы.
Не укрылся бы вашъ Ибрагимъ турскои царь
отъ руки его государевы
и отъ жестосердия людеи его государевыхъ
и во утробѣ матери своеи,
и утробы бы ея роспороли,
да передъ лицемъ бы его царевымъ поставили.
Не защитило бы его, царя турскаго,
отъ руки его государевы
и отъ его десницы высокия и море Черное,
не удержало бы людеи его государевыхъ!
И былъ бы за нимъ, великимъ государемъ, однѣмъ лѣтомъ
Ерусалимъ и Царьградъ по прежнему,

а въ городѣхъ бы турецкихъ во всѣхъ
не стоялъ бы камень на камени
отъ промыслу руского.

Да вы же насъ зовете словомъ царя турского,
чтобы намъ служить ему, царю турскому,
а сулите намъ отъ него честь великую
и богатство многое.
А мы, люди божии,
а холопи государя царя московского,
а се нарицаемся по крещению православные крестьяне.
Какъ служить можемъ ему, царю турскому, невѣрному,
оставя пресвѣтлои здѣшнеи свѣтъ и будущеи?
Во тьму итти не хощемъ!
Будемъ впрямь мы ему, царю турскому,
въ слуги надобны,
и какъ мы отсидимся отъ васъ въ Азовѣ-городѣ,
побываемъ мы у него, царя, за моремъ
подъ его Царемградомъ,
посмотримъ мы его Царяграда строение и красоты его.
Тамъ съ нимъ, царемъ турскимъ, переговоримъ рѣчь всякую
лише бы ему, царю, наша казачья рѣчь полюбилась!
Станемъ мы, служить ему, царю, пищальми казач[ь]ими,
да своими сабельки вострыми.

А нынѣ намъ съ вами и съ пашами вашими
и говорить нечего, да и не съ кѣмъ.
Какъ предки ваши, бусурманы поганые,
учинили надъ Царемградомъ,
взяли взятьем его,
убили они государя царя крестьянского
Констянтина Благовѣрнаго[11],
побили въ немъ крестьянъ многия тьмы тысящи,
обагрили кровию нашею крестьянскою
всѣ пороги церковныя,
искоренили до конца всю вѣру крестьянскую, —
тако бы и намъ учинить надъ вами, бусурманы погаными;
взять бы нынѣ намъ Царьградъ взятьемъ
изъ рукъ вашихъ бусурманскихъ,
убить бы противъ того вашего Ибрагима царя турскаго
и со всѣми его бусурманы погаными,
пролити бы ваша кровь бусурманская нечистая.
Тогда у насъ съ вами въ томъ мѣстѣ миръ поставится.

А тепере намъ съ вами и говорить бол[ь]ши того нечего.
Что мы отъ васъ слышали, то твердо вѣдаемъ,
а что вы отъ насъ слышали,
то скажете рѣчь нашу пашамъ своимъ.

Нел[ь]зя намъ мирит[ь]ся или вѣрит[ь]ся
крестьяномъ съ бусурманами.
Крестьянинъ побожится душею крестьянскою
и на тои правдѣ во вѣки стоитъ,
а вашъ братъ, бусурманъ, побожится
вѣрою бусурманскою,
а ваша вѣра бусурманская, татарская
ровна бѣшенои собакѣ, —
и потому вашему брату, бусурману-собакѣ, и вѣрить нельзя!
Ради мы завтра васъ потчивать,
чѣмъ у насъ, молодцовъ,
богъ послалъ въ Азовѣ-городѣ.
Поѣд[ь]те[21] вы къ своимъ глупымъ пашамъ, не мѣшкая,
а опять къ намъ съ такою глупою рѣчью не ѣздите.
А манить вамъ насъ, — лише дни даромъ терять!
А кто отъ васъ къ намъ
съ такою глупою рѣчью впредь будетъ,
тому у насъ подъ стѣною города быть убиту.
Промышляйте вы тѣмъ, для чего приѣхали
отъ царя своего турскаго.
Мы у васъ Азовъ-городъ взяли
головами своими молодецкими,
людьми немногими,
а вы его у насъ, изъ казачьихъ рукъ нашихъ, доступаите
головами своими турецкими,
многими своими силами.
Кому-то у насъ на боехъ поможетъ богъ?
Потерять вамъ подъ Азовымъ-городомъ
турецкихъ головъ своихъ многия тысящи,
а не видать вамъ будетъ [Азова-города]
изъ рукъ нашихъ казачьихъ и до вѣка.
Развѣ отыметъ у насъ, холопеи своихъ,
великии государь царь и великии князь Михаило Федоровичь.
всея России самодержецъ,
да васъ имъ, собакъ, пожалуетъ,
то уже вашъ будетъ, —
на то его государьская воля![7]

★

Какъ отъ Азова-города и толмачи приѣхали въ своя турецкия таборы
къ пашамъ своимъ и сказали нашъ отвѣтъ, въ ихъ полкахъ у нихъ въ тѣ
поры замѣшалось: почали въ трубы трубить въ великия для собрания силы
и полковъ.
И послѣ тои трубли собраннои
почали бить въ гарматы великия и въ набаты,
въ роги и въ цебылги почали играть добрѣ-жалос[т]но.
А все знатно, что готовятся къ приступу.

А у всеи пѣхоты ихъ салдатскои и яныченскои

въ барабаны бьютъ тихо.

И разбирались они въ полкахъ своихъ,

и строились ночь всю до свѣта.

Какъ на дворѣхъ уже часъ дни,

почали выступать полки изъ становъ своихъ.

Знамена у нихъ зацвѣли и прапоры,

какъ есть стали цвѣты многия.

Отъ трубъ великихъ и набатовъ неизреченнои визгъ!

Дивенъ и страшенъ приходъ ихъ подъ Азовъ-городъ!

Никакъ того уже нел[ь]зя страшнѣе быти.

Перво подъ городъ къ намъ пришли къ приступу нѣмецкия 2 полковника съ салдатами. А за ними пришелъ весь строи пѣхотнои яныченскои, 150,000. Потомъ и Орда вся съ пѣхотою къ городу къ приступу пришла. Крикнули столь смѣло и жестоко [въ] приходъ ихъ первои, приклонили къ намъ они всѣ знамена свои и покрыли знаменами своими весь нашъ Азовъ-городъ.

Почали башни и стѣны топорами рубить и ломами великими ломать, а на стѣны многия по лѣс[т]ницамъ взошли: хотѣли насъ взять того часу перваго своими силами. Въ тѣ поры уже у насъ стала стрѣльба по нихъ осадная изъ города, а до тѣхъ мѣстъ мы имъ молчали. Въ огнѣ и въ дыму не мочно у насъ другъ друга видѣти: на обѣ стороны лише дымъ да огнь стоялъ, отъ стрѣльбы ихъ огненои дымъ топился до неба. Какъ есть — страшная гроза небесная, когда бываетъ громъ съ молниею! Которые у насъ подкопы были отведены за городъ для ихъ приступного времени, и тѣ наши подкопы отъ множества ихъ неизреченныхъ силъ не устояли — все обвалилися, не удержала силы ихъ земля и крѣпость Азовская. И уста наша кровию запеклись, не пиваючи и не ѣдаючи! На тѣхъ-то пропастѣхъ побито турецкои силы отъ насъ многия тысячи: приведенъ у насъ былъ весь снарядъ на то подкопное мѣсто и набитъ былъ онъ весь у насъ дробью, желѣзными усѣчками. Убито у насъ подъ стѣною Азова-города на томъ первомъ приступѣ въ тотъ первыи день Турокъ шесть головъ яныческихъ, да два нѣмецкихъ полковниковъ со всѣми салдаты съ шестью тысячью.

Въ тотъ же день, вышедъ, взяли мы у нихъ на вылазкѣ бол[ь]шое знамя царя ихъ турскаго съ клеимомъ его.

Паши его и полковники перво приступали всѣми силами

въ тотъ первыи день, весь день до вечера,

и зорею вечерною.

Убито у нихъ въ тотъ первыи день отъ насъ подъ городомъ, окромѣ шести головъ яныческихъ и двухъ полковниковъ нѣмецкихъ, двадцать тысящь, окромѣ раненыхъ. И мы, казаки, вышедъ изъ города, оклали трупъ мертвои турецкои

вкругъ города выше пояса.

★

На второи день въ зорю вечернюю опять прислали къ намъ паши подъ Азовъ-городъ толмачеи своихъ, чтобъ дать отобрать побитои трупъ, которыи побитъ отъ насъ подъ стѣною Азова-города. А давали намъ за всякую убитую яныческую голову по золотому червонному, а за головъ и за полковниковъ давали по 100 талереи.

И воискимъ за то не постояли имъ,
не взяли у нихъ ни сребра, ни злата:

»Не продаемъ мы мертваго трупу николи.
Не дорого намъ ваше сребро и злато,
дорога намъ слава вѣчная!
То вамъ, собакамъ, изъ Азова-города,
отъ насъ, казаковъ, игрушка первая,
лише мы, молодцы, оружие свое прочистили.
Всѣмъ вамъ, бусурманомъ, отъ насъ то же будетъ,
инымъ намъ васъ потчивать нечѣмъ, —
дѣло осадное!«

Въ тотъ второи день боя у насъ съ ними не было.

Отбирали они свои побитои трупъ цѣлои день до вечера; выкопали они яму побитому своему трупу, глубокои ровъ, отъ города за 3 версты,
а засыпали его горою высокою
и поставили надъ ними признаки многия бусурманския
и подписали на нихъ языки[22] многими разными.

И послѣ того въ третии день опять къ намъ они, Турки, подъ городъ пришли
со всѣми своими силами.
Только уже стали они вдали отъ насъ,
а приступу къ намъ не было.
Зачали люди ихъ пѣшие
въ тотъ день весть гору высокую,
землянои великои валъ,
выше многимъ Азова-города.
И тою горою высокою
хотѣли насъ живыхъ накрыть
и засыпать въ Азовѣ-городѣ
великими турецкими силами.
И привели ту гору къ намъ въ три дни.
И мы, видя ту гору высокую,
горе свое вѣчное,
што отъ нее наша смерть будетъ,
попрося у бога милости
и пречистыя богородицы помощи
и у Предтечева образа[mm] заступления,
и призывая на помощь чюдотворцы московские,
учиня мы межъ собою послѣднее надгробное прощание
другъ съ другомъ и со всѣми православными крестьяны,
малою своею дружиною, пятью тысящами,
пошли къ нимъ города на прямои бои
противъ трехсотъ тысящеи.

»Господь, сотворитель небу и земли,
не выдаи нечестивымъ создания рукъ своихъ!
Видимъ отъ нихъ, сильныхъ, предъ лицемъ [своимъ]
смерть свою лютую:
хотятъ насъ живыхъ покрыть горою высокою,
видя пустоту нашу и безсилие,
что насъ въ пустыняхъ покинули
всѣ православные крестьяне,
убоялися лица ихъ страшнаго,
великихъ силъ турецкихъ.
И мы, бѣдныя, не отчая себе
твоя владычняя милости,
видя твоя щедроты великия,
за твоею помощию божиею,
за вѣру крестьянскую умираючи,
бьемся противъ силъ бол[ь]шихъ, людеи трехсотъ тысящеи,
за церкви божии,
за все Государьство Московское
и за имя царьское.«

Положа²³ мы на себя всѣ образы смертныя,
выходили къ нимъ на бои
и единодушно крикнули,
на бои вышедъ къ нимъ:
»Съ нами богъ!
Разумѣите языцы и покаряитеся,
яко съ нами богъ!«

Какъ заслышали невѣрные
изо устъ нашихъ то слово,
что съ нами богъ,
не устоялъ впрямь ни единъ человѣкъ
противъ лица нашего,
побѣжали всѣ отъ горы своея высокия.
Побили мы ихъ, въ тотъ часъ вышедъ, многия тысящи,
взяли мы у нихъ въ тѣ поры на вылазкѣ,
на томъ бою, у тои горы,
шестнадцать знаменъ однѣхъ яныческихъ,
да двадцать восемь бочекъ пороху.
Тѣмъ-то мы ихъ порохомъ,
подкопався подъ ту ихъ гору высокую,
разбросали всю ее,
ихъже побило ею многие тысящи,
а къ намъ ихъ, яныченеи,
тѣмъ нашимъ подкопнымъ порохомъ
живыхъ въ городъ кинуло
одну тысящу четыреста человѣкъ.

Та ихъ мудрость земляная съ тѣхъ мѣстъ миновалась.
Почали они отъ насъ страшны быти.

★

Въ рати ихъ почала межъ ихъ
роздряга быти великая.
Паши жъ турецкие
почали кричать на царя крымского,
что не ходитъ онъ къ приступу съ ордою съ крымскою.
Царево слово пашамъ и Турченямъ:
»Иже вѣдомы нравы казач[ь]и и обычаи,
Приступами намъ ихъ николи не имывать —
въ осадахъ казаки люди жестокосердые.
Подъ свѣтомъ такихъ людеи не видано и не слыхано!
Развѣе намъ на единую ихъ казачью голову
давати своихъ головъ по тысящи.«

По повелѣнию пашеи и умышленниковъ-городоемцовъ повели янаыченя и все ихъ воиско и черныя мужики другую гору позади тое, бол[ь]ши прежнеи: въ длину лучныхъ три перестрѣла, а въ вышину многимъ выше Азова-града, а широта еи, какъ мочно бросить на нея дважды каменемъ. И на тои горѣ поставили весь снарядъ свои пушечнои и пѣхоту свою всю привели турецкую на ту гору, — сто пятьдесятъ тысящь, и орду нагаискую всю съ лошадеи сбили. И почали съ тои горы изъ снаряду бить по Азову-граду безпрестани день и нощь.

И отъ пушекъ ихъ аки страшныи громъ стоялъ,
и огнь и дымъ топился отъ нихъ до неба.
шестнадцать день и нощеи шестнадцать
не премолкъ снарядъ ихъ пушечнои
ни на единои часъ!
Въ тѣ поры дни и нощи покоя намъ
отъ стрѣльбы ихъ пушечнои не было.
Всѣ наши Азовские крѣпости роспалися.
Стѣны и башни всѣ, и церковь Предтечева
и полаты всѣ до единыя
розбили у насъ по подошву самую,
и снарядъ нашъ пушечнои переломали весь.
Одна лише у насъ во всемъ Азовѣ-городѣ
церковь Николы Чюдотворца въ полы осталася.
Потому ея столько осталося,
что она стояла внизу добрѣ,
у [луку] моря подъ гору.

А мы отъ нихъ сидѣли по ямамъ всѣ и выглянуть намъ изъ нихъ нельзе. И мы въ тѣ поры сдѣлали себѣ покои великои въ землѣ подъ ними: подъ ихъ валомъ дворы себѣ потаиныя великие подѣлали. Изъ тѣхъ мы потаи-

ныхъ своихъ дворовъ подвели подъ нихъ двадцать восемь подкоповъ, подъ
ихъ таборы, и тѣми мы подкопами себѣ учинили

прямую избаву великую:

выходили мы нощною порою

на ихъ пѣхоту яныческую,

побивали мы ихъ тѣмъ множество.

Тѣми своими нощными вылазками на ихъ пѣхоту турецкую положили
мы великои страхъ и уронъ бол[ь]ши учинили въ людѣхъ ихъ. И послѣ
того паши турецкие, смотря на наши тѣ подкопные мудрости и осадные
промыслы, повели они уже напротивъ къ намъ изъ своихъ таборъ семнад-
цать подкоповъ своихъ, и хотѣли онѣ тѣми подкопами приттить[24] къ намъ
въ ямы наши, да насъ подавить своими людьми великими. И мы милостию
божиею устерегли всѣ тѣ подкопы ихъ и подъ ихъ подкопы сдѣлали свои
подкопы и подкатили пороху, и тѣ ихъ подкопы всѣ взорвало и побило
ихъ, турецкихъ людеи, многие тысячи. Съ тѣхъ мѣстъ подкопная ихъ
мудрость вся ужъ миновалась:

постыли ужъ имъ тѣ всѣ подкопныя промыслы!

★

А было отъ Турокъ всѣхъ приступовъ къ намъ подъ городъ двадцать
четыре приступа всѣми ихъ людьми, окромѣ бол[ь]шого приступа первого.
Таковаго, и смѣлаго и жестокого, приступу не бывало къ намъ, — ножами
мы съ ними рѣзались въ тотъ приступъ.

Почали уже онѣ къ намъ метати въ ямы наши

ядра огненныя, чинен[н]ия

и всякие нѣмецкие приступные мудрости.

Тѣмъ намъ они чинили, пуще приступовъ, тѣсноты великия,

побивали многихъ насъ и опаливали.

А послѣ тѣхъ ядеръ огненныхъ,

вымышляя онѣ надъ нами умомъ своимъ,

оставя онѣ вси ужъ мудрости,

почали насъ осиловать и доступать

прямымъ боемъ, своими силами.

Почали онѣ къ намъ на приступъ присылать

на всякои день людеи своихъ,

яныченъ по десять тысечь человѣкъ;

приступаютъ къ намъ цѣлои день до ночи.

Ночь придетъ, — на перемѣну имъ

придутъ другия десять тысечь человѣкъ, —

тѣ ужъ къ намъ приступаютъ ночь всю до свѣта.

Ни на единъ часъ не дадутъ покою намъ!

Онѣ бьются съ перемѣною день и ночь,

чтобъ тою истомою осилѣть насъ.

И отъ такого ихъ къ себѣ злого, ухищреннаго промыслу,

отъ бессония и отъ тяжелыхъ ранъ своихъ,

и отъ всякихъ осадныхъ лютыхъ нужъ,

и отъ духу смраднаго
отъ человѣческаго трупия,
отягчали мы всѣ и изнемогли
многими болѣзньми лютыми, осадными.
А се въ малѣ дружинѣ своеи осталися,
ужъ стало перемѣнит[ь]ся некѣмъ, —
ни на единои часъ отдохнуть намъ не дадутъ!

★

И въ тѣ поры, отчаявши мы животъ свои въ Азовѣ городѣ, въ выручкѣ своеи безнадежны стали отъ человѣкъ. Только себѣ чаемъ помощи отъ вышняго бога. Прпбѣжимъ, бѣдные, къ своему помощнику, Предтечеву образу, предъ нимъ, свѣтомъ, розплачемся слезами гор[ь]кими:

»Государь-свѣтъ, помощникъ нашъ,
Предтеча Христовъ Иоаннъ!
По твоему, свѣтову, изволению
разорили мы гнѣздо змиево, —
взяли [мы] Азовъ-градъ, —
побили мы въ немъ всѣхъ [до единого]
християнскихъ мучителеи и идолослужителеи.
И твои, свѣтовъ, домъ,
Никола чюдоворецъ, очистили.
И украсили ваши чудотворныя образы
отъ своихъ грѣшныхъ и недостоиныхъ рукъ.
Безъ пѣния у насъ по се поры
передъ вашими образы не бывало.
Али мы васъ, свѣтовъ, прогнѣвали чѣмъ,
что опять хощете итти въ руки бусурманския?

На васъ мы, свѣтовъ, надѣялись,
въ осадѣ въ немъ сидѣли, оставя всѣхъ своихъ товарыщевъ.
А топерво отъ Турокъ видимъ смерть свою лютую.
Поморили насъ безсониемъ:
четырнадцать днеи и четырнадцать нощеи
съ ними безпрестани мучимся.
Уже наши ноги подъ нами подогнулися,
и руки наши оборонныя ужъ не служатъ намъ,
отъ истомы уста наши не глаголютъ ужъ,
отъ безпрестанныя стрѣльбы глаза наши выжгло,
въ нихъ стрѣляючи порохомъ,
языкъ ужъ нашъ во устахъ нашихъ
на бусурманъ закричать не воротится.
Такое наше безсилие —
не можемъ въ рукахъ своихъ никакого оружия держать,
почитаемъ себя уже мы топерво за мертво[и] трупъ.
Съ два дни, чаю, уже не будеть
въ осадѣ сидѣнья нашего.

Топерво мы, бѣдныя, разставаемся
съ вашими чюдотворными иконами
и со всѣми християны[25] православными.
Не бывать ужъ намъ на святои Руси!
Смерть наша грѣшничья въ пустыняхъ
за ваши иконы чудотворныя,
за вѣру христьяньскую, за имя царьское
и [за] все Государьство Московское.«

Почали уже мы, атаманы и казаки, и удалые молодцы, и все великое
Донское и Запорожское свирѣпое воиско прощатись:

»Прости насъ, холопеи своихъ грѣшныхъ,
государь царь и великии князь Михаило Федоровичь,
всея Росии самодержецъ!
Вели, государь, помянуть души наши грѣшныя.
Простите, государи, вси патриархы вселенские!
Простите, государи, вси преосвященны митрополиты!
Простите, государи, вси архиепископы и епископы!
Простите, государи, архимандриты и игумены!
Простите, государи, протопопы и вси священницы[26]
и дьяконы и вси церковные причетники!
Простите, государи, вси мниси[27] и затворники!
Простите насъ, вси святии отцы!
Простите, государи, вси християне православныя!
Поминаите наши души грѣшныя
со своими праведными родители[28].
На позоръ мы учинили Государьству Московскому.
Простите нас, лѣса темныя и дубравы зеленыя!
Простите насъ, поля чистые и тихия заводи!
Простите насъ, море Синее и рѣки быстрые!
Прости насъ, море Черное!
Прости насъ, государь нашъ тихои Донъ Ивановичъ!
Уже намъ по тебѣ, атаману нашему,
съ грознымъ воискимъ не ѣздити,
дикого звѣря въ чистомъ полѣ не стрѣливати,
въ тихомъ Дону Ивановичѣ рыбы не лавливати!«

Чтобъ умереть не въ ямахъ и по смерти бы
учинить на Руси слава вѣчная[29],
взяли мы иконы чюдотворныя,
Предтечину, да Николину,
да пошли съ ними противу бусурмановъ на вылазку.
И милостию божиею,
и молитвою пречистыя богородицы,
и заступлениемъ небесныхъ силъ,
и помощию ихъ угодниковъ
Предтечи Иоанна и Николы Чюдотворца,

на вылазкѣ явно бусурмановъ побили,
вдругъ вышедши, бол[ь]ши шести тысечи.
И видя то люди турецкие,
что стоитъ надъ нами милость божия,
что ни въ чемъ осилѣть не умѣютъ насъ,
и съ тѣхъ мѣстъ не почали уже присылагь
къ приступ[у] къ намъ людеи своихъ янычень.
А мы отъ тѣхъ мѣстъ отъ бѣдъ своихъ,
отъ смертныхъ вратъ и ранъ и отъ истомы ихъ
отдохнули въ тѣ дни и замертво повалялися.

★

А послѣ того бою, погодя три дни,
опять почали къ намъ толмачи ихъ крычать,
чтобъ имъ говорить съ нами,
а то ужъ у насъ рѣчи не было,
потому что языкъ нашъ отъ истомы нашея
во устахъ нашихъ не воротится.
И онѣ, бусурманы, догадалися —
къ намъ на стрѣлахъ почали ярлыки метать.
А въ ярлыкахъ они въ своихъ пишутъ — просятъ у насъ
пустого мѣста Азовскаго,
а даютъ за него выкупу на всякого молодца
по триста талереи серебра чистого,
да по двѣсти золотыхъ червоныхъ арапьскихъ: —
»А въ томъ вамъ паши и полковники
шертуютъ[30] душею царя турского,
что на отходѣ ни чѣмъ не тронутъ васъ.
Подите съ сребромъ и съ золотомъ
въ свои городки казачьи къ своимъ товарыщемъ,
а намъ лишъ отдаите пустое мѣсто Азовское.«

И мы къ нимъ напротивъ пишемъ:

»Не дорого намъ ваше сребро и золото
собач[ь]е, похабное, бусурманское;
у насъ въ Азовѣ и на Дону
золота и серебра много.
То намъ, молодцомъ, дорого и надобно,
чтобъ наша была слава вѣчная
по всему свѣту.
Что не страшны намъ
ваши паши и силы турецкие.
Сперва мы сказали вамъ:
дадимъ мы вамъ про себя знать и вѣдать памятно
на вѣки во всѣ ваши краи бусурманские,
чтобы вамъ было сказать, пришедъ отъ насъ,
за моремъ царю своему турскому, глупому,

каково приступать къ казаку рускому.
А сколько у насъ въ Азовѣ-городѣ
розбили кирпичю и камени,
и столько же взяли мы у васъ
турскихъ головъ вашихъ за порчю Азовскую.
Въ головахъ уже, да въ костяхъ вашихъ
складемъ Азовъ-городъ лутче прежнего!
Про[те]четъ та наша слава молодецкая
во вѣки по всему свѣту,
что кладемъ городъ въ головахъ вашихъ.
Нашелъ вашъ турскои царь себѣ
позоръ и укоръ до вѣку.
Станемъ съ него имать
по всякои годъ ужъ вшестеро.«

Послѣ тово ужъ намъ отъ нихъ полегчало, — приступу ужъ не было къ намъ. Смѣти[ли]сь онѣ въ своихъ силахъ, что ихъ подъ Азовымъ побито многия тысящи.

★

А въ сидѣние свое осадное
имѣли мы, грѣшные,
постъ въ тѣ поры и моление великое,
и чистоту тѣлесную и душевную.

Многие отъ насъ людие искусные въ осадѣ то видѣли во снѣ и внѣ сна: ово жену прекрасну и свѣтлолѣпну, въ багряницѣ свѣтлѣ, на воздусѣ[31] стояще посреди града Азова; ово мужа древня, власата [и] боса, въ свѣт-лыхъ ризахъ, — взирающихъ на полки бусурманские. Та насъ мать божия богородица не предала въ руцѣ бусурманские, И на нихъ намъ помощь явно дающе, въ слухъ намъ многимъ глаголюще умильнымъ гласомъ:

»Мужаитеся казаки, а не ужасаитеся! Се бо градъ Азовъ отъ безаконныхъ Агаренъ[nn] зловѣриемъ ихъ обруганъ и суровствомъ ихъ, нечестивыхъ, престолъ Предтечинъ и Николинъ оскверненъ. Не только землю въ Азовѣ или престолы оскверниша, но и воздухъ ихъ надъ нимъ отемнѣша. Торжище тутъ имъ нечестиво християнское учиниша: разлучиша мужеи отъ законныхъ женъ, сыны и дщери разлучаху отъ отцовъ и матереи. Отъ многого того плача и рыдания земля[32] вся християнская отъ нихъ стоняху, а о чистыхъ дѣвахъ и о непорочныхъ уста моя не могутъ изрещи, на ихъ поругания смотря. И услыша богъ моление ихъ и плачъ, видѣ создание рукъ своихъ — православныхъ християнъ — злѣ погибающе, далъ вамъ на бусурманъ отомщение: предалъ ва[м]ъ градъ сеи и ихъ въ руцѣ ваши. Не рекутъ нечестивымъ: 'Гдѣ есть богъ вашъ християнскои?' И вы, братие, не пецытеся[33], отжените[34] весь страхъ от себя: — не поястъ[35] васъ николи бусурманскии мечъ. Положите упование на бога: приимете вѣнецъ нетлѣнными отъ Христа, а души ваши прииметъ богъ. И имате царствовати со Христомъ во вѣки.«

А то мы многия, атаманы и казаки, видѣли явно, что ото образа Ивана Предтеча

течаху отъ очеи его слезы многия
по вся приступы,
а въ первои день, въ приступное время,
видѣху ланпаду, полну слезъ отъ его образа.
А на вылазкахъ отъ насъ изъ града всѣ видѣша —
Бусурманы [и] Турки и Крымцы и Ногаи —
мужа храбра и младого, во одеждѣ ратнои,
со единѣмъ мечемъ голымъ на бою ходяще,
множество Бусурманъ побиваше.
А наши очи то не видѣли,
лише мы по утру [по] убитомъ знаемъ,
что дѣло божие, не рукъ нашихъ:
пластаны[36] люди турские, изсѣчены наполы.
Сослана на нихъ побѣда была съ небеси,
и они о томъ насъ спрашивали:
»Скажите намъ, казаки,
Кто у васъ изъ Азова-города
выѣзжаютъ къ намъ въ полки наши турецкие —
два младыя мужика
въ бѣлыхъ ризахъ, съ мечами голыми?
И побиваютъ они у насъ
всю нашу силу турецкую
и пластаютъ людеи нашихъ
наполы во всеи одеждѣ.«
И мы про то имъ сказываемъ.
»То выходятъ воеводы наши.«

★

И всего нашего сидѣнья въ Азовѣ отъ Турокъ въ осадѣ было июня съ 24 числа 149 году°° до сентября по 26 день 150 годурр, И всего въ осадѣ сидѣли мы 93 дни и 93 нощи. А сентября въ 26 день въ нощи
отъ Азова города турские паши,
и съ Турки и крымскои царь,
со всѣми своими силами
за четыре часа до свѣту,
возметясь окаянны и вострепетась, побѣжали никѣмъ нами гоними съ вѣчнымъ позоромъ.

Пошли паши турецкие къ себѣ за море, а крымскои царь пошелъ въ Орду къ себѣ, Черкасы пошли въ Кабарду, свое-то Ногаи пошли въ улусы.

И мы какъ послушали отходъ ихъ съ таборъ, — ходило насъ, казаковъ, въ тѣ поры на таборы ихъ тысяча человѣкъ. И взяли мы у нихъ на ихъ таборѣхъ въ тое пору языковъ, Турокъ и Татаръ, живыхъ десять человѣкъ. А больныхъ и раненыхъ застали мы двѣ тысячи. И намъ тѣ языки въ роспросѣ и съ пытокъ говорили всѣ единодушно, отъ чего въ нощи побѣжали отъ града паши ихъ и крымскои царь со всѣми своими силами:

»Въ нощи надъ нашими полки бусурманскими
шла великая и страшная туча отъ Русіи,
отъ вашего Царства Московскаго.
И стала она противъ самого табору нашего,
а передъ нею, тучею,
идутъ по воздуху два страшные юноши,
а въ рукахъ своихъ держатъ мечи обнаженные,
а грозятся на наши полки бусурманские.
Въ тѣ поры мы ихъ всѣхъ узнали.
Тою нощию [и] страшные воеводы Азовские
въ приступы наши и[з]ъ Азова-града, —
пластали насъ и въ сбруяхъ нашихъ надвое.
Отъ того-то страшнаго видѣния
[побѣжали мы] безъ пашеи нашихъ
и царя крымского съ таборовъ.«

А намъ, казакомъ, въ ту нощь въ вечерѣ видѣние всѣмъ видѣлось:
по валу бусурманскому,
гдѣ ихъ нарядъ стоялъ,
ходили тутъ два мужа лѣты[37] древними,
на одномъ власяница мохнатая.
А сказываютъ [они] намъ:
»Побѣжали, казаки, паши турские
и крымскои царь въ таборъ и пришла на нихъ
побѣда отъ Христа, сына божия,
съ небесъ отъ силы божии.«

Да намъ же сказывали языки тѣ про изронъ людеи своихъ, что ихъ побито однѣхъ у нихъ мурзъ и татаръ и янычанъ девяноста шесть тысечь, кромѣ мужика черного.

А насъ всѣхъ, казаковъ, въ осадѣ было въ Азовѣ-градѣ только пять тысящь триста семь человѣкъ,
а которые остались мы, холопи государевы,
[отъ] осады тои, и тѣ всѣ перераненны.
Нѣтъ у насъ человѣка цѣлого ни единого,
кои бы не пролилъ крови своея, въ Азовѣ сидячи,
за имя божие и за вѣру християнскую.

*

А топерь мы, Воискомъ всѣмъ Донскимъ, государя царя и великого князя Михаила Федоровича всея Росии просимъ милости, сидѣл[ь]цы Азовские и которые по Дону и въ городкахъ живутъ, холопеи своихъ [чтобъ пожаловалъ], чтобъ велѣлъ у насъ принять съ рукъ нашихъ свою государеву вотчину Азовъ-градъ для свѣтовъ Предтечина и Николина образа, [потому] что имъ, свѣтомъ, [у]годно тутъ всѣмъ Азовымъ-градомъ заступити. И онъ, государь, отъ воины отъ Татаръ [безопасенъ будетъ] и во вѣки, какъ сядутъ [его ратные люди] въ Азовѣ-градѣ.

А мы, холопи его, которые
остались у осады Азовские, —
все ужъ мы старцы увѣчные:
съ промыслы и боя ужъ не будетъ насъ.
А се обѣщание всѣхъ насъ
у Предтечева образа въ монастырѣ его
постричись, приняти образъ мнишескии.
За насъ же государь станетъ бога молить до вѣку.
А за его государьскою тою къ богу вѣрою
и его государьскою высокою рукою
оборонью оборонилъ насъ богъ
отъ такихъ великихъ турскихъ силъ,
а не нашимъ молодецкимъ мужествомъ и промысломъ.
А буде государь насъ,
холопеи своихъ дал[ь]ныхъ, [не] пожалуетъ,
не велитъ у насъ принять съ рукъ нашихъ Азова-града, —
заплакавъ, намъ его покинути!
Подымемъ мы, грѣшные, икону Предтечеву,
да поидемъ съ нимъ, свѣтомъ, гдѣ намъ онъ велитъ.
А атамана поставимъ у его образа, —
тотъ у насъ будетъ игуменомъ,
а ясаула пострижемъ, —
то[т]ъ намъ будетъ строителемъ.
А мы, бѣдные, хотя дряхлые всѣ,
а не отступимъ его, Предтечева образа, —
помремъ все тутъ до единого!
Будетъ во вѣки слав[н]а Лавра Предтечева!

ясаулъ = есаулъ.　¹ ближние своеи таиные *gen. sg.*　² лопаты *instr. pl.* : лопата.
⁴ заступы *instr. pl.* : заступъ.　⁵ слава вѣчная *nom. sg. instead of expected acc. sg.*　⁶ Сте-
кольныя = Стокгольма.　⁷ чѣпяхъ = цѣпяхъ.　⁸ орды = ордами.　⁹ отдѣляся *pr. a. p.*
(*adv.*) = отдѣлившися *p. a. p.* : отдѣлитися.　¹⁰ государьствы [и] тысячи *instr. pl.*　¹¹ стек-
шися *p. a. p.* (*adv.*) : стечися/сътещися.　¹² согрубя *pr. a. p.* = согрубивъ *p. a. p.*　¹³ есть
ли = если.　¹⁴ руцѣ *acc. du.* : рука.　¹⁵ очима своима *instr. du.*　¹⁶ вѣцѣ *loc. sg.* : вѣкъ.
¹⁷ щету = счету.　¹⁸ прибѣгли *p. 3 pl.* : прибѣчи.　¹⁹ подлѣ море Черное = подлѣ моря
Черного.　²⁰ емлемъ *pr. 1 pl.* : имати.　²¹ поѣдьте *imp. 2 pl.* : поѣхати.　²² языки *instr. pl.*
²³ положа *pr. a. p. in past function* : положити.　²⁴ приттить = приити.　²⁵ христианы
instr. pl.　²⁶ священницы *nom. pl.* : священникъ.　²⁷ мниси *nom. pl.* : мнихъ.　²⁸ родители
instr. pl.　²⁹ слава вѣчная *nom. sg. instead of expected acc. sg.*　³⁰ шертують *pr. 3 pl.* : шерто-
вати.　³¹ воздусѣ *loc. sg.* : воздухъ/въздухъ.　³² земля *nom. pl.*　³³ пецытеся *imp. 2 pl.* :
пещися.　³⁴ отжените *imp. 2 pl.* : отъгънати.　³⁵ поястъ *pr. 2 sg.* : поясти/поѣсти.　³⁶ пла-
станы *p. p. p., nom. pl.* : пластати.　³⁷ лѣты *instr. pl.* : лѣто.

ᵃ A. D. 1642.
ᵇ Department of Foreign Affairs in Moscow.
ᶜ A. D. 1641.
ᵈ Sultan Ibrahim I (1640–48).
ᵉ Hodja-Gurdji-Kanaan Pasha.
ᶠ Mustafa Pasha (unknown).
ᵍ Deli-Hussein Pasha, admiral.
ʰ Ibrahim Pasha (unknown).
ⁱ Ibrahim, a eunuch of the Sultan's harem and his personal representative (unknown).
ʲ Free peasants on the Crimean seacoast and from Caffa, a town in the Crimea.
ᵏ Crimean Tatars.

l Nogaj Tatars inhabiting the region between the Volga River and the Crimea.

m Begadyr-Girej Khan, ruler of the Crimea (1637–41).

n Nureddin Sapha-Girej.

o Krim-Girej, the khan's brother.

p Islam-Girej, whose title was "kalga."

q Clan princes from the Caucasus.

r Circassians from Kabarda in the Caucasus.

s Western Europeans.

t Spaniards.

u Venetians.

v Heavy artillery pieces.

w A type of old-fashioned cannon.

x Mortars.

y Magyars, i. e., Hungarians.

z Probably the Budjak Tatars from Bessarabia.

aa The Bosniaks from Bosnia.

bb Albanians.

cc Walachians or Moldavians.

dd Mutians, inhabitants of Moldavia.

ee Janizary.

ff Large copper drums.

gg An allusion to the Trojan War.

hh Heroes of Russian epic folk songs.

ii Sultan Murad IV, predecessor of Sultan Ibrahim.

jj Thomas Cantacuzene, a Greek diplomat in the service of the sultans, visited Moscow four times and was killed by the Cossacks during his fifth trip.

kk The Sea of Azov.

ll An allusion to the occupation of Constantinople by the Turks in 1453.

mm The icon of St. John the Baptist in Azov.

nn The Mohammedans were regarded as descendants of the Biblical Hagar and her son Ishmael.

oo 1641.

pp 1642.

HAGIOGRAPHY

During the sixteenth century, the last medieval century, biography gradually degenerated and acquired the features of dramatic fiction, of the novel, and of autobiography. Elements of a purely secular nature, effective composition and artistic utilization of thematic possibilities, became more vigorous and more deliberate. The novelistic approach, noticeable earlier in Old Muscovite hagiographical writing, now came to the forefront. Hagiography began to grow out of religious motivation and into literary art, and the author became concerned above all with the impression his writing would make upon the reader. This period of degenerating hagiographical literature is here represented by:

The Life of the Saintly and Pious Juliana Lazarevskaja by her son, Callistratus Družina-Osorjin

The anonymous Life of Boyarina Morozova, Princess Urusova, and Maria Danilova

The autobiographical Life of the Protopope Avvakum.

CALLISTRATUS DRUŽINA-OSORJIN
THE LIFE OF THE SAINTLY AND PIOUS
JULIANA LAZAREVSKAJA

The nobleman Callistratus Družina-Osorjin, a boyar of Murom, was so moved by the death of his mother, Juliana Lazarevskaja (1604), that he devoted himself to writing a biographical account of her pious life, which had been distinguished by unceasing toil, consideration for the welfare of her family and subjects, and the repudiation of all luxury. This it was possible to do only in conformance with the established pattern of traditional hagiography; remarkable, however, is the fact that a layman should attempt to express himself in so ecclesiastical a genre as hagiography. As a result, his Life, although not lacking the usual elements of hagiography, represents a clear secularization of the genre itself. The biography is composed against the genealogical background of a noble family and presents an affectionate, warm, colorful picture of life among the provincial gentry during the time of Tsar Boris Godunov. The main tendency is no longer that of characterizing sainthood and devotion to ascetism by traditional means, but of creating an individual portrait of a gentle, benevolent, and pious noblewoman.

The text is taken from Vol. I of Памятники старинной русской литературы as edited by G. Kušelev-Bezborodko.

Каллистрата Дружины-Осорьина
Повѣсть о святои и праведнои матери
Иулиании Лазаревскои

Во дни благовѣрнаго царя и великаго князя Иоанна Василиевича всея Русии[a], отъ его царьского двора, бѣ мужъ благовѣренъ и нищелюбивъ, именемъ Иустинъ, порекломъ Недюревъ, саномъ ключникъ, имѣя жену такову же боголюбиву и нищелюбиву, именемъ Стефаниду, Григорьеву дщерь Церкулина, отъ града Мурома[b]. И живяста[1] во всякомъ благовѣрии и чистотѣ, и имяста[2] сыны и дщери и много богатьства и рабъ множество. Отъ него же родися сия блаженная Улияния.

Бывши же еи[3] 6 лѣтъ, умре мати ея, и поятъ[4] ю въ предѣлы Муромские баба ея, матери ея мать, вдова Анастасия Никифора Дубенскаго, и живяше во всякомъ благовѣрии и чистотѣ 6 же лѣтъ. И умре баба ея, и по заповѣди ея, поятъ ю къ себѣ тетка ея, Наталия Путилова, жена Арапова.

Сия же блаженная Улияния отъ младыхъ ногтеи бога возлюби и пречистую матерь, помногу чтяше[5] тетку свою и дщери ея, и имѣя во всемъ послушание и смирѣние, и молитвѣ и посту прилежаше. И того ради отъ тетки много сварима[6] бѣ, а отъ дщере ея посмѣхаема. И глаголаху еи:

»О безумная! Что въ толицѣи[7] младости плоть свою изнуряеши и красоту дѣвственную погубиши?«

И нуждаху[8] ю рано ясти[9] и пити. Она же не вдаяшеся[10] воли ихъ, но все со благодарениемъ приимаше и съ молчаниемъ отхождаше, послушание имѣя ко всякому человѣку. Бѣ бо измлада кротка и молчалива, не буява, не величава. И отъ смеха и всякия игры отгребашеся. Аще и многажды на игры и на пѣсни пустошные отъ сверстницъ нудима бѣ, она же не приставаше къ совѣту ихъ; недоумѣние на ся возлагаше, и тѣмъ потаити хотя своя добродѣтели. Точию въ прядивномъ и въ пяличномъ дѣле прилежание велие имяше, и не угасаше свѣща ея вся нощи. А иже сироты и вдовы немощныя въ веси тои бяху, и всѣхъ обшиваше[11], и всѣхъ нужныхъ и больныхъ всяцѣмъ добромъ назираше, яко всѣмъ дивитися разуму ея и благовѣрию.

И вселися въ ню страхъ божии. Не бѣ бо въ веси тои церкви близь, но яко два поприща. И не лучися еи въ дѣвичествѣмъ[12] возрастѣ въ церковь приходити, ни слышати словесъ божиихъ почитаемыхъ, ни учителя учаща на спасение николиже, но смысломъ бо господнимъ наставляема [бысть] нраву добродѣтельному.

Егда же достиже[13] 6-ю на 10 лѣта, вдана бысть мужу добродѣтельну и богату, именемъ Георгию, порекломъ Осорьину, и вѣнчани быша отъ сущаго ту попа, именемъ Потапия, въ церкви праведнаго Лазаря, въ селѣ мужа ея. Сеи поучи по правиломъ святымъ закону божию. Она же послуша учения и наказания внятно и дѣломъ исполняше. Еще бо свекру и свекрови ея въ животѣ сущимъ[14], иже видѣвше ю возрастомъ и всею добротою исполнену и разумну, и повелѣста[15] еи все домовное строение правити. Она же со смирѣниемъ послушание имяше къ нимъ, ни въ чемъ же не ослушася, ни вопреки глагола, но почиташе я[16] и вся, повѣдѣния ими, непреткновенно совершаше, яко всѣмъ дивитися о неи.

И многимъ искушающимъ[17] ю въ рѣчахъ и во отвѣтахъ, она же ко всякому вопросу благочиненъ и смысленъ отвѣтъ даяше. И вси дивляхуся разуму ея и славяху бога. По вся же вечеры довольно богу моляшеся и колѣнопреклонения по 100 и множае [дѣлаше], и вставая рано по вся утра, также творяше, и съ мужемъ своимъ. Егда же мужу ея на царьскихъ службахъ бывающу[18] лѣто или два, иногда же по три лѣта во Асторохани[c], она же въ та времена, по вся нощи безъ сна пребывающи, въ мольбахъ и в рукодѣлии, въ прядивѣ и въ пяличномъ дѣлѣ, и то продавъ, нищимъ цѣну даяше и на церковное строение. Многу же милостыню отаи творяше въ нощи, въ день же домовное строение правяше. Вдовами и сироты[19], аки истовая мать, печашеся, своими руками омыя[20] и кормя и напаяя[21]. Рабы же и рабыни удовляше пищею и одеждою и дѣло [имъ] по силѣ полагаше и никого простымъ именемъ называше и не требоваше воды еи на омовение рукъ подающаго, ни сапогъ разрѣшающа, но все сама собою творяше, а неразумныя рабы и рабыни, смирѣниемъ и кротостию наказуя, исправляше и на ся вину отлагаше и никого не оклеветаше, но всю надежду на бога и на пречистую богородипу возлагаше и великаго чюдотворца Николу на помощь призываше, отъ негоже помощь приимаше.

Во едину же нощь, воставъ по обычаю на молитву, безъ мужа — бѣси же страхъ и ужасъ великъ напущаху еи — она же, млада еще и неискусна, тако убояся. И ляже[22] на постели [и] усну[23] крѣпко [и] увидѣ много бѣсы, пришедша[24] на ню со оружиемъ, хотяща ю убити, рекуще:

»Аще не престанешь таковаго начинания, абие погубимъ тя!«

Она же помолися богу и пречистои богородицѣ и святому Николѣ, и явися еи святыи Никола, держа книгу велику, и разгна бѣсы, яко дымъ бо исчезоша, и воздвигъ[25] десницу свою, благослови ю, глаголя:

»Дщи[26] моя, мужаися и крѣпися, и не боися бѣсовскаго прѣщения! Христосъ бо мнѣ повелѣ тебе соблюдати отъ бѣсовъ и злыхъ человѣкъ.«

Она же абие, отъ сна возбнувъ[27], увидѣ явѣ мужа, изъ храмины дверьми изшедша скоро, аки молнию. И воставъ скоро, иде во слѣдъ его, и абие невидимъ бысть, но и притворъ храмины тоя крѣпко заперть бяше. Она же оттолѣ, извѣщение преемши[28], возрадовася, славя бога, и паче перваго добрыхъ дѣлъ прилежаше.

★

По малѣ же, божию гнѣву Рускую Землю постигшу[29], за грѣхи нашы, гладу велику зѣло бывшу[30], и мнози отъ глада того помираху. Она же многу милостыню отаи творяше, взимаше пищу у свекрови на утренее и на полденное ядение, и все нищимъ гладнымъ даяше. Свекры же глагола еи:

»Како ты свои нравъ премѣни? Егда бѣ у Христа бога изобилие, тогда не могохъ[31] тя къ раннему и полуденному ядению принудити, а нынѣ, егда оскудѣние пищи, и·ты раннее и полдневное ядение взимаешь!«

Она же, хотя утаитися, отвѣща еи:

»Егда не родихъ дѣтеи, не хотяше ми ся ясти, и егда начахъ дѣти родити, обессилѣхъ и не могу не ясти; не точию въ день, но и нощию множицею хощетъ ми ся ясти, но срамляюся у тебе просити.«

Свекры же, се слышавъ, рада бысть и посылаше еи пищу довольну, не точию въ день, но и въ нощь. Бѣ бо у нихъ въ дому всего обильно, хлѣба и всѣхъ потребъ. Она же, отъ свекрови пищу приимая сама, а не ядяше[32], гладнымъ все раздаяше. И егда кто умираше, она же наимаше омывати, и погребальное даяше, и на погребение сребреники даяше, а егда въ селѣ ихъ погребахутъ[33] мертвыхъ, кого ни буди, о всякомъ моляся о отпущении грѣхъ.

По малѣ же моръ бысть на люди силенъ; мнози умираху пострѣломъ, и оттого мнози въ домѣхъ запирахуся и уязвенныхъ пострѣломъ въ домъ не пущаху и ризамъ не прикасахуся. Она же, отаи свекра и свекрови, язвенныхъ многихъ своима рукама въ бани омывая, цѣляше и о исцѣлении бога моляше, и аще кто умираше, она же, многи сироты своима рукама омывъ, и погребати наимая и сорокоустъ даяше. Свекру же и свекрови ея въ глубоцѣи[34] старости во иноцѣхъ[35] умершимъ[36], она же погребе[37] ихъ честно: многу милостыню и сорокоусты по нихъ разда [и] служити по нихъ литургию, и въ дому своемъ покои мнихомъ и нищимъ поставляше во всю четыредесятницу во вся дни, и въ темницы милостыни посылаше. Мужу бо ея въ то время на службѣ во Асторохани три лѣта и боле бывшу[38], она же по нихъ много имѣния въ милостыню истроши[39], не точию въ ты дни, но и по вся лѣта, творя память умершимъ.

И тако поживъ съ мужемъ лѣта довольна во мнозѣ добродѣтели и чистотѣ по закону божию, и роди сыны и дщери. Ненавидяи же добра врагъ тщашеся спону еи сотворити. Часты брани воздвизашася въ дѣтехъ и рабѣхъ. Она же вся, смысленно и разумно разсуждая, смиряше, Врагъ же наусти раба ихъ и уби сына ихъ старѣишаго, потомъ и другаго на службѣ убиша. Она же вмалѣ о семъ оскорбися, но о душяхъ ихъ, а не о смерти, но почти[40] ихъ пѣниемъ и молитвою и милостынею.

Потомъ моли мужа отпустити ю въ монастырь. И не отпусти, но совѣщавшеся вкупѣ жити, а плотнаго совокупления не имѣти. И устрои[въ] ему обычную постелю, сама же вечера по мнозѣ молитвѣ возлегаше на пещи безъ постели, точию дрова острыми странами къ тѣлу подстилаше и ключи желѣзны подъ ребра своя подлагаше и на тѣхъ мало сна приимаше, дондеже рабы ея усыпаху. И потомъ вставаше на молитву, во всю нощь и до свѣта, и потомъ въ церковь вхожаше къ заутрени и къ литургии, и потомъ ручному дѣлу прилежаше, и домъ свои богоугодно строяше, рабы своя довольно пищею и одѣяниемъ удовляше[41] и дѣло комуждо по силѣ задавааше[42], вдовами и сироты печашеся[43] и бѣднымъ во всемъ помагааше.

И поживъ съ мужемъ 10 лѣтъ по разлучении плотнѣ, мужу[44] ея представльшуся[45], она же погребе и честно и почти пѣниемъ и молитвами и сорокоусты и милостынею; и паче мирская отверже[46], и печашеся о душѣ, какъ угодити богу, ревнуя прежнимъ святымъ женамъ, моляся богу, и постяся, и милостыню безмѣрну творя, яко многажды не остати у нея ни единои сребреницы, и, заимая, даяше нищимъ милостыню, и въ церковь во вся дни хождааше къ пѣнию. Егда же прихождаше зима, взимаше у дѣтеи своихъ сребреники, чимъ устроити одежду, и то раздая нищимъ, сама безъ теплыя одежды въ зиму хождааше, въ сапоги босыма ногама[47] обувашеся, точию подъ нозѣ[48] свое орѣховы скорлупы и чрепие острое, вмѣсто стелекъ, подкладаше и тѣло томяше.

Во едино же время зима бѣ студена зѣло, яко земли разсѣдатися отъ мраза. Она же нѣколико время къ церкви не хождааше, но въ дому моляся богу. Во едино же время зѣло рано, попу церкви тоя пришедшу[49] единому въ церковь, и бысть ему гласъ отъ иконы богородицы:

»Шедъ, рцы милостивои Ульянеи, что въ церковь не ходитъ на молитву? И домовная ея молитва богоприятна, но не яко церковная. Вы же почитаите ю, уже бо она не меньши 60 лѣтъ, и духъ святыи на неи почиетъ[50].«

Попъ же, въ велицѣмъ ужасѣ бывъ, абие прииде къ неи, падъ при ногу[51] ея, прося прощения, и сказа еи видѣние. Она же тяжко внятъ[52], еже он повѣда предъ многими, и рече:

»Соблазнился еси, егда о менѣ глаголеши! Кто есмь азъ, грѣшница, да буду достоина сего нарицания?«

И закая[53] его не повѣдати никому. Сама же иде въ церковь и, съ теплыми слезами молебная совершивъ, цѣлова икону богородицыну и оттолѣ боле подвизася къ богу, ходя къ церкви; по вся вечеры моляшеся богу во отходнои храминѣ. Бѣ же ту икона владыцына и святаго Николы. Во единъ же вечеръ вниде[54] в ню по обычаю на молитву, и абие бысть храмина полна бѣсовъ со всякимъ оружиемъ: хотяху убити ю. Она же помолися богу со слезами. И явися еи святыи Никола, имѣя палицу, и прогна ихъ отъ нея, — яко дымъ исчезоша. Единаго же бѣса, поимавъ, мучаше[55]. Святую же благослови крестомъ, — и абие невидимъ бысть. Бѣсъ же, плачя, вопияше:

»Азъ ти многу спону творяхъ во вся дни. Воздвизахъ брань в дѣтехъ и в рабѣхъ, къ самои же не смѣяхъ приближитися ради милостыни и смирѣния и молитвы.«

Она бо бесцрестани, въ рукахъ имѣя четки, глагола[ше] Иисусову молитву. Аще ядяше и пияше, ли что дѣлая, непрестанно молитву глаголаше. Егда бо и почиваше, уста ея движастася[56], и утроба подвизашеся на славословие божие. Многажды видѣхомъ ю спяшу, а рука ея четки отдвигаше. Бѣсъ же, бѣжа от нея, вопияше:

»Многу бѣду нынѣ прияхъ тебе ради, но сотворю ти спону: на старость гладомъ измирати, не чюжихъ кормити.«

Она же знаменася крестомъ. Исчезе бѣсъ отъ нея. Она же къ намъ прииде ужасна вельми и лицемъ премѣнися. Мы же видѣхомъ ю смущену [и] вопрошахомъ, и не повѣда ничтоже. Не по мнозѣ же сказа намъ таино и заповѣда не рещи никому.

И поживъ во вдовствѣ 9 лѣтъ, многу добродѣтель показа ко всѣмъ, и много имѣния въ милостыню расточи, точию нужные потребы домовные оставляше, и пищу точию годъ до года расчиташе, а избытокъ вся требующимъ растачаше. И продолжися животъ ея до царя Бориса[d].

★

Въ то же время[e] бысть гладъ крѣпокъ во всеи Русстѣи Земли, яко многимъ отъ нужды сквернныхъ мясъ и человѣческихъ плотеи вкушати, и множество человѣкъ неисчетно гладомъ изоморша. Въ дому же ея велика скудость пищи бысть и всѣхъ потребныхъ, яко отнюдь не прорасте[57] изъ земли всѣенное[58] жито ея, кони же и скоты изоморша. Она же моляше дѣти и рабы своя, еже отнюдь ничему и татьбѣ не коснутися, но елико оставшися скоты и ризы и сосуды, вся распрода на жито, и отъ того челядь кормяше, и милостыню довольну даяше. И въ нищетѣ обычныя милостыни не росстася, и ни единого от просящихъ не отпусти тща[59]. Доиде же въ послѣднюю нищету, яко ни единому зерну остатися въ дому ея, и о томъ не смятеся[60], но все упование на бога возложи.

Въ то бо лѣто преселися во ино село и предѣлы Нижеградцкия[f], и не бѣ ту церкви, но яко два поприща: она же, старостию и нищетою одержима, не хождааше къ церкви, но въ дому молящися, и о томъ немалу печаль имяше, но поминая святаго Корнилия[g], яко не вреди его и домовная молитва, и иныхъ святыхъ. Велицѣ[61] же скудости умножшися[62] въ дому ея, она же распусти рабы на волю, да не изнурятся гладомъ, отъ нихъже доброразсуднии обѣщахуся съ нею терпѣти, а инии отъидоша. Она же со благословениемъ и молитвою отпусти я, не держа гнѣва ни мало. И повелѣ оставшимъ рабомъ собирати лебеду и кору древяную, и въ томъ хлѣбъ сотворивъ, и отъ того сама съ дѣтьми и рабы питашеся. И молитвою ея бысть хлѣбъ сладокъ; отъ того же нищимъ даяше, и никого нища не отпусти; въ то же время безъ числа нищихъ бѣ.

Сосѣди же ея глаголаху нищимъ:

»Что ради ко Улиянии въ домъ ходите? Она бо и сама гладомъ измираетъ.«

Они же повѣдаша имъ:

»Многи села обходимъ и чистъ хлѣбъ вземлемъ[63], а такъ въ сладость не ядохомъ, яко сладокъ хлѣбъ вдовы сея.«

Много бо имени ея не вѣдаху. Сосѣди же, изобильныи хлѣбъ имѣюще, посылааху въ домъ ея просити хлѣба искушающа и такоже свидѣтельствующа, яко вельми хлѣбъ ея сладокъ; и дивися человѣкъ въ себѣ: »Горазди рабы ея печь хлѣбовъ,« и ни разумѣюще, яко молитвою ея хлѣбъ сладокъ.

Потерпѣ же въ тои нищетѣ два лѣта; не опечалися, ни смутися, [ни] поропта, и не согрѣши ни во устахъ своихъ, и не дастъ безумия богу, и не изнеможе нищетою, но паче первыхъ лѣтъ весела бѣ.

★

Егда же приближися честное ея преставление, и разболѣся декабря въ 26-и день, и лежа[64] 6 днеи: въ день лежа[65] моляшеся, а въ нощи, вставая, моляшеся богу, особь стояще, никимъ поддержима, глаголаше бо:

»И у больнаго богъ истязуетъ молитвы духовныя.«

Генваря въ 4-и день, свитяющу дню[66], призва отца духовнаго и причастися святыхъ таинъ. И, сѣдъ, призва дѣти и рабы своя, и поучая о любви и о молитвѣ и о милостыни и о прочихъ добродѣтелехъ, прирече же и се:

»Желаниемъ возжелахъ ангельскаго образа, иноческаго не сподобихся грѣхъ моихъ нищеты ради, понеже недостоина быхъ, грѣшница сыи[67] убога, богу так извольшу[68]. Слава праведному суду его!«

И тутъ повелѣ уготовити кадило и фимиамъ положити, и цѣлова вся, сущая ту, и всѣмъ миръ и прощение дастъ; возлеже[69] и прекрестися трижды; объявивъ четки около руки своея, послѣднее слово рече:

»Слава богу всѣхъ ради! Въ руцѣ твои, господи, предаю духъ мои! Аминь!«

И предаетъ душу свою въ руцѣ божии, егоже возлюби. И вси видѣвше около главы ея кругъ златъ, якоже на иконахъ около главъ святыхъ пишется. И омывше ю въ клѣтѣ, и въ ту нощь видѣша свѣтъ и свѣща горяща[70], и благоухание велие повѣваше изъ клѣти тоя. И вложше[71] ю во гробъ дубовыи, везоша въ предѣлы Муромския, и погребше[72] у церкви праведнаго Лазаря подлѣ мужа ея, въ селѣ Лазаревѣ, за четыре версты отъ града, въ лѣта 7112[h], генваря въ 10 день. Потомъ надъ нею поставиша церковь теплую во имя архистратига Михаила; надъ гробомъ ея лучися пещи быти; земля же возрасташе надъ нею по вся лѣта.

И бысть въ лѣто 7122-го[i], августа въ 8 день: преставися сынъ ея Георгии, и начаша въ церкви копати ему могилу, въ притворѣ между церковию и пещию, бѣ бо притворъ тои безъ моста. И обрѣтше[73] гробъ ея наверху земли цѣлъ, неврежденъ ничимъ, и недоумѣваху, чии есть, яко отъ многихъ лѣтъ не бѣ ту погребаемаго. Того же мѣсяца въ 10 день, погребше сына ея Георгия подлѣ гроба ея, и поидоша въ домъ его учредити погребателеи. Жены же бывшая открыша гробъ и видѣша полнъ мира благовонна, и въ тои часъ отъ ужасти не повѣдаша ничтоже; по отшествии же гостеи сказаша бывшая.

Мы же, слышавъ, удивихомся, и открывши гробъ, видѣхомъ такъ, яко жены рѣша[74] отъ ужасти. Начерпахомъ малъ сосудецъ мира того и отвезохомъ во градъ Муромъ въ соборную церковь, и бѣ въ день аки квасъ свекольныи, въ нощи же сгустѣвашеся[75], аки масло багряновидно. Тѣлеси же ея до конца отъ ужасти не смѣяхомъ досмотрѣти, точию видѣхомъ нозѣ ея и бедры, цѣлы суща, главы же ея не видѣхомъ, того дѣля, понеже на концѣ гроба бревно пещное налегаше, отъ гроба же подъ пещь скважня, еюже гробъ тои изъ подъпещья идяше на востокъ съ сажень, доньдеже пришедъ ста у стѣны церковныя.

Въ ту же нощь мнози слышаху у церкви тоя звонъ и мнѣша пожаръ, и прибегше[76], не видѣша ничтоже; точию благоухание исхождаше; и мнози слышавше, и прихождаху и мазахуся миромъ тѣмъ, и облегчение отъ различныхъ недугъ примаху. Егда же миро то раздано бысть, нача подлѣ гроба исходити перьсть, аки песокъ, и приходятъ болящии различными недуги, и обтираются пескомъ тѣмъ, и облегчение приемлютъ и до сего дня.

Мы же сего не смѣяхомъ писати, яко не бѣ свидѣтельство.

[1] живяста *impf. 3 du.* : жити.   [2] имяста *impf. 3 du.* : имѣти.   [3] бывши еи *dat. abs.*
[4] поятъ = поя *aor. 3 sg.* : пояти.   [5] чтяше *impf. 3 sg.* : чисти, чьту.   [6] сварима *p. p. p. f.* : сварити.   [7] толицѣи *loc. sg. f.* : толикии.   [8] нуждаху *impf. 3 pl.* : нудити.   [9] ясти = ѣсти. [10] вдаяшеся *impf. 3 sg.* : в(ъ)даяти/в(ъ)дати.   [11] обшиваше *impf. 3 sg.* : обшивати.   [12] дѣвичествѣмъ *loc. sg.* : дѣвичьскъ.   [13] достиже *aor. 3 sg.* : достигнути.   [14] свекру и свекрови ... сущимъ *dat. abs.* (*temp.*).   [15] повелѣста *aor. 3 du.* : повелѣти.   [16] я *acc. du.* : онъ.   [17] многимъ искушающимъ *dat. abs.* (*temp.*).   [18] мужу ... бывающу *dat. abs.* (*temp.*).   [19] сироты *instr. pl.* : сирота.   [20] омыя *pr. a. p.* : омыти.   [21] напаяя *pr. a. p.* : напаяти.   [22] ляже *incorr. aor. 3 sg.* : лещи, лягу.   [23] усну *aor. 3 sg.* : уснути.   [24] пришедша *p. a. p.*, *acc. pl.* [25] воздвигъ *p. a. p.* : воздвигнути.   [26] дщи = дщꙗ *nom. sg./voc. sg.*   [27] возбнувъ *p. a. p.* : возбнути/възъбнути.   [28] преемши *p. a. p. f.* : преяти.   [29] гнѣву ... постигшу *dat. abs.* (*caus.*).   [30] гладу ... бывшу *dat. abs.* (*caus.*).   [31] могохъ *aor. 1 sg.* : мощи.   [32] ядяше *impf. 3 sg.* : ясти/ѣсти.   [33] погребахутъ *impf. 3 pl.* : погребати.   [34] глубоцѣи *loc. sg.* : глубокъ.   [35] иноцѣхъ *loc. pl.* : инокъ.   [36] свекру и свекрови ... умершимъ *dat. abs.*   [37] погребе *aor. 3 sg.* : погрести.   [38] мужу ... бывшу *dat. abs.*   [39] истроши *aor. 3 sg.* : истрошити.   [40] почти *aor. 3 sg.* : поч(ь)тити.   [41] удовляше *impf. 3 sg.* : удовляти.   [42] задавааше *impf. 3 sg.* : задавати.   [43] печашеся *impf. 3 sg.* : пещися.   [44] мужу ... преставльшуся *dat. abs.*   [45] преставльшуся *p. a. p.*, *dat.* : преставитися.   [46] отверже *aor. 3 sg.* : отврѣщи.   [47] босыма ногама *instr. du.*   [48] нозѣ *acc. du.* : нога.   [49] попу пришедшу *dat. abs.*   [50] почиетъ *pr. 2 sg.* :

почити. ⁵¹ ногу *loc. du.* : нога. ⁵² внятъ *aor. 3 sg.* : в[ъ]няти. ⁵³ закая *aor. 3 sg.* : закаяти. ⁵⁴ вниде *aor. 3 sg.* : в[ъ]нити. ⁵⁵ мучаше *impf. 3 sg.* : мучити. ⁵⁶ движастася *impf. 3 du.* : движитися. ⁵⁷ прорасте *aor. 3 sg.* : прорасти. ⁵⁸ всѣенное *p. p. p. n.* : в(ъ)сѣяти. ⁵⁹ тща *acc. sg.* : т(ъ)щь. ⁶⁰ смятеся *aor. 3 sg.* : с(ъ)мястися. ⁶¹ велицѣ скудости умножшися *dat. abs. (caus.).* ⁶² умножшися *p. a. p. f., dat. sg.* : умножитися. ⁶³ вземлемъ *pr. 1 pl.* : в(ъ)зимати. ⁶⁴ лежа *aor. 3 sg.* : лежати. ⁶⁵ лежа *pr. a. p.* : лежати. ⁶⁶ свитающу дню *dat. abs. (temp.).* ⁶⁷ сыи *pr. a. p. m. instead of* сущи *pr. a. p. f.* : быти. ⁶⁸ богу . . . извольшу *dat. abs.* ⁶⁹ возлеже *aor. 3 sg.* : возлещи/възлещи. ⁷⁰ свѣща горяща *acc. pl.* ⁷¹ вложше *p. a. p., nom. pl.* : в(ъ)ложити. ⁷² погребше *p. a. p., nom. pl.* : погрести. ⁷³ обрѣтше *p. a. p., nom. pl.* : обрѣсти. ⁷⁴ рѣша *aor. 3 pl.* : рещи. ⁷⁵ сгустѣвашеся *impf. 3 sg.* : с[ъ]густѣватися. ⁷⁶ прибѣгше *p. a. p., nom. pl.* : прибѣщи, прибѣгнути.

a Ivan the Terrible (1533–84).
b Murom, a town on the Oka River in the Principality of R'azan'.
c Astraxan', a city on the Volga River.
d Tsar Boris Godunov (1598–1605).
e 1601–3.
f The region of Nižnij-Novgorod on the Volga River.
g St. Cornelius (third century a. d.).
h 1604.
i 1614.

THE LIFE OF BOYARINA MOROZOVA, PRINCESS URUSOVA, AND MARIA DANILOVA

Theodosia Morozova, the daughter of the Muscovite boyar Prokopij Sokovnin and the widow of the boyar Gleb Morozov, and Princess Eudoxia Urusova, her sister, members of the highest Muscovite aristocracy, created a sensation in Moscow by joining the party of the protopope Avvakum, leader of the Old Believers who were opposed to the Church reform of Patriarch Nikon (1654). They and their friend Maria Danilova were investigated and severely persecuted by government and church authorities under Tsar Aleksej, and died in prison in 1672. Their sufferings—especially the life and death of Morozova—were portrayed by an unknown author in a hagiographical biography remarkable for its realistic portrayal of many aspects of Muscovite life and distinguished by numerous vivid dialogues. The process of secularization, clearly noticeable in the biography of Juliana Lazarevskaja, here attains full development, and the genre is on the point of assuming the characteristic of a typical novel. The *Life* is one of the most successful literary monuments of the New Muscovite period.

The text, reprinted in fragments, is taken from Vol. VIII of N. Subbotin, Материалы для истории раскола за первое время его существования (Moscow, 1886).

Житие боярыни Морозовой, княгини Урусовой и Марьи Даниловой

Списано еже[1] отчасти исповѣдание и страдание новыхъ мученицъ Русскаго Царствия: синклитикии Феодосии Морозовои, и сестры ея, княгини Евдокии Урусовои, и съ ними Марии, союзницы ихъ

★

Преблагии убо и премилосердыи богъ и создатель рода человѣческаго, господь нашъ Исусъ Христосъ, иже едино сыи[2] со отцемъ и святымъ духомъ, сѣдяи[3] одесную, еже есть превыше всякаго начала и власти, въ пребожественнѣи славѣ же и чести, иже сыи сияние и образъ отечь неизмѣнныи, егоже вся небесныя силы во ужасѣ и страсѣ[4], купно же и въ неизреченнѣи радости, непрестанно поюще и, глаголютъ: *Святъ, святъ, святъ, господь Саваофъ!* — во ужасѣ и страсѣ божества ради, яко не могуще то существо разумомъ объяти, ибо величествию его нѣсть конца, въ неизреченнѣи же радости ради его человѣчества, яко то существо его зряще, всего божества исполнено...

★

Сия же убо блаженная и приснопамятная Феодосия[a] родися[5] отъ благородну и благочестиву родителю[6], отца своего Прокопия, иже порекломъ словяше[7] Соковнинъ: бѣ же убо синклитикъ въ царствующемъ градѣ Москвѣ. Мати же ея именемъ Анисия. Егда же Феодосия достиже[8] возраста своего седминадесяти лѣтъ, сочеταста[9] ю родители ея законнымъ бракомъ мужу, болярину же, Глѣбу Ивановичю Морозову. По нѣкоемъ же времени бысть и мати единому отрочати, роди бо мужескъ полъ, сына, емуже наречено бысть имя Иоаннъ. Не непричастна бо сия бысть и божественныхъ дарованни: ибо роди дѣтище по нѣкоему явлению великаго Сергия Чюдотворца[b]. Братъ же убо ея, Борисъ Ивановичъ[c], вел[ь]ми любляше сию Феодосию, сноху свою, духовною любовию, часто же и вельми наслаждаяся медоточныхъ словесъ ея, егда съ нею бесѣдоваше: бѣ бо благоразумна и боголюбива. Она же, мало лѣтъ поживъ съ мужемъ своимъ, оста[10] вдовою съ сыномъ своимъ; бѣ[11] бо прекратися временное сие мужа ея житие.

Внегда же сия блаженная Феодосия увѣдѣ[12] о нововнесенныхъ во святую церковь догматѣхъ и о развращении древняго святоцерковнаго предания и чина и во святыхъ книгахъ писания, церковнаго же славословия, еже есть пѣснеи духовныхъ и молитвъ[d]: тогда о православии зѣло возревнова и всего новоуставления церковнаго отвратися и возгнушася.

И о таковомъ ея ревновании доиде[13] даже и во уши царю[e]. Онъ же много о семъ ю увѣщаваше[14]; она же не изволи покоритися словесемъ его. По нѣкоемъ же времени посла къ неи царь Иоакима архимарита Чюдовскаго[f] и Петра ключара. Она же имъ истиннымъ гласомъ крѣпко супротивляшеся, и обличивъ ихъ, посрами. И сего ради ея обличения тогда въ ярости своеи вездѣ по всеи Русии крестъ истинныи трисоставныи измѣнилн, повелѣниемъ царя и патриарха[g], а у нея полъ вотчинаго имѣния отняли; и многоразлично за благочестие претерпѣ[15] тогда, обаче отъ благочестия никакоже отступити хотяше, но умрети о правдѣ изволяше. Упрошениемъ же царицы Марии[h] по семъ искушении малу ослабу получи: бѣ бо за добродѣтельное ея житие зѣло милостива къ неи была и любила ю. Она же, во ослабѣ бывши, многи милостыни сотвори и много имѣния расточи неимущимъ, многи же съ правежю съкупи. И монастыремъ довольно подаваше и церквамъ потребная приношаше, пустынниковъ многихъ потребами награждаше, прокаженныхъ въ дому своемъ упокоеваше[16].

И увѣдѣвъ о нѣкоеи благоговѣинѣи инокинѣ, именемъ Мелании[i], и за духовную бесѣду и за словеса ея зѣло возлюби, и тако смирившеся Христа ради, ꙗко и въ матерь себѣ изволи ю имѣти, и толико покорися еи, ꙗко и до конца свою волю отсѣче[17], послушаше бо ея Христа ради во всемъ: бѣ бо отдадеся[18] еи подъ началъ. И такова бысть опасная послушница, ꙗко до дне смерти своея ни въ чемъ повелѣния ея не ослушася[19]. И отъ тоя Мелании инокини бысть наставляема, убо до конца постиже[20] разумѣти и творити всякое богоугодное дѣло...

★

Тогда убо видящи[21] тои ея благочестивыи разумъ и твердое о истинѣ поборание, дядя ея, Михаило Алексѣевичъ Ртищевъ[j], со дщерию своею Анною, ꙗко возлюбленнии Никону и его новопредания сосуди, многажды къ неи приѣжжалъ и, въ дому блаженныя сѣдяще, начинаху Никона и предания его блажити, искушающе ю, надѣющеся, еда како возмогутъ смыслъ ея поколебати и на свои разумъ привести, глаголюще сице:

»Великъ и премудръ учитель Никонъ патриархъ, ꙗко не туне и самъ царь его послушаетъ, и вѣра, отъ него преданная, зѣло строина и добра, и красно по новымъ книгамъ служити.«

Помолчавъ же, блаженная Феодосия отверзе[22] уста своя:

»Поистиннѣ, дядюшка, прельщени есте вы! И такова врага божия, отступника похваляете, и книги его, насѣянные римскихъ и иныхъ всякихъ ересеи, ублажаете! А намъ, православнымъ христианомъ, подобаетъ книгъ тѣхъ отвращатися, и всѣхъ его Никоновыхъ нововводныхъ предании богомерзскихъ гнушатися и бѣгати, и его самого, врага церкви Христовы суща, проклинати всячески.«

Старѣишии же сѣдиновецъ еще понуждается рещи:

»О, чадо Феодосия! Что сия твориши? Почто отлучилася отъ насъ? Не видиши ли виноградъ сеи?«

О дѣтехъ ту сѣдящихъ се рекъ.

»Только бы намъ, зря на нихъ, ꙗко на лѣторасли масличныя, веселитися и ликовати, купно съ тобою ꙗдуще и пиюще, общею любовию. Но едино между нами разсѣчение стало. Молю тя: остави разпрю, прекрестися тремя персты и прочее, ни въ чемъ не прекословь великому государю и всѣмъ архиереомъ! Вѣмъ азъ, ꙗко погуби тя и прельсти злѣишии онъ врагъ протопопъ, егоже имени гнушаюся воспомянути за многую ненависть, егоже ты сама вѣси[23], за егоже учение умрети хощеши, — реку же обаче Аввакума[k], проклятаго нашими архиереи.«

Добляя же, ꙗко видѣ старика безумствующа, осклабляшеся лицемъ и тихимъ гласомъ рече:

»Не тако, дядюшка, не тако! Нѣсть право твое слово и отвѣщание!

Сладкое горькимъ называеши, а горькое сладкимъ! Аввакумъ же истинныи ученикъ Христовъ, понеже страждетъ нынѣ отъ васъ за законъ владыки своего, и сего ради хотящимъ богу угодити довлѣетъ учения его послушати.«

И ина многая о благочестии изрече. И всегда съ ними брань неукротимая у нея бяше; но помощию божиею посрамляше ихъ.

Единою же Анна сия Михаиловна[l] нача[24] еи глаголати сице:

»О сестрица голубушка! Съѣли тебя старицы Бѣлевки[m], проглотили твою душу, — аки птенца отлучили тебя отъ насъ! Не точию насъ ты презрѣла, сродникъ своихъ, но и о единороднѣмъ сынѣ своемъ не радиши. Едино у тебя чадо[n], и ты и на того не глядишь! Подобаше бо, ему спящу[25], а тебѣ сидѣти надъ нимъ и бдѣти, и поставити свѣща отъ чистѣишаго воска, и не вѣмъ каковую лампаду жещи надъ красотою зрака его, и зрѣти тебѣ лице его и веселитися, яко таковое чадо драгое дароваль тебѣ богъ! Многажды бо и самъ государь, и съ царицею, вельми ему дивляхуся[26] [и] красотѣ его. А ты его ни во что полагаеши, и великому государю не повинуешися. И убо еда како за твое прекословие приидетъ на тя и на домъ твои огнепальная ярость царева, и повелитъ домъ твои разграбити, тогда многи скорби сама подъимеши, и сына своего нища сотвориши своимъ немилосердиемъ.«

Феодосия же отверзе священная своя уста и рече:

»Неправду глаголеши ты! Нѣсть[27] бо азъ прельщенна, яко же ты глаголеши, отъ Бѣлевскихъ старицъ, но, по благодати спасителя моего, чту бога отца цѣлымъ умомъ. А Ивана люблю азъ, и молю о немъ бога безпрестани, и радѣю о полезныхъ ему душевныхъ и тѣлесныхъ. А еже бы мнѣ Ивановы ради любве душю свою повредити, или, сына своего жалѣя, благочестия отступити?«

И сия рекши, знаменася крестнымъ знамениемъ, глаголя:

»Сохрани мене, сыне божии, отъ сего неподобнаго милования! Не хощу, не хощу, щадя своего сына, себе погубити; аще и единороденъ ми есть; но Христа азъ люблю болѣе сына. Вѣдомо бо вамъ буди, аще и умышляете сыномъ мнѣ препяти Христова пути, никогда сего не получите! Но сице вамъ дерзновенно реку: аще хощете, изведите сына моего на пожаръ, и предадите его на разтерзание псомъ, страша мене, дабы азъ отступила отъ вѣры, то азъ не хощу сего сотворити, еже новую вѣру прияти. Аще и узрю красоту его, псомъ разтерзаему, благочестия же ни помышлю отступити, Вѣдая извѣстно, яко аще азъ до конца во Христовѣ вѣрѣ пребуду и смерти его ради сподоблюся вкусити, то никтоже его отъ руку моею исхитити не можетъ.«

Сия же слышавши Анна и яко отъ грома ужасшися[28] отъ страшныхъ ея словесъ, и преизлиха дивляшеся крѣпкому ея мужеству и непреложному разуму.

★

Феодосия же имѣяше присную си сестру, отъ единого кореню родительску процвѣтшу, Евдокию именемъ, яже сочетана бысть мужу, князю Петру Ивановичю Урусову[o]. Моляше же ся Феодосия многажды богу, да дастъ и сестрѣ ея, княгини Евдокии, такову же любовь и попечение ко Христу имѣти о души своеи, яко же и сама она сподобися имѣти любовь ко Христу. Словесы[29] же наказоваше ю въ повиновении намнозѣ, и увѣща ю, еже предатися въ повиновение матери Мелании. Она же зѣло радостнѣ и съ великимъ усердиемъ умоли матерь, еже бы попеклася о спасении души ея. Мати же та надолзѣ отрицашеся ея. Но обаче княгиня многими слезами превозможе[30], и бысть послушница изрядна ...

*

Феодосия же начатъ мыслию на бол[ь]шая простиратися, желая зѣло ангельскаго образа. И припадаше къ матери, лобызающи руцѣ[31] ея; и поклоняяся на землю, моляше ю, яко да облечетъ ю во иноческии образъ. Мати же ея паки отлагаше, многихъ ради неудобныхъ винъ, мнящи невозможное еи — непорочно въ дому своемъ сеи чинъ соблюсти ...

Мати же, видя непреложныи ея разумъ и вѣру, изволи быти сему по усердию ея, [и] умоли отца, христолюбца Досифея, одѣяти ю во иноческии образъ. Онъ же постригъ ю, и нарече[32] имя Феодоры, и предаде ю отъ Евангелия тои же матери Мелании. Тогда блаженная Феодосия, преименованная же во иночествѣ Феодора, видя себе во ангельскомъ чинѣ, и яко сподобися таковаго великаго дарования божия, нача вдаватися большимъ подвигомъ, посту и молитвѣ и воздержанию, купно же и молчанию, а отъ домовыхъ дѣлъ уклоняяся, сказующе себе болящу, и всякия судебныя дѣла приказала вѣдать вѣрнымъ своимъ служителемъ.

*

Егда же убо приспѣ бракъ царевъ, — умерши бо Марии царицѣ[33]р, — и хотяше пояти Анаталию[q], тогда блаженная не восхотѣ на бракъ царевъ приити съ прочими боляронями. И тяжко си вмѣни царь Алексии, понеже еи достоитъ въ первыхъ стояти и титлу цареву говорити. И послѣди прилежно зва ю; она же до конца отречеся, глаголя, яко:

»Ноги мои зѣло прискорбны, и не могу ни стоять, ни ходить.«

Царь же рекъ:

»Вѣмъ, яко загордилась.«

Преподобная же, вѣдущи, яко се дѣло царь просто не покинетъ, — яко же и бысть, — но изволи лучши страдати, нежели съ ними сообщитися: понеже тамо въ титлѣ царя *благовѣрнымъ* нарицати, и руку его цѣловати, и отъ благословения архиереовъ ихъ не возможно избыти. Тѣмже и не восхотѣ къ нему итти.

Царь же все то лѣто на ню за то гнѣвался, и начатъ вины искати, како бы ю аки не туне изгнати. И уже близъ осени присла къ неи болярина Троекурова[г] съ выговоромъ, и мѣсяцъ понровя князя Петра Урусова съ выговоромъ же, еже бы покорилася и прияла бы всѣ новоизданныя законы ихъ; аще ли не послушаетъ, то быти бѣдамъ великимъ на ню.

Она же дерзаше о имени господни, и боляромъ тѣмъ отказываше:

»Азъ царю зла не вѣмъ себе сотворшу[34], и дивлюся, почто царскии гнѣвъ на мое убожество. Аще ли же хощетъ мя отставити отъ правыя вѣры, и въ томъ бы государь на меня не покручинился, но извѣстно ему буди: по сие число, якоже сынъ божии покрывалъ мя своею десницею, ни въ мысли моеи прияхъ[35] когда, еже бы оставити отческую вѣру и прияти ми Нико-

хощу и умрети. И прочее довлѣетъ ему, государю, не стужати мнѣ, убозѣи[37] новы уставы. Но се ми возлюбленно: въ вѣрѣ христианскои, въ неиже родихся[36] и по апостольскимъ и отческимъ преданиемъ крестихся, въ томъ рабѣ, понеже мнѣ сея нашея православныя вѣры, седмию вселенскими соборы[38] утверженныя, никако никогда отрещися не возможно, якоже и прежде множицею сказахъ[39] ему о семъ.«

Посланнии же, пришедши къ царю, и повѣдаху[40] ему мужественныя словеса ея.

Онъ же паче множае[41] гнѣвомъ распалашеся[42], мысля ю сокрушити. И глагола предстоящимъ:

»Тяжко еи братися; и единъ токмо кто отъ насъ всяко еи одолѣетъ.«

И нача съ боляры своими совѣтъ творити о неи, что еи хощетъ сотворити. И бысть въ Верху[8] не едино сидѣние объ неи, думающе неправедную ярость и на неповинную душу составъ. Боляре же и совѣтницы[43] не прилагахуся[44] къ совѣту, но точию возразити злаго умысла не могуще, страха же ради, молчаху. Но наипаче царю поспѣшествоваху на сие архиереи и старцы, Никоновы ученицы, иеромонахи римския . . .

★

Егда же приспѣ ноября 14 число, рече Феодора старицамъ:

»Матушки мои, время прииде ко мнѣ! Идите вси вы каяждо, аможе господь васъ сохранитъ; а мнѣ благословите на божие дѣло и помолитеся о мнѣ, яко да укрѣпитъ мя господь вашихъ ради молитвъ, еже страдати безъ сомнѣния о имени господни.«

И тако любезно цѣловавъ я, отпусти съ миромъ.

Въ мясопустъ же отъиде и княгиня [Евдокия] въ домъ свои, и сѣдящи[45] съ княземъ на трапезѣ и вечеряющи, начатъ князь повѣдати еи, что у нихъ въ Верху творится, и рече:

»Скорби великия грядутъ на сестру твою, понеже царь неукротимымъ гнѣвомъ содержимъ, и изволяетъ на томъ, что вскорѣ ея изъ дому изгнати . . .«

Во утрие же, грядущу князю[46] къ царю въ Верхъ, моли его княгиня, яко да отпуститъ ю къ Феодорѣ. Онъ же рече:

»Иди и простися съ нею, точию не косни тамо; мню бо азъ, яко днесь присылка къ неи будетъ.«

Она же, пришедши, и укоснѣ въ дому ея до нощи.

И ждущимъ имъ[47] гостеи тѣхъ обѣщанныхъ, и се во вторыи часъ нощи отворишася врата бол[ь]шия! Феодора же, вмалѣ ужасшися, и разумѣ[48] яко мучители идутъ, и преклонися на лавку. Благовѣрная же княгиня Евдокия, озаряема духомъ святымъ, подкрѣпи блаженную Феодору, и рече:

»Матушка-сестрица, дерзаи! Съ нами Христосъ, — не боися! Востани, — положимъ начало!«

И егда совершиша седмь поклоновъ приходныхъ, едина у единои благословишася свидѣтельствовати истину. И Феодора возляже[49] на пуховикъ свои, близь иконы пресвятыя богородицы Феодоровские. Княгиня же Евдокия отъиде въ чюланъ, иже устроенъ въ тои же спальнѣ, егоже содѣла Феодора наставницѣ своеи Меланіи: и тамо княгиня подобнѣ возляже.

И се Иоакимъ, архимаритъ Чюдова Монастыря, идяше съ великою гордостию! И вниде въ постельну къ блаженнѣи дерзко, и видѣвъ ю возлежащу, повѣда еи послана быти себе отъ царя, и понуди преподобную востати, да или стоящи, или поне сѣдящи, отвѣтъ творити противу царьскихъ словесъ, повелѣнныхъ ему глаголати предъ нею. Она же не повинуся сего сотворити. И егда архимаритъ истяза ю:

»Како,« — рече, — »крестишися! и како,« — рече еще, — »молитву твориши?«

Она же, сложа[50] персты по древнему преданию святыхъ отецъ, и отверзши[51] священная уста своя, и воспѣ[52] глаголя:

»*Господи Исусе Христе, сыне божии, помилуи насъ*! Сице азъ крещуся, сице же и молюся.«

»Старица Меланья, — а ты еи въ дому своемъ имя нарекла еси Александра, — гдѣ она нынѣ? Повѣждь[53] вскорѣ! Потребу бо имамы о неи.«

Блаженная Феодора отвѣща:

»По милости божии и молитвами родителеи нашихъ, по силѣ нашеи, убогии нашъ домъ отверсты врата имяше къ восприятию странныхъ рабовъ Христовыхъ, и егда бѣ время, были Сидоры и Карпы, и Мелании и Александры. Нынѣ же нѣсть отъ нихъ никого ихъ.«

Думнои Иларионъ Ивановъ ступи въ чюланъ, и не бѣ въ чуланѣ свѣта, и видѣ человѣка, возлежаща на одрѣ, и вопроси:

»Кто ты еси?«

Княгиня же отвѣща:

»Азъ князя Петра Урусова жена.«

Онъ же яко устрашися, и яко огнемъ опаляемъ, вспять отскочи.

Видѣвъ же архимаритъ думнаго, сие сотворша[54], и рече:

»Кто тамо есть?«

Онъ же рече:

»Княгиня Евдокия Прокофьевна, князь Петра Ивановича Урусова.«

Архимаритъ рече:

»Вопроси ю, како крестится.«

Онъ же, не хотя сего сотворити, глагола:

»Нѣсмы[55] послани, но токмо къ боляронѣ Федосьѣ Прокофьевнѣ.«

Иоакимъ же паки:

»Послушаи мене, азъ ти повелѣваю: истяжи[56] ю!«

Тогда думнои, приступль[57], вопроси ю. И исповѣда и не отвержеся; но возлежащи на одрѣ, лѣвыя руки лактемъ подкрѣпляющися, а десницею своею сложа персты: великии палецъ со двѣма малыма, указательныи же и великосреднии протягши[58], и показуя думному, глаголаше, усты[59] господа Исуса Христа сыномъ божиимъ величающи, — рече:

»Сице азъ вѣрую.«

Думнои же, изшедъ, повѣда архимариту. Онъ же, отъ великия ярости не могыи[60] надолзѣ терпѣти, видя свое зловѣрие благовѣрными женами попираемо, рече думному:

»Пребуди ты здѣ, дондеже азъ, шедъ тамо, повѣмъ сие царю.«

И съ словомъ скоро потече[61], и прииде къ царю.

Царю же сѣдящу[62] посредѣ болярь въ Грановитои Полатѣ[t], и пришедъ близь и пошепта ему во ухо, яко:

»Не точию боляроня мужески ста, но и сестра ея, княгиня Евдокия, обрѣтшися[63] у нея въ дому, ревнующи сестрѣ своеи, крѣпцѣ твоему повелѣнию сопротивляется.«

Царь же рече:

»Никакоже! Азъ бо слышахъ, яко княгиня тая смиренъ обычаи имать и не гнушается нашея службы; люта бо оная сумозбродная.«

Тогда бо архимаритъ человѣконенавистнѣ важдаше[64] на ню, рекущи[65]:

»Не точию конечно уподобися во всемъ сестрѣ своеи старѣишеи, но и злѣиши ея ругается намъ.«

Тогда рече царь:

»Аще ли тако есть, то воз[ь]ми и тую!«

Князь же Петръ, ту стоя и слышавъ сия словеса, оскорбися и помощи дѣлу не возможе[66].

И пришедъ паки архимаритъ въ домъ блаженныя, и елицы[67] предстояху еи рабыни ея, нача ихъ вопрошати, аще кто отъ нихъ есть послѣдующия госпожѣ своеи, ревнующе о вѣрѣ... И потомъ рече архимаритъ боляронѣ:

»Понеже не умѣла еси жити въ покорении, но въ прекословии своемъ утвердилася еси, сего ради царьское повелѣние постиже на тя, еже отгнати тя отъ дому твоего. Полно тебе жить на высотѣ! Сниди долу! Воставъ, иди отсюду!«

Блаженная же ни сего хотяше сотворити. Тогда онъ повелѣ рабомъ ея взяти ю и нести. И принесоша[68] кресла и посадиша ю, повелѣниемъ Иоакимовымъ, и несоша на нихъ. Сынъ же преподобныя, Иванъ Глѣбовичъ, проводи ю до средняго крыльца, и поклонився еи созади, онои не видящи его, и паки возвратися вспять. Преподобнѣи же Феодорѣ и княгинѣ Евдокиѣ возложиша на нозѣ[69] ихъ желѣза конская и посадиша въ людския хоромы, въ подклѣтѣ. И заповѣда[ша] людемъ блюсти ихъ стражею. И отъидоша.

★

И по двою днию прииде паки думнои Иларионъ, и снемъ[70] съ ногъ ихъ желѣза, и повелѣ имъ итти, идѣже ведутъ. Феодора же не восхотѣ итти. Онъ же повелѣ слугамъ ея нести ю. И принесши сукно, посадиша ю, и несоша, повелѣниемъ думнаго, до Чюдова Монастыря. Съ нею же ведоша и княгиню Евдокию. Внегда же внидоша во Вселенскую Полату, идѣже собрашася[71] Павелъ, митрополитъ Крутицкои[ч], Иоакимъ, архимаритъ Чюдовскои, и думнои, тогда Павелъ митрополитъ начатъ еи глаголати тихо, воспоминая честь ея и породу:

»И сие тебѣ сотвориша [старцы и] стар[и]цы, прельстившия тя, съ нимиже любовнѣ водилася еси и слушалася учения ихъ, и доведоша тя до сего безчестия, еже приведенѣ быти чес[т]ности твоеи на судище!«

Потомъ же многими словесы кротяще ю увѣщаваху[72], яко да покорится цареви[73]. И красоту сына ея воспоминаху, яко да помилуетъ его, и да не сотворитъ дому его разорену быти своимъ прекословиемъ. Она же противу всѣхъ ихъ словесъ даяше имъ предъ боляры[74] отвѣты.

»Нѣсмь,« — рече, — »прельщена, яко же глаголете, отъ старцовъ и отъ старицъ, но отъ истинныхъ рабовъ божиихъ истинному пути Христову и благочестию навыкохъ[75]. А о сынѣ моемъ престаните многая глаголати, обѣщахъ[76] бо ся Христу, моему свѣту, и не хощю обѣщания солгати и до послѣдняго издыхания: понеже азъ Христу живу, а не сыну.«

Они же видѣша мужество ея непреклонное, и не могуще ея препрѣти, и восхотѣша ю поне устрашити, и рекоша еи такову главизну:

»Понеже крѣпко сопротивляешися словесемъ нашимъ, прочее въ краткости вопрошаемъ тя, — по тѣмъ служебникомъ, по коимъ государь царь причащается, и благовѣрная царица и царевичи, ты причастишися ли?«

Она же мужескимъ сердцемъ рече:

»Не причащуся! Вѣмъ азъ,« — рече, — »яко царь по развращеннымъ Никонова издания служебникамъ причащается, сего ради азъ не хощу!«

Митрополитъ еще:

»И како убо ты о насъ всѣхъ мыслиши, — еда вси еретицы[77] есмы?«

Она же паки отвѣща:

»Понеже онъ, врагъ божии Никонъ, своими ересьми аки блевотиною наблевалъ, а вы нынѣ то осквернение его полизаете, и посему явѣ, яко подобни ему есте!«

Тогда Павелъ возопи вельми, глаголя:

»О, что имамы сотворити? Се всѣхъ насъ еретиками называетъ!«

Иоакимъ же, и тои вопияше:

»Почто, о архиерею Павле, нарицаеши ю материю, да еще и преподобною? Нѣсть се, нѣсть! Не бо Прокофиева дщи[78] [и] прочее, но достоитъ ю нарицати бѣсова дочь.«

Блаженая же отказываше Иоакиму, глаголя:

»Азъ бѣса проклинаю: по благодати господа нашего Исуса Христа, аще и недостоина, обаче дщерь его есмь.«

И бысть еи прения съ ними отъ втораго часа нощи до десятаго.

Потомъ же повелѣша ввести предъ себя и благочестивую княгиню Евдокию. И та такожде противу ихъ вопрошении во отвѣтѣхъ мужество показа, подобнѣ во всѣхъ Феодорину. И паки возвратиша ихъ на первое мѣсто. Феодору по прежнему на сукнѣ принесоша. И посадиша ихъ въ томъ же подклѣтѣ въ дому ея, возложьше[79] имъ желѣза на нозѣ[80]...

Во утрии же день по стязани[и] ихъ, еже со властьми, прииде къ нимъ думный. И принесени быша цѣпи со стулами, и снемше[81] съ ногъ ихъ желѣза, и начаша цѣпи на выя ихъ возлагати. Блаженная же Феодора, прекрестивши лице свое знамениемъ креста, и поцѣловавъ огорлие цѣпи, и рече:

»Слава тебѣ, господи, яко сподобилъ мя еси Павловы узы возложити на ся!«

И повезоша ю, всадивше на дровни, безчестно, и везена бысть мимо Чудова Монастыря подъ Царския Переходы.

Она же, сѣдши, стулъ, иже на цѣпи, близь себѣ положи, рукою же десною своею, простерши, ясно изобрази сложение перстъ, высоцѣ[82] вознося, и крестомъ часто ограждашеся и цѣпию звяцаше непрестанно: мняше бо она яко на Переходахъ царь смотритъ побѣды ея, сего ради явити ему о себѣ хотя, яко не точию стыдитися еи ругания ихъ ради, но и зѣло услаждается любовию Христовою и радуется о юзахъ.

Евдокию же княгиню подобнѣ обложиша юзами желѣзными, и отведена бысть во Алексѣевскои Монастырь, и тамо повелѣно держати ю подъ крѣпкою стражею...

Феодорѣ же отвезенѣ убо бывши[83] на подворье Печерскаго Монастыря, и приставлена бысть къ неи стража крѣпкая: два головы стрѣлецкие, премѣняющеся, съ девятию воинъ стрежаху.

Бяше же тогда нѣкая и Мария[v], сопричастница подвига ихъ. Во время бо гнѣва царева на блаженную Феодору, сия Мария умысли бѣжати. По нѣкоему же языку бысть за нею погоня велика, и бысть ята[84] въ Подонскои странѣ и приведена къ Москвѣ, и тако же, въ бывшемъ истязании ея, подобнѣ во всемъ показа, якоже и Феодора и Евдокия. Зѣло убо сопротивися и предъ всѣми похвали древнее благочестие, а новыхъ догматъ отвержеся[85] приятия. И посадиша ю, оковавше, подъ Стрѣлецкимъ Приказомъ.

Къ Феодорѣ же часто приѣзжаше митрополитъ Иларионъ Рязанскии[w]. Она же толико благоразумно стязашеся, яко и вельми ему посрамленну бывати и безъотвѣтну множицею отходити. Видя же себе Феодора желѣзы[86] тяжкими обложену и неудобьствомъ стула томиму, радовашеся. О единомъ же скорбяше, и къ наставницѣ своеи Мелании своею рукою писаше:

»Увы мнѣ, мати моя, не сотворихъ азъ ничтоже дѣла иноческаго! Како убо возмогу нынѣ поклоны земныя полагати? Охъ, лютѣ мнѣ грѣшницѣ! День смертныи приближается, а азъ, унылая, въ лѣности пребываю! И ты, радость моя, вмѣсто поклоновъ земныхъ благослови мнѣ Павловы узы Христа ради поносити. Аще волиши, благослови ми масла кравия, и млека, и сыра, и яицъ воздержатися, да не праздно ми иночество будетъ, и день смертныи да не похититъ мя неготову. Едино же точию повели ми постное масло ясти!«

Мати же на страдание подаде[87] еи благословение, рекущи:

»Стани добльственнѣ, страждущи о имени господни, и господь да благословитъ тя юзы его ради носити, и поиди отъ насъ, яко свѣща, богу на жертву; о брашнѣ же, вся прилучшаяся[88] да яси[89].

★

Царю же по взятии Феодоринѣ по многи дни сѣдящу[90] съ боляры[91] своими и мыслящу, что бы еи сотворити за дерзновенное ея обличение.

А Ивана Глѣбовича, сына ея, приказалъ царь беречи служащимъ людемъ, иже въ дому ея. Онъ же отъ многия печали впаде[92] въ недугъ. И присла къ нему лѣкареи своихъ. Они же толико его излѣчили, яко въ малыхъ днехъ и гробу предаша. Умершу же Ивану[93], присланъ бысть къ Феодорѣ сказати смерть сына ея попъ Никониянинъ, иже, злоуменъ сыи[94], и много еи досади... Премудрая же не внимаше буести ихъ. Обаче егда увѣдѣ смерть сына своего, оскорбися вел[ь]ми, и падши на землю предъ образомъ божиимъ, умильнымъ гласомъ, съ плачемъ и рыданиемъ, вѣщаше:

»Увы мнѣ, чадо мое, погубиша тя отступницы[95]!«

И бысть на многъ часъ не востающи отъ земли, творящи же о сынѣ си и нагробныя пѣсни.

Царь же о смерти Ивановѣ порадовася, яко свободнѣ мысляше безъ сына матерь умучити. По семъ начатъ[96] гнѣвъ свои на ню[97] износити: обою брату[98] ея, Феодора и Алексия, въ заточения отсла, и все имѣние ея расточи, [и] отчины и стада конеи разда боляромъ. А вещи вси златыя и сребряныя и жемчюжныя, и иже отъ драгихъ камении, все распродати повелѣ. И разоряющи полату, множество злата обрѣтоша въ стѣнѣ заздано[99].

По времени же, аки бы умилися царь, повелѣ дати Феодорѣ дву отъ рабынь ея, яко да послужатъ еи во юзахъ ея. Княгинѣ же Евдокии, аще и не бысть отъ служащихъ еи рабынь, но богъ воздвиже послужити еи, господьству ея, болярска рода дщерь, Акулину дѣвицу. А Мария вышереченная, сѣдящи тамо, подъ Стрѣлецкимъ Приказомъ, бѣду приимаше болѣе обою сестръ: безстуднии бо воини пакости творяху [еи], невѣжествомъ своимъ...

★

И паки въ другую нощь, во вторыи часъ нощи, свезены быша вси трие мученици на Ямскои Дворъ[x], На томъ же дворѣ собрано было людеи множество. И посадили мученицъ въ ызбѣ, а въ неи отъ множества людеи тѣсно. Святии же, сѣдяще по угламъ въ темнѣ мѣстѣ между множества человѣкъ, каяждо мняше, яко едина есть. Не мняху же, яко мучити ихъ хотятъ, но надѣяхуся, яко послѣди распроса въ заточение куды хотятъ послать. Послѣди же Феодора уразумѣ, яко не въ заточение, но на мучение привезена. Извѣстишася же еи, яко и еще двоица мученицъ ту есть, невозможно же бесѣдовать съ ними и укрѣпити ихъ на терпѣние. Она же позвяца[100] юзами, а мыслию своею рече:

»Любезнии мои сострадал[ь]ницы, се азъ ту есмь съ вами. Терпите, свѣты мои, мужески, и о мнѣ помолитеся!«

Ко Евдокиѣ же и руку протягши[101] сквозѣ утѣснение людское, вземши[102] за руку княгиню, и стиснувши ея вел[ь]ми крѣпко, и рече:

»Терпи, мати моя, терпи!«

Бяху[103] же приставлени надъ муками ихъ стояти: князь Иванъ Воротынскои[y], князь Ияковъ Одоевскои[z], Василеи Волынскои[aa]. И въ первыхъ приведена бысть ко огню Мария. И обнаживше ю до пояса, руки назадъ завязали, и подъяша на тряску, и снемше[104] съ дыбы, бросили на землю. Потомъ приведоша во вторыхъ княгиню ко огню. И узрѣвше треухъ на неи, покрытъ отъ драгия цвѣтовидныя вещи, и рѣша[105] къ неи мучители:

»Почто тако твориши? Во опалѣ царскои, а носиши цвѣтное?«

Она же тако рече:

»Азъ не согрѣшихъ предъ царемъ ничтоже.«

Они же содраша покровъ, а еи исподъ единъ повергоша[106]. И обнаживше и ту до пояса, и подняша на тряску, рукамъ тако же опако связаннымъ. И снемше со древа, вергоша и ту близь Марии. Послѣди же приведоша ко огню и великую Феодору. И начатъ еи глаголати князь Воротынскои многая словеса, глаголющи:

»Что сотворила еси? Отъ какия славы и въ какое базчестие прииде! Кто ты еси, и отъ коего рода? Се же тебѣ бысть, яко принимала еси въ домъ Киприяна и Феодора юродивныхъ[bb], и прочихъ таковыхъ, и, ихъ учения держася[107], царя прогнѣвала еси!«

Добляя же отвѣща:

»Нѣсть велико наше тѣлесное благородие и слава суетня человѣча на земли. Иже изреклъ еси, нѣсть отъ нихъ ничто же велико, занеже тлѣнно и мимоходяще. Прочее убо престани отъ глаголъ своихъ. Послушаи, еже азъ начну глаголати тебѣ. Помысли убо о Христѣ: кто онъ есть, и чии сынъ, и что сотвори? И аще недоумѣваешися, азъ ти реку: Тои господь нашь, сынъ сыи божии, и богъ богомъ, и царь царемъ, нашего ради спасения сшедъ съ небеси и воплотися, и живяше все во убожествѣ, послѣди же и распятся[108] отъ жидовъ, яко же и мы отъ васъ мучимы. Сему не удивляеши ли ся? А наше ничтоже есть!«

Тогда властели, видяще дерзновение ея, повелѣша ю взяти, и рукавами срачицы ея увиша[109] по концѣхъ ея сосецъ, и руки на опако завязавше, и повѣсиша на тряску. Она же, побѣдоносная, и ту не молчаше, но лукавое ихъ отступление укоряше. Сего ради держали ея на тряскѣ долго, и висѣла полъчаса, и ременемъ руки до жилъ протерли. И снемше ея, къ тѣмъ же двѣма положиша.

И сице имъ еще ругавшеся безчеловѣчно, оставиша ихъ тако на снѣгу лежати нагимъ спинамъ ихъ, и руки назадъ выломаны. И лежали часа три.

И иныя козни творили: плаху мерзлую на перси клали, и ко огню приносили всѣхъ, и жгоша[110]. Послѣди же, егда вся козни сотвориша, и воставшимъ мученицамъ[111], и обнажение тѣлесѣ покрыша двѣ[112]. Третию же, Мария[113], положиша при ногахъ Феодоры и Евдокии, и биена бысть въ пять плетеи немилостивно, въ двѣ перемѣны: первое по хребту, второе по чреву. И думныи Иларионъ глаголаше двѣма мученицамъ:

»Аще и вы не покоритеся, и вамъ сице будетъ.«

Феодора же видѣ безчеловѣчие ихъ и многи раны на святѣи Марии и кровь текущю, прослезися и рече Илариону:

»Се ли християнство, еже сице человѣка умучити?«

И посемъ развезоша ихъ по мѣстомъ, въ девятомъ часу нощи...

★

По трехъ же днехъ послѣ мучения, присла царь голову стрѣлецкаго, сице глаголя:

»Мати преподобная, Феодосия Прокопиевна! Вторая ты Екатерина мученица[cc]! Молю тя азъ самъ, послушаи моего совѣта: хощу тя азъ въ первую твою честь возвести, — даи мнѣ таковое приличие, людеи ради, что аки не даромъ тебя свободилъ: не крестися тремя персты, но точию руку показавъ на три перста. Уже бо тя къ тому нудити не хощу. Мати преподобная, Феодосия Прокопиевна! Вторая ты Екатерина мученица! Послушаи, — азъ пришлю каптану свою царскую и со аргамаками своими, и приидутъ многие болярe и понесутъ тя на главахъ своихъ. Послушаи, мати преподобная, азъ самъ, царь, кланяюся главою: сотвори сие!«

Видѣвши же сие Феодора и слышавши, рече посланному:

»Что твориши, человѣче? Почто ми поклоняешися много? Престани, послушаи, еже азъ начну глаголати. Еже царь сия словеса глаголетъ о мнѣ, превыше моего достоинства. Грѣшница азъ и не сподобихся достоинства Екатерины мученицы. Другое же паки, еже наднести на треперстное сложение, не точию се, но сохрани мя сыне божии, еже бы ми ни въ мысли когда помыслити сего, еже ми совѣтуетъ. Но сие вѣдомо убо вамъ буди, яко никогда же сего, помощию Христовою сохраняема, не имамъ сотворити. Но убо аще азъ сего по воли его не сотворю, а онъ повелитъ мя съ честию

вести въ домъ мои, то азъ, на главахъ несома боляры[114], воскричю, яко
азъ крещуся по древнему преданию святыхъ отецъ. А еже еще каптаною
мя своею почитаетъ и аргамаками, по истинѣ, нѣсть ми сие велико: быша
бо у мене вся сия, и мимо идоша. Ѣжьживала въ каптанахъ и въ коретахъ,
на аргамакахъ и бахматахъ. Сие же вмѣняю не въ велико. Но по истинѣ
дивно есть, еже аще сподобить мя богъ о имени его огнемъ сожьженнѣи
быти, во уготованномъ ми отъ васъ струбѣ на болотѣ: сие мнѣ преславно!
Понеже сея чести не насладихся никогдаже, и желаю таковаго дара отъ
Христа получити!«

Сие святѣи рекши[115], умолча[116] голова.

Питирима же патриарха[dd] вскорѣ судъ божии постиже[117], и лютою
смертию животъ сконча. Феодору же съ Печерскаго Подворья повелѣ царь
перевести въ Новодѣвичь Монастырь, того ради, чтобы тамо никто еи не
приносилъ никаковы потребы. И повелѣ ю держати подъ крѣпкимъ нача-
ломъ и влачити къ пѣнию. Она же ни мало повинуся[118] имъ. Но и тамо
прославляше ю богъ: елицы[119] убо отъ вельможныхъ женъ, толико мно-
жество стицахуся[120], яко монастырю всему заставлену быти рыдванами и
коретами. Вси же не мольбы ради прихождаху[121], но да узрятъ святое
лице ея и крѣпкое терпѣние видятъ. Тако же и любезнии ея, богомъ покры-
ваемии, не точию на Печерскомъ Подворьѣ, но и ту втаи прихождаху и
утѣшаху многострадальное сердце ея. Царь же не хотя сему быти, еже
приходити вельможнымъ женамъ на видѣние терпѣния ея, повелѣ ю при-
вести паки въ Москву въ Хамовники[ee]. По семъ рече царю сестра его
старѣишая Ирина[ff]:

»Почто, братецъ, не въ лѣпоту твориши и вдову оную бѣдную помы-
каешь съ мѣста на мѣсто? Не хорошо, братецъ! Достоино было помнить
службы Борисовы и брата его Глѣба.«

Онъ же закрича гнѣвомъ великимъ и рече:

»Добро, сестрица, добро, — коли ты дятьчишь, тотъ-часъ готово еи у
меня мѣсто!«

И вскорѣ посла въ Боровскъ[gg], въ жестокое заточение, иже на то
устроенный острогъ, и въ немъ земляная тюрьма. И вниде Феодора въ
темницу радующися, и обрѣте[122] въ неи сѣдящую инокиню, Иустину[hh]
именемъ, заточену тоя же ради вѣры.

Блаженная же княгиня, слыша возлюбленную свою сестру и союзницу
вдаль отъ нея отвезену, яко младенецъ по матери горцѣ рыдаше. Подобнѣ
же и страстотерпица Мария. Всевидящее же око, видя стенание ихъ, и не
презрѣ, но просимое ими восхотѣ имъ даровати, еже есть во едино мѣсто
совокупити, да будуть во страдании своемъ неразлучни. Повелѣ царь
Алексии и княгиню таможе свезти. И якоже приближися къ темницѣ,
сотвори молитву. Феодора же, яко узрѣ любезную свою сестру, и приимъ[123]
ю за обѣ руцѣ, возопи свѣтлымъ гласомъ:

»О тебѣ радуется, обрадованная, всякая тварь.«

★

Мало же помедливъ, привезоша и Марию, и бысть имъ радость совер-
шенная. Сѣдящимъ же имъ[124] въ тои темницѣ, не повелѣно бысть никому
тамо къ нимъ приходити. Нѣкимъ же сие сотворшимъ[125], за то велию бѣду

и скорби претерпѣша. Паче же нѣкии Боровитянъ, Панфилъ именемъ, зѣльнѣ о семъ пытаемъ бысть. Обаче раны его, молитвъ ради мученицъ онѣхъ, облегчишася. Единаче же, нѣкимъ христолюбцемъ презирающимъ[126] повелѣние и страхъ царевъ, прихождаху, посѣщения ради мученицъ. Тогда, по прешествии зимы, воздвиже дияволъ злобу велию на мученицъ, видя себе побѣждаема терпѣниемъ ихъ, и состави сице. На Фоминои седмицѣ[ii] присланъ бысть съ Москвы подъячеи, иже внезапу пришедъ къ нимъ въ темницу съ великою свирѣпостию, и еже бѣ у нихъ потребное и брашно на питание, самое скудное, все пограби и остави каюжду во единои ризѣ. Не точию же се сотвори, но и малыя книжицы и святыя иконы, на малыхъ дскахъ[127] воображенныя, отъятъ[128]. У Феодоры же бысть икона пречистыя богородицы Одигитрия чюдотворная[jj], и опечалися о неи зѣло, яко и возопи со слезами о неи. Евдокия же, утѣшая ю, рече:

»Не плачи, сестрица! Не точию помощница наша не оставитъ насъ, но и самъ Христосъ съ нами и есть и будетъ.«

Бысть же и воиномъ тогда истязание велие о приходящихъ ко святымъ мученицамъ, и быша сотникомъ бѣды великия.

О Петровѣ же дни[kk] присланъ бысть дьякъ Кузмищевъ, и тои тако же розыскъ о приходящихъ учинилъ, а прежде помянутую Иустину въ струбѣ сожегъ, занеже не восхотѣ знаменатися тремя персты[129]. Оставшихъ же, блаженную Феодору и Евдокию, въ глубочаишую вкопаша темницу. А Марию къ злодѣемъ въ тюрьму посадиша. Злѣиши бо перваго имъ учиниша, пищи и пития никакоже подавати вельми запретиша подъ смертною казнию: аще кто дерзнетъ подати имъ что, тому главу отсѣщи.

И кто можетъ исповѣдати ихъ тогда озлобление и терпѣние, еже они въ глубокои темницѣ претерпѣша, отъ глада стужаеми, во тмѣ несвѣтимои, отъ задухи земныя, понеже паромъ земнымъ спершимся[130], велику имъ тѣсноту творяще? Срачицъ же премѣняти нечемъ, и измывати невозможно бѣ. Еще же отъ верхния оны худыя ризы бысть множество вшеи, яко и сказати невозможно, и бысть имъ яко неусыпающее червие, отъ нихже ниже въ нощи сна приемлюще.

Обаче же, аще и толико запрети о нихъ земныи царь, еже[131] пищи не даяти, но небесныи повелѣ подаяти премудрости учительницу, сирѣчь зѣло малу и скудну пищу. Вложи бо въ сердце христолюбивымъ воиномъ, иже подаяху имъ, другъ друга таящеся, овогда сухареи пять или шесть, овогда яблоко едино или два, овогда же огурцовъ часть, а ино ничтоже. А когда ясти подадутъ, тогда пить не даютъ; а егда пить подадутъ, тогда ясти не подадутъ. Но и то творяху, видяще превеликое страдание великихъ и славныхъ людеи, умилившеся сердцы[132] и отъ слезны души, милость творяху малу, вервию спущающе къ нимъ.

И въ таковои нужи великои святая Евдокия терпѣливо страда, благодарящи, бога мѣсяца два и полъ, и преставися сентября въ 11-и день[ll], Феодора же тремя нит[ь]ми, во имя единосущныя троицы, пови[133] тѣло любезныя сестры своея и союзницы Евдокии и повѣда воиномъ о преставлении ея. Воини же, по повелѣнию начал[ь]никъ, извлекоша вервию тѣло ея. Святая же отпущаше ю со умиленными слезами, рекущи:

»Иди, любезнѣишии цвѣте[134], и предстани прекрасному ти[135] жениху и возжелѣнному Христу!«

Прежде же убо представления, егда видѣ святая Евдокия себе изнемогшу, глагола великои Феодорѣ:

»Госпоже, мати и сестро! Азъ изнемогохъ[136], и мню, яко къ смерти приближихся: отпусти мя ко владыцѣ[137] моему, за егоже любовь азъ нужду сию возлюбихъ.«

И купно отпѣша исходныя пѣсни. Егда же, по преставлении ея, извлекоша воини тѣло святыя Евдокии, положиша просто, непогребено и непокровено, дондеже повелѣние прииде царя то умершее тѣло внутрь острога въ землю закопати. И обвивше ю рогозиною, сотвориша тако. Се же бысть и дивно: донелѣ же указъ съ Москвы не прииде, святое оно тѣло повергнуто лежало пять днеи, и не токмо не почернѣ, но на всякъ день свѣтлѣе и бѣлѣе являшеся, яко и воиномъ зрящимъ зѣло дивитися и глаголати:

»Воистину сии святи суть страдальницы! Се бо тѣло сие не токмо ничто же смертовидно зракомъ не является, но яко живу сущу и веселящуся и цвѣтущу[138], и день отъ дне паче свѣтлѣяшеся предъ очима нашима.«

И славяху бога.

★

И по успении святыя мученицы Евдокии, приведоша къ великои Феодорѣ блаженную Марию, и терпяста[139], купно подвизающеся. И кто можетъ исповѣдати неизреченнаго терпѣния ихъ, колико претерпѣша отъ глада и жажды и отъ задухи и вшеи?

По семъ зѣло изнеможе преблаженная Феодора и призва единаго отъ воинъ и рече ему:

»Рабе Христовъ! Есть ли у тебя отецъ и мать въ живыхъ, или преставишася? И аще убо живы, помолимся о нихъ и о тебѣ; аще же умроша, помянемъ ихъ. Умилосердися, рабе Христовъ! Зѣло бо изнемогохъ отъ глада и алчю ясти: помилуи мя, даждь[140] ми колачика!«

Онъ же рече:

»Ни, госпоже, боюся.«

И глагола мученица:

»И ты поне хлѣбца!«

И рече:

»Не имѣю.«

И паки мученица:

»Поне мало сухариковъ!«

И глагола:

»Не имѣю.«

И глагола Феодора:

»Не смѣеши ли, ино принеси поне яблочко, или огурчикъ!«

И глагола:

»Не смѣю.«

И глагола блаженная:

»Добро, чадо! Благословенъ богъ нашъ, изволивыи[141] тако! И аще убо се, яко же реклъ еси, невозможно, молю тя, сотвори же послѣднюю любовь: убогое сие тѣло мое, рогозиною покрывъ, близь любезныя ми сестры и сострадальницы неразлучно положите.«

Потомъ же, егда уже до конца изнеможе, призва еще воина и глагола ему:

»Рабе Христовъ! Имѣлъ еси матерь? И вѣмъ, яко отъ жены рожденъ
еси. Сего ради молю тя, страхомъ божиимъ ограждься[142]: се бо азъ жена
есмь, и отъ великия нужды стѣсняема имамъ потребу, еже срачицу измыти.
И якоже самъ зриши, самои ми итти и послужити себѣ невозможно есть,
окована бо есмь, а служащихъ ми рабынь не имамъ. Тѣмъ же ты иди на
рѣку и измыи[143] ми срачицу сию. Се бо хощетъ мя господь пояти отъ жизни
сея, и не подобно ми есть, еже тѣлу сему въ нечистѣ одежди возлещи въ
нѣдрѣхъ матере своея земли.«

И сия рекши дастъ ему завѣску свою. Онъ же подъ полу скрывъ, иде
и измы[144] на рѣцѣ. И малое оно полотно мыяше[145] водою, лице же свое
омываше слезами, помышляющи прежнее ея величество, а нынѣшнюю нужду,
како Христа ради терпитъ, а къ нечестию приступити не хощетъ, сего ради
и умираетъ. Извѣстно бо то есть всѣмъ, яко аще бы хотя мало съ ними
пособщилася, то бы болѣе прежняго прославлена была. Но отнюдъ не
восхотѣ, но изволи т[ь]мами умрети, нежели любве Христовы отпасти.

Потомъ блаженная и великая Феодора успе[146] съ миромъ въ глубокои
темницѣ, мѣсяца ноемврия, съ перваго числа на второе, въ часъ нощи, на
память святыхъ мученикъ Акиндина и Пигасия ᵐᵐ. Мати же ея Мелания
въ то время бѣ въ пустыни и видѣ тоя нощи во снѣ великую Феодору, яко
облечена въ схиму и въ куколь зѣло чюденъ, вельми же и сама свѣтла
лицемъ и обрадованна, и въ куколи въ веселости свои красовашеся, и
обзираяся всюду, и руками водя по одеждахъ, и чуждашеся красотѣ ризъ
своихъ, непрестанно же лобызаше образъ спасовъ, обрѣтыися[147] близь ея,
цѣловаше же и кресты иже на схимѣ. И сице надолзѣ зряше си творити,
дондеже очютися мати отъ видѣния. И возбну[148] отъ сна [и] дивляшеся.
Послѣди же увѣдено бысть, яко въ ту нощь и преподобная скончася, въ
нюже и видѣние оная Мелания видѣ.

Погребена же бысть по завѣщанию ея близь княгини Евдокии, и обвита
вмѣсто драгихъ паволокъ рогозицею.

Мало же послѣди Феодоры пребысть и Мария, точию мѣсяцъ единъ:
декабря въ день [вторыи] преставися и она ко господу. И взыде третия ко
двѣма ликовати вѣчно о Христѣ Исусѣ господѣ нашемъ, емуже подобаетъ
всяка слава, честь и поклоняние и велелѣпие, со безначальнымъ его отцемъ
и со пресвятымъ духомъ, нынѣ и присно и во вѣки вѣкомъ.

Аминь.

¹ еже *art. ref.* исповѣдание.   ² сыи *pr. a. p.*, *det.*: быти.   ³ сѣдяи *pr. a. p.*, *det.*: сѣдѣти.
⁴ страсѣ *loc. sg.*: страхъ.   ⁵ родися *aor. 3 sg.*: родитися.   ⁶ родителю *gen. du.*: родитель.
⁷ словяше *impf. 3 sg.*: слути, слову.   ⁸ достиже *aor. 3 sg.*: достигнути.   ⁹ сочетаста *aor.*
3 du.: сочетати = съчьтати.   ¹⁰ оста *aor. 3 sg.*: остати.   ¹¹ бѣ *aor. (impf.) 3 sg.*, *here used*
vdverbially.   ¹² увѣде *aor. 3 sg.*: увѣдѣти.   ¹³ доиде *aor. 3 sg.*: доити.   ¹⁴ увѣщаваше *impf.*
3 sg.: увѣщавати.   ¹⁵ претерпѣ *aor. 3 sg.*: претерпѣти = претьрпѣти.   ¹⁶ упокоеваше
impf. 3 sg.: успокоевати.   ¹⁷ отсѣче *aor. 3 sg.*: отсѣщи.   ¹⁸ отдадеся *aor. 3 sg.*: от[ъ]датися.
¹⁹ ослушася *aor. 3 sg.*: ослушатися.   ²⁰ постиже *aor. 3 sg.*: постигнути.   ²¹ видящи *pr. a. p.*
adv.: видѣти.   ²² отверзе *aor. 3 sg.*: от[ъ]врѣсти.   ²³ вѣси *pr. 2 sg.*: вѣдѣти.   ²⁴ нача *aor.*
3 sg.: начяти.   ²⁵ ему спящу *dat. abs.* (*temp.*).   ²⁶ дивляхуся *impf. 3 pl.*: дивитися.
²⁷ нѣсть *incorr. instead of* нѣсмь = не есмь.   ²⁸ ужасшися *p. a. p. f. adv.*: ужаснутися.
²⁹ словесы *instr. pl.*   ³⁰ превозможе *aor. 3 sg.*: превъзмощи.   ³¹ руцѣ *acc. du.*: рука.
³² нарече *aor. 3 sg.*: нарещи.   ³³ умерши Марии царицѣ *dat. abs.* (*temp.*).   ³⁴ сотворшу
p. a. p., *acc. sg. f.*: сътворити.   ³⁵ прияхъ *aor. 1 sg.*: прияти.   ³⁶ родихся *and* крестихся
in the same sentence aor. 1 sg.: родитися, креститися.   ³⁷ убозѣи *dat. sg.*: убогая.   ³⁸ соборы
instr. pl.: соборъ = съборъ.   ³⁹ сказахъ *aor. 1 sg.*: с[ъ]казати.   ⁴⁰ повѣдаху *impf. 3 pl.*:

повѣдати.   ⁴¹ множае *compr.* : м[ъ]ного.   ⁴² распалашеся *impf. 3 sg.* : распалатися.
⁴³ совѣтницы *nom. pl.* : съвѣтьникъ.   ⁴⁴ прилагахуся *impf. 3 pl.* : прилагатися.   ⁴⁵ сѣдящи
pr. a. p. f. : сѣдѣти.   ⁴⁶ грядущу князю *dat. abs. (temp.).*   ⁴⁷ ждущимъ имъ *dat. abs. (temp.).*
⁴⁸ разумѣ *aor. 3 sg.* : разумѣти.   ⁴⁹ возляже = възълеже *aor. 3 sg.* : възълещи.   ⁵⁰ сложа
pr. a. p. = с[ъ]ложивши *p. a. p. f.* : съложити.   ⁵¹ отверзши *p. a. p. f.* : отврѣсти.   ⁵² воспѣ
aor. 3 sg. : възъпѣти.   ⁵³ повѣждь *imp. 2 sg.* : повѣдѣти.   ⁵⁴ сотворша *p. a. p., acc. sg.* :
сътворити.   ⁵⁵ нѣсмы = не + есмы.   ⁵⁶ истяжи *imp. 2 sg.* : иꙁътязати.   ⁵⁷ приступль
p. a. p. : приступити.   ⁵⁸ протягши *p. a. p. f.* : протя[г]нути.   ⁵⁹ усты *instr. pl.* : уста.
⁶⁰ могый *pr. a. p.* : мощи.   ⁶¹ потече *aor. 3 sg.* : потещи.   ⁶² царю сѣдящу *dat. abs. (temp.).*
⁶³ обрѣтшися *p. a. p. f.* : обрѣстися.   ⁶⁴ важдаше *imp. 3 sg.* : вадити.   ⁶⁵ рекущи *pr. a. p.
adv.* : рещи.   ⁶⁶ возможе *aor. 3 sg.* : възъмощи.   ⁶⁷ елицы *nom. pl.* : еликъ.   ⁶⁸ принесоша
aor. 3 pl. : принести.   ⁶⁹ нозѣ *acc. du.* : нога.   ⁷⁰ снемъ *p. a. p.* : съняти.   ⁷¹ увѣщаваху
impf. 3 pl. : увѣщавати.   ⁷² собрашася *aor. 3 pl.* : събратися.   ⁷³ цареви *dat. sg.* : царь.
⁷⁴ боляры *instr. pl.*   ⁷⁵ навыкохъ *aor. 1 sg.* : навыкнути.   ⁷⁶ обѣщахъ *aor. 1 sg.* : обѣщати.
⁷⁷ еретицы *nom. pl.* : еретикъ.   ⁷⁸ дши = дъщи, дъщере (дочь, дочери).   ⁷⁹ возложьше
p. a. p. : възъложити.   ⁸⁰ нозѣ *acc. du.* : нога.   ⁸¹ снемше *p. a. p.* : с[ъ]няти.   ⁸² высоцѣ
adv. : высокъ.   ⁸³ Феодорѣ отвезенѣ бывши *dat. abs. (temp.).*   ⁸⁴ ята *p. a. p.* : яти.   ⁸⁵ отвер-
жеся *aor. 3 sg.* : отъвьргнутися.   ⁸⁶ желѣзы *instr. pl.* : желѣзо.   ⁸⁷ подаде *aor. 3 sg.* : подати.
⁸⁸ прилучшаяся *p. a. p. n. pl.* : прилучитися.   ⁸⁹ яси *pr. 2 sg.* : ясти = ѣсти.   ⁹⁰ царю . . .
сѣдящу *dat. abs. (temp.).*   ⁹¹ боляры *instr. pl.* : боляринъ.   ⁹² впаде *aor. 3 sg.* : в[ъ]пасти.
⁹³ умершу Ивану *dat. abs. (temp.).*   ⁹⁴ сыи *pr. a. p., det.* : быти.   ⁹⁵ отступницы *nom. pl.* :
от[ъ]ступникъ.   ⁹⁶ начатъ = нача *aor. 3 sg.* : начати.   ⁹⁷ на ню *præp. + acc. sg.* : она.
⁹⁸ обою брату *acc. du.*   ⁹⁹ заздано *p. p., n.* : заз[ъ]дати.   ¹⁰⁰ позвяца *aor. 3 sg.* : позвяцати.
¹⁰¹ протягши *p. a. p.* : протя[г]нути.   ¹⁰² вземши *p. a. p.* : в[ъ]зяти.   ¹⁰³ бяху *impf. 3 pl.* :
быти.   ¹⁰⁴ снемше *p. a. p.* : с[ъ]няти.   ¹⁰⁵ рѣша *aor. 3 pl.* : рещи.   ¹⁰⁶ повергоша *aor. 3 pl.* :
поврѣщи.   ¹⁰⁷ держася *pr. a. p.* : дьржатися.   ¹⁰⁸ распятся *aor. 3 sg.* : распятися.   ¹⁰⁹ увиша
aor. 3 pl. : увити.   ¹¹⁰ жгоша *aor. 3 pl.* : жещи.   ¹¹¹ воставшимъ мученицамъ *dat. abs.
(temp.).*   ¹¹² обнаженіе тѣлесѣ двѣ *acc. du.*   ¹¹³ Мария *instead of* Марию *acc.*   ¹¹⁴ боляры
instr. pl.   ¹¹⁵ святѣи рекши *dat. abs.*   ¹¹⁶ умолча *aor. 3 sg.* : умолчати/умълчати.   ¹¹⁷ постиже
aor. 3 sg. : постигнути.   ¹¹⁸ повинуся *aor. 3 sg.* : повинутися = повиноватися.   ¹¹⁹ елицы
nom. pl. : еликъ.   ¹²⁰ стицахуся *impf. 3 pl.* : с[ъ]тицатися.   ¹²¹ прихождаху *impf. 3 pl.* :
приходити.   ¹²² обрѣте *aor. 3 sg.* : обрѣсти.   ¹²³ приимъ *p. a. p.* : прияти.   ¹²⁴ сѣдящимъ
имъ *dat. abs.*   ¹²⁵ нѣкимъ сотворшимъ *dat. abs.*   ¹²⁶ нѣкимъ христолюбцемъ презирающимъ
dat. (pl.) abs.   ¹²⁷ дскахъ = дъскахъ.   ¹²⁸ отъятъ = отъя *aor. 3 sg.* : отяти.   ¹²⁹ персты
instr. pl.   ¹³⁰ паромъ земнымъ спершимся *dat. abs. (caus.).*   ¹³¹ еже *art. ref. inf.* даяти.
¹³² сердцы *instr. pl.*   ¹³³ пови *aor. 3 sg.* : повити.   ¹³⁴ цвѣте *voc. sg.* : цвѣтъ.   ¹³⁵ ти *dat. poss.* :
ты.   ¹³⁶ изнемогохъ *aor. 1 sg.* : изнемощи.   ¹³⁷ владыцѣ *dat. sg.* : владыка.   ¹³⁸ живу сущу
и веселящуся и цвѣтущу *dat. abs. (caus.).*   ¹³⁹ терпяста *impf. 3 du.* : терпѣти/тьрпѣти.
¹⁴⁰ даждь *imp. 2 sg.* : дати.   ¹⁴¹ изволивыи *p. a. p., det.* : изволити.   ¹⁴² оградихся *p. a. p.* :
оградитися.   ¹⁴³ измыи *imp. 2 sg.* : измыти.   ¹⁴⁴ измы *aor. 3 sg.*   ¹⁴⁵ мыяше *impf. 3 sg.*
¹⁴⁶ успе *aor. 3 sg.* : ус[ъ]пнути = усънути.   ¹⁴⁷ обрѣтыися *p. a. p., det.* : обрѣстися.
¹⁴⁸ возбну *aor. 3 sg.* : възъбнути.

a Feodosia Morozova (d. 1672), daughter of Prokopij Sokovnin, one of the most pro-
minent Old Believers in Moscow, a tremendously wealthy woman and close to the Tsar's court.
b St. Sergius of Radonež.
c Boris Morozov (1590–1661), Feodosia's brother-in-law and Tsar Aleksej's tutor and
friend, married to the tsar's sister-in-law, was one of the most influential political figures
of the time.
d Allusion to the correction of church books effectuated by the Patriarch Nikon.
e Tsar Aleksej Mixajlovič (1645–76).
f Ioakim (1620–90), archimandrite of the Miracle Monastery from 1664, later appointed
Metropolitan of Novgorod (1672) and Patriarch of Russia (1674).
g The Patriarch Nikon, renowned church reformer who caused the schism between the
official Orthodoxy and the Old Believers, was elected patriach in 1652, but retired in 1658.
He died in 1681.
h Tsar Aleksej's first wife Marija Il'jinišna Miloslavskaja, since 1648.
i Melania, called Mother Alexandra, from the Žaba Convent near Bel'ov (Tula region),
was recognized as the head of women Old Believers in Moscow.
j Mixail Rtiščev was one of the prominent representatives of the Tsar's government.

k The leader of the Old Believers.
l The daughter of Rtiščev.
m Nuns of the Žaba Convent in Bel'ov, center of the Old Believers.
n Ivan Morozov, Feodosija's son, died in 1671.
o Prince Peter Urusov was a member of the Tsar's council and a government official.
p Marija Miloslavskaja died in 1669.
q Natalia Naryškina became the Tsar's second wife in 1671.
r Prince Boris Trojekurov (d. 1674).
s Designation of the Tsar's private residence; in general, the Tsar's palace within the Kremlin.
t Designation of the Faceted Palace, containing the Tsar's throne room.
u Pavel, Metropolitan of Kruticy from 1664.
v Maria Gerasimova Danilova, wife of a colonel.
w Hilarion, Archbishop of R'azan' and Murom from 1657, Metropolitan from 1669 (d. 1673).
x The post office in Moscow.
y Prince Ivan Vorotynskij was a relative of the Tsar.
z Prince Jakov Odojevskij was in charge of the Tsar's bodyguard.
aa Vasilij Volynskij, one of the Tsar's diplomatic representatives.
bb Cyprianus and Theodorus, "Fools in Christ," were Old Believers. They were sentenced to death and executed.
cc St. Catherine from Alexandria, a martyr (4th century).
dd Patriarch Pitirim, elected in 1672 (d. 1673).
ee A district of Moscow.
ff Princess Irina (1627–79), daughter of Tsar Mixail Romanov.
gg Borovsk, a town in the Kaluga region.
hh A woman from Vologda who had converted Cyprianus, the "Fool in Christ," and who was later burned at the stake.
ii First week after Easter.
jj The miraculous icon of the Holy Virgin "the Guide."
kk The 29th of July.
ll 1672
mm St. Acyndinus and St. Pigasius, martyrs (4th century) whose memory is celebrated the 2nd of November.

THE LIFE OF PROTOPOPE AVVAKUM

Avvakum (1620-81), the so-called "protopope" and leader of the sect of Old Believers, who opposed the Patriarch Nikon's church reforms of 1654, was burned at the stake in 1681 in Pustozersk in Siberia. He had several times been condemned by the highest ecclesiastical authorities, exiled to Siberia (Tobol'sk in 1653, Mezen' in 1664, Pustozersk in 1667), pardoned, and again banished. A temperamental, obstinate, and obviously pathological man, obsessed with religious fanaticism and a tremendous desire to achieve martyrdom, he fascinated all by his unbounded self-esteem, self-reliance, and self-righteousness. These traits of character faithfully appear in his self-portrait in the famous *Life*. The first known attempt at autobiography in Russian literature, and an exceptional literary work in itself, the *Life* is remarkable both for its daring theme and its original style, a combination of ecclesiastical tradition and colloquial language intermingled with provincialisms and dialecticisms. It was this admixture of extreme traditionalism in matters religious and ideological and extreme radicalism in the use of language that made his autobiography transgress the bounds of old hagiography and approach the secular genre of the novel.

The excerpts here reprinted from his lengthy *Life* are taken from Vol. I of Памятники истории старообрядчества XVII в.; published in Vol. XXXIX of Русская историческая библиотека.

Житие протопопа Аввакума, имъ самимъ написанное

Аввакумъ протопопъ понуженъ бысть житие свое написати инокомъ Епифаниемъ[a], — понѣхъ[1] отецъ ему духовнои инокъ, — да не забвению предано будетъ дѣло божие. И сего ради понуженъ бысть отцемъ духовнымъ на славу Христу богу нашему.

Аминь.   ★

Всесвятая троице, боже и содѣтелю всего мира! Поспѣши и направи сердце мое начати съ разумомъ и кончати дѣлы[2] благими, яже нынѣ хощу глаголати азъ недостоиныи. Разумѣя же свое невѣжество, припадая, молю ти ся, и еже[3] отъ тебя помощи прося:

Управи умъ мои и утверди сердце мое приготовитися на творение добрыхъ дѣлъ, да, добрыми дѣлы просвѣщенъ, на судищѣ десныя ти страны[4] причастникъ буду со всѣми избранными твоими!

И нынѣ, владыко, благослови, да, воздохнувъ отъ сердца, и языкомъ возглаголю Дионисия Ареопагита[b] о *Божественныхъ именьхъ*, что есть богу присносущные имена *истинные*, еже есть близостные, и что *виновные*, сирѣчь похвал[ь]ные. Сия суть сущие: *Сыи, Свѣтъ, Истина, Животъ*; только четыре своиственныхъ. А виновныхъ много; сия суть: *Господь, Вседержитель, Непостижимъ, Неприступенъ, Трисияненъ, Трипостасенъ, Царь славы, Непостоянень, Огнь, Духъ, Богъ*, и прочая. Потому разумѣваи!

Того жъ Дионисия о *Истинѣ*: себѣ бо отвержение истины испадение есть, истина бо сущее есть; аще бо истина сущее есть, истины испадение — сущаго отвержение есть; отъ сущаго же богъ испасти не можетъ, и еже[5] не быти нѣсть.

Мы же речемъ:

Потеряли новолюбцы существо божие испадениемъ отъ истиннаго господа, святаго и животворящаго духа. По Дионисию: *Коли ужъ истины испали, тутъ и сущаго отверглися*. Богъ же отъ существа своего испасти не можетъ, и еже не быти нѣсть того въ немъ: присносущенъ истинныи богъ нашъ! Лучше бы имъ въ *Символѣ вѣры* не глаголати *Господа*, виновнаго имени, анежели *истин[н]аго* отсѣкати, въ немъже существо божие содержится. Мы же, правовѣрнии, обоя имена исповѣдаемъ: и въ *духа святаго, господа, истиннаго и животворящаго*, свѣта нашего, вѣруемъ, со отцемъ и сыномъ поклоняемаго, за негоже стражемъ и умираемъ, помощию его владычнею...

Сеи Дионисии, еще не приидохъ[6] въ вѣру Христову, со ученикомъ своимъ во время распятия господня бывъ въ Солнечнемъ градѣ[c], и видѣвъ:

солнце во т[ь]му преложися и луна въ кровь, звѣзды въ полудне на небеси явилися чернымъ видомъ. Онъ же ко ученику глагола:

»Или кончина вѣку прииде, или богъ слово плотию стражетъ[7].«

Понеже не по обычаю тварь видѣ измѣнену: и сего ради бысть въ недоумѣнии.

Тои же Дионисии пишетъ о солнечнемъ знамении, когда зат[ь]мится: Есть на небеси пять звѣздъ заблудныхъ, еже именуются луны. Сии луны богъ положилъ не въ предѣлѣхъ, якожъ и прочии звѣзды, но обтекаютъ по всему небу, знамение творя или во гнѣвъ или въ милость, по обычаю текуще. Егда заблудная звѣзда, еже есть луна, подтечетъ подъ солнце отъ запада и закроетъ свѣтъ солнечный, то солнечное зат[ь]мение за гнѣвъ божии къ людямъ бываетъ. Егда жъ бываетъ отъ востока луна подтекаетъ, то, по обычаю шествие творяще, закрываетъ солнце.

А въ нашеи Росии бысть знамение: солнце зат[ь]милось въ 162[d] году, предъ моромъ за мѣсяцъ или мен[ь]ши. Плылъ Волгою рѣкою архиепископъ Симеонъ сибирскои, и въ полуднѣ т[ь]ма бысть, передъ Петровымъ днемъ[e], недѣли за двѣ; часа съ три плачючи[8] у берега стояли; солнце померче[9], отъ запада луна подтекала, — по Дионисию, являя[10] богъ гнѣвъ свои къ людямъ: въ то время Никонъ Отступникъ вѣру казилъ и законы церковныя, и сего ради богъ излиялъ фиалъ гнѣва ярости своея на Рускую Землю; зѣло моръ великъ[f] былъ, нѣколи еще забыть, вси помнимъ.

Потомъ, минувъ годовъ съ четырнатцать, вдругорядъ солнцу зат[ь]мение было; въ Петровъ постъ[g], въ пятокъ, въ часъ шестыи, тьма бысть; солнце померче[9], луна подтекала отъ запада же, гнѣвъ божии являя: и протопопа Аввакума, бѣднова горемыку, въ то время съ прочими остригли въ Соборнои церкви власти[h] и на Угрѣшѣ[i] въ темницу, проклинавъ, бросили. Вѣрныи разумѣетъ, что дѣлается въ земли нашеи за нестроение церковное. Говорить о томъ полно; въ день вѣка познано будетъ всѣми; потерпимъ до тѣхъ мѣстъ!

Тои же Дионисии пишетъ о знамении солнца, како бысть при Исусѣ Наввинѣ[j] во Израили. Егда Исусъ сѣкии[11] иноплеменники, и бысть солнце противо Гаваона[k], еже есть на полдняхъ, ста Исусъ крестообразно, сирѣчь распростре[12] руцѣ свои, и ста солнечное течение, дондеже враги погуби. Возвратилося солнце къ востоку, сирѣчь назадъ отбѣжало, и паки потече[13], и бысть во дни томъ и въ нощи тридесять четыре часа, понеже въ десятыи часъ отбѣжало, — такъ въ суткахъ десять часовъ прибыло. И при Езекии царѣ[l] бысть знамение: оттече солнце вспять во вторыи на десять часъ дня, и бысть во дни и въ нощи тридесять шесть часовъ. Чти книгу Дионисиеву, тамъ пространно уразумѣешь...

Афанасии Великии[m] рече: Иже хощетъ спастися, прежде всѣхъ подобаетъ ему держати кафолическая вѣра[14], еяже аще кто цѣлы и непорочны не соблюдаетъ, кромѣ всякаго недоумѣния, во вѣки погибнетъ. Вѣра жъ кафолическая сия есть, да единаго бога въ троицѣ и троицу во-единицѣ почитаемъ, ниже сливающе составы, ниже раздѣляюще существо; инъ бо есть составъ отечь, инъ — сыновень, инъ — святаго духа; но отчее и сыновнее и святаго духа едино божество, равна слава, соприсносущно величество; яковъ отецъ, таковъ сынъ, таковъ и духъ святыи; вѣченъ отецъ, вѣченъ сынъ, вѣченъ и духъ святыи; не созданъ отецъ, не созданъ сынъ, не созданъ и духъ святыи; богъ отецъ, богъ сынъ, богъ и духъ святыи не три бози[15], но единъ богъ; не три несозданнии, но единъ несозданныи, единъ вѣчныи. Подобнѣ: вседержитель отецъ, вседержитель сынъ, вседержитель и духъ святыи. Равнѣ: непостижимъ отецъ, непостижимъ сынъ, непостижимъ и духъ святыи. Обаче не три вседержители, но единъ вседержитель; не три непостижимии, но единъ непостижимыи, единъ пресущныи. И въ сеи святѣи троицѣ ничтоже первое или послѣднее, ничтоже болѣе или мнѣе, но цѣлы три составы и соприсносущны суть себѣ и равны. Особно бо есть отцу нерождение, сыну же рождение, а духу святому исхождение: обще же имъ божество и царство. За благость щедротъ излия[16] себе отъ отеческихъ нѣдръ сынъ-слово божие въ дѣву чисту, богоотроковицу, егда время наставало, и воплотився отъ духа свята и [отъ] Марии дѣвы вочеловѣчився, насъ ради пострадалъ, и воскресе въ третии день и на небо вознесеся и сѣде одесную величествия на высокихъ и хощетъ паки приити судити и воздати комуждо по дѣломъ его, — егоже царствию нѣсть конца. И сие смотрѣние въ бозѣ[17] бысть прежде, даже не создатися Адаму, прежде, даже не вовобразитися. Рече отецъ сынови:

»Сотворимъ человѣка по образу нашему и по подобию!«

И отвѣща другии:

»Сотворимъ, отче, и преступимъ бо!«

И паки рече:

»О, единородныи мои! О свѣте мои! О, сыне и слове! О, сияние славы моея! Аще промышляеши созданиемъ своимъ, подобаетъ ти облещися въ тлимаго человѣка, подобаетъ ти по земли ходити, плоть восприяти, пострадати и вся совершити!«

И отвѣща другии:

»Буди, отче, воля твоя!«

И по семъ создася Адамъ.

Аще хощеши пространно разумѣти, чти *Маргаритъ* [п]: *Слово о вочеловѣчении;* тамо обрящеши.

Азъ кратко помянулъ, смотрѣние показуя. Сице всякъ вѣруяи[18] въ онь, не постыдится, а не вѣруяи осужденъ будетъ и во вѣки погибнетъ, по вышереченному Афанасию. Сице азъ, протопопъ Аввакумъ, вѣрую, сице исповѣдаю, съ симъ живу и умираю!

★

Рождение[о] же мое въ Нижегородскихъ предѣлѣхъ [р], за Кудмою рѣкою, въ селѣ Григоровѣ. Отецъ ми бысть священникъ Петръ, мати — Мария, инока Марфа. Отецъ же мои прилежаше[19] пития хмельного; мати же моя постница и молитвенница бысть, [и] всегда учаше мя страху божию. Азъ же нѣкогда видѣвъ[20] у сосѣда скотину умершу, и тои нощи, возставше, предъ образомъ плакався[21] довол[ь]но о душѣ своеи, поминая смерть, яко и мнѣ умереть; и съ тѣхъ мѣстъ обыкохъ[22] по вся нощи молитися. Потомъ мати моя овдовѣла[ч], а я осиротѣлъ молодъ, и отъ своихъ соплеменникъ во изгнании[г] быхомъ[23].

Изволила мати меня женить[s]. Азъ же пресвятѣи богородицѣ молихся, да дастъ ми жену помощницу ко спасению. И въ томъ же селѣ дѣвица, сиротина жъ, безпрестанно обыкла ходить во церковь, — имя еи Анастасия. Отецъ ея былъ кузнецъ, именемъ Марко, богатъ гораздо; а егда умре[24], послѣ его вся[25] истощилось. Она же въ скудости живяше и моляшеся богу, даже сочетается за меня совокупленіемъ брачнымъ. И бысть, по воли божіи, тако. Посемъ мати моя отъиде къ богу въ подвизѣ велицѣ[26]. Азъ же отъ изгнанія преселихся во ино мѣсто. Рукоположенъ во діаконы двадесяти лѣтъ съ годомъ[t], и по дву лѣтѣхъ въ попы поставленъ[u]; живыи[27] въ попѣхъ осмь лѣтъ[v], и потомъ совершенъ въ протопопы православными епископы[28], — тому двадесять лѣтъ минуло; и всего тридесять лѣтъ, какъ имѣю священство.

А егда въ попахъ былъ, тогда имѣлъ у себя дѣтеи духовныхъ много, — по се время сотъ съ пять или съ шесть будетъ. Не почивая азъ, грѣшныи, прилежа[29] во церквахъ и въ домѣхъ и на распутіяхъ, по градомъ и селамъ, еще же и въ царствующемъ градѣ[w] и во странѣ Сибирьскои, проповѣдуя и уча слову божію, — годовъ будетъ тому съ полтретьядцать.

Егда еще былъ въ попѣхъ, прииде ко мнѣ исповѣдатися дѣвица, многими грѣхми обременна, блудному дѣлу и малакіи всякои повинна. Нача мнѣ, плакавшеся, подробну возвѣщати во церкви, предъ Евангеліемъ стоя. Азъ же, треокаянныи врачъ, самъ разболѣлся, внутрь жгомъ[30] огнемъ блуднымъ, и гор[ь]ко мнѣ бысть въ тои часъ: зажегъ три свѣщи и прилѣпилъ къ налою и возложилъ руку правую на пламя и держалъ, дондеже во мнѣ угасло злое разженіе. И, отпустя[31] дѣвицу, сложа[32] ризы, помоляся[33], пошелъ въ домъ свои зѣло скорбенъ. Время же, яко полнощи, и пришедъ во свою избу, плакався[34] предъ образомъ господнимъ, яко и очи опухли, и моляся прилежно, да же отлучитъ мя богъ отъ дѣтеи духовныхъ: понеже бремя тяжко, неудобь носимо. И падохъ на землю на лицы своемъ, рыдаше[35] горцѣ и забыхся, лежа; не вѣмъ, какъ плачю; а очи сердечнии при рѣкѣ Волгѣ. Вижу: пловутъ строино два корабля златы, и весла на нихъ златы, и шесты златы, и все злато; по единому кормщику на нихъ сидѣл[ь]цовъ. И я спросилъ:

»Чье корабли?«

И онѣ отвѣщали:

»Лукинъ[36] и Лаврентіевъ[37].«

Сіи быша ми духовныя дѣти: меня и домъ мои наставили на путь спасенія, и скончалися богоугодне. А се потомъ вижу третеи корабль, не златомъ украшенъ, но разными пестротами, — красно и бѣло и сине и черно и пепелесо, — егоже умъ человѣчь не вмѣсти красоты и доброты; юноша свѣтелъ, на кормѣ сидя, правитъ; бѣжитъ ко мнѣ изъ-за Волги, яко пожрати мя хощетъ. И я вскричалъ:

»Чеи корабль?«

И сидяи[38] на немъ отвѣщалъ:

»Твои корабль! На, плаваи на немъ съ женою и дѣт[ь]ми, коли докучаешь!«

И я вострепетахъ, и сѣдше разсуждаю: Что се видимое? И что будетъ плаваніе?

А се по малѣ времени, по писанному, объяша[39] мя болѣзни смертныя, бѣды адовы обрѣтоша[40] мя; скорбь и болѣзнь обрѣтохъ[41]. У вдовы начальникъ отнялъ дочерь, и азъ молихъ его, да же сиротину возвратить къ матери; и онъ, презрѣвъ моление наше, и воздвигъ на мя бурю, и у церкви, пришедъ сонмомъ, до смерти меня задавили. И азъ лежа[42] мертвъ полчаса и бол[ь]ши, и паки оживе[43] божиимъ мановениемъ. И онъ, устрашася, отступился мнѣ дѣвицы. Потомъ научилъ его дьяволъ: пришедъ во церковь, билъ и волочилъ меня за ноги по землѣ въ ризахъ, а я молитву говорю въ то время.

Таже инъ начальникъ, во ино время, на мя разсвирѣпѣлъ, — прибѣжалъ ко мнѣ въ домъ, бивъ[44] меня, и у руки огрызъ персты, яко песъ, зубами. И егда наполнилась гортань его крови, тогда руку мою испустилъ изъ зубовъ своихъ и, покиня[45] меня, пошелъ въ домъ свои. Азъ же, поблагодаря[46] бога, завертѣвъ руку платомъ, пошелъ къ вечернѣ. И егда шелъ путемъ, наскочилъ на меня онъ же паки со двѣма малыми пищальми и, близъ меня бывъ, запалилъ ис пистоли, и, божиею волею, на полкѣ порохъ пыхнулъ, а пищаль не стрѣлила. Онъ же бросилъ ея на землю, и изъ другия паки запалилъ такъ же, и божия воля учинила такъ же, — и та пищаль не стрѣлила. Азъ же прилежно, идучи, молюсь богу, единою рукою осѣнилъ его и поклонился ему. Онъ меня лаетъ; а я ему реклъ:

»Благодать во устнѣхъ твоихъ, Иванъ Родионовичъ, да будетъ!«

Посемъ дворъ у меня отнялъ, а меня выбилъ, всего ограбя[47], и на дорогу хлѣба не далъ[x].

★

Въ то же время родился сынъ мои Прокопеи[y], которои сидитъ съ матерью, въ землѣ закопанъ. Азъ же, взявъ клюшку, а мати некрещеного младенца, побрели, амо же богъ наставитъ, и на пути крестили, яко же Филиппъ[z] каженика древле. Егда жъ азъ прибрелъ къ Москвѣ, къ духовнику протопопу Стефану[aa] и къ Неронову протопопу Ивану[bb], они же обо мнѣ царю извѣстиша, и государь меня почалъ съ тѣхъ мѣстъ знати.

Отцы же съ грамотою паки послали меня на старое мѣсто[cc], и я притащился. Ано и стѣны разорены моихъ храминъ. И я паки позавелся; а дьяволъ и паки воздвигъ на меня бурю. Приидоша въ село мое плясовыя медвѣди съ бубнами и съ домрами. И я, грѣшникъ, по Христѣ ревнуя, изгналъ ихъ, и ухари и бубны изломалъ на полѣ единъ у многихъ, и медвѣдеи двухъ великихъ отнялъ, — одного ушибъ, и паки ожилъ, а другого отпустилъ въ поле. И за сие меня Василеи Петровичъ Шереметевъ[dd], пловучи[48] Волгою въ Казань на воеводство, взявъ на судно, и браня много, велѣлъ благословить сына своего Матфея бритобрадца[ee]. Азъ же не благословилъ, но отъ *Писания* его и порицалъ, видя блудолюбный образъ. Бояринъ же, гораздо осердясь, велѣлъ меня бросить въ Волгу и, много томя, протолкали. А опослѣ учинились добры до меня: у царя на сѣняхъ со мною прощались[ff]; а брату моему мен[ь]шему бояроня Васильева[gg] и дочь духовная была. Такъ-то богъ строитъ своя люди!

На первое возвратимся. Таже инъ начальникъ на мя разсвирѣпѣлъ. Приѣхавъ съ люд[ь]ми ко двору моему, стрѣлялъ изъ луковъ и изъ пищалеи съ приступомъ. А азъ въ то время, запершися, молился съ воплемъ ко владыкѣ:

»Господи, укроти его и примири, имиже вѣси[49] суд[ь]бами!«

И побѣжалъ отъ двора, гонимъ святымъ духомъ. Таже въ нощь ту прибѣжали отъ него и зовутъ меня со многими слезами:

»Батюшко государь! Евфимеи Стефановичь при кончинѣ, и кричитъ неудобно, бьетъ себя и охаетъ, а самъ говоритъ: 'Даите мнѣ бат[ь]ка Аввакума! За него богъ меня наказуетъ!'«

И я чаялъ, меня обманываютъ. Ужасеся⁵⁰ духъ мои во мнѣ. А се помолилъ бога сице:

»Ты, господи, изведыи⁵¹ мя изъ чрева матере моея, отъ небытия въ бытие мя устроилъ! Аще меня задушатъ, и ты причти мя с Филипомъ митрополитомъ московскимъ ʰʰ; аще зарѣжутъ, и ты причти мя съ Захариею пророкомъ ⁱⁱ; а буде въ воду посадятъ, и ты, яко Стефана Пермскаго ⁱ, сподобишь мя!«

И моляся, поѣхалъ въ домъ въ нему, Евфимию. Егда-жъ приведоша мя на дворъ, выбѣжала жена его Неонила и ухватила меня подъ руку, а сама говоритъ:

»Поди-тко, государь нашъ батюшко, поди-тко, свѣтъ нашъ кормилецъ!«

И я сопротивъ того:

»Чюдно! Давеча былъ блядинъ сынъ, а топерва: батюшко! Бол[ь]шо у Христа-того остра шелепуга-та: скоро повинился мужъ твои!«

Ввела меня въ горницу. Вскочилъ съ перины Евфимеи, палъ предъ ногама моима, вопитъ неизреченно:

»Прости, государь, согрѣшилъ предъ богомъ и предъ тобою!«

А самъ дрожитъ весь. И я ему сопротиво:

»Хощеши ли впредь цѣлъ быти?«

Онъ же, лежа, отвѣща:

»Еи, честныи отче!«

И я рекъ:

»Востани! Богъ проститъ тя!«

Онъ же, наказанъ гораздо, не могъ самъ востати. И я поднялъ и положилъ его на постелю и исповѣдалъ и масломъ священнымъ помазалъ, и бысть здравъ. Такъ Христосъ изволилъ. И наутро отпустилъ меня честно въ домъ мои, и съ женою [они] быша ми дѣти духовныя, изрядныя раби Христовы. Такъ-то господь гордымъ противится, смирѣн[н]ымъ же даетъ благодать.

★

Помалѣ паки инии изгнаша мя отъ мѣста того вдругорядъ.ᵏᵏ Азъ же сволокся къ Москвѣ и, божиею волею, государь меня велѣлъ въ протопопы поставить въ Юрьевецъ-Повол[ж]скои ˡˡ. И тутъ пожилъ немного, — только осмъ недѣль: дьяволъ научилъ поповъ и мужиковъ и бабъ, — пришли въ Патриархову Приказу, гдѣ я дѣла духовныя дѣлалъ, и, вытаща⁵² меня ис приказа собраниемъ, — человѣкъ съ тысящу и съ полторы ихъ было, — среди удицы били батожьемъ и топтали; и бабы били съ рычагами. Грѣхъ ради моихъ, за мертва убили и бросили подъ избнои уголъ. Воевода съ пушкарями прибѣжали и, ухватя⁵³ меня, на лошеди умчали въ мое дворишко, И пушкареи воевода около двора поставилъ. Людие же ко двору приступаютъ, и по граду мол[ь]ба велика. Наипаче же попы и бабы, которыхъ унималъ отъ блудни, вопятъ:

»Убить вора, блядина сына! да и тѣло собакамъ въ ровъ кинемъ!«

Азъ же, отдохня[54], въ третеи день ночью, покиня[55] жену и дѣти, по Волгѣ самъ-третеи ушелъ къ Москвѣ. На Кострому прибѣжалъ, — ано и тутъ протопопа жъ Даниила изгнали[mm]. Охъ, горе! Вездѣ отъ дьявола житья нѣтъ! Прибрелъ къ Москвѣ, — духовнику Стефану показался. И онъ на меня учинился печаленъ:

»На што-де церковь соборную покинулъ?«

Опять мнѣ другое горе! Царь пришелъ къ духовнику благословиться ночью. Меня увидѣлъ тутъ. Опять кручина:

»На што-де городъ покинулъ?«

А жена и дѣти и домочадцы, человѣкъ съ двадцать, въ Юрьевцѣ остались: невѣдомо — живы, невѣдомо — прибиты! Тутъ паки горе.

Посемъ Никонъ, другъ нашъ, привезъ ис Соловковъ[nn] Филиппа митрополита[oo]. А прежде его приѣзду Стефанъ духовникъ, моля бога и постяся сед[ь]мицу съ братьею, — и я съ ними тутъ же, — о патриархѣ, да же дастъ богъ пастыря ко спасению душъ нашихъ, и съ митрополитомъ казанскимъ Корнилиемъ, написавъ челобитную за руками, подали царю и царицѣ — о духовникѣ Стефанѣ, чтобъ ему быть въ патриархахъ. Онъ же не восхотѣлъ самъ и указалъ на Никона митрополита. Царь его и послушалъ, и пишетъ к нему послание навстрѣчю:

»Преосвященному митрополиту Никону Новогородскому и Великолуцкому и всея Русии радоватися,« и прочая.

Егда-жъ приѣхалъ, съ нами, яко лисъ: челомъ да здорово. Вѣдаетъ, что быть ему въ патриархахъ, и чтобы откуля помѣшка какова не учинилась. Много о тѣхъ козняхъ говорить! Егда поставили патриархомъ[pp], такъ друзеи не сталъ и въ крестовую пускать! А се и ядъ отрыгнулъ.

Въ постъ великои[qq] прислалъ память къ Казанскои[56], къ Неронову Ивану. А мнѣ отецъ духовнои былъ. Я у него все и жилъ въ церквѣ; егда куды отлучится, ино я вѣдаю церковь. И къ мѣсту, говорили, на дворецъ къ Спасу, на Силино покоиника мѣсто; да богъ не изволилъ. А се и у меня радѣние худо было. Любо мнѣ, у Казанские тое[57] держался, челъ народу книги. Много людеи приходило.

Въ памяти Никонъ пишетъ:

»Годъ и число. По преданию святыхъ апостолъ и святыхъ отецъ, не подобаетъ во церкви метания творити на колѣну, но въ поясъ бы вамъ творити поклоны, еще же и трема персты[58] бы есте крестились[rr].«

Мы же задумалися, сошедшеся, между собою. Видимъ, яко зима хощетъ быти; сердце озябло и ноги задрожали. Нероновъ мнѣ приказалъ церковь; а самъ единъ скрылся въ Чюдовъ[ss], — сед[ь]мину въ полаткѣ молися. И тамъ ему отъ образа гласъ бысть во время молитвы:

»Время приспѣ страдания, подобаетъ вамъ неослабно страдати!«

Онъ же мнѣ, плачючи, сказалъ; таже Коломенскому епископу Павлу[tt], егоже Никонъ напослѣдокъ огнемъ жжегъ[59] въ новогородскихъ предѣлѣхъ; потомъ — Данилу, Костромскому протопопу[uu]; таже сказалъ и всеи братьѣ. Мы же съ Даниломъ, написавъ ис книгъ выписки о сложении перстъ и о поклонѣхъ, и подали государю. Много писано было. Онъ же, не вѣмъ, гдѣ скрылъ ихъ. Мнитмися[60], Никону отдалъ.

Послѣ того вскорѣ схвативъ Никонъ Даниила, въ монастырѣ, за Тверскими вороты ⱽⱽ, при царѣ остригъ голову и, содравъ однорядку, ругая, отвелъ въ Чюдовъ въ хлѣбню и, муча много, сослалъ въ Астрахань. Вѣнецъ терновъ на главу ему тамъ возложили. Въ землянои тюр[ь]мѣ и уморили. Послѣ Данилова стрижения взяли другого, Темниковскаго Даниила-жъ протопопа ᵂᵂ, и посадили въ монастырѣ у Спаса на Новомъ. Таже протопопа Неронова Ивана — въ церквѣ скуфью снялъ и посадилъ въ Симоновѣ Монастырѣ, опослѣ сослалъ на Вологду, въ Спасовъ Каменнои Монастырь, потомъ въ Кол[ь]скои Острогъ. А напослѣдокъ, по многомъ страдании, изнемогъ бѣднои, — принялъ три перста, да такъ и умеръ ˣˣ. Охъ, горе! Всякъ, мняися⁶¹ стоя, да блюдется, да ся не падетъ! Люто время, по речен-ному господемъ, аще возможно духу Антихристову прельстити и избран-ныя. Зѣло надобно крѣпко молитися богу, да спасетъ и помилуетъ насъ, яко благъ и человѣколюбецъ.

Таже меня взяли отъ всенощнаго Борисъ Нелединскои ᵁᵁ со стрѣл[ь]-цами; человѣкъ со мною съ шестьдесятъ взяли; ихъ въ тюр[ь]му отвели, а меня на Патриарховѣ Дворѣ на чѣпь⁶² посадили ночью. Егда-жъ розсвѣтало въ день недѣльныи, посадили меня на телѣгу и розстягнули руки, и везли отъ Патриархова Двора до Андроньева Монастыря ᶻᶻ, и тутъ на чѣпи кинули въ темную полатку, — ушла въ землю, — и сидѣлъ три дни, ни ѣлъ, ни пилъ; во т[ь]мѣ сидя, кланялся на чѣпи, не знаю — на востокъ, не знаю — на западъ. Никто ко мнѣ не приходилъ, токмо мыши, и тараканы, и сверчки кричатъ, и блохъ довольно.

Бысть⁶³ же я въ третии день приалченъ, — сирѣчь ѣсть захотѣлъ, — и послѣ вечерни ста⁶⁴ предо мною, не вѣмъ — ангелъ, не вѣмъ — чело-вѣкъ; и по се время не знаю. Токмо въ потемкахъ молитву сотворилъ и, взявъ меня за плечо, съ чѣпью къ лавкѣ привелъ и посадилъ, и ложку въ руки далъ, и хлѣбца немножко и штец⁶⁵ далъ похлѣбать, — зѣло при-кусны, хороши! — и реклъ мнѣ:

»Полно, довляетъ ти ко укрѣплению!«

Да и не стало его. Двери не отворялись, а его не стало! Дивно только — человѣкъ? а что-жъ ангелъ? Ино нѣчему дивиться — вездѣ ему не загорожено. На утро архимандритъ съ братьею пришли и вывели меня; журятъ мнѣ, что патриарху не покорился; а я отъ *Писания* его браню, да даю. Сняли бол[ь]шую чѣпь, да малую наложили. Отдали чернцу подъ началъ, велѣли волочить въ церковь. У церкви за волосы дерутъ и подъ бока толкаютъ и за чѣпь торгаютъ и въ глаза плюютъ. Богъ ихъ проститъ въ сии вѣкъ и въ будущии: не ихъ то дѣло, но Сатаны лукаваго. Сидѣлъ тутъ я четыре недѣли.

Въ время послѣ меня взяли Ло[н]гина, протопопа Муромскаго ᴬ: въ соборнои церкви, при царѣ, остригъ въ обѣдню. Во время переноса снялъ патриархъ со главы у архидьякона дискосъ и поставилъ на престолъ съ тѣломъ Христовымъ; а съ чашею архимаритъ Чюдовскои Ферапонтъ внѣ олтаря, при дверехъ царскихъ стоялъ. Увы разсѣчения тѣла Христова, пущи жидовскаго дѣиства! Остригше, содрали съ него однорядку и кафтанъ. Ло[н]гинъ же разжегся ревностию божественнаго огня, Никона порицая, и чрезъ порогъ въ олтарь въ глаза Никону плевалъ; распоясався, схватя⁶⁶ съ себя рубашку, въ олтарь въ глаза Никону бросилъ; чюдно, растопоряся⁶⁷ рубашка и покрыла на престолѣ дискосъ, бытто⁶⁸ воздухъ. А въ то время и царица въ церквѣ была. На Ло[н]гина возложили чѣпь и, таща ис церкви, били метлами и шелепами до Богоявленского Монастыря[B]. И кинули въ полатку нагого и стрѣльцовъ на караулѣ поставили накрѣпко стоять. Ему-жъ богъ въ ту нощь далъ шубу новую да шапку; и на утро Никону сказали; и онъ, розсмѣявся, говоритъ:

»Знаю-су я пустосвятовъ тѣхъ!«

И шапку у него отнялъ, а шубу ему оставилъ.

Посемъ паки меня изъ монастыря водили пѣшего на Патриарховъ Дворъ, также руки ростяня[69], и, стязався много со мною, паки также отвели. Таже въ Никитинъ день[C] ходъ со кресты, а меня паки на телѣгѣ везли противъ крестовъ. И привезли къ соборнои церквѣ стричь и держали въ обѣдню на порогѣ долго. Государь съ мѣста сошелъ и, приступя[70] къ патриарху, упросилъ. Не стригше, отвели въ Сибирскои Приказъ и отдали дьяку Третьяку Башмаку, что нынѣ стражетъ же по Христѣ, — старецъ Саватеи, сидитъ на Новомъ, въ землянои же тюр[ь]мѣ. Спаси его, господи! И тогда мнѣ дѣлалъ добро.

★

Таже послали меня въ Сибирь съ женою и дѣтьми. И колико дорогою нужды бысть, того всего много говорить, развѣ малая часть помянуть. Протопопица родила: больную въ телѣгѣ и повезли до Тобол[ь]ска[D]; три тысящи верстъ недѣль съ тринадцать волокли телѣгами и водою, и саньми половну пути.

Архиепископъ въ Тобольскѣ[E] къ мѣсту устроилъ меня[F]. Тутъ у церкви великия бѣды постигоша[71] меня: въ полтора годы пять »словъ государевыхъ«[G] сказывали на меня, и елинъ нѣкто, архиепископля двора дьякъ Иванъ Струна, тотъ и душею моею потрясъ. Съѣхалъ архиепископъ къ Москвѣ[H], а онъ безъ него, дьявольскимъ наученiемъ, напалъ на меня: церкви моея дьяка Антонiя мучить напрасно захотѣлъ. Онъ же Антонъ утече[72] у него и прибѣжалъ во церковь ко мнѣ. Тои же Струна Иванъ, собрався съ людьми, во инъ день прiиде ко мнѣ въ церковь, — а я вечерню пою, — и въскочилъ въ церковь, ухватилъ Антона на крылосѣ[73] за бороду. А я въ то время двери церковныя затворилъ и замкнулъ и никого не пустилъ, — одинъ онъ, Струна, въ церквѣ вертится, что бѣсъ. И я, покиня[74] вечерню, съ Антономъ посадилъ его среди церкви на полу и за церковнои мятежъ постегалъ его ременемъ нарочито-таки; а прочiи, человѣкъ съ двадцать, вси побѣгоша, гоними духомъ святымъ. И покаянiе отъ Струны принявъ, паки отпустилъ его къ себѣ. Сродницы[75] же Струнины, попы и чернцы, весь возмутили градъ, да како меня погубятъ. И въ полунощи привезли сани ко двору моему, ломилися въ ызбу, хотя меня взять и въ воду свести. И божiимъ страхомъ отгнани быша и побѣгоша вспять. Мучился я съ мѣсяцъ, отъ нихъ бѣгаючи[76] втаи; иное въ церквѣ ночую, иное къ воеводѣ уиду, а иное въ тюрьму просился, — ино не пустятъ. Провожалъ меня много Матфеи Ломковъ, иже и Митрофанъ именуемъ въ чернецахъ, — опослѣ на Москвѣ у Павла митрополита ризничимъ былъ, въ соборнои церкви съ дьякономъ Афонасьемъ меня стригъ; тогда добръ былъ; а нынѣ дьяволъ его оплоталъ.

Потомъ прiѣхалъ архиепископъ съ Москвы и правильною виною его,

Струну, на чѣпь посадилъ за сие: нѣкии человѣкъ съ дочерью кровосмѣ-
шение сотворилъ, а онъ, Струна, полтину възявъ и, не наказавъ мужика,
отпустилъ. И владыка его сковать приказалъ и мое дѣло тутъ же помянулъ.
Онъ же, Струна, ушелъ къ воеводамъ въ приказъ и сказалъ »слово и дѣло
государево« на меня. Воеводы отдали его сыну боярскому лучшему, Петру
Бекетову, за приставъ. Увы, погибель на дворъ Петру пришла! Еще же и
душѣ моеи горе тутъ есть. Подумавъ архиепископъ со мною, по правиламъ,
за вину кровосмѣшения сталъ Струну проклинать въ недѣлю Православия
въ церквѣ большои[I]. Тои же Бекетовъ Петръ, пришедъ въ церковь, браня
архиепископа и меня, и въ тои часъ ис церкви пошедъ, взбѣсился, ко
двору своему идучи, и умре горькою смертию злѣ. И мы со владыкою при-
казали тѣло его среди улицы собакамъ бросить, да же граждане оплачютъ
согрѣшение его. А сами три дни прилежнѣ стужали божеству, даже въ
день вѣка отпустится ему. Жалѣя Струны. Такову себѣ пагубу приялъ!
И по трехъ днехъ владыка и мы сами честнѣ тѣло его погребли. Полно
того плачевного дѣла говорить!

★

Посемъ указъ пришелъ[J]: велѣно меня ис Тобольска на Лену везти за
сие, что браню отъ *Писания* и укоряю ересь Никонову. Въ та же времена
пришла ко мнѣ съ Москвы грамотка. Два брата жили у царицы въ Верху,
а оба умерли въ моръ и съ женами и съ дѣтьми; и многия друзья и срод-
ники померли. Излиялъ богъ на царство фиялъ гнѣва своего! Да не узна-
лись горюны однако, — церковью мятутъ. Говорилъ тогда и сказывалъ
Нероновъ царю три пагубы за церковнои расколъ: моръ, мечь, раздѣление;
то и сбылось во дни наша нынѣ. Но милостивъ господь: наказавъ, покаяния
ради, и помилуетъ насъ, прогнавъ болѣзни душъ нашихъ и тѣлесъ, и
тишину подастъ. Уповаю и надѣюся на Христа; ожидаю милосердия его и
чаю воскресения мертвымъ.

Таже сѣлъ опять на корабль свои, еже и показанъ ми, что выше сего
рекохъ, — поѣхалъ на Лену. А какъ приѣхалъ въ Енисеискои, другои
указъ пришелъ[K]: велѣно въ Дауры везти — двадцать тысящъ и больши
будетъ отъ Москвы. И отдали меня Афонасью Пашкову[L] въ полкъ, — людеи
съ нимъ было 600 человѣкъ; и грѣхъ ради моихъ суровъ человѣкъ: безпре-
станно людеи жжетъ и мучитъ и бьетъ. И я его много уговаривалъ, да и
самъ въ руки попалъ. А съ Москвы отъ Никона приказано ему мучить меня.

Егда поѣхали[M] изъ Енисеиска, какъ будемъ въ большои Тунгускѣ
рѣкѣ[N], въ воду загрузило бурею дощеникъ мои совсѣмъ: налился среди
рѣки полонъ воды, и парусъ изорвало, — одны полубы надъ водою, а то
все въ воду ушло. Жена моя на полубы изъ воды робятъ кое-какъ выта-
скала, простоволоса ходя. А я, на небо глядя, кричю:

»Господи, спаси! Господи, помози!«

И божиею волею прибило къ берегу насъ. Много о томъ говорить! На
другомъ дощеникѣ двухъ человѣкъ сорвало, и утонули въ водѣ. Посемъ,
оправяся[77] на берегу, и опять поѣхали впередъ.

Егда приѣхали на Шаманскои порогъ, на встрѣчю приплыли люди
иные къ намъ, а съ ними двѣ вдовы, — одна лѣтъ въ 60, а другая и больши:

пловутъ пострищись въ монастырь. А онъ, Пашковъ, сталъ ихъ ворочать
и хочетъ замужъ отдать. И я ему сталъ говорить:

»По правиламъ не подобаетъ таковыхъ замужъ давать.«

И чѣмъ бы ему, послушавъ меня, и вдовъ отпустить, а онъ вздумалъ
мучить меня, осердясь[78]. На другомъ, Долгомъ порогѣ сталъ меня изъ
дощеника выбивать:

»Для-де тебя дощеникъ худо идетъ! Еретикъ-де ты! Поди-де по горамъ,
а съ казаками не ходи!«

О, горе стало! Горы высокия, дебри непроходимыя; утесъ каменнои,
яко стѣна стоитъ, и поглядѣть — заломя[79] голову! Въ горахъ тѣхъ обрѣ-
таются змеи великие; въ нихъ же витаютъ гуси и утицы, — перие красное,
— вороны черные, а галки сѣрые; въ тѣхъ же горахъ орлы и соколы и
кречаты и курята индѣиские и бабы и лебеди и иные дикие, — многое
множество, — птицы разные. На тѣхъ же горахъ гуляютъ звѣри многие
дикие: козы и олени и зубри и лоси и кабаны, волки, бараны дикие, —
во очию намъ; а взять нельзя!

На тѣ горы выбивалъ меня Пашковъ, со звѣрьми и со змиями, и со
птицами витать. И азъ ему малое писанеице написалъ, сице начало:

»Человѣче! Убоися бога, сѣдящаго на херувимѣхъ и призирающаго
въ без[д]ны, егоже трепещутъ небесныя силы и вся тварь со человѣки,
единъ ты презираешь и неудобство показуешь„« — и прочая.

Тамъ многонько писано; и послалъ къ нему.

А се бѣгутъ человѣкъ съ пятдесятъ: взяли мои дощеникъ и помчали
къ нему, — версты три отъ него стоялъ. Я казакамъ каши наварилъ, да
кормлю ихъ; и онѣ бѣдные и ѣдятъ и дрожатъ, а иные глядя плачютъ на
меня, жалѣютъ по мнѣ. Привели дощеникъ; взяли меня палачи, привели
передъ него. Онъ со шпагою стоитъ и дрожитъ. Началъ мнѣ говорить:

»Попъ ли ты, или роспопъ?«

И азъ отвѣщалъ:

»Азъ есмь Аввакумъ протопопъ. Говори, что тебѣ дѣло до меня?«

Онъ же рыкнулъ, яко дивии звѣрь, и ударилъ меня по щокѣ, таже
по другои, и паки въ голову, и сбилъ меня съ ногъ и, чеканъ ухватя[80],
лежачего по спинѣ ударилъ трижды и, разболокши[81], по тои же спинѣ
семьдесятъ два удара кнутомъ. А я говорю:

»Господи, Исусе Христе, сыне божии, помогаи мнѣ!«

Да то-жъ, да то-жъ безпрестанно говорю. Такъ горько ему, что не
говорю:

»Пощади!«

Ко всякому удару молитву говорилъ, да осреди побои вскричалъ я
къ нему:

»Полно бить-того!«

Такъ онъ велѣлъ перестать. И я промолылъ[82] ему:

»За что ты меня бьешь? Вѣдаешь ли?«

И онъ паки велѣлъ бить по бокамъ, и отпустили. Я задрожалъ, да и
упалъ. И онъ велѣлъ меня въ казеннои дощеникъ оттащить: сковали руки
и ноги и на беть кинули. Осень была, дождь на меня шелъ, всю нощь
подъ капелию лежалъ. Какъ били, такъ не больно было съ молитвою тою;
а, лежа, на умъ взбрело:

»За что ты, сыне божии, попустилъ меня ему таково больно убить? Я вѣдь за вдовы твои сталъ! Кто дастъ судию между мною и тобою? Когда воровалъ, и ты меня такъ не оскорблялъ; а нынѣ не вѣмъ, что согрѣ- шилъ!...

Наутро кинули меня въ лодку и напредъ повезли. Егда приѣхали къ порогу, къ самому большему, — Падуну, рѣка о томъ мѣстѣ шириною съ версту, три залавка чрезъ всю рѣку зѣло круты, не воротами што попло- ветъ, ино въ щепы изломаетъ, — меня привезли подъ порогъ. Сверху дождь и снѣгъ; а на мнѣ на плеча накинуто кафтанишко просто; льетъ вода по брюху и по спинѣ, — нужно было гораздо. Изъ лодки вытаща[83], по каменью скована около порога тащили. Грустно гораздо, да душѣ добро; не пѣняю ужъ на бога вдругорядъ. На умъ пришли рѣчи, пророкомъ и апостоломъ реченныя... И сими рѣчми тѣшилъ себя.

Посемъ привезли въ Братскои Острогъ[O] и въ тюрьму кинули, соломки дали. И сидѣлъ до Филипова поста[P] въ студенои башнѣ; тамъ зима въ тѣ поры живетъ, да богъ грѣлъ и безъ платья! Что собачка въ соломкѣ лежу: коли накормятъ, коли нѣтъ. Мышеи много было, я ихъ скуфьею билъ, — и батожка не дадутъ дурачки! Все на брюхѣ лежалъ: спина гнила. Блохъ да вшеи было много. Хотѣлъ на Пашкова кричать: »Прости!« Да сила божия возбранила, — велѣно терпѣть. Перевелъ меня въ теплую избу, и я тутъ съ аманатами и съ собаками жилъ скованъ зиму всю. А жена съ дѣтьми верстъ съ дватцать была сослана отъ меня. Баба ея Ксенья мучила зиму ту всю, — лаяла да укоряла. Сынъ Иванъ, — невеликъ былъ, — прибрелъ ко мнѣ побывать послѣ Христова рождества, и Пашковъ велѣлъ кинуть въ студеную тюрьму, гдѣ я сидѣлъ: ночевалъ милои и замерзъ было тутъ. И наутро опять велѣлъ къ матери протолкать. Я его и не видалъ. Приволокся къ матери, — руки и ноги ознобилъ.

★

На весну[Q] паки поѣхали впредь. Запасу небольше мѣсто осталось; а первои разgrabленъ весь: и книги, и одежда иная отнята была; а иное и осталось. На Баикаловѣ морѣ[R] паки тонулъ. По Хилкѣ по рѣкѣ[S] застa- вилъ меня лямку тянуть: зѣло нуженъ ходъ ею былъ, — и поѣсть было нѣколи, нежели спать. Лѣто цѣлое мучилися. Отъ водяныя тяготы люди изгибали; и у меня ноги и животъ синъ былъ. Два лѣта въ водахъ бродили; а зимами чрезъ волоки волочилися. На томъ же Хилкѣ въ третьее тонулъ. Барку отъ берегу оторвало водою, — людские стоятъ, а мою ухватило, да и понесло! Жена и дѣти остались на берегу, а меня самъ-другъ съ кормщи- комъ помчало. Вода быстрая, переворачиваетъ барку вверхъ боками и дномъ; а я на неи ползаю, а самъ кричу:

»Владычице, помози! Упование, не утопи!«

Иное ноги въ водѣ, а иное выползу наверхъ. Несло съ версту и больши. Да люди переняли. Все розмыло до крохи! Да што пѣть дѣлать, коли Христосъ и пречистая богородица изволили такъ? Я, вышедъ изъ воды, смѣюсь; а люди-тѣ охаютъ, платье мое по кустамъ развѣшивая, шубы отласные и тафтяные, и кое какие бездѣлицы; тое много еще было въ чемо- данахъ да въ сумахъ; все съ тѣхъ мѣстъ перегнило, — наги стали. А Паш- ковъ меня же хочетъ опять бить:

»Ты-де надъ собою дѣлаешь за посмѣхъ!«

И я паки свѣту-богородицѣ докучать:

»Владычице, уими дурака того!«

Такъ она-надежа уняла: сталъ по мнѣ тужить.

Потомъ доѣхали до Иргеня озера: волокъ тутъ, — стали зимою воло-
читься. Моихъ роботниковъ отнялъ; а инымъ у меня наняться не велитъ.
А дѣти маленьки были; ѣдоковъ много, а работать некому; одинъ бѣднои
горемыка-протопопъ нарту сдѣлалъ и зиму всю волочился за волов.

Весною на плотахъ по Ингодѣ рѣкѣ поплыли на низъ. Четвертое лѣто
отъ Тобольска плаванию моему. Лѣсъ гнали хоромнои и городовои. Стало
нечего ѣсть; люди учали съ голоду мереть и отъ работныя водяныя бродни.
Рѣка мелкая, плоты тяжелые, приставы немилостивые, палки большие,
батоги суковатые, кнуты острые, пытки жестокие, — огонь да встряска, —
люди голодные: лишо станутъ мучить — ано и умреть! Охъ времени тому!...
Полно того; на первое возвратимся.

Было въ Даурскои землѣ нужды великие годовъ съ шесть и съ семь,
а во иные годы оградило. А онъ, Афонасеи, навѣтуя мнѣ, безпрестанно
смерти мнѣ искалъ. Въ тои же нуждѣ прислалъ ко мнѣ отъ себя двѣ
вѣдовы, — сѣнныя его любимые были, — Марья да Софья, одержимы
духомъ нечистымъ. Ворожа и колдуя много над ними, и видитъ, яко ничто
же успѣваетъ, но паче мол[ь]ба бываетъ, — зѣло жестоко ихъ бѣсъ мучитъ,
бьются и кричатъ; — призвалъ меня и поклонился мнѣ, говоритъ:

»Пожалуи, воз[ь]ми ихъ ты и попекися объ нихъ, бога моля; послу-
шаетъ тебя богъ.«

И я ему отвѣщалъ:

»Господине! Выше мѣры прошение; но за молитвы святыхъ отецъ
нашихъ вся возможна суть богу.«

Взялъ ихъ бѣдныхъ.

Простите! Во искусѣ то на Руси бывало, — человѣка три-четыре бѣше-
ныхъ приведшихъ бывало въ дому моемъ и, за молитвъ святыхъ отецъ,
отхождаху отъ нихъ бѣси, дѣиствомъ и повелѣниемъ бога живаго и господа
нашего Исуса Христа, сына божия-свѣта. Слезами и водою покроплю и
масломъ помажу, молебная пѣвше во имя Христово: и сила божия отгоняше
отъ человѣкъ бѣсы и здрави бываху, не по достоинству моему, — никако
же, — но по вѣрѣ приходящихъ! Древле благодать дѣиствоваше осломъ
при Валаамѣ[T], и при Улиане мученикѣ[U] — рысью, и при Сисинии[V] —
оленемъ: говорили человѣческимъ гласомъ. Богъ, идѣже хощетъ, побѣж-
дается...

Таже привели ко мнѣ бабъ бѣшеныхъ; я, по обычаю, самъ постился
и имъ не давалъ есть, молебствовалъ и масломъ мазалъ и, какъ знаю,
дѣистововалъ: и бабы о Христѣ цѣлоумны и здравы стали. Я ихъ исповѣ-
далъ и причастилъ. Живутъ у меня и молятся богу; любятъ меня и домои
не идутъ. Свѣдалъ онъ, что мнѣ учинилися дочери духовные, осердился на
меня опять пущи стараго, — хотѣлъ меня в огнѣ жжечь[84]:

»Ты-де вывѣдываешь мое таины!«

А какъ причастить, не исповѣдавъ? А не причастивъ бѣшеного, ино
бѣса совершенно не отгонишь. Бѣсъ-отъ вѣдь не мужикъ: батога не боится;
боится онъ креста Христова, да воды святыя, да священннвго масла, а

совершенно бѣжитъ отъ тѣла Христова. Я, кромѣ сихъ таинъ, врачевать не умѣю. Въ нашеи православнои вѣрѣ безъ исповѣди не причащаютъ: въ римскои вѣрѣ творятъ такъ, — не брегутъ о исповѣди; а намъ, православие блюдущимъ, такъ не подобаетъ, но на всяко время покаяние искати... Полно про то говорить. И сами знаете, что добро дѣло. Стану опять про бабъ говорить.

Взялъ Пашковъ бѣдныхъ вдовъ отъ меня: бранитъ меня, вмѣсто благодарения. Онъ чаялъ: Христосъ просто положитъ; ано пущи и старого стали бѣситься. Заперъ ихъ въ пустую избу, ино никому приступу нѣтъ къ нимъ; призвалъ къ нимъ черного попа, — и онѣ его дровами бросаютъ, и поволокся прочь. Я дома плачю, а дѣлать не вѣдаю что. Приступить ко двору не смѣю: бол[ь]но сердитъ на меня. Таино послалъ къ нимъ воды святыя, велѣлъ ихъ умыть и напоить, и имъ бѣднымъ легче стало. Прибрели сами ко мнѣ таино, и я помазалъ ихъ во имя Христово масломъ. Такъ опять, далъ богъ, стали здоровы и опять домои пошли. Да по ночамъ ко мнѣ прибѣгали таино молиться богу. Изрядные дѣтки стали, играть перестали и правил[ь]ца[85] держаться стали. На Москвѣ съ бояронею въ Вознесенскомъ Монастырѣ[W] вселились. Слава о нихъ богу!

★

Таже съ Нерчи рѣки[X] паки назадъ возвратилися къ Русѣ. Пять недѣль по л[ь]ду голому ѣхали на нартахъ. Мнѣ подъ робятъ и подъ рухлишко далъ двѣ клячки; а самъ и протопопица брели пѣши, убивающеся о ледъ. Страна варварская; иноземцы немирные; отстать отъ лошедеи не смѣемъ, а за лошед[ь]ми итти не поспѣемъ, голодные и томные люди. Протопопица бѣдная бредетъ-бредетъ, да и повалится, — кользко гораздо! В ыную пору, бредучи, повалилась, а инои томнои же человѣкъ на нея набрелъ, тутъ же и повалился: оба кричатъ, а встать не могутъ. Мужикъ кричитъ:

»Матушка-государыня, прости!«

А протопопица кричитъ:

»Что ты, бат[ь]ко, меня задавилъ?«

Я пришолъ, — на меня, бѣдная, пеняетъ, говоря:

»Долго ли муки сея, протопопъ, будетъ?«

И я говорю:

»Марковна, до самыя смерти!«

Она же, вздохня, отвѣщала:

»Добро, Петровичъ, ино еще побредемъ!«...

★

Десеть лѣтъ онъ меня мучилъ, или я его, — не знаю; богъ разберетъ въ день вѣка. Перемѣна ему пришла, и мнѣ грамота: велѣно ѣхать на Русь[Y].

Онъ поѣхалъ, а меня не взялъ; умышлялъ во умѣ своемъ:

»Хотя-де одинъ и поѣдетъ, и его-де убьютъ иноземцы.«

Онъ въ дощеникахъ со оружиемъ и съ люд[ь]ми плылъ, а слышалъ я, ѣдучи, отъ иноземцевъ: дрожали и боялись. А я, мѣсяцъ спустя послѣ его, набравъ старыхъ и бол[ь]ныхъ и раненыхъ, кои тамъ негодны, человѣкъ съ десятокъ, да я съ женою и съ дѣт[ь]ми, — семнадцать насъ человѣкъ, въ лодку сѣдше, уповая на Христа, и крестъ поставя на носу, поѣхали, амо же богъ наставитъ, ничего не бояся...

Таже къ Москвѣ приѣхалъ[Z] и, яко ангела божия, прияша[86] мя государь и бояря, — всѣ мнѣ ради. Къ Федору Ртищеву[AA] зашелъ: онъ самъ изъ полатки выскочилъ ко мнѣ, благословился отъ меня, и учали говорить много-много, — три дни и три ночи домои меня не отпустилъ, и потомъ царю обо мнѣ извѣстилъ. Государь меня тотъ часъ къ рукѣ поставить велѣлъ и слова милостивые говорилъ:

»Здорово ли де, протопопъ, живешь? Еще-де видаться богъ велѣлъ!«

И я сопротивъ руку его поцѣловалъ и пожалъ, а самъ говорю:

»Живъ господь и жива душа моя, царь государь; а впредь, что изволитъ богъ!«

Онъ же, миленькои, вздохнулъ, да и пошелъ, куды надобѣ ему. И иное кто-что было, да што много говорить? Прошло уже то! Велѣлъ меня поставить на Монастырскомъ Подворьѣ въ Кремли и, въ походы мимо двора моего ходя, кланялся часто со мною, низен[ь]ко-таки, а самъ говоритъ:

»Благослови-де меня и помолися о мнѣ!«

И шапку, въ ыную[87] пору мурманку, снимаючи съ головы, уронилъ, ѣдучи верхомъ. А изъ кореты высунется бывало ко мнѣ. Таже и всѣ бояря, послѣ его, челомъ да челомъ:

»Протопопъ, благослови и молися о насъ!«

Какъ-су[88] мнѣ царя того и бояръ тѣхъ не жалѣть? Жалъ, о-су! Видишь, каковы были добры! Да и нынѣ онѣ не лихи до меня; дьяволъ лихъ до меня, а человѣки всѣ до меня добры. Давали мнѣ мѣсто, гдѣ бы я захотѣлъ, и въ духовники звали, чтобъ я съ ними соединился въ вѣрѣ; азъ же вся сия яко уметы вмѣнилъ, да Христа приобрящу[89], и смерть поминая, яко вся сия мимо идетъ...

★

Паки реку московское бытие. Видятъ онѣ, что я не соединяюся съ ними: приказалъ государь уговаривать меня Родиону Стрѣшневу[BB], чтобъ я молчалъ. И я потѣшилъ его: царь — то есть отъ бога учиненъ, а се добренекъ до меня, — чаялъ, либо помален[ь]ку исправится. А се посулили мнѣ Симеонова дни сѣсть на Печатномъ Дворѣ книги править, и я радъ сильно, — мнѣ то надобно лутше и духовничества! Пожаловалъ, ко мнѣ прислалъ десять рублевъ денегъ, царица десять рублевъ же денегъ, Лукьянъ духовникъ десять рублевъ же, Родионъ Стрѣшневъ десять рублевъ же; а дружище наше старое, Феодоръ Ртищевъ, тотъ и шестьдесятъ рублевъ казначею своему велѣлъ въ шапку мнѣ сунуть! А про иныхъ нечего и сказывать: всякъ тащитъ да несетъ всячиною!

У свѣта моеи, у Федосьи Прокопьевны Морозовы, не выходя, жилъ во дворѣ, понеже дочь мнѣ духовная, и сестра ее, княгиня Евдокѣя Прокопьевна[CC], дочь же моя. Свѣты мои, мученицы Христовы! И у Анны Петровны Милославские, покоиницы, всегда же въ дому былъ. А къ Федору Ртищеву браниться со отступниками ходилъ. Да такъ-то съ полгода жилъ, да вижу, яко церковное ничто же успѣваетъ, но паче мол[ь]ба бываетъ, —

паки заворчалъ, написавъ царю многон[ь]ко-таки, чтобъ онъ старое благочестие и мати нашу, общую святую церковь, отъ ересеи оборонилъ и на престолъ бы патриаршески пастыря православного учинилъ вмѣсто волка и отступника Никона, злодѣя и еретика.

И егда пис[ь]мо изготовилъ, занемоглось мнѣ гораздо, и я выслалъ царю на переѣздъ съ сыномъ своимъ духовнымъ, съ Феодоромъ Юродивымъ[DD], что послѣ отступники удавили его Феодора на Мезени, повѣся на висѣлицу. Онъ съ пис[ь]момъ приступилъ къ коретѣ со дерзновениемъ. И царь велѣлъ его посадить и съ пис[ь]момъ подъ Красное Крыл[ь]цо[EE], — не вѣдалъ, что мое; а опослѣ, взявше у него пис[ь]мо, велѣлъ его отпустить. И онъ, покоиникъ, побывавъ у меня, паки, въ церковь предъ царя пришедъ, учалъ юродствомъ шаловать, царь же, осердясь, велѣлъ въ Чюдовъ Монастырь отслать. Тамъ Павелъ архимаритъ и желѣза на него наложилъ, и, божиею волею, желѣза разъсыпалися на ногахъ предъ людьми. Онъ же, покоиникъ-свѣтъ, въ хлѣбнѣ тои послѣ хлѣбовъ въ жаркую печь влѣзъ, и голымъ гузномъ сѣлъ на поду и, крошки въ печи побираючи, ѣстъ. Такъ чернцы ужаснулися и архимариту сказали, что нынѣ Павелъ митрополитъ. Онъ же и царю возвѣстилъ, и царь, пришедъ въ монастырь, честно его велѣлъ отпустить. Онъ же паки ко мнѣ пришелъ.

И съ тѣхъ мѣстъ царь на меня кручиновать сталъ: не любо стало, какъ опять я сталъ говорить; любо имъ, какъ молчю. Да мнѣ такъ не сошлось. А власти, яко козлы, пырскать стали на меня и умыслили паки сослать меня съ Москвы, понеже раби Христовы многие приходили ко мнѣ и, уразумѣвше истину, не стали къ прелеснои ихъ службѣ ходить. И мнѣ отъ царя выговоръ былъ:

»Власти-де на тебя жалуются; церкви-де ты запустошилъ, поѣдь-де въ ссылку опять.«

Сказывалъ бояринъ Петръ Михаиловичь Салтыковъ. Да и повезли на Мезень[FF]. Надавали были кое-чего, во имя Христово, люди добрые много, да все и осталося тутъ; токмо съ женою и дѣт[ь]ми и съ домочадцы повезли. А я по городамъ паки людеи божиихъ училъ, а ихъ, пестрообразныхъ звѣреи, обличалъ. И привезли на Мезень.

Полтора года державъ, паки одного къ Москвѣ взяли[GG]; да два сына со мною, — Иванъ да Прокопеи, — сьѣхали же; а протопопица и прочии на Мезени осталися всѣ. И привезше къ Москвѣ, отвезли подъ началъ въ Пафнутьевъ Монастырь[HH]. И туды присылка была, — то жъ да то жъ говорятъ:

»Долго ли тебѣ мучить насъ? Соединись съ нами, Аввакумушко!«

И отрицаюся, что отъ бѣсовъ, а онѣ лѣзутъ въ глаза! Сказку имъ тутъ съ бранью съ бол[ь]шою написалъ и послалъ съ дьякономъ Ярославскимъ съ Коз[ь]мою и съ подьячимъ Двора Патриярша, Коз[ь]ма-та не знаю коего духа человѣкъ: въ явѣ уговариваетъ, а вътаи подкрѣпляетъ меня, сице говоря:

»Протопопъ! Не отступаи ты стараго того благочестия! Великъ ты будешь у Христа человѣкъ, какъ до конца претерпишь: не гляди на насъ, что погибаемъ мы!«

И я ему говорилъ сопротивъ, чтобъ онъ паки приступилъ ко Христу. И онъ говоритъ:

»Нельзя! Никонъ опуталъ меня!«

Просто молыть[90], отрекся предъ Никономъ Христа, также уже, бѣднои, не сможетъ встать. Я, заплакавъ, благословилъ его, горюна; больши тово нечего мнѣ дѣлать съ нимъ. Вѣдаетъ то богъ, что будетъ ему!

Таже державъ десять недѣль въ Пафнутьевѣ на чѣпи, взяли меня паки на Москву, и въ крестовои стязався власти со мною, ввели меня въ Соборнои Храмъ и стригли по переносѣ меня и дьякона Феодора, потомъ и проклинали. А я ихъ проклиналъ сопротивъ! Зѣло было мятежно въ обѣдню ту[91] тутъ! И, подержавъ на Патриарховѣ Дворѣ, повезли насъ ночью на Угрѣшу къ Николѣ въ монастырь[II]. И бороду враги божии отрѣзали у меня. Чему быть? Волки то есть, не жалѣютъ овецъ! Оборвали, что собаки, одинъ хохолъ оставили, что у поляка, на лбу. Везли не дорогою въ монастырь, — болотами да грязью, чтобъ люди не свѣдали. Сами видятъ, что дуруютъ, а отстать отъ дурна не хотятъ: омрачилъ дьяволъ, — что на нихъ и пѣнять!...

Держали меня у Николы въ студенои полаткѣ семнадцать недѣль. Тутъ мнѣ божие присѣщение бысть; чти въ *Царевѣ послании*[JJ], тамо обрящеши[92]. И царь приходилъ въ монастырь: около темницы моея походилъ и, постоявъ, опять пошелъ изъ монастыря. Кажется потому, и жаль ему меня, да ужъ то воля божия такъ лежитъ. Какъ стригли, въ то время велико нестроение въ Верху у нихъ бысть съ царицею съ покоиницею: она за насъ стояла въ то время, миленькая. Напослѣдокъ и отъ казни отпросила меня. О томъ много говорить. Богъ ихъ проститъ! Я своего мучения на нихъ не спрашиваю, ни въ будущии вѣкъ. Молитися мнѣ подобаетъ о нихъ, о живыхъ и о преставльшихся. Дияволъ между нами разсѣчение положилъ. А онѣ всегда добры до меня. Полно того!

И Воротынскои, бѣднои князь Иванъ[KK], тутъ же безъ царя молиться прие[з]жалъ; а ко мнѣ просился въ темницу; ино не пустили горюна. Я лишо, въ окошко глядя, поплакалъ на него. Миленькои мои! Боится бога, сиротинка Христова: не покинетъ его Христосъ! Всегда-таки онъ Христовъ да нашъ человѣкъ. И всѣ бояря-те до насъ добры, одинъ дияволъ лихъ. Что петь сдѣлаешь, коли Христосъ попустилъ! Князь Ивана миленького, Хованъского[LL], и батожьемъ били, какъ Исаию[MM] сожгли. А бояроню-ту Федосью Морозову и совсѣмъ разорили, и сына у нея уморили, и ея мучатъ. И сестру ея Евдокѣю, бивше батогами, и отъ дѣтеи отлучили, и съ мужемъ розвели, а его, князь Петра Урусова, на другои-де женили. Да что петь дѣлать? Пускаи ихъ, милен[ь]кихъ, мучатъ: небеснаго жениха достигнутъ! Всяко-то богъ ихъ перепровадитъ вѣкъ сеи суетныи, и присвоитъ къ себѣ женихъ небесныи въ чертогъ свои, праведное солнце, свѣтъ, упование наше!...

---

[1] понѣхъ = поне *adv.* + бѣхъ *aor. 1 sg. instead of* бѣ *aor. 3 sg.*: быти. [2] дѣлы *instr. pl.*: дѣло. [3] еже *art. ref.* помощи. [4] десныя ... страны *gen. sg.* [5] еже *art. ref. inf.*: не быти. [6] приидохъ *aor. 1 sg. instead of* пришьдъ *p. a. p.*: приити. [7] стражетъ *pr. 3 sg.*: страдати. [8] плачючи *p. a. p. adv.* (*vulgar form*): плакати. [9] померче *aor. 3 sg.*: померкнути/помьркнути. [10] являя (*abs.*) *pr. a. p.* [11] сѣкии (*abs.*) *pr. a. p., det.*: сѣщи. [12] распростре *aor. 3 sg.*: разпрострѣти. [13] потече *aor. 3 sg.*: потещи. [14] держати кафолическая вѣра *nom.* + *inf. in dependent construction.* [15] бози *nom. pl.*: богъ. [16] излия *aor. 3 sg.*: излияти. [17] бозѣ *loc. sg.*: богъ. [18] вѣруяи *pr. a. p., det.*: вѣровати. [19] прилежаше *impf. 3 sg.*: прилежати. [20] видѣвъ = видѣхъ *aor. 1 sg.* [21] плакався = плакахся.

[22] обыкохъ *aor. 1 sg.* : обыкнути.   [23] быхомъ *instead of* быхъ *aor. 1 sg.*   [24] умре *aor. 3 sg.* : умрѣти.   [25] вся = все.   [26] подвизѣ велицѣ *loc. sg.* : подвигъ великъ.   [27] живыи *p. a. p., det.* : жити.   [28] епископы *instr. pl.*   [29] прилежа *aor. 3 sg. instead of* прилежаахъ *impf. 1 sg.*   [30] жгомъ *pr. p. p.* : жещи.   [31] отпустя *pr. a. p.* (= отпустивъ *p. a. p.*).   [32] сложа *pr. a. p.* (= сложивъ *p. a. p.*).   [33] помоляся *pr. a. p.* (= помолився).   [34] плакався = плакахся.   [35] рыдаше *impf. 3 sg. instead of* рыдаахъ *1 sg.*   [36] Лукинъ *adj. poss.* : Лука.   [37] Лаврентиевъ *adj. poss.* : Лаврентии.   [38] сидяи *pr. a. p., det.* : сидѣти.   [39] объяша *aor. 3 pl.* : объяти.   [40] обрѣтоша *aor. 3 pl.* : обрѣсти.   [41] обрѣтохъ *aor. 1 sg.*   [42] лежа = лежахъ.   [43] оживе *incorr. aor. 3 sg. instead of* ожихъ *aor. 1 sg.*   [44] бивъ = билъ.   [45] покиня *pr. a. p.* (= покинувъ *p. a. p.*).   [46] поблагодаря *pr. a. p.* (= поблагодаривъ *p. a. p.*).   [47] ограбя *pr. a. p.* (= ограбивъ *p. a. p.*).   [48] пловучи *vulg. pr. a. p. (adv.)* : плути.   [49] вѣси *pr. 2 sg.* : вѣдѣти.   [50] ужасеся *aor. 3 sg.* : ужаснутися.   [51] изведыи *p. a. p., det.* : извести.   [52] вытаща = вытащивъ.   [53] ухватя = ухвативъ.   [54] отдохня = отдохнувъ.   [55] покиня = покинувъ.   [56] къ Казанскии *scil.* церкви.   [57] у Казанские тое *scil.* церкви.   [58] персты *instr. pl.*   [59] жжегъ = сжегъ.   [60] мнит-ми-ся = мнится ми.   [61] мняися *pr. a. p., det.* : мьнѣтися.   [62] чѣпь = цѣпь.   [63] бысть *aor. 3 sg. incorr. instead of* быхъ *aor. 1 sg.* : быти.   [64] ста *aor. 3 sg.* : стати.   [65] штецъ *gen. pl.* : шти/щи.   [66] схватя = схвативъ.   [67] растопоряся = растопорившися.   [68] бытто = будто.   [69] ростяня = ростянувъ.   [70] приступя = приступивъ.   [71] постигоша *aor. 3 pl.* : постигнути.   [72] утече *aor. 3 sg.* : утещи.   [73] крылосѣ = клиросѣ.   [74] покиня = покинувъ.   [75] сродницы *nom. pl.*   [76] бѣгаючи (*vern.*) *pr. a. p. (adv.)* : бѣгати.   [77] оправяся = оправився.   [78] осердясь = осердився.   [79] заломя = заломивъ.   [80] ухватя = ухвативъ.   [81] разболокши *p. a. p. (adv.)* : раз(о)блещи.   [82] промолылъ = промолвилъ.   [83] вытаща = вытащивъ.   [84] жжечь = сжечь.   [85] правильца *gen. sg.* : правильце *derived from* правило.   [86] прияша *aor. 3 pl.* : прияти.   [87] в ыную = въ иную.   [88] су = сударь, государь.   [89] приобрящу *pr. 1 sg.* : приобрѣсти.   [90] молыть = молвить.   [91] ту *postpos. article.*   [92] обрящеши *pr. 2 sg.* : обрѣсти.

a Epiphanius, a monk of the monastery in Solovki, became an ardent adversary of Patriarch Nikon's reforms and a close friend of Avvakum whose spiritual father he was. In 1672 he encouraged Avvakum to write his autobiography.

b St. Dionysius the Areopagite, an Athenian, was converted by the apostle Paul. He was hardly the author of the treatises and sermons ascribed to him by Avvakum.

c Heliopolis in Syria.

d 7162 = A. D. 1654.

e June 29.

f Russia was plague-stricken during the years 1654–55.

g The long Lent beginning 40 days before July 29.

h Avvakum was excommunicated in the Cathedral of the Assumption in the Kremlin on May 3, 1666.

i Avvakum was jailed in the St. Nicholas Monastery on the Ugreša River.

j *Bib.* Joshua of Nun.

k *Bib.* Gideon.

l *Bib.* Hezekiah of Judah.

m Athanasius, a Greek church father (fourth century A. C.).

n Title of a popular collection of sermons by John Chrysostom.

o Avvakum was probably born November 25, 1620.

p The region of Nižnij-Novgorod on the Volga River.

q Avvakum's father probably died in 1636.

r Avvakum spent a number of years as a priest in the church of Lopatišče in Nižnij-Novgorod.

s He probably married *ca.* 1640.

t 1641.

u 1643.

v 1643–51.

w Moscow.

x These incidents occurred in 1647.

y His third child.

z Philip, one of the twelve apostles.

aa Stefan Bonifat'jev, the Tsar's confessor, and from 1645 a priest in the Cathedral of the Assumption of the Holy Virgin within the Kremlin.

bb Ivan Neronov (1591–1670), one of Nikon's most bitter opponents, was the first proto-presbyter in the region of Nižnij-Novgorod; he was later appointed to the Cathedral of the Assumption and then to the Kazan' Cathedral in Moscow.

cc Avvakum was sent back to Lopatišče in September, 1647.

dd Vasilij Šeremetev was appointed governor of Kazan' in 1647.

ee Matvej Šeremetev was a Westernizer.

ff Avvakum here refers both to the boyar himself and to two of his sons whom he met again in 1652 in the Kremlin.

gg Eudoksia Šeremeteva.

hh St. Philip, Metropolitan of Moscow (elected 1507), strangled in 1569 by order of Ivan the Terrible by his favorite Mal'uta Skuratov, was canonized in 1652.

ii *Bib.* The prophet Zechariah.

jj St. Stefan of Perm' (1340–96).

kk In 1652.

ll Jur'jevec-Povol[ž]skoj, a town on the Volga River, between Kostroma and Nižnij-Novgorod.

mm The protopresbyter Daniil of Kazan' was opposed to Nikon and was expelled from Kazan' in the same manner as was Avvakum from Lopatišče.

nn The Solovki Islands in the White Sea.

oo The relics of the Metropolitan Filip of Moscow were placed in the Solovki Monastery in 1591, and in 1652 transferred to Moscow.

pp Nikon was elected Patriarch of Russia on July 25, 1652.

qq The six weeks Lent before Easter.

rr Avvakum is here referring to the sensational decisions on genuflecting during the liturgy and on making the sign of the cross.

ss The Monastery of the Miracle of Archangel Michael in the Kremlin.

tt Pavel, Bishop of Kolomna, an Old Believer, was burned at the stake shortly after 1653.

uu Daniil, archpriest in Kostroma, was deprived of his office in 1653 and exiled to Astraxan' where he died of starvation.

vv The Tver' gate in the Kremlin.

ww Daniil, archpriest in Temnikovo, was deprived of his rank and jailed in the Novo-spasskij Monastery in Moscow.

xx Neronov was jailed in the Simon Monastery in Moscow, then in the Savior's Stone Monastery in Vologda, and finally in a Kola prison. He revoked his heresy in 1666 and 1667.

yy Boris Neledinskij was a boyar in the service of the Patriarch from 1652.

zz The St. Andronij Monastery in Moscow.

A Lo[n]gin, archpriest in Murom, was degraded September 1, 1653.

B The Epiphany Monastery in Moscow.

C September 15, 1653.

D Avvakum remained in Tobol'sk from 1653 until 1655.

E The archbishop of the cathedral in Tobol'sk was Simeon, a friend of the Old Believers.

F Avvakum was appointed priest in the Cathedral of Tobol'sk.

G Political denunciations.

H Archbishop Simeon went to Moscow on January 22, 1654, and returned at Christmas time, 1654.

I March 4, 1655.

J June 27, 1655.

K August 20, 1655.

L Afanasij Paškov (d. 1664) was Governor of Mezen', Jenisejsk, and Dauria.

M July 18, 1656.

N Also called the Angara River.

O Apparently the Bur'atskij Ostrog.

P This Lent begins on November 14.

Q The new expedition started in May, 1657.

R The Lake Baikal.

S A small river.

T *Bib.* Balaam, the prophet from Balak, King of Moab, was induced to curse Israel, but was rebuked by the ass he rode. His utterance, by God's inspiration, was a blessing instead of a curse (Num. 22-8-24).

U St. Julian the Martyr (third century).

V   St. Sisinius the Martyr (fourth century).
W   The Ascension Convent within the Kremlin.
X   The Nerča River in Transbaikalia.
Y   The recall letters were received in the spring, 1662.
Z   Avvakum returned to Moscow in February, 1664.
AA F'odor Rtiščev, one of the Tsar's nearest friends, founder of a monastery, a great philanthropist.
BB Rodion Strešn'ov, one of the Tsar's trusted boyars.
CC The Princess Urusova.
DD A fool in Christ.
EE The main entrance to the Tsar's palace.
FF Avvakum was exiled to Mezen', Siberia, on August 29, 1664.
GG Avvakum was returned to Moscow in January or February, 1666.
HH St. Paphnutius Monastery near the village of Borovsk, in the district of Kaluga.
II See footnote i.
JJ One of Avvakum's writings.
KK Ivan Aleksejevič Vorotynskij (d. 1679), a relative of the Tsar, in 1664 appointed boyar and member of the court.
LL Prince Ivan Xovanskij (d. 1701), a friend of the Old Believers.
MM *Bib.* Isaiah the prophet.

FICTION

During the seventeenth century, literature began to emancipate itself from historiographic and hagiographic problems and motives and definitely inclined toward pure secular fiction, toward narration itself. This tendency, already noticeable within historiography and hagiography, came to its most eloquent expression in New Muscovite prose fiction, in the secular novel. It is, however, characteristic of seventeenth-century fiction that the trend is not uniform, homogeneous in means and devices. In its endeavor to create a new and basically secular genre, literature borrowed many of its forms and methods of expression both from epic folk songs and from religious legends and historiographical writing, mixing them and creating a peculiar, contradictory style. The language was neither pure Church Slavonic, nor pure Russian, but an admixture of both elements.

The literature of this period is here illustrated by the following texts, all anonymous:

The Tale of Sorrow and Misfortune
The Tale of Savva, the Son of the Esteemed Thomas Grudcyn
The Tale of the Rich and Celebrated Merchant Karp Sutulov and His Prudent Wife
The Story of Frol Skobejev, a Russian Nobleman.

THE TALE OF SORROW AND MISFORTUNE

According to the complete title of this narrative, written about the middle of the seventeenth century, the unknown author intended to show how a nameless young man who failed to accept parental counsel was forced through sorrow and misfortune to enter a monastery. The characteristic cadence of the *Tale* reveals that the author wrote this variant of the parable of the prodigal son under the direct influence of the rhythm characteristic of epic folk songs. It may, therefore, be justifiable to divide the prose text into rhythmical units. Although the language of the *Tale* is the Russian language of folk songs, the author confesses at the end that it was his intention to compose a hagiographical work. The genre of the novel had then not yet acquired its own independent *raison d'être*.

The text is reprinted from the edition of P. K. Simoni in Памятники старинного русского языка и словесности XV–XVIII столетий, Part 8 (2nd ed.; St. Petersburg, 1907).

Повѣсть о Горѣ и Злочастіи:
какъ Горе-Злочастіе довело молодца во иноческій чинъ

Изволеніемъ господа бога и спаса нашего, Іисуса Христа вседержителя, отъ начала вѣка человѣческаго!

А въ началѣ вѣка сего тлѣннаго
сотворилъ [богъ] небо и землю,
сотворилъ богъ Адама и Евву,
повелѣлъ имъ жити во святомъ раю,
далъ имъ заповѣдь божественну:
не повелѣлъ вкушати плода винограднаго
отъ Едемскаго[a] древа великаго.
Человѣческое сердце немысленно и неуимчиво:
прельстился Адамъ со Еввою,
позабыли заповѣдь божію,
вкусили плода виноgraднаго[b]
отъ дивнаго древа великаго;
и за преступленіе великое
господь богъ на нихъ разгнѣвался,
и изгналъ богъ Адама со Еввою
изъ святаго раю, изъ Едемского,
и вселилъ онъ ихъ на землю, на низкую,
благословилъ ихъ раститися, плодитися
и отъ своихъ трудовъ велѣлъ имъ сытымъ быть,
[отъ своихъ трудовъ], отъ земныхъ плодовъ.
Учинилъ богъ заповѣдь законную:
велѣлъ онъ бракомъ и женитьбамъ быть
для рожденія человѣческаго
и для любимыхъ дѣтей.
Ино зло племя человѣческо:
въ началѣ пошло непокорливо,
ко отцову ученію зазорчиво,
къ своей матери непокорливо
и къ совѣтному другу обманчиво.
А се роди пошли слабы, добру божливи,
а на безуміе обратилися
и учели[1] жить въ суетѣ и въ [не]правдѣ,
въ ечеринѣ великоѣ[2],
а прямое смирѣніе отринули.
И за то на нихъ господь богъ разгнѣвался,
положилъ ихъ въ напасти великія,
попустилъ на нихъ скорби великія
и срамныя позоры, немѣрныя,
безживотіе злое, сопостатныя находы,
злую, немѣрную наготу и босоту,
и безконечную нищету, и недостатки послѣдніе,
все смиряючи[3] насъ, наказуя

и приводя насъ на спасенный путь.
Тако рождение человѣческое отъ отца и отъ матери.

★

Будетъ молодецъ уже въ разумѣ, въ беззлобии,
и возлюбили его отецъ и мать,
учить его учали, наказывать,
на добрыя дѣла наставлять:

»Милое ты наше чадо,
послушай учения родительскаго,
ты послушай пословицы добрыя,
и хитрыя, и мудрыя, —
не будетъ тебѣ нужды великия,
Ты не будешь въ бѣдности великои.
Не ходи, чадо, въ пиры и въ братчины,
не садися ты на мѣсто большее,
не пей, чадо, двухъ чаръ за едину!
Еще, чадо, не давай очамъ воли,
не прельщайся, чадо, на добрыхъ, красныхъ женъ, —
отеческия дочери.
Не ложися, чадо, въ мѣсто заточное,
не бойся мудра, бойся глупа[го],
чтобы глупыя на тя не подумали,
да не сняли бы съ тебя драгихъ портъ,
не доспѣли бы тебѣ позорства и стыда великаго
и племяни укору и поносу бездѣльнаго!
Не ходи, чадо, къ костаремъ и корчемникамъ,
не знайся, чадо, съ головами кабацкими,
не дружися, чадо, съ глупыми, не мудрыми,
не думай украсти-ограбити,
и обмануть-солгать и неправду учинить.
Не прельщайся, чадо, на злато и сребро,
не сбирай богатства неправаго,
не буди послухъ лжесвидѣтельству,
а зла не думай на отца и матерь
и на всякого человѣка,
да и тебе покрыетъ богъ отъ всякаго зла.
Не бесчествуй, чадо, богата и убога,
и имѣй всехъ равно по единому.
А знайся, чадо, съ мудрыми,
и [съ] разумными водися,
и съ други[4] надежными дружися,
которыя бы тебя злу не доставили.«

★

Молодецъ былъ въ то время-се малъ и глупъ,
не въ полномъ разумѣ и несовершенъ разумомъ:

своему отцу стыдно покоритися
и матери поклонитися,
а хотѣлъ жити, какъ ему любо.
Наживалъ молодецъ пятьдесятъ рублевъ,
залѣзъ онъ себѣ пятьдесятъ друговъ.
Честь его яко рѣка текла;
друговья[5] къ молодцу прибивалися,
[въ] родъ-племя причиталися.
Еще у молодца былъ милъ надеженъ другъ —
назвался молодцу названой братъ,
прельстилъ его рѣчами прелесыми,
зазвалъ его на кабацкои дворъ,
завелъ его въ избу кабацкую,
поднесъ ему чару зелена вина
и кружку поднесъ пива пьяного;
самъ говоритъ таково слово:

»Испей ты, братецъ мои названой,
въ радость себѣ, и въ веселие, и во здравие!
Испей чару зелена вина,
запей ты чашею меду сладкого!
Хошь и упьешься, братецъ, до-пьяна,
ино гдѣ пилъ, тутъ и спать ложися.
Надѣйся на меня, брата названого, —
я сяду стеречь и досматривать!
Въ головахъ у тебя, мила друга,
я поставлю кружку ишему сладкого,
вскрай поставлю зелено вино,
близъ тебя поставлю пиво пьяное,
сберегу я, милъ другъ, тебя накрѣпко,
сведу я тебя ко отцу твоему и матери!«

Въ тѣ поры молодецъ понадѣяся[6]
на своего брата названого, —
не хотѣлося ему друга ослушаться;
принимался онъ за питья за пьяныя
и испивалъ чару зелена вина,
запивалъ онъ чашею меду сладкого,
и пилъ онъ, молодецъ, пиво пьяное,
упился онъ безъ памяти
и гдѣ пилъ, тутъ и спать ложился:
понадѣялся онъ на брата названого.
Какъ будетъ день уже до вечера,
а солнце на западѣ,
отъ сна молодецъ пробуждается,
въ тѣ поры молодецъ озирается:
а что сняты съ него драгие порты,
чары и чулочки — все поснимано:

рубашка и портки — все слуплено,
и вся собина у его ограблена,
а кирпичекъ положенъ подъ буйну его голову,
онъ накинутъ гункою кабацкою,
въ ногахъ у него лежатъ лапотки-отопочки,
въ головахъ мила друга и близко нѣтъ.

И вставалъ молодецъ на бѣлы ноги,
учалъ молодецъ наряжатися:
обувалъ онъ лапотки,
надѣвалъ онъ гунку кабацкую,
покрывалъ онъ свое тѣло бѣлое,
умывалъ онъ лице свое бѣлое:
стоя молодецъ закручинился,
самъ говоритъ таково слово:

»Житие мне богъ далъ великое, —
ясти⁷, кушати стало нечего!
Какъ не стало деньги, ни полу-деньги, —
такъ не стало ни друга, ни полдруга:
родъ и племя отчитаются,
всѣ друзи⁸ прочь отпираются.«

★

Стало срамно молодцу появитися
къ своему отцу и матери,
и къ своему роду и племяни,
и къ своимъ прежнимъ милымъ другомъ.
Пошелъ онъ на чюжу страну, дальну, незнаему,
нашелъ дворъ, что градъ стоитъ:
изба на дворѣ, что высокъ теремъ,
а въ избѣ идетъ великъ пиръ почестенъ;
гости пьютъ, ядятъ, потѣшаются.
Пришелъ молодецъ на честенъ пиръ,
крестилъ онъ лице свое бѣлое,
поклонился чюднымъ образомъ,
билъ челомъ онъ добрымъ людемъ
на всѣ четыре стороны.
А что видятъ молодца люди добрые,
что гораздъ онъ креститися:
ведетъ онъ все по писанному ученію, —
емлють⁹ его люди добрыя подъ руки,
посадили его за дубовой столъ,
не въ большее мѣсто, не въ меньшее, —
садятъ его въ мѣсто среднее,
гдѣ сѣдятъ дѣти гостиные.
Какъ будетъ пиръ на веселіе,

и всѣ на пиру гости пьяны-веселы,
и сѣдя, все похваляются,
молодецъ на пиру невеселъ сѣдитъ,
кручиноватъ, скорбенъ, нерадостенъ:
и не пьетъ, ни ѣстъ онъ, ни тѣшится —
и ничѣмъ на пиру не хвалится.
Говорятъ молодцу люди добрыя:

»Что еси ты, доброй молодецъ?
Зачѣмъ ты на пиру невеселъ сѣдишь,
кручиноватъ, скорбенъ, нерадостенъ?
Ни пьешь ты, ни тѣшишься,
да ничѣмъ ты на пиру не хвалишься.
Чара ли зелена вина до тебя не дохаживала?
Или мѣсто тебѣ не по отчинѣ твоей?
Или милые дѣти тебя изобидили?
Или глупыя люди, немудрыя,
чѣмъ тебѣ молодцу насмѣялися?
Или дѣти наши къ тебѣ неласковы?«

Говоритъ имъ, сѣдя, доброй молодецъ:

»Государи вы! люди добрыя!
скажу я вамъ про свою нужду великую,
про свое ослушание родительское
и про питье кабацкое,
[и] про чашу медвяную,
[и] про лестное питие пьяное.
Язъ какъ принялся за питье, за пьяное,
ослушался язъ отца своего и матери, —
благословение мнѣ отъ нихъ миновалося,
господь богъ на меня разгнѣвался
и на мою бѣдность великая.
многия скорби, неисцѣльныя,
и печали неутѣшныя,
скудость и недостатки и нищета послѣдняя.
Укротила скудость мой рѣчистой языкъ,
изсушила печаль мое лице и бѣлое тѣло, —
ради того мое сердце невесело,
а бѣлое лице унынливо,
.и ясныя очи замутилися, —
все имѣние и взоры у мене измѣнилися,
отечество мое потерялося,
храбрость молодецкая отъ мене миновалася.
Государи вы, люди добрыя,
скажите и научите, какъ мнѣ жить
на чужей сторонѣ, въ чюжихъ людехъ
и какъ залѣзти мнѣ милыхъ друговъ?«

Говорятъ молодцу люди добрыя:

»Доброй еси ты и разумный молодецъ,
не буди ты спѣсивъ на чюжей сторонѣ,
покорися ты другу и недругу,
поклонися стару и молоду,
а чюжихъ ты дѣлъ не объявливай,
а что слышишь или видишь, не сказывай,
не льсти ты межь други и недруги,
не имѣй ты упадки вилавыя,
не вейся змиею лукавою,
смирѣние ко всѣмъ имѣй!
И ты съ кротостию держися истины съ правдою,
то тебѣ будетъ честь и хвала великая:
первое тебе люди отвѣдаютъ
и учнуть тя чтить и жаловать
за твою правду великую,
за твое смирѣние и за вѣжество,
и будутъ у тебя милыя други,
названыя братья надежныя!«

★

И оттуду пошелъ молодецъ на чюжу сторону,
и училъ он жити умѣючи:
отъ великаго разума наживалъ онъ
живота больши старого;
присмотрилъ невѣсту себѣ по обычаю —
захотѣлося молодцу женитися:
срядилъ молодецъ честенъ пиръ
отечествомъ и вѣжествомъ,
любовнымъ своимъ гостемъ и другомъ билъ челомъ.
И по грѣхомъ молодцу
и по божию попущению,
а по дѣйству диаволю
предъ любовными своими гостьми и други,
и названами браты[10] похвалился.
А всегда гнило слово похвальное:
похвала живетъ человѣку пагуба!

»Наживалъ-де я, молодецъ,
живота больши старого!«

Подслушало Горе-Злочастие
хвастанье молодецкое, —
само говоритъ таково слово:

»Не хвались ты, молодецъ, своимъ счастиемъ,
не хвастай своимъ богатествомъ.

Бывали люди у меня, Горя,
и мудряя[11] тебя и досужае[12],
и я ихъ, Горе, перемудрило:
учинися[13] имъ злочастие великое:
до смерти со мною боролися,
во зломъ злочастии позорилися, —
не могли у меня, Горя, уѣхати, —
а сами они во гробъ вселились,
отъ меня накрѣпко они землею накрылись,
босоты и наготы они избыли,
и я отъ нихъ, Горе, миновалось,
а Злочастие на ихъ въ могилѣ осталось.
Еще возграяло я, Горе, къ инымъ привязалось,
а мнѣ, Горю и Злочастию, не въ пустежѣ жити, —
хочю я, Горе, въ людехъ жить
и батогомъ меня не выгонит[ь],
а гнѣздо мое и вотчина во бражникахъ!«

Говоритъ сѣро Горе горинское:

»Какъ бы мнѣ молодцу появитися?«

Ино зло то Горе излукавилось,
во снѣ молодцу привидѣлось:

»Откажи ты, молодецъ, невѣстѣ своей любимой:
быть тебѣ отъ невѣсты истравлену,
еще быть тебѣ отъ тое жены удавлену,
изъ злата и сребра бысть убитому!
Ты пойди, молодецъ, на царевъ кабакъ,
не жали ты, пропивай свои животы,
а скинь ты платье гостиное,
надѣжи[14] ты на себя гунку кабацкую,
кабакомъ-то Горе избудется,
да то злое Горе-Злочастие останется:
за нагимъ-то Горе не погонится,
да никто къ нагому не привяжется,
а нагому-босому шумить розбой!«

Тому сну молодецъ не повѣровалъ.
Ино зло-то Горе излукавилось —
Горе архангеломъ Гавриломъ молодцу [привидѣлось],
попрежнему еще вновь Злочастие привязалося:

»Али тебѣ, молодецъ, невѣдома
нагота и босота безмѣрная,
легота, беспроторица великая?
На себя что купить, то проторится,

а ты, удалъ молодецъ, и такъ живешь!
Да не бьютъ, не мучатъ нагихъ-босыхъ,
и изъ раю нагихъ-босыхъ не выгонятъ,
а съ того свѣту сюды не вытепутъ[15],
да никто къ нему не привяжется —
а нагому-босому шумить розбой!«

★

Тому сну молодецъ онъ повѣровалъ,
сошелъ онъ пропивать свои животы,
а скинулъ онъ платье гостиное,
надѣвалъ онъ гунку кабацкую,
покрывалъ онъ свое тѣло бѣлое.
Стало молодцу срамно появитися
своимъ милымъ другомъ, —
пошелъ молодецъ на чужу страну дальну, незнаему.
На дорогѣ пришла ему быстра рѣка,
за рѣкою перевощики,
а просятъ у него перевозного.
Ино дать молодцу нечего:
не везутъ молодца безденежно.
Сѣдитъ молодецъ день до вечера,
миновался день до вечерни, до обѣднеи, —
не ѣдалъ молодецъ ни полу-куса хлѣба.
Вставалъ молодецъ на скоры ноги,
стоя, молодецъ закручинился,
а самъ говоритъ таково слово:

»Ахти мнѣ, Злочастие горинское!
До бѣды меня, молодца, домыкало:
уморило меня, молодца, смертью голодною,
уже три дни мнѣ были нерадошны;
не ѣдалъ я, молодецъ, ни полу-куса хлѣба!
Ино кинусь я, молодецъ, въ быстру рѣку, —
полощь[16] мое тѣло, быстра рѣка,
ино ѣшьте, рыбы, мое тѣло бѣлое, —
ино лутчи мнѣ жития сего позорного.
Уйду ли я у Горя злочастного?«

И въ тотъ часъ у быстри рѣки
скочи[17] Горе изъ-за камени,
босо-наго, нѣтъ на Горѣ ни ниточки,
еще лычкомъ Горе подпоясано,
богатырскимъ голосомъ воскликало:

»Стой ты, молодецъ!
Меня, Горя, не уйдешь никуды;
не мечися въ быстру рѣку,

да не буди въ горѣ кручиноватъ —
а въ горѣ жить — некручинну быть,
а кручинну въ горѣ погинути!
Спамятуи, молодецъ, житие свое первое,
и какъ тебѣ отецъ говорилъ,
и какъ тебѣ мати наказывала.
О чемъ тогда ты ихъ не послушалъ?
Не захотѣлъ ты имъ покоритися,
постыдился имъ поклонитися,
а хотѣлъ ты жить, какъ тебѣ любо есть.
А кто родителей своихъ
надобро учения не слушаетъ,
того выучю я, Горе злочастное.
Не къ любому онъ учнетъ упадывать,
и учнетъ онъ недругу покарятися!«

Говоритъ Злочастие таково слово:

»Покорися мнѣ, Горю нечистому,
поклонися мнѣ, Горю, до сыры земли,
а нѣтъ меня, Горя, мудряя на семъ свѣтѣ!
И ты будешь перевезенъ за быструю рѣку.
Напоятъ тя, накормятъ люди добрыя.«

А что видитъ молодецъ [бѣду] неминучюю,
покорился Горю нечистому, —
поклонился Горю до сыры земли.

★

Пошелъ, поскочилъ доброй молодецъ
по круту, по красну по бережку,
по желтому песочику;
идетъ веселъ, некручиноватъ,
утѣшилъ онъ Горе-Злочастие,
а самъ идучи думу думаетъ:

»Когда у меня нѣтъ ничего,
и тужить мнѣ не о чѣмъ!«

Да еще молодецъ не кручиноватъ, —
запѣлъ онъ хорошую напѣвочку
отъ великаго крѣпкаго разума:

»Беспечальна мати меня породила,
гребешкомъ кудерцы розчесывала,
драгими порты[18] меня одѣяла
и отшедъ подъ ручку посмотрила:
'Хорошо ли мое чадо въ драгихъ портахъ?

А въ драгихъ портахъ чаду и цѣны нѣтъ!'
Какъ бы до вѣку она такъ пророчила,
ино я самъ знаю и вѣдаю,
что не класти скарлату безъ мастера,
не утѣшати дѣтяти безъ матери,
не бывать костарю въ славѣ добpoй!
Завѣченъ[19] я у своихъ родителевъ,
что мнѣ быти бѣлешеньку,
а что родился головенкою!«[20]

Услышали перевощики
молодецкую напѣвочку,
перевезли молодца за быстру рѣку,
а не взяли у него перевозного.
Напоили, накормили люди добрыя,
сняли съ него гунку кабацкую,
дали ему порты крестьянские.
Говорятъ молодцу люди добрыя:

»А что ты еси, доброй молодецъ,
ты поди на свою сторону,
къ любимымъ честнымъ своимъ родителемъ,
ко отцу своему и къ матери любимой,
простися ты съ своими родители,
отцемъ и материю,
возьми отъ нихъ благословение родительское!«

★

И оттуду пошелъ молодецъ на свою сторону.
Какъ будетъ молодецъ на чистомъ полѣ,
а что злое Горе напередъ зашло,
на чистомъ полѣ молодца встрѣтило,
учало надъ молодцемъ граяти,
что злая ворона надъ соколомъ.
Говоритъ Горе таково слово:

»Ты стой, не ушелъ, доброй молодецъ,
не на часъ я къ тебѣ, Горе злочастное, привязалося!
Хощь до смерти съ тобою помучуся!
Не одно я Горе — еще сродники,
а вся родня наша добрая,
всѣ мы гладкие, умильные!
А кто въ семью къ намъ примѣшается, —
ино тотъ между нами замучится!
Такова у насъ участь и лутчая!
Хотя кинься во птицы воздушныя,
хотя въ синее море ты пойдешь рыбою,
а я съ тобою пойду подъ руку подъ правую!«

Полетѣлъ молодецъ яснымъ соколомъ,
а Горе за нимъ бѣлымъ кречетомъ;
молодецъ полетѣлъ сизымъ голубемъ,
а Горе за нимъ сѣрымъ ястребомъ;
молодецъ пошелъ въ поле сѣрымъ волкомъ,
а Горе за нимъ съ борзыми вежлецы;
молодецъ сталъ въ полѣ ковыль-трава,
а Горе пришло съ косою востtoken;
да еще Злочастие надъ молодцемъ насмѣялося:

»Быть тебѣ, травонка, посѣченой,
лежать тебѣ, травонка, посѣченой
и буйны вѣтры²¹ быть тебѣ развѣянои!«

Пошелъ молодецъ въ морѣ рыбою,
а Горе за нимъ съ частыми неводами, —
еще Горе злочастное насмѣялося:

»Быти тебѣ, рыбонкѣ, у бережку уловленой,
быть тебѣ да и съѣденой,
умереть будеть напрасною смертию!«

Молодецъ пошелъ пѣшъ дорогою,
а Горе подъ руку подъ правую,
научаетъ молодца богато жить —
убити и ограбить,
чтобы молодца за то повѣсили,
или съ камнемъ въ воду посадили.
Спамятуетъ молодецъ спасенный путь, —
и оттолѣ молодецъ въ монастырь пошелъ постригатися,
а Горе у святыхъ воротъ оставается,
къ молодцу впредь не привяжется!

★

А сему житию конецъ мы вѣдаемъ.
Избави, господи, вѣчныя муки, а дай намъ, господи, свѣтлый рай.
Во вѣки вѣковъ.

Аминь.

¹ учели = учали *p. 3 pl.* : учати.   ² великоѣ *loc. sg.* : великая.   ³ смиряючи *pr. a. p.*
(*adv.*) : смиряти.   ⁴ други *instr. pl.* : другъ.   ⁵ другови *nom. pl.* : другъ.   ⁶ понадѣяся
aor. 3 sg. : понадѣятися.   ⁷ ясти = ѣсти.   ⁸ друзи *nom. pl.* : другъ.   ⁹ емлють *pr. 3 pl.* :
имати.   ¹⁰ браты *instr. pl.* : братъ.   ¹¹ мудряя *compr.* : мудръ.   ¹² досужае *compr.* : досужъ.
¹³ учинися *aor. 3 sg.* : учинитися.   ¹⁴ надѣжи *imp. 2 sg.* : надѣти.   ¹⁵ вытепутъ *pr. 3 pl.* :
выте(п)ти.   ¹⁶ полощь *imp. 2 sg.* : полоскати.   ¹⁷ скочи *aor. 3 sg.* : скочити.   ¹⁸ порты
instr. pl. : портъ.   ¹⁹ завѣченъ *p. p. p.* : завѣчити.   ²⁰ головенкою = головней.   ²¹ вѣтры
instr. pl. : вѣтръ.

ᵃ Eden, Paradise.
ᵇ According to Old Russian apocryphal sources, Adam ate grapes, not an apple.

THE TALE OF SAVVA, THE SON OF
THE ESTEEMED MERCHANT FOMA GRUDCYN

The motif of this seventeenth-century tale is again that of the prodigal son, but now it is interwoven with two other motifs: that of the written pact with the Devil and that of the miraculous intervention of the Holy Virgin. The action takes place during the reign of the new Romanov tsar, Michael (1614–45); in the introduction, however, reference is made to the *Smuta*, in particular the year 1606 when Savva's father, the rich merchant Foma Grudcyn, moved from Ustjug to the untroubled city of Kazan', which had not been occupied by the Poles. Additional historical background is provided by reference to the battle of Smolensk, in which young Savva participated, and to the Muscovite boyar Šein who besieged Smolensk in 1632, but failed in its liberation from the Poles. The names appearing throughout the narrative are those of actual historical figures. The boyar Strešn'ov, the court dapifer Voroncov, the commander of the musketeers Silov—all of these are personages who really existed at the time of which the tale speaks. It has been maintained that the subject matter of the tale is based upon Moscow's *chronique scandaleuse* rather than on fantasy.

The author—and there is reason to believe that he was a cleric well informed about events and conditions of the period—seems to have endeavored to render his narrative acceptable to the reader by writing it in the form of a hagiographical legend; his use of Church Slavonicisms, however, was extremely inauspicious. On the other hand, his ability to describe with exactitude the cultural background of the story, in particular the life of the Muscovite merchant class, was unquestionable.

The text is taken from V.V. Sipovskij, Русские повести XVII и XVIII столетий (St. Petersburg, 1905).

Повѣсть зѣло пречюдна и удивлению достоина
нѣкоего купца Фомы Грудцына
о сынѣ его Саввѣ

Въ лѣто отъ сотворения мира 7114 [a] бысть во градѣ Велицѣмъ Устюзѣ [b] нѣкто мужъ, славенъ и богатъ зѣло, имянемъ Фома Грудцынъ-Усовъ. Видѣвъ гонение и мятежъ великъ на христианы въ Российскомъ Государствѣ и по многимъ градомъ, абие оставляетъ великий градъ Устюгъ и поселяется въ понизовский и славный градъ царственный Казань [c], зане въ понизовскихъ градѣхъ [d] не бысть злочестивыя Литвы.

И живе[2] той Фома съ женою своею во градѣ Казани даже до лѣтъ благочестиваго царя и великаго князя Михаила Феодоровича [e] всея России. Имѣяше[3] той Фома у себя сына единочада имянемъ Савву, дванадесятилѣтьна возрастомъ. Обычай же имѣяй, той Фома куплю дѣяше[4], отъѣзжая внизъ Волгою рѣкою, овогда къ Соли Камской [f], овогда во инныя страны, и иногда за Хвалынское[g] море въ Шахову державу [h] отъѣзжаетъ куплю творяще[5]. Тому же и сына своего Савву поучаше и нелѣностно таковому дѣлу прилежати повелѣваше, дабы по смерти его наслѣдникъ былъ имѣ-нію его.

По нѣкоемъ же времяни восхотѣ[6] той Фома отплыти на куплю въ Шахову область, и обличные струги съ товаромъ къ плаванию устроившу[7], сыну же своему устроилъ сосуды съ обычнымъ товаромъ, [и] повелѣваетъ [ему] плыти къ Солѣ Камской, и тамо купеческому дѣлу со всякимъ опасе-ниемъ прилежати повелѣваше. И абие обычное цѣлование подаде[8] женѣ и сыну своему, пути касается. Малыя же дни помедливъ, и сынъ его на устроенныхъ судѣхъ, по повелѣнию отца своего, къ Соли Камской плавание творити начинаетъ. Достигшу же ему[9] Усольскаго града Орла[i], абие при-стаетъ ко брѣгу и по повелѣнию отца своего у нѣкоего нарочита человѣка въ гостинницѣ обитати приставаетъ. Гостникъ же той и жена его, помня любовь и милость отца его, немало прилежание всякое [и] благодѣяние творяху[10] ему, и яко о сынѣ своемъ, всяко попечение имѣяху[11] о немъ. Онъ же пребысть[12] въ гостинницѣ оной немало время.

Въ томъ же градѣ Орлѣ бысть нѣкто мѣщанинъ града того, имянемъ и прослытиемъ Баженъ Вторый; уже бо престарѣлся въ лѣтѣхъ, и знаемъ бяше[13] во многихъ градѣхъ благонравнаго ради жития его, понеже и въ богатствѣ зѣло, и по премногу знаемъ и друженъ бѣ[14] Саввину отцу, Фомѣ Грудцыну. Увѣдавъ же Баженъ Вторый, яко изъ Казани Фомы Грудцына сынъ его во градѣ ихъ обрѣтается, и посмысливъ въ себѣ:

»Отецъ его со мною многую любовь и дружбу имѣяше, азъ же презрѣхъ его и въ домъ мой не пригласихъ[15] его, да обитаетъ у мене и питается со мною отъ трапезы моея.«

И сия помысливъ, и усмотри[16] нѣкогда того Савву, путемъ грядуща, и призвавъ его, начатъ[17] молити:

»Друже Савво, или не вѣси[18], яко отецъ твой со мною многую любовь имать? Ты же почто презрѣлъ еси мене и не присталъ еси въ дому моемъ обитати? Нынѣ убо не преслушай мене: прийди и обитай въ дому моемъ, да питаемся отъ общия трапезы моея. Азъ убо за любовь отца твоего все-любезно, яко сына, приемлю тя!«

Савва же, слышавъ таковыя отъ мужа глаголы, вельми радъ бысть, яко отъ таковаго славнаго мужа приятъ хощетъ быти, и низко поклонение творитъ предъ нимъ. Немедленно отъ гостинника онаго отходитъ въ домъ мужа того, Бажена Втораго.

И живяше во всякомъ благоденствии, радуяся. Той же Баженъ Вторый, старъ сый, имѣ[19] у себя жену, третиимъ бракомъ новоприведену, дѣвою поят[у][20] сущу. Ненавидяй[21] же добра роду человѣческу, сопостатъ диаволъ, видя мужа того добродѣтельное житие, и хотя возмутити домъ его, и у[я]з-вляетъ жену его на юношу онаго къ скверному смѣшению блуда. И непре-станно уловляше[22] онаго льстивыми словесы[23] къ падению блудному, Вѣсть[24] бо женское естество уловляти умы младыхъ къ любодѣянию. И тако той Савва юностию жены тоя, паче же рещи — отъ зависти диаволи, запятъ[25] бысть [и] падеся[26] въ сѣть любодѣяния съ женою оною: ненасытно творяше блудъ и, безвремянно во ономъ скверномъ дѣлѣ пребывая съ нею, ниже бо воскресения день, ниже праздники помняще, но забывше страхъ божий и часъ смертный, всегда бо въ калѣ блуда, яко свиния, валяющеся, И въ тако-вомъ ненасытномъ блуженни и иное долгое время, яко скотъ, пребывая.

Нѣкогда же, приспѣвшу празднику[27] вознесения⸳ господа нашего Иисуса Христа, въ навечерии же праздника, Баженъ Вторый, поемъ[28] съ собою юношу оного, [пойде] до святыя церкви къ вечернему пѣнию, и по отпущении вечерни паки прийдоша въ домъ свой, и по обычной вечери возлегоша каждый на ложи своемъ, благодаряще бога. Внегда же благолюбивый онъ мужъ, Баженъ Вторый, заспавъ[29] крѣпко, жена же его, диаволомъ подстрекаема, воставъ тайно съ ложа своего, и пришедъ къ постели юноши оного, и возбудивъ его, понуждаше[30] къ скверному и блудному смѣшению. Онъ же, аще и младъ сый[31], но яко нѣкоею стрѣлою страха божия уязвенъ бысть, убояся суда божия, помышляше въ себе: »Како въ таковый господственный день такое скаредное дѣло сотворити имамъ?«

И сия помысли[въ] начатъ съ клятвою отрицатися отъ нея, глаголя, яко:

»Не хощу всеконечно погубити душу свою и въ таковый превелики[й] праздникъ осквернити тѣло мое.«

Она же ненасытно распаляшеся похотию блуда, неослабно нудяше его, ово ласканиемъ, ово же и прѣщениемъ нѣкимъ угрожаше ему, дабы исполнилъ желание ея, и много труждся[32] и увѣщавая его, но никакоже возможе[33] приклонити его къ воли своей. Божественная бо нѣкая сила помогаше ему. Видѣвъ же лукавая та жена, яко не возможе привлещи юношу къ воли своей, абие зѣл[ь]ною яростию на юношу распалися, яко лютая змия восстонавъ, отиде отъ ложа его; помышляше волшебнымъ зелиемъ опоити его, неотложно злое свое намѣрение совершити хотя. И елико замысли, сие и сотвори. Внегда же начаша[34] клепати ко утреннему пѣнию, благоюбивый же онъ мужъ Баженъ Вторый, скоро воставъ отъ ложа своего, возбудивъ же юношу оного Савву, пойдоша на славословие божие ко утрени. И отслушавше со вниманиемъ и съ страхомъ божимъ, и прийдоша въ домъ свой. Егда же приспѣ время божественнѣи литоргии, пойдоша паки съ радостию до святыя церкви на славословление божие. Оная же проклятая жена, тщательно устроивши на юношу волшебное зелие, и яко змия хотяше ядъ свой изблевати на него. По отпущении же божественныя литоргии Баженъ Вторый и Савва изыдоша отъ церкви, хотяще итти въ домъ свой. Воевода же града того, пригласивъ оного Бажена Втораго, да обѣдуетъ съ нимъ, вопроси же по юношѣ ономъ:

»Чий есть сынъ, и откуду?«

Онъ же повѣдаетъ ему, яко ис Казани, Фомы Грудцына сынъ. Воевода же приглашаетъ юношу оного въ домъ свой, зане добре знаяше[35] его отца. Въ томъ же бывше дому его, и по обычаю общия трапезы вкусивше, съ радостию возвратишася въ домъ свой. Баженъ же Вторый повелѣ принести отъ вина мало, да испиютъ[36] въ домѣ своемъ, чести ради господьственнаго онаго праздника, ничьто же бо вѣдый[37] лукаваго умышления жены своея. Она же, яко ехидна злая, скрываетъ злобу въ сердцы своемъ и подпадаетъ лестию къ юношѣ оному. Принесенну же бывшу вину[38], наливаетъ абие и подноситъ мужу своему. Онъ же, испивъ[39], благодаря бога. И потомъ наливаетъ, [и] сама испивъ. Абие наливаетъ отравного оного уготованнаго зелия и подноситъ юношѣ оному Саввѣ. Онъ же, испивъ, нимало помысли, ниже убояся лукавства жены оныя; чаяше[40], яко никоего зла мыслитъ на него; и безо всякого размышления выпиваетъ лютое оное зелие. И се начатъ яко нѣкий огнь горѣти въ сердцѣ его, о женѣ оной помышляя и глаголя въ сердцѣ своемъ яко:

»Много различныхъ питей пияхъ[41] въ дому отца моего, и никогда же такого пития не испихъ, якоже нынѣ!«

Егда же испихъ[42] питие оно, и начатъ сердцемъ тужити и скорбѣти по женѣ оной. Она же, яко львица, яростно поглядаше на него, и ни мало привѣтство являше къ нему. И начатъ мужу своему на юношу оного клеветати и нелѣпая словеса глаголати, и повелѣваше изгнати изъ дому своего. Богобоязливый же оный мужъ, еще жалѣя по юношѣ, обаче же уловленъ бываетъ женскою лестию [и] повелѣваетъ юношѣ изыти изъ дому своего. Онъ же отходитъ, тужа и сѣтуя о лукавой женѣ оной. И прийде паки въ домъ гостинника онаго, идѣже первые обиташе. Онъ же вопрошаше, каковы ради вины изыде изъ дому Бажена Втораго. Онъ же, сказуя имъ, яко:

»Самъ не восхотѣхъ[43] жити у нихъ.«

О женѣ оной, сердцемъ скорбя, и неутѣшно тужаше, и начатъ отъ великаго тужения красота лица его увядати и плоть его истончевати. Видѣвъ же гостинникъ юношу сѣтующа и скорбяща зѣло, неудумѣвающи, что ему бысть.

Бѣ же въ градѣ томъ нѣкто волхвъ, чарованиемъ сказуя, кому какова скорбь приключается. Онъ же узнаваше: или жити, или умрѣти. Гостинникъ же и жена его, благоразумни суще, немало попечение о юношѣ имѣяху, и призываютъ тайно оного волхва и вопрошаютъ, какова скорбь юношѣ приключися. Волхвъ же оный, посмотривъ въ волшебныя своя книги, сказуетъ истину, яко:

»Никоторыя скорби юноша не имать въ себѣ, токмо тужитъ по женѣ Бажена Втораго, яко въ блудное смѣшение падеся съ нею, нынѣ же отстуженъ бысть отъ нея, и по ней тужитъ и сокрушается.«

Гостинникъ и жена его, таковая слышавше отъ волхва, не яша[44] вѣры, зане Баженъ мужъ благочестивъ и бояся бога, и ничто дѣло сие вмѣняше[45]. Савва же, непрестанно тужа и скорбя о проклятой той женѣ, и день отъ дни отъ тоя тучи истончи плоть свою, яко бы нѣкто великою скорбию.

★

Нѣкогда же той Савва изыде единъ прохладитися. Идяше же путемъ единъ по полудни, и никого за собою, ниже передъ собою видяше, ино ничьто же помышляше, но токмо сѣтуя и скорбя о разлучении своемъ отъ жены оныя, и помысли во умѣ своемъ такову мысль, глаголя:

»Егда бы кто отъ человѣкъ, или самъ диаволъ сотворилъ сие, еже бы паки совокупитися мнѣ съ женою оною, азъ бы послужилъ диаволу.«

И такову мысль помысливъ, аки бы ума изъступивъ, идяше единъ. И мало пошедъ, слышитъ за собою гласъ, зовущь его на имя. Онъ же, обращся[46], зритъ юношу, борзо текуща, въ нарочитомъ одѣянии, помавающа рукою ему, — пождати себя повелѣваше. Онъ же, стоя, ожидаше юношу оного къ себѣ. Пришедъ же къ Саввѣ юноша той, — паче же рещи супостатъ диаволъ, иже непрестанно рыщетъ, ища погубити души человѣческия, — пришедъ же къ Саввѣ и по обычаю поклоншеся[47] между собою, рече же пришедый[48] отрокъ къ Саввѣ, глаголя:

»Брате Савво, что убо яко чюждь бѣгаеши отъ мене? Азъ убо давно
ожидаю къ себѣ, да како бы пришелъ еси ко мнѣ и сьродственную любовь
имѣлъ еси со мною. Азъ бо вѣмъ[49] тя давно, яко отъ рода Грудцыныхъ-
Усовыхъ изъ града Казани, а о мнѣ аще хощеши увѣдати, и азъ того же
рода отъ града Великого Устюга. Здѣ давно пребываю ради конские по-
купки. Ибо по плотскому рожденію братія мы съ тобою, и нынѣ убо буди
братъ и другъ и не отлучайся отъ мене. Азъ убо всяко сьпоможеніе во
всемъ радъ чинити тебѣ.«

Савва же, слышавъ отъ мнимаго брата оного, — паче же рещи отъ
бѣса, — таковые глаголы, вел[ь]ми возрадовася, яко въ таковой дал[ь]ной
незнаемой странѣ с[ъ]родника себѣ обрѣте. И любезно цѣловастася[50]. Пой-
доша оба въ купѣ, по пустыни оной пошедше. Рече же бѣсъ къ Саввѣ:

»Брате Савво! Какую скорбь имаши въ себѣ, яко вел[ь]ми изчезе[51]
юношеская красота твоя?«

Онъ же всяко лукавная сказоваше ему, — нѣкую быти великую скорбь
въ себѣ. Бѣсъ же осклабився, рече ему:

»Что убо скрываеши отъ мене? Азъ бо вѣмъ скорбь твою! Но что ми
даси[52], азъ помогу скорби твоей?«

Савва же рече:

»Аще убо вѣдаеши истинную скорбь мою, юже имамъ въ себѣ, то пойму
вѣру тебѣ, яко можеши помощи мнѣ!«

Бѣсъ же рече:

»Ты бо, скорбя, сокрушаешися сердцемъ своимъ по женѣ Бажена Вто-
раго, зане отлученъ еси[53] отъ любве[54] ея.«

Савва же глагола:

»Азъ убо, колико имамъ здѣ товаровъ и богатства отца моего, и съ
прибыткомъ все отдаю тебѣ! Токмо сотвори по прежнему любовь имѣти съ
женою оною.«

Бѣсъ же рече:

»Что убо искушаеши мя? Азъ бо вѣмъ, яко отецъ твой многа богатства
иматъ; ты же не вѣси ли, яко отецъ мой седмерицею богатства отца твоего.
И что ми будетъ въ товарѣхъ твоихъ? Но даждь[55] ми на ся рукописаніе
мало нѣкое, и я исполню желаніе твое.«

Юноша же радъ бысть, помышляя въ себѣ, яко: »Богатства отца
моего цѣло будетъ, азъ же дамъ ему писаніе, что ми велитъ написати.«

А не вѣды[56], въ какову пагубу хощетъ впасти, еще жъ и писати совер-
шенно ниже что умѣя.

Оле безумія юноши оного! Како уловшенъ[57] бысть женскою лестію,
и тоя ради въ какову погибель снисходитъ!

Егда же изрече бѣсъ словеса сія, онъ же — рече — съ радостію обѣщася
дати писаніе. Мнимый же братъ, — паче же рещи бѣсъ, — вскорѣ вземъ[58]
изо чпага чернила и хартію, даетъ юноши и повелѣваетъ ему немедленно
написати писаніе. Той же юноша Савва еще несовершенно умѣяше писати: и
елико бѣсъ сказоваше ему, той же и писаше, не слагая, и таковымъ писа-
ніемъ отреклся Христа, истиннаго бога, и предедеся[59] въ служеніе діа-
волу. Написавъ же такое богоотметное писаніе, отдаетъ діаволу, мнимому
своему брату.

И тако пойдоша оба во градъ Орелъ. Вопросивъ[60] же Савва бѣса, глаголя:

»Повѣждь[61] ми, брате мой, гдѣ обитаеши, да увѣмъ домъ твой.«

Бѣсъ же посмѣялся, рече ему:

»Азъ убо особого дому не имамъ нигдѣ, но гдѣ прилучится, тамо и ночую. Аще ли хощеши видѣтися со мною часто, то ищи мя всегда на Конской площадкѣ[k]. Азъ убо яко же рѣдко здѣ живу ради конскихъ покупокъ. Но азъ и самъ не облѣнюся посѣтити тя[62]. Нынѣ же иди къ лавкѣ Бажена Втораго. Вѣмъ бо, яко съ радостию призоветъ тя въ домъ свой жити.«

Савва же, по глаголу брата своего диавола, радостно тече[63] къ лавкѣ Баженовой. Егда же видѣвъ Баженъ Савву, усердно приглашаетъ его къ себѣ и глаголетъ:

»Господине Савво, кую злобу сотворихъ[64] тебе азъ? И по что изшелъ еси изъ дому моего? Прочее убо молю тя, прийди паки, обитая въ дому моемъ, азъ убо за любовь отца твоего, яко присному сыну, радъ бысть[65] тебѣ всеусердно.«

Савва же, егда услыша отъ Бажена таковыя глаголы, неизреченною радостию возрадовася и скоро потече въ домъ Бажена Втораго. И егда пришедъ юноша, жена, видѣвъ его, и диаволомъ подстрекаема, радостно срѣтаетъ его и всякимъ ласканиемъ привѣтствоваше его и лобызаше. Юноша же уловленъ бысть лестию женскою, паче же диаволомъ, паки запинается въ сѣти блуда съ проклятою оною женою, ни празниковъ, ниже страха божия помняще[66], поне ненасытно беспрестани съ нею въ калѣ блуда валяяся.

По мнозѣ же времени, абие слухъ входитъ въ пресловущий градъ Казань матери Саввиной, яко сынъ ея живетъ въ неисправномъ житии: елнко съ нимъ отцовскихъ товаровъ, все и изнурилъ бѣ[67] въ блудѣ и пианствѣ. Мати же его, таковая о сынѣ своемъ слыша, зѣло огорчися, и пишетъ къ нему писание. Онъ же, прочетъ[68] е, посмѣявся и ни во что же вмѣнивъ[69]. Она же посылаетъ второе писание, ово молениемъ молитъ, ово же и клятвами заклинаетъ, дабы поѣхалъ немедленно оттуду во градъ Казань. Савва же, ни мало внятъ[70] матерню молению и клятвѣ, ни во что же вмѣняше, токмо въ страсти блуда упражняшеся.

★

По нѣкоемъ же времени поемлетъ[71] бѣсъ Савву, и пойдоша оба за градъ Орелъ. И на поле изшедшимъ имъ[72] изъ града, глаголетъ бѣсъ Саввѣ:

»Вѣси ли, кто есмь азъ? Ты убо совершенна мниши мя быти отъ рода Грудцыныхъ, но нѣсть[73] тако: нынѣ убо за любовь твою повѣмъ ти всю истину. Ты же не убойся, ниже устыдися звати мя братомъ себѣ, азъ убо совершенно улюбихъ[74] тя въ братство себѣ. Но аще хощешь увѣдать о мнѣ, — азъ убо сынъ царевъ! Пойдемъ прочее, да покажу ти славу и могутство отца моего!«

И сия глагола, приведе[75] его въ пусто мѣсто на нѣкий холмъ и показа ему въ нѣкоей раздолѣ градъ вел[ь]ми славенъ: стѣны и помосты и покровы отъ злата чиста блистаяся. И рече ему бѣсъ:

»Сей есть градъ творение отца моего. Пойдемъ убо и поклонимся купно отцу моему. А еже ми далъ еси писание, нынѣ вземъ, самъ вручи его отцу моему, и великою честию будеши почтенъ отъ него.«

И сия изглагола[76], бѣсъ отдаетъ Саввѣ богоотметное писание.

Оле безумия отрока! Вѣдыи[77] бо, яко никоторое царство прилежитъ въ близости къ Московскому Государству, но все обладаемо царемъ московскимъ. Аще бы тогда вообразилъ на себѣ образъ креста честнаго, вся бы сия мечты диавол[ь]ския, яко сѣнь, погибли бы. Но на предлежащее возвратимся!

Вънегда же прийдоша къ привидѣнному оному граду, и приближився имъ[78] къ вратомъ града, срѣтаютъ ихъ юноши темнообразни, въ ризахъ и поясы[79] украшены златыми, и [съ] тщаниемъ покланяющеся, честь воздающе сыну цареву, паче же рещи бѣсу, такожде и Саввѣ покланяющеся. Вшедшимъ же имъ[80] во дворъ царевъ, паки срѣтаютъ инии юноши, ризами блистающеся паче первыхъ, такожде покланяющеся имъ. Егда же внидоша въ полаты царевы, абие друзии юноши срѣтаютъ ихъ съ честию, и диаволомъ превозходяще, воздающе достойную честь сыну цареву и Саввѣ. Вшедшимъ[81] же въ полату, гласъ бысть Саввѣ:

»Брате Савво! Пожди мя здѣ мало. Азъ убо шедъ возвѣщу о тебѣ отцу моему, и веду тя къ нему. Егда же будешь предъ нимъ, ничто же размышляй или убойся, — подаждь ему писание.«

И сия рекъ, пойде во внутренную полату, оставль[82] Савву единаго. И помедливъ тамо мало, приходитъ къ Саввѣ, вводитъ его предъ лице князя т[ь]мы. Той же, сѣдя на престолѣ высоцѣ[83], камениемъ драгимъ и златомъ преукрашенѣ, на немъ же той славою великою и одѣяниемъ блистаяся. Окрестъ же престола его зритъ Савва множество юношъ крылатыхъ; лица же ихъ овыхъ сини, иныхъ же яко смола черны. Пришедъ же Савва предъ царя оного, падъ[84] на землю, поклонися. Вопроси же его царь, глаголя:

»Откуду пришелъ еси сѣмо? И что есть дѣло твое?«

Безумный же онъ юноша подноситъ ему богоотметное писание свое, глаголя, яко:

»Прийдохъ[85], великий царю, послужити тебѣ!«

Древний же змий Сатана, приемъ[86] писание и прочетъ[87] его, къ темнообразнымъ своимъ воиномъ рече:

»Аще пойму отрока сего, не вѣмъ, крѣпокъ ли будетъ мнѣ, или ни.«

Призвавъ же сына своего, а Саввина брата, глагола ему:

»Иди протчее, обѣдуй съ братомъ своимъ.«

И тако поклоншеся[88] царю, оба изыдоша въ преднюю полату, наченше[89] обѣдати. Неизреченныя и благовонныя яди приношаху[90] имъ, такожде и питие, яко дивитися Саввѣ. Глаголя[91], яко:

»Никогда же въ дому отца моего таковыхъ ядей вкушахъ, или пития испихъ[92]!«

По ядении же поемлетъ бѣсъ Савву, и пойдоша паки съ двора царева, изыдоша изъ града. Вопрошаетъ же Савва брата своего бѣса, глаголя:

»Что убо, брате, яко видѣхъ у отца твоего, укрестъ престола его, много юношъ крылатыхъ стоящихъ?«

Бѣсъ же, улыбаяся, рече ему:

»Или не вѣси, яко мнози человѣцы[93] служатъ отцу моему, инии Перси, и инии мнози, ты же не дивися сему, и не сумнѣвайся братомъ звати мя себѣ. Азъ бо да буду тебѣ мен[ь]ший братъ. Токмо, елико реку ти, во всемъ буди послушенъ мнѣ. Азъ же всякого добродѣйства радъ чинить тебѣ!«

Савва же обѣщася послушенъ быти ему. И тако увѣришася. [И] прийдоша во градъ Орелъ, и оставльши[94] бѣсъ Савву, отходитъ. Савва же паки прийде въ домъ Баженовъ и пребываше въ преднемъ своемъ скаредномъ дѣлѣ.

★

Въ то же время прийде въ Казань ис Персиды[1] со многими прибытками отецъ Сав[в]инъ, Фома Грудцынъ, и яко же лѣпо, обычное цѣлование подавъ женѣ своей, и вопрошаетъ о сынѣ своемъ:

»Живъ ли есть?«

Она же повѣдаетъ ему, яко:

»Отъ многихъ слышу о немъ: по отшествии твоемъ въ Персиду онъ отиде къ Соли Камской, и оттуда во градъ Орелъ. Тамо и до нынѣ живетъ — житие неудобное. Все богатство наше, яко же глаголютъ, изнури въ пиянствѣ и блудѣ. Азъ же много писахъ къ нему о семъ, дабы оттуду возвратился въ домъ нашъ. Онъ же ни единаго отвѣта подаде[95] ми, но и до нынѣ тамо пребываетъ. Живъ ли или нѣтъ, о томъ не вѣмы!«

Фома же, слышавъ таковыя глаголы отъ жены своея, зѣло смутися умомъ своимъ. И вскорѣ сѣдъ[96], написавъ[97] епистолию къ Саввѣ съ молениемъ, дабы безъ всякого замедления оттуду ѣхалъ во градъ Казань:

»Да вижу« — рече — »чадо, красоту твоего лица!«

Савва же, таковое писание приемъ и прочетъ, ни во что же вмѣнивъ, ниже помысли ѣхать ко отцу своему, но токмо упражняшеся въ ненасытномъ блужении. Видѣвъ же Фома, яко ничто же успѣваетъ писание его, абие повелѣваетъ готовити подобныя струги съ товаромъ. Къ пути касается ко граду Орлу, яко да самъ, сыскавъ, поиметъ сына своего въ домъ свой.

Бѣсъ же, егда увѣдѣ[98], яко отецъ Сав[в]инъ путешествуетъ ко граду Орлу, хотя поять Савву въ Казань, абие глаголетъ Саввѣ:

»Доколѣ здѣ во единомъ маломъ градѣ жити будемъ? Идемъ убо во иные грады и погуляемъ, и паки возвратимся.«

Савва же ни мало о томъ отречеся[99], но глагола ему:

»Добрѣ убо, брате, глаголеши. Идемъ. Но пожди мало. Азъ убо воз[ь]му отъ богатства моего нѣколико пѣнязей на путь!«

Бѣсъ же возбраняетъ ему о семъ, глаголя:

»Или не видѣлъ еси, Савво, у отца моего? Не вѣси [ли], яко вездѣ села его есть? Да идѣже придемъ, тамо и денегъ у насъ будетъ, елико потребно!«

И тако пойдоша отъ града Орла, никѣмъ же вѣдомы. Ниже Баженъ той Вторый, ни жена его, увѣдавши[100] о отшествии Саввинѣ. Бѣсъ же и Савва во едину нощь отъ града Орла объявишася на рѣкѣ Волгѣ во градѣ, имянуемомъ Козмодем[ь]янскомъ[m], разстояниемъ имѣюща 840 верстъ. И глаголетъ бѣсъ Саввѣ:

»Аще кто тя знаемы[й] узритъ и вопроситъ: 'Откуду пришелъ еси?' — ты же рцы[101]: 'Отъ града Орла, въ третию недѣлю прийдохомъ[102] до здѣ'.«

Савва же, елико заповѣда ему бѣсъ, тако и сказываше. И пребывшу[103] Козмодем[ь]янску нѣколико днии, абие бѣсъ паки поемлетъ Савву, и во

едину нощь прийдоша на рѣку Оку, въ село, нарицаемое Павловъ Пере-
возъ[n]. И бывшимъ[104] тамо въ день четвертка, въ той же день въ селѣ
ономъ торгъ бываетъ. Ходящимъ же имъ[105] въ торгу, узрѣвъ Савва нѣкото-
рого престарѣла нища мужа стояща, рубищами гнусными одѣанна[106],
и зряща на Савву прилѣжно, и вел[ь]ми плачуща, Савва же отлучися мало
отъ бѣса и притече[107] къ стар[ь]цу оному, хотя увѣдати вины плача его.
Пришедши же къ старьцу, и рече:

»Кая ти печаль есть, яко неутѣшно плачеши?«

Нищий же онъ старецъ глаголетъ ему:

»Плачу, чадо, о погибели души твоея. Не вѣси, яко погубилъ еси[108] душу
твою и волею предался еси диаволу? Вѣси ли, чадо, съ кѣмъ нынѣ ходиши,
и его братомъ нарицаеши? Но сей не человѣкъ, но диаволъ, ходя съ тобою,
и доводитъ тя до пропасти адския!«

Егда же изрече старецъ ко юноши глаголы сия, обозрѣся[109] Савва на
мнимаго брата своего, паче же рещи бѣса. Онъ же, издалеча стоя, грозитъ
оному Саввѣ и зубы своими скрежещетъ нань. Юноша же, вскорѣ оставль[110]
святаго оного старца, прийде къ бѣсу. Диаволъ же вел[ь]ми начатъ поно-
сити на его и глаголати:

»Чего ради съ таковымъ душепагубцемъ сообщился еси? Не знаеши ли
сего лукаваго стар[ь]ца, яко многихъ погубляетъ? На тебѣ же видѣвъ
одѣяние нарочито, и глаголы лестныя происпустилъ къ тебѣ, хотя отлучити
тя отъ людей, и удавомъ удавити тя, и обрати съ тебя одѣяние твое Нынѣ
убо аще оставлю тя единаго, то вскорѣ погибнеши безъ мене.«

И сия изрече[111], со гнѣвомъ поемлетъ[112] Савву оттуду и приходитъ съ
нимъ во градъ, нарицаемый Шуйскъ[о], и тамо пребывая немало время.

★

Фома же Грудцынъ-Усовъ, пришедъ во градъ Орелъ, вопрошаетъ о
сынѣ своемъ, и никтоже можаше повѣдати ему о немъ. Вси бо вѣдяху[113],
яко прежде сего предъ приѣздомъ сынъ его во градѣ хождаше всѣми видимъ,
а идѣже внезапу скрыся[114], никтоже вѣсть. Ови глаголаху, яко:

»Убояся[115] пришествия твоего, зане изнури здѣ все богатство твое и
сего ради скрыся.«

Паче же всѣхъ Баженъ Вторый и жена его дивяшеся[116], глаголаху, яко:

»Объ нощь спаше съ нами, заутра же пошедъ[117] нѣкуда, мы же ожида-
хомъ его обѣдати. Онъ же отъ того часу нигдѣ же явися во градѣ нашемъ!
А идѣже скрыся, ни азъ, ни жена моя не вѣмы[118].«

Фома же многими слезами обливаяся, жива ожидая сына своего, и
немало пождавъ, тщею[119] надеждею возвратися въ домъ свой, и возвѣщаетъ
нерадостный случай женѣ своей, и оба въ купѣ сѣтующе и скорбяще[120] о
лишении сына своего. И въ такомъ сѣтовании Фома Грудцынъ поживе[121]
нѣколико времяни. Когда отъиде, жена его во вдовствѣ живущи сущи[122].

Бѣсъ же и Савва живяше[123] во градѣ Шуйскомъ. Во время же то благо-
честивый государь, царь и великий князь Михайло Феодоровичь всея
России возжела[124] послать воинство свое противу короля польского[р] подъ
градъ Смоленскъ[ч]. И по его царскому указу по всей России набираху
солдатъ[г] новобран[н]ыхъ тамошнихъ. Во градѣ Шуйскомъ ради солдатского

набору присланъ съ Москвы стол[ь]никъ Тимофей Воронцовъ[8], дивную
школу артикулу учаше. Бѣсъ же и Савва, приходяще, смотряху учения ихъ,
Рече же бѣсъ къ Саввѣ:

»Хощеши ли, да послужимъ царю, да напишемся и мы съ тобою въ
солдаты?«

Савва же рече:

»Добрѣ, брате, глаголеши, послужимъ!«

И тако написавшеся въ солдаты, и наченше[125] купно на учение ходити.
Бѣсъ же въ воинскомъ обучении такову мудрость дарова ему, яко и ста-
рыхъ воиновъ и начал[ь]никовъ во учении превосходитъ. Самъ же бѣсъ,
яко слуга Саввѣ, хождаше за нимъ и оружие носаше[126]. Егда же изъ
Шуйского новонабраныхъ солдатовъ приведоша къ Москвѣ, и отдавше ихъ
въ научение нѣкоему нѣмецкому полковнику[t], тотъ же полковникъ, егда
прийде видѣти оныхъ солдатъ на учении, и се видитъ юношу млада, во
учении же въ воинскомъ зѣло благочинна, и изрядна поступающа и нимало
порока во всемъ артикулѣ имѣюща, и многихъ старыхъ воиновъ и начал[ь]-
никовъ во учении превосходяща, и вел[ь]ми удивися остроумию его. Приз-
вавъ же его къ себѣ, и вопрошаетъ рода его. Онъ же сказуетъ ему истину.
Полковникъ же, возлюбивъ Савву вел[ь]ми и назвавъ его сыномъ себѣ,
даде[127] же ему съ главы своей шляпу, съ драгоцѣннымъ бисеромъ устроену
сущу. И абие вручаетъ ему три роты новонабранныхъ солдатъ, да вмѣсто
его устрояетъ и учитъ той Савва. Бѣсъ же той припаде къ Саввѣ, и рече
ему:

»Брате мой, Савво! Егда ти недостатокъ будетъ, въ чемъ ратныхъ
людей жаловать, повѣждь[128] ми убо, — принесу ти, елико потребно денегъ,
дабы въ командѣ твоей роптания не было.«

И тако у того Саввы всѣ солдаты во всякой тишинѣ и тако пребы-
ваше[129], въ протчихъ же ротахъ мол[ь]ба и мятеж[ь] непрестанны, яко отъ
гладу и наготы, непожалованы, помираху. У Саввы же во всякой тишинѣ
и благоустроении пребываху солдаты. И вси дивляхуся остроумию его.

По нѣкоемъ же случаѣ явственно учинися о немъ и самому царю. Въ
то же время на Москвѣ немалу власть имѣя, шуринъ царевъ, боляринъ
Симеонъ Лукояновичъ Стрѣшневъ[u], увѣдавше про оного Савву, повелѣваетъ
его привести предъ себя. И рече ему:

»Хощеши ли, юноше, да прийму тя въ домъ мой, и чести немалы спо-
доблю тя?

Онъ же убо поклонися ему и рече:

»Есть, убо, владыко, мой братъ у мене, вопрошу убо его. Аще убо
повелитъ, съ радостию послужу тебѣ!«

Болярынъ же, нимало возбранивъ ему, отпустивъ[130] его, да вопроситъ
брата своего. Савва же, пришедъ, рече и повѣда сие мнимому брату своему.
Бѣсъ же съ радостию рече ему:

»Почто убо хощеши презрѣти царскую милость и служити хощеши
холопу его? Ты убо и самъ нынѣ въ томъ же порядкѣ устроенъ. Уже убо
и самому царю знатенъ учинился еси! Ни убо, не буди тако! Но да послу-
жимъ царю. Егда убо царь увѣсть[131] вѣрную твою службу, тогда и чиномъ
возвышенъ будеши отъ него!«

По повелѣнию же цареву вси новобран[н]ые солдаты розданы по стрѣлецкимъ полкомъ до полку. Той же Савва и оставленъ на Устритенкѣ [v] въ Земляномъ Городѣ [w], въ зимнѣ дому стрѣлецкого сотника Якова Шилова [x]. Сотникъ же той и жена его, благочестиви и благонравни суще, видяще Саввино остроумие, зѣло почитаху его. Полки же на Москвѣ во всякой готовности къ путешествию бяху.

Во единъ же отъ дни[й] прийде бѣсъ къ Саввѣ и рече ему:

»Савво брате! Пойдемъ прежде полковъ въ Смоленскъ и видимъ, что творятъ полки, и како градъ укрѣпляютъ, и бранныя сосуды устрояютъ.«

И во едину нощь съ Москвы въ Смоленскъ градъ ставше и пребывше[132] у нихъ три дни, никимъ же видимы. Они же все видѣвше и созиряюще, како Поляки градъ укрѣпляютъ и на приступныхъ мѣстѣхъ всякия гарнаты поставляху. Въ четвертый же день бѣсъ обяви себе и Савву въ Смоленскомъ Полякомъ. Егда же Поляки узрѣвше ихъ, возмятошася [и] начаша гнати по нихъ, хотяще уловити ихъ, бѣсъ же и Савва, скоро избѣгше изъ града, прибѣгоша къ рѣкѣ Днѣпру. И абие разступися имъ вода. И прейдоша рѣку оную по суху. Поляки же, много стрѣляюще по нихъ, и никако же вредиша ихъ. Удивляющеся[133] глаголюще, яко:

»Бѣсове суть! Во образѣ человѣческомъ прийдоша и бывше во градѣ нашемъ!«

Савва же и бѣсъ паки прийдоша къ Москвѣ и сташа паки у того жъ сотника Якова Шилова. Егда же по указу царскому пойдоша полки съ Москвы подъ Смоленскъ, тогда и той Савва съ братомъ своимъ въ полкахъ прийдоша. Надъ всѣмъ же полкомъ болярінъ Федоръ Ивановичъ Шеинъ [y]. На пути же бѣсъ къ Саввѣ рече:

»Брате Савво! Егда будемъ подъ Смоленскимъ, тогда и съ Поляковъ изъ града выѣдетъ единъ исполинъ на поединокъ и станетъ звати противника себѣ. Ты же не убойся ничего и иди противъ его, азъ бо вѣмъ, и глаголю ти, яко ты поразиши его. На другий же день паки исъ Поляковъ выѣдетъ другий исполинъ. Ты же изыди паки противу того, Вѣмъ бо, яко и того побѣдиши. Въ третий же день выѣдетъ изъ Смоленска третий поединщикъ. Ты же, ничтоже бояся, и противу того выѣди. Но и того побѣдиши, самъ же уязвленъ будеши отъ него. Азъ же язву твою вскорѣ уврачую.«

И тако увѣщавъ его, прийдоша подъ градъ Смоленскъ и сташа въ подобнѣ мѣстѣ. По глаголу же бѣсовскому, высланъ бысть изъ града нѣкий воинъ, страшенъ зѣло; на конѣ скакаше; искаше себѣ изъ московскихъ полковъ противника, но никтоже смѣяше изыйти противу его. Савва же, обявляя[134] себе въ полкахъ, глаголя:

»Аще бы мнѣ былъ воинский конь, и азъ бы изшелъ на брань противу сего неприятеля царска.«

Друзи же его, слышавше, возвѣстиша о немъ болярину. Болярінъ же повелѣ Савву привести предъ себя и повеле ему дати коня нарочита и оружие, мнѣвъ, яко вскорѣ погибнути имать юноша отъ таковаго страшнаго исполина. Савва же, по глаголу брата своего бѣса, ничто же размышляя или убояся, выѣзжаетъ противу онаго пол[ь]ского богатыря, и скоро сразивъ его, и приводитъ съ конемъ въ полки московския, и отъ всѣхъ похваляемъ. Бѣсъ же, ѣздя по немъ, служаше ему, и оружие за нимъ нося.

Во вторый же день паки изъ Смоленска выѣзжаетъ страшный исполинъ. Противу же его выѣзжаетъ той же Савва. И того вскорѣ поразивъ[135]. Вси же удивишася храбрости его. Болярннъ же, разгнѣвався на Савву, но скрываше злобу въ сердцѣ своемъ.

Въ третий же день еще выѣзжаетъ изъ града Смоленска нѣкий славный воинъ паче первыхъ, такожде ища и позывая себѣ противника. Савва же, аще и убояся ѣхать противу такого страшнаго воина, обаче, по словеси бѣсовскому, немедленно выѣзжаетъ. И противу того на конѣ Полякъ. Той, яростно напустивъ, уязви Савву копиемъ въ лѣвое стегно. Савва же, исправ[ив]ся, нападаетъ на Поляка оного и убиваетъ его. И съ конемъ въ полки привлече! Немалъ же зазоръ Смоляномъ наведе, все же российское воинство во удивление приведе!

Потомъ же начаша изъ града войско выходить, и войско съ войскомъ, сошедшеся, съ вал[ь]нымъ боемъ битися. А идѣже Савва съ братомъ своимъ съ которого крыла воеваше, тамо Поляки у нихъ невозвратно бѣжаху, тылъ показующе. Безчисленное же [множество] побивающе, самихъ же ни одного вредили бяху[136]. Слышавъ же болярннъ о храбрости юноши оного, и уже не могий[137] скрыти тайнаго гнѣва въ сердцѣ своемъ, абие призываетъ Савву къ шатру и глаголетъ ему:

»Повѣждь ми, юноше, которого еси роду, и чий еси сынъ?«

Онъ же повѣдаетъ ему истину, яко ис Казани:

»Фомы Грудцына-Усова сынъ.«

Болярннъ же начатъ всякими нелѣпыми словесы поносити его и глаголати:

»Кая ти нужда въ таковый смертный случай призва? Азъ убо знаю отца и сродниковъ твоихъ, безчисленно бо богатство имутъ. Ты же отъ такова гонения или скудости, оставя родителей своихъ, сѣмо пришелъ еси? Паче же глаголю ти: Немного здѣ медли, но иди въ домъ родителей твоихъ, и пребывай тамо во благоденствии. Аще ли преслушаеши мене, и услышу о тебѣ, яко здѣ имаши пребывати, то безъ всякаго милосердия здѣ имаши погибнути. Главу твою повелю скоро отъяти отъ тебе!«

Сия же болярннъ къ юношѣ изрекъ съ яростию, отиде отъ него. Юноша же со многою печалию отходитъ отъ него. Отшедшимъ же имъ[138] отъ шатра, рече бѣсъ къ Саввѣ:

»Что убо печалуешися о семъ? Аще не угодна служба наша, то пойдемъ мы протчее къ Москвѣ, и тамо да пребываемъ!«

★

И тако вскорѣ отидоша изъ Смоленска къ Москвѣ, и приставше[139] въ домъ обитати того же сотника. Бѣсъ же днемъ пребываше съ Саввою, къ нощи же отхождаше отъ него во свои адския жилища, идѣ же искони обычай окаянымъ пребывати. Не малу же времяни минувшу[140], абие разболѣвся[141] Савва, и бѣ болѣзнь его тяжка зѣло, яко быти ему близъ смерти. Жена же сотника оного, благоразумна сущи, боящися бога, всяко попечение и прилѣжание о Саввѣ имущи, и глаголаша ему многожды, дабы повелѣлъ призвати иерея, исповѣдати грѣхи своя и причаститися святыхъ таинъ:

»Да некако,« — рече, — »въ таковой тяжкой болѣзни внезапу безъ покаяния умрешь.«

Савва же отрицаяся, яко:

»Аще« — рече — »и тяжко болю, но нѣсть сия болѣзнь моя къ смерти!«

И день отъ дней болѣзнь его [тяжчае бяше]. Она же неотступно притужаше къ Саввѣ, да покается, и убо:

»Отъ того не имаши умрети!«

Едва принужденъ бѣ Савва боголюбивою оною женою. Повелѣваетъ призвати къ себѣ иерея. Иерей же, нимало замедливъ, притече къ болящему. Бѣ бо иерей той лѣты[142] совершенъ сый, мужъ и искусенъ, и богобоязливъ. Пришедъ же нача молитвы покаянныя глаголати, яко же обычно. И егда же всѣмъ людемъ изъ храмины изшедшимъ[143], и иерей же начатъ бол[ь]наго исповѣдывати. И се внезапу зритъ бол[ь]ный во храмину оную вшедши толпу великую бѣсовъ! Мнимый же его братъ, паче же рещи бѣсъ, прийде съ ними же, уже не въ человѣческомъ образѣ, но въ существенномъ своемъ, звѣронравномъ. И ставъ со зади бѣсовския оныя т[ь]мы, вел[ь]ми на Савву яряся[144] и зубы[145] скрежеща, показуя ему богоотметное оное писание, еже даде ему Савва у града Орла. И глагола бѣсъ къ болящему:

»Зриши ли, клятвеннопреступниче, что есть сие? Не ты ли писалъ еси сие? Или мниши, яко покаяниемъ симъ избудеши отъ насъ? Ни убо! Не мни того! Азъ убо всею силою моею подвигнуся на тя!«

Сия убо и инная неподобныя бѣсомъ глаголющимъ[146], бол[ь]ный же зряше очевидно ихъ, и ово ужасашеся, ово же надѣяся на силу божию, и до конца все исповѣда подробну иерею оному. Иерей же той, аще мужъ и святъ, но обаче убояся страха оного, зане людей никого же во храминѣ кромѣ бол[ь]наго видѣ, гласъ же великъ слыша отъ бѣсовския оныя силы. И съ нуждею великою исповѣда бол[ь]наго. Отиде въ домъ свой, никому же сия повѣдавъ.

По исповѣдании оной бѣсъ нападе на Савву и начатъ немилостивно мучити его, ово о стѣну ударяти, ово же о помостъ, съ одра его пометая, ово [съ] храплениемъ и съ пѣною давляше, и всякими различными муками мучаше его. Боголюбивый же той мужъ и съ благонравной своею женою, видяще на юношѣ таковое отъ диавола незапное нападение, вел[ь]ми мучаше[147], жалѣюще по юношѣ, и стеняху сердцемъ своимъ, но никако же помощи ему могуще. Бѣсъ же, день отъ дней на бол[ь]наго лютѣ нападая, мучаше его. И всѣмъ предстоящимъ ту отъ мучения его бысть ужасно.

Исходяше господинъ же изъ дому своего, яко видя на юношѣ такову необычайную вещь. Паче же и зная, яко юноша той вѣдомъ и самому царю храбрости ради своей, и помышляше съ женою своею, да како бы возвѣстить о семъ царю. Бѣ же и сродница нѣкая у нихъ, — бяше въ домѣ царскомъ. И сия помышляюще, посылаетъ немедленно жену свою ко оной сродницѣ своей [и] повелѣваетъ ей, дабы немедленно возвѣстила цареви:

»Да некако,« — рече, — »юноша оный въ таковомъ зломъ случаѣ умретъ, и абие буду истязаемъ отъ царя за неизвѣстие!«

Жена же его, нимало помедливъ, скоро тече къ сродницѣ своей, и вся повелѣнная отъ мужа по ряду сказа. Сродница же оная, яко слыша таковыя глаголы, умилися душею, ово бо болѣвъ по юношѣ, паче же скорбяше по сродникахъ своихъ, да некако и въ правду отъ таковыхъ случаевъ бѣду приймутъ. И нимало помедливъ, скоро тече отъ дому своего до Полаты Царевы и возвѣщаетъ о семъ ближнимъ слугамъ царскимъ. И въ недолзѣмъ[148] часу внушается самому царю о семъ. Царь же, яко слышавъ о юноши таковое, милосердие свое изливаетъ надъ нимъ, глаголя предстоящимъ предъ нимъ слугамъ, да егда бываетъ измѣнение повсядневное карауловъ, повелѣваетъ посылати въ домъ сотника оного, идѣ же бол[ь]ный той юноша лежитъ, по два караульщика, да надзираютъ, рече:

»Блюдите юношу оного, да некако отъ оного бѣсовскаго мучения обезумѣвъ, во огнь или въ воду ввержется.«

Самъ же благочестивый царь посылаше въ болящему юношѣ повсядневную пищу, и елико здравъ бол[ь]ный явится, повелѣваетъ возвѣстити себѣ. И се тако бывшу[149], немало въ таковомъ бѣсовскомъ томлении бысть же.

★

Бысть же июля въ первый день: юноша оный необычно отъ бѣса умученъ бысть; абие заспавъ мало, и во снѣ, яко бѣ на явѣ, начатъ глаголати, изливая слезы изо мженныхъ[150] очесъ своихъ. Сице рече:

»О, всемилостивая госпоже, царице, помилуй: не солгу, но исполню, елико обѣщаюся ти!«

Домашнии же и снабдѣвающе воини, таковые глаголы слышаще, удивишася, глаголюще, яко нѣкое видѣние видѣ.

Егда же бол[ь]ны[й] отъ сна возбнувъ[151], приступи къ нему сотникъ, и рече:

»Повѣждь ми, господине Савво, что таковыя глаголы? Со слезами во снѣ ихъ кому реклъ еси?«

Онъ же паки начатъ омывати лице свое слезами, глаголя:

»Видѣхъ,« — рече, — »ко одру моему пришедшу жену свѣтолѣпну, и неизреченною свѣтлостию сияющу, — носяше ризу бягряну. Съ нею же и два мужа нѣкия, сѣдинами украшены, единъ убо во одежди архиерейстѣи[152], другий же апостол[ь]ское одѣяние имуще[153]. И не мню инѣхъ, токмо жену мню быти пречистую богородицу, мужа же: единаго — наперстника господня Иоанна Богослова[z], втораго же — неусыпающаго града нашего Москвы, преславнаго во иерарсѣхъ[154] архиерея божия Петра митрополита[aa], ихъже подобия и образъ знаю. И рече свѣтолѣпная оная жена: — 'Что ти есть, Савво? И чесо[155] ради скорбиши тако?' — Азъ же рѣхъ[156] ей: — 'Скорблю, владычице, яко прогнѣвавъ[157] сына твоего и бога моего и тебе, заступницу роду христианскому, и за сие бѣсъ лютѣ мучитъ мя!' — Она же рече ему: — 'Что убо мниши, како ти избыти сея? И како ти выручити рукописание свое из[ъ] ада?' — Азъ же рѣхъ ей: 'Не могу, аще помощию сына твоего, и твоею всесил[ь]ною милостию!' — Она же рече ему: — 'Азъ убо умолю сына своего и бога твоего, единъ глаголъ моги[158] исполнити. Азъ же тя избавлю отъ бѣды сея. Хощеши ли быти монахъ?' — Азъ же ей глаголы молебныя со слезами глаголахъ во снѣ, яже и вы слышасте[159]! Она же паки рече: — 'Слыши, Савво, егда приспѣетъ праникъ явления моего образа, яже въ Казани[bb], ты же приди во храмъ мой, яже на площадѣ у Вѣтошнаго Ряду[cc]. И азъ предъ всѣмъ народомъ чюдо явлю на тебѣ!' — И сия рече, — невидима бысть.«

Сия слышавъ сотникъ и приставленные воины отъ Саввы глаголы, вел[ь]ми почюдишася. И нача сотникъ и жена его помышляти, како бы о семъ вѣдать и возвѣстити самому царю. Умысли по сродницу свою послати, дабы она возвѣстила о семъ вѣдать предъ Царевы Палаты сигклитомъ, о[тъ] нихъже бо внушено будетъ самому царю. Прийде же сродница оная въ домъ сотниковъ. Они же повѣдаша ей видѣние болящаго юноши. Она же слышавъ, и абие отходитъ немедленно до Царевы Палаты и возвѣщаетъ ближнимъ сигклитомъ. Они же немедленно внушаютъ царю о бывшемъ видѣнии Саввиномъ.

Егда же слышавъ царь, вел[ь]ми почюдися. И начаша ожидати праз-ника оного. И егда же приспѣ время июля 8 числа, бысть празникъ Пре-святыя Богородицы Казанскиа. Абие повелѣваетъ царь болящаго оного Савву нести до церкви. Бысть же въ той день хождение крестное изъ соборныя апостол[ь]ския церкви Пресвятыя Богородицы. Въ томъ же году былъ и самъ царь. И егда же начаша божественную литоргию, принесену же бывшу болящему оному Саввѣ и положену[160] внѣ церкви на коврѣ. Егда же бо начаша пѣти херувимскую пѣснь[dd], и се внезапу бысть гласъ, яко бы громъ велий возгремѣ:

»Савво, востани, что бо медлеши? И прийди въ церковь! Мню, здравъ будеши! Къ тому не согрѣшай!«

И абие спаде отъ верху церкви богоотметное оное писание Саввино, все заглажено, что никогда же писано, предъ всѣмъ народомъ.

Царь же, видѣвъ сие чюдо, вел[ь]ми подивися. Бол[ь]ный же той Савва, скочивъ съ ковра, яко бы никогда болѣвъ, и притече скоро въ цер-ковь, — паде предъ образомъ пресвятыя богородицы, — нача со слезами глаголати:

»О, преблагословенная мати господня, христианская заступница и молебница о душахъ нашихъ къ сыну своему и богу! Избави отъ пропасти адския! Азъ вскорѣ исполню обѣщание свое!«

Сие же слышавъ, великий государь царь и великий князь Михайло Феодоровичъ всея России повелѣ призвати къ себѣ оного Савву. И вопро-сивъ[161] его о бывшемъ видѣнии. Онъ же повѣда ему все по ряду, и показавъ писание свое. Царь же подивися зѣло милосердию божию и несказанному чюдеси.

Егда же отпѣша божественную литоргию, пойде Савва въ домъ сотника Иакова Шилова. Сотникъ же той и жена его, видѣвъ надъ нимъ милосердие божие, благодаривъ[162] бога и пречистую его богоматерь.

Потомъ же Савва, раздавъ все имѣние свое, елико имѣяше, убогимъ, самъ же иде въ Монастырь Чюда Архистратига Михаила, идѣ же лежатъ мощи святителя божия Алексия Митрополита[ee], еже зовется *Чюдовъ*[ff]. И восприятъ[163] иноческий чинъ. И нача тутъ жити въ постѣ и молитвахъ, безпрестанно моляся господеви о согрѣшении своемъ. Въ монастырѣ же ономъ поживъ лѣта довол[ь]на, ко господу отиде, идѣже святии пребы-ваютъ.

Буди же вседержителю богу слава и держава во вѣки вѣковъ! Аминь.

[1] Велицѣмъ Устюзѣ *dat. sg.* : Великий Устюгъ. [2] живе *aor. 3 sg.* : жити. [3] имѣяше *impf. 3 sg.* : имѣти. [4] дѣяше *impf. 3 sg.* : дѣяти. [5] творяще *pr. a. p.* (*adv.*) : творити. [6] восхотѣ *aor. 3 sg.* : восхотѣти. [7] устроившу (*scil.* ему) *dat. abs.* (*temp.*). [8] подаде *aor. 3 sg.* : подати. [9] достигшу ... ему *dat. abs.* (*temp.*). [10] творяху *impf. 3 pl.* : творити.

[11] имѣяху *impf. 3 pl.* : имѣти. [12] пребысть *aor. 3 pl.* : пребыти. [13] бяше *impf. 3 pl.* : быти. [14] бѣ *impf. (aor.) 3 sg.* : быти. [15] презрѣхъ, пригласихъ *aor. 1 sg.* : презрѣти, пригласити. [16] усмотри *aor. 3 sg.* : усмотрити. [17] начатъ *aor. 3 sg.* : начати. [18] вѣси *pr. 2 sg.* : вѣдѣти. [19] имѣ *aor. 3 sg.* : имѣти. [20] пояту *p. a. p., acc. sg. f.* : поняти. [21] ненавидяй *pr. a. p., det.* : ненавидѣти. [22] уловляше *impf. 3 sg.* : уловляти. [23] словесы *instr. pl.* : слово. [24] вѣсть *pr. 3 sg.* : вѣдѣти. [25] запятъ *p. p. p.* : запяти, запну. [26] падеся *aor. 3 sg.* : пастися. [27] приспѣвшу празднику *dat. abs. (temp.)*. [28] поемъ *p. a. p.* : поняти. [29] заспавъ *instead of* заспа *aor. 3 sg.* : заспати/зас(ъ)пати. [30] понуждаше *impf. 3 sg.* : понуждати. [31] сый *pr. a. p., det.* : быти. [32] трундся *p. a. p.* : трудитися. [33] возможе *aor. 3 sg.* : возмощи. [34] начаша *aor. 3 pl.* : начати. [35] знаше *impf. 3 sg.* : знати. [36] испиютъ *pr. 3 pl.* : испити. [37] вѣдый *pr. a. p., det.* : вѣдѣти. [38] принесенну бывшу вину *dat. abs. (temp.)*. [39] испивъ *p. a. p. instead of* испи *aor. 3 sg.* : испити. [40] чаяше *impf. 3 sg.* : чаяти. [41] пияхъ *impf. 1 sg.* : пити. [42] испихъ *aor. 1 sg. incorr. instead of* испи *aor. 3 sg.* : испити. [43] восхотѣхъ *aor. 1 sg.* : восхотѣти. [44] яма *aor. 3 pl.* : яти. [45] вмѣняше *incorr. use of impf. 3 sg. instead of* вмѣниша *aor. 3 pl.* : в[ъ]мѣнити. [46] обращся *p. a. p.* : обратитися. [47] поклоншеся *p. a. p. (adv.)* : поклонитися. [48] пришедый *p. a. p., det.* : прийти. [49] вѣмъ *pr. 1 sg.* : вѣдѣти. [50] цѣловастася *aor. 3 du.* : цѣловатися. [51] изчезе *aor. 3 sg.* : исчезнути. [52] даси *pr. 2 sg.* : дати. [53] еси *pr. 2 sg.* : быти. [54] любве *gen. sg.* : любовь. [55] даждь *imp. 2 sg.* : дати. [56] вѣды *pr. a. p. instead of* вѣдѣ *aor. 3 sg.* : вѣдѣти. [57] уловшенъ *p. p. p.* : улов[ъ]чити. [58] вземъ *p. a. p.* : в[ъ]яти. [59] предадеся *aor. 3 sg.* : предатися. [60] вопросивъ *incorr. instead of* вопроси *aor. 3 sg.* : въпросити. [61] повѣждь *impf. 2 sg.* : повѣдѣти. [62] тя = тебя. [63] тече *aor. 3 sg.* : тещи. [64] сотворихъ *aor. 1 sg.* : сътворити. [65] бысть *incorr. instead of* быхъ *aor. 1 sg.* : быти. [66] помняще *pr. a. p. (adv.)* : помнити. [67] изнурилъ бѣ *periphr. p.* : изнурилъ *p. a. p.* + бѣ *impf. (aor.) 3 sg.* : быти. [68] прочетъ *p. a. p.* : прочисти, прочьту. [69] вмѣнивъ *incorr. instead of* вмѣни *aor. 3 sg.* : в[ъ]мѣнити. [70] внятъ *p. a. p.* : в[ъ]няти. [71] поемлетъ *pr. 3 sg.* : поимати. [72] изшедшимъ имъ *dat. abs. (temp.)*. [73] нѣсть = не есть. [74] улюбихъ *aor. 1 sg.* : улюбити. [75] приведе *aor. 3 sg.* : привести. [76] изглагола *incorr. instead of* изглаголавъ *p. a. p.* : изглаголати. [77] вѣдый *incorr. instead of* вѣдѣ *aor. 3 sg.* : вѣдѣти. [78] приближився имъ *incorr. instead of* приближившимся имъ *dat. abs. (temp.)*. [79] поясы *instr. pl.* : поясъ. [80] вшедшимъ имъ *dat. abs. (temp.)*. [81] вшедшимъ *p. a. p., dat. pl.* : въити/внити. [82] оставль *pr. a. p.* : оставити. [83] высоцѣ *loc. sg.* : высокъ. [84] падъ *p. a. p.* : пасти. [85] прийдохъ *aor. 1 sg.* : прийти. [86] приемъ *p. a. p.* : прияти. [87] прочетъ *p. a. p.* : прочисти. [88] поклоншеся *p. a. p. (adv.)* : поклонитися. [89] наченше *p. a. p. (adv.)* : начати, начьну. [90] приношаху *impf. 3 pl.* : приносити. [91] глаголя *pr. a. p. in abs. use*. [92] испихъ *and the preceding* вкушахъ *impf. 1 sg.* : испити, в(ъ)кусити. [93] человѣцы *nom. pl.* [94] оставльше *p. a. p. (adv.)* : оставити. [95] подаде *aor. 3 sg.* : подати. [96] сѣдъ *p. a. p.* : сѣсти. [97] написавъ *incorr. instead of* написа *aor. 3 sg.* : написати. [98] увѣдѣ *aor. 3 sg.* : увѣдѣти. [99] отречеся *aor. 3 sg.* : отрещися. [100] увѣдавши *incorr. instead of* увѣдаша *aor. 3 pl.* : увѣдати. [101] рцы *imp. 2 sg.* : рещи. [102] прийдохомъ *aor. 1 pl.* : прийти. [103] пребывшу *(scil. ему) dat. abs. (temp.)*. [104] бывшимъ *(scil. имъ) dat. abs. (temp.)*. [105] ходящимъ имъ *dat. abs. (temp.)*. [106] одѣанна *p. p. p.* : одѣяти. [107] притече *aor. 3 sg.* : притещи. [108] еси *pr. 2 sg.* : быти. [109] обозрѣся *aor. 3 sg.* : объзьрѣтися. [110] оставль *p. a. p.* : оставити. [111] изрече *incorr. instead of* изрекъ *p. a. p.* : изрещи. [112] поемлетъ *pr. 3 sg.* : поимати. [113] бѣяху *impf. 3 pl.* : вѣдѣти. [114] скрыся *aor. 3 sg.* : с(ъ)крытися. [115] убояся *aor. 3 sg.* : убоятися. [116] дивяшеся *incorr. instead of* дивящеся *pr. a. p.* : дивитися. [117] пошедъ *incorr. instead of* пойде *aor. 3 sg.* : пойти. [118] вѣмы *pr. 1 pl.* : вѣдѣти. [119] тщею = тъщею *instr. sg.* : тъщь. [120] сѣтующе, скорбяще *abs. use of pr. a. p., nom. pl. instead of expected* сѣтоваху, скорбяху *impf. 3 pl.* [121] поживе *aor. 3 sg.* : пожити. [122] живущи сущи *abs. instead of* живяше *impf. 3 sg.* : жити. [123] живяше *impf. 3 sg. instead of* живяста *(or* живяху*) impf. 3 du. (or pl.)* : жити. [124] возжела *aor. 3 sg.* : възжелати. [125] наченше *abs. instead of* начаша *aor. 3 pl.* : начати. [126] носаше = носяше *impf. 3 sg.* : носити. [127] даде *aor. 3 sg.* : дати. [128] повѣждь *imp. 2 sg.* : повѣдѣти. [129] пребываше *impf. 3 sg. instead of* пребываху *impf. 3 pl.* : пребывати. [130] отпустивъ *abs. instead of* отпусти *aor. 3 sg.* : отпустити. [131] увѣсть *pr. 3 sg.* : увѣдѣти. [132] ставше и прибывше = сташа и прибыша *abs. use of p. a. p. instead of aor. 3 pl.* стати, прибыти. [133] удивляющеся *abs. use of pr. a. p. instead of* удивляшася *impf. 3 pl.* : удивлятися. [134] объявляя *abs. use of pr. a. p. instead of* объявляше *impf. 3 pl.* : объявляти. [135] поразивъ *abs. use of p. a. p. instead of* порази *aor. 3 sg.* : поразити. [136] вредили бяху *p. periphr.* : вредили *p. a. p.* + бяху *impf. 3 pl.* : быти. [137] могий *pr. a. p., det.* : мощи. [138] отшедшимъ имъ *dat. abs. (temp.)*. [139] приставше *abs. use of p. a. p. instead of* присташа *aor. 3 pl.* : пристати. [140] времяни минувшу *dat. abs. (temp.)*. [141] раз-

болѣвся *abs. use of p. a. p. instead of* разболѣся *aor. 3 sg.* : разболѣтися.   [142] лѣты *instr. pl.* : лѣто.   [143] людемъ изшедшимъ *dat. abs. (temp.).*   [144] яряся *abs. use of pr. a. p. instead of* ярися *aor. 3 sg.* : яритися.   [145] зубы *instr. pl.*   [146] бѣсомъ глаголющимъ *dat. abs. (temp.).*   [147] мучаше *incorr. use of impf. 3 sg. instead of* мучаху(ся) *impf. 3 pl.* : мучатися.   [148] недолзѣмъ *loc. sg.* : недолгъ.   [149] се бывшу = сему бывшу *dat. abs. (temp.).*   [150] мженныхъ *p. p. p., gen. pl.* : м[ь]жити.   [151] возбнувъ *abs. use of p. a. p. instead of* возбну *aor. 3 sg.* : възъбънути.   [152] архиерейстѣй *loc. sg. f.* : архиерейскъ.   [153] имуще *pr. a. p. (adv.).*   [154] иерарсѣхъ *loc. pl.* : иерархъ.   [155] чесо *gen. sg.* : чьто.   [156] рѣхъ *aor. 1 sg.* : рещи.   [157] прогнѣвавъ *abs. use of p. a. p. instead of* прогнѣвахъ *aor. 1 sg.* : прогнѣвати.   [158] моги *pr. a. p.* : мощи.   [159] слышасте *aor. 2 pl.* : слышати.   [160] принесену ... Саввѣ ... положену *dat. abs., incorr. used.*   [161] вопросивъ *abs. use of p. a. p. instead of* вопроси *aor. 3 sg.* : въпросити.   [162] благодаривъ *abs. use of p. a. p. instead of* благодариша *aor. 3 pl.* : благодарити.   [163] восприятъ *aor. 3 sg.* : восприяти/въсприяти.

a 1606.
b Ustjug, a town on the Suxoma River, an affluent of the Jug River.
c Kazan', a city on the Kazanka River, an affluent of the Volga River.
d Towns on the eastern, lower shore of the Volga River.
e Tsar of Muscovia (1613–45).
f Solikamsk, a town on the Usolka River.
g Caspian Sea.
h Persia.
i Orel Usol'skij, a town on the Usolka River.
j Ascension Day.
k Horse-trading square.
l Persia.
m Kozmodem'jansk, a town on the right bank of the Volga River (in the region of Kazan').
n A village with a ferry on the Oka River.
o Šujsk (more likely Šuja), a town in the region of Vladimir.
p An allusion to the Polish-Muscovite War (1632-34).
q Smolensk, which then belonged to Lithuania (Poland), was besieged by the Muscovites.
r During Tsar Michael's reign, the Muscovite army was fundamentally reorganized in accordance with modern Western European military principles, and the term солдатъ 'soldier' was introduced into the Russian language.
s A historical personage, dapifer of the court.
t Western European military experts were invited to Moscow to aid in the reorganization of the army.
u Brother (d. 1666) of Eudoxia, who married the Tsar.
v A street in Old Moscow near the Kremlin.
w A district of Moscow, outside the Kremlin but inside the Earthen Wall (hence the name).
x An unidentifiable personage.
y Šein, who had defended Smolensk heroically against the Poles during the *Smuta*, was an extremely unsuccessful commander in chief of the Muscovite armies in 1632. Not only was he unable to take Smolensk from the Poles, but he was even forced to capitulate to King Władysław IV of Poland. He was later (1636) beheaded publicly in Moscow.
z *Bib.* John the Apostle.
aa St. Peter, the first Metropolitan of Moscow.
bb The famous icon of the Virgin of Kazan'.
cc A square and market place in Moscow.
dd The Cherubic Hymn.
ee St. Aleksij (d. 1378), bishop of Vladimir from 1345, Metropolitan of Russia from 1348.
ff The Monastery of the Miracle of the Archangel Michael within the Kremlin, founded in 1365.

THE TALE OF THE RICH
AND CELEBRATED MERCHANT KARP SUTULOV
AND HIS PRUDENT WIFE

Moral laxity, hitherto treated as sinful behavior instigated by the Devil and as an immoral deviation from the path of virtue, was subjected to gay and picaresque treatment in the tale of Karp Sutulov. Despite the author's (unsuccessful) attempt to observe the rules of Church Slavonic grammar and syntax and to give his story an ecclesiastical stamp, the tale nevertheless is completely secular in character and has all the features of a true novel—in the sense of the word as it is applied to the novels of Boccaccio. The plot is based upon an easily recognizable migratory motif, well known in international literature, of the faithful wife who, in her husband's absence, succeeds in duping three men intent upon seducing her. This frivolous and frank treatment of an erotic theme ushered in a period of new outlooks within Muscovite ideology, a new era of writing directly preceding modern times. The novel was undoubtedly written at the end of the seventeenth century.

The text is (with orthography systematized) taken from Ju. M. Sokolov's edition in Труды Славянской Комиссии Московского Археологического Общества (Moscow, 1914), IV, Part 2, 1–40.

Повѣсть о нѣкоторомъ гостѣ
богатомъ и славномъ, Карпѣ Сутуловѣ,
и о премудрой женѣ его: како не оскверни ложа мужа своего

Бѣ нѣкто гость, вельми богатъ и славенъ зѣло, именемъ Карпъ Суту-ловъ, имѣяй[1] жену у себя, именемъ Татиану, прекрасну зѣло. И живяше[2] онъ съ нею великою любовию. И бѣ гостю тому Карпу живущу[3] во градѣ нѣкоемъ, и въ томъ же градѣ другъ бысть, вельми богатъ и славенъ и вѣренъ зѣло во всемъ, именемъ Афанасий Бердовъ.

Тому же прежереченному гостю Карпу Сутулову прилучися[4] время ѣхати на куплю свою въ Литовскую Землю. И шедъ удари[5] челомъ другу своему, Афанасию Бердову:

»Друже мой любиме, Афанасие! Се нынѣ приспѣ[6] мнѣ время ѣхати на куплю свою въ Литовскую Землю. Азъ оставляю жену свою едину въ домѣ моемъ. И ты же, мой любезнѣйший друже, жену мою, о чемъ тебѣ станетъ бити челомъ, во всемъ снабди. Азъ приѣду отъ купли своей, буду тебѣ бити челомъ и платитися.«

Другъ же Афанасий Бердовъ глаголя[7] ему:

»Друже Карпе мой! Азъ радъ снабдевати жену твою.«

Карпъ же, шедъ къ женѣ своей, и сказа ей:

»Азъ былъ у друга своего Афанасия и би[8] челомъ ему о тебѣ: аще какая безъ меня тебѣ будетъ нужда въ деньгахъ, да снабдитъ тебя во всемъ другъ мой Афанасий. Рекохъ[9] мнѣ онъ: ʼАзъ радъ снабдевати безъ тебя жену твою.ʼ«

Карпъ же наказа и женѣ своей Татианѣ тако:

»Госпоже моя, Татиана, буди богъ между нами! Егда начнешь творити безъ меня частыя пиры на добрыхъ женъ, на своихъ сестеръ, азъ тебѣ оставляю на потребу, на что купити брашна на добрыхъ женъ, на своихъ сестеръ, а егда до меня не станетъ денегъ на потребу, и ты поди по моему приказу ко другу моему Афанасію Бердову и проси у него на брашна денегъ, и онъ тебѣ дастъ сто рублевъ. И ты, чай, тѣмъ до меня и проживешь. А моего совѣту блюди, безъ меня не отдавай и ложа моего не скверни!«

И сія рекъ, отъиде на куплю. Жена же провождаше[10] его въ путь далече честно и любезно и радостно вельми, и возвратися въ домъ свой. И нача послѣ мужа своего дѣлати на многія добрыя жены частыя пиры, и веселяся[11] съ ними вельми, [и] воспоминая мужа Карпа въ радости.

И нача. И живши она безъ мужа своего многое время, и тако издержала деньги остатни. И минувши[12] уже тому три года, какъ поѣде[13] мужъ ея. Она же, шедъ ко другу мужа своего, ко Афанасію Бердову, и рече ему:

»Господине, друже мужа моего! Даждь[14] ми сто рублевъ денегъ до мужа, а мужъ мой Карпъ, когда поѣхалъ на куплю свою, и наказалъ: 'Егда до меня не станетъ на потребу на что купити, и ты пойди моимъ словомъ ко другу моему, ко Афанасію Бердову, и возьми у него на потребу себѣ, на брашна, денегъ сто рублевъ.' И ты же нынѣ пожалуй мнѣ на потребу, на брашна, денегъ сто рублевъ до мужа моего. Егда мужъ мой пріѣдетъ отъ купли своей, и тогда все тебѣ отдастъ.«

Онъ же, на ню зря очима своима и на красоту лица ея вельми прилежно, и разжигаяся къ ней плотію своею, и глаголаша къ ней:

»Азъ дамъ тебѣ на брашна денегъ сто рублевъ, только лягъ со мною на ночь.«

Она же о томъ словеси вельми засумнѣвашеся и не вѣдаетъ, что отвѣщати. И рече ему:

»Азъ не могу того сотворити безъ повелѣнія отца своего духовнаго. Иду и вопрошу своего духовнаго: что ми повелитъ, то и сотворю съ тобою.«

И шедъ вскорѣ, и призвавъ къ себѣ отца своего духовнаго, и рече ему:

»Отче мои духовный, что повелиши о семь сотворити? Понеже мужъ мой отъиде на куплю свою, и наказавъ мнѣ: 'Аще ли до меня не достанетъ тебѣ на потребу денегъ, чѣмъ до меня жити, и ты жъ иди ко другу моему, ко Афанасію Бердову, и онъ тебѣ по моему совѣту дастъ денегъ сто рублевъ.' Нынѣ же мнѣ не доставшу[15] сребра на брашна, и азъ идохъ[16] ко другу мужа моего, ко Афанасію Бердову, по совѣту мужа своего. Онъ же рече ми: 'Азъ ти дамъ сто рублевъ, только буди со мною на ночь спать.' И азъ не вѣмъ, что сотворити. Не смѣю безъ тебе, отца своего духовнаго, того съ нимъ сотворити, безъ повелѣнія твоего. И ты ми что сотворити повелиши?«

И рече ей отецъ духовный:

»Азъ тебѣ дамъ и двѣсти рублевъ, но пребуди со мною на ночь.«

Она же о томъ словеси вельми изумилася и не вѣдаетъ, что отвѣщати отцу своему духовному. И рече ему:

»Дай ми, отче, сроку на малую годину.«

И шедъ отъ него на архіепископовъ дворъ тайно, и возвѣсти архіепископу:

»О, великий святый, что ми повелѣваеши о семъ сотворити? Понеже мужъ мой, купецъ славенъ зѣло Карпъ Сутуловъ, отъиде на куплю свою въ Литовскую Землю, — се ужъ ему третие лѣто, — и послѣ себя оставилъ мнѣ на потребу денегъ; отнынѣ же мнѣ не доставши[17] сребра на пропитание до него; и какъ мужъ мой поѣхалъ на куплю свою, и наказалъ мнѣ: 'Аще ли не достанетъ денегъ, чѣмъ до меня пропитатися, и ты по моему совѣту пойди ко другу моему, ко Афанасию Бердову, и онъ по моему приказу дастъ тебѣ на потребу, на брашна денегъ, сто рублевъ.' И азъ шедъ нынѣ ко другу мужа своего, Афанасию Бердову, и просила у него на потребу себѣ денегъ до мужа своего сто рублевъ. Онъ же рече ми: 'Азъ дамъ ти и сто рублевъ, только лягъ со мною на ночь.' И азъ не смѣла того сотворити безъ повелѣния своего духовнаго, и шедъ къ отцу своему духовному, и вопроси о семъ отца своего духовнаго, что ми повелитъ; онъ же рече ми: 'Аще ты со мною сотворишь, азъ дамъ ти и двѣсти рублевъ.' И азъ съ нимъ не смѣла того сотворити.«

Архиепископъ же рече:

»Остави обоихъ ихъ, попа и гостя, но пребуди со мною единымъ; и азъ дамъ тебѣ и триста рублевъ.«

Она же не вѣдаетъ, что ему отвѣщати, и не хотяше таковыхъ словъ прислушати. И рече ему:

»О, великий святый, како я могу убѣжати отъ огня будущаго?«

Онъ же рече ей:

»Азъ тя во всѣмъ разрѣшу.«

Она же повелѣваетъ ему быти въ третиемъ часу дни.

И тако шедъ ко отцу своему духовному, и рече ему:

»Отче, будь ко мнѣ въ 6 часу дни.«

Потомъ же иде къ другу своего мужа, ко Афанасию Бердову:

»Друже мужа моего, приди ко мнѣ въ 10-мъ часу дни.«

★

Прийде же нынѣ архиепископъ. Онъ же, вельми разжигая плоть свою на нея, и принесъ ей денегъ триста рублевъ, и даде[18]. И хотяше пребыти съ нею. Она же рече:

»Требуеши облѣщи на ся одежду ветхую самую. Не добро пребыти со мною, въ нейже пребываеши при многоцвѣтущемъ народѣ и бога славиши. Въ томъ же и самому паки къ богу быти.«

Онъ же рече:

»Не видѣ никто мя въ этомъ платьѣ, что и мнѣ и оно облѣщи[14]; но не кому насъ съ тобою видѣти.«

Она же рече ему:

»Богъ, отче, вся видитъ дѣяния наша: аще отъ человѣка утаимъ странствие наше, но онъ вся вѣсть, обличени[я] не требуетъ. И самъ то господь не придетъ съ палицею на тя и на вся злотворящая; таковаго человѣка зла пошлетъ на тя, и тотъ тя имать бити и бесчествовати и предати на обличение прочимъ злотворящимъ!«

И сия глаголаше ко архиепископу. Онъ же рече ей:

»Только, госпоже моя, не имѣю никакой иные одежды, какие въ мирѣ носятъ. Развѣ азъ [отъ] тебе требую какую ни есть одежду?«

Она же даде ему свою женскую срачицу, якоже сама ношаше на тѣлѣ, а тотъ санъ сняша[20] съ него и вложиша[21] къ себѣ въ сундукъ и рече ему:

»Азъ кромѣ сея одежды не имѣю въ дому своемъ; понеже отдала порто-мойцемъ, что носяше мужъ мой.«

Архиепископъ же съ радостию взяше[22] и возде на себе сборомъ жен-скую рубаху:

»На что ми, госпожа, лучше сея одежды требовати, понеже требую [пребыти] съ тобою?«

Она же отвѣщаше къ сему:

»Се азъ сотворю, но еще прежде покладимся со мною.«

И въ то же время прийде ко вратомъ попъ, ея духовный отецъ, по приказу ея, и принесе ей съ собою денегъ двѣсти рублевъ и началъ толка-тися во врата. Она же скоро возрѣ въ окошко и восплеска рукама своими, а сама рече:

»Благъ господь, понеже подастъ ми безмѣрную и превеликую радость!«

Архиепископъ же рече:

»Что, госпоже, вельми радостна одержима бысть[23]?«

Она же рече:

»Се мужъ мой отъ купли приѣхалъ. Азъ же въ симъ времени [не] ожидала его.«

Архиепископъ же рече ей:

»Госпоже моя, гдѣ мнѣ дѣватися срама ради и бесчестия?«

Она же рече ему:

»И ты, господинъ мой, иди въ сундукъ и сиди. И азъ убо во время спущу тя.«

Онъ же скоро шедъ[24] въ сундукъ; она же замнула его въ сундукѣ. Попъ же идя[25] на крыльцо. Она же встрѣтила его. Онъ же даде ей двѣсти рублевъ и нача съ нею глаголати о прелюбезныхъ словесехъ. Она же рече:

»Отче мой духовный, какъ еси ты прельстился на мя? Единаго часа [ради] обоимъ съ тобою во вѣки мучитися?«

Попъ же рече къ ней:

»Чадо мое духовное, аще ли въ коемъ грѣсѣ[26] бога прогнѣвляеши, и отца своего духовнаго не [упросиши], то чѣмъ хощеши бога умолити и милостива сотворити?«

Она же рече ему:

»Да ты ли, отче, праведный судия? Имаши ли власть въ рай или въ муку пустити мя?«

И глаголющимъ имъ[27] много, ажно ко вратомъ гость богатъ, другъ мужа ея, Афанасий Бердовъ [приде]. И нача толкатися во врата. Она же скоро прискочила къ окошку и поглядѣ за оконце, — узрѣ гостя богатого, друга мужа своего, Афанасия Бердова, восплеска рукама своими и пойде по горницѣ. Попъ же рече къ ней:

»Скажи ми, чадо, кто ко вратомъ приѣхалъ? И что ты радостна одер-жима бысть?«

Она же рече ему:

»Видиши ли, отче, радость мою: се же мужъ мой отъ купли приѣхалъ ко мнѣ и свѣтъ очию моею[28].«

Попъ же рече къ ней:

»О бѣда моя! Гдѣ мне, госпоже моя, укрытися срама ради?«

Она же рече ему:

»Не убойся, отче, сего, ни смерти своей убойся, [но] грѣха смертнаго. Единою [смертию] умрѣти, а грѣхъ сотворяй[29], мучитися имаши во вѣки.«

И во оной храминѣ указа ему сундукъ. Онъ же въ одной срачицѣ и безъ пояса стояше. Она же рече ему:

»Иди, отче, во иной сундукъ. Азъ во время испущу тя съ двора своего.«

Онъ же скоро шедъ[30] въ сундукъ. Она же замкнула его въ сундукѣ, и шедъ скоро, пусти къ себѣ гостя. Гость же, пришедъ къ ней въ горницу, и даде ей сто рублей денегъ. Она же прияше[31] у него съ радостию. Онъ же зря[32] на неизреченную красоту лица ея вельми прилежно. Она же рече ему:

»Чесо ради прилежно зриши на мя и вельми хвалиши мя? А не ли же нѣкоему человѣку мнози люди похвалиша жену, она же зѣло зла бяше; онъ же [повѣда, яко аще у жены] цѣломудренный [разумъ], [достойна] тогда похвалы.«

Онъ же рече ей:

»Госпожа моя, егда азъ насыщуся и наслаждуся твоея красоты, тогда прочь отъиду въ домъ свой.«

Она же не вѣдаше, чимъ гостя отвести, и повелѣ рабѣ выйти и стучатися. Рабыня же, по повелѣнию госпожи своея шедъ вонъ, и начаша у вратъ толкатися вельми громко. Она же скоро потече къ окошку и рече:

»О всевидимая радость отъ совершенныя моея любви! О свѣте очию моею и вожделѣние души моея [и] радость!«

Гость же рече къ ней:

»Что, госпоже моя, вельми радостна одержима бысть? Что узрила за окошкомъ?«

Она же рече къ нему:

»Се мужъ приѣхалъ отъ купли своея.«

Гость же, послышавъ отъ нея таковые глаголы, и нача по горницѣ бѣгати. И рече къ ней:

»Госпоже моя, скажи мне, гдѣ отъ срамоты сея укрытися?«

Она же указа ему 3 сундукъ и рече ему:

»Вниди[33] сѣмо, да по времени спущу тя.«

Онъ же скоро кинулся въ сундукъ. Она же замкнула его въ сундукѣ томъ.

★

И на утро шедъ во градъ на воеводский дворъ и повелѣша[34] доложити воеводѣ, чтобъ вышелъ къ ней. И рече къ ней:

»Откуда еси, жена, пришла, и почто ми велѣла выйти къ себѣ?«

Она же рече къ нему:

»Се азъ, государь, града сего гостиная жена. Знаеши ли ты, государь, мужа моего, богатаго купца, именемъ Сутуловъ?«

Онъ же рече къ ней:

»Добрѣ знаю азъ мужа твоего, понеже мужъ твой купецъ славенъ.«

Она же рече къ нему:

»Се уже третие лѣто, какъ мужъ мой отъиде на куплю свою, и нака-

залъ мнѣ взяти у купца же града сего, у Афанасія, именемъ Бердовъ, сто
рублевъ денегъ, — мужу моему другъ есть, — егда не достанетъ. Азъ же
дѣлаше послѣ мужа своего многія пиры на добрыхъ женъ, и нынѣ мнѣ не
доставши[35] сребра. Азъ же къ купцу оному, ко Афанасію Бердову, ходила.
И се купца онаго дома не получила, у котораго велѣлъ мнѣ мужъ мой
взяти. Ты же мнѣ пожалуй сто рублевъ, азъ тебѣ дамъ три сундука въ
закладъ съ драгими ризами и многоцѣнными [вещьми].«

И воевода рече ей:

»Азъ слышу, яко добраго мужа есть[36] ты жена и богатаго. Азъ ти дамъ
и безъ закладу сто рублевъ, а какъ богъ принесетъ отъ купли мужа твоего,
азъ и возьму у него.«

Тогда она же рече ему:

»Возьми, бога ради, понеже ризы многія и драгія вельми въ сундукахъ
тѣхъ, дабы тати не украли у меня сундуковъ тѣхъ. Тогда, государь, мнѣ
отъ мужа моего быть въ наказаніи и въ тѣ поры станетъ ми говорить: 'Ты
бы де положила на соблюденіе человѣку доброму до меня.'«

Воевода же, слышавъ, велѣлъ привезти вся три сундука, — чаяше
истинно драгія ризы. Она же, шедъ отъ воеводы, взяша воеводскихъ
людей пять человѣкъ, съ коими и приѣхаша къ себѣ въ домъ и поставиша
[и] приѣхаша[37] опять съ ними. И привезоша сундуки на воеводскій дворъ.
И повелѣ она воеводѣ ризы досмотрити. Воевода же повелѣ ей сундуки
отпирати всѣ три. И видяше[38] во единомъ сундукѣ гостя, сѣдяща во единой
срачицѣ, а въ другомъ сундукѣ попа во единой же срачицѣ и безъ пояса,
а въ третіемъ сундукѣ самого архіепископа въ женской срачицѣ и безъ
пояса. Воевода же, видя ихъ таковыхъ бесчинныхъ во единыхъ срачицахъ
сѣдяща въ сундукахъ, и посмѣяхся[39] и рече къ нимъ:

»Кто васъ посади тутъ въ однихъ срачицахъ?«

И повелѣша[40] имъ выйти изъ сундуковъ. И быша отъ срамоты яко
мертвы, посрамлени отъ мудрыя жены. И падше они воеводѣ на нозѣ, и
плакася[41] вельми о своемъ согрѣшеніи. Воевода же рече имъ:

»Чесо ради плачетеся и кланяетеся мнѣ? Кланяйтеся женѣ сей, она
бы васъ простила о вашемъ неразуміи.«

Воевода же рече предъ ними и женѣ той:

»Жено, скажи, како ихъ въ сундукахъ запирала?«

Она же рече воеводѣ, какъ поѣхалъ мужъ ея на куплю свою и при-
казалъ ей у гостя того просить денегъ сто рублевъ, и какъ къ Афанасію
ходила просити денегъ сто рублевъ, и како гость той хотя[42] съ нею пребыти.
Тако жъ повѣда [про] попа и про архіепископа все подлинно, и како
повелѣша[43] имъ въ коихъ часѣхъ приходити, и како ихъ обманывала и въ
сундукахъ запирала.

Воевода же, сіе слышавъ, подивися разума ея, и вельми похвали
воевода, что она ложа своего не осквернила. И воевода же усмѣхнулся и
рече ей:

»Доброй, жено, закладъ твой и стоитъ тѣхъ денегъ!«

И взя воевода съ гостя пятьсотъ рублевъ, съ попа тысящу рублевъ, со
архіепископа тысящу пятьсотъ рублевъ, и повелѣша[44] воевода ихъ отпу-
стить, а деньги съ тою женою и раздѣлиша пополамъ. И похвали ея цѣло-
мудренный разумъ, яко за очи мужа своего не посрамила, и таковыя любви

съ ними не сотворила, и совѣту мужа своего съ собою не разлучила, и великую честь принесла, и ложа своего не осквернила.

Не по мнозѣмъ времени приѣхалъ мужъ ея отъ купли своей. Она же ему вся повѣдаша[45] по ряду. Онъ же вельми возрадовася о такой премудрости жены своей, како она таковую премудрость сотворила. И вельми мужъ ея о томъ возрадовася.

[1] имѣй *ярг. a. p., det.* : имѣти.   [2] живяше *impf. 3 sg.* : жити.   [3] гостю ... живущу *dat. abs.*   [4] прилучися *aor. 3 sg.* : прилучитися.   [5] удари *aor. 3 sg.* : ударити.   [6] приспѣ *aor. 3 sg.* : приспѣти.   [7] глаголя *pr. a. p. incorr. used* : глаголати.   [8] би *aor. 3 sg. incorr. used instead of* бихъ *aor. 1 sg.* : бити.   [9] рекохъ *aor. 1 sg. incorr. used instead of* рече *aor. 3. sg.* : рещи   [10] провождаше *impf. 3 sg. instead of expected* проводи *aor. 3 sg.*   [11] веселяся *pr. a. p. (adv.)* : веселитися.   [12] минувши *p. a. p. (adv.) f. incorr. used instead of* минуло.   [13] поѣде *incorr. aor. 3 sg. instead of* поѣха.   [14] даждь *imp. 2 sg.* : дати.   [15] доставшу *dat. abs. incorr. used instead of* достало *or* доста.   [16] идохъ *aor. 1 sg.* : ити.   [17] мнѣ не доставши *dat. abs. incorr. used.*   [18] даде *aor. 3 sg.* : дати.   [19] что и мнѣ и оно облѣщи *incomprehensible.*   [20] сняша *aor. 3 pl. instead of expected* сня *aor. 3 sg.* : с(ъ)няти.   [21] вложиша *aor. 3 pl. instead of expected* вложи *aor. 3 sg.* : в(ъ)ложити.   [22] взяше *incorr. aor. 3 sg. instead of expected* взя.   [23] бысть *instead of expected* еси.   [24] шедъ *p. a. p. in incorr. abs. use.*   [25] идя *pr. a. p. in incorr. abs. use.*   [26] грѣсѣ *loc. sg.* : грѣхъ.   [27] глаголющимъ имъ *dat. abs. incorr. used.*   [28] очию моею *gen. du.*   [29] сотворяй *pr. a. p., det.* : сотворяти.   [30] шедъ *p. a. p. incorr. used.*   [31] прияше *incorr. impf. 3 sg. instead of expected* прия *aor. 3 sg.* прия *or* приятъ.   [32] зря *pr. a. p. incorr. used.*   [33] вниди *impf. 2 sg.* : в(ъ)нити.   [34] повелѣша *aor. 3 pl. instead of expected* повелѣ *aor. 3 sg.*   [35] мнѣ не доставши *dat. abs. incorr. used.*   [36] есть *instead of* еси.   [37] взяша, приѣхаша, поставиша *aor. 3 pl. instead of expected* взя, приѣха, постави *aor. 3 sg.*   [38] видяше *impf. 3 sg. instead of expected* видѣ *aor. 3 sg.*   [39] посмѣяхся *aor. 1 sg. instead of expected* посмѣяся *aor. 3 sg.* : посмѣятися.   [40] повелѣша *aor. 3 pl. instead of expected* повелѣ *aor. 3 sg.*   [41] плакася *aor. 3 sg. instead of expected* плакаахуся *impf. 3 pl.*   [42] хотя *pr. a. p. instead of* хотѣ *aor. 3 sg.*   [43] повелѣша *instead of* повелѣ.   [44] see note 43.   [45] повѣдаша *aor. 3 pl. instead of expected* повѣда *aor. 3 sg.*

THE STORY OF FROL SKOBEJEV,
A RUSSIAN NOBLEMAN

This narrative too seems to be founded on actual events and persons drawn from the Moscow seventeenth-century *chronique scandaleuse*. The family names Skobejev, Nadrin-Naščokin, and Lovčikov have authentic counterparts in documents preserved from that period. The story itself is an excellent novel written with realistic precision and psychological accuracy in the description of situations and in the portrayal of its characters. It represents the first departure from the traditional Old Russian biographical genre, being purely secular in content, and is written in pure Russian vernacular. The author was supposedly a minor official in the Ministry of Foreign Affairs.

The text (with orthography systematized) is taken from V.V. Sipovskij, Русские повести XVII и XVIII столетий (St. Petersburg, 1905).

История о Российскомъ дворянинѣ Фролѣ Скобѣевѣ

1680 году въ Новогородскомъ уѣздѣ[a] имѣлся дворянинъ Фролъ Ско-бѣевъ; въ томъ же Новогородскомъ уѣздѣ имѣлись вотчины стольника Надрина-Нащекина[b]; и въ тѣхъ вотчинахъ имѣлась дочь его Аннушка и жила въ нихъ. И провѣдавъ Фролъ Скобѣевъ о той стольничьей дочерѣ, и взявъ себѣ намѣреніе, чтобъ вызымѣть[1] люблéніе съ тою Аннушкою, токмо не знаетъ, чрезъ кого получить видѣть ея. Однако жъ умыслилъ опознаться той вотчины съ приказчикомъ и сталъ всегда ѣздить въ домъ его, приказ-чика. И по нѣкоемъ времени случился быть Фролъ Скобѣевъ у того при-казчика въ домѣ, и въ то же время пришла къ тому приказчику мамка дочери стольника Надрина-Нащекина. И усмотря[2] Фролъ Скобѣевъ, что та мамка живетъ всегда при Аннушкѣ, и какъ пошла та мамка отъ приказчика къ госпожѣ своей Аннушкѣ, тогда, вышедъ за нею, Фролъ Скобѣевъ и подарилъ ту мамку двѣмя рубликами. И та мамка объявила ему:

»Господинъ Скобѣевъ, не по моимъ заслугамъ такую милость казать изволишь! То уже конечно моей услуги къ вамъ никакой не находится!«

И Фролъ Скобѣевъ отдалъ деньги той мамкѣ, ничего съ ней не гово-рилъ, пошелъ отъ нея прочь, и мамка пришла къ госпожѣ своей Аннушкѣ, и пришедъ, ничего не объявила. И Фролъ Скобѣевъ посидѣлъ у того при-казчика и пошелъ въ домъ свой. И во время увеселительныхъ вечеровъ, которые бываютъ въ веселость дѣвичеству, называемые *Святки*[c], и та дочь стольника Надрина-Нащекина, называемая Аннушка, приказывала мамкѣ своей, чтобъ она ѣхала ко всѣмъ дворянамъ, которые въ близости ихъ вотчинъ имѣютъ жительства, и у которыхъ дворянъ имѣются дочери дѣвицы, чтобъ ихъ просить къ Аннушкѣ на вечеринку для веселости. И та мамка поѣхала и просила всѣхъ дворянскихъ дочерей къ госпожѣ своей Аннушкѣ, и по тому ее прошенію обѣщалися всѣ быть. И та мамка вѣдаетъ, что у Фрола Скобѣева есть сестра дѣвица, и поѣхала мамка въ домъ Фрола Скобѣева и проситъ сестру его въ домъ госпожи своей Аннушки на вече-ринку. И та сестра его объявила мамкѣ:

»Пожалуй, подожди маленько, я схожу къ брату своему, доложу. Ежели онъ прикажетъ, то я вамъ съ тѣмъ объявлю!«

И какъ пришла сестра ко Фролу Скобѣеву и объявила ему, что:

»Приѣхала мамка отъ стольничьей дочери Аннушки и проситъ меня, чтобы я приѣхала къ ней въ домъ на вечеринку.«

И Фролъ Скобѣевъ сказалъ сестрѣ своей:

»Поди, скажи той мамкѣ, что ты будешь не одна, но будешь нѣкотораго дворянина съ дочерью дѣвицею.«

И та сестра его о томъ весьма думаетъ, что братъ ее повелѣлъ сказать; однако жъ не смѣла преслушать воли брата своего и сказала, что она будетъ къ госпожѣ ее сей вечеръ съ нѣкоторою дворянскою дочерью. И та мамка поѣхала въ домъ госпожи своей Аннушки. И Фролъ Скобѣевъ сталъ говорить сестрѣ своей:

»Ну, сестра, пора тебѣ убираться ѣхать въ гости!«

И та его сестра стала убираться дѣвическимъ уборомъ. И Фролъ Скобѣевъ сказалъ:

»Принеси, сестра, и мнѣ дѣвичей уборъ! Уберусь и я, и поѣдемъ вмѣстѣ съ тобою къ Аннушкѣ, къ столничьей дочере!«

И та сестра его вельми о томъ сокрушалась, понеже, ежели признаютъ его, то »конечно будетъ въ великой бѣдѣ братъ мой, а стольникъ тотъ Нащекинъ въ великой милости при царѣ!« Однакожъ не преслуша³ воли брата своего, принесла ему дѣвичей уборъ, и Фролъ Скобѣевъ, убрався⁴ въ дѣвичье платье, и поѣхали съ сестрою своею къ столничьей дочерѣ Аннушкѣ. И какъ приѣхали, уже много собралось дворянскихъ дочерей у той Аннушки, и Фролъ Скобѣевъ тутъ же въ дѣвичьемъ платьѣ, и никто его не можетъ познать.

И стали все дѣвицы веселиться разными играми и веселились долгое время, и Фролъ Скобѣевъ съ ними же веселится, и никто его познать не можетъ. И потомъ Фролъ Скобѣевъ пожелалъ иттить⁵ до нужника, и былъ онъ тутъ одинъ, а мамка стояла въ сѣняхъ со свѣчею; и какъ вышелъ Фролъ Скобѣевъ изъ нужника, и сталъ говорить мамкѣ:

»Ахъ, моя свѣтъ-мамушка! много нашихъ сестръ здѣсь и твоей услуги ко всякой много, а никоторая, надѣюсь, тебя не подаритъ!«

И мамка не можетъ признать, что онъ Фролъ Скобѣевъ. И Фролъ Скобѣевъ, вынявъ⁶ денегъ 5 рублевъ, и подарилъ тою мамку. Мамка же съ великимъ принужденіемъ взяла тѣ деньги. И Фролъ Скобѣевъ видитъ, что мамка его признать не можетъ, и палъ на колѣни ее и объявилъ ей, что онъ дворянинъ Фролъ Скобѣевъ и приѣхалъ въ дѣвичьемъ уборѣ для Аннушки, чтобъ съ нею имѣть обязательную любовь. И какъ усмотрила мамка, что онъ подлинно Фролъ Скобѣевъ, и стала въ великомъ сумнѣни⁷ и не знаетъ, что съ нимъ дѣлать; однакожъ, памятуя его къ себѣ два многія подарки, и рече:

»Добро, господинъ Скобѣевъ, за твою ко мнѣ благосклонную милость готова чинить по воли твоей всякое вспоможеніе!«

И пришла въ покои, где дѣвицы веселятся и никому о томъ не объявила. И стала та мамка говорить госпожѣ своей Аннушкѣ:

»Полноте, дѣвицы, играть! Я вамъ объявляю другую игру, какъ мы смолоду играли!«

И та Аннушка не преслушала воли мамки своей и стала говорить:

»Ну, матушка-мамушка, какъ твоя воля на всѣ наши дѣвичьи игры?« Объявила та мамка игру имъ:

»Изволь, матушка. Аннушка! ты будь невѣстой«.

А на Фрола Скобѣева указала:

»А сія дѣвица — женихомъ!«

И поведе⁸ ихъ во особые свѣтлицы для почиву, какъ водится въ свадьбѣ. И тѣ дѣвицы пошли ихъ провожать до тѣхъ покоевъ и обратно пошли въ веселы покои, въ которыхъ веселились. И та мамка велѣла дѣвицамъ грамогласныя пѣть пѣсни, чтобъ имъ крику отъ нихъ не слыхать было; а сестра Фрола Скобѣева весьма была въ печали, сожалѣя брата своего, и чается, что, конечно, будетъ притчина. И Фролъ Скобѣевъ, лежа съ Аннушкою, и объявилъ о себѣ, что онъ Фролъ Скобѣевъ, дворянинъ Новогородской, а не дѣвка. И Аннушка не вѣдаетъ, что предъ нимъ отвѣтствовать, и стала быть въ великомъ страхѣ, и Фролко, не взирая ни на какой себѣ страхъ, былъ очень отваженъ и принужденіемъ разстлилъ ее

дѣвичество. Потомъ просила та Аннушка Фрола Скобѣева, чтобъ онъ не
обнесъ ее другимъ. Потомъ мамка и всѣ дѣвицы пришли въ тотъ покой,
гдѣ они лежали, и Аннушка стала быть въ лицѣ перемѣнна отъ немалой
трудности, которой еще отъ роду не видала. И дѣвицы никто не могутъ
признать Фрола Скобѣева. И та Аннушка никому о томъ не объявила,
только мамку свою за руку и отвела въ особливую полату и стала говорить
искусно:

»Что ты, проклятая, надо мною сдѣлала? Это не дѣвица со мною!
Онъ мужественной человѣкъ, нашего града, Фролъ Скобѣевъ!«

И та мамка ей объявила:

»Истинно, милостивая государыня, никакъ не могла признать и думала
что онъ таковая жъ дѣвица, а когда онъ такую пакость учинилъ, — у насъ
людей много, можемъ его вовсе укрыть въ тайное мѣсто!«

И та Аннушка, сожалѣя его, Фрола Скобѣева, понеже онъ тотъ часъ
вложилъ жалость въ серце ея, какъ съ нею лежалъ во особливой полатѣ,
и рече:

»Ну, мамушка, уже быть такъ! Того мнѣ не возвратить!«

И пошли всѣ дѣвицы въ веселой покой, съ ними жъ и Фролъ Скобѣевъ
въ дѣвичьемъ уборѣ, и веселились долгое время ночи. Потомъ всѣ дѣвицы
стали имѣть покой, а Аннушка легла со Фроломъ Скобѣевымъ, а сама
рекла:

»Лутче[9] сей дѣвицы не изобрала себѣ спать въ товарищи.«

И веселились чрезъ всю ночь тѣлесными забавами. Уже тако жалость
вселилась въ сердце Аннушкино, что великою нуждою отстала отъ Фрола
Скобѣева. И наутрие вставъ, всѣ дѣвицы отдали благодарение Аннушкѣ за
доброе ее угощение и поѣхали по домамъ своимъ. Тако жъ и Фролъ Ско-
бѣевъ поѣхалъ съ сестрою своею, но Аннушка отпустила всѣхъ дѣвицъ, а
Фрола Скобѣева и съ сестрою своею оставила у себя. И Фролъ Скобѣевъ
былъ у Аннушки три дни, все въ дѣвичьемъ уборѣ, чтобъ не признали
служители дома того, и веселился все съ Аннушкою. И по прошествию
трехъ дней, поѣхалъ въ домъ свой и съ сестрою своею. И Аннушка пода-
рила Фрола Скобѣева нѣсколько червонныхъ, — и съ того времени гольца
Скобѣевъ разжился и сталъ жить роскочна[10] и дѣлалъ банкеты съ протчею
своею братьею дворяны[11].

★

Потомъ пишетъ отецъ ея изъ Москвы для того, что сватаются къ ней
женихи хорошия, столничьи дѣти. И Аннушка, хотя съ великою неволею,
не хотя преслушать воли отца своего, поѣхала къ Москвѣ. Потомъ, провѣ-
давъ Фролъ Скобѣевъ, что Аннушка уѣхала въ Москву, и сталъ въ вели-
комъ сумѣни[12]: — не знаетъ, что дѣлать, для того, что дворянинъ небо-
гатой и имѣетъ пропитание, что всегда ходитъ въ Москвѣ за дѣлами повѣ-
реннымъ. И взялъ себѣ намѣрение, чтобъ имѣющияся у него пустоши
заложить и ѣхать въ Москву, какъ бы Аннушку достать себѣ въ жену, что
и учинилъ. И сталъ Фролъ Скобѣевъ прощаться и сказалъ:

»Ну, матушка-сестрица, пожалуй, не тужи ни объ чемъ. Хотя и животъ
мой утрачю, по тѣхъ мѣстъ, и жизнь моя кончается, а отъ Аннушки не
отстану, — или буду полковникъ, или покойникъ. А ежели что сдѣлается

по намѣрению моему, то и тебя не оставлю. А буде сдѣлается несчастие, то прошу не позабыть меня поминовениемъ!«

И простясь, поѣхалъ въ Москву.

И по приѣздѣ въ Москву сталъ на квартирѣ близъ двора стольника Надрина-Нащекина. И на другой день пошелъ Фролъ Скобѣевъ къ обѣдни и увидѣлъ въ церкви мамку Аннушкину. И по отшествіи литоргіи вышелъ Фролъ Скобѣевъ изъ церкви и сталъ ждать тою мамку. И какъ вышла та мамка ис церкви, и подшелъ Фролъ Скобѣевъ къ той мамкѣ и отдалъ ей поклонъ и просилъ ее, чтобъ она объявила объ немъ Аннушкѣ. И она ему обѣщалась всякое добро дѣлать, и пришедъ мамка домой, и объявила Аннушкѣ о приѣздѣ Фрола Скобѣева. И Аннушка въ великой стала быть радости и просила мамку свою, чтобъ она заутришней день пошла къ обѣднѣ и взяла бъ денегъ 20 руб. и отдала бъ Фролу Скобѣеву. И мамка то учинила по воли ея, Аннушки.

У онаго стольника Надрина-Нащекина имѣлась сестра, пострижена въ Дѣвичьемъ Монастырѣ. И тотъ стольникъ поѣхалъ къ сестрѣ своей въ монастырь гулять; и какъ приѣхалъ, то сестра его встрѣтила по чести брата своего; и тотъ стольникъ сидѣлъ у сестры своей немалое время. И имѣлись разговоры, промежъ которыхъ просила сестра брата своего:

»Покорно васъ, государь мои братецъ, прошу! Пожалуй отпусти любезную свою дочь Аннушку для свиданія со мною, понеже многія годы не видала ее!«

И стольникъ Надринъ-Нащекинъ обѣщалъ ей дочь свою отпустить. И сестра рече:

»Не надѣюсь, государь братецъ, чтобъ сіе для меня учинилъ: или забудешь. Только покорно прошу, изволь приказать въ домѣ своемъ, когда пришлю я по нее корету и возниковъ, хотя и въ небытность вашу дома, чтобъ ее ко мнѣ отпустили!«

И братъ ей Надринъ-Нащекинъ обѣщался то для просьбы ея учинить. И по нѣкоторомъ времени случися[13] тому стольнику Надрину-Нащекину ѣхать въ гости и съ женою своею. Приказываетъ дочери своей:

»Слушай, мой другъ Аннушка, ежель пришлетъ по тебя изъ монастыря сестра моя, а твоя тетка, корету съ возниками, то ты поѣзжай къ ней неумедля!«

А самъ поѣхалъ въ гости и съ женою своею.

И Аннушка проситъ мамки своей, чтобъ она, какъ можно, пошла ко Фролу Скобѣеву, чтобъ онъ, какъ можно, гдѣ выпросилъ корету и съ возниками и приѣхалъ самъ къ ней и сказалъ бы, будто отъ сестры стольника Надрина-Нащекина изъ монастыря приѣхалъ по Аннушку. И та мамка пошла ко Фролу Скобѣеву и сказала ему приказъ госпожи своей.

И какъ услышалъ Фролъ Скобѣевъ, не знаетъ, что продать, и какъ кого обмануть, для того что его изъ знатныхъ дворянъ всѣ знаютъ, что онъ дворяннинъ небогатой, — только великая ябеда и ходатайствовать за приказными дѣлами. И пришло въ память Фролу Скобѣеву, что весьма ему добръ стольникъ Ловчиковъ. И пошелъ къ тому стольнику. И какъ пришелъ Фролъ Скобѣевъ къ Ловчикову, и Ловчиковъ имѣлъ съ нимъ разговоръ многъ; и потомъ Фролъ Скобѣевъ сталъ просить Ловчикова, чтобъ пожаловалъ ему корету и съ возниками ѣхать для смотрѣнія невѣсты. И

Ловчиковъ далъ ему по его просьбѣ корету и кучера. И Фролъ Скобѣевъ
поѣхалъ и приѣхалъ къ себѣ на квартиру, и того кучера споилъ весьма
пьяна, и самъ убрался въ лакейское платье и сѣлъ на козлы и поѣхалъ
къ стольнику Надрину-Нащекину по Аннушку.

И усмотрила мамка Аннушкина, что приѣхалъ Фролъ Скобѣевъ, [и]
сказала Аннушкѣ, [что] подъ видомъ другимъ того дому служителей якобы
прислала тетка по нее изъ монастыря. И та Аннушка убралась и сѣла въ
корету и поѣхала на квартиру Фрола Скобѣева. И тотъ кучеръ Ловчиковъ
пробудился. И усмотрѣлъ Фролъ, что кучеръ не въ такомъ сильномъ пьянствѣ,
и напоилъ его весьма до-пьяна и положилъ его въ корету, а самъ сѣлъ въ
козлы и поѣхалъ къ Ловчикову на дворъ. И приѣхалъ ко двору и отворилъ
ворота и пустилъ возниковъ на дворъ и съ коретою, а самъ пошелъ на
свою квартиру. И вышли на дворъ люди Ловчикова и видятъ, что стоятъ
возники и съ коретою, а кучеръ лежитъ въ коретѣ жестоко пьянъ, спитъ,
а кто ихъ привезъ на дворъ, никто не вѣдаетъ. И Ловчиковъ велѣлъ корету
и возниковъ убрать и сказалъ:

»Еще то хорошо, что и всего не уходилъ! На Фролѣ Скобѣевѣ взять
нечего!«

И наутрие сталъ Ловчиковъ кучера спрашивать, гдѣ онъ былъ со
Фроломъ Скобѣевымъ, и кучеръ сказалъ, что:

»Только помню, какъ былъ на квартирѣ, а куды онъ ѣздилъ, и что
дѣлалъ, того не знаю!«

Потомъ стольникъ Надринъ-Нащекинъ приѣхалъ изъ гостей и спросилъ
дочери своей Аннушки; и та мамка сказала, что:

»По приказу вашему отпущена къ сестрицѣ вашей въ монастырь, для
того, что она прислала корету и возниковъ!«

И Надринъ-Нащекинъ сказалъ:

»Изрядно!«

И стольникъ Надринъ-Нащекинъ долгое время не былъ у сестры своей
и думаетъ, что дочь Аннушка у сестры его въ монастырѣ. А Фролъ Ско-
бѣевъ на Аннушкѣ уже и женился. Потомъ стольникъ Надринъ-Нащекинъ
поѣхалъ къ сестрѣ своей въ монастырь и сидѣлъ немалое время, а дочери
своей не видитъ, и вопросилъ сестры своей:

»Сестра, что я не вижу Аннушки?«

И сестра ему отвѣтствовала:

»Полна, братецъ, издѣваться! Что жъ мнѣ делать, коли я безсчастная
моимъ прошениемъ къ тебѣ: просила я у тебя прислать ко мнѣ! Знатно,
что ты не вѣришь мнѣ въ томъ, а мнѣ время такова нѣту, чтобъ прислать
по нея!«

И стольникъ Надринъ-Нащекинъ сказалъ:

»Какъ, государыня сестрица? Что ты изволишь говорить? Я не могу
разсудить, для того что она отпущена къ тебѣ съ мѣсяцъ, а ты присылала
по нее корету и возниковъ, а я въ то время былъ въ гостяхъ и съ женою
моею и, по приказу нашему, отпущена къ тебѣ!«

И сестра сказала:

»Никакъ, братецъ, я кореты и возниковъ не посылала никогда, и Ан-
нушка ко мнѣ не бывала!«

И стольникъ Надринъ-Нащекинъ весьма сожалѣлъ о дочери своей и горько плакалъ, что безвѣстно пропала дочь его. И приѣхавъ въ домъ свой, и объявилъ женѣ своей, что Аннушка пропала, и сказалъ, что у сестры въ монастырѣ нѣтъ, и сталъ мамки спрашивать:

»Кто приѣзжалъ? и куды она поѣхала?«

Мамка та сказала, что:

»Приѣхалъ съ возниками кучеръ и сказалъ: 'Изъ Дѣвичья Монастыря, отъ сестры вашей, приѣхалъ по Аннушку.' И по приказу вашему, и поѣхала Аннушка!«

Потомъ весьма соболѣзновали и горько плакали, а на утрие поѣхалъ стольникъ къ государю[d] и объявилъ, что у него безвѣстно пропала дочь его. И велѣлъ государь учинить публикацию о той стольничьей дочери: ежели кто содержитъ ее тайно, чтобъ обявили, а ежели кто не объявить и сыщется, то послѣ смертию казненъ будетъ.

★

И Фролъ Скобѣевъ, слышавъ такую публикацию, не вѣдаетъ, что дѣлать. И умысливъ Фролъ Скобѣевъ, пришелъ къ Ловчикову стольнику, для того что тотъ Ловчиковъ весьма въ нему обходился добръ и милостивъ. И Фролъ Скобѣевъ, пришедши къ Ловчикову, и имѣли много разговоровъ, и стольникъ Ловчиковъ спрашивалъ Фрола Скобѣева:

»Что, господинъ Скобѣевъ, женился ли и богату ли взялъ?«

И Скобѣевъ ему на то отвѣтствовалъ:

»Нынѣ еще богатства не вижу. Что вдаль, время покажетъ!«

»Ну, господинъ Скобѣевъ, живи уже постоянно, а за ябедами не ходи, перестань, а живи ты въ вотчинѣ своей. Лутче, здоровѣе!«

Потомъ Фролъ Скобѣевъ сталъ просить того стольника, чтобъ онъ предстательствовалъ объ немъ, и Ловчиковъ ему сказалъ:

»Коли сносно, то буду предстатель, а ежели что несносно, то не гнѣвайся.«

И Фролъ ему объявилъ, что:

»Стольника Надрина-Нащекина дочь Аннушка у меня, а нынѣ я на ней женился.«

И стольникъ Ловчиковъ сказалъ:

»Какъ дѣлалъ ты, такъ самъ и отвѣтствуй!«

И Фролъ Скобѣевъ сказалъ:

»Ежели ты предстательствовать не будешь обо мнѣ, и тебѣ будетъ не безъ слова. Мнѣ уже пришло показать на тебя, для того что ты возниковъ и корету давалъ; ажели бъ ты не далъ, и мнѣ бъ того не учинить!«

И Ловчиковъ сталъ въ великомъ сомнѣни и сказалъ ему:

»Настоящей ты ̣плутъ! Что ты надо мною сдѣлалъ?... Добро! Какъ могу, буду предстательствовать!«

И сказалъ ему, чтобъ завтрешней день пришелъ въ Успенской[e] соборъ:

»И стольникъ Надринъ-Нащекинъ будетъ завтре у обѣдни, и послѣ обѣдни будемъ стоять всѣ мы въ собрани[и] на Ивановской Площади[f], и въ то время приди и пади предъ нимъ и объяви о дочери его, а я уже, какъ могу, буду предстательствовать!«

И пришелъ Фролъ Скобѣевъ въ Успенской соборъ къ обѣднѣ, и стол-

никъ Надринъ-Нащекинъ и Ловчиковъ и другіе стольники всѣ у обѣдни.
И по отшестви[и] тогда всѣ обычай имѣли быть въ собраніи на Ивановской
Площади противъ Ивана Великаго ᵍ и имѣли промежъ собои разговоры
кому что надобно. А стольникъ Надринъ-Нащекинъ больше соболѣзнуетъ
о дочерѣ своей, тако жъ и Ловчиковъ съ нимъ разсуждаетъ о дочери его
къ склоненію милости. И на тѣ ихъ разговоры пошелъ Фролъ Скобѣевъ и
отдалъ всемъ стольникамъ поклонъ, какъ есть обычай, и всѣ стольники
Фрола Скобѣева знаютъ. И кромѣ всѣхъ палъ предъ стольникомъ Надри-
нымъ-Нащекинымъ и просилъ прощенія:

»Милостивый государь и царевъ стольникъ! Впервы отпусти вину мою,
яко раба своего, которой дерзновенно учинилъ предъ вами!«

И стольникъ Надринъ-Нащекинъ имѣлся лѣтами весьма древенъ и
зрѣніемъ отъ древности уже помраченъ, однако жъ могъ человѣка усмо-
трѣть. Имѣли въ то время обычай тѣ старые люди носить въ рукахъ трости
натуральные съ клюшками, — и поднимаетъ той клюшкою Фрола Скобѣева:

»Кто ты таковъ? Скажи мнѣ о себѣ! И что твоя нужда до насъ?«

И Фролъ Скобѣевъ только говоритъ:

»Отпусти вину мою!«

И стольникъ Ловчиковъ подошелъ къ Надрину-Нащекину и сказалъ:

»Лежитъ предъ вами, проситъ отпущенія вины своей дворянинъ Фролъ
Скобѣевъ!«

»Встань, плутъ, знаю тебя давно, плута и бездѣльника! Знатно, что
наябедничалъ себѣ что! Скажи, плутъ, — будетъ сносно, стану помогать, а
что несносно, какъ хочешь. Я тебѣ, плуту, давно говорилъ: ‘Живи посто-
янно!’ Встань, скажи, что твоя вина?«

И Фролъ Скобѣевъ всталъ отъ ногъ его и объявилъ ему, что дочь его
Аннушка у него, и онъ на ней женился. И какъ стольникъ Надринъ-Наще-
кинъ услышалъ отъ него о дочери своей, и сжалился слезами и сталъ въ
беспамятствѣ. И мало опамятовался, и сталъ говорить:

»Что, ты, плутъ, сдѣлалъ? Вѣдаешь ли ты о себѣ, кто ты таковъ?
Нѣсть¹⁴ тебѣ отпущенія вины твоей! Тебѣ ли, плуту, владѣть дочерью
моею? Пойду къ государю и стану на тебя просить о твоей плутовской ко
мнѣ обидѣ!«

И вторично пришедъ къ нему стольникъ Ловчиковъ, и нача¹⁵ его разго-
варивать, чтобъ вскорѣ не учинилъ доклада къ государю:

»Изволишь съѣздить домой и обявить о семъ случаѣ сожительницѣ
своей, и по совѣту общему, какъ къ лутчему, — уже быть! Такъ того не
возвратить. А онъ, Скобѣевъ, отъ гнѣву вашего скрыться никуда не
можетъ!«

И стольникъ Надринъ-Нащекинъ послушалъ совѣту Ловчикова, не
пошелъ къ государю, сѣлъ въ корету и поѣхалъ домой, а Фролъ Скобѣевъ
пошелъ на квартиру свою и сказалъ Аннушкѣ:

»Ну, Аннушка, что будетъ мнѣ съ тобою, не вѣдаю, — объявилъ о
тебѣ отцу твоему!«

И стольникъ Надринъ-Нащекинъ приѣхалъ въ домъ свой, идетъ въ
покои, жестоко плачетъ и кричитъ:

»Жена, что ты вѣдаешь? Я нашелъ Аннушку!«

И жена его спрашиваетъ:

»Гдѣ она, батюшко?«

»Охъ, мои другъ, воръ и плутъ и ябедникъ, Фролъ Скобѣевъ, женился на ней!«

И жена его услышала тѣ отъ него рѣчи и не вѣдаетъ, что говоритъ, соболѣзнуя о дочери своей. И стали оба горько плакать и въ сердцахъ своихъ бранить дочь свою, и не вѣдаютъ, что чинить надъ нею. Потомъ пришли въ память, сожалѣя о дочери своей, и стали разсуждать съ женою:

»Надобно послать человѣка и сыскать, гдѣ онъ, плутъ, живетъ, провѣдать о дочери своей, жива ли она?«

И призвали къ себѣ человѣка своего и сказали ему:

»Поѣзжай и сыщи квартиру Фрола Скобѣева и провѣдай про Аннушку, жива ли она, имѣетъ ли пропитание какое.«

И пошелъ человѣкъ ихъ по Москвѣ искать квартиру Фрола Скобѣева, и по многомъ хождении нашелъ и пришелъ ко двору. И усмотрѣлъ Фролъ Скобѣевъ, что отъ тестя идетъ человѣкъ, и велѣлъ женѣ своей лечь на постелю и притворить себя, яко больна. И Аннушка учинила по воли мужа своего. И присланной человѣкъ вошелъ въ покои и отдалъ, какъ по обычаю, поклонъ. И Фролъ Скобѣевъ спросилъ:

»Что ты за человѣкъ? И какую нужду до меня имѣешь?«

И человѣкъ отвѣщалъ, что онъ присланъ отъ стольника Нащекина провѣдать про дочь его, здравствуетъ ли она. И Фролъ Скобѣевъ говоритъ:

»Видишь ты, мой другъ, каково ея здоровье! Таковъ ти родительской гнѣвъ, — они ее заочно бранятъ и кленутъ[16], отъ того она при смерти лежитъ! Донеси ихъ милости, хотя бъ они, при жизни ея, заочно благословили.«

И человѣкъ тотъ отдалъ имъ поклонъ и пошелъ.

И пришелъ къ стольнику своему и донесъ, что:

»Нашелъ квартиру Фрола Скобѣева, токмо Аннушка очень больна и проситъ отъ васъ заочно хотя словеснаго благословения!«

И пребезмѣрно родители о дочери своей соболѣзнуютъ, токмо разсуждали:

»Что съ воромъ и плутомъ дѣлать?«

Но болѣе сожалѣли о дочери своей. Мать ея стала говорить:

»Ну, мой другъ, уже быть такъ, что владѣть плуту дочерью нашею! Уже такъ богъ велѣлъ! — Надобно послать къ нимъ образъ и благословить ихъ, хотя заочно. А когда серца наши утолятся, то можемъ видѣться съ ними и сами!«

Сняли съ стѣны образъ, которой былъ обложенъ золотомъ и драгимъ камениемъ, такъ какъ прикладу всего на 500 рублей, и послали съ тѣмъ же человѣкомъ. Приказали, чтобъ они тому образу молились.

»А плуту и вору Фролкѣ скажи, чтобъ онъ его не промоталъ!«

И человѣкъ ихъ, принявъ оной образъ, и пошелъ на квартиру Фрола Скобѣева. И усмотрилъ Фролъ Скобѣевъ, что пришелъ тотъ же человѣкъ, — сказалъ женѣ своей:

»Встань, Аннушка.«

И сѣли оба вмѣстѣ, и человѣкъ тотъ вошелъ въ покои ихъ и отдалъ образъ Фролу Скобѣеву и сказалъ, что:

»Родители ваши, богомъ данные, прислали къ вамъ благословение!«

И Фролъ Скобѣевъ, приложась къ тому образу и съ Аннушкою, и поставили, гдѣ надлежитъ. И сказалъ Фролъ человѣку тому:

»Тавово ти родительское благословение, — и заочно ихъ не оставили, — и богъ далъ Аннушкѣ здоровье! Нынѣ, слава богу, здорова! Благодари ихъ милость, что не оставили заблудшую дочь свою!«

И человѣкъ пришелъ къ господину своему и объявилъ объ отдании образа и о здрави[и] Аннушкинѣ и о благодарении ихъ и пошелъ въ показанное свое мѣсто. И стольникъ Надринъ-Нащекинъ, поѣхавъ къ государю, и обявилъ, что:

»Дочь свою нашелъ у Новогородского дворянина Фрола Скобѣева, которой уже на ней женился, и прошу вашей государевой милости, чтобъ въ томъ ему, Скобѣеву, вину отпустить.«

И объявилъ ему все подробно, на что велики[й] государь ему сказалъ, что:

»Въ томъ твоя воля, какъ желаешь. И совѣтую тебѣ, что уже того не возвратить, а онъ твоимъ награжденіемъ, а моею милостію противъ протчихъ своеи братьи оставленъ не будетъ, и въ томъ на старости возымѣешь утѣху!«

Стольникъ же Надринъ-Нащекинъ, покланяся[17] государю, и пойде въ домъ свой и стали разсуждать и сожалѣть о дочери своей. И сталъ говорить ченѣ своей:

»Какъ, другъ мои, быть? Конечно, плутъ заморитъ Аннушку. Чѣмъ ему, вору, кормить ея? И самъ, какъ собака, голоденъ! Надобно, другъ мой, послать какого запасу, хотя на 6-ти лошадяхъ.«

А жена его сказала:

»Конечно, надобно, другъ, послать!«

И послали тотъ запасъ и притомъ реестръ. И какъ пришелъ оной запасъ, и Фролъ Скобѣевъ, не смотря по реестру, приказалъ положить въ показанные мѣста и приказалъ тѣмъ людямъ за ихъ родительские милости благодарить. Уже Фролъ Скобѣевъ сталъ жить роскочно и ѣздить вездѣ пи знатнымъ персонамъ, и весьма Скобѣеву удивлялися, что онъ сдѣлалъ такую притчину и такъ смѣло. Уже чрезъ долгое время обратились серцемъ и соболѣзновали душею о дочерѣ свой, такожъ по Фролѣ Скобѣевѣ и, послали человѣка къ нимъ и приказали просить ихъ кушать къ себѣ. И какъ пришелъ человѣкъ и проситъ:

»Приказалъ батюшко васъ кушать сей день!«

— и Фролъ Скобѣевъ сказалъ:

»Донеси государю нашему батюшку, что будемъ неумедля до ихъ здоровья!«

И Фролъ Скобѣевъ убрался съ женою своею Аннушкою и·поѣхалъ въ домъ тестя своего и приѣхалъ въ домъ ихъ и пошелъ въ покои съ женою своею. И Аннушка пала предъ ногами родителей своихъ. Усмотрилъ Надринъ-Нащекинъ, какъ дочь свою и съ женою своею приносимую вину свою, — стали ее бранить и наказывать своимъ гнѣвомъ родительскимъ, и смотря на нея, весьма плачютъ, что она такъ учинила безъ воли родителей своихъ, проклиная жизнь ея словами своими. И по многомъ глаголании ихъ и гнѣву, отпустили вину ея и приказали садиться за столъ съ собою. А Фролу Скобѣеву сказалъ:

»А ты, плутъ, што стоишь? Садись тутъ же! Тебѣ ли бы, плуту, владѣть дочерью моею!«

И Фролъ сказалъ ему:

»Государь-батюшко, уже тому такъ богъ судилъ!«

И сѣли всѣ кушать, и стольникъ Надринъ-Нащекинъ приказалъ людемъ своимъ, чтобъ никого въ домъ постороннныхъ не пускали, — сказывали бы, что:

»Время такого нѣтъ стольнику, для того что съ зятемъ своимъ, воромъ и плутомъ Фролкою Скобѣевымъ, кушаетъ!«

И по окончании стола сталъ стольникъ говорить зятю своему:

»Ну, плутъ, чемъ ты станешь жить?«

И Фролъ Скобѣевъ сказалъ:

»Милостивы[й] государь-батюшко! Изволишь ты самъ быть извѣстенъ, чѣмъ мнѣ жить, — болѣе не могу пропитания найти, какъ за приказными дѣлами ходить!«

И стольникъ рече[18]:

»Перестань, плутъ, ходить за ябедой! Имѣется вотчина моя въ Симбир-скомъ уѣздѣ, которая состоитъ въ 300-хъ дворахъ, да въ Новогородскомъ уѣздѣ въ 200-хъ дворахъ. Справь, плутъ, за собою и живи постоянно!«

И Фролъ Скобѣевъ отдалъ поклонъ и съ женою своею, и приносили благодарение родителемъ своимъ, и сидѣвъ немного, поѣхалъ Фролъ Ско-бѣевъ на квартиру свою и съ женою своею. Тесть же его, стольникъ Надринъ-Нащекинъ приказалъ Скобѣева возвратить и сталъ говорить:

»Ну, плутъ, есть ли у тебя деньги? Чѣмъ ты деревни справишь?«

И Фролъ рече:

»Извѣстно вамъ, государь-батюшко, какие у меня деньги!«

И стол[ь]никъ приказалъ дать дворецкому своему денегъ 500 рублей. И простясь, Фролъ Скобѣевъ поѣхалъ на квартиру свою и съ женою своею Аннушкою.

И по многомъ времени справилъ Фролъ деревни за собою и сталъ жить очень роскочно и ѣздилъ къ тестю своему безпрестанно и всегда приниманъ былъ съ честию, а за ябедами ходить уже бросилъ. И по нѣкоемъ времени поживе[19] стол[ь]никъ Надринъ-Нащекинъ [и] въ глубокой своей старости въ вѣчную жизнь переселился, и по смерти своей учинилъ Фрола Скобѣева наслѣдникомъ во всемъ своемъ движимомъ и недвижимомъ имѣни. Потомъ, недолгое время поживъ, теща его переставилась. И тако Фролъ Скобѣевъ, живя въ великой славѣ и богатствѣ, наслѣдниковъ по себѣ оставя, и умре[20].

---

[1] вызымѣть = возымѣть. [2] усмотря = усмотрѣвъ. [3] преслуша *aor. 3 sg.* : преслу-шати. [4] убрався = убрался. [5] иттить = ити. [6] вынявъ = вынувъ. [7] сумнѣни = сомнѣнии. [8] поведе *aor. 3 sg.* : повести. [9] лутше = лучше. [10] роскочна = роскошно. [11] дворяны *instr. pl.* [12] сумѣни = сомнѣнии. [13] случися *aor. 3 sg.* : случитися. [14] нѣсть = не есть. [15] нача *aor. 3 sg.* : начати. [16] кленутъ *pr. 3 pl.* : клясти. [17] покланяся = покло-нився. [18] рече *aor. 3 sg.* : рещи. [19] поживе *aor. 3 sg.* : пожити. [20] умре *aor. 3 sg.* : умрѣти.

[a] The district of Novgorod.
[b] The name Nadrin-Naščokin seems to reflect the actual name of the noble family Ordin-Naščokin. Historical documents note the death in 1680 of the famous boyar Afanasij Lavrent'jevic Ordin-Naščokin, a Westernizer before the time of Peter the Great, one of Tsar Aleksej's outstanding administrators and diplomats (1645—76). His only son, Voin, who ob-tained an excellent modern education, emigrated to Western Europe in 1660 and spent many years in Germany, France, the Netherlands, and Denmark, but was allowed to return to Moscow in 1665. He left no descendants. Father and son both held the rank of dapifers to the court.
[c] The period from Christmas Day to January 6.
[d] Tsar F'odor (1676—81), son of Tsar Aleksej.
[e] Cathedral of the Assumption of the Holy Virgin in the Kremlin.
[f] The square between the cathedrals in the Kremlin.
[g] The famous bell tower of the Cathedral of the Assumption.

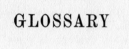

GLOSSARY

1. This glossary contains only words unknown, or very rarely used, in modern Russian.

2. The definitions embrace only the sense in which the words are used in the texts.

3. All words — to whatever historical period they may belong — are usually quoted in, or reduced to, their supposed Old Russian forms. Consequently, words containing the groups *ръ рь лъ ль* between consonants when representing or corresponding to the modern Russian phonological groups *ор ер ол* are quoted in the forms *ър ьр ъл ьл*.

Similarly, words containing the pleophonic Russian groups *оро ере оло (еле)* are quoted in the Old Church Slavonic forms *ра рѣ (ре) ла лѣ*.

4. Words quoted in their modern Russian form are usually referred to the corresponding Old Russian or Old Church Slavonic form.

Абие, абье *adv.* at once, immediately, at the same moment

агньць *m.* lamb

адамантъ *m.* jewel

аеръ *m.* air

ажно, ажьно *conj.* until

азъ *pron.* I

акъ, ака, ако, *see* якъ, яка, яко

акы, *see* якы

али *conj.* but

алкати *v.* to desire

алчьба *f.*, fast, period of fasting, starvation

аманатъ *m.* hostage, prisoner

амо, амо же *adv.* where, whither

анежели *conj.* than

антимисы *pl.* altar cloth

арамата *f.* aroma, fragrance, odor

аргамакъ *m.* Asiatic horse

арганъ, *see* органъ

артикулъ *m.* military science

аспидъ *m.* asp

аще *conj.* as, if; — аще не *conj.* unless

Баба *f.* pelican

багряница *f.* purple cloth

баидана *f.* chain armor, chain mail

басурманинъ *m.* Mohammedan

батожькъ *m.* small stick

бахматъ *m.* Tatar horse

баша *m.* pasha

бебрянъ *adj.* made of beaver fur

без-: for words beginning with the prefix без- see also under бес-

без-душьнъ *adj.* soulless

без-животие *n.* misery

бе[з]-законьникъ *m.* malefactor

бе[з]-зрачьнъ *adj.* blind

без-отьчьство *n.* low origin

безъ-: for words beginning with the prefix безъ- see under без- or бес-

бесерменинъ, *see* басурманинъ

бес-пре-стани *adv.* incessantly, continually

бес-про-торица *f.* security against loss

бес-чьствовати, бес-чествовати *v.* to be dishonest

беть ,*f.* crossbeam in a boat

биричь *m.* herald

бисеръ *m.* pearls

благо-волити *v.* to condescend, favor, be well pleased

благо-вѣстити *v.* to bring good tidings

благо-вѣстьникъ *m.* evangelist

благо-говѣинъ *adj.* respectful; reverend

благо-изволение *n.* condescension

благо-листвьнъ *adj.* provided with delicate leaves

благо-потребьнъ *adj.* useful, fruitful

благо-чиньнъ *adj.* decent

благо-утишьнъ *adj.* peaceful

благо-цвѣтущь *adj.* flourishing

благо-юродивъ *adj.* foolish in Christ

благыня *f.* blessings, benevolence, clemency

блажити *v.* to bless, praise, laud

блажьнъ *adj.* blessed, holy

блажьньникъ, блаженникь *m.* blessed, holy man

блазнити: блажню *v.* to scandalize

близостьнъ *adj.* essential

близъчьнъ *adj.* cognate, related

блудо-любивъ *adj.* addicted to lewdness

блудъ *m.* lechery

блъщатися *v.* to glitter, shine

блюдъ, *see* блудъ

блюсти *v.* to observe, guard; — блюсти-ся *v.* to take care of oneself, care

блядь *f.* whore; — блядинъ сынъ son of a whore, son of a bitch

богато-дательнъ *adj.* beneficent

бого-дательнъ *adj.* beneficent

бого-дъхновенъ, бого-дохновенъ *adj.* divinely inspired

бого-знаменанъ *adj.* singled out by God

бого-мудростьнъ *adj.* wise in God

бого-мужьнъ *adj.* divine

бого-мързьскъ *adj.* impious, ungodly, sacrilegious

бого-надежьнъ *adj.* divinely trust-worthy

бого-носьнъ *adj.* pious, bearing God in his heart

бого-отметьнъ *adj.* apostate, impious

бого-отроковица *f.* Divine Virgin

бого-разумие *n.* divine prudence, sagacity

бого-съдѣтельнъ *adj.* aided by God

бого-юродивъ *adj.* foolish in Christ

бодреливъ *adj.* vigilant

божливъ *adj.* timid, fearful

болванъ, *see* бълванъ

болого *n.* welfare

болонь *f.* field, fallow land

больма, больми *adv.* more, more strongly

болядинъ *m.* boyar

боляроня *f.* boyarwoman (boyarina)

боронь, *see* брань

бразда *f.* furrow

бракъ *m.* feast, nuptial feast

брань *n.* battle

брати *v.* to fight

братьчина *f.* picnic

брачьнъ *adj.* nuptial, conjugal, connubial

брашьно *n.* food

брехати *v.* to yelp

бречи, *see* брѣщи

брито-брадьць *m.* one who shaves his beard

бродня *f.* wading

бръзда *f.* vein

брѣмя *n.* burden, charge, load, cartload

брѣщи *v.* to take care of

брячина *f.* silk cloth

бубьнъ *m.* drum, tambourine

буде *conj.* if

буесть *f.* impetuosity, fatuity, pride; mania, storm; cold air

буи, буинъ *adj.* impetuous, violent, vehement

буиство *n.* trouble, bewilderment

буи-туръ *m.* etymologization of a Turkish word of Persian origin (*bahadur*), meaning "hero"

бусовъ *adj.* sinister

бусорманъ, *see* басурманинъ

буявъ *adj.* turbulent

бчела, *see* бьчела

бъдѣние *n.* vigilance

бъдѣти *v.* to be awake, to keep a vigil

бълванъ *m.* column, statue, idol

бързда, *see* бръзда

бързо-летьнъ *adj.* quickly passing, rapid

бързъ *adj.* rapid; — въ бързѣ *adv.* rapidly

былие *n.* grass

былина *f.* oral tradition (of past events)

быль *m.* military designation; magnate

быстрина *f.* rapid course, stream

бьрньнъ *adj.* destructible

бьчела *f.* bee

бѣгунъ *m.* fugitive

бѣдити *v.* to convince

бѣла *f.* squirrel

бѣсо-дързостьнъ *adj.* devilishly audacious

бѣсо-яростьнъ *adj.* devilishly furious

В-: for words beginning with the prefix в- see under въ-

вабити *v.* to summon

вадити *v.* to slander, calumniate; to allure

вальнъ *adj.* warlike

вапьнъ *adj.* colored, in color

варганъ, *see* органъ

варити *v.* to precede, be prior to

варягъ *m.* Varangian, Scandinavian

вежа, *see* вѣжа

вежлець, *see* выжьльць

велбудъ *m.* camel

веле-гласьнъ *adj.* strong of voice

веле-лѣпие *f.* splendor

веле-лѣпотьнъ, веле-лѣпьнъ *adj.* very beautiful, magnificent

веле-мудрие *n.* deep wisdom

веле-рѣчивъ *adj.* very eloquent

веле-хвальнъ *adj.* very meritorious

велии *adj.* great

величавъ *adj.* self-important

величати-ся *v.* to exalt oneself

величьство *n.* high position, rank

велѣти *v.* to wish, be willing, want

вервь, *see* вьрвь

верещати *v.* to chirp, chirrup, twitter

верста, *see* вьрста

весь, *see* вьсь

вз-: *for words beginning with the prefix* вз- *see under* възъ-

взо-: *for words beginning with the prefix* взо- *see under* възъ-

видець, видьць *n.* spectator, eye-witness

вилавъ *adj.* shifting, shuffling

виноградъ *m.* vineyard

виршъ *m.* verse, poem

виссонъ *m.* byssus

витати *v.* to live, lodge; soar, hover by

витиискъ *adj.* poetic, rhetoric

вкупѣ, *see* купа

владѣти *v.* to rule, possess

властель *m.* ruler

власто-любьць *m.* ambitious person, one who is desirous of power

власяница *f.* garment made of hair

вмалѣ, *see* въ-малѣ

вн-егда, *see* вън-егда

во-: *for words beginning with the prefix* во- *see under* въ-

вожь *m.* chief, leader, commander

воз-: *for words beginning with the prefix* воз- *see under* възъ-

возьникъ *m.* horse

вои *m.* warrior

воискъ *adj.* military, warlike; — воиско (*substantivized*) *adj. n.* army

волити *v.* to prefer, want, will

володѣти, *see* владѣти

волокъ *m.* portage

волости, *see* владѣти

волшба, *see* вълшьба

волшвение, волшение, *see* вълш(в)е-ние

вольнъ *adj.* self-willed

воня *f.* fragrance

вопити, вопияти, *see* въпити, въпияти

ворожити *v.* to predict, prophesy

воропъ *m.* attack

вос-: *for words beginning with the prefix* вос- *see under* въс-

вострѣ, *see* острѣ

вотьчина, *see* отьчина

в-полы, *see* въ-полы

в-просити, *see* въ-просити

врабии *m.* sparrow

вражя *f.* enmity

врачевати *v.* to cure, treat

врачь, *see* вьрачь

врѣста, *see* вьрста

врѣдо-умьнъ *adj.* ill-minded, unwise

врѣтище *n.* coarse garment of sack-cloth

все-душьнъ *adj.* wholehearted

все-дьржитель *m.* the Almighty

все-пѣтъ *adj.* (*part.*) praised in songs

все-страстьнъ *adj.* very impassioned

все-ядьнъ *adj.* all-consuming

всяко *adv.* however, nevertheless, in any case

всякъ, всяка, всяко *pron.* every

въ-бѣчи, въ-бѣщи *v.* run into

въ-вадити *v.* to get into the habit of

въ-веречи, въ-врѣщи, въ-вьргнути *v.* to throw, cart into

въ-дати *v.* to set somebody to, — плещи своя to flee; — въ-дати-ся *v.* to give oneself away

въдовица *f.* young widow

въ-дворяти *v.* to associate with

въ-жадати, *see* възъ-жадати

въ-жделѣние *n.* desire

въ-жделѣти, въ-желѣти *v.* to desire
въ-завидѣти *v.* to envy
въ-законити *v.* to enact
въз-варити *v.* to brew
въз-вияти-ся *v.* to swing oneself up,
  raise oneself
въз-врѣщи *v.* to cast upon
въз-главьница *f.* pillow, headrest
въз-глаголати *v.* to talk
въз-гнетити *v.* to enkindle, ignite
въз-гнушати-ся *v.* to detest
въз-градити *v.* to raise
въз-граждение *n.* raising
въз-граяти *v.* to begin to croak
въз-дарие *n.* return gift
въз-двигати, -двизати, -двигнути *v.* to
  raise; — въз-двизати-ся *v.* to arise
въз-[д]-расти *v.* to grow up
въз-духъ *m.* pall; pallium
въз-дьржевати *v.* to hold back, keep
  back, detain
въз-дѣти *v.* to put on, lift up
въз-жадати *v.* to desire
въз-желѣньнъ *adj.* (*part.*) desired
въ[з]-зьрѣти *v.* to look up to
въз-имати *v.* to take upon oneself
въз-искание *n.* relief
въз-искати *v.* to seek
въз-исковати *v.* to investigate
въз-ити *v.* to ascend, mount, go up
въз-лелѣяти *v.* to rock back
въз-лечи, -лещи *v.* to lie down upon
въз-мощи *v.* to recover
въз-нести *v.* to raise up; — въз-
  нести-ся *v.* to exalt oneself
въз-никнути *v.* to arise
въз-ницати *v.* to arise
въз-няти *v.* to lift up
въз-опити, *see* въз-ъпити
въз-растъ *m.* growth, stature
въз-ревновати *v.* to become worried,
  angry
въз-: *for words beginning with the
  prefix* въз- *see also under* въз-
въз-бънути *v.* to awaken
въз-ъпити *v.* to call upon God; to cry,
  exclaim
въз-ѣхати *v.* to ride into

въз-ыскание, *see* въз-искание
въз-ыскати, *see* въз-искати
въз-ысковати, *see* въз-исковати
въ-ину *adv.* always
въ-купѣ *adv.* together
въ-кусити *v.* to taste, eat
въ-лагалище *n.* sack, fortune
вълчьцъ *m.* thistle
вълш(в)ение *n.*, вълшьба *f.* sorcery,
  magic
въ-малѣ *adv.* soon
въ-мести *v.* to throw, plunge into
въ-мѣнити, въ-мѣняти *v.* to take for,
  consider
вън-егда *conj.* when, as
въ-незаапу *adv.* suddenly
вън-имание *n.* understanding
въ-нисти *v.* to thrust into
вън-ити *v.* to enter
вън-ушити *v.* to impress (something)
  upon, hear
вънъ *adv.* out
вън-яти *v.* to hear, listen
вън-ятьнъ *adj.* intelligent, compre-
  hensible
въпити, въпияти *v.* to cry
въ-полы *adv.* in half
въ-просити *v.* to ask for
въ-ринути *v.* to throw, cast into
въ-своя-си *adv.* home
въ-селеньскъ *adj.* universal, ecumenical
въс-кипѣти *v.* to arise
въс-краи *prep.* near
въс-плакати *v.* to complain
въс-прияти *v.* to accept, receive, take
  possession of
въс-прянути *v.* to revive (intr.)
въс-пяти *v.* to stretch, strain, tense
въс-пять *adv.* back
въс-пящати-ся *v.* to draw back, retract
въ-слѣдовати *v.* to follow
въс-сияти *v.* to begin to shine
въс-стати *v.* to rise, stand up
въс-троскотати *v.* to begin to chatter
въс-тужити *v.* to be afflicted, grieve
въс-търгнути *v.* to enrapture
въс-тягновение *n.* restraint
въс-тягнути-ся *v.* to restrain oneself

въс-тязати, въс-тязовати *v.* to prove

въ-суе *adv.* in vain

въс-хопити-ся *v.* to arise suddenly, leap

въс-хотѣти *v.* to desire

въс-хытити *v.* to seize, grasp, catch

въе-шумѣти, *v.* to begin to hiss, to whisper

въ-сыпати *v.* to strew

въ-человѣчение *n.* incarnation

въ-чинити *v.* to insert

въ-шумѣти, *see* въс-шумѣти

выжьльйь *m.* hound

вы-мышленикъ *m.* inventor, engineer; — приступныи вымышленикъ engineer expert in sapping; — подкопныи вымышленикъ engineer expert in undermining

вы-никивати *v.* to peer out

выну *adv.* always, ever

вы-прянути *v.* to jump out (or up)

высоко-вьрхъ *adj.* very high

выспрь *adv.* (*prep.*) upward

вы-тепти *v.* to drive out, expel

вы-търгнути *v.* to extract

вычение *n.* learning, studies

вы-щекотати *v.* to evoke by warbling, trilling

выя *f.* neck

вьрачь *m.* physician, medicine man, magician

вьрвь *f.* rope, cord, string

вьрста *f.* age, stature

въс-: *for words beginning with* въс- *see under* вс-

вьсь *f.* village

вѣверица *f.* squirrel

вѣдати, вѣдѣти *v.* to know

вѣжа *f.* tower, tent

вѣжьство *n.* refinement, education, good manners

вѣтии *n.* orator

вѣть (вѣтвь) *f.* twig

вѣщати *v.* to announce, talk, tell

вѣщии *adj.* magic, magical

вязити *v.* to sink in

вящии *adj.* greater, better

Гайдукъ *m.* heyduke (a Turkish footman)

галица *f.* daw

гармата, гарната *f.* cannon

главизна *f.* chapter, chief point, leading point, gravamen

главня, главьня *f.* brand, firebrand, fire stick

глаголъ *m.* word

глушица *f.* bay

гнушати-ся *v.* to disdain

гнѣздо *n.* family, clan, descendants

гобьзовати *v.* to increase, multiply

годѣ *adv.* pleasant, suitable, fit

голова *m.* commander; — голова стрѣлецкии commander of a musketeer infantry unit

гольца *m.* penniless fellow

гоньзнути, гоньсти *v.* to be deprived (of)

горлица, *see* гърлица

городо-емьць *m.* engineer expert in storming town walls

горушьнъ *adj.* of, or pertaining to, mustard

горьцѣ *adv.* bitterly

горѣ *adv.* upward

горюнъ *m.* wretch, miserable person

госпожинъ *adj.* belonging to the lady; belonging to the Holy Virgin

гостивьства *f.* feast

гостинъ *adj.* merchant's, of a merchant

гостиньникъ *m.* hostelry manager

гость *m.* merchant

граати, *see* граяти

градо-емьць, *see* городо-емьць

грамотьничикъ *m.* grammarian

граяти *v.* to croak

грезнъ, *see* грьзнъ

грети: гребу *v.* to make a grave, to dig, excavate

гривьна *f.* weight unit; necklace

гридьница *f.* guildhall

грудьнъ *adj.* uneven

грьзнъ *m.* grape

грѣшити-ся *v.* to fail

грянутие *n.* thunder

грясти: гряду *v.* to walk

гудьць *m.* musician
гузно *n.* the posteriors, rump
гунька *f.* rags
гусльнъ *adj.* musical, pertaining to a zither
гуфа *f.* pride, uppishness
гърлица *f.* dove

Даждь *conj.* before
даже *conj.* if, until, in order that
дарьствовати *v.* to give, present
даяти *v.* to give
двизати-ся *v.* to whirl on
двое-кровьнъ *adj.* two-story
дво-жды *adv.* twice
декътъ *m.* tar
дерзновение, дерзновенъ, *see* дързновение, дьрзновенъ
дерзо-бѣсьнъ, *see* дързо-бѣсьнъ
дермлидъ *m.* girdle, belt; girth
дерюга *f.* sackcloth
десница *f.* the right hand
дивии *adj.* belonging to a demon, wild
дивити-ся *v.* to wonder
дивъ *n.* a mythical demon
дискосъ *m.* discus
диядима *f.* shoulder-piece (of the tsar's vestment)
дне-сь, *see* дьнь-сь
добль, добльствьнъ *adj.* valiant, brave
доблѣти *v.* to rule
добро-гласьнъ *adj.* harmonious, melodious, of good voice
добро-памятьство *n.* good memory
добро-побѣдникъ *m.* good conqueror
добро-рас-судьнъ, довро-разумичьнъ *adj.* exceedingly prudent, intelligent
добро-расльнъ *adj.* rich in beautiful plants
доброта *f.* beauty
добро-цвѣтущий *adj.* abundantly flourishing
добрѣти-ся *v.* to improve
до-бывати, до-быти *v.* to acquire
до-влѣти, *see* до-вълѣти
до-вольнъ, *see* до-въльнъ
до-волѣти, *see* до-вълѣти
до-въльнъ *adj.* proper, suitable

до-вълѣ *adv.* enough
до-вълѣти *v.* to suffice, be becoming
до-же *adv.* until
доити-ся *v.* to suckle
до-коньчание *n.* peace treaty
должьновати, *see* дължьновати
доловъ *adv.* down
долѣ *adv.* below
домови *adv.* home
домра *f.* a musical instrument
дондеже, доньде, доньдеже *conj.* until
до-садитель *m.* one who is annoying, offending
до-сажати *v.* to annoy, offend
до-сде, *see* до-сьдѣ
до-смотрѣти *v.* to investigate, look at thoroughly
до-стали *adv.* finally, definitely
до-сужь *adj.* adroit, dexterous
до-сьдь, до-сьдѣ *adv.* hitherto
до-сѣдѣти *v.* to attain by sitting something out
до-тѣкати *v.* to reach by running
дощеникъ *m.* raft
древле *adv.* earlier, in olden times
другоицы *adv.* once more, a second time
дручити *v.* to plague
дрьжати, *see* държати
дряхловати *v.* to weary
дубравьнъ *adj.* pertaining to a grove of leafy trees
духо-движимъ *adj.* moved by the spirit
душе-пагубьць *m.* pernicious, noxious
дължьновати *v.* to be obliged, have to
дъска *f.* plank
дъчи, дъщи *f.* daughter
дымъ *m.* smoke; hearth; house
дьбрьскъ *adj.* thickly forested
дьньница *f.* morning star
дьнь-сь *adv.* today
дьржание *n.* dominion, power
дьржати *v.* to keep, own; to observe
дьрзновение *n.* courage, trustworthiness
дьрзновьнъ *adj.* courageous
дьрзо-бѣсьнъ *adj.* devilishly audacious

дѣвая *adj.* virgin
дѣлатель *m.* worker, husbandman
дѣло *n.* work; cannon
дѣльнъ *adj.* belonging to work, to cannon
дѣля *postpos.* because of, for
дѣтиньць *m.* fortress
дѣтищь *m.* child
дѣтьскъ *adj.* child, adolescent, page boy
дѣяти *v.* to make; to touch
дятьчити *v.* to patronize

Егда *conj.* if, while, when
еже *conj.* so that; *often used as article*
еда *adv.* maybe, else
единаче *adv.* for instance, yet
едино-чадьнъ *adj.* unigenital
единою *adv.* once
елеи *m.* chrism, unction, holy oil
елень *m.* deer
елижды *adv.* how often
еллинъ *m.* heathen
ельма *conj.* because, since, when, while, until, although
ереи, *see* иереи
ехидна *f.* serpent, viper
ечерина *f.* quarrel, dispute

Жагра *f.* ramrod
жадати *v.* to desire
жаловати *v.* to pay salary
жалость *f.* desire; zeal, fervor; jealousy
жезлие, *see* жьзлие
желательнъ *adj.* desired
желды, *see* жьлды
желѣтва *f.* lamentation
жерело *n.* branch (of a river)
жесто-сердие *n.* hardheartedness
живо-писанъ *adj.* painted
животъ *m.* property, fortune; life
жиръ *m.* wealth
жито *n.* cereal, meal
жить *m.* inhabitant
жребии, *see* жрѣбии
жрътовникъ, *see* жьртвьникъ
жрѣбии *m.* lot, fate, destiny
жьзлие *n. coll.* canes
жьлды *f.* grass

жьртвище *n.* immolation
жьртвьникъ *m.* altar
жьрѣти *v.* to immolate
жюръ *m.* lord

За-блудьнъ *adj.* lost, wandering
за-бовьнъ *adj.* forgotten
за-бороло, за-брало *n.* battlement, rampart, bulwark
за-быть *f.* oblivion
за-висть, за-вѣсть *f.* envy
за-вѣса *f.* rag
за-вѣчити *v.* to predestine
за-зоръ *m.* blame, shame, scandal, ignominy
за-зорьчивъ *adj.* distrustful
за-зьдати *v.* to immure
за-зьрѣти *v.* to condemn, blame
за-имовати *v.* to borrow
за-имъ *m.* loan; — въ заимы on credit
за-калати, за-клати *v.* to stab
за-каяти *v.* to interdict, prohibit
за-ключити *v.* to close, seal
за-коснѣти *v.* to harden
за-лавъкъ *m.* submerged, steep precipice
за-лѣзти *v.* to find, acquire
за-мъкнути *v.* to close
зане, занеже *conj.* because
за-пинати-ся *v.* to become enticed
за-печатлѣти *v.* to impress, engrave, seal
за-плевание *n.* spitting
за-повѣдати *v.* to instruct
за-прѣти *v.* to lock up
за-прѣтити *v.* to forbid, prohibit
за-прѣщальнъ *adj.* exorcising
за-разити-ся *v.* to hurt oneself
за-сапожьникъ *m.* knife blade in bootleg
за-собь *adv.* again
за-ступати, -ступити *v.* to defend, shield
за-ступъ *m.* defense
за-стѣнь *f.* shadow
за-сумнѣвати-ся *v.* to be troubled, to doubt
за-съпати *v.* to fall asleep

за-сыхати: за-сышу *v.* to wither
за-точьнъ *adj.* solitary
за-утра *adv.* tomorrow
за-утрокати *v.* to lunch, breakfast
за-ушати *v.* to cuff, smite
за-ушение *n.* cuffing, smiting
за-чати *v.* to conceive
здѣ, *see* зьдѣ
зегзица *f.* cuckoo
зеленинъ *adj.* of, or for, powder
зелие *n.* poison, medicine, powder
земле-плѣньнъ *adj.* earth-bound
зерцало, *see* зьрцало
злато-перьнъ *adj.* golden-feathered
златьникъ *m.*, златьница *f.* gold coin
зло-хищьнъ, *see* зъло-хищьнъ
зло-яростьнъ, *see* зъло-яростьнъ
Зодии *m.* Zodiac
зрѣимо, *see* зьрѣимо
зукъ *m.* roar
зъватаи *m.* man who cites, summons; messenger
зъло-лукавъ *adj.* very malignant
зъло-хищьнъ *adj.* very rapacious
зъло-ядовитъ *adj.* very venomous
зъло-яростьнъ *adj.* very furious
зълу-радъ *adj.* very malignant, malevolent
зьдати *v.* to build; — зьдати-ся *v.* to be built
зьдѣ *adv.* here, hither
зьрцало *n.* mirror
зьрѣимо *n.* visible horizon, distance of eyesight; short distance
зѣло *adv.* very
зѣльнъ *adj.* strong, important, of high degree, violent
зѣница *f.* pupil; apple of the eye

Иверение *n. coll.* flinders, splinters, shatters
игуменъ *m.* abbot, superior of a monastery
иде-же, *see* идѣ-же
идоло-служение *n.* idolatrous service
иду-же, идѣ-же *conj.* where
иереи *m.* priest
иереи-любьць *m.* friend of priests

и-же *conj.* that, when; *pron.* who
из-: *for words beginning with the prefix* из- *see also under* ис-
из-бодати *v.* to scoop out
из-блевати *v.* to spit out
из-быти *v.* to become free of, escape
из-бытъкъ *m.* abundance, superfluity
из-воление *n.* choice, will, wish, pleasure
из-волити *v.* to choose, to prefer
из-врачевати *v.* to cure, heal
из-врѣщи: из-вьргу *v.* to cast out, drive out, subvert, expel
из-выкнути *v.* to learn
из-вѣтъ *m.* excuse, subterfuge, evasion
из-вѣщати *v.* to enounce, utter, state
из-гарати *v.* to burn, to be burnt
из-грѣбьнъ *adj.* made of tow, oakum
из-дати *v.* to offer; — из-дати-ся *v.* to commit oneself
из-долбити, из-дълбити *v.* to hollow, work with the chisel
из-дѣяти *v.* to create
из-лазати *v.* to get out, leave
из-метати *v.* to reject
из-милати, из-млѣти *v.* to grind, mill
из-мождалъ, из-мъждалъ *adj.* worn, withered
из-мълкнути *v.* to become silent, cease speaking or singing
из-мышленикъ *m.* engineer
из-не-мощи *v.* to become weak, ill
изо-: *for words beginning with the prefix* изо- *see under* из-
из-об-ладати *v.* to dominate, have control over
из-об-рѣсти *v.* to find, find out
из-рада *f.* betrayal
из-ронъ *m.* loss
из-рыгнути *v.* to expectorate, cough up
из-рѣшити-ся *v.* to free oneself
из-рядъ *m.* delegate, representative
из-тяжити *v.* to inquire
из-умѣти-ся, из-умити-ся *v.* to lose one's mind
из-учевати *v.* to study
изъ-: *for words beginning with the prefix* изъ- *see also under* из-

изъ-мрѣти *v.* to die
из-ымати *v.* to capture
из-ысковати *v.* to investigate
из-яти *v.* to take out
из-ящьнь *adj.* best
илектръ *m.* amber
имание *n.* taking, gathering; claim, fortune
имати: емлю *v.* to take
имъ-же *conj.* because of
индиктъ *m.* indiction, a period of fifteen years
ино-гда *adv.* once
инокиня *f.* nun
инокъ, инокыи *m.* monk
инъ-дѣ *adv.* elsewhere
ины (*scil.* словесы) vice versa
ипатъ *m.* officer of high degree
иподрома *f.* hippodrome
ис-кореневати *v.* to unroot
ис-купити *v.* to buy
ис-кусити *v.* to experience, taste
ис-кусъ *m.* trial, temptation, experience
ис-падение *n.* defection
ис-платеньнь *adj.* paid; patched
ис-по-вѣдание *n.* confession, narration
ис-по-вѣдѣти *v.* to confess, tell
ис-подъ *m.* lower (inner) part of headgear
исполинъ *m.* giant
ис-полнь, *see* ис-пълнь
ис-про-врѣщи *v.* to lose
ис-пытовати *v.* to scrutinize, explore
ис-пытьно *adv.* eagerly
ис-пьрва, ис-перва *adv.* primarily
ис-пълнь *adj.* filled with
ис-ступити *v.* to go out of, to loose
ис-сѣчи, ис-сѣщи *v.* to kill
ис-тачати *v.* to shed, cause to flow out
ис-тезати, *see* ис-тязати
истиньствовати *v.* to observe the truth
исто *adv.* accurately
истобка, *see* истъбька
истовъ *adj.* true
ис-томление *n.* debility
ис-тонути *v.* to drown

ис-тоньчевати, *see* ис-тъньчевати
ис-тоньчити, *see* ис-тъньчити
ис-топити-ся *v.* to drown, to be drowned
истопка, *see* истъбька
ис-тощити *v.* to shed
ис-травити *v.* to poison
ис-трошити *v.* to expend
истъбька *f.* hut, bathhouse
ис-тъньчевати, ис-тъньчити *v.* to lose flesh, emaciate
ис-търгнути *v.* to drag out, extort; — ис-търгнути-ся *v.* to be extorted
ис-търгъ *m.* enthusiasm
ис-тягнути *v.* to arm, strengthen
ис-тязание *n.* investigation; torture
ис-тязати *v.* to claim, demand, ask; to arm, strengthen; to take; — ис-тязати-ся *v.* to discuss, agree
ис-хитити *v.* to ravish, kidnap
ис-ходатаи *m.* mediator
ис-ходъ *m.* death; — ис-ходьнъ *adj.* mortal, belonging to death
ис-ходящия водъ the founts, springs
ис-хытити *v.* to snatch out
ис-цѣлити *v.* to heal, recover
ис-цѣлѣти *v.* to be healed
ис-чадие *n.* progeny, offspring
ис-чезнути *v.* to disappear
ис-чести *v.* to count, to reckon up
и-сѣчи, и-сѣщи, *see* ис-сѣчи, ис-сѣщи
ишемъ *m.* mead
и-щезнути, *see* ис-чезнути

Кабакъ *m.* inn
каганъ *m.* king, prince
кадильница *f.* incensory
каженикъ *m.* eunuch
казатель *m.* teacher
казати *v.* to instruct, teach
казити *v.* to spoil, damage, wreck
каланды *pl.* calends, the first day of the month
калантырь *m.* chain mail
калъ *m.* dung, dirt
кальнъ *adj.* dirty
камбанъ *m.* drum
камо *conj.* where, whither

камъка *f.* silk weave with colored ornamentation

канонархати *v.* to be the reader of the canon in the church

канонъ *m.* canon, hymn

каптана *f.* winter carriage

касати-ся *v.* to touch; — касати-ся пути *or* къ пути to start a trip

катарга *f.* gally

катуна *f.* wife (Turkish)

катунъ *m.* military camp

квасъ *m.* acid; — квасъ усниянъ tannic acid

квелити *v.* to bother, tease, pain

кедръ *m.* cedar tree

келия *f.* monastery cell

керемида *f.* ceramic vase, vessel, brick

кии, *see* кыи

киръ *m.* lord (title)

кислаждь *m.* acid

клада *f.* trunk

кладъка *f.* footstool (for knees)

кладязь *m.* well

клаколъ *m.* bell

клегтати, клекътати *v.* to cry (of birds)

клепати *v.* to ring (bells)

клирикъ *m.* clerical

клобукъ *m.* miter (of a bishop)

клѣть *f.* monastery cell; house; larder

ключарь *m.* sacristan

ключити-ся *v.* to happen

ключь *m.* boat hook, gaff

клюшька *f.* club

кляпьцы *f. pl.* snare, trap

кляти-ся *v.* to swear, take an oath

кляцати *v.* to kneel

кнеиня (= княгиня) *f.* princess

книго-родьнъ *adj.* bookish, literary

кнѣсъ *m.* roof girder

княжичь *m.* son of a prince

ковъ *m.* rancor

ковыль *f.* grass of the steppes

кое *adv.* where

козно-дѣиство *n.* intrigue

кознь *f.* intrigue

коковати *v.* to cuckoo

кола *pl.* carriage

коликъ *pron.* how much, how big

колобъ, колобокъ *m.* a round loaf

колодица *f.* perch

кользъкъ *adj.* slippery

колѣно *n.* knee, branch

комонь *m.* horse

комъкание *n.* communion, Eucharist

конархати, *see* канонархати

копеищикъ *m.* lancer

коремида, *see* керемида

корено-плодьнъ *adj.* having roots and fruits

корета *f.* carriage, coach

користь, *see* корысть

корити *v.* to reproach, blame

кормилець, *see* кърмильць

кормникъ, *see* кърмьникъ

короста *f.* scab, mange, scurf, scald

корчемникъ, *see* кърчьмьникъ

корысть *f.* booty, advantage, preference, profit, gains

коснъ *adj.* unfit, unsuitable

коснѣти *v.* to remain

костарь *m.* a raffler

костелъ *m.* church (Catholic or Lutheran)

котора *f.* discord

кошь *f.* box, chest; camp

кощеи *m.* a thrall, male slave, captive

кощуна *m.* sacrilege

крабица *f.* box, chest

кравии *adj.* of a cow, pertaining to a cow

крамоловати *v.* to revolt, rebel, mutiny

красно-перьнъ *m.* beautifully feathered

крастель *m.* railbird, land rail

краяти *v.* to split

крестовая комната private prayer room of a patriarch

крестьянинъ *m.* Christian

криво-зорокъ, криво-зорькъ *adj.* cross-eyed

крило *n.* wing

кринъ *m.* cup

кричь *m.* cry, clamor

кровъ *m.* roof, tent, room, shelter

кромѣшьнъ *adj.* extreme, last, exterior; — кромѣшьная тьма hell

кропина *f.* fine silk fabric

кропиньнъ *adj.* made of fine weave, but easy to tear

кручиньнъ *adj.* bilious, epileptic

крѣсити *v.* to revive

кудерьць *m.* curls

кудесы *nom. pl.* sorcery

кузнь *f.* wrought-iron utensils

куколь *m.* capuche, monk's cowl

кумиро-служение *n.* idolatry

кумиро-служитель *m.* idol worshiper

кумиръ *m.* idol

кумирьница *f.* statue of an idol; pagan temple

купа *f.* group; — вкупѣ or въ купѣ together

купилище *m.* fair, market

куща *f.* tent

къ-ждо *pron.* each

къметь *m.* hero

кърмильць *m.* foster father

кърмьникъ *m.* pilot, steersman

кърчьмьникъ *m.* innkeeper

кыи, кая, кое *pron.* which, who

кыи-жьдо *pron.* every

кыкати *v.* to sing (as a cuckoo)

кѣлия, *see* келия

Лавра *f.* first-rank monastery

лада *f.* beloved, love

лакъть *m.* elbow, elbow's length, cubit

лапотки-отопочки *pl.* worn-out bast shoes

ласко-сърдъ *adj.* voracious, gluttonous

ластовица *f.* swallow

легота, *see* льгота

лелѣяти *v.* to rock

лестникъ, *see* льстьникъ

лестьнъ, *see* льстьнъ

ливанъ *m.* incense, frankincense

ликоствовати *v.* to celebrate, solemnize

ликъ *m.* choir, chorus; face

липие *n.* lime tree

лития, литоргия *f.* eucharistic rite, liturgy

лиховати *v.* to deprive

лише *adv. comp.* more than

лишити-ся *v.* to lose, leave; to need

лобызати *v.* to kiss, welcome, caress

ловитва *f.* chase, catch (of fish)

ловище *n.* hunting grounds

ловьць *m.* hunter

ловьчии *m.* master of the hounds

лодья *f.* boat

ложе *n.* bed, couch

ложесна *n. pl.* womb

ложьница *f.* bedchamber

лозие *n. coll.* bunch [of grapes]

ломовая пушка *f.* heavy gun, storming artillery

луда *f.* cloak

лукавьновати *v.* to act slyly

лукъ [моря] *m.* curved seashore

лутовянъ *adj.* made of bast

луча *f.* light

лучити-ся *v.* to happen

лучьшие мужи *nom. pl.* the best men, aristocracy

лъжа *f.* falsehood

лысть *m.* shinbone

лытати *v.* to idle

лычьница *f.* bast shoe

льгота *f.* facility, liberty, easiness; poverty

льсть *f.* flattery, adulation; falsehood

льстьникъ *m.* seducer, adulator

льстьнъ *adj.* mendacious, fallacious

лѣ *adv.* hardly

лѣностьнъ *adj.* idle, lazy, inactive

лѣпо-видьць *m.* spectator with fine sight

лѣпъ *adj.* beautiful

лѣто-расль *f.* bud, leaflet

лѣчьць *m.* physician

любезнивъ, *see* любьзнивъ

любление *n.* love

любо-дѣяние *n.* voluptuousness

любо-чьстивъ, любо-чьстьнъ *adj.* ambitious

любъвь, любы *f.* love, attachment; benevolence; agreement

любьзнивъ *adj.* loving, passionate, inclined, amiable, lovely

любьнъ, любянъ *adj.* belonging to love

люторьскъ *adj.* Lutheran

лютъ *adj.* wild, violent

лядина *f.* meeds

Магистръ *m.* master (of an order of knights)

малакия *f.* morbidity

мало-вѣдомъ *adj.* quite unknown (or unknowing)

малы *adv.* a little

мамка *f.* nurse

мание *n.* sign, nod

манисто, *see* монисто

маститъ *adj.* venerable

маяти-ся *v.* to languish, wear oneself out

мегистанъ *m.* dignitary

мегновение, *see* мьгновение

медвенъ *adj.* honey, of honey

медо-точьнъ *adj.* mellifluent

межю *prep.* between

мженъ, *see* мьженъ

мздо-воз-датель, *see* мьздо-възъ-датель

милоть *f.* lambskin

милъ ся дѣяти *v.* to ingratiate oneself

миро *n.* myrrh

миро-носица *f.* myrrhophore, myrrh-bearing woman

млѣко *n.* milk

мнаса *f.* coin

мнихо-любьць *m.* friend of monks

мнихъ *m.* monk

мнишьскъ *adj.* monastic

многа-шьды, многа-жды *adv.* often

много-вои *adj.* mighty in warriors

много-даровитъ *adj.* generous, open-handed

много-именитьство *n.* richness in names

много-наложьнъ *adj.* highly loaded

много-разливаемъ *adj.* abundant

много-рассудьнъ *adj.* very wise

много-чадие *n.* numerous family

много-чадьнъ *adj.* having many children

многъ *m.* numerous, great; — по мнозѣ after a long time

множицею, множецею *adv.* often

мнѣти, *see* мьнѣти

мовь *f.* bath, washing

могуть *m.* magnate

могутьство *n.* might, power

моклокъ *m.* bone

молитвовати *v.* to pray

молна *m.* Turkish dignitary, mullah

молнинъ *adj.* like lightning

мольбьнъ *adj.* suppliant; — мольбьная [пѣсня] thanksgiving song

монисто *n.* necklace

мостъ *m.* pavement, floor

моторно *adv.* difficult

мощи *pl.* relics

мрѣжа *f.* net

мурза *f.* mirza

мурманъка, мурмолъка *f.* fur cap

мусия *f.* mosaic

мушкетъ *m.* musket

мщати, *see* мьщати

мъвение *n.* washing

мънихъ, мънихо-, мънише-, *see* мнихъ, мнихо-, мнише-

мъногъ, мъного-, мънож-, *see* многъ, много-, множ-

мыкати *v.* to carry; — мыкати-ся *v.* to roam about

мысльнъ *adj.* spiritual

мыть *f.* molt

мытьница *f.* customhouse

мыщьца *f.* louse

мьгновение *n.* moment

мьженъ *part. to* мьжити

мьжити *v.* to wink, blink; to half-close the eyes

мьзда *f.* price, reward, salary

мьздо-възъ-датель *m.* remunerator, rewarder

мьнити *v.* to mean, consider, reckon; — мьнити-ся *v.* to intend, believe

мьньи *adj.* (*comp.*) younger

мьнѣти *v.* to intend, believe; — мьнѣти-ся *v.* to imagine, believe about oneself

мьртво-трупота *f.* cadaver, corpse

мьчьтьникъ *m.* sorcerer, wizard

мьщати *v.* to revenge

мѣнити *v.* to mean, consider, reckon

мѣсто-чьстьнъ *adj.* venerated in certain places

мѣшьнъ *adj.* of, or pertaining to, bellows

мясти-ся *v.* to be excited, agitated, to rebel

мясо-пустъ *m.* Shrovetide

На-бѣдѣти *v.* to take care of, trouble oneself about

на-вадити *v.* to point, aim, sight (a gun, a catapult)

на-вечерие *n.* eve

на-водити *v.* to lead on; to instruct

на-выкнути *v.* to learn

на-вычьнъ *adj.* expert, skillful

навь *m.* corpse

на-вѣтовати *v.* to slander, defame, calumniate

наго-ходьць *m.* naked walker

на-долзѣ, на-дългѣ *adv.* finally, for a long time

на-дъмение *n.* boastfulness, haughtiness, arrogance

на-емьникъ *m.* mercenary

на-зирати *v.* to take care of

на-знаменати *v.* design, depict; to sign

на-з[ъ]ванныи братъ *m.* foster brother

на-имати *v.* to take upon oneself

на-имитъ *m.* hired worker, hireling

на-имъ *m.* wage

на-казание *n.* admonition, teaching

на-казатель *m.* tutor, preceptor

на-казати *v.* to teach; — на-казати-ся *v.* to feel punished

накра *f.* ice-block (in the river)

налои *m.* pulpit in a church

на-метати: на-мещю *v.* to throw, cast in

на-метъ *m.* tent

на-мнозѣ *adv.* to a high price, intensively

на-мьстьнъ *adj.* local

на-паствовати *v.* to submit to misery

на-паяти *v.* to give to drink, to inebriate

на-писовати *v.* to write down

на-питати *v.* to satiate

на-прасно *adv.* suddenly

на-прящи: на-прягу *v.* to bend (a bow)

на-рековати *v.* to announce orally

на-речие, *see* нарѣчие

на-рещи *v.* to name, reproach

на-рискати: на-рищу *v.* to attack

на-рицати *v.* to name

на-рокъ *m.* oral communication or announcement, intent, intention

на-рочитъ *adj.* fine, noble, notable, selected, venerable, excellent

на-рѣчие *n.* prophecy

на-рядъ *m.* order

на-садъ *m.* bark, boat

на-сельникъ *m.* inhabitant

на-силити *v.* to violate; to use violence

на-сияти *v.* to sow

на-скупь, *see* съ-купь

на-слѣдити *v.* to inherit, follow

на-сочити *v.* to instigate

на-статье *n.* beginning, emergence

на-столование *n.* succession to the throne

на-сунути *v.* to pierce

на-тъкати *v.* to fill densely, pack

на-устити *v.* to incite

на-утрия *adv.* tomorrow

на-ходъ *m.* incursion, inroad

на-ходьникъ *m.* invader

на-хожение *n.* invasion

на-чало *n.*, на-чалъ *m.* spiritual power, authority, discipline

на-чатъкъ *m.* beginning

на-чаяти[-ся] *v.* to expect, hope

на-чьртати *v.* to trace out, delineate, sketch

на-ясно *adv.* in the open air

не-брѣщи *v.* to neglect, take no consideration

не-вс-годие, не-въз-годие *n.* disorder, misfortune

не-вѣ-гласъ *adj.* illiterate, ignorant

невѣсто-краситель *m.* one who makes brides beautiful

не-гли, *see* нѣкли

не-годовати *v.* to be tired of

не-до-вольнъ *adj.* unsatisfied, unsatisfactory

не-до-умѣние *n.* folly, unwisdom, hesitation

не-до-умѣти-ся, не-до-умѣяти-ся *v.* to hesitate

не-дугъ *m.* illness

не-из-реченъ *adj.* (*part.*) inexpressible

не-ис-кусо-злобьнъ *adj.* one who never has felt malice

не-ис-кусьнъ *adj.* inexpert, inexperienced, untried

не-ис-правление *n.* shortcoming

не-ис-пранъ *adj. (part.)* unwashed

не-истовие *n.* rage

не-истовити-ся *v.* to rage, to be furious

не-истовъ *adj.* crazy

не-ис-чьтьно *adv.* immeasurably, immensely

не-ключимъ *adj.* unworthy

не-ложьнъ, не-лъжьнъ *adj.* veritable

не-лѣпотьство *n.* ugliness

не-мысльнъ *adj.* unreasonable

не-на-дѣемъ *adj.* unreliable, untrustworthy

не-о-боримъ *adj.* invincible, unconquerable

не-о-скудьнъ *adj.* generous, bounteous

не-от-кровеньнъ *adj.* veiled

не-от-сѣкаемъ *adj.* inseparable

не-плоды *adj.* barren

не-по-виньнъ *adj.* innocent; disobedient

не-по-клоньнъ *adj.* inflexible, uncompromising

не-по-корливъ *adj.* disobedient

не-праздьнъ *adj.* unfree, burdened, pregnant

не-пре-ложьнъ *adj.* immutable

не-пре-тькновеньно *adv.* unconditionally

не-пре-тькновеньнъ *adj.* not hesitating

не-приязнивъ, не-приязньнъ *adj.* evil, wicked

не-про-ходимъ *adj.* impassable, impenetrable

не-пщевати, не-пьщевати *v.* to ignore

не-радивъ *adj.* careless, reglectful

не-разумичьнъ *adj.* ignorant

нести розно *v.* to spoil, split

не-строинъ *adv.* in disorder

не-съ-тяжание *n.* unselfishness, self-denial

не-сытовьство *n.* avarice

нетихъ *m.* nephew

не-удобь *adv.* not easily; — неудобь разумьнъ difficult to understand; — не-удобь цѣлимъ difficult to recover

не-у-имчивъ *adj.* ungovernable

не-чаяние *n.* hopelessness, despair

ни-како, ни-како-же *adv.* by no means

ни-камо-же *adv.* nowhere

ни-коли, ни-коли-же *adv* never

ниць *adv.* down on one's face

ничати *v.* to fall on one's face

нище-любьць *m.* friend of the poor

ногата *f.* coin of small value

нонѣ *adv.* now

нудити *v.* to force, compel; — нудити-ся *v.* to force, compel oneself, to be forced, compelled

нудьма *adv.* by force, unwillingly

нужа *f.* need, necessity

нужьникъ *m.* lavatory

нужьнъ *adj.* unavailable, difficult to obtain; forced, compelled

нумеръ *m.* military rank

нъ (но) *conj.* but

нырище *n.* ruins of a tower

нѣ-како, *see* ни-како

нѣ-кли, нѣ-къли, нѣ-коли *adv.* than, maybe, however, so that

нюкнути *v.* to shout

O-: *for words beginning with the prefix* о- *see also under* об-

об-: *for words beginning with the prefix* об- *see also under* оби- *or* объ-

об-авити *v.* to announce, declare

о-бавьникъ *m.* sorcerer

о-багрити *v.* to imbue in blood

оба-полы *adv. (prep.)* on both sides

обаче *conj.* however, nevertheless

о-баяньникъ *m.* sorcerer

об-вити *v.* to twist round, wind around; to enshroud

об-дьржати *v.* to embrace

об-етъшалъ *adj.* old, obsolete

об-зирати *v.* to investigate

об-ильство *n.* abundance

об-итати *v.* to live in

об-итель *f.* monastery; — об-ительнъ *adj.* pertaining to a monastery

об-ити, *see* об-вити

оби-ходити *v.* to surround, circuit

оби-ходъ *m.* rule; fortune; use

оби-яти *v.* to embrace, obsess

о-блистати *v.* to surround with splendor

об-личьнъ, об-лишьнъ *adj.* extraordinarily big

об-нести *v.* to sneak; to slander

обо-: *for words beginning with the prefix* обо- *see under* объ- *or* об-

о-божити *v.* to approximate God

о-брыдати-ся *v.* to blush, to be ashamed

об-рѣсти *v.* to find; — об-рѣсти-ся *v.* to be found, happen to be

об-стояние *n.* adversity

об-сѣдѣти *v.* to sit around, surround

о-бусурманьнъ *adj.* converted to Mohammedanism

об-ухати *v.* to surround by fragrance

о-буяти *v.* to embrace

объ-: *for words beginning with the prefix* объ- *see also under* об-

объ-имати *v.* to embrace

объщьникъ, *see* обьщьникъ

объ-явити *v.* to announce; — объ-явити-ся *v.* to appear, to turn up

объ-яти *v.* to embrace

объ-юродѣти *v.* to become a fool in Christ

об-ыкнути *v.* to become accustomed to

о-бьрати *v.* to rob

об-ьртѣти *v.* to wind around, invert

обьщение *n.* relation

обьщьникъ *m.* companion, participant

об-ѣдовати *v.* to dine

об-ѣдьнъ *adj.* belonging to noon

об-ѣсити *v.* to suspend

обѣщьникъ, *see* обьщьникъ

об-явити[-ся], *see* объ-явити[-ся]

об-язание *n.* binding

ово — ово *adv.* partly — partly

ово-гда, ово-гъда *adv.* at times

овъ, ова, ово *pron.* some, that

овьчюхъ, овчюхъ *m.* herdsman, shepherd

о-глашати *v.* to fill with sound

огне-дохновеньнъ, огне-дъхновеньнъ *adj.* inspired

огне-пальнъ *adj.* ignifluous, burning

о-горлие, *see* о-гърлие

о-града *f.* garden

о-градити-ся *v.* to fence oneself in

о-градьць *m.* small garden, kitchen garden

о-гърлие *n.* necklace

о-держание, *see* о-държание

о-держимъ, *see* о-държимъ

о-десную *adv.* at the right

одно-рядъка *f.* long, wide garment with narrow sleeves

о-долитель *m.* conqueror

одрина *f.* dwelling house, sleeping house

одръ *m.* couch, bed

одъва *adv.* hardly

о-държание *n.* possession, power

о-държати *v.* to possess

о-държимъ *adj.* (*part.*) obsessed

о-дѣати, о-дѣяти *v.* to dress

о-дѣжа *f.* dress, garment

оже *conj.* when, if, because

о-жьжение *n.* burning

о-каньнъ *adj.* impious

о-каяти *v.* to regret, lament, blame

око-радостьнъ *adj.* having gay eyes

о-крилатѣти *v.* to be given wings, be encouraged

о-кровити-ся *v.* to become stained with blood

о-кроиница *f.* cloak

оксамитъ *m.* ornamented velvet

о-кусити-ся, о-кушати-ся *v.* to make an attempt

о-макати, о-мачати *v.* to wet, moisten

о-мрачити-ся *v.* to be darkened, obscured

о-мыти *v.* to wash (all over)

о-мьркнути *v.* to darken

ондѣ *adv.* there; — зьдѣ и ондѣ here and there

онъ-сии *pron.* such a one, this one

о-пако *adv.* backward, back

о-пасъ *m.* fear

о-пасьно *adv.* carefully; eagerly

о-пасьнъ *adj.* careful; eager

о-перити *v.* to feather (an arrow)

опитемья *f.* penance

о-пльвати *v.* to spit upon, despise

о-полчити-ся, *see* о-пълчити-ся

о-по-чинути *v.* to relax

о-правдити, о-правьдити *v.* to enlighten

о-прати, *see* о-пьрати

о-причь *prep.* besides

о-про-вързати *v.* to overturn, reverse

о-прятати-ся *v.* to prepare oneself, wash, clean, dress

о-путина *f.* clogs, shackles

о-пьрати *v.* to wash, launder

о-пълчение *n.* armament, army

о-пълчити-ся *v.* to arm; to take up arms

органъ *m.* an organ (musical instrument)

орьтьманъ *m.* felt cloak

о-силѣти *v.* to acquire strength

о-сиявати *v.* to irradiate

о-склабити-ся *v.* to smile

о-скорбити-ся, *see* о-скърбити-ся

о-скордъ, *see* о-скърдъ

о-скудъ *m.* paucity; — по оскуду in paucity, rarely

о-скудѣние *n.* scarcity, shortage

о-скудѣти *v.* to become impoverished, to be destroyed

о-скърбити-ся, о-скърбѣти *v.* to grieve

о-скърдъ *m.* ax

о-слаба *f.* relief

о-слабити, о-слаблятиv. to be indulgent

о-слопъ *m.* big cudgel, club, bat

осмо-гласьникъ *m.* psalm

особъ, особь *adv.* separately, apart

о-ставати-ся *v.* to remain behind

о-станъкъ *m.* rest, remnants; inheritance

о-станьнъ *adj.* remaining

о-стати-ся *v.* to abstain

острие *n.* edge, spike

о-стрищи, о-стричи *v.* to tonsure; to invest a monk; — о-стрищи-ся *v.* to take the veil or habit

о-струпитися *v.* to be covered with scabs, scurf

остръ *adj.* sharp

о-стрѣщи, *see* о-стрищи

о-ступати, о-ступити *v.* to surround

о-суетити-ся *v.* to become vain, frivolous

о-сѣнити-ся *v.* to be overshadowed

о-таи *adv.* secretly

от-бѣщи *v.* to abandon

от-веречи, *see* от-врѣщи

от-врѣсти *v.* to open; — от-врѣсти-ся *v.* to renounce

от-врѣщи *v.* to carry away, separate, yeld; — от-врѣщи-ся *v.* to leave

от-выти *v.* to answer by howling

от-вѣщавати *v.* to answer

от-гонити *v.* to chase away

от-гребати-ся *v.* to elude, avoid, abstain

от-доити-ся *v.* to be weaned

отечествие, отечество, *see* отьчствие, отьчьство

отечь, *see* отьчь

от-земьствовати *v.* to exile

от-инуду, от-инудь, *see* от-ынуду, от-ынудь

от-ключити *v.* to open

от-куля *adv.* whence

отласъ *m.* satin

от-лити *v.* to throw water upon (an unconscious person)

от-метати *v.* to sweep away

от-метьникъ *m.* apostate, abjurer

от-неле-же *adv.* since, when

от-нюду *adv.* whence

о-топочька *f.* worn-out bast shoes

о-токъ *m.* island, country

о-торопь *f.* haste

от-пасти *v.* to lose

от-прѣти-ся *v.* to refuse

от-пустъ *m.* absolution

от-ринути *v.* to repulse

о-травьнъ *adj.* poisoned

от-рокъ *m.* young warrior, member of a prince's guard

от-роча *n.* child

от-рѣшити *v.* to release

от-селѣ *adv.* from here, from now

от-стужити *v.* to remove

от-сѣцати *v.* to chop off

от-толѣ *adv.* from then, since that

от-ходити *v.* to resuscitate

от-ходьнъ *adj.* isolated

от-части, *see* часть

от-чаяти *v.* to consider as hopeless

отчина, *see* отьчина

от-чистити *v.* to clean, cleanse, purify

от-читати-ся *v.* to deny

отъ-: *for words beginning with the prefix* отъ- *see under* от-

о-тъщетити *v.* to harm, damage

от-ынуду, от-инудь *adv.* from all sides, completely; extraordinarily

отьнь *adj.* paternal

отьче-именигъ *adj.* with the same Christian name as one's father

отьчина *f.* paternal dignity

отьчь *adj. poss.* the father's; paternal

отьчьствие, отьчьство *n.* homeland, fatherland, origin, extraction

о-тяготѣти *v.* to lie heavy on, burden

о-хабити-ся *v.* to abandon, leave, abstain from

о-хапити-ся, о-хопити-ся *v.* to promise, embrace

оцьтъ *n.* vinegar

о-цѣпьнѣти *v.* to be fossilized, stiffen, grow numb

о-цѣстити-ся, о-цѣщати-ся *v.* to be purified

очи-вѣсть *adv.* obviously

о-чьнѣти *v.* to stiffen

о-чьр[в]ленивати *v.* to dye purple, dye scarlet

о-чюжити *v.* to remove, keep off

о-чютити *v.* to perceive

о-шаяти-ся *v.* to abstain from

о-шествие, о-шьствие *n.* departure

о-щутити *v.* to perceive beforehand

Па-волока *f.* heavy ornamented brocade

па-волочигъ *adj.* made of brocade

па-вороза *f.* helmet strap under the chin

паганъ *adj.* pagan, heathen

падение *n.* fall, falling; — падение животное cattle plague

па-диакъ *m.* subdeacon

па-жить *f.* lawn, meadow, pasture

паки-бытие, *see* пакы-бытие

пако, пакъ, пакы *adv.* again, back

пакы-бытие, пакы-естьство *n.* rebirth, revival, renascence

палити *v.* to burn, tan

палица *f.* a staff, mace

па-мять *f.* memorandum

паньствовати *v.* to play the role of a *pan* (a Polish lord)

па-мятивъ *adj.* having a retentive memory

па-полома *f.* shroud

парамандия *f.* pectoral, breastplate of monks

пардусъ *m.* panther

паремантия, *see* парамандия

парити *v.* to soar, float in the air

парьскъ *adj.* Persian

паствити-ся, пасти-ся *v.* to pasture

па-тожка, па-точька, па-тъчька *f.* (musket) stand

паучина *f.* spider web

паче *adv.* more than

пелынь *f.* wormwood

пепелесо *adv.* gray

пере-: *for words beginning with the prefix* пере- *see also under* пре-

пере-бавити *v.* to seduce

пере-гъбъ *m.* bending backward, vain glory, pomposity

переди *adv.* in advance

пере-клюкати *v.* to outwit

пере-носъ *m.* ceremony of the transfer of the holy sacraments during the liturgy

пере-чесъ *m.* scratch

персть, перьсть, *see* пьрсть

пестро-образныи, *see* пьстро-образьнъ

петь, *see* пять

печаловати *v.* to care

печера *f.* cave

пещи-ся, печи-ся *v.* to care, grieve, sorrow

пинарщикъ *m.* petardeer

пиргъ *m.* castle, tower

письць *m.* painter; — письць иконьнъ icon painter

питѣти-ся *v.* to feed

пищаль *f.* gun

пластати *v.* to split in two lengthwise

платъ *m.* cloth, pall
плащаница *f.* shroud, funeral pall
плещь *f.*, — *pl.* плеща shoulder
плинѣфянъ *adj.* of brick
плити, *see* палити
плодо-давьць *m.* fruit giver
плотнъ, *see* плътьнъ
плоть *m.* wattle; dam, dike; lighter
плотянъ, *see* плътьнъ
плути *v.* to sail
плѣза, *see* по-льза
плътьнъ *m.* carnal, fleshly
плѣнъ *m.* booty
по-барати *v.* to subdue, conquer, fight
по-бъдити *v.* to be awake
по-бѣжати *v.* to defeat
по-варьница *f.* kitchen
по-варьня *f.* kitchen, scullery
по-верзывати, *see* по-вързывати
по-винути-ся *v.* to obey
по-вити, по-вивати *v.* to swaddle
по-врѣщи *v.* to put down, lay down, drop; immolate
по-вързывати *v.* to bind
по-вѣдѣти, по-вѣдати *v.* to tell
по-вѣсмо *n.* hank (of thread)
по-вѣсть *f.* tale, narration, talk; blame
по-вѣстьнъ *adj.* narrative
по-грѣшити *v.* to be deprived, not to attain, to fail
по-дать *f.* tax, tribute
по-датель *m.* giver, donor
по-движьнъ *adj.* active
под-визати *v.* to move; — под-визати-ся *v.* to strive, endeavor, perform (religious) deeds, to act (religiously)
под-гнѣщати *v.* to instigate, incite, provoke
под-клѣть *f.* cellar, ground floor
под-коповати *v.* to undermine
по-доба *f.* nature, character, quality
по-добие *n.* picture
по-добо-ключимъ *adj.* similar
по-добьнъ *adj.* adequate, fit; dignified
под-разити *v.* to push on
под-ручьникъ *m.* vassal
подъ *m.* lower part, floor

подъ-: *for words beginning with the prefix* подъ- *see also under* под-
подъ-имати *v.* to raise, hoist, lift up
по-за-зьрѣти *v.* to envy, grudge
по-звонути-ся *v.* to ring
по-звяцати *v.* to tinkle, rustle, clatter
по-зобати *v.* to eat, consume
по-зорити-ся *v.* to discredit oneself
по-зоровати *v.* to look at
по-зыбати-ся *v.* to totter
по-кладити-ся *v.* to enjoy oneself
по-кляпъ *adj.* dismal, drooping, crooked
по-коити *v.* to procure repose, rest, shelter; to console
по-коснъ *adj.* favorable, profitable
по-красти *v.* to rob
по-кусити-ся *v.* to try, feel impelled
полата *f.* room
полденьнъ, полуденьнъ, полдневьнъ, полѣдьньнъ, полѣдьньвьнъ *adj.* pertaining to midday; southern
по-летовати *v.* to fly
ползокъ, *see* пълзъкъ
поломянъ *adj.* fiery
полошати *v.* to intimidate
по-луба *f.* deck, roof
по-льза *f.* utility, advantage
полѣ *f. plur.* market-hall
помаати, по-мавати *v.* to wave, swing
по-мазовати *v.* to annoint
по-меркнути, *see* по-мьркнути
по-метнути *v.* to immolate
по-мрачати, по-мрачити *v.* to darken, to make dark (in mind)
по-мрькнути, по-мьркнути *v.* to be obscured, to be eclipsed
по-мянути, по-мѣнути *v.* to remember, recollect, mention
поне *adv.* even, in any case, at least
поне-же *conj.* since, because
по-норовити *v.* to wait, have patience
по-носити *v.* to derogate
по-носъ *m.* reproach, shame
по-нудити-ся *v.* to feel compelled
по-нърѣти *v.* to dive, plunge
понѣ, *see* поне
по-острити *v.* to sharpen

по-плѣнити *v.* to take prisoners, plunder, pillage

по-прище, *see* по-пьрище

по-прѣтити *v.* to hinder

по-пьрище *n.* stadium (measure of length)

по-ражати *v.* to give birth to

по-разити-ся *v.* to strike oneself; to run against; to drop

по-ревновати, *see* по-рьвьновати

по-рекло *n.* family name

по-рознь *adj.* empty

по-рокъ *m.* catapult, battering-ram

порто-моица, *see* пърто-моица

порты, *see* пърты

порфира *f.* purple mantle

по-рьвьновати *v.* to rival, emulate

по-рѣвати *v.* to compel, induce

по-рѣвновати, *see* по-рьвьновати

по-сагъ *m.* nuptials

по-сажати *v.* to set (as on a throne)

по-свѣчати *v.* to twinkle

по-скепати *v.* to split, splinter

по-скорити *v.* to hurry, hasten

по-словица *f.* instruction, schooling, precept

по-слухъ *m.* witness

по-слушатель *m.* auditor, hearer

по-слушество, по-слушьство *n.* witness, attestation, testimony

по-слушествовати, по-слушьствовати *v.* to witness

по-слѣди, по-слѣдь, по-слѣжде, по-слѣже *adv.* later

по-смѣхати *v.* to be ridiculed, to be made fun of

по-собь *f.* help, support

по-спѣшьствовати *v.* to aid, help, succor, assist

по-ставити *v.* to propose, offer

по-ставъ *m.* tissue, stuff, texture, web

по-стельна *f.* bedroom

по-стеречи-ся *v.* to take care of oneself

по-стигнути, по-стичи *v.* to overtake

по-стризати-ся, по-стрищи-ся *v.* to take the veil or habit, to take orders, to be consecrated

по-стрѣлъ *m.* black death, pest, plague

по-стрѣщи-ся, *see* по-стеречи-ся

по-стрѣщи-ся, *see* по-стрищи-ся

по-сулъ *m.* promise, stipulated payment

по-сягнути *v.* to reach; to marry

по-таити, по-таяти *v.* to conceal

по-такъвь *f.* conniving, showing too much indulgence

по-топляти *v.* to drown

по-требитель *m.* exterminator

по-требити *v.* to exterminate; — по-требити-ся *v.* to be exterminated

потрумие *n.* hippodrome

по-тручати *v.* to clang, clash

по-тутнути *v.* to thunder, roar

по-тъкнути *v.* to raise, set up; — по-тъкнути-ся *v.* to trip, stumble

по-тъщати-ся *v.* to endeavor, exert oneself, strive, hasten

по-тѣха *f.* entertainment, diversion

по-тягнути *v.* to follow, trail

по-тяти, потьну *v.* to hit, beat, kill

по-у-божити-ся *v.* to humiliate oneself

по-ущати *v.* to compell, persuade

по-хващати *v.* to grasp

по-ходъ *m.* walk, lounge

по-хоть *f.* desire

по-хотѣние *n.* desire, carnal desire

по-чивъ *m.* repose, rest

по-чити, по-чию *v.* to repose

по-чтити, по-чьтити *v.* to treat, entertain

по-чюдити *v.* to wonder, to be astonished, surprised

по-ѣздати *v.* to ride

по-ясти *v.* to devour

по-яти *v.* to take

правда, *see* правьда

правежь *m.* distraint, rigorous maintenance of justice

правильць *m.* moral law

правьда *f.* truth, verity, justice

правьдьникъ *m.* a just man, upright person, blessed man

праперъ *m.* banner

прати, *see* пьрати

прахъ *m.* dust, earth

пре-болѣ *comp.* much more

пре-бѣдѣти *v.* to sit up, stay up (the night)

пре-вабити *v.* to seduce, allure

пре-вз-ити, пре-възъ-ити, пре-възъ-ити *v.* to surpass, excel

прѣ-гудьница *f.* musical instrument

пред-варити *v.* to surpass, excel; to prevent; to precede

пред-вождати *v.* to lead, to be the leader of

пред-лежати *v.* to lie before, to be to the fore; to be at issue

пред-стательствовати *v.* to protect

пред-стояти *v.* to be before, to be at the head '

пред-стоящии *adj. (part.)* distinguished, highborn

пред-текущии *adj. (part.)* future, coming

пред-теча *m.* forerunner, predecessor

пре-държати *v.* to maintain

преже-реченный *adj. (part.)* above-mentioned

пре-зорьство, *see* про-зорьство

пре-зрѣти, пре-зьрѣти *v.* to look down upon

пре-из-лиха *adv.* excessively, exceedingly

пре-ис-подьняя *adj. pl.* hell

пре-лесть, *see* пре-льсть

пре-лесыи, *see* пре-льстьнъ

пре-лесьнъ, *see* пре-льстьнъ

пре-льсть *f.* deceit, untruth, illusion, fraud

пре-льстьнъ *adj.* deceitful, illusive, fraudful, flattering

пре-минути *v.* to omit, neglect

пре-мочи *v.* to overpower

пре-мѣнитель *m.* one who changes or puts an end to

пре-мѣновати *v.* to change, alternate

пре-нарочитъ *adj.* excellent, famous

пре-о-чиствовати *v.* to clean, purify, enlighten

пре-питати *v.* to nourish, maintain, sustain

пре-пложати-ся *v.* to increase

пре-по-добьнъ *adj.* holy

пре-по-коити *v.* to tranquilize

препоситъ *m.* military rank in Rome (*praepositus*)

пре-пяти: -пьну *v.* to barricade

пре-словущии, пре-словыи *adj.* famous

пре-слушание *n.* disobedience, undutifulness

пре-слушати *v.* not to comply with; — пре-слушати-ся *v.* to disobey

пре-спѣти *v.* to mature (in age)

пре-ставити *v.* to stop (*tr.*); — пре-ставити-ся *v.* to stop (*intr.*), to die

пре-сѣтити *v.* to visit, to consort with

пре-тещи, *see* при-тещи

пре-търгнути *v.* to wear out

пре-у-добрити *v.* to manure; to adorn

пре-ходящии *adj. (part.)* future, coming

прещение, *see* прѣщение

при-видѣнъ *adj.* visionary

при-влачити *v.* to attract

при-влѣщи *v.* to bring on, draw on, incur

при-врѣщи *v.* to cast

при-гвоздити *v.* to attach

при-зирати, при-зрѣти, при-зьрѣти *v.* to look at, pay attention to, show grace or favor

при-имати *v.* to receive, obtain

при-имущь *adj. (part.)* outstanding

при-искывати *v.* to obtain, acquire, reach

при-кладье *n.* example, pattern

при-ключаи *m.* accident

при-кусьнъ *adj.* savory, palatable

при-лежати *v.* to be zealous, assiduous, to strive

при-лучити, при-лучити-ся *v.* to happen

при-никнути, при-ницати *v.* to incline, bend, bow down, lean toward

при-об-идѣти *v.* to neglect, offend

при-образовати *v.* to prognosticate, foresee

при-об-рѣсти *v.* to acquire, obtain, receive

при-пасти *v.* to genuflect

при-пахнути *v.* to be brought by the wind

при-плодити *v.* to procreate

при-пѣшати *v.* to dismount; to clip, cut the wings

при-садити *v.* to plant; — при-садити-ся *v.* to join

присно *adv.* constantly, always

присно-дѣва, присно-дѣвица *f.* Eternal Virgin

присно-памятьнъ *adj.* ever-memorable

присно-сущьнъ *adj.* eternal

приснъ *adj.* everlasting, true, sincere

при-спѣти *v.* to succeed, occur, reach, arrive

при-стигнути *v.* to reach

при-ступъ *m.* assault, storming

при-сѣдѣти *v.* to sit close by, to be present

при-сѣтити *v.* to visit

при-творъ *m.* door, leaf (of doors), porch, entrance (of a church), chapel

при-тещи, при-течи *v.* to have recourse to

при-трепати *v.* to shake down

при-тужати *v.* to annoy, worry

при-тчина, при-тъчина *f.* annoyance, trouble, intrigue

при-тяжати *v.* to acquire, make one's own

при-тязати *v.* to acquire, gain

при-ходъ *m.* congregation, parish

при-ходьнъ *adj.* congregational

при-частие *n.* association, participation

при-частити-ся, при-чащати-ся *v.* to participate

при-частьникъ *m.* participant, companion, fellow

при-четъ, *see* при-чьтъ

при-четьникь, *see* при-чьтьникъ

при-читати-ся *v.* to copulate. join

при-чьтъ *m.* conjunction, assembly, council, congregation, parish

при-чьтьникъ *m.* participant

при-яти *v.* to accept, conquer

при-ятъ *adj.* acceptable

про-божати, про-бости *v.* to pierce

про-вѣдѣти *v.* to be prescient

прозвитеръ *m.* priest

про-зорьчьнъ *adj.* prophetic

про-зорьство *n.* pride, arrogance, presumption

про-зрѣти, про-зьрѣти *v.* to see, acquire sight

про-из-ытие *n.* crossing, passage

про-ис-пустити *v.* to utter

про-каженьнъ *adj.* (*part.*) leprous

прокъ *m.* rest, remainder, benefit, advantage

про-лубь, *see* про-рубь

про-мъкнути-ся *v.* to fly away, pass rapidly

про-мыслъ *m.* engineering; — приступныи промыслъ art of storm, assault

про-низти, про-ньзти *v.* to pierce

про-образовати *v.* to foreshadow

про-по-вѣдати *v.* to proclaim, predict

про-по-вѣдьникъ *m.* public crier, proclaimer

про-разити-ся *v.* to soar

про-раз-умьникъ *m.* prophet, one who is prescient

про-расти *v.* to grow, germinate, spring

про-рубь *f.* ice hole

проскура *f.* sacramental wafer, host

проскурьнъ *adj.* belonging to the sacramental wafer

про-слути *v.* to become famous

простыня *f.* simplicity, forgiveness

про-сѣсти-ся *v.* to burst

про-торити-ся *v.* to be spent

протчее, *see* прочее

про-тягновенъ *adj.* longish, oblong

про-у-видѣти *v.* to foresee

про-цвитати *v.* to flourish, to make flourish; to produce

прочее *adv.* later, away, otherwise, besides, in general

пръво-зданныи, *see* пьрво-зьданъ

прѣ, *see* пьря

прѣ-: *for words beginning with the prefix* прѣ- *see under* пре-

прѣд-: *for words beginning with the prefix* прѣд- *see under* пред-

прѣдъ-: *for words beginning with the prefix* прѣдъ- *see under* пред прѣже-: *for words beginning with the prefix* прѣже- *see under* преже-

прѣние, *see* пьрѣние

прѣти: перу *v.* to rush, hasten

прѣщение *n.* threat, menace, prohibition, interdiction, forbiddance

прядиво *n.* spinning

прядивьнъ *adj.* belonging to spinning

прясло *n.* dignity; grade, part of a wall

птичь *f. coll.* the birds

пужати *v.* to intimidate

пустошь *f.* futility, idleness

пучина *f.* abyss, gulf, whirlpool, chasm, boundlessness

пущати *v.* to let go; to send

пуще *adv.* worse, more

пълзъкъ *adj.* slippery

пълкъ *m.* army, regiment, campaign

пърто-моица *f.* washerwoman

пърты *m. pl.* dress, clothes, garments

пъхати *v.* to kick

пырскати *v.* to spout, squirt

пыха *f.* uppishness

пыхати *v.* to pant, puff, be short of breath

пьрати: перу, *see* прѣти

пьрво-зьданъ *adj.* (*part.*) first-formed

пьрсть *f.* dust

пьрѣние *n.* dispute, discussion

пьря *f.* argument, dispute, discord; sail

пьстро-образьнъ *adj.* many-colored, variegated

пѣнязь *m.* money

пѣсно-краситель *m.* he who makes the songs beautiful

пѣстунъ *m.* guide, mentor

пѣсьць, пѣшьць *m.* foot soldier

пядь *f.* span; palm

пяличьнь *adj.* belonging to embroidering

пять *adv.* again

Рабичищь *m.* son of a slave

работа *f.* slavery, work

работати *v.* to be a slave, to slave, work, serve

работьнъ *adj.* subdued, of or pertaining to slavery, slavish

радьникъ *m.* counselor, councilor

ражати, раждати *v.* to give birth to

ра-ждизати-ся, *see* раз-жещи-ся

раз-: *for words beginning with the prefix* раз- *see also under* рас- *or* рос- *or* роз-

раз-болѣти-ся *v.* to fall ill, to become worse in health

развие, *see* развѣ

раз-врѣщи *v.* to tear asunder; to vomit

развѣ *adv./prep.* besides, except

раз-жещи-ся *v.* to excite oneself, to burn with

раз-доль *f.* valley

раз-д-раждити *v.* to irritate, enrage, trouble

раз-об-лѣщи *v.* to disrobe, undress, reveal

раз-рѣшати *v.* to pull off

раз-сѣчение, *see* рас-сѣчение

раз-умьнъ *adj.* spiritual

разъ-: *for words beginning with the prefix* разъ- *see under* раз- *or* рас- *or* роз- *or* рос-

рака *f.* sarcophagus

рало *n.* plow

рамо *n.* shoulder, arm

рамяно *adv.* strongly

рана *f.* wound, sore, hit, misery, defeat, illness

рас-кияти *v.* to open

рас-кропити *v.* to sprinkle around

рас-палати-ся *v.* to excite oneself, to burn with

рас-пасти *v.* to develop

рас-про-стрѣти *v.* to stretch out, extend

рас-пяти-ся *v.* to be crucified

рас-сѣчение *n.* divergency

рас-сути-ся *v.* to spread

рас-сѣсти-ся, -сѣдати-ся *v.* to crack

рас-таяти-ся *v.* to melt, thaw

рас-творение *n.* mixture, solution, beverage

рас-тлити, *see* рас-тьлити

рас-топорити-ся *v.* to stretch, lengthen, extend

рас-точити, рас-тачати *v.* to dissipate

рас-трошити *v.* to make use of; to dissipate

рас-тръгнути, *see* рас-търгнути

рас-търгнути *v.* to rip, tear apart

рас-тьлити *v.* deflower, dishonor

рас-тѣкати-ся *v.* to run at full speed, hasten

рас-тягнути *v.* to draw (of a body)

рас-чинити *v.* to differentiate, arrange

ра-сѣсти-ся, *see* рас-сѣсти-ся

ратаи *m.* plowman, husbandman

рать *f.* army, armed forces; war, battle, discord

ратьнъ *adj.* military, of war, warlike, martial

рачитель *m.* guard, warder

рачити *v.* to deign; to take care of

ржа, *see* ръжа

ревновати, *see* рьвьновати

реестръ *m.* inventory

рече *adv.* to be sure; namely (in quotations)

речи, рещи *v.* to say

риза *f.* vestment

ризьничь *m.* sacristan, vestry-keeper

ризьничьнъ *adj.* belonging to the sacristy, to the vestry room of a church

рикати *v.* to roar

ринути-ся *v.* to rush

рискати *v.* to roam

ристание *n.* horse race

робичичь *m.* son of a thrall-woman

ровъ *m.* ditch, pit, groove, abyss

рогозина *f.* mat

родимъ *adj.* fertile

родъ *m.* family, tribe, clan

рождие *n.* brood, progeny, offspring

рожьнъ *m.* furious

роз-водьць *m.* distribution, allotment

роз-дряга *f.* quarrel, dispute

роз-ути *v.* to pull off one's shoes

розьно *adv.* in different directions

рокотати *v.* to sing

ропать *f.* mosque

рос-катъ *m.* open place

рос-пись *f.* account, report

рос-попъ *m.* degraded priest

рос-просъ *m.* examination, inquest

рос-стати-ся *v.* to cease

рос-стричи, ро-стричи, рос-стрищи, ро-стрищи *v.* to depose, degrade (a priest), unfrock (a monk)

рота *m.* oath; — заходити роть *v.* to swear

ротьникъ *m.* conspirator

рохмист[р]ъ *m.* captain (of cavalry)

ртастъ, *see* рътастъ

рубь *m.* rags, tatters

ругатель *m.* offender

рухло *n.* utensils, chattels

ручьница *f.* musket

рушити *v.* to destruct

рци, *see* рьци

ръжа *f.* rust

рътастъ *adj.* big-mouthed

рыбарь *m.* fisherman

рыдванъ *m.* carriage

рыдель *m.* knight

рыскати *v.* to run, seek

рытирь *m.* knight

рьвьнитель *m.* zealous person

рьвьновати *v.* to follow eagerly

рьци *adv.* (actually *imp.*) as

рѣзана *f.* a penny

рѣзвьць *m.* brave man, courageous man

рѣснота *f.* verity, reality

рябъ *m.* woodcock

рядьникъ *m.* contractor; senator

рядьць *m.* contractor

ряса *f.* frill, trimming, fringe

С-: *for words beginning with the prefix* с- *see under* съ- *or* сън-

салтанъ *m.* sultan

само-видьць *m.* eyewitness

само-хотие *n.* voluntariness, spontaneity

само-кърмие *n.* self-feeding

сановьникъ *m.* dignitary, high official

санъ *m.* rank, dignity, grade

санчак-беи, санчак-бѣи *m.* a Tatar rank

с-бруя, *see* съ-бруя

сварити *f.* to scold

свиряти *v.* to play on a pipe
с-вита, *see* съ-вита
свитати *v.* to dawn
с-витокъ, *see* съ-витъкъ
свободити *v.* to free
свободь *adj.* free
с-вычаи, *see* съ-вычаи
с-выше, *see* съ-выше
свьтѣние *n.* light
с-вѣдуще, *see* съ-вѣдуще
свѣрѣпѣти *v.* to rage
свѣтлица *f.* room
свѣтло-зрачьнъ *adj.* light in appearance
свѣтяти, *see* свитати
святокъ, святъкъ *m.* holiday, feast
свящати *v.* to consecrate
с-дѣтель, *see* съ-дѣтель
с-дѣяти, *see* съ-дѣти
седьмерицею *adv.* seven times, seven fold
седьмица *f.* week
селикъ *pron.* such
сензякъ-беи, *see* санчак-беи
сердо-ликовъ, *see* сърдо-ликовъ
си *dat. sg., pron. refl. indicating possession*
сивьць *m.* gray horse
сигклитъ, *see* синклитъ
сидѣльць *m.* defender of a besieged town
синглитъ, *see* синклитъ
синклитикия *f.* daughter of a member of the Tsar's council
синклитъ *m.* member of the Tsar's council, the Tsar's council
сипѣние *n.* hissing
си-рѣчь *adv.* that is, that is to say
сице *adv.* so, in the following way, thus
сицевъ *pron. demonstr.* such
скаредие *n.* filth, filthiness, nastiness
скаредьнъ *adj.* vile, odious
скарлатъ *m.* scarlet
скважня *f.* knothole
скверна, сквьрна *f.* vice, evil, wickedness
сквернавъ, сквьрнавъ *adj.* vicious, wicked, impure
скима *f.* high monastic degree

скифетро *n.* scepter
с-колота, *see* съ-колота
скопьць *m.* eunuch
скора *f.* skin, hide
скорити *v.* to hurry
скоро-вычение *n.* success in studies
скоропия, *see* скоръпия
скоро-по-слушьливъ *adj.* quickly obedient, quickly docile
скорпии, скоръпии *m.*, скоръпия *f.* scorpion
ското-пажьнъ *adj.* rich in cattle pasture
скрегътати *v.* to gnash
скрижаль, скрыжаль *f.* table of Commandments
скуфья *f.* cover for the head
с-лагатаи, *see* съ-лагатаи
сладие *n.* sweetness
слово *n.* homily, sermon
слухъ *m.* rumor; ear; wittnes; sap
сльзьнъ *adj.* tearful
смага *f.* heat
с-мотрьно, *see* съ-мотрьно
с-мѣрение, *see* съ-мѣрение
с-мѣтище, *see* съ-мѣтище
сн-: *for words beginning with the prefix* сн- *see under* сън-
со-: *for words beginning with the prefix* со- *see under* съ-
собина *f.* goods and chattels
солило *n.* dish
соломя *n.* strait, sound (?), roof girder
сольникъ, *see* сългьникъ
сон-мище, *see* сън-ьмище
сон-мъ, *see* сън-ьмъ
со-по-стать, *see* су-по-стать
сороко-устъ *m.* forty days requiem for a dead person
сочиво *n.* lentil, lentil soup
с-пона, *see* съ-пона
срамляти-ся *v.* to be ashamed
срачица *f.* shirt, underwear
сребро-любие *n.* cupidity, greed
сребрьникъ *m.*, сребрьница *f.* silver coin
средо-градие *n.* center of a town
срѣ-: *for words beginning with* срѣ- *see under* сре-

с-рѣтати, *see* съ-рѣтати
становище *n.*, станъ *m.* camp
старѣи *adj. comp.* senior, mentor
стафилье *n. coll.* grapes
стегно, *see* стьгно
стелька *f.* sole
стенати *v.* to groan, moan, lament
степень *m.* stage, level
стоятельнъ *adj.* firm, stanch
страньникъ *m.* pilgrim
страньнъ *adj.* foreign; inconceivable
страсто-тьрпьць *m.* martyr
страсть *f.* passion, pain
стратигъ *m.* military commander
страфиль *m.* kind of cloth
страхование *n.* fright
строение *n.* building; — строение до-
    мовное housekeeping
строка *f.* incision; row, range; rule
с-т-рубъ, *see* съ-рубъ
струга *f.* stream
струга *f.* boat, ship
стружие *n.* lance
струпъ *m.* scab, eschar, scurf
стрыи *m.* uncle
стрѣльница *f.* tower
стрѣха *f.* roof
стрѣщи *v.* to guard; to beware
студъ *m.* shame
с-тужати, с-тужити, *see* съ-тужати,
    съ-тужити
с-тужение, *see* съ-тужение
с-тулъ, *see* съ-тулъ
ступень *f.* step
стьгно *n.* thigh
стьзя *f.* path, way
стѣно-бьенъ *adv.* battering, breaching,
    serving to batter a wall
стѣнь *m.* shadow
стягъ *m.* banner, regiment
с-тяжати, *see* съ-тяжати
су-губъ *adj.* double
судъ *m.* boat, ship
суженъ *adj.* destined
сулица *f.* pike, lance, spear
сунути *v.* to hurl, cast
су-по-статъ *m.* enemy, adversary,
    devil

сурна *f.* musical instrument, kind of
    flute or trumpet
су-стугъ *m.* clasp, buckle; fibula
су-сѣкъ *m.* corn bin
сучьць *m.* small branch, small twig
схима *f.* schema (clothes of the severest
    monk order)
с-хожение, *see* съ-хожение
съ-блажнение *n.* temptation, seduce-
    ment, enticement
съ-блюсти *v.* to preserve, spare, main-
    tain
съ-болѣзновати *v.* to pity, condole
съ-боръ *m.* council, congress
съ-бруя *f.* harness
съ-бытие *n.* coming about; — съ-быти-
    ся *v.* to happen, to be realized
съ-вести *v.* to move down
съ-видѣтель *m.* witness
съ-вита *f.* overcoat, garment
съ-витькъ *m.* roll, bundle (of papers)
съ-влѣщи, съ-волочи *v.* to take off, to
    strip; — съ-волочи-ся *v.* to drag
    oneself along
съ-врьшитель, *see* съ-вьршитель
съ-въ-купити *v.* to join, connect
съ-въ-мѣнити, -мѣняти *v.* to take for,
    consider as
съ-въс-под-нимати *v.* to raise, hoist,
    lift up
съ-въс-противление *n.* resistance, op-
    position
съ-вычаи *m.* behavior
съ-выше *adv.* from above, from aloft
съ-вьрстьникъ *m.* person of the same
    age, coeval
съ-вьршитель *m.* accomplisher, achiev-
    er, one who accomplishes, achieves
съ-вьршити *v.* to accomplish
съ-вѣдати *v.* to know, comprehend
съ-вѣдѣти *v.* to know; — съ-вѣдѣти-ся
    v. to consider oneself as
съ-вѣдуще *adv.* (*part.*) knowing; —
    съ-вѣдуще из-вѣстно *adv.* perfectly
    well known
съ-вѣдѣтельствовати *v.* to witness
съ-вѣщевати *v.* to preserve, to observe,
    announce; to consult

съ-глагольникъ *m.* interlocutor

съ-гнути, *see* съ-гънути

съ-гнѣтати *v.* to suppress

съ-густѣвати-ся *v.* to grow thick, to be condensed

съ-гънути *v.* to bend, curve

съде *adv.* here

съ-дѣвати, съ-дѣяти *v.* to commit, effect; — съ-дѣвати-ся, съ-дѣяти-ся *v.* to be committed, effected, to happen

съ-дѣльникъ *m.* cooperator, producer, maker, follower

съ-дѣтель *m.* creator

съ-житьница *f.* wife

съ-жьдати *v.* to await; — съ-жьдати-ся *v.* to wait for

съ-зиряти *v.* to observe

съ-казавати *v.* to tell

съ-колота *f.* intrigue

съ-кровище *n.* treasury

съ-крушение *n.* destruction, grief, affliction

съ-крушити *v.* to destroy, to afflict by grief

съ-купити *v.* to gather

съ-купь *f.* union, joining; — на съ-купь jointly, together

съ-лагатаи *m.* compiler

съ-ложение *n.* creation, junction

съ-лупити *v.* to steal, thieve, filch, rob

сльникъ *m.* envoy

съ-матряти *v.* to consider

съ-метати *v.* to fling down; to destroy

съ-мирение *n.* humility, humbleness

съ-мирити *v.* to humble, abase; — съ-мирити-ся *v.* to humble oneself

съ-мотрьно *adv.* carefully, diligently

съ-мотрѣние *n.* carefulness; plan

съ-мьркъ *m.* cloud, twilight, dusk

съ-мѣрение, *see* съ-мирение

съ-мѣрити, съ-мѣрити-ся, *see* съ-мирити, съ-мирити-ся

съ-мѣтище *n.* refuse heap, pile

съ-мясти *v.* to confuse, to throw into disorder; — съ-мясти-ся *v.* to become confused, to be disturbed

съ-на-бъдимъ *adj.* provided

съ-на-бъдѣвати *v.* to provide; to watch

съ-на-рядъ *m.* apparatus, artillery

сън-имати-ся *v.* to assemble, meet, gather

сън-искати *v.* to find

сън-ити *v.* to descend; — сън-ити-ся *v.* to gather

сън-ьмище *n.* assembly, place of assembly

сън-ьмъ *m.* assembly, meeting

сън-ѣдати *v.* to devour

сън-ѣдь *f.* food

сън-ѣсти *v.* to devour

сън-яти *v.* to take off, away, to pull off; — сън-яти-ся *v.* to gather, meet, engage (in battle)

съ-общение *n.* copulation

съ-от-рѣзовати *v.* to cut off (at the same time)

съ-падати, *see* съ-пасти (1)

съ-палати *v.* to be inflamed

съ-пасати, *see* съ-пасти (2)

съ-пасеньнъ *adj.* pious

съ-пасти (1) *v.* to become thin (of the face); — (2) *v.* to save

съ-пасъ *m.* the Savior

съ-пирати-ся *v.* to dispute, discuss

съ-по-болѣзновати *v.* to suffer together, console

съ-по-вѣдатель *m.* narrator

съ-по-вѣдѣти *v.* to confess

съ-по-добити *v.* to deign, honor, compare; — съ-по-добити-ся *v.* to merit, to be thought worthy

съ-по-магати *v.* to help

съ--по-можение *n.* help

съ-пона *f.* tribulation, adversity, difficulty, hindrance

съ-по-собити *v.* to aid, help

съ-прящи *v.* to strain

съ-пяти *v.* to overthrow, prostrate

съ-родьникъ *m.* relative

съ-родьственъ *adj.* relational

съ-рубъ *n.* woodpile

съ-рѣсти, съ-рѣтати *v.* to reach, meet, welcome

съ-рѣтение *n.* meeting

съ-рядити *v.* to arrange, organize

съсати *v.* to suck

съ-ставъ *m.* false accusation

съ-стичи *v.* to befall

съ-ступити-ся *v.* to join battle, to engage in battle

съ-судъ *m.* plate, dish; boat; apparatus; — съ-судъ стѣнобитьнъ battering-ram

съ-сути *v.* to pour, gush; to strew together in a heap; to raise

съ-съ-бити *v.* to knock down

съсьць *m.* teat

съ-сѣдати *v.* to loose

съ-сѣсти, съ-сѣдати *v.* to dismount

съ-тицати-ся *v.* to flock in

съторицею *adv.* hundred times

съ-трьпѣти, *see* съ-тьрпѣти

съ-тужати, съ-тужити *v.* to persecute, oppress, trouble, aggrieve, overburden

съ-тужение *n.* persecution, oppression, temptation, sorrow

съ-тулъ *m.* lock bolt

сътъ *m.* honeycomb

сътьникъ *m.* captain of a hundred soldiers

съ-тьрпѣти *v.* to hold out, endure, await

съ-тяжати *v.* to acquire, obtain

съ-тязание *n.* discussion, investigation, torture

съ-тязати-ся *v.* to discuss, make an agreement, agree

съ-уза *f.*, съ-узъ *m.* chain, band, tie

съ-ходатаи *m.* sollicitor, agent, defender

съ-хожение *n.* descent

съ-чепитъ *adj.* chainlike

съ-четати, съ-чьтати *v.* to conjoin (in matrimony)

сыновьць *m.* nephew, brother's son

сыро-рѣзание *n.* cutting green timber

сычь *m.* owl

сьде *adv.* here, now

сьрдо-ликовъ *adj.* carnelian

сѣдалище *n.* seat

сѣдиновьць *m.* gray-haired old man

сѣмо *adv.* hither

сѣнь *f.* shadow

сякъ *pron.* such

Та, та же (таже) *conj.* and

тавра *f.* brand, mark, stamp (on cattle)

таи *adv.* clandestinely, secretly

таибьникъ, таиникъ *m.* person initiated in a secret, accomplice, conspirator

таити-ся *v.* to keep secret, to keep (oneself) hidden

тарель *m.* thaler

тать *m.* thief, plunderer

татьба *f.* theft, larceny

татьбьнъ *adj.* pertaining to theft, to larceny; — татьбьно *adv.* like a thief

таче *adv.* so, in this manner, then

тварь *f.* dress, equipment

тезо-именитъ, *see* тьзо-именитъ

тезъ, *see* тьзъ

текътъ *m.* knocking

тельце *n.* calf

тенета *n. pl.* snare, trap

теперво *adv.* now

теремъ *m.* tower

теремьскъ *adj.* belonging to a tower

терние, *see* тьрние

течи, тещи *v.* to run, hasten, walk, flow

ти *conj.* and

тимианъ *m.* thyme

тисовъ *adj.* of yew

титла *f.*, титло *n.* title

тиунъ *m.* servant, domestic, member of the household, majordomo

тлимъ, *see* тьлимъ

тлити, *see* тьлити

тльковинъ, тльковинъ, *see* тълковинъ

тлѣньнъ, *see* тьлѣньнъ

тля, *see* тьля

товаръ *m.* camp, military train; merchandise, goods

токмо, *see* тъкъмо

токовище *n.* lair, den

толикъ *pron.* such, so big

толстина, *see* тълстина

тольми *adv.* so, so much

топере *adv.* now

топити *v.* to burn

топътъ, *see* тъпътъ

торгъ, *see* търгъ

торжище, *see* тържище

торъгати, *see* търгати

точити *v.* to shed

точию, *see* тъчию

точьнъ, *see* тъчьнъ

тошьнъ *adj.* unpleasant, difficult

тощь, *see* тъщь

трапеза *f.* table, altar; dinner

треба, *see* трѣба

трезвѣние *n.* abstinence, restraint, moderation

тре-клятъ, *see* трь-клятъ

тре-окаяньнъ *adj.* thrice cursed, thrice damned

треснути *v.* to begin to thunder; to rattle; to begin to crack

третицею *adv.* third time

тре-ухъ *m.* three-flapped cap

три-дьневьно *adv.* within three days

тризна, *see* трызна

три-постасьнъ *adj.* with three hypostases

три-сиянень *adj.* thrice radiant

трое-кровьнъ *adj.* three-story

троскотати *v.* to crack

трость, *see* трѣсть

трубль *f.* noise

тружати-ся, труждати-ся *v.* to labor

трупие *n.* *coll.* corpses

трусити *v.* to sprinkle; to shake off

трускъ *m.* crackle, crackling, crash

тръние, *see* тьрние

трѣсть *f.* stem, stalk, cane, reed

трызна *f.* funeral repast; commemoration of the dead

трь-клятъ *adj.* thrice accursed, thrice damned

трѣба *f.* sacrifice, necessity; — трѣбѣ быти to be necessary

трясъка *f.* instrument of torture by shaking

трясьца *f.* fever

туга *f.* sorrow, grief

тужити *v.* to grieve, regret, neglect

тумбанъ, тумпанъ *m.* cymbal

туне *adv.* in vain

туръ *m.* aurochs; siege turret on wheels, turret

тутьнути *v.* to drone, hum

тъ, тъи *dem. pron.* this

тъкъмо *adv.* only

тълковинъ *m.* a pagan people

тълстина *f.* rough, woven cloth

тълчи *v.* to knock, rap, beat, hit, push, pound, grind

тъпътъ *m.* stamping, trampling

търгати *v.* to tear off; to tremble, quiver

търгъ *m.* market place

тържище *n.* fair, market

тържьникъ *m.* merchant

тъчию *adv.* only

тъчьнъ *adj.* equal, like, similar

тъщание *n.* striving, endeavor

тъщатель *m.* solicitor, agent

тъщати-ся *v.* to try

тъщета *f.* vanity

тъщь *adj.* vain, fruitless, empty; starving

тысяцькии *adj.* chief of a thousand

тьзо-именитъ *adj.* having the same name

тьзъ *m.* namesake

тьлити *v.* to spoil, damage, deteriorate

тьлимъ *adj.* destructible

тьлѣньнъ *adj.* corruptible, perishable

тьля *f.* rottenness

тьма *f.* darkness; ten thousand

тьмо-численъ *adj.* representing the member of ten thousand

тьрние *n.* thorns, blackthorn bush

тьщета, *see* тъщета

тщати-ся, *see* тъщати-ся

тѣмъ *conj.* thereafter

тѣмьже *adv.* therefore

тюфякъ *m.* old-fashioned cannon

тяжько-сърдьнъ *adj.* malicious, wrathful, heartless

У-блажати, у-блажити *v.* to praise, laud

у-боица *m.* murderer

убрусьць *m.* handkerchief
у-брѣщи *v.* to guard, protect, preserve
у-вити *v.* to bind
у-врачевати *v.* to heal, cure, restore
у-вѣдати, у-вѣдѣти *v.* to learn
у-вѣрити-ся *v.* to confide in each other
у-вѣщавати, у-вѣщати *v.* to exhort, admonish, convince, compel, persuade
у-гажати *v.* to please, gratify
у-гаснути *v.* to go out, to become extinct
у-годьникъ *m.* saint
у-готовати *v.* to prepare, predetermine
у-гружение *n.* sinking
у-давъ *m.* strangulation
у-дальць *m.* audacious, courageous man
у-держевати-ся, *see* у-дьржевати-ся
у-дивити *v.* to make wonderful, to amaze
удо *n.* part, piece
у-добь *adv.* easy
у-добьздьнъ *adj.* easy, convenient
у-добь-ѣздьнъ *adj.* comfortable in riding
у-до-вьляти *v.* to satisfy, supply
у-доль *f.* valley, vale
у-долѣти *v.* to convince
уды таиныя *nom. pl.* secret parts of the body
у-дьржевати-ся *v.* to restrain oneself
у-жасть *f.* horror, fright, dread
уже *n.* string, rope
ужикъ *m.* relative
ужъ, *see* уже
уза *f.*, узы *pl.* chain(s)
у-зорочие, у-зрачие *n.* ornament, embellishment, beauty
у-зрѣти, у-зьрѣти *v.* to discern, perceive, observe
у-карати, у-каряти *v.* to reproach, blame
у-коръ *m.* shame, reproach
у-коснѣти *v.* to remain
у-крестъ, у-крьстъ *prep.* around
у-крѣпѣти *v.* to become strong
у-купити *v.* to gather, acquire

уланъ *m.* member of the Tatar khan's family
у-лишити *v.* to deprive of
у-ловъ *m.* catch, booty
у-ловьчити *v.* to adapt, catch
улусъ *m.* Tatar village, Tatar tribe
у-лучение *n.* acquisition
у-лучити *v.* to acquire, attain
у-любити *v* to choose, elect
у-мерщвение, *see* у-мьрщвение
у-метъ *m.* dirt
у-моряти *v.* to kill, ruin, destroy
у-мышленникъ *m.* artisan, expert
у-мьртвие *n.* death
у-мьрщвение *n.* death, perishability
уне *prep.* regarding; — *adv.* better
унити *v.* to prefer
у-ничижати, у-ничижити *v.* to humiliate
уность *f.* youth
уноша *m.* young man
унъ *adj.* young
у-нынливъ *adj.* low-spirited, sad, mournful, disconsolate
у-ныти *v.* to be depressed, discouraged
унь *comp.* better
уньць *m.* calf
у-падъкъ *m.* approach
у-падывати *v.* to fall down, to throw oneself (at one's feet)
у-пасти *v.* to take care of, watch, tend
у-питати *v.* to feed
у-пити-ся *v.* to get drunk
у-повение, *see* у-пъвение
у-половня *f.* ladle
у-по-лучити *v.* to acquire
у-пражняти *v.* to abrogate, vacate, discharge, cancel
у-про-странити-ся *v.* to extend, spread
у-прѣти, у-пьрѣти *v.* to prove one's guilt
у-пъвение *n.* consolation
у-разъ *m.* injury, club
у-ранити *v.* to wound
у-родивъ *adj.* foolish, unwise
у-родьство *n.* religious foolishness
у-родьствовати *v.* to behave like a fool
у-рокъ *m.* due, tribute

у-рѣзати *v.* to cut away, snap off

у-рядити-ся *v.* to concert, agree, come to terms

у-своевати-ся *v.* to adapt oneself, to approach

у-сирити *v.* to orphan

у-скорити *v.* to hasten

усниянъ *adj.* tannic

у-собица *f.* discord

у-спение, *see* у-съпение

у-с-по-коевати, *see* у-съ-по-коевати

у-спѣти *v.* to succeed

у-срамити-ся *v.* to feel ashamed

уста *pl.* mouth

у-ставъ *m.* law

у-страяти *v.* to arrange

у-ступити-ся *v.* to leave each other

усть *adv.* at the mouth (of a river)

устьна *f.* lip

у-су-губити *v.* to increase, redouble, intensify

у-сънути *v.* to die; to fall asleep

у-съпение, у-съпѣние *n.* death, decease

у-съпити *v.* to render drowsy, lull to sleep

у-съ-по-коевати *v.* to appease, tranquilize, quiet

у-таити-ся *v.* to conceal oneself, to hide oneself, to be concealed or hidden, to remain unknown

у-таляти *v.* to appease, alleviate, soften, slake, satiate

у-твержати, *see* у-твьржати

у-творити *v.* to create

у-твьржати *v.* to confirm

у-тещи *v.* to run, flow

у-тинъкъ *m.* splinter

утрьневати *v.* to pass the morning, the forenoon, the day; to appear in the morning, in the forenoon

утрьняя *f.* matins, morning service

у-търпати, у-тьрпнути, у-тьрпѣти, у-тьрпывати *v.* to diminish, lessen; to grow meek

утя *n.* duckling

ухарь *m.* kind of a musical instrument

у-чати *v.* to begin

у-чиняти *v.* to arrange

у-чредити *v.* to treat, entertain, regale

у-чреждение *n.* entertainment, reception

у-чьрнити-ся *v.* to dirty oneself

у-щедрити *v.* to be benevolent, to be gracious

у-язвити, у-язвляти *v.* to wound; — у-язвити-ся, у-язвляти-ся *v.* to be wounded

Фарисъ *m.* horse

фарсисъ *m.* topaz

фарь *m.* horse

фетиль, фитиль *m.* tinder

фиалъ *m.* cup, chalice, phial

фимиамъ *m.* incense

финикъ *m.* date palm

Харалугъ *m.* steel, red-hot steel (cf. В. В. Арендт, О мечах харалужных, Сборник статей к сорокалетию А. С. Орлова, Leningrad 1934)

харалужьнъ *m.* made of red-hot steel

хартия *f.* paper

хвостати-ся *v.* to whip oneself

хитро-рѣчие *n.* skillful, artful tale

ходатаи *m.* solicitor

хоругъвь, хорюгъвь *f.* standard, banner

хоть *f.* wife

храбровати *v.* to be courageous

храбро-сьрдъ *adj.* intrepid, valiant, courageous

храбръ *adj. subst.* hero, courageous warrior

храмъ *m.* house

храмина *f.* room, apartment, chamber

христо-именитъ *adj.* named after Christ

христо-подражательнъ *adj.* follower, imitator of Christ

хронографъ *m.* chronicle

хухнание *n.* insult, abuse, outrage, defamation

Цвѣлити *v.* to harry, worry

цебылга *f.* kettledrum, cymbal

ци *conj. interr.* whether, if not, unless

цѣловати *v.* to greet, hail
цѣльбо-носьнъ *adj.* health-bringing
цѣрь *f.* tinder

Чага *f.* woman slave, bondmaid, captive woman
чадь *f. coll.* children, people, crowd
чаица *f.* sea gull, sea mew
чаро-дѣевъ *adj.* magical, bewitching
чаръ *m.* show
часо-словьцъ *m.* breviary, prayer book
частити *v.* to frequent, to do frequently
часть *f.* part; — отъ части partly, to a certain extent
чаяти *v.* to hope
чеканъ *m.* ax, hatchet
чело *n.* forehead; — бити, ударити челомь to make obeisance to
челъка *f.* forelock (of horse), banner-tuft
челюстастъ *adj.* large-mouthed
червленъ, *see* чьрвленъ
черница, *see* чьрница.
черно-ризьцъ, *see* чьрно-ризьцъ.
черньцъ, *see* чьрньцъ
черньчьскъ, *see* чьрньчьскъ
четыре-десятьница *f.* Lent
четьи *adj.* selected
четьцъ, *see* чьтьцъ
чиненъ *adj. (part.)* powder-filled
чинъ *m.* rank, dignity, order; time
чисти: чьту *v.* to read, to repute, revere, esteem
чолка, *see* челъка
чпагъ, *see* чьпагъ
чредимъ, *see* чрѣдимъ
чрепие, *see* чрѣпие
чресла, *see* чрѣсла
чрьно-ризьцъ, *see* чьрно-ризьцъ
чрѣдимъ *adj.* educated
чрѣпие *n.* potsherd
чрѣсла *n. pl.* loins
чути, *see* чюти
чьпагъ *m.* pocket
чьрвити *v.* to paint
чьрвленъ *adj. (part.)* red, purple, scarlet
чьрмьнъ *adj.* red, purple, scarlet

чьрница *f.* nun
чьрно-ризьцъ *m.* monk
чьрньцъ *m.* monk
чьрньчьскъ *adj.* monklike, monastic
чьрнядь *f.* black duck
чьртожьнъ *adj.* belonging to a palace
чьсти, *see* чисти
чьтьцъ *m.* reader
чюдити-ся *v.* to wonder
чюдо-дѣиствовати *v.* to work miracles
чюти *v.* to feel, perceive, be sensible of, be conscious of

Шаръ *m.* color
шатати-ся *v.* to err, wander, ramble, stagger
шатьръ, шатеръ, шаторъ *m.* tent
шелепуга *f.* шелепъ *m.* whip, lash, knout
шеломя *n.* chain of hills, heights
шереширъ *m.* unknown missile
шертовати *v.* to swear, warrant
шершьнь, *see* шьршень
шествьнъ, *see* шьствьнъ
шесто-крыльцъ *m.* six-winged
шибнути *v.* to hit
ширяти-ся *v.* to float in the air
шишякъ *m.* helmet
шняка *f.* a boat
шуричь *m.* son of a brother-in-law
шьршень *m.* bumblebee, hornet
шьствьнъ *adj.* walking; — шьствьнъ путь journey, wayfaring, pilgrimage
шюмьнъ *adj.* noisy, blustering

Щадимъ *adj.* spared, saved, predestined
щекотъ *m.* song (of nightingales)
щелыга *f.* switch
щуръ *m.* bird of the swallow family

Юже *adv.* already
южикъ, *see* ужикъ
юза *f.* chain, jail
юнота *m.* youth, young person

Ябеда *m.* pettifoggery
явѣ *adv.* clearly, obviously
ягода *f.* cheek

ядение *n.* food
ядовъ *adj.* belonging to poison
ядь *f.* food
язва *f.* wound, sore
язвити *v.* to hurt, wound
язвьнъ *adj.* hurt, wounded, killed
язъ *pron.* I
языкъ *m.* interpreter, spy, denouncer; heathen
яиеръ, *see* аеръ
яко *conj.* as, as if, since, so that
яко же *with inf.* so that

яковъ *adj. pron.* what kind of
якъ, яка, яко *adj. pron.* what, such as
якы *conj.* as
японцица *f.* sleeveless cloak
ярити-ся *v.* to rage
ярлыкъ *m.* letter (Turkish)
яруга *f.* ravine
ярьмъ *m.* yoke, weight
ясти *v.* to eat
яти *v.* to take, catch, get; — яти-ся *v.* to touch, grasp, keep, accept, embrace; to adopt, come to, fall to

INDEX OF AUTHORS AND TITLES

INDEX OF NAMES

containing references to all personal and place names, source
words, and English transliterations of Old Russian and
Russian designations mentioned in the Introduction, in the
English texts preceding each Old Russian selection, and in the
lettered annotations following each selection.

A

Abel, *Bib.*, 341z

Abraham, *Bib.*, 109, 152c, 237q

Adam, *Bib.*, 138a, 238x, 341z, 436b

Adamantius, 251f

Afrekr *(Scand.)*, 52a; see also Afrikan

Afrikan, 52a

Agrik, hero of Russian epic tales, 202b

Ahab, King of Judah, 124a

Albanians, 379bb

Aleksej, Tsar Mixajlovič (1645–76), xvi, 387, 403c, 403e, 470b; Maria Il'jinišna Miloslavskaja, first wife of, 403h; Natalia Naryškina, second wife of, 404q

Alexander I the Great, 257d, 257g, 257q

Alexander IV, Pope (1254—61), 108mm

Alexander Nevskij, Great Prince of Vladimir-Suzdal' (1252–63), son of Jaroslav, Great Prince of Kiev, 100, 107a, 107n, 108rr, 176o, 211n, 325i; Andrej, son of, 351d; Daniil, son of, 340e; Danilo, Prince of Moscow, son of, 351e; Ivan II, great-grandson of, 313m; *Life of*, xi, xiii, 174

Alexandra, daughter of Prince Dimitrij of Br'ansk, wife of Ivan II, 313p

Alexandra, Mother, see Melania

Alexandria, 34, 404cc

Alexandrov, 351f

Alexius, Bishop of Vladimir, Metropolitan of Russia, 226i

Al'ta, r., 52g, 67a, 92k

Altunopa, Polovtsian general, 33zz

Amalekites, 107aa, 238u

Anastasia, wife of Ivan IV, 282I

Andrej, Great Prince of Vladimir and Suzdal' (1294–1304), 351d

Andrej, Prince of Polock, Trubčevsk, and Pskov, 186n, 186o

Andrej, tsar's personal confessor, 282L

Andrew, the Apostle, 7

Andronov, F'odor, 325q

Angara, r., 423N

Angles, 6aa, 8, 9d

Anglo-Danes, 9d

Anna, Byzantine princess, wife of Vladimir I, 22j

Anna, Polovtsian princess, stepmother of Vladimir Monomachus, 32w

Anna, wife of Prince Dimitrij Mixajlovič Bobrok of Volhynia, 186bb

Antiochia, 257ll

Antipas, 44b, 48e; see also Antonius, abbot of Cave Monastery

Antipatros, Herod the Great, son of, 257s

Antonius, abbot of Cave Monastery (Kiev), 44b, 48e, 75b; *Life of St. Antonius*, x

Antonius, Metropolitan of Moscow and Russia, 297g

Antony, Marc, 252

Arbat, gate in Moscow, 341B

Aries, the Ram, 341uu

Arimathea, *Bib.*, 113, 119a

Arphaxad, *Bib.*, 257b

Arsenius, Archbishop of Rostov, 226h

Artaxerxes, King of Persia, 251rr

Ascension Convent (Kremlin, Moscow), 424W

Ascension Day, 453j

Asia, 5a, 6s, 250c

Asia Minor, 11c, 133e; Chalcedon, 282F; Ephesus, ancient city, 113c; Lykia, 174b

Askalon, 257s

Askol'd, 9, 10

Asmold, 19d, see also Asmud

Asmud, 19a, 19d

Asmundr *(Scand.)*, 19a

Assyria, Sennacherib, King of, 107v, 351s

Astraxan', c., 282M, 357c, 423uu

Athanasius, Greek Church father, 422m

Athanasius, imperial confessor, 297

Athanasius, Patriarch of Constantinople (1443–53), 210i, 251cc, 251ff

Athanasius of Alexandria, 34

Athens (Greece), c., 152f, 225c

Athos, Holy Mount, xiii, xiv, 4, 48g, 211

Augusteum, 251pp

Augustus, Octavianus, 257t

Augustus, Roman emperor, xiv, 252, 351c

Austria, dukes of, 192g

Avars, 56c

Avvakum, protopope (1620–81), xvi, 387, 422a, 422b, 422i, 422q, 422r, 423cc, 423ff, 423mm, 423rr, 423D, 423F, 424Z,

GENEALOGICAL TABLES

Table A: *The R'urik dynasty.*

R'URIK
Varangian prince

IGOR'
Prince of Kiev 912—45 ~ **OLGA** *Princess of Kiev 945—69*

SV'ATOSLAV I
Prince of Kiev 945—72 ~ **MALUŠA**

VLADIMIR I
Prince of Novgorod 970—79
Great Prince of Kiev 979—1015
1. ROGNEDA, daughter of Rogvolod, Prince of Polock
2. ANNA, Princess of Byzance

JAROPOLK
Prince of Kiev 972—79

SV'ATOPOLK
Prince of Kiev 1015—19

IZ'ASLAV
Prince of Polock
(d. 1001)

PEREDSLAVA

JAROSLAV I
Prince of Novgorod
Great Prince of Kiev 1019—54
~ INGIGERD, daughter of King Olof Skotkonung of Sweden

MSTISLAV THE BRAVE
Prince of T'mutarakan'
and Černigov

BORIS
Prince of Rostov
(d. 1015)

GLEB
Prince of Murom
(d. 1015)

VSESLAV
Prince of Polock
(d. 1003)

BR'AČISLAV
Prince of Polock
1004—44

VSESLAV
Prince of Polock
1044—1101

(see Table B)

VLADIMIR
Prince of Novgorod
(d. 1052)

(see Table C)

IZ'ASLAV
Great Prince of Kiev
1054—68, 1076—78

(see Table D)

SV'ATOSLAV II
Great Prince of Kiev
1073—76

(see Table E)

VSEVOLOD
Great Prince of Kiev
1078—93

(see Table F)

IGOR'
Prince of Volynia
(d. 1060)

DAVID
Prince of Volynia
(d. 1112)

Table B: *The descendants of Vseslav, Prince of Polock.*

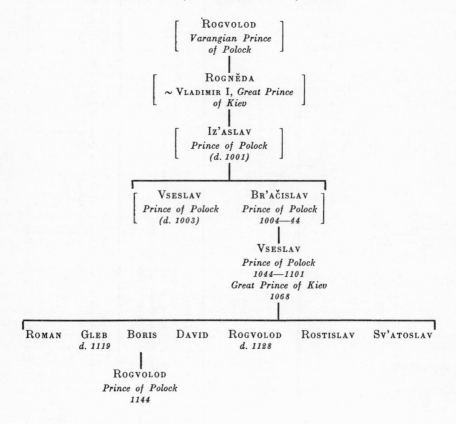

Table C: *The descendants of Vladimir, Prince of Novgorod.*

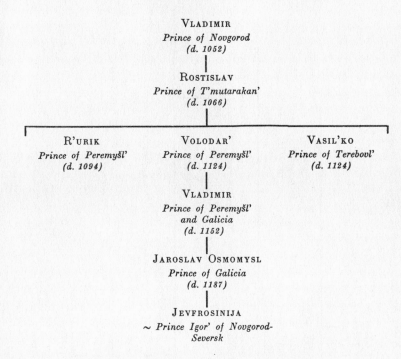

Table D: *The descendants of Iz'aslav, Great Prince of Kiev.*

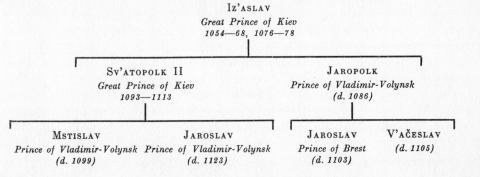

Table E: *The descendants of Sv'atoslav, Great Prince of Kiev.*
  a: *The branch of Černigov.*

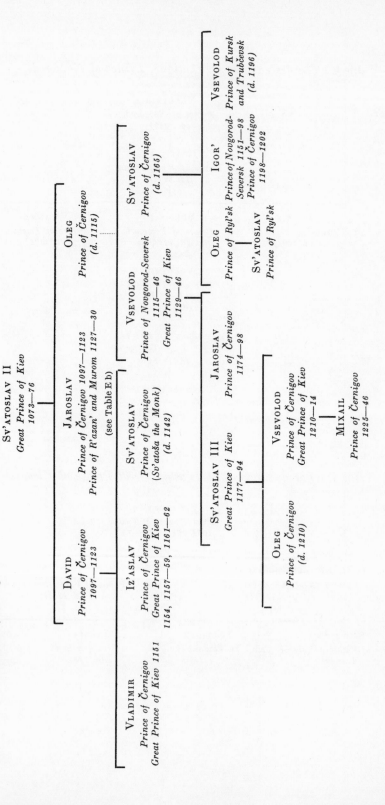

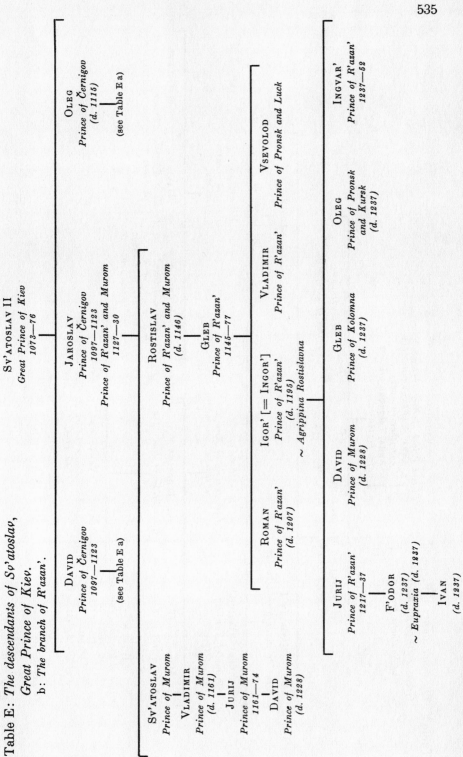

Table E: *The descendants of Sv'atoslav, Great Prince of Kiev. b: The branch of R'azan'.*

536

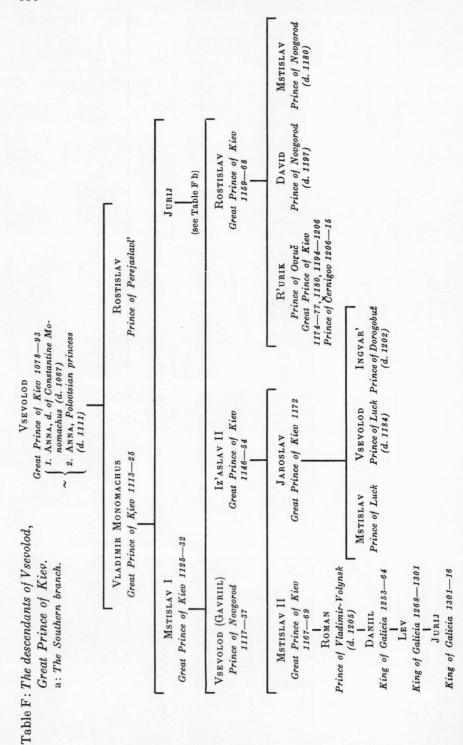

Table F: *The descendants of Vsevolod,*
Great Prince of Kiev.
a: *The Southern branch.*

VSEVOLOD
Great Prince of Kiev 1078—93
1. ANNA, d. of Constantine Mo-
   nomachus (d. 1067)
2. ANNA, *Polovtsian princess*
   (d. 1111)

VLADIMIR MONOMACHUS
Great Prince of Kiev 1113—25

ROSTISLAV
Prince of Perejaslavl'

JURIJ
(see Table F b)

ROSTISLAV
Great Prince of Kiev
1159—68

MSTISLAV
Prince of Novgorod
(d. 1180)

DAVID
Prince of Novgorod
(d. 1197)

R'URIK
Prince of Ovruč
Great Prince of Kiev
1174—77, 1180, 1194—1206
Prince of Černigov 1206—16

INGVAR'
Prince of Dorogobuž
(d. 1202)

VSEVOLOD
Prince of Luck
(d. 1184)

MSTISLAV I
Great Prince of Kiev 1125—32

VSEVOLOD (GAVRIIL)
Prince of Novgorod
1117—37

IZ'ASLAV II
Great Prince of Kiev
1146—54

JAROSLAV
Great Prince of Kiev 1172

MSTISLAV
Prince of Luck

MSTISLAV II
Great Prince of Kiev
1167—69

ROMAN
Prince of Vladimir-Volynsk
(d. 1205)

DANIIL
King of Galicia 1253—64

LEV
King of Galicia 1268—1301

JURIJ
King of Galicia 1301—16

Table F: *The descendants of Vsevolod,*
Great Prince of Kiev.
b: *The Northern branch.*

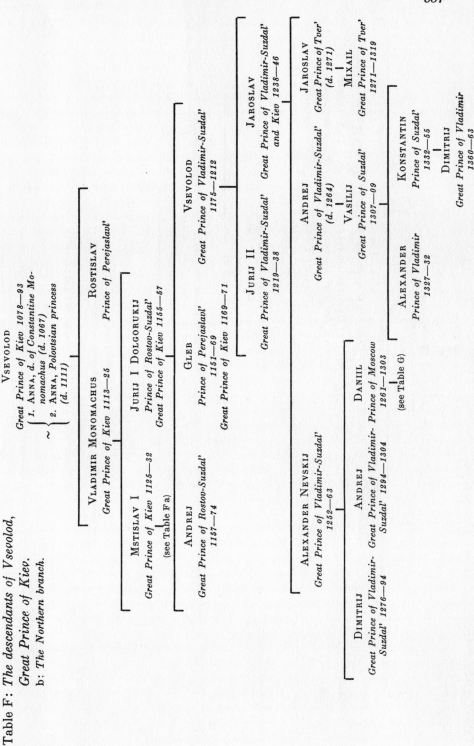

Table G: *The Princes and Tsars of Moscow.*

DANIIL
Prince of Moscow 1261—1303

IVAN I KALITA
Great Prince of Vladimir-Suzdal' and Moscow 1328—41
~ *Jelena*

SIMEON THE PROUD
Great Prince of Moscow 1341—53

IVAN II
Great Prince of Moscow 1353—59

ANDREJ
Prince of Serpuxov (d. 1353)

VLADIMIR
Prince of Serpuxov 1358—1410

JAROSLAV
Prince of Serpuxov (d. 1426)

MARIA
~ VASILIJ I, *Great Prince of Moscow*

DIMITRIJ DONSKOJ
Great Prince of Moscow 1362—89

VASILIJ I
Great Prince of Moscow 1389—1425

VASILIJ II
Great Prince of Moscow 1425—62
~ MARIA, *daughter of Juroslav of Serpuxov*

IVAN III
Great Prince of Moscow 1462—1505
~ { 1. MARIA, *daughter of Boris of Tver' (d. 1467)*
    2. SOPHIA (ZOE), *daughter of Thomas Palaiologos* }

JURIJ
Prince of Dmitrov (d. 1473)

ANDREJ
Prince of Starica (d. 1537)

VASILIJ III
Great Prince of Moscow 1505—33
~ { 1. SOLOMONIJA SABUROVA
    2. JELENA GLINSKAJA (d. 1538) }

JURIJ
Prince of Uglič (d. 1663)

IVAN IV THE TERRIBLE
Tsar of Moscow 1533—84

DIMITRIJ
Prince of Uglič

IVAN
(d. 1583)

F'ODOR
Tsar of Moscow 1584—98
~ IRINA F'ODOROVNA GODUNOVA

Table H: *The Romanov dynasty.*

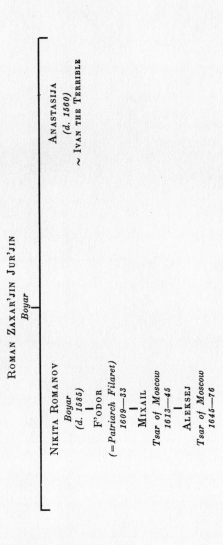

ROMAN ZAXAR'JIN JUR'JIN
Boyar

NIKITA ROMANOV
Boyar
(d. 1585)

F'ODOR
(= Patriarch Filaret)
1609—33

MIXAIL
Tsar of Moscow
1613—45

ALEKSEJ
Tsar of Moscow
1645—76

ANASTASIJA
(d. 1560)
∼ IVAN THE TERRIBLE

ERRATA

The following errors have been observed by the author upon the completion of the printing.

P. 13, l. 17 *from top:*   Saloniki, *read:* Salonika
p. 64, l. 15 *from top:*   лобрѣ, *read:* добрѣ
p. 69, l. 23 *from top:*   милотыню, *read:* милостыню
p. 92, l. 18 *from bottom:* Saloniki, *read:* Salonika
p. 101, l. 20 *from top:*   вѣнчыи, *read:* вѣчныи
p. 109, l. 8 *from top:*   employd, *read:* employed
p. 116, l. 15 *from bottom:* Никодимомъ:, *read:* Никодимомъ[j]
p. 117, l. 12 *from top:*   Евгою[h], *read:* Евгою[k]
p. 127, l. 8 *from top:*   совторенныхъ, *read:* сотворенныхъ
p. 127, l. 27 *from bottom:* молящпхъ, *read:* молящихъ
p. 139, l. 9 *from iop:*   Видѣвь, *read:* Видѣвъ
p. 139, l. 16 *from top:*   щадяшь, *read:* щадящь
p. 140, l. 19 *from bottom:* *разутьвають*, *read:* *разумьвають*
p. 140, l. 14 *from bottom:* богѣ, *read:* богъ
p. 161, l. 22 *from bottom:* Маго, *read:* Мало
p. 167, l. 17 *from top:*   Русскуо, *read:* Русскую
p. 168, l. 11 *from bottom:* испплъ, *read:* испилъ
p. 170, l. 4 *from bottom:* цард, *read:* царя
p. 177, l. 1 *from bottom:* великаму, *read:* великому
p. 178, l. 17 *from top:*   орды, *read:* орлы
p. 181, l. 7 *from bottom:* булатые, *read:* булатные
p. 183, l. 19 *from top:*   залелѣяляа, *read:* залелѣяла
p. 185, l. 6 *from bottom:* добылы, *read:* добыли
p. 190, l. 3 *from top:*   carryiug, *read:* carrying
p. 209, l. 18 *from top:*   сопрвтивно, *read:* сопротивно
p. 216, l. 6 *from top:*   { исполнениемь / перковнымъ }, *read:* { исполнениемъ / церковнымъ }
p. 229, l. 23 *from bottom:* разсудень, *read:* разсуденъ
p. 232, l. 13 *from top:*   прознесеся, *read:* произнесеся
p. 242, l. 10 *from bottom:* нешего, *read:* нашего
p. 249, l. 9 *from top:*   мноои, *read:* мнози
p. 249, l. 21 *from top:*   п, *read:* и
p. 251, l. 1 *from bottom:* Saloniki, *read:* Salonika

p. 252, l. 15 *from top:*   frem, *read:* from
p. 257, l. 1 *from top:*   Tke, *read:* The
p. 259, l. 10 *from bottom:* въ, *read:* къ
p. 263, l. 17 *from bottom:* Измаил[ъ]тяне, *read:* Измаил[ь]тяне
p. 269, l. 1 *from top:*   Taktng, *read:* Taking
p. 271, l. 6 *from top:*   Нижнето-, *read:* Нижнего-
p. 275, l. 2 *from top:*   честъ, *read:* честь
p. 297, l. 16 *from bottom:* Genelaogy, *read:* Genealogy
p. 298, l. 7 *from bottom:* темицахъ, *read:* темницахъ
p. 299, l. 7 *from bottom:* потавляя, *read:* поставляя
p. 305, l. 18 *from bottom:* немъжа, *read:* о немъже
p. 336, l. 22 *from bottom:* народую, *read:* народу
p. 345, l. 6 *from bottom:* цѣлоав, *read:* цѣлова
p. 360, l. 19 *from top:*   вѣлаемъ, *read:* вѣдаемъ
p. 368, l. 2 *from bottom:* города, *read:* изъ города
p. 372, l. 11 *from top:*   Прпбѣжимъ, *read:* Прибѣжимъ
p. 384, l. 23 *from top:*   бесцрестани, *read:* беспрестани
p. 388, l. 3 *from bottom:* измѣнилн, *read:* измѣнили
p. 392, l. 2 *from top:*   *is to be placed after l. 4*
p. 413, l. 26 *from bottom:* половну, *read:* половину
p. 417, l. 9 *from top:*   за воловъ, *read:* за волокъ
p. 525, l. 12 *from bottom:* Saloniki, *read:* Salonika